Mark Bergen

YouTube.
Die globale
Supermacht

Wie Googles Videoplattform
unsere Weltsicht dominiert

Aus dem Englischen von
Cornelius Hartz, Alexandra Jordan,
Hella Reese und Judith Wenk

Die englische Originalausgabe erschien 2022 unter dem Titel
Like, Comment, Subscribe – Inside YouTube's Chaotic Rise to World Domination
bei Viking, New York, ein Imprint von Penguin Random House LLC.

Besuchen Sie uns im Internet:
www.droemer.de

Aus Verantwortung für die Umwelt hat sich die Verlagsgruppe Droemer Knaur zu einer nachhaltigen Buchproduktion verpflichtet. Der bewusste Umgang mit unseren Ressourcen, der Schutz unseres Klimas und der Natur gehören zu unseren obersten Unternehmenszielen. Gemeinsam mit unseren Partnern und Lieferanten setzen wir uns für eine klimaneutrale Buchproduktion ein, die den Erwerb von Klimazertifikaten zur Kompensation des CO_2-Ausstoßes einschließt. Weitere Informationen finden Sie unter: www.klimaneutralerverlag.de

Deutsche Erstausgabe November 2022
© 2022 Mark Bergen
© 2022 der deutschsprachigen Ausgabe Droemer Verlag
Ein Imprint der Verlagsgruppe Droemer Knaur GmbH & Co. KG, München
Alle Rechte vorbehalten. Das Werk darf – auch teilweise – nur mit
Genehmigung des Verlags wiedergegeben werden.
Redaktion: Cornelius Hartz
Covergestaltung: Colin Webber, deutsche Ausgabe Isabella Materne
Icon im Innenteil: rudvi/Shutterstock.com
Satz: Adobe InDesign im Verlag
Druck und Bindung: GGP Media GmbH, Pößneck
ISBN 978-3-426-27849-9

2 4 5 3 1

Für Annie, meine Liebe

So viel bis jetzt auch geschehen sein mag – hörte ich die Seele Frankensteins rufen – viel, viel mehr will ich noch vollenden. Als Pionier will ich neue, unbekannte Kräfte entdecken und vor der Welt die tiefsten Geheimnisse der Schöpfung ausbreiten.

Mary Shelley, Frankenstein, 1818

*Es sollte ein Scherz sein.
Das sollte alles bloß ein Scherz sein.
Warum ist es so real geworden?*

Logan Paul, »We found a dead body
in the Japanese suicide forest«, YouTube, 2017

Inhalt

Prolog:
15. März 2019
11

Teil I

Kapitel 1: Leute wie du und ich 27
Kapitel 2: Krude und willkürlich 44
Kapitel 3: Zwei Könige 64
Kapitel 4: Die Sturmtruppen 81
Kapitel 5: Clown & Co. 93
Kapitel 6: Die Bardin von Google 112
Kapitel 7: Mit Vollgas voraus 126

Teil II

Kapitel 8: Die Diamantenfabrik 143
Kapitel 9: Nerdfighters 155
Kapitel 10: Kitesurfing TV 165
Kapitel 11: YouTube wird erwachsen 182
Kapitel 12: Wird das Boot dadurch schneller? 195
Kapitel 13: Let's Play 208
Kapitel 14: Disney Baby Pop-up Pals Ü-Ei
  Ostereier Kinderüberraschung 219
Kapitel 15: Die fünf Familien 232
Kapitel 16: Lehn dich einfach zurück 246
Kapitel 17: Die Mutter von Google 255

Teil III

Kapitel 18: **Down the 'Tube**	269
Kapitel 19: **True Fake News**	282
Kapitel 20: **Unglaublich**	294
Kapitel 21: **Ein Junge und sein Spielzeug**	305
Kapitel 22: **Scheinwerferlicht**	318
Kapitel 23: **Lächerlich, gefährlich, selbstverständlich**	333
Kapitel 24: **Die Party ist vorbei**	348
Kapitel 25: **Boykott**	360
Kapitel 26: **Verstärkung**	371
Kapitel 27: **Elsagate**	387
Kapitel 28: **Schlechte Akteure**	403
Kapitel 29: **901 Cherry Avenue**	421
Kapitel 30: **Bringt den Ozean zum Kochen!**	428
Kapitel 31: **Die Werkzeuge des Meisters**	448

Teil III

Kapitel 32: **Roomba**	463
Kapitel 33: **Kompromisse**	479

Epilog
495

Danksagung	515
Anmerkungen zu den Quellen	519
Anmerkungen	521

Prolog
15. März 2019

Haji-Daoud Nabi, ein Großvater mit weißem Vollbart, der für jeden ein freundliches Lächeln übrig hatte, traf den Mann, der ihn töten würde, an einem sonnigen Freitagnachmittag im neuseeländischen Christchurch. Nabi stand am Eingang der Moschee. Als sich der junge Mann ihm näherte, nahm Nabi an, er käme ebenfalls zum Freitagsgebet, und begrüßte ihn herzlich: »Hallo, Bruder!«

Vor seiner Ankunft hatte der junge Mann eine E-Mail herumgeschickt. Die Betreffzeile lautete: »Über den Anschlag in Neuseeland heute«. Die Mail begann mit einem Geständnis – »Ich war der Mann, der den Anschlag begangen hat« – und enthielt ein ausführliches Manifest. Sie war an diverse Zeitungsredakteure und TV-Produzenten gegangen, jene Leute, die vor noch gar nicht allzu langer Zeit kontrolliert hatten, welche Meldungen in die Welt hinausgesendet wurden. Alle hatten die diffuse E-Mail als Spam oder Spinnerei abgetan.

Dann kamen die Anrufe. Um den Hagley Park in Christchurch herum waren Schüsse zu hören. Vor den zwei Moscheen auf beiden Seiten des grünen Parks lagen leblose, blutüberströmte Körper. Mindestens fünfzig Tote, darunter ein dreijähriges Kind. Und Nabi. Als die Reporterin Kirsty Johnston am Tatort eintraf, fand sie ein Blutbad vor. Verwundete Überlebende, die verzweifelt nach Taxis winkten, um zum Krankenhaus zu fahren. Sie war in einem friedlichen Inselstaat aufgewachsen, in dem die Polizisten keine Waffen trugen. Gewalttaten und Amokläufe – das kannte man höchstens aus den Nachrichten. So etwas geschah im Ausland. Aber doch nicht hier!

Doch Neuseeland hatte sich verändert, und so auch die Nachrichten. Bald erfuhr man, dass der Terrorist, der das Blutbad angerichtet hatte, ein 28-jähriger Weißer war, der sich eine Bodycam umgeschnallt und seine grausame Tat 17 Minuten lang live im Internet übertragen hatte. Die erwähnten Zeitungsredakteure und TV-Produzenten durchforsteten sein Filmmaterial und sein Manifest nach Hinweisen auf den schlimmsten Massenmord, den das Land je erlebt hatte. Sie wühlten sich durch obskure Anspielungen auf die Politik in Serbien, auf die Kriegsführung im 16. Jahrhundert und auf diverse Internet-Subkulturen. Kaum etwas ergab Sinn. Nur eine Stelle verstand man sofort – den Namen eines YouTube-Stars. »Denkt dran, *lads*«, hatte der Terrorist, kurz bevor er geschossen hatte, in das Mikrofon seiner Kamera gesagt, »abonniert PewDiePie!«

Die Tage vor der Bluttat verbrachten einige Mitarbeiter von YouTube auf der anderen Seite des Erdballs in einem riesigen, warmen Hotelpool. Sie waren wie immer mit Shuttlebussen angereist. Die Busse waren nach Norden gefahren, durch San Francisco und Berkeley, durch schicke Vororte und Städte und durch bewaldete Naturschutzgebiete mit hoch aufragenden Mammutbäumen, bis sie schließlich im Herzen des kalifornischen Weinanbaugebietes angekommen waren, am Indian Springs, einem malerischen Hotel an einer natürlichen heißen Quelle in Calistoga. Der erste Siedler hier war im Jahr 1859 Kaliforniens erster Millionär gewesen. Ein Mann, der reich geworden war, weil er bei allen Zeitgenossen, die es hatten hören wollen, Werbung für den Goldrausch gemacht hatte.

In einem der Bungalows der Hotelanlage packte die Managerin Claire Stapleton ihre Koffer aus. Seit sie bei YouTube war, hatte sie schon viele, viele Male an solchen Betriebsausflügen teilgenommen. Dieses Mal waren nur die Kollegen aus der Marketingabteilung dabei, die sich um das öffentliche Image kümmerten, um die Marke YouTube. Sie sollte zum letzten Mal mit von der Partie sein.

Was sie zu diesem Zeitpunkt noch nicht wusste, aber sie ahnte es bereits.

Stapleton war blass und hatte dunkelbraunes, beinahe schwarzes Haar. Normalerweise hatte sie eine betont unbekümmerte Ausstrahlung, aber sie konnte auch streng wirken, wie vier Monate vorher auf einem Foto in der *New York Times,* für das sie als Gesicht eines Streiks im Silicon Valley in einem schwarzen Rollkragenpullover abgelichtet worden war.[1] Im Resort schlenderte Stapleton an einem Springbrunnen vorbei, passierte einen Garten, in dem Spalierobst angebaut wurde, und einen Meditationskreis, bis sie die kleinen Konferenzräume erreichte, die die Namen *River* und *Reflection* trugen.

Firmen zahlten hier für ihre Angestellten rund 350 Dollar pro Übernachtung. Kein Problem für YouTube, das im Vorjahr über elf Milliarden Dollar Umsatz gemacht hatte. Aber diese Gäste hier waren unter dem Namen eines anderen Unternehmens angemeldet: Google, seit 2006 Eigentümer und Mutterkonzern von YouTube. Google hatte im Jahr 2018 über 136 Milliarden Dollar umgesetzt. Inzwischen gab sich der Technologie-Gigant jedoch alle Mühe, mit seinem Reichtum ein wenig diskreter umzugehen. Eine neue CFO war von der Wall Street herübergewechselt und hatte dem Unternehmen eine strenge Haushaltsdisziplin verordnet. Zwei Jahre nach Donald Trumps Amtsantritt standen die großen Player im Silicon Valley, die es gewohnt waren, als Innovatoren und Underdogs gefeiert zu werden, plötzlich im Ruf, gierig, verantwortungslos und allzu mächtig zu sein. Zum *Establishment* zu gehören. Sogar einige Mitarbeiter von Google sahen das mittlerweile so.

Um sich aus der Schusslinie zu nehmen, veranstaltete Google nun nicht mehr ganz so viele Firmen-Retreats in Luxusresorts. Indian Springs besaß genau das richtige Maß an Understatement. Von außen wirkte die Anlage mit ihren gedrungenen, zweistöckigen Bungalows im Missionsstil fast wie ein einfaches Motel aus den Fünfzigern. Doch im Inneren verfügte es über einen subtilen Hauch von Luxus: Bio-Shampoo, *Be-Well*-Wasserfilterstationen und künstliche Kamine. Wie durch ein Wunder war es dem Resort gelungen, das sanfte, beruhigende Wasser der heißen Quellen in einen Swimmingpool mit Fünfzig-Meter-Bahn zu leiten. Stapleton und ihre Kollegen waren angehalten, sich zu amüsieren. Sie hatten ein paar ziemlich stressige Jahre hinter sich. Jeder wusste, dass Google besonders zufriedene Mitarbeiter hatte. Doch kürzlich hatte »Googlegeist«, die regelmäßige interne Umfrage zur Mitarbeiterzufriedenheit, recht beunruhigende Ergebnisse geliefert – das Vertrauen in die Führungskompetenz und die Prioritäten des Unternehmens war gesunken, und nahezu die Hälfte der Angestellten hielten ihr Gehalt für »nicht angemessen«.[2] In jenem Herbst war Stapleton Rädelsführerin eines Streiks gewesen, mit dem Tausende Mitarbeiter gegen Googles Umgang mit Vorwürfen zu sexueller Belästigung protestiert hatten. Google verfügte über ein bewährtes Alarmsystem für sein riesiges Computernetzwerk. »Code Yellow« bedeutete, dass Softwareentwickler Überstunden machen mussten, um einen Fehler oder Bug zu beheben. »Code Orange« signalisierte die Vorstufe zu einem Notfall. »Code Red« wurde aktiviert, wenn die Google-Suche oder Gmail nicht mehr funktionierte. »Code Red« hieß: *Sofort handeln!* Irgendwann hatte das Unternehmen dieses Alarmsystem auf nicht technische Belange wie die Mitarbeiterzufriedenheit ausgeweitet.

Das aktuelle YouTube-Retreat in Indian Springs trug die inoffizielle Bezeichnung »Wohlbefinden: Code Red«.[3]

Stapleton und ihr Marketingteam nahmen in der Stadt an Weinverkostungen teil und absolvierten Kurse im Pizzabacken. Sie flanierten durch den penibel gepflegten Agavengarten des Resorts und schlenderten am Buddha-Teich vorbei. Sie rösteten Marshmallows über einer Feuerstelle. Sie ließen es sich gut gehen. Und sie tranken. In einer altmodischen Eisdiele namens »The Chaise Lounge« erstanden die YouTube-Mitarbeiter Leckereien, die sie sich in den Liegestühlen unter der blau-weiß gestreiften Retro-Markise schmecken ließen. Am Eingang zum Pool wehte über einer altmodischen Uhr mit Pepsi-Cola-Schriftzug eine große US-amerikanische Flagge. Das Indian Springs nannte diesen Stil

»Old Hollywood«, und es mutete wie eine Ironie des Schicksals an, dass ausgerechnet die Gäste von YouTube diese Details bewunderten, obwohl YouTube wie kaum ein anderes Unternehmen das »Alte« an Hollywood – die Studios, die Agenten, die Filmstars, die Unterhaltung, für die man bezahlte – nahm und in die Luft jagte.

Nachdem sich Stapleton und ihre Kollegen in den Konferenzräumen *River* und *Reflection* eingefunden hatten, schauten sie sich pflichtgemäß ein YouTube-Video an, das sie alle schon kannten. Jemand rief die Website mit dem Video auf und klickte auf das allseits bekannte dreieckige Play-Symbol.

YouTube: »Our Brand Mission«, 22. Juni 2017, 1:48.[4]

Das Video beginnt mit einem niedlichen kleinen Jungen in seinem Kinderzimmer, der auf einer viel zu großen E-Gitarre spielt. Dann sieht man ein anderes Kind, irgendwo in Asien, das Schafe hütet; dann weint eine Frau; ein Mann macht einen Skateboardtrick. »Sieh dir diese Momente an«, sagt eine weibliche Stimme aus dem Off. »All diese Geschichten, Geheimnisse, Enthüllungen aus den verschiedensten Ecken der Welt.« Es handelt sich um eine Montage aus inspirierenden YouTube-Clips. Babys, Sportler, nette Gesten, eine Frau mit einem Hijab, ein Gruppentanz, eine Gruppenumarmung, noch mehr Menschen, die weinen. »Dies ist das ehrlichste und authentischste Porträt von uns als Menschen«, sagt die Erzählerin. »Das kommt heraus, wenn man jedem eine Stimme gibt, eine Chance, gehört zu werden, eine Bühne, um gesehen zu werden.«

Das Video endete mit einem wohlbekannten Spruch, der Markenmission: »Gib allen eine Stimme und zeige ihnen die Welt.« »*Einfach nur skurril*«, dachte Stapleton. Die Welt hatte sich so sehr verändert, seit ihr Team dieses Motivationsvideo 2017 erstmals zusammengeschnitten hatte. *YouTube* hatte sich so sehr verändert. Seither hatten sie unzählige Diskussionen darüber geführt, wie man die »Markenmission« überarbeiten könne. Und trotzdem zeigten sie immer noch ein ums andere Mal dasselbe alte Video, um die Leute zu motivieren. Aber diese Gedanken behielt sie für sich.

Obwohl YouTube.com schon seit 14 Jahren existierte, war es doch nach wie vor ein Wunderwerk der modernen Welt. Binnen weniger als zwei Jahrzehnten hatte sich das blitzschnelle On-Demand-Internetfernsehen von einer schieren Unmöglichkeit zu einer simplen Tatsache entwickelt. YouTube war nun *der* Ort, wo man sich online kostenlose Videos anschaute. »Das Video-Baugerüst des Internets«, nannte es ein Mitarbeiter. Über zwei Milliarden Menschen besuchten YouTube jeden Monat. Es war die am zweithäufigsten aufgerufene Website der Welt (nach Google) und die zweitbeliebteste Suchmaschine der Welt (nach Google). 1,7 Milliarden Menschen gingen Mitte 2019 täglich auf YouTubes Website – das war mehr als ein Drittel aller Internetnutzer weltweit.[5] Ein Besuch auf YouTube bot ihnen Unterhaltung und Informationen und spendete Trost. Umfragen zeigten, dass ein Viertel der Amerikaner ihre Nachrichten über YouTube bezogen. YouTube hatte mehr regelmäßige Besucher als Facebook, Instagram und jede andere Social-Media-Plattform. Eine ganze Generation von Kindern schaute kein Fernsehen mehr, sondern nur noch YouTube. In vielen Ländern *war* YouTube das Fernsehen. Regenbogenpresse und Gebrauchsanweisungen bekamen auf YouTube einen neuen Anstrich. Manche besonders progressive Köpfe im Silicon Valley malten sich sogar aus, dass YouTube bald Professoren und Ärztinnen ersetzen würde.

Und im Gegensatz zu praktisch jeder anderen der breiten Masse zugänglichen Website konnte man mit YouTube Geld verdienen. Dieses Novum hatte eine neue Kreativbranche hervorgebracht, einen ganzen Stall voller Entertainer, Persönlichkeiten, Künstlerinnen, Influencer, Dozentinnen und Franchises. In nur wenigen Jahren war so ein neues Medium entstanden, das nicht weniger revolutionär war als seinerzeit Radio und Fernsehen. Dank YouTube konnte nun jeder auf Sendung gehen. YouTube hat uns den »Gangnam Style« geschenkt, »Charlie bit my finger!«, den »Baby Shark Dance«, *BibisBeautyPalace*, *Yoga with Adriene*, professionelle *Minecraft*-Spieler, Julien Bam und Gronkh – ein ganzes Heer von Menschen mit unterschiedlichsten Talenten, die von den alten Medienunternehmen ignoriert oder übersehen wurden. Tausende kleiner Stars, die Sie vielleicht gar nicht kennen, Millionen junger Fans aber schon, und sie schauen sich deren Clips mit einer Begeisterung an, die sie für Film- oder Fernsehstars kaum noch aufbringen.

YouTubes Gründung fiel in dieselbe Zeit wie eine ganze Reihe weiterer schriller, neuer aufstrebender Internetunternehmungen und hat diese fast alle überlebt – außer Facebook. Doch anders als Facebook, das sich seinen Status bei jungen Leuten immer wieder erkämpft, hat sich YouTube diese Mühe nie machen müssen. Jahr für Jahr zieht es ein immer jüngeres Publikum an. Kein Unternehmen hat mehr zur Entstehung der Aufmerksamkeitsökonomie, die uns heute im Internet umgibt, beigetragen. YouTube bezahlte die Leute schon für ihre Videos, als Facebook noch ein Forum für Liebeleien im Studentenwohnheim war und nur Technikfreaks Twitter kannten. Ein ganzes Jahrzehnt bevor es TikTok gab. All diese Unternehmen machten sich Googles Philosophie *(je mehr Informationen online sind, desto besser)* zu eigen – und Googles Geschäftsmodell: Bringe so viele Leute wie nur möglich dazu, deinen kostenlosen Dienst zu nutzen, und durchforste ihre Klicks, Gewohnheiten und Daten, um mit Werbeanzeigen Geld zu verdienen. Influencerinnen, präpubertäre Millionäre, Falschmeldungen, Internetsucht und Hochstapelei – Google und YouTube machten viele der hässlichen Seiten der sozialen Medien überhaupt erst möglich. »Google hat das Rad erfunden«, sagte ein altgedienter Mitarbeiter von Google und Facebook. »Und Facebook und all die anderen Online-Unternehmen haben es nachgemacht.«

YouTube war immer da, wenn man es brauchte, und es war so riesig wie ein Ozean. Kurz vor dem Retreat im Indian Springs Hotel veröffentlichte das Unternehmen eine schier unglaubliche Zahl: Pro Minute wurden 450 Stunden Videomaterial auf die Plattform hochgeladen. Stellen Sie sich den längsten Film vor, den Sie je gesehen haben. Einen Teil von *Der Herr der Ringe* vielleicht. Nun stellen Sie sich vor, dass Sie ihn sich einhundertmal hintereinander ansehen – dann haben Sie immer noch nicht so viel geschaut, wie alle sechzig Sekunden auf YouTube veröffentlicht wird. Seit 2016 schauen sich die Nutzer dort täglich Videomaterial in der Länge von über einer Milliarde Stunden an. Man kann sich das gar nicht wirklich vorstellen. Suchen Sie ein Video zu einem komplett abseitigen Thema? Sie werden mit Sicherheit fündig. *Tipp, tipp, klick. Liken, kommentieren, abonnieren.* Milliarden Menschen tun tagtäglich genau das, ohne groß zu wissen, wie ausgerechnet das Video, das sie sich gerade anschauen, dort gelandet ist.

Jeder kennt YouTube. Doch nur wenige wissen, wie es funktioniert – wer es betreibt, welche Entscheidungen die Betreibenden treffen und was diese Entscheidungen bedeuten. Dieses Buch wurde mit der Absicht geschrieben, Licht ins Dunkel zu bringen. Es erzählt die Geschichte einer Geschäftsidee, die sich von einem veritablen Millionengrab zu einem wirtschaftlichen Hit entwickelt hat, einem der Grundpfeiler des Internets, der Google dazu verhalf, eines der mächtigsten und profitabelsten Unternehmen weltweit zu werden. Es erzählt die Geschichte einer neuen Art Massenmedium, dessen Programmausrichtung nicht von Redaktionen, Künstlerinnen oder pädagogischem Personal bestimmt wird, sondern von Algorithmen. Und es erzählt auch die Geschichte von einigen sehr bedeutsamen und seltsamen aktuellen Ereignissen, von denen die meisten Leute, die YouTube.com besuchen, noch nie gehört haben.

Die meisten Leute nutzten YouTube als mehr oder weniger nützliche Informationsquelle oder zum harmlosen Zeitvertreib.

Doch YouTube war *viel mehr* als das. Das Marketingteam von YouTube nahm längst eine ganz andere, ziemlich besorgniserregende Seite des Ganzen wahr. Und als sie jetzt im Resort in den Konferenzräumen *River* und *Reflection* saßen und sich ihre eigenen Marketingvideos anschauten, diese ach so berührenden und warmherzigen Marketingvideos, konnten sie nicht umhin, daran zu denken, wie weit weg das alles vom »Albtraum-Futter« war.

»Albtraum-Futter« – diesen düsteren Spitznamen hatten einige im Team der täglichen E-Mail verpasst, mit der sie über die Presseberichterstattung und die Online-Kommentare über YouTube informiert wurden, aber ebenso über die Schmuddelecken der Website mit all den Absonderlichkeiten und Schrecken, die man dort finden konnte. Eingebürgert hatte sich der Begriff »Albtraum-Futter« im Jahr zuvor, als ein YouTube-Star ein Video veröffentlicht hatte, auf dem ein Toter zu sehen gewesen war, der in einem japanischen Wald an einem Baum hing. Da das Marketingteam sämtliche offiziellen Online-Konten von YouTube verwaltete und darüber befand, welche Videos und Kanäle dort beworben wurden, musste es von solchen Vorfällen sofort in Kenntnis gesetzt werden, um eine öffentliche Kontroverse abzuwenden. Als zum Beispiel plötzlich zahllose Teenager Videos hochluden, auf denen sie in Waschmittelkapseln hineinbissen, lautete die Anweisung: *Keine Videos über Waschmittel mehr promoten!* Oder als ein 13-jähriges Mädchen für ihre ASMR-Videos unangenehm anzügliche Kommentare erhielt: *Möglichst nichts mehr mit ASMR promoten und vielleicht auch nichts mehr mit Mädchen im Teenager-Alter!* Oder als eine Nachrichtenseite berichtete, auf YouTube gebe es Videos, die Menschen beim Sex mit Pferden zeigten: *Keinen Pferdecontent mehr promoten!* Jeden Morgen fanden sie in ihren E-Mails Unmengen solcher Videos und Hinweise auf fragwürdige Berichterstattung. Stapleton fürchtete, die schiere Masse an schlechten Nachrichten könne ihr Team dazu veranlassen, zu glauben, dass YouTube vor allem das Böse im Menschen widerspiegelte.

Der Ausflug war eine willkommene Ablenkung davon. Bis auf eine Sache, über die man während des Retreats diskutierte: Ihrem Team wurde mitgeteilt, dass ein langes Moratorium beendet werden würde und mithilfe von YouTubes offiziellen Social-Media-Konten wieder PewDiePie promotet werden sollte. Dieser Erlass, so erfuhren die Marketingmitarbeiter vor Ort, kam von ganz oben, »von Susan«. Gemeint war Susan Wojcicki, Googles erste Marketingmanagerin und seit 2014 CEO von YouTube.

Alle, die an dem Retreat teilnahmen, kannten die Geschichte von PewDiePie.

Bürgerlicher Name: Felix Kjellberg, ein Schwede, noch keine dreißig, der seine Videos gern damit begann, dass er mit einer Falsettstimme sein Online-Pseudonym kreischte: *Pjuuu-di-peiiii!* Er war YouTubes größter Star, gemessen an einer Maßzahl, die sie eigens für die Plattform entwickelt hatten: »Abonnenten«. Die Zuschauer konnten auf eine kleine rote Schaltfläche klicken und so Videomacher »abonnieren« (so, wie sie eine Zeitschrift oder einen Streamingdienst abonnieren würden, nur kostenlos). Als YouTube diese Funktion einführte, hätte man nie gedacht, dass – wenn überhaupt – mehr als nur ein paar Millionen Zuschauer irgendein Konto abonnieren würden. Bis März 2019 hatten knapp einhundert Millionen Menschen PewDiePie abonniert, das glich den Instagram-Followerzahlen von Promis wie Miley Cyrus und Katy Perry. Kjellbergs Debüt als PewDiePie war inzwischen neun Jahre her – in YouTube-Jahren waren das ganze Äonen. Er hatte sich selbst beim Zocken aufgenommen und seine Filmchen, wie jeder andere, nach eigenem Ermessen direkt in den großen Videoteppich eingewoben. Im Laufe der Zeit hatte er sich eine treu ergebene Fangemeinde aufgebaut.

Gemeinsam verdienten Kjellberg und Google einen Haufen Geld. Google wusste das. Google zählte alles – es hatte sich selbst nach einer Zahl benannt, einer unglaublich großen Zahl (Googol), und bestand selbst aus nichts als den Nullen und Einsen der Computersprache. Google zählte jede Minute des Filmmaterials, das auf YouTube abgerufen wurde. Internen Aufzeichnungen zufolge hatte die Menschheit seit 2012, also über einen Zeitraum von sieben Jahren, 130.322.387.624 Minuten lang die Videos von PewDiePie konsumiert. Im selben Zeitraum hatte Kjellberg 38.814.561,79 Dollar verdient. Der Löwenanteil (95 Prozent) kam von Werbespots, die YouTube Videos vorschaltete und in Videos einfügte. Von jedem Dollar, den ein Werbetreibender ausgab, um einen Werbeplatz zu buchen, leitete YouTube dem YouTuber 55 Cent weiter und behielt die restlichen 45 Cent – als Gebühr für das Hosten des Filmmaterials und die enorme Maschinerie, die den Betrieb der Website sicherte. Mit den Videos von PewDiePie hatte

YouTube in dieser Zeit also ungefähr 32 Millionen Dollar umgesetzt. Angesichts der Größe seines Publikums und der Gehälter, die Filmstars verlangten, konnte man trotz allem den Eindruck haben, dass Kjellberg unterbezahlt war.

Und dennoch machte ihnen der Schwede immer wieder Sorgen. Alle im Marketingteam erinnerten sich daran, wie das *Wall Street Journal* 2017 einen Bericht mit einem Standbild von YouTube brachte, auf dem PewDiePie neben einem Schild mit der Aufschrift »Tod allen Juden« zu sehen war. Wie Google im Zuge des Chaos, das daraus erwuchs, und der Diskussionen über Missverständnisse, schlechte Witze, Neonazis und aus dem Kontext gerissene Standbilder einen großen kommerziellen Deal mit Kjellberg aufkündigte. Wie Kjellberg sieben Monate später ganz beiläufig in einem Videospiel-Stream das N-Wort fallen ließ, wofür er anschließend um Entschuldigung bat, seine Zuschauer dann aber gleich noch auf einen anderen YouTuber aufmerksam machte, der antisemitische Propaganda vom Stapel ließ. Wie Kritiker ihn als »gefährlich« bezeichneten und ihm vorwarfen, »mit den Rechten zu flirten«. Wie eine Schlagzeile über ihn lautete: »Wann ist Faschismus eigentlich cool geworden?« Wie er mit Donald Trump verglichen wurde.

Zugleich war dem Marketingteam aber *auch* klar, dass all das seine Fans, seine »Bro Army«, die »Armee der guten Kumpel«, wie er sie nannte, letztlich nur noch stärker zusammenschweißte. Als es in jenem Herbst so aussah, als würde ein YouTube-Kanal mit Bollywood-Songs PewDiePie hinsichtlich seiner Abonnentenzahl den Rang ablaufen, hatte sich seine Armee einen Schlachtruf ausgedacht, um ihren König gegen Kritiker zu verteidigen und ihn davor zu bewahren, vom Thron gestoßen zu werden: *Abonniert PewDiePie!*

Überall im Internet war dieser Aufruf zu sehen. Er war auf Schildern beim Super Bowl in Atlanta aufgetaucht, während eines Basketballspiels in Litauen und im Twitterfeed einer britischen Partei. Eine Truppe bunter Gestalten hatte den Schlachtruf verbreitet: MrBeast, HackerGiraffe, Goose Wayne Batman, Elon Musk. Es war ein Anti-Establishment-Mantra, ein Stinkefinger in Richtung der Internet-Konzernchefs, ein kulturelles Phänomen. Ein Meme. Dieser Schlachtruf hatte Formen angenommen, die das Unternehmen nie hatte kommen sehen, und das galt auch für YouTube.com.

Seit der Sache mit dem antisemitischen Slogan hatte YouTube seinen größten Star auf Distanz gehalten, hatte ihn weder öffentlich unterstützt noch Werbeaktionen gestartet, wie bei anderen YouTubern üblich. Doch jetzt hatte das Unternehmen einen Kurswechsel beschlossen. Das Marketingteam diskutierte diese Entscheidung während des Retreats. Und am Donnerstag, dem 14. März, erhielt das Team von Stapletons Chefin, Marion Dickson, eine E-Mail, in der sie schrieb, dass man PewDiePie nun »reaktivieren« werde. »Ich möchte sicherstellen, dass wir für uns ein paar Regeln festlegen, wie wir dabei vorgehen wollen, um für mögliche Gegenreaktionen gewappnet zu sein«, schrieb Dickson und wies darauf hin, wie wichtig es sei, »dabei klar herauszuarbeiten, wie wir diesen Schritt mit unseren Markenwerten und unserer Botschaft in Einklang bringen können«.

Kurz darauf stiegen die Teammitglieder in die Busse ein, die auf dem Parkplatz der Hotelanlage warteten, fuhren an den Palmen und den Mammutbäumen vorbei, verließen das Weinanbaugebiet und kehrten nach Hause zurück. Sie brüteten über angemessene Richtlinien, über die Prinzipien und Markenwerte ihrer Firma. An jenem Abend war es in Neuseeland bereits Freitag. Auf den Handys von Stapleton und ihren Kollegen leuchteten Push-Mitteilungen von Nachrichtenseiten auf, zahllose E-Mails trudelten ein. Es hatte einen Terroranschlag mit vielen Toten gegeben, und der Täter hatte die Bluttat online live übertragen. Es war, als sähe man den Mitschnitt eines Egoshooters. Mit Kindern als Zielobjekten. Als Erstes tauchte das Video auf Facebook Live auf, YouTubes Konkurrenz, dann auch bald auf YouTube, wo immer wieder Kopien des Videos hochgeladen wurden, obwohl das Unternehmen sich hastig darum bemühte, das Video zu entfernen. Der PewDiePie-Schlachtruf des Täters war einer der wenigen Hinweise darauf, was er mit der Tat bezweckte.

Vor noch nicht allzu langer Zeit hatte niemand YouTube wirklich ernst genommen. Niemand hatte sich darum geschert, ob dort irgendjemand irgendwelche Schlachtrufe absonderte. In den vergangenen Jahren hatte YouTube sein Geschäftsmodell ganz zielstrebig und massiv ausgebaut. Voll blindem Vertrauen in die zugrunde liegenden Technologien hatte YouTube unwissentlich eine Maschinerie erschaffen, die die abscheulichsten menschlichen Abgründe offenlegte. Manch einer außerhalb des Unternehmens dachte, genau diese Abgründe seien der Grund für YouTubes geschäftlichen Erfolg. Erst im Jahr 2019 begann die Welt sich so richtig mit der Wirkung der sozialen Medien auseinanderzusetzen, nämlich mit der Tatsache, dass ein paar IT-Unternehmen aus Kalifornien plötzlich zu großen Teilen bestimmten, welche Wege Meinungsäußerungen und Informationen nahmen. Soweit es vermeidbar war, hielt sich YouTube aus dieser Auseinandersetzung heraus. Und doch hatte das Unternehmen im Verlauf der Zeit auf vielfältige Weise den Weg für die modernen sozialen Medien bereitet, indem es mit seinen Entscheidungen Einfluss darauf nahm, wie das Zusammenspiel von Aufmerksamkeit, Geld, Ideologien und allem anderen im Netz funktionierte.

Als Stapleton und ihr Team an jenem Donnerstag im März das Retreat verließen, hatte das Unternehmen zwei höllische Jahre voller hitziger Auseinandersetzungen hinter sich. Zwei Jahre mit widerspenstigen Stars, Spinnern, Verschwörungstheorien, Vorwürfen von Kindesmissbrauch und einer existenzbedrohenden Krise. Man wollte all das nur allzu gern hinter sich lassen. Die öffentliche Wiederaufnahme der Zusammenarbeit mit PewDiePie fühlte sich wie ein erster Schritt in diese Richtung an. Und genau dann ereignete sich der Amoklauf in Christchurch. Eine Tragödie, die sich auf der Website von YouTube entfaltete und in der, wie es den Anschein hatte, dem größten YouTube-Kanal eine tragende Rolle zukam. Stapleton war beim Gedanken an YouTube und die gesellschaftliche Rolle des Unternehmens schon öfter etwas flau im Magen gewesen. Nun war ihr richtig übel. Während sie noch versuchte, den Schrecken zu verarbeiten, der sich da abspielte, dachte sie an das Marketingvideo, das sie und ihr Team sich erst vor ein paar Stunden wieder einmal angeschaut hatten. War *diese* grausame Tat das, wie es im Video hieß, »authentischste Porträt von uns als Menschen«?

Niemand im Unternehmen wollte, dass das so war. Andererseits war es längst nicht das erste Mal, dass sich YouTubes Schöpfung in atemberaubendem Tempo in eine Richtung entwickelte, die das Unternehmen nicht mehr kontrollieren konnte.

TEIL I

DEL I

Kapitel 1
Leute wie du und ich

Chad Hurley wollte *irgendetwas* kreieren. Etwas Neues schaffen. Er wusste nur noch nicht so recht, was.

Das war Anfang 2005, und Hurley hing den Großteil seiner Zeit in North Carolina vor seinem Rechner. Er entsprach nicht gerade dem Bild des superschlauen Nerds aus dem Silicon Valley. Mit seinem breiten Kreuz, der athletischen Figur, der hohen Stirn und den straßenköterblonden, lässig gestylten Surferlocken war er eher der Typ Highschool-Schwarm. Er mochte Bier und die Philadelphia Eagles und hielt sich selbst für eine Art Künstler. Die Laptoptaschen, die es so gab, fand er hässlich und langweilig. Deswegen hatte er gerade erst zusammen mit einem Freund, der so ähnlich tickte wie er, ein Label für Herrenmode gegründet, bei dem sie Laptoptaschen herausbrachten.

Doch als Web- und Grafikdesigner wusste Hurley sehr wohl, dass mit IT das große Geld zu holen war, nicht mit Taschen. Und genau damit wollten er und seine beiden Entwicklerkumpel, Jawed Karim und Steve Chen, nun ihr Glück versuchen. Mit 28 Jahren war Hurley (mit einem Jahr Abstand) der Älteste der drei und de facto ihr Anführer. Er hatte einen Sohn im Krabbelalter und hatte in den Kreis der Silicon-Valley-Elite eingeheiratet: Jim Clark, ein weithin bekannter Internetunternehmer, war sein Schwiegervater. Als das Web 2.0 aufkam – Websites, die ganz normale Leute mit ihren Inhalten füllten statt Profis –, hatte Hurley angefangen, von einem eigenen Unternehmen zu träumen. Die Leute stellten alles Mögliche online: Tagebucheinträge, Fotoalben, Gedichte, Rezepte, Schmähschriften. »Leute wie du und ich«, sagte Hurley immer. Monatelang wälzte Hurley mit seinen Freunden Ideen für ein neues Internetunternehmen. Sie trafen sich bei ihm zu Hause in Menlo Park oder in einem der umliegenden Cafés und unterhielten sich darüber, was im Web 2.0 gerade angesagt war, zum Beispiel das soziale Netzwerk Friendster und die Blogs, die wie Unkraut aus dem Boden schossen. Immer wieder kam die Sprache auf Hot or Not, ein Portal, auf dem man ein Foto von seinem Gesicht hochladen und andere Benutzer bewerten lassen konnte, wie attraktiv sie einen fanden. Eine ziemlich rudimentär gehaltene Website, aber dennoch sehr beliebt. Aus einem Café, in das sie häufig gegangen waren, als sie noch in ihren alten Jobs gearbeitet hatten, kannte das Trio einen der Schöpfer von Hot or Not, und sie wussten, dass er mit der Seite gutes Geld verdiente. Das fanden sie cool.

Die drei setzten schließlich auf die Idee für eine Website, wo die Leute Videos hochladen und anschauen können sollten. Am Valentinstag hatten sie sich zusammen mit Hurleys Hund in seine Garage gequetscht, waren viel zu lange aufgeblieben und hatten sich einen Namen für ihre Idee überlegt. Es sollte etwas mit Fernsehen zu tun haben. Hurley brachte einen alten, umgangssprachlichen Begriff aus der Zeit der Bildröhren ins Spiel, »*the boob tube*«. Daraus machte er »*a tube for you*«, eine Röhre für dich. Das gaben sie auf Google ein. Keine Treffer. Noch am selben Abend kauften sie die Web-Domain YouTube.com – ein Anfang war gemacht.

Acht Tage später öffnete Hurley eine E-Mail von Karim mit dem Betreff »Strategie: Meinungen bitte«.

> **Die Seite soll gut aussehen, aber nicht zu professionell. Sie sollte aussehen, als hätten sie ein paar Jungs zusammengeschustert. Immer schön dran denken: hotornot und friendster sind ganz einfach zu bedienen, sehen überhaupt nicht professionell aus und hatten trotzdem enormen Erfolg. Wir dürfen nicht zu professionell wirken, weil das die Leute abschreckt ...**
> **Das Wichtigste beim Design ist die Benutzerfreundlichkeit. Auch unsere Mütter sollten die Seite problemlos nutzen können.**

Timing/Konkurrenz:

Ich finde, unser Timing ist perfekt. Digitale Videos sind erst letztes Jahr richtig durchgestartet, da man nun mit den meisten Digitalkameras Videos aufnehmen kann.
Ich kenne nur eine Seite, die Videos hostet und wo Zuschauer die Videos bewerten können: stupidvideos.com. Zum Glück hat sich die Seite nicht so richtig durchgesetzt. Wir sollten besprechen, warum das so ist und warum wir glauben, dass unsere Website besser ankommen wird.

Hurley las weiter.

Fokus der Seite:

Unser Fokus sollte implizit auf Dating liegen, genau wie bei hotornot. Denkt dran, hotornot ist ein Datingportal, wirkt aber nicht so. Dadurch sind die Leute entspannt. Ich glaube, einer auf Dating ausgerichteten Videoseite würden die Leute viel mehr Beachtung schenken als stupidvideos. Warum? Weil die meisten Leute, die nicht verheiratet sind, vor allem eines wollen: daten und Frauen kennenlernen. Und wie viele dumme Videos kann man sich schon nacheinander anschauen?

Hurley war zwar verheiratet, aber er musste Karim recht geben: Mit Dating konnte man Nutzer motivieren, Videos aufzunehmen und sich anzuschauen. »Sehen und gesehen werden – das wollen die Leute«, schrieb er einige Wochen später. Karims E-Mail endete mit dem anvisierten Startdatum von YouTube: 15. Mai 2005. Bis dahin blieben kaum drei Monate Zeit.

Sie machten sich gleich an die Arbeit. Hurley bastelte am Look der Website herum, Chen und Karim schrieben den Code, mit dem sie YouTube.com zum Leben erweckten. Dann, am 22. März, gab Yahoo bekannt, dass es Flickr kaufen würde. Yahoo war ein echter Internet-Titan, ein Portal für diverse Online-Aktivitäten mit jährlichen Umsätzen in Milliardenhöhe. Flickr war ein schnittiger Dienst des Web 2.0, über den man digitale Fotos hochladen konnte. Laut Presseberichten sollte Yahoo erstaunliche 25 Millionen Dollar für den Erwerb von Flickr gezahlt haben. Karim schickte eine weitere E-Mail, der Betreff lautete »Neue Richtung«:

> Chad und ich haben heute darüber gesprochen, dass unsere Seite eher so einen Fokus wie Flickr haben sollte. Im Grunde ein Online-Depot für eigene Videos aller Art.

Der Flickr-Deal motivierte sie enorm. In den kommenden Wochen verdoppelten Hurley, Chen und Karim ihre Anstrengungen und diskutierten immer wieder darüber, wie die Website funktionieren sollte. *Soll es eine Dating-Seite oder eine Foto-Seite werden?* In einer E-Mail schrieb Chen, die Zielgruppe von Hot or Not seien »hormongesteuerte College-Kids«, Flickr hingegen wende sich an »Designer, Künstler und Kreative«. *Wer würde YouTube nutzen? Oder sollten sie gleich zwei Websites aufsetzen?* Hurley hatte seine Zweifel, ob sie sich wirklich an Flickr orientieren sollten – er fürchtete, dass es schwieriger sein würde, Videos hochzuladen und online zu bearbeiten als Fotos. Andererseits wollte er auch nicht, dass YouTube.com sofort in die Dating-Schublade gesteckt würde. Spätabends am Sonntag, dem 3. April, mailte Hurley den anderen beiden, dass sie die Website einfach veröffentlichen sollten. Sie könnten »dann immer noch im laufenden Betrieb entscheiden, wohin die Reise gehen soll«.

Zehn Tage später wurden sie auf ihrer Reise dann aber plötzlich ausgebremst, als Google seine Nutzer auf einmal dazu aufrief, Amateurvideos einzusenden. Die Videos wollte das Unternehmen anschließend für alle Welt sichtbar ins Netz stellen. (Hurleys Reaktion darauf war laut seiner Erinnerung: »Ach du Scheiße!«) Google war noch furchteinflößender als Yahoo. Am Anfang war die Online-Suchmaschine nur eine unter vielen gewesen, aber inzwischen hatte sie alle ihre Konkurrenten pulverisiert, und langsam zeigte sich, wonach Google eigentlich strebte. Am 1. April 2004 hatte

Google mit Gmail einen eigenen E-Mail-Dienst gestartet, der den Nutzern so viel kostenlosen Speicherplatz zur Verfügung stellte, dass viele Leute es zunächst für einen Aprilscherz gehalten hatten. Anschließend hatte es die Bereitstellung einer riesigen, kostenlosen digitalen Weltkarte angekündigt. Und jetzt grub Google, das Unternehmen, das einer Geldmaschine gleichkam und zahlreiche brillante Programmierer im Schlepptau hatte, auch noch YouTube das Wasser ab.

Als sich Hurley und seine Freunde das nächste Mal trafen, hatten sie einen neuen Punkt auf ihrer Agenda: *Sollen wir es sein lassen?*

Chad Hurley, aufgewachsen in Reading, Pennsylvania, war in Kalifornien gelandet wie so viele: auf einer Matratze auf dem Fußboden eines Wohnzimmers. Nachdem er in Pennsylvania zunächst ein kleines College besucht und nebenbei gelegentlich die eine oder andere Website gestaltet hatte, war er wieder bei seinen Eltern eingezogen. Ohne Plan und ohne Ziel. Eines Tages blätterte Hurley gelangweilt in der Zeitschrift *Wired* herum und stieß auf einen Artikel über Confinity. Das in Kalifornien ansässige Unternehmen hatte eine Methode entwickelt, über den Palm Pilot, einen der ersten Handheld-PCs, Geld zu verschicken. Confinity brauchte einen Designer. Hurley schickte ihnen kurzerhand seinen Lebenslauf. Schon am nächsten Tag erhielt er eine Antwort: Ob er gleich morgen zum Vorstellungsgespräch kommen könne?

Das war 1999, also die Zeit, in der das Silicon Valley nur so vor Geld strotzte und frisches Blut immer willkommen war. Bei Confinity bat man Hurley, ein Logo für ihren neuen Online-Bezahldienst PayPal zu entwerfen, und bot ihm sofort einen Job an. Und so zog er in den Norden von Kalifornien, ins Epizentrum der Innovationen und des wirtschaftlichen Erfolgs, wo er zunächst auf einer Matratze auf dem Fußboden im Wohnzimmer nächtigte. Sein Gastgeber Erik Klein, ein Programmierer aus Illinois, war auf ganz ähnliche Weise in sein neues Leben in Kalifornien gestartet. So gut wie alle von Confinity rekrutierten Nachwuchskräfte waren zwischen zwanzig und dreißig Jahre alt und schliefen erst mal irgendwo in der Nähe der Geschäftsräume auf Matratzen oder Sofas, bis ihnen von einem dafür berüchtigten Makler ohne weitere Auskünfte oder Bürgschaften eine Wohnung vermittelt wurde.

Bei Confinity lernte Hurley schon bald einen weiteren Neuling kennen, einen jungen Programmierer namens Steve Chen, der ein rundes Gesicht, stacheliges schwarzes Haar und ein fröhliches Gemüt hatte. Chen kam aus Chicago und war ein Semester vor dem Abschluss vom College abgegangen, sehr zum Missfallen seiner Eltern. Eine Ticket für den Rückflug hatte er gar nicht erst gelöst. Chen stammte aus Taipeh. Im Alter von acht Jahren war er mit seiner Familie in die USA gezogen. Auf dem Flug von Taiwan hatte er die Stewardess auf Englisch noch nicht einmal um ein Glas Wasser bitten können. Einen Großteil seiner Jugend in einem Vorort von Chicago brachte er damit zu, Englisch zu lernen. Mit 15 ging er dann auf ein Internat, die Illinois Mathematics and Science Academy, wo er gleich noch eine Sprache lernte: die Sprache der Computer. Chen bekam einen riesigen PC geschenkt. Da dort keine Eltern waren, die ihn ins Bett schickten, blieb er nächtelang auf, trank einen Kaffee nach dem anderen und schrieb kleine Programme, mit denen man Bilder animieren konnte. Er studierte Informatik an der University of Illinois, schwänzte aber oft die Vorlesungen. Bei allen Aufgaben ging es darum, ein Programm oder einen Algorithmus zu schreiben – Code, der für eine bestimmte Aufgabe optimiert war. *Wenn* dies, *dann* das. Dafür brauchte Chen keine Vorlesungen, das konnte er sich mit einem Buch und einer Tastatur selbst beibringen. Und er kannte jemanden, der schon im Geschäft war. Einer der Gründer von Confinity, Max Levchin, hatte ebenfalls an der University of Illinois studiert und stellte mit Vorliebe neue Mitarbeiter ein, die dieselbe Highschool wie Chen besucht hatten. Einmal erwähnte er einem Reporter gegenüber, die Illinois Mathematics and Science Academy bringe »stets extrem intelligente, fleißige, nicht verwöhnte« Programmierer hervor, perfekt für ein Start-up.[1] Chens erster Arbeitstag bei Confinity war ein Sonntag. Als er im Büro ankam, saßen da schon vier andere Programmierer und spielten Videospiele. *Wahnsinn!*

Er arbeitete gern lange, ernährte sich von Cappuccino und Zigaretten und kam manchmal erst mittags ins Büro gestolpert. Seine Kollegen bezeichneten ihn als schlitzohrigen Spaßvogel – er machte ständig Raucherpausen und programmierte immer wieder »Shortcuts«, technisch wenig elegante Workarounds, die andere versuchten zu vermeiden. Am liebsten codete er in Python, einer obskuren Programmiersprache, die niemand außer ihm benutzte. Chen liebte Python, weil es sich um »Open Source« handelte, eine Sprache also, die von Menschen überall auf der Welt entwickelt und gepflegt wurde. Er mochte diese freigeistige Strukturlosigkeit. So sah er sich auch selbst: als strukturlosen Freigeist.

Gelegentlich arbeitete Chen mit Jawed Karim zusammen, einem anderen, ebenso begabten und eigensinnigen Einwanderer, der genau wie er an der University of Illinois studiert hatte. Karim liebte das Internet, weil es einem dort niemand krummnahm, wenn man gegen Regeln verstieß. Während seiner Zeit an der Uni hatte Karim einige Monate vor dem Erscheinen von Napster den Musiktauschdienst MP3 Voyeur entwickelt, der sich unter technisch interessierten Studierenden großer Beliebtheit erfreute.

Chen, Karim und Hurley erlebten bei Confinity einige turbulente Jahre. Damals handelten Start-ups so wie Haie, wenn sie Blut – oder in diesem Fall: Geld – rochen. Confinity hatte seine ursprüngliche Idee, eine Sicherheitssoftware, inzwischen zugunsten einer anderen aufgegeben, und zwar eines Online-Bezahldienstes. Das Unternehmen schaffte es im Gegensatz zu manch anderem jungen Internetunternehmen, den Zusammenbruch der Märkte infolge der Dotcom-Blase zu überleben, und benannte sich anschließend in PayPal um. PayPal erhob sich wie ein Phönix aus der Asche, ging an die Börse und ließ sich 2002 vom Online-Auktionshaus eBay kaufen.

PayPals Belegschaft bestand zu Beginn aus einer eingeschworenen Gruppe von Überfliegern der obersten Liga. Nach der Übernahme durch eBay wechselten etliche von ihnen zu einer der auf Blue-Chip-Unternehmen spezialisierten Kapitalanlagegesellschaften und gründeten legendäre Unternehmen wie Yelp, LinkedIn und SpaceX. Die Presse taufte die (überwiegend männlichen) Mitglieder der Gruppe die »PayPal-Mafia«. Die Gründer von YouTube gehörten bei PayPal eher der zweiten Riege an. Hurley hatte PayPal bald nach der Übernahme verlassen. Es war ihm dort einfach zu spießig. Chen arbeitete noch an PayPals Expansion nach China mit, doch zugleich wuchs seine Verachtung für eine Unternehmenskultur, in der, wie er fand, der finanzielle Gewinn wichtiger war als die Begeisterung fürs Programmieren.

Als die drei Anfang 2005 anfingen, von ihrer neuen Idee für ein Video-Dating-Portal zu erzählen, wurden sie kaum ernst genommen. Im April schickte Chen einem ehemaligen Kollegen die Testversion ihrer Website.

»Chic«, schrieb der Ex-Kollege zurück, »funktioniert echt gut. Aber wie willst du die Parnos draußen halten?« (Er hatte sich bei dem Wort »Pornos« vertippt.) Chen versicherte ihm, dass sie das schon hinkriegen würden, und fragte dann: »Magst du nicht mal ein Video hochladen??????«

Das Internet war damals noch keine große öffentliche Bühne, wo jeder ganz selbstverständlich alles Mögliche und Unmögliche mit anderen teilte. Dinge aus dem eigenen Privatleben einfach so zu posten, fühlte sich merkwürdig an. Chens Ex-Kollege schrieb zurück: »Ich weiß nicht genau, ob ich welche habe.«

Diese mittelmäßige Begeisterung schreckte die YouTube-Gründer genauso wenig ab wie der Einstieg von Google in das Amateur-Webvideo-Geschäft. Zumal Google damit nicht allein war. Microsoft hatte eine Seite für Webvideos. Und dann gab es da auch noch eine ganze Reihe weiterer Start-ups wie Revver und Metacafe sowie Portale für besonders krasse Clips wie Big Boys und eBaum's World. All diese zeigten Filme auf ihren Websites bzw. in ihren

Apps, doch ihnen allen fehlte eine Funktion, mit der sich ihre Videos auch anderswo im Netz abspielen ließen. Das war nur mit YouTube möglich.

Auf einer privaten Party demonstrierte Jawed Karim einem befreundeten Programmierer von PayPal, Yu Pan, wie das funktionierte. »Dahinter steckt Flash«, erklärte Karim ihm. Mithilfe von Flash, einem Softwaresystem zum Rendern von Text, Audio und Videografik, konnte YouTube seine Videoplayer-Box in andere Seiten einbetten. Das war der brillanteste Schachzug des Trios, eine Innovation, mit der YouTube all seine Konkurrenten übertrumpfen konnte. Auf der Party öffnete Karim für Pan ein Testvideo. Pan, der bei PayPal bereits mit Flash herumexperimentiert hatte, erkannte sofort das technische Potenzial. Auf Hurleys Bildschirm war ein einfaches Rechteck aus Pixeln und ein klitzekleiner, dreieckiger Play-Button zu sehen – der Entwurf eines Mini-Fernsehers, den man online überall platzieren konnte.

Videos mithilfe von Flash abzuspielen war ganz einfach. Weniger einfach war es, dafür zu sorgen, dass Bild und Ton übereinstimmten. Chen drehte zahllose Vier-Sekunden-Filmchen von sich selbst, in denen er einfach nur redete, und passte nach jeder Aufnahme den Code an, damit seine Lippenbewegungen zu den gesprochenen Wörtern passten. Als sie sich endlich sicher waren, dass es funktionierte, postete Karim unter seinem Benutzernamen »jawed« das erste richtige Video auf YouTube – einen 18-sekündigen Clip mit viel Geblinzel.

> **jawed: »Me at the zoo«, 23. April 2005, 0:18.**
> Karim steht im Zoo von San Diego. Er trägt eine schwarze Skijacke. Seine Stimme wird beinahe von dem Kindergeplapper im Hintergrund übertönt, aber sein Mund bewegt sich synchron zum Ton des Videos. »Okay, wir sind hier also bei den Elefanten«, sagt er und schaut direkt in die Kamera. »Das Coole an denen ist, dass sie sehr, sehr, sehr« – Pause – »lange Rüssel haben. Viel mehr gibt es eigentlich nicht zu sagen.«

Karim lud Clips von startenden und landenden Boeings 747 hoch, um die Seite zu bestücken. Chen postete unter seinem Pseudonym tunafat Clips von seiner Katze PJ.

Doch sie brauchten noch mehr Videos. Sie hatten die Dating-Idee noch nicht ganz aufgegeben, doch damit sie funktionierte, mussten vor allem Videos von Frauen her. »Kreative Inhalte für YouTube gesucht!«, schrieb Chen in einem Post auf dem Anzeigenportal Craigslist. »Du bist eine Frau oder ein extrem kreativer Mann zwischen 18 und 45 Jahren und hast eine Digitalkamera zur Hand, mit der man kurze Videoclips aufnehmen kann? Dann befolge diese Anweisungen und verdiene 20 $.« Die Anweisungen lauteten: auf YouTube.com gehen, ein Konto anlegen, drei Videos von sich hochladen. In einem Dropdown-Menü konnten Besucher anklicken: »Ich bin eine FRAU und suche einen MANN zwischen 18 und 45.«

Sie posteten ihren Aufruf in Las Vegas und Los Angeles. Die Reaktion war gleich null.

Also fingen sie noch mal von vorne an. Hurley war der Ansicht, dass es die Leute eher abschreckte, wenn man an ihre Kreativität appellierte. Er war der Meinung, dass sie vor allem »echte persönliche Clips, die von normalen Menschen aufgenommen wurden« bräuchten. Ihr größtes Handicap war seiner Ansicht nach, dass man nicht genau erkennen konnte, was eigentlich der Sinn und Zweck der Website war. Nutzte man YouTube, um seine Meinung kundzutun oder um sich selbst von der attraktivsten Seite zu zeigen? »Ich bekomme von euch beiden ständig unterschiedliche Signale«, schrieb er verärgert in einer E-Mail. »Gehen wir in Richtung Bloggen oder Dating?« Karim schrieb zurück: »Scheiß auf Bloggen. Auf unserer Seite sollte man einfach Videos von sich selbst posten können. Quasi selbst auf Sendung gehen können. Fertig.« Der Slogan, den die drei bis dahin für ihre Website verwendet hatten – *tune in, hook up* (»Schalte ein, lerne jemanden kennen«) – war damit raus. Karim schlug *broadcast yourself* (»Geh auf Sendung«) als Motto vor, und dabei blieben sie.

Karims Mitstreiter störten sich schon bald immer mehr an dessen forschem Auftreten. Doch seine Entschlossenheit und das Motto wirkten sich in jenem Mai zweifellos positiv auf den Start ihrer Website aus. Die eigentliche Initialzündung waren jedoch ein paar kleine Optimierungen, die das Trio in weiser Voraussicht einen Monat später vornahm. Sie fügten neue Funktionen hinzu: Die Leute konnten nun Kommentare hinterlassen, und es gab eine kleine Schaltfläche, mit der man Freunden ganz einfach den Link zu einem Clip senden konnte. Und sobald man auf ein Video klickte, wurden am rechten Rand der Seite eine ganze Reihe ähnlicher Videos angezeigt, was einen dazu anregte, noch weiterzuschauen.

In den Jahren vor YouTubes Gründung hatten die vier großen US-amerikanischen TV-Networks – NBC, ABC, CBS und Fox – gerade erst einigermaßen unbeschadet den Kampf gegen ihren bis dahin größten Feind überstanden: das Kabelfernsehen. Nachdem die Regulierungsbehörden grünes Licht gegeben hatten, waren in den Neunzigern zahllose Kabelsender auf den Plan getreten und hatten den Networks, die das Fernsehen in den USA von Anfang an dominiert hatten, Zuschauer und Werbekunden abspenstig gemacht. Doch die Networks schlugen zurück, gründeten eigene Nachrichtensender (MSNBC, Fox News) und konsolidierten ihre Macht: Der Medienkonzern Viacom, dem CBS gehörte, kaufte innerhalb von ein paar Jahren TNN, BET und MTV auf. Aber die Waffe, mit der sie am Ende siegten, war das Reality-TV. Sendungen, in denen Amateure auftraten und für die man (quasi) kein Drehbuch brauchte, waren billig zu produzieren, und doch war das Fernsehpublikum ganz verrückt danach.

2005 ließ das Interesse der Zuschauer jedoch bereits wieder nach. Von *The Real World* lief die sechzehnte Staffel, von *Survivor* die zehnte. Das Künstliche am Reality-TV war kaum zu übersehen – das Publikum wusste, dass die Sendungen geskriptet, die Charaktere überzeichnet und die Dramen inszeniert waren und dass man dort maximal für 15 Minuten berühmt wurde, wenn überhaupt. Die Networks reagierten und passten ihre Formate an. Sie heuerten C-Promis an (z. B. für *Dancing with the Stars* auf ABC) und entwickelten Formate, die echten, dauerhaften Ruhm verhießen: Mit 26 Millionen Zuschauern pro Folge hatte Fox' neue Show *American Idol* Rekord-Einschaltquoten. Ein Jahr zuvor hatte man sich bei NBC noch darüber geärgert, dass der Megahit *Friends* zu Ende war, doch dann hatte man plötzlich mit *The Apprentice*, einer Reality-Wettbewerbsshow mit dem halbseidenen Immobilienerben Donald Trump in der Hauptrolle, einen Überraschungserfolg gelandet. Die Fernsehmoguln waren Zeuge davon, wie das Internet die Musikbranche in Aufruhr versetzte. Eine Piratenseite namens Napster, auf der man kostenlos MP3s herunterladen konnte, zwang eine ganze Branche in die Knie. Zwar guckten Leute über vierzig nach wie vor gerne Reality-TV, aber das jüngere Publikum, dessen Vorlieben notorisch schwer zu prognostizieren waren, orientierte sich bereits anderweitig.

Als George W. Bush Präsident war, schauten sie Jon Stewart auf Comedy Central, wenn sie wissen wollten, was in der Welt geschah. Und sie tummelten sich auf MySpace. Im Sommer 2005 war MySpace das große Ding im Internet und mit 16 Millionen Besuchern pro Monat die fünftbeliebteste Adresse im Netz. Im Juli jenes Jahres kaufte die News Corporation, die Muttergesellschaft von Fox, MySpace mitsamt seinem jungen Publikum für sage und schreibe 580 Millionen Dollar.

Zu diesem Zeitpunkt hatte Steve Chen bereits einen Plan, wie sie sich MySpace zunutze machen konnten, um YouTubes Wachstum anzukurbeln.

MySpace bestand aus einem chaotischen Sammelsurium von Blogs, Chats, sozialen Kontakten, Musik und Kleinanzeigen. Aber es gab dort keine Videos. Chen fand, die MySpace-Fans seien die ideale Zielgruppe für YouTube. Fotos teilten sie ohnehin bereits. *Warum nicht auch Videos?* Dank Flash konnte YouTube seine Videodateien direkt auf MySpace-Seiten laufen lassen und darüber Besucher zu sich locken. Neue Nutzer kamen und posteten Filme vom Familienurlaub, Katzenvideos und Kuriositäten, die man so im Fernsehen nicht zu sehen bekam. Der Traffic von MySpace und die neuen Funktionen brachten YouTube einen steten Zufluss neuer Nutzer, der nicht mehr nachlassen sollte.

Vielleicht half Chen auch ein anderes soziales Netzwerk auf die Sprünge. Nachdem er PayPal verlassen hatte, hatte er bei Facebook angefangen, einem damals noch ganz neuen, von Harvard-Studenten gegründeten Start-up. Ein früherer Facebook-Mitarbeiter erinnerte sich daran, wie Chen im Büro einmal ganz stolz YouTube.com vorführte. Als Chen dann zu YouTube wechselte, behielt er kurzerhand den von Facebook zur Verfügung gestellten Computer. Manch einer bei Facebook vermutete, dass er auf dem Computer Code für YouTube geschrieben hatte, den Facebook somit als geistiges Eigentum für sich hätte beanspruchen können. (Chen stritt das ab und behauptete, er sei nur noch nicht dazu gekommen, das Gerät zu Facebook zurückzubringen. Facebook hat daraus in der Öffentlichkeit nie ein Thema gemacht.[2])

Chen war in jenem Jahr sehr beschäftigt. Im Sommer wurde ihm angesichts der Scharen von Zuschauern, die von MySpace herüberkamen, und der zunehmenden Zahl von Uploads schnell klar, dass sie Hilfe brauchten, um YouTube am Laufen zu halten. Er wandte sich an seine Freunde bei PayPal. Chen holte den Profientwickler Yu Pan ins Boot, der von seinen Kollegen als »verrückter Wissenschaftler« beschrieben wurde. Erik Klein kündigte an einem Donnerstag bei PayPal, sprach am Montagmorgen mit Chen und hatte noch am selben Nachmittag einen neuen Laptop und einen neuen Job. Ihm folgten noch einige weitere ehemalige PayPal-Mitarbeiter.

Die wichtigste Aufgabe des Teams war jeden Tag dieselbe, und sie war ganz simpel: dafür zu sorgen, dass YouTube.com nicht abstürzt. Manchmal brachten Bugs oder die schiere Menge an Videos die Website zum Erliegen. YouTube hatte ein kleines Büro angemietet. Die Entwickler nahmen immer den Zug und packten während der Fahrt wuchtige Laptops und drahtlose Modems aus, um zu arbeiten. Chen, der eine echte Nachteule war, las sich nach Mitternacht noch Beschwerde-E-Mails von Nutzern durch, und schon am Morgen fand sein Team einen Haufen frischer Bugfixes vor. Um sämtliche Videos abspielen zu können, benötigte YouTube Unmengen an Rechenleistung. Chen kaufte ganze Lkw-Ladungen voller 42-HE-Racks – riesige Serverschränke, größer als Kühlschränke. Doch das war nur eine Übergangslösung. Im September wurden die Videos auf YouTube schon mehr als 100 000-mal pro Tag angeklickt. Schließlich fand Chen eine Firma in Texas, die Serverkapazitäten vermietete. Er bezahlte alles mit seiner Kreditkarte, deren Limit er regelmäßig ausschöpfte.

Die Programmierer von PayPal bezahlten im Alltag lieber bar als mit ihrem eigenen Dienst, denn wegen der explosiv in die Höhe schnellenden Zugriffszahlen war das System so fragil, dass schon eine Transaktion zu viel ausreichte, und alles brach zusammen. Bei YouTube war es ähnlich: Die Jungs, die die Mechanismen hinter der Seite kreiert hatten, schauten sich nur sehr selten YouTube-Videos an.

Die Gründer, die die Seite verantworteten, versuchten es zumindest. Es dauerte nicht lang, bis sich unter den Heimvideos und Kuriositäten auch Filmchen fanden, die verdammt nach Fernsehen aussahen. Im Juli entdeckte Hurley mehrere als »budlight commercials« betitelte Videos – Raubkopien von TV-Werbespots. Er war dafür, sie gleich wieder zu löschen. Der Bierbrauer Budweiser besaß die Rechte an den TV-Spots, und Hurley wusste, dass YouTube in rechtliche Schwierigkeiten geraten könnte, wenn diese Videos ohne das Einverständnis des Rechteinhabers auf ihrer Seite auftauchten. Karim war anderer Meinung und stellte 28 bereits gelöschte Videos wieder online. In einer E-Mail schrieb er, dass solche Clips das Potenzial hätten, sich sehr weit zu verbreiten, wodurch wieder mehr Menschen auf die Seite aufmerksam würden. *Das ist das Risiko wert.*

»Ok Mann«, schrieb Hurley ihm zurück, »dann spar dir mal besser dein Essensgeld für ein paar Gerichtsverfahren! ;)«

Im Monat darauf war Hurley dann nicht mehr nach Zwinker-Smileys zumute, als er auf YouTube Clips einer NASA-Space-shuttle-Landung fand, die jemand einfach so direkt von CNN übernommen hatte. »Wenn die Jungs von Turner« – dem Besitzer von CNN – »das auf unserer Seite sehen, meint ihr nicht, dass die dann sauer werden?«, mailte er. »Leute wie die werden uns später mal für viel Geld kaufen, also sollten wir sie bei Laune halten.«

Während sich Hurley den Kopf über »die Jungs von Turner« zerbrach und Chen sich darum bemühte, dass bei ihnen nicht die Lichter ausgingen, war Karim schon drauf und dran, sich von YouTube zu verabschieden. Karim hatte das College, genau wie Chen, frühzeitig verlassen, um bei einer da noch unbekannten Internetfirma anzufangen. Sein Bachelorstudium hatte er online abgeschlossen, aber Karims Eltern waren beide in der Wissenschaft tätig, und obgleich PayPal zu der Zeit schon erfolgreich war, drängten sie ihn dazu, seinen Master zu machen. Im Herbst verließ er YouTube. Chen fühlte sich von Karim allein gelassen – gerade, wo sie auf jede fachliche Unterstützung angewiesen waren, die sie kriegen konnten, hatten sie plötzlich einen erfahrenen Programmierer weniger. Später gab es Auseinandersetzungen darüber, welche Rolle Karim eigentlich bei der Unternehmensgründung gespielt hatte. Er erzählte herum, dass ursprünglich er auf die Idee mit YouTube gekommen sei, weil er frustriert darüber gewesen sei, dass er denkwürdige Ereignisse im Fernsehen verpasst habe – so etwas wie den Tsunami 2004 oder Janet Jacksons Auftritt beim Super Bowl, bei dem aus Versehen ihre Brustwarze zu sehen war. *Wenn solche Ereignisse schon einmal ausgestrahlt worden sind, warum kann man sich das dann nirgendwo noch einmal angucken?* Chen hingegen sagte, eine Unterhaltung während eines Abendessens bei ihm zu Hause habe ihn auf die Idee gebracht.

Nach Karims Ausstieg nahm YouTube plötzlich so richtig an Fahrt auf, und zwar ganz ohne das Zutun seiner Mitstreiter. Einige junge, kreative Sonderlinge hatten angefangen, sich ständig auf der Seite zu tummeln und dort auf ganz eigene Weise kulturell zu verewigen.

Brooke Brodack war zehn Jahre alt, als sie an Weihnachten ihre erste eigene Videokamera geschenkt bekam. Vielleicht war sie auch schon elf – sie weiß es selbst nicht mehr ganz genau. Umso besser kann sie sich aber an die aufwendigen Erkundigungstouren im Garten erinnern, die sie mit der Kamera festhielt, und an die Feiertage, an denen sie ihre Familie beim Truthahnessen filmte und später alle zusammentrommelte, um ihnen ihre neuesten Filme vorzuführen. Mit 13 schrieb sie ihre ersten Sketche und lernte, wie man Videos bearbeitete und einzelne Einstellungen plante. Auf dem College, wo sie Rundfunktechnik studierte, behielt sie ihr Hobby bei. Neben der Uni jobbte sie als Kellnerin im Lucky 99, einem Surf-and-Turf-Restaurant in Worcester, Massachusetts.

Im Herbst 2005 entdeckte sie zwischen zwei Schichten im Restaurant ein neues Forum für ihre Filme.

Brookers: »CRAZED NUMA FAN !!!!«, 4:03.[3]
Auf dem Bildschirm erscheint in Großbuchstaben eine Warnung: »Dieses Video enthält einen sehr eingängigen Song mit dazugehörigem Tanz. Manche leicht beeinflussbaren Zuschauer könnten versuchen, ihn zu kopieren, um berühmt zu werden.« Eine junge Frau erscheint. Sie trägt zwei schiefe Pferdeschwänze und hat eine große Lücke zwischen den Schneidezähnen. An ihr Shirt hat sie ein Blatt Papier geheftet. Darauf steht »#1 NUMA FAN«, ein Internet-Insiderwitz.

Nachdem sie sich bei YouTube angemeldet hatte, veröffentliche Brodack, damals 19 Jahre alt, unter dem Namen »Brookers« eine ganze Reihe verrückter Heimvideos. In einem sang sie Playback zu einem Song der Band Chicago, während sie ein Samuraischwert schwang. In »CRAZED NUMA FAN!!!!« präsentierte sie sich als Riesenfan eines anderen bekannten Heimvideo-Darstellers: Gary Brolsma. Im Jahr 2004, noch bevor es YouTube gab, hatte Brolsma ein Video ins Internet gestellt, auf dem er, Kopfhörer auf den Ohren und den Blick neben die Kamera gerichtet, zu dröhnenden elektrischen Beats die Lippen bewegt. Der Refrain des auf Rumänisch gesungenen Songs *Dragostea din tei* klingt wie »Numa Numa«. Brolsma ist erst noch relativ ruhig und bewegt nur seine Lippen, aber als der Song Fahrt aufnimmt, wirft er plötzlich die Arme hoch und singt begeistert mit. Das Ganze wirkte, als würde man jemandem bei einem ganz privaten Moment zuschauen, einem Moment großer Freude. Brodacks Version, in der sie wild ihre Gliedmaßen schüttelnd durchs Bild tanzt, war länger und wilder und wurde auf YouTube ein Riesenhit.

Die meisten Leute, die 2006 YouTube für sich entdeckten, insbesondere die jüngeren, kannten Brolsmas kleine Playback-Show vom heimischen PC. Brodack fand seinen Enthusiasmus ansteckend. Ihr kam es vor, als würde sie einem Introvertierten dabei zusehen, wie er endlich einmal aus sich herauskam. Ihr eigener Clip stand symbolisch für eine YouTube-Ästhetik, die sich gerade herausbildete: Er war eine alberne, ausgelassene Hommage. Die Kopie einer Kopie, jede genauso bekannt wie die davor.

Kapitel 2
Krude und willkürlich

Ratten. Überall wimmelte es von Ratten. Zwischen den Ventilatoren und der Decke, unter den Dielen. Und jeden Tag wurden es mehr.

Um dem überraschend schnellen Wachstum Rechnung zu tragen, war YouTube Anfang 2006 in größere Büroräume nach San Mateo umgezogen, einer Satellitenstadt bei San Francisco, das man von dort aus bequem per Zug erreichte. Es herrschten chaotische Zustände. Die Räume befanden sich im ersten Stock über der Pizzeria Amici's, und die jungen Softwareingenieure ließen dauernd ihre Essensreste herumstehen, was ihnen eine Nagetierplage bescherte, der sie kaum Herr wurden.[1] Irgendjemand setzte zwei Plüschratten auf den Empfangstresen, als Firmenmaskottchen von YouTube. Die Büroräume waren hufeisenförmig angeordnet, in der Mitte befand sich das Treppenhaus. Reihen behelfsmäßiger Schreibtische, nackte Neonröhren, grauer Teppichboden. Hurley und Chen teilten sich einen Ecktisch in der Nähe der wenigen Fenster. Hurley hatte einen Künstler damit beauftragt, als Anspielung auf die Bandbreite im Internet Spiralen aus roten und grauen Streifen an die Wände zu malen und so nach Möglichkeit die Räumlichkeiten auch gleich etwas aufzupeppen. Billige weiße Laken hingen als Raumteiler von der Decke. Wie bei Google wurden die Mitarbeiter mit Snacks aus Großpackungen von Costco versorgt, die zum Teil in der hintersten Ecke des Kühlschranks vor sich hin gammelten. Jedes neue Teammitglied bekam einen Schreibtisch und einen Bürostuhl von IKEA, die man selbst zusammenbauen musste, ein Ritual, das verdeutlichen sollte, wie sparsam man bei dem Start-up war.

Hurley und Chen bildeten den Vorstand und stellten noch ein paar Betriebswirtschaftler ein, die sich zu den Programmierern gesellten. Selbst als das Unternehmen immer bekannter wurde, hielt man an den unkonventionellen Gepflogenheiten fest. MC Hammer, ein Star aus längst vergangenen Zeiten, stattete den Machern der hippen neuen Website im Februar einen Besuch ab, und Kevin Donahue, der erst kürzlich eingestellt worden war, führte ihn herum. Die Mitarbeiter filmten die zwei dabei und luden den Clip auf YouTube hoch (Titel: »Hammer Time!«). Einmal kam ein Reporter von *Forbes* vorbei, um sich einen beliebten Clip anzuschauen, in dem ein Mann seinem Stiefkind einen fiesen Streich spielt: Das Kind, das gerade noch völlig vertieft in ein Videospiel gewesen war, erschreckt sich und bricht in Tränen aus, als plötzlich eine unheimliche Fratze auf dem Bildschirm erscheint. »So was macht man nicht«, sagte Chris Maxcy, der ebenfalls neu bei YouTube war. Andere lachten. Donahue bezeichnete die Website *Forbes* gegenüber als »krude und willkürlich«.

Nur wenige Monate zuvor hatte Chen alle laufenden Kosten mit seiner Kreditkarte beglichen. Sie hatten das Unternehmen gerade noch so am Laufen halten können. Doch glücklicherweise hatte sich ein Retter für YouTube gefunden. Chen und Hurley war in jenem Sommer beim Durchsehen der neu angelegten Konten auf YouTube – damals war das noch Teil ihrer Routine – ein Name ins Auge gefallen: Roelof Botha. Botha hatte Geld. Bei PayPal war er als CFO *der* Typ mit dem Geld gewesen, und anschließend war er zu Sequoia Capital gewechselt, einer bekannten Risikokapital-Beteiligungsgesellschaft, die einst in Google investiert hatte. Botha war ein hochgewachsener, pragmatisch veranlagter Südafrikaner mit einem Uni-Abschluss in Wirtschaftswissenschaften und einer Vorliebe für neuartige Technologien. Er hatte vor Kurzem seine neue Digitalkamera in die Flitterwochen nach Italien mitgenommen und ein paar Clips von seiner Reise auf die neue Seite gestellt, von der er über das alte PayPal-Netzwerk erfahren hatte. Inzwischen wurde die Seite auch außerhalb des Netzwerks gehypt. Im August wurde YouTube auf der einflussreichen Tech-News-Seite

Slashdot erwähnt, zu deren Lesern auch die Gründer von Google zählten. Der Artikel sorgte für eine ganze Welle neuer Besucher. Botha setzte sich mit seinen ehemaligen PayPal-Kollegen in Verbindung und verfasste noch im selben Monat ein Memorandum, das die Partner von Sequoia dazu bewegte, zu investieren.

Ende August hatte YouTube täglich 8000 Besucher, die über 15 000 Videos hochluden. Botha rechnete das Ganze durch: YouTube zahlte etwa 4000 Dollar pro Monat für die Server, auf denen die Videos gespeichert wurden, und jedes Mal, wenn ein Video abgespielt wurde, kostete die Rechenleistung einen winzigen Bruchteil eines Cents. Zwei Optionen waren denkbar: Entweder ließ YouTube sich Funktionen wie spezielle Videoeffekte bezahlen, oder es verdiente Geld mit Werbung, so wie Google. In seinem Memo verwies Botha auf den jüngsten Erfolg von anderen »Web 2.0«-Unternehmen mit »nutzergenerierten Inhalten« wie Flickr und Tripadvisor, ein Reiseportal, das für über 100 Millionen Dollar verkauft worden war. YouTube würde mindestens genauso viel einbringen.[2]

Das Memorandum verfehlte seine Wirkung nicht. Im November kündigte Sequoia an, dass es 3,5 Millionen Dollar in YouTube investieren wolle. Die Investmentfirma staunte, dass das Unternehmen acht Terabyte an Filmmaterial speicherte: »Das ist, als würde man jeden Tag eine ganze Blockbuster-Videothek über das Internet verschicken« – so etwas konnte man sich damals kaum vorstellen. Michael Moritz, ein Partner von Sequoia, sagte später, YouTube sei nach Amazon, Microsoft und Google »der vierte apokalyptische Reiter des Internets«.[3] Sequoia platzierte Botha im Vorstand von YouTube und übernahm 30 Prozent der Anteile.

Dank seiner Investition konnte es sich das Start-up leisten, die Büroräume über der Pizzeria in San Mateo anzumieten, wo sich die Ratten tummelten. Eines Tages fiel dem frisch eingestellten Chris Maxcy ein ganz übler Gestank auf. Wie sich herausstellte, kam er von einer verwesten Ratte, die in einer in der Decke des Büros angebrachten Falle verendet war. Maxcy trug am liebsten schwarze Stoffhosen und Button-Down-Hemden, und er war der

Einzige im Büro, der sich das Hemd in die Hose steckte – wenn Hurley und Chen sich chic machen mussten, zogen sie ebenfalls Oberhemden an, trugen diese für gewöhnlich aber lieber locker über der Hose. Trotzdem hatte er Sinn für Humor. Er hielt die tote Ratte, die jemand bereits in einen Müllbeutel gesteckt hatte, auf Armeslänge von sich weg, während Micah Schaffer, ein 25-jähriger Neuling mit wirrem Haar, Hipster-Jeans und Flanellhemd, ihn filmte, um das Video später auf YouTube hochzuladen.

»Komm, die zeigen wir Heather!«, witzelte Schaffer.

Heather Gillette war YouTube-Mitarbeiterin der ersten Stunde und eine der wenigen Frauen im Unternehmen. Gillette war ganz in der Nähe aufgewachsen, in Palo Alto. Ihre Eltern hatten immer zur Miete gewohnt. Seit sie erwachsen war, träumte sie von einem eigenen Haus, mit Platz für ihre Hunde, Katzen und ihre beiden Pferde. Hühner wollte sie sich ebenfalls gern anschaffen. In jenem Sommer hatte sie just den perfekten Ort dafür gefunden – ein unbebautes Grundstück zwischen sanften grünen Hügeln und einem Wald mit Mammutbäumen. Begeistert zückte sie ihren kleinen Camcorder, um ihrer Familie später zeigen zu können, wie schön es dort war.

Als sie im Internet nach einer Möglichkeit suchte, das Video an ihre Familie zu schicken, fand sie bloß ein schäbig wirkendes Portal, MPEG Nation, wo man 25 Dollar dafür verlangte. Von YouTube hatte sie noch nie etwas gehört. Das änderte sich, als sie ihre Jugendfreundin Kathy besuchte. Kathys Ehemann Chad Hurley saß schweigend über seinen Laptop gebeugt im Esszimmer. Kathy erzählte ihr von Chads neuestem Projekt, einem Portal, über das man kostenlos Videos mit anderen teilen konnte, und Gillette setzte sich zu ihm an den Esstisch. Sie hatte früher in der Kundenbetreuung gearbeitet, doch im Moment war sie gerade arbeitslos, und angesichts des schönen großen Grundstücks, das zum Verkauf stand, benötigte sie dringend einen neuen Job. Aber Hurley winkte ab: »Eigentlich brauchen wir niemanden für die Kundenbetreuung. Ist ja alles gratis.«

Doch ein paar Wochen später, als Gillette ihre Freundin das

nächste Mal besuchte, hatte Hurley es sich anders überlegt und bot ihr einen Job als Büromanagerin an.

Als Büromanagerin musste sie sich auch um die Rattenplage kümmern. Sie brachte es jedoch nicht übers Herz, die Ratten zu töten. Sie war eine echte Tierfreundin, die ihre eigenen Tiere behandelte, als wären es ihre »Kinder«. Die Männer im Team zogen sie regelmäßig damit auf.

Gillette hatte gerade ganz andere Sorgen. Hurley hatte sie gebeten, sich um die Moderation der Seite zu kümmern, also die Überprüfung der neuen Videos.

Um zu verhindern, dass YouTube zur Schmuddel-Seite geriet, hatten die Gründer das Hochladen von Pornos und extremer Gewalt verboten. Natürlich wurden solche Videos trotzdem hochgeladen. Ursprünglich wechselten sie sich im Team beim Moderieren ab, sodass die Seite im Laufe eines Arbeitstages immer wieder aufs Neue nach verbotenem Content abgesucht wurde. Auch Chen suchte während seiner kaffeeseligen nächtlichen Arbeitsorgien nach anstößigen Inhalten. Mithilfe eines Systems, das sie extra dafür entwickelt hatten, konnten die Zuschauer Videos »markieren«, die gegen die Richtlinien verstießen. Doch die tägliche Flut an Material verlangte nach einer besseren Lösung.

Gillette stellte zehn Content-Moderatoren ein, die ein Team bildeten, das intern SQUAD (*safety, quality and user advocacy* – »Sicherheit, Qualität und Vertretung der Nutzerinteressen«) genannt wurde. Sie zählten zu den ersten Menschen, die im Internet an vorderster Front arbeiteten. Sie saßen an Computern, auf denen ihnen eine schier endlose Zahl von Videos angezeigt wurden, die Nutzer als bedenklich gemeldet hatten. In der rechten oberen Ecke des Bildschirms gab es vier Schaltflächen: *Approve* – das Video bleibt sichtbar. *Racy* – das Video ist für Leute »ab 18 Jahre« geeignet. *Reject* – das Video wird entfernt. *Strike* – das Video wird entfernt, und der Kontoinhaber erhält eine Verwarnung. Bei zu vielen Verwarnungen wurde das Konto geschlossen. Gillette stellte noch mehr Content-Moderatoren eigens für die Nacht- und Wochenendschichten ein und kaufte großformatige Trennwände, um deren Arbeitsplätze vor fremden Blicken zu schützen. Zuerst saßen die Moderatoren in der Nähe des Eingangs, doch man kam ziemlich schnell darauf, dass es nicht so ideal war, wenn jemand, der das Büro besuchte, gleich als Erstes auf Leute traf, die sich mit Schmuddelkram beschäftigen mussten. Also wurde das Team umgesiedelt.

Micah Schaffers Aufgabe war es, Richtlinien für die Überprüfung festzulegen. Er druckte eine der SQUAD-Regeln aus und klebte sie an die Wand über seinem Schreibtisch. »Damit das klar ist: Wenn man die Genitalien einer Person nur deshalb nicht sehen kann, weil sie in einer anderen Person stecken, klicken wir nicht auf ›racy‹, sondern auf ›strike‹.« Pornografie bedeutete immer Ärger. Als YouTube sich um eine Partnerschaft mit Disney bemühte, beschwerten sich Disneys Anzugträger darüber, dass man auf YouTube ohne Weiteres Standbilder aus nicht jugendfreien Videos finden würde. Eines Freitags rief ein Reporter an und erkundigte sich nach den vielen schlüpfrigen Aufnahmen, die auf YouTube zu finden seien. In der Mittagspause trommelte Gillette alle Mitarbeiter zusammen und teilte ihnen mit, sie alle müssten das Wochenende durcharbeiten, um das Portal von Genitalien zu befreien. Die Aktion zeigte Wirkung, und der Reporter hatte nichts mehr zu berichten.

Doch bei der Moderation von Inhalten ging es selten nur um das Herausfiltern von Videos, in denen Geschlechtsteile zu sehen waren. Schaffer und Jennifer Carrico, eine Anwältin, die YouTube freiwillig zu Hilfe kam, verschanzten sich zusammen eine Woche lang in einem Raum, um die Richtlinien weiter auszuarbeiten. Nachdem sie sich einige der grenzwertigen, surreal anmutenden Clips angesehen hatten, die in einem fort hochgeladen wurden, gingen sie wie folgt vor: Sie zeigten auf jeden Körperteil und fragten sich dann laut, was man damit alles anstellen könnte. *Kann jemand seinen Daumen da reinstecken? Was machen wir mit Videos, wo das zu sehen ist?* Nach einer Weile fragte sich Carrico: »*Was für eine Büchse der Pandora haben wir da nur geöffnet?*«

Im Sommer 2006 schloss sich Julie Mora-Blanco, eine Kommilitonin von Schaffer, dem SQUAD-Team an. YouTube zahlte ihr ein Jahresgehalt von 45 000 Dollar plus Krankenversicherung. Dazu erhielt sie Anteile am Unternehmen, was sie unglaublich großzügig fand. Ihre Kollegen warnten sie vor all dem Schmutz, den sie sich würde anschauen müssen. Sie winkte ab und dachte, sie wäre auf alles vorbereitet. Doch gleich zu Beginn ihrer Festanstellung flimmerte eines Vormittags ein Video über ihren Monitor, das ihr noch über zehn Jahre später Albträume bereiten sollte. »O Gott«, schrie sie auf, als es losging.[4] Später berichtete sie lediglich, dass es darin um ein Kleinkind in einem schummrigen Hotelzimmer ging. Ein Kollege erklärte ihr die nächsten Schritte: Sie sollte auf *Strike* klicken, das Konto löschen und den Vorgang einer gemeinnützige Organisation melden, die Fälle von Kindesmissbrauch an die zuständigen Bundesbehörden weiterleitete.

Bei solchen verstörenden Videos und bei Hardcore-Pornos wusste das SQUAD-Team sofort, was zu tun war, doch es gab auch weniger eindeutige Fälle. Wenn sich die Content-Moderatoren unsicher waren, leiteten sie das Filmmaterial häufig an Gillette weiter. Die meisten Abscheulichkeiten konnte sie sich anschauen, ohne aus der Fassung zu geraten, und normale Pornos fand sie amüsant. Aber alles, was mit Tieren zu tun hatte – Fetisch-Clips von Frauen, die in Stöckelschuhen auf Tiere treten, Katzen, die bei lebendigem Leib gekocht werden –, musste Gillette an jemand anderen weiterleiten. Sie bekam nur ein paar solche Videos zu sehen, aber von denen hatte sie noch jahrelang Albträume.

Um bei alldem nicht den Verstand zu verlieren, rissen Mora-Blanco und ihre Kollegen ständig Witze – einer, den sie immer wieder erzählten, drehte sich um einen Oktopus und einvernehmlichen Sex. Aber sie waren sehr stolz auf ihre Arbeit: Sie sorgten für die Sicherheit der wachsenden YouTube-Community.

Schon bald bestand Gillettes eigentliche Aufgabe darin, YouTube juristischen Ärger vom Hals zu halten. Eines Tages wandte sich Hurley mit einer Mitteilung an sie, die von einem der Unternehmen kam, bei denen die Computerserver von YouTube untergebracht waren. Darin hieß es, YouTube habe gegen das Gesetz verstoßen. »Was meinst du«, wollte Hurley wissen, »kannst du dich auch um urheberrechtliche Angelegenheiten kümmern?«

Schon damals in der Garage waren ihm die rechtlichen Risiken der Veröffentlichung von raubkopiertem Material ohne Genehmigung der Rechteinhaber bewusst gewesen. Je größer YouTube wurde, umso stärker mehrten sich die Löschanfragen seitens der »alten Medien«. (In Chatverläufen, die später in einem Gerichtsverfahren verlesen wurden, beschimpften Teammitglieder die Antragsteller als »Copyright-Hurensöhne« und »Scheiß-Arschlöcher«.) Hurley war aber auch klar, dass es dumm wäre, Videos zu löschen, wenn der Rechteinhaber *nichts* gegen die Veröffentlichung auf YouTube einzuwenden hatte und sie das schlicht nicht wussten. Im Oktober des Jahres 2005 lud ein Nutzer namens joeB einen faszinierenden dreiminütigen Clip mit Fußball-Superstar Ronaldinho hoch, der einen Werbevertrag mit Nike abgeschlossen hatte. War das nun legal oder irgendwo geklaut? Das Video war ein Riesenhit, und bei YouTube beschloss man, es nicht zu löschen. Bald fanden die Mitarbeiter heraus, dass joeB in der Marketingabteilung von Nike arbeitete.[5] Das führte sie zu einer ganz entscheidenden Erkenntnis: YouTube konnte für Rechteinhaber eine Gefahr darstellen, doch ebenso gut konnte es für Unternehmen, die ihre Zielgruppe erreichen wollen, ein sehr nützliches Werkzeug sein.

Anfang 2006 gab es bei YouTube eine weitere Angelegenheit mit joeB-Potenzial: »Lazy Sunday«.

Die legendäre NBC-Comedy-Sendung *Saturday Night Live* lief bereits im vierten Jahrzehnt und benötigte dringend eine Frischzellenkur. Zu diesem Zweck begann SNL »Digital Shorts« auszustrahlen – Kurzfilme mit neuen Darstellern wie Andy Samberg, einem Komiker mit Wuschelkopf und markantem Kinn. Im Dezember tauchte auf YouTube ein Sketch seiner Truppe auf und ging viral – »Lazy Sunday«. Darin waren zwei weiße Jungs zu sehen, die über Muffins und *Die Chroniken von Narnia* rappten.

Hurley schickte eine E-Mail an NBC: *Wenn ihr es nicht hochgeladen habt, nehmen wir es gerne wieder herunter. Sagt einfach Bescheid.* Wochenlang erhielt er keine Antwort, während »Lazy Sunday« immer öfter angeklickt wurde. Am 3. Februar kam dann ein offizieller Brief von der Rechtsabteilung des Networks NBC, die YouTube aufforderte, den Sketch *und* sämtliche Videos, die man mit der Suche nach »Saturday Night Live« oder »SNL« fand, zu entfernen. Kevin Donahue, in seiner Position als neuer Vizepräsident von YouTube, versuchte NBC vergeblich davon zu überzeugen, sie sollten derlei virale Inhalte doch lieber als kostenlose Werbung betrachten. Was YouTube davon hatte, lag auf der Hand: In jenem Monat waren die meisten neuen Besucher zu YouTube gestoßen, nachdem sie in einer Suchmaschine »lazy Sunday« eingegeben hatten. Am Ende nahm YouTube den Clip doch noch herunter, aber viele neue Nutzer, die der Sketch angelockt hatte, blieben.[6] Bei anderen Fällen, in denen rechtliche Ansprüche geltend gemacht wurden, drängte Gillette auf rasches Handeln, was die Programmierer wiederum gar nicht gut fanden: Sie befürchteten, dass die Leute irgendwann nichts mehr hochladen würden, wenn sie zu viele Videos löschten.

Anfang 2006 hatten YouTubes Programmierer endlich dafür gesorgt, dass alles weitestgehend stabil lief, zu Ausfällen kam es nur noch selten. Einmal rief ein verärgerter Nutzer im Büro an und hinterließ eine Sprachnachricht. »Ich muss mir verdammt noch mal einen runterholen, und das kann ich nicht, wenn da keine Videos online sind«, schrie er ins Telefon. »Kriegt das mal geregelt, ihr gottverdammten Huren.« Die Mitarbeiter lachten nervös. Nervtötende Sprachnachrichten, das Drama mit NBC, der stetig wachsende Berg an Videos, die geprüft werden mussten – all das machte vor allem eines deutlich: Sie brauchten juristische Unterstützung, und zwar in Vollzeit.

Zahavah Levine liebte Musik über alles. Im Alter von neun Jahren war sie ganz allein mit der U-Bahn zum Philadelphia Spectrum gefahren, um Kiss zu sehen, und hatte bei »Shout it out loud« aus vollem Herzen mitgegrölt. Sie hatte eine riesige Blues-Plattensammlung gehabt, bis ihr irgendein Idiot die während des Jurastudiums geklaut hatte. Levine hatte gewelltes braunes Haar und war eine Kämpfernatur. In der Schulzeit hatte sie gegen die Apartheid in Südafrika und die Contras in Nicaragua demonstriert. Der Abschluss ihres Studiums an der Berkeley School of Law war in die Zeit gefallen, als in der San Francisco Bay Area die Dotcom-Unternehmen wie Pilze aus dem Boden schossen. Unternehmen einer Branche, die die Grenzen des digital Machbaren ausloteten und dabei dringend anwaltliche Unterstützung benötigten.

Es waren die wilden Neunzigerjahre. Das Internet, einst Hochschulen und Computerfreaks vorbehalten, war endlich für die breite Masse zugänglich. 1995 griffen 16 Millionen US-Amerikaner von zu Hause aus auf das World Wide Web zu, bis 1998 hatte sich diese Zahl schon fast verzehnfacht. Shoppen, Bankgeschäfte, Sex – alles verlagerte sich ins Internet. In den USA sahen sich der Kongress und die Regierung von Bill Clinton einem immensen öffentlichen Druck ausgesetzt – von allen Seiten kamen Stimmen, die eine Regulierung des Internets forderten. Rechtsgerichtete Christen wollten das Internet restlos von Pornografie und anderen Sünden befreien, Verfechter der freien Marktwirtschaft wollten weniger Einschränkungen für den Online-Handel, und Medienlobbyisten setzten sich für den Schutz von geistigem Eigentum ein.

Der daraus resultierende Berg an Gesetzen beinhaltete zwei Meilensteine, die den Umgang mit dem Internet bis heute prägen. 1996 wurde der Communications Decency Act (CDA) verabschiedet, ein Gesetz, das sich gegen die Verbreitung von »obszönem und unanständigem« Material im Internet richtete. Gemäß Abschnitt 230 dieses Gesetzes hatten Websitebetreiber ab sofort das Recht, unanständige Inhalte zu entfernen. Außerdem konnten Betreiber nun nicht mehr ohne Weiteres für Beiträge haftbar gemacht werden, die auf ihrer Seite von den Nutzern veröffentlicht wurden.

1998 wurde dann mit dem Digital Millennium Copyright Act (DMCA) für die Inhaber von Rechten an geistigem Eigentum wie Songs und Filmen ein wichtiges juristisches Instrument geschaffen, um sich gegen Copyright-Verletzungen im Internet zu wehren. Theoretisch sollten mit diesen Gesetzen Websitebetreiber vor Klagen geschützt und Copyright-Streitigkeiten vermieden werden.

In der Praxis waren diese beiden Gesetze allerdings alles andere als eindeutig. Zu der Zeit, als jene Gesetze verabschiedet wurden, arbeitete Levine für eine Anwaltskanzlei, die »Hyperlink-Verträge« aufsetzte, also Verträge zwischen Unternehmen, die auf ihren Websites gegenseitig aufeinander verlinkten. Man glaubte, solche Regelungen nur so lange zu brauchen, bis alle besser vertraut mit dem Internet wären, und dann würde sich niemand mehr darum scheren. Im Jahr 2001 fand Levine endlich einen Job, der etwas mit ihrer eigentlichen Leidenschaft zu tun hatte: der Musik. Das Startup Listen.com betrieb den Online-Musikdienst Rhapsody, und eine von Levines ersten Amtshandlungen dort bestand darin, dem Management zu erklären, wie Napster durch die rechtlichen Regelungen des Copyrights außer Gefecht gesetzt worden war.

Napster war einst der große Star des Internets gewesen. Musikfans hatten das Portal, auf dem man kostenlos Musikdateien miteinander teilen konnte, geliebt; die Musikbranche hatte es gehasst. Gleich 18 Plattenfirmen hatten Napster wegen Copyrightverletzungen verklagt. Napster hatte argumentiert, dass das Portal wie ein Videorekorder funktioniere, und man käme wohl kaum auf die Idee, den Hersteller dafür verantwortlich zu machen, was für Videokassetten damit abgespielt würden. Die Gerichte waren anderer Meinung gewesen. Im Jahr 2001 hatte Napster in Kalifornien einen Prozess verloren und war prompt in der Versenkung verschwunden. Levines neues Unternehmen schloss Lizenzverträge mit Plattenfirmen ab, um ganz legal Streaming anbieten zu können. Levine wurde zur Expertin für die komplizierten rechtlichen Regelungen in Sachen digitaler Musik. Doch schon nach wenigen Jahren drohte dem kleinen Unternehmen das Aus – Microsoft stellte einen eigenen Streaming-Dienst vor, und Apple brachte iTunes an den Start (99 Cent pro Song).

Zur selben Zeit begann Chris Maxcy ihr Nachrichten zu schicken. Bei Rhapsody war er für das Aushandeln von Verträgen verantwortlich gewesen und später zu YouTube gewechselt, einem brandneuen Start-up, von dem Levine noch nie gehört hatte. Er schrieb: »Wir brauchen dich. Hier läuft's super, das musst du mir glauben.« Levine schaute sich YouTube an und wähnte sich durch ihre Arbeit bei Rhapsody sofort in vertrautem Terrain: In zahlreichen Videos waren beliebte Musikstücke als Soundtracks verwendet worden, in manchen Clips wurde auch einfach nur ein Lied abgespielt, und dazu liefen unbewegte Bilder. Aber die YouTube-Bibliothek umfasste viel, viel mehr als nur Musik. Sie führte ein Vorstellungsgespräch mit Hurley und Chen, und anschließend fühlte Botha, der Investor, ihr auf den Zahn. YouTube machte ihr ein Angebot, aber Levine war hin- und hergerissen. Schuld an ihrer Unsicherheit war vor allem der DMCA. Sie rief Fred von Lohmann an, einen befreundeten Anwalt, und bat ihn, sich nach der Arbeit mit ihr in ihrem Stammlokal zu treffen, dem Rite Spot Cafe, einer abgerockten Kneipe im Mission District in San Francisco. Levine hatte ein paar Seiten des Gesetzes ausgedruckt und legte diese vor ihn auf den Tisch. Im schummrigen Licht der Bar las sie aus Abschnitt 512 vor.

Der Betreiber einer Website, auf der man unbefugterweise geschütztes Material abrufen kann, das dem Copyright unterliegt – sagen wir, einen Clip von *Saturday Night Life* –, kann *nicht haftbar* gemacht werden, wenn eine dieser drei Bedingungen erfüllt ist: (1) Der Betreiber hatte keine »effektive Kenntnis« davon, dass das Material gegen Regelungen des Copyrights verstößt, (2) der Betreiber zog keinen »unmittelbaren finanziellen Nutzen« aus der unerlaubten Verwendung rechtlich geschützten Materials, oder (3) das Material wurde »unverzüglich« von der Website entfernt, sobald der Betreiber von dessen Vorhandensein Kenntnis erhielt.

»Was heißt das genau?«, wollte Levine wissen. *Was bedeutete »effektive Kenntnis« im Falle einer Website wie YouTube?* Das Unternehmen wusste ja noch nicht mal, wer da was hochlud, geschweige denn, ob es sich dabei um die unerlaubte Veröffentlichung von rechtlich geschütztem Material handelte. YouTube hatte damit begonnen, auf manchen Seiten, auf denen die Videos abgespielt wurden, Anzeigen zu schalten, jedoch noch ohne die Seiten dafür zielgerichtet aufgrund der gezeigten Videoinhalte auszuwählen. *Waren die so generierten Werbeeinnahmen demzufolge nun »unmittelbar« der »unerlaubten Verwendung von rechtlich geschütztem Material« zuzuschreiben?* Vieles am DMCA war unklar. Im Wochenmagazin Newsweek hatte man YouTube kürzlich in einem Artikel als »Video-Napster« bezeichnet.[7] *War da etwas dran?*

Levine sah von Lohmann an und fragte: »Soll ich den Job annehmen?«

»Na klar!«, antwortete der.

»Aber wird man die nicht in Grund und Boden verklagen?«

»Na und?«

Nur wenige kannten sich mit dem DMCA so gut aus wie Fred von Lohmann. Er war in einen der ersten großen Prozesse involviert gewesen, die auf Grundlage dieses Gesetzes verhandelt wurden: Er hatte Yahoo verteidigt, als es vor Gericht gezerrt worden war, weil über die Website Raubkopien von Videospielen verkauft worden waren. (Yahoo hatte den Prozess gewonnen.) Jetzt arbeitete er als Anwalt mit dem Spezialgebiet geistiges Eigentum für die Electronic Frontier Foundation (EFF), eine prominente Bürgerrechtsgruppe im Silicon Valley. Einer der Gründer, John Perry Barlow, ein Exzentriker, der früher Texte für die Band Grateful Dead geschrieben hatte, kämpfte jetzt lautstark gegen die Versuche von Regierung und Unternehmen, das Internet zu regulieren. In einem Essay von 1994 prognostizierte Barlow, wie allgegenwärtig das Internet später einmal sein würde, und legte dar, welche Philosophie im Silicon Valley zum Tragen kommen würde:

Sobald dies geschehen ist, werden alle Güter des Informationszeitalters – alle Äußerungen, die einst in Büchern oder Filmen oder Zeitungen enthalten waren – entweder als reine Gedanken exis-

tieren oder als etwas, das Gedanken sehr ähnlich ist: *elektrische Impulse, die mit Lichtgeschwindigkeit durch das Netz sausen. Diese kann man zwar wahrnehmen, als leuchtende Pixel oder Töne, aber man kann sie nicht berühren und auch niemals behaupten, dass man sie »besitzt«, zumindest nicht im herkömmlichen Sinne des Wortes.*[8]

Die Zukunft war auf YouTubes Seite. Von Lohmann wusste auch, dass YouTube mindestens einen seiner Bekannten eingestellt hatte: Micah Schaffer, den jungen Mitarbeiter mit der unverblümten »Genitalien«-Richtlinie. Vor seiner Zeit bei YouTube hatte Schaffer mit EFF-Mitarbeitern herumgehangen und mit den Unruhestiftern von Cult of the Dead Cow, einem Hacker-Kollektiv, das Dissidenten unterstützte. Als Kevin Mitnick, ein berühmter Hacker, aus der Haft entlassen wurde, war Schaffer mit Freunden vor Ort, um einen Dokumentarfilm darüber zu drehen. Er hatte auch für Rotten.com gearbeitet, ein Forum für morbide und eklige Bilder, das teilweise in Reaktion auf den Communications Decency Act ins Leben gerufen worden war, als eine Art virtuelles »Ihr könnt uns mal!«. (Viele der Bilder dort stammten aus medizinischen Fachtexten.) »Wir haben nichts gegen dich, Micah«, sagte von Lohmann eines Tages zu ihm. »Doch es gibt da ein paar Dinge, über die wir nicht hinwegsehen können.« Zu Levine sagte von Lohmann, falls es YouTube wie Napster ergehen sollte, wäre ihr bei einem der wichtigsten Gerichtsverfahren des Jahrzehnts ein schöner Platz in der ersten Reihe sicher.

Levine nahm das Angebot an. Als sie in San Mateo das lächerlich kleine Büro von YouTube betrat, fühlte sie sich mit ihren 37 Jahren wie eine Oma. Sofort prasselte eine Flut juristischer Fragen auf sie ein. Ein Plattenboss, den sie von früher kannte und der immer freundlich zu ihr gewesen war, schrie sie nun an, YouTube schulde dem Label »mehrere hundert Millionen Dollar«. Selbst friedliche Gespräche hatten so ihre Tücken. YouTube wurde von deutschen Behörden mehrfach gebeten, Videos mit Nazi-Symbolik zu löschen. (In Deutschland ist es gesetzlich verboten, solche

Symbole zu zeigen, doch da YouTube dort keine Niederlassung hatte, mussten sie sich nicht daran halten.) Anschließend hängt Schaffer ein Plakat über seinem Schreibtisch auf, auf dem stand: *Bloß keine Zugeständnisse an die Deutschen!* Das Plakat wurde abgenommen, nachdem Levine mehrere deutsche Plattenbosse zu Gast gehabt hatte, die das nicht so witzig fanden.

Einer der merkwürdigsten Fälle, mit denen Levine zu tun hatte, ereignete sich, als sie noch keine zwei Wochen bei YouTube war. Die Tierschutzorganisation PETA verlangte von YouTube, ein Video zu löschen, in dem ein Fisch von einem Truck überfahren wurde. »O mein Gott«, meinte Levine zu einer Freundin, »wenn das schon grausam ist, wo sollen wir da die Grenze ziehen?«

freddiew: »Aces«, 22. Februar 2006, 1:22.
Der Titel des Videos erscheint. Es ertönt eine gepfiffene Melodie, begleitet vom Soundtrack eines Spaghetti-Westerns. Zwei Männer sitzen an einem Tisch neben billigen Studentenwohnheim-Möbeln und spielen Karten. Die Kamera zoomt auf die Gesichter, dann ein Schnitt, Zoom auf die Pokerchips. Gesichter, Karten, Chips. Der Clou: Auf dem Tisch liegen acht Asse. Der Kleinere der beiden wirft den Tisch um, zieht eine Pistole, springt über den anderen hinweg und schießt, während er durch die Luft fliegt, ganz im Stile eines Tarantino-Films.

Freddie Wong, der kleinere der zwei Männer, hatte dieses Video im Gemeinschaftsraum des Studentenwohnheims New North an der University of South California gedreht. Alle auf seiner Etage studierten Film oder hatten es zumindest vor. Sie schrieben Drehbücher und drehten kurze Filme mit billigen Flip-Camcordern, die sie über FireWire an ihre Laptops anschlossen, verbrachten Stunden damit, die Filmchen zu schneiden, und zeigten sie dann den anderen. Da die Uni jedem nur fünfzig Megabyte zur Verfügung stellte, hatte Wong sich nach mehr kostenlosem Speicherplatz für seine Kreationen umgesehen und war dabei auf YouTube gestoßen. Dort fand er jede Menge Gleichgesinnte. Nigahiga, einen schlanken Highschool-Schüler aus Hawaii, der schwungvolle Clips hochlud, auf denen er zu bekannten Songs die Lippen bewegte. Oder das »mexikanisch-amerikanische Homegirl« Little Loca, das Alter Ego einer 22-Jährigen aus dem ländlichen Kalifornien. Sie waren Produzenten, Regisseure und Stars in Personalunion. Und alle nahmen an einem inoffiziellen Wettbewerb teil, bei dem es darum ging, möglichst skurrile und respektlose Videos zu posten, die möglichst viel Aufmerksamkeit erheischten. Doch anders als bei *American Idol* gab es bei YouTube keine Jury, sondern nur das Publikum. Man hatte damals fast das Gefühl, dass jeder, der sich YouTube-Videos anschaute, auch selbst YouTube-Videos drehte.

In San Mateo waren die Mitarbeiter von YouTube begeistert von dem explodierenden Interesse und gaben sich alle Mühe, Schritt zu halten. Nachdem sie beispielsweise mitgekriegt hatten, wie oft die Leute mithilfe ihrer Videos kommunizierten, ordnete Chen an einem Freitag die Entwicklung einer neuen Funktion an. Über das Wochenende entwickelten die Programmierer eine simple Schaltfläche, mit der man in den Kommentaren unter einem Video eine Video-Antwort erstellen konnte. Fortan überschwemmten die aktiven Nutzer besonders beliebte Clips mit ihren eigenen Videos, um Klicks und Abonnenten abzugreifen.

YouTubes System sorgte dafür, dass sich Hartnäckigkeit auszahlte. Mark Day, der aus Glasgow nach San Francisco gezogen war, war unzählige Male im BrainWash, einem Open-Mic-Café mit angeschlossenem Waschsalon, vor Leuten aufgetreten, die ihm nur so halb zuhörten. Auf YouTube stand er einfach zu Hause vor einer gelben Wand, und das Publikum kam zu ihm. Day lud eine ganze Reihe von Clips im neuen Videoblog-Stil hoch: Er sprach direkt in die Kamera und redete schnell, Lücken im Sprachfluss schnitt er heraus. Als eines seiner Videos das erste Mal 15 000 Aufrufe erreichte, löste das einen regelrechten Dopaminrausch bei ihm aus. DeStorm Power, ein Personal Trainer und Musiker aus Brooklyn, hatte bereits versucht, mit MySpace und diversen obskuren Musikseiten auf sich aufmerksam zu machen. Einer seiner Kunden aus dem Fitnessstudio fragte ihn, ob er nicht mal einen Online-Workout durchführen wollte, also lud Power pixelige Videos mit Liegestütz- und Beinübungen auf YouTube hoch. Er staunte, wie viele Leute sich das anschauten. Akilah Hughes aus Kentucky war College-Studentin und träumte davon, die nächste Oprah Winfrey zu werden. Als sie sah, wie »Lazy Sunday« viral ging, wusste sie: Hier hatte man die Chance, sich auch ohne »Vitamin B« ein Portfolio zu schaffen. »*Ich bin eh jeden Tag auf dieser Seite*«, sagte sie sich, »*da kann ich mir auch gleich ein eigenes Konto zulegen.*« Junge People of Colour wie Power und Hughes zählten zu den ersten Videomachern, die YouTube zu ihrem Medium der Wahl erklärten – nicht zuletzt, weil sie genau wussten, welche Steine die etablierten Medien ihnen in den Weg legten.

Diese Pioniere fanden auf der Website schnell zueinander und entwickelten ein starkes Zusammengehörigkeitsgefühl. »Es war ein cooler Klub für die Kids, die selbst gar nicht cool waren«, erinnert sich Justine Ezarik, Grafikdesignerin aus Pittsburgh, die 2006 als iJustine angefangen hatte, Videos zu posten. Als ihre Seite immer mehr Zulauf bekam, ging sie nach Los Angeles und zog mit Brooke Brodack zusammen – dem Mädchen mit der Zahnlücke, die unter ihrem Alias Brookers Clips auf YouTube hochlud. Inzwischen hatten die Kids, die ihre Videos posteten, auch einen eigenen Namen: YouTuber. Im Frühjahr jenes Jahres war Brookers zum ersten echten YouTube-Star geworden, als ihr »Numa-Fan«-Video die Marke von einer Million Aufrufe geknackt hatte. YouTube hatte erst im Oktober des vorhergehenden Jahres eine Funktion eingeführt, mit der man ein Konto »abonnieren« konnte. Schon im darauffolgenden Sommer hatte Brodack mehr Abonnenten als irgendjemand sonst auf YouTube. Als der NBC-Moderator Carson Daly ihre Clips entdeckte und ihr einen Job bei seiner Late-Night-Show anbot, zog sie nach Los Angeles. »Ich finde es einfach toll, dass da niemand Drittes involviert ist«, schwärmte Daly über YouTube. »Da gibt es keine Agenten, nichts dergleichen.«

In seinem Zimmer im Studentenwohnheim beobachtete Freddie Wong wie besessen den Aufstieg der YouTube-Stars. Er studierte genau, welche Elemente und Formeln dafür sorgten, dass ein bestimmtes Video mir nichts, dir nichts viral ging.[9] Zu Testzwecken postete er auf seinem Konto einen Clip nach dem anderen. Sein Jackpot war »Guitar Hero«: In der Wohnung eines Freundes hatte sich Wong gefilmt, wie er fünf Minuten lang das beliebte Videospiel spielte (und dabei schamlos angab). Auf dem Bildschirm wirkte Wong mit seiner Kastenbrille und dem strubbeligen schwarzen Haar wie ein Nerd aus dem Bilderbuch. Zugleich war er ein phänomenaler Guitar-Hero-Spieler – er absolvierte das Spiel ohne Fehler, und am Ende des Videos zerschmetterte er seine Plastikgitarre, als wäre er Jimi Hendrix. Das Video war sein Durchbruch und sicherte freddiew YouTube-weite Bekanntheit.

Viele Jahre bevor Instagram-Influencer und TikTok-Stars auf der Bildfläche erschienen, hatten Nachwuchskünstler wie freddiew einen völlig neuen Weg zu Ruhm und Bekanntheit für sich entdeckt. Sie zogen Zuschauerinnen und Zuschauer, die bis dahin ihre Tage noch nicht gewohnheitsmäßig damit verbrachten, geistesabwesend durchs Internet zu surfen, komplett in ihren Bann.

Doch kein YouTube-Star ging dermaßen viral wie Bree.

lonelygirl15: »My Parents Suck …«, 4. Juli 2006, 1:01.
Bree sitzt in einem kastanienbraunen Hemd dicht vor der Kamera und hält ein Stofftier in den Armen. Sie hat ein kleines herzförmiges Gesicht mit einem fein geschnittenen Mund und geschwungenen Augenbrauen, umrahmt von langem braunem Haar. »Ich bin gerade echt sauer«, jammert sie.

Als Mesh Flinders Bree zum ersten Mal sah, wusste er sofort, dass sie sehr gut ankommen würde. Flinders, der als Drehbuchautor gerade so über die Runden kam, hatte in ganz Hollywood versucht, seine Geschichten an den Mann zu bringen. Im Mittelpunkt sollte ein nerdiges, hübsches Mädchen stehen, das nur theoretische Physik und Jungs im Kopf hatte. Doch für seine Geschichten hatte sich niemand interessiert. Flinders hatte seinen Traum von einer Karriere in der Unterhaltungsbranche schon beinahe aufgegeben, als er mit YouTube eine Website voller nerdiger Kids entdeckte, die Zuflucht vor der Realität suchten und Stunden um Stunden merkwürdiger, experimenteller und teilweise sehr persönlicher Videos posteten. In einer Karaoke-Bar lernte er Miles Beckett kennen. Beckett war ein angehender Schönheitschirurg, wollte aber eigentlich viel lieber Filme machen. Flinders erzählte ihm von seiner Idee. »Ich will eine Serie über ein Mädchen drehen, das spurlos verschwindet«, erklärte er seinem neuen Partner.

Sie eröffneten ein YouTube-Konto mit dem Benutzernamen lonelygirl15 und veranstalteten ein Casting, bei dem sie die 19-jährige Jessica Rose, die gerade die Schauspielschule abgeschlossen hatte, für die Rolle der Bree gewinnen konnten. Sie versprachen, ihr eine Gage zu zahlen, falls das Experiment gelang. (Als die beiden Rose ihr Projekt vorstellten, hatte sie verständlicherweise zuerst gedacht, sie solle in einem Porno mitspielen.) Webcams hatten damals noch ein leicht verzerrtes Fischauge-Objektiv, und wenn Rose sich zur Kamera vorbeugte, wurden ihre Gesichtszüge überproportional vergrößert – ein Gesicht, wie geschaffen für ein Browser-Fenster, hieß es auf *Wired*.[10] Sie spielte Bree, die sich in ihrem Jugendzimmer dabei filmte, wie sie tat, was andere YouTuber auch taten: Sie bewegte die Lippen zu irgendwelchen Songs oder plapperte einfach so drauflos. Sie erzählte von ihrem Freund Daniel. Sie antwortete auf Kommentare zu ihren früheren Videos. In ihrem Video vom 4. Juli beschwerte sie sich über ihre Eltern, die ihr einen Ausflug mit Daniel verboten hatten, und machte Andeutungen, dass ihre Familie einer Sekte angehöre. Hinter ihr waren ein Bett mit weichen sand- und pfirsichfarbenen Kissen und eine Stehlampe mit pinkfarbenem Puschel zu sehen.

Sie hatten das Video in Flinders' Wohnung am Pico Boulevard gedreht. Er hatte bei Target ein paar Hundert Dollar ausgegeben, um das Zimmer so einzurichten, dass es aussah wie das eines Teenagers. Während Beckett filmte, tippte Flinders in der Ecke schon das Skript für ihr nächstes YouTube-Video. Die beiden hatten sich mit einem Anwalt aus der Entertainmentbranche zusammengetan, dessen Frau ihnen dabei half, den Schwindel aufrechtzuerhalten, indem sie mit den Fans kommunizierte und sich dabei als Bree ausgab. Flinders hatte sich eine ausgeklügelte Handlung mit Bezügen zum Okkultismus ausgedacht, die sich nach und nach entfalten sollte, in etwa so wie in einem Briefroman. Aber ihm wurde bald klar, dass es viel besser wäre, wenn er ihre Fans entscheiden ließ, wie die Geschichte weitergehen sollte. Als er den Kommentar eines Fans las, der fand, dass es zwischen Daniel und Bree doch endlich einmal funken müsse, baute er genau das in sein Skript ein. Alle Beteiligten hatten das Gefühl, sie würden das Entertainment von morgen erfinden.

Das Video vom 4. Juli wurde binnen zwei Tagen über eine halbe Million Mal aufgerufen. Das entsprach der Einschaltquote einer Hit-Serie im Kabelfernsehen. Flinders rief seinen Partner an. »Verdammte Scheiße«, sagte der Drehbuchautor. »Das funktioniert ja sogar noch schneller und besser, als wir dachten.«

Kapitel 3
Zwei Könige

Als Robin Williams (ja genau, *der* Robin Williams) mit großen Schritten auf die Bühne kam, brachen die Google-Mitarbeiter in den ersten Sitzreihen in Jubel aus.

Die restlichen Reihen des Auditoriums im Hilton waren voll mit – in erster Linie männlichen – Tech-Freaks, die Schlüsselbänder um den Hals trugen. Google hatte sich den wichtigsten Slot auf der Leistungsschau der Unterhaltungselektronik-Branche gesichert: der Consumer Electronics Show (CES), die in der ersten Woche des Jahres 2006 wie immer in Las Vegas stattfand. Larry Page, einer der Gründer von Google und seines Zeichens Googles größter Visionär, befand sich bereits auf der Bühne, um die neuesten Erfindungen des Unternehmens zu präsentieren. Mitten in seinem Vortrag gesellte sich Williams zu ihm auf die Bühne und feuerte ein Feuerwerk an anzüglichen Witzen ab, über die Konferenz der Pornoindustrie, die gerade in Las Vegas stattfand, und über asiatische Aussteller auf der CES.

Im Publikum saß ein Googler – so nannten sich die Mitarbeiter von Google – namens George Strompolos. Er war noch recht neu im Unternehmen und wartete gespannt darauf, dass die Sprache auf Google Video kam. Er wusste, dass die Präsentation erst in letzter Minute zusammengeschustert worden war. Ein Jahr zuvor hatten sie bei Google einen ersten Versuch mit digitalen Videos gestartet. Google war da dank seiner Suchmaschine gerade im Höhenflug gewesen: An der Börse war das Unternehmen mit einem Wert von über 23 Milliarden Dollar gelistet worden, wodurch es seine Position als eines der wenigen Unternehmen, die das Platzen der Dotcom-Blase überlebt hatten, hatte festigen können. Für Google konnte ein Projekt gar nicht innovativ genug sein. Ebenso wie andernorts im Silicon Valley hatte man bei Google mitgekriegt, dass sich alles, was mit Fernsehen, Film und Homevideos zu tun hatte, immer mehr ins Netz verlagerte und dass das ein Trend war, den man auf keinen Fall verpassen durfte, wenn man auch in den nächsten Jahrzehnten noch ganz vorn mitspielen wollte.

Nur wie man das anstellen sollte, war noch nicht ganz klar. Als Erstes hatte man Google Video an den Start gebracht. Das war ein Dienst, der die Untertitel aus Fernsehsendungen konvertierte und in eine durchsuchbare Datenbank einspeiste; dasselbe Prinzip hatte man mit Google.com bereits auf Websites angewandt. Mit nutzergenerierten Videos hatte man bei Google ebenfalls schon herumexperimentiert. Die oberste Führungsschicht von Google hatte beschlossen, dass es am wichtigsten war, professionell erstellte Medienformate ins Netz zu bringen. Nachdem Williams die Bühne in Vegas wieder verlassen hatte, stellte Page das entsprechende Projekt vor: den neuen Google Video Store, die Antwort des Internets auf das althergebrachte Kabelfernsehen. Page versprach, dass man sich über den Google Store schon bald alles Mögliche würde anschauen können, von Spielen der NBA bis hin zur Zeichentrickserie *Rocky & Bullwinkle*. Als Les Moonves, der Chef von CBS, höchstpersönlich die Bühne betrat, um zu verkünden, dass sein Network ebenfalls einige Sendungen beisteuern würde, applaudierte Strompolos – das war auch für ihn eine Überraschung. Er arbeitete noch nicht lange bei Google, aber er hatte ein ungutes Gefühl. Seine Bewunderung galt den anarchischen, dilettantischen Medien, die im Internet Konjunktur hatten. Auf YouTube hatte er sich »Lazy Sunday« angeschaut, und er wusste, dass es junge Leute in Scharen zu YouTube zog. Die würden nicht zu Google Video herüberwandern, erst recht nicht für CBS-Formate aus dem Abendprogramm. Was ihm und den meisten anderen Googlern aber zu diesem Zeitpunkt nicht klar war: Larry Page war bereits genau derselbe Gedanke gekommen.

Im November hatte einer seiner Gefolgsleute Page einige E-Mails weitergeleitet, in denen sich Mitarbeiter von Google Video über das aufstrebende Unternehmen YouTube austauschten. Page überflog die Mails; vier Minuten später antwortete er. Er erwähnte die Investition von Sequoia und schrieb: »Ich glaube, wir sollten erwägen, die zu kaufen.«

Zwei Wochen nach der Messe in Las Vegas sendete Dan O'Connell sonntagabends noch eine E-Mail an ideas@google.com. Das war die Adresse, unter der Googler neue Ideen einreichen konnten. Dan O'Connell arbeitete im Vertrieb. Er war ein leidenschaftlicher Gitarrist und Snowboarder und war da auf so eine neue Seite gestoßen, auf der er nicht nur Videoclips über seine beiden Hobbys gucken, sondern sogar im Handumdrehen seine eigenen Clips hochladen konnte. »Wir sollten entweder im großen Stil als Partner bei YouTube einsteigen oder sie einfach aufkaufen, bevor das jemand anderes tut (nämlich Yahoo)«, schrieb O'Connell.

Am nächsten Morgen leitete Page diese E-Mail an seinen erfahrensten Anwalt weiter mitsamt der Frage: »Wie weit sind wir in dieser Angelegenheit?«

Larry Page hatte Google zusammen mit Sergey Brin entwickelt. Sie wurden von allen einfach nur mit Larry und Sergey angesprochen – bei Google nannten sich alle beim Vornamen, ein weiteres Detail, mit dem sich viele junge Tech-Firmen von den überkommenen Hierarchien der großen Konzerne abgrenzten. 2006 hatten die »Google-Jungs«, wie sie in der Presse genannt wurden, im Silicon Valley schon längst Geschichte geschrieben. Page, der eigensinnige, hyperintelligente Sohn zweier Informatiker aus Michigan, und Brin, ein ungestümes Mathe-Genie, dessen Familie aus der UdSSR geflohen war, hatten sich bei der Einführungsveranstaltung ihres Doktorandenkollegs in Stanford kennengelernt. Sie hatten sich sofort angefreundet. »Man kann Google nur verstehen, wenn man weiß, dass Larry und Sergey beide eine Montessorischule besucht haben«, sagte Marissa Mayer, eine ihrer ersten Stellvertreterinnen, einmal zu einem Reporter.[1] Nach dem Montessori-Konzept wird Kindern beigebracht, ihren eigenen Interessen nachzugehen und Autoritäten infrage zu stellen. Beides nahmen die Google-Jungs mit in ihr Unternehmen. »Warum gab es in Büros nichts zum *Spielen*?«, so Mayer. »Warum keine kostenlosen Snacks? Warum? Warum? Warum?« Die Jungs hatten das wissenschaftliche Konzept der Websuche genommen, daraus ein Unternehmen gemacht und sich in das Einfamilienhaus von Susan Wojcicki, einer gemeinsamen Freundin, eingemietet. Die spätere Chefin von YouTube hatte ihnen anschließend dabei zusehen dürfen, wie sie ihre Garage mit Servern und Rechnern vollstopften und mit weiteren Computernerds bevölkerten.

Es gab damals diverse Suchmaschinen, aber die anderen listeten Suchergebnisse rein mechanisch anhand des vorhandenen Textes auf der jeweiligen Seite auf. Google.com bewertete Websites anhand der Anzahl der Links, die von anderen Seiten zu ihnen führten, und nutzte die rekursive Logik des World Wide Web, also das Internet selbst, um die Suchergebnisse zu verbessern. Jede Suche auf Google verbesserte Google ein Stück weit. Page und Brin – beide noch keine dreißig Jahre alt – verkündeten in ihren Gründungsdokumenten eine haarsträubend weit gefasste Firmenphilosophie: Google wolle »die Informationen der Welt organisieren und diese universal zugänglich und nutzbar machen«. Im Jahr 2006 war man bei Google dabei, diesen Grundsatz auf alles anzuwenden, was mit dem Internet zu tun hatte. E-Mail. Bilder. Landkarten. Straßen. In juristischer Hinsicht waren das alles regelrechte Minenfelder. Ein Anwalt, der 2004 bei Google anfing, wurde ganz ernsthaft gefragt: »Wollen Sie lieber an dem Projekt mitarbeiten, wo wir alle Bücher der Welt einscannen, oder an dem Projekt, wo wir das gesamte Fernsehen der Welt aufzeichnen?«

Der Anwalt erstarrte. »Wie bitte?«

Die Google-Jungs hatten diese Konzepte, mit denen sie die Zukunft zum Leben erwecken wollten, entweder selbst entwickelt oder aufgegriffen und sich für sie eingesetzt, aber die eigentliche Arbeit erledigten meist andere. Sie waren Visionäre, keine Geschäftsleute. Ihre Investoren drängten sie dazu, den erfahrenen

Softwareentwickler und Manager Eric Schmidt als CEO einzustellen, damit sie jemanden hätten, der »dafür sorgte, dass der Zug pünktlich fährt und bei Meinungsverschiedenheiten [der Gründer] die Führung übernimmt«, wie es ein früherer Investor ausdrückte.²
Schmidt und die Google-Gründer umgab ein Kreis engster Vertrauter – Personen, auf die sie sich verlassen konnten. Zwei Frauen, Marissa Mayer und Susan Wojcicki, erledigten den Großteil der Routinearbeit. Kurz nachdem die Jungs ihre Garage in Beschlag genommen hatte, war Wojcicki bei ihnen als 16. Mitarbeiterin eingestiegen. Mayer, ihres Zeichens ebenfalls Stanford-Absolventin, leitete Google Books; Wojcicki war für Google Video verantwortlich. Angestellte bei Google nannten sie die »Mini-Gründerinnen« – sie waren klug und ehrgeizig und waren in der Lage, die Wünsche von Page und Brin zu kanalisieren. Als Google größer und größer wurde, zählten die beiden Frauen zu den wenigen Personen, die zu den Gründern durchdringen konnten.

Bei Google Books wurde auf ein klares Ziel hingearbeitet – die Digitalisierung sämtlicher gedruckter Seiten der Welt. Bei Google Video hingegen war noch nicht ganz klar, wohin die Reise gehen sollte. Nach der Erfassung von Untertiteln aus dem Fernsehen hatte die Abteilung im April 2005 einen Aufruf gestartet und damit begonnen, auch Videos von Amateuren einzuspeisen. Wojcicki und ihre Kollegen hatten sich zusammengesetzt, um sich gemeinsam die ersten Einsendungen anzuschauen. Pelzige lila Handpuppen erwachten auf dem Bildschirm zum Leben und sangen in einer Sprache, von der Susan Wojcicki kein Wort verstand. Der praktisch veranlagten 36-Jährigen mit der zierlichen Statur und dem brünetten Bob sah man kaum an, dass sie dank Googles Börsengang frischgebackene Millionärin war. Sie hatte noch nicht viel Erfahrung mit der Medienproduktion, und beim Anblick dieser seltsamen lila Handpuppen fühlte sie sich in all ihren Vorurteilen gegenüber Amateurvideos bestätigt. *Wer will schon, dass sich irgendwelche Fremden online seine Videos ansehen? Und wer würde fremden Leuten bei irgendetwas zuschauen wollen?*

Ein paar Jahre später würde Wojcicki sagen, dass sie ihre Meinung darüber geändert habe,³ nachdem sie das Video zu Hause einem Testpublikum gezeigt habe, nämlich ihren beiden Kindern. Diese hatten sofort angefangen zu kichern und hatten das Video gleich noch einmal sehen wollen.

Doch während Wojcicki im Frühjahr 2006 noch zögerte, was Amateurvideos anbelangte, stand sie plötzlich vor einem echten Problem: YouTube hatte Google bereits abgehängt. Die Website dieses kleinen Start-ups aus San Mateo verbuchte aktuell 40 Millionen Videoaufrufe pro Tag, und diese Zahl wuchs in einem rasanten Tempo. Auf *Slate* lobte der Tech-Autor Paul Boutin YouTube und MySpace als »Internet der nächsten Generation, bei dem die Leute genauso schnell und einfach etwas beisteuern, wie sie etwas konsumieren«. Nach dem Auftritt von Google im Januar auf der Messe in Las Vegas hatte Boutin noch prognostiziert, dass der Google Video Store bald das Kabelfernsehen ersetzen würde. »Ich lag falsch«, schrieb er vier Monate später, »und ich glaube, dass Google aus einem ganz einfachen Grund nicht in die Gänge kommt: Die Bedienung ist dort viel komplizierter als bei YouTube.«

Googles CEO Schmidt war darüber alles andere als erfreut. Er mailte Wojcicki den *Slate*-Artikel und fügte hinzu: »Vielleicht ist das der Grund, warum uns YouTube und MySpace davonrennen.«

Wojcicki tippte schnell eine Antwort in ihr Blackberry. Bald wären sie über den Berg, versicherte sie ihrem Chef. Bislang musste man für Google Video eine separate App installieren, damit war nun Schluss. Noch zwei Wochen, dann würden sie über ein Websystem verfügen, das schneller war als das von YouTube und das über ähnliche Funktionen verfügte; beispielsweise würde man Videos »taggen« und teilen können. Laut Wojcicki war das Hauptproblem, dass Google darauf gesetzt hatte, dass viele Leute bereit wären, gegen Geld bekannte Filme und Fernsehsendungen herunterzuladen. Diese Strategie gab man nun auf. »Ich glaube, wir sind jetzt auf dem richtigen Weg und werden gewinnen, aber müssen erst wieder aufholen«, schrieb sie. Als sie wieder an ihrem Schreibtisch war, schrieb sie Schmidt noch einmal, um ihm zu versichern, dass ein geplanter Deal mit Viacom zustande kommen werde, die Google Sendungen wie *SpongeBob Schwammkopf* und *Punk'd* überlassen wollten.

Und sie hatte noch ein Ass im Ärmel: »Wir nutzen Google.com.« Sollte heißen: Sie würden einen Link zum Video Store auf der Startseite von Google platzieren.

Doch einige ihrer Mitarbeiter waren gar nicht so siegessicher. Shiva Rajaraman, ein junger Texaner, hatte sich beruflich neu orientiert und einen Job bei Google Video ergattert. Bei Internetunternehmen konnte man in zwei Bereichen Karriere machen: *Softwareentwicklung*, wo man Programme schrieb und dafür sorgte, dass die Technologie funktionierte, und *Produkt*, wo man sich ums Design kümmerte und Strategien dafür entwarf, dass die Leute die Technologie am Ende auch wirklich nutzten. Als Produktmanager war man immer so etwas wie ein Mini-CEO. Nach einigen Jobs bei mittelmäßigen Softwarefirmen war Rajaraman noch einmal an die Uni gegangen und hatte Wirtschaftswissenschaften studiert. Anschließend hatte er sich eine Stelle als Produktleiter gesucht und war bei Google gelandet, in der ersten Liga der Internetunternehmen. *Und jetzt das hier?* Google Video war einfach nur langweilig. Als Hip-Hop-Fan hatte er längst mitbekommen, dass neue Künstler heute nicht mehr durch MTV bekannt wurden, sondern durch YouTube, das neue Kulturbarometer. Wenn er Google Video aufrief, sah er dort nur olle Kamellen.

Und Google besaß noch ein weiteres ganz offensichtliches Handicap: Das Unternehmen wollte kein einziges Video veröffentlichen, ohne es vorher zu prüfen. (Seit Google 2005 wegen seines Buch-Scan-Projekts von der Authors Guild, der US-amerikanischen Berufsorganisation für Schriftstellerinnen und Schriftsteller, verklagt worden war, war man in der Rechtsabteilung etwas nervös.) Unter der Woche, wenn die Teams von Google Video im Büro saßen, funktionierte das Prüfverfahren ganz gut, aber nicht so am Wochenende, wenn alle freihatten. Wenn jemand am Freitagabend auf Google ein Video hochlud, musste er zwei Tage warten, um es sich dort anzuschauen. Bei YouTube hingegen ging das ratzfatz. Als Start-up konnte es sich YouTube leisten, alle möglichen Risiken einzugehen. So etwas konnte sich Google schon angesichts der großen Verpflichtungen, die es als Aktiengesellschaft zu schultern hatte, schlichtweg nicht erlauben.

Seine Kollegen fand Rajaraman genauso wenig inspirierend. Da der Konzern mit Google Video ohnehin keine großen Umsätze machte, waren viele in der Abteilung ständig mit anderen Dingen beschäftigt. So wie ein Kollege, der sich eine Aktion bei Google zunutze machte, bei der man eine Prämie erhielt, wenn man einen neuen Volontär vermittelte. Also programmierte dieser Kollege ein simples Tool, mit dem er Websites nach Lebensläufen von Studierenden durchforsten konnte. In jeder freien Minute pflegte er die über diese Listen gefundenen E-Mail-Adressen in das Empfehlungssystem ein in der blinden Hoffnung, irgendeiner der zugehörigen Absolventen würde als Volontär zu Google kommen. So verhielt sich niemand, der an »der nächsten großen Sache« arbeitete, fand Rajaraman. So langsam fragte er sich, ob es ein Fehler gewesen war, bei Google Video anzufangen.

Bei Chad Hurley sah das jedoch ganz anders aus. Gerade als dieser geglaubt hatte, er hätte alles vermasselt, war er in Sun Valley, Idaho, auf Gold gestoßen.

Dort hatte er im Juli 2006 in die finsteren Mienen der mächtigsten Akteure der Entertainmentbranche geblickt. Die Investmentbank Allen & Co. hielt in Sun Valley jedes Jahr ein exklusives Gipfeltreffen ab, bei dem wichtige Geschäfte gemacht und jede Menge Hände geschüttelt wurden. Zahllose ältliche TV- und Film-Funktionäre waren dort, allesamt gekleidet in blaue Westen, die die Bank ausgehändigt hatte. Jeden Sommer gewährte Allen & Co. ein paar wenigen aufstrebenden jungen Unternehmen die Chance, sich auf dem Treffen zu präsentieren. Diesmal war die Wahl auf YouTube gefallen.

Auf der Bühne klickte sich Hurley durch die PowerPoint-Folien, die seine Marketing- und Werbemanagerin Julie Supan zusammengestellt hatte. Monate zuvor hatte sich YouTube in einem Brief an NBC als simples »Online-Forum« bezeichnet. Jetzt tat Hurley, der eher zum Tiefstapeln neigte, sein Möglichstes, um den Einsatz zu erhöhen. »YouTube ist ein Medienunternehmen für Verbraucher«, begann er. »Die Marke YouTube ist *das* Synonym für Online-Videos, und wir konzentrieren uns darauf, ein nachhaltiges, profitables Geschäft aufzubauen.« (Dass YouTube drauf und dran war, in jenem Monat über eine Million Dollar Verlust zu machen, behielt er lieber für sich.) Hurley sprang von einer erstaunlichen Zahl zur nächsten: Jeden Tag würden im Internet 80 Millionen Videos geschaut und über zwei Millionen hochgeladen, und 60 Prozent aller Online-Videos in den USA würden über YouTube abgerufen. Zum Vergleich zeigte er den Anteil von Google: Der lag bei 17 Prozent. YouTube sei der »Geburtsort einer neuen Videoclip-Kultur«, ein Ort, an dem Medienriesen ihre Filme und TV-Sendungen vermarkten könnten. *Ein Partner.* Er erwähnte den Brookers-Deal mit Carson Daly, und zum krönenden Abschluss verkündete er: »Menschen wollen gesehen werden, und YouTube ist eine Bühne, auf der sich jeder inszenieren darf.« *Höflicher Beifall.*

Direkt nachdem er von der Bühne gegangen war, entschuldigte er sich bei einem Banker für seinen glanzlosen Auftritt. Dieser erinnerte sich später daran, dass Hurley den Tränen nahe war. »*Wieso das denn?*«, dachte der Banker. »*Das war doch genial!*« Die Medienmoguln waren darauf gefasst gewesen, dass ein aalglatter Punk, so eine Art Napster-Typ, ihnen einen Vortrag darüber halten würde, wie schlecht sie auf die Zukunft vorbereitet seien. Hurley, der lässige Surfer, sah hingegen alles andere als gefährlich aus. Ein Wolf im Schafspelz. Einige große Namen – allen voran der Internetmilliardär und Filmstudiobesitzer Marc Cuban – schimpften gerne über YouTube und nannten das Unternehmen einen Haufen Piraten. Aber die meisten in der Branche zeigten ein wohlwollendes Interesse, mitunter sogar Sympathie.

Ein leitender Angestellter von Time Warner, der YouTube in jenem Sommer einen Besuch abstattete und sah, dass sich die sechzig Mitarbeiter des Unternehmens zehn Telefonleitungen teilen mussten, meinte zu einem Reporter, er habe »schon fast Mitleid mit denen« gehabt. Nach seinem Auftritt in Sun Valley taufte die Presse Hurley den »Goldjungen des Silicon Valley«. Bei einer anderen Veranstaltung schwatzte er mit Bill Gates und zeigte Martha Stewart, wie man ein YouTube-Konto einrichtete. Er lernte George Lucas, den Schöpfer von *Star Wars,* kennen und bot ihm einen Sitz im Vorstand von YouTube an. (Lucas lehnte ab.[4]) Im August gelang es Hurleys Vertriebsteam, einen großen Vertrag für Werbeanzeigen auf der Website abzuschließen, wodurch YouTube erstmals Gewinne einfahren konnte. (Das Glück währte jedoch nicht lange: Im nachfolgenden Monat rutschte YouTube schon wieder in die roten Zahlen.) Sie führten Gespräche mit Plattenfirmen, TV-Networks und Mobilfunkanbietern. Für den Fotografen eines Magazins, der sie vor den billigen roten IKEA-Vorhängen des Büros ablichtete, zogen sich Hurley und Chen eigens schwarze Jacketts an; ihre Hemden steckten sie sich allerdings trotzdem nicht in die Jeans.

Selbst Skandale konnten YouTubes Höhenflug nicht stoppen. Im Herbst fand ein Blogger heraus, dass lonelygirl15 ein Fake und Bree eine Schauspielerin war. Die *New York Times* entlarvte die aufstrebenden Filmemacher hinter dem YouTube-Konto als Strippenzieher.[5] Doch selbst als der Schwindel aufflog, hielten ihnen die Zuschauer die Treue: Alle wollten trotzdem wissen, was Bree als Nächstes zustoßen würde.

Hinter den Kulissen von YouTube stand Hurley kurz davor, seinen Titel zu verlieren.

Da das Unternehmen immer weiter wuchs, fand Roelof Botha von Sequoia, YouTubes wichtigster Investor, dass es an der Zeit sei, einen neuen CEO einzustellen. In seinem Memo an die Investoren im Vorjahr hatte Botha angemerkt, YouTube müsse »dringend jemanden anheuern«, der sich um das Geschäftliche kümmerte. Sequoia war schon bei Google so vorgegangen und hatte den Gründern dort Schmidt zur Seite gestellt. Botha machte sich auf die Suche nach einem erfahrenen Geschäftsmann, der Hurley und

Chen unter die Arme greifen würde, und schoss sich zunächst auf Mike Volpi ein, einen der führenden Köpfe des Router-Herstellers Cisco, wo ein anderes Vorstandmitglied von YouTube arbeitete. Im Herbst trafen sich Hurley und Chen mit Volpi in einem italienischen Restaurant in der Nähe ihrer Büroräume. Wie viele im Silicon Valley glaubte auch Volpi, dass YouTube mit Abonnements und kostenpflichtigem Streaming von lizenzierten TV-Sendungen und Filmen Geld verdienen könne. Hinterher hatte er den Eindruck, dass das Treffen gut gelaufen war – die Jungs von YouTube waren locker drauf und gleichzeitig total engagiert bei der Sache gewesen, als es darum ging, was ihre Seite von der Konkurrenz abhob, nämlich dass man im Handumdrehen Videos hochladen konnte. Doch danach meldete sich YouTube nie wieder bei ihm.

Zur selben Zeit überschlugen sich am Unternehmenssitz von Google in Mountain View die Ereignisse.

Keine der Funktionen von Google Video, die Susan Wojcicki ihrem CEO im Frühjahr angekündigt hatte, funktionierte. Im August spielte Google schließlich seinen Trumpf aus und platzierte auf Google.com, dem wertvollsten Aktivposten des Unternehmens, der Startseite der Suchmaschine, die täglich zahllose Menschen besuchten, einen Link zu Google Video. Doch wider Erwarten wirkte sich das kaum auf den Traffic aus. Ein Mitarbeiter von Google Video erinnert sich, wie fassungslos er war: »Das war unsere Geheimwaffe gewesen, und es tat sich überhaupt nichts.«

Shiva Rajaraman saß an seinem Schreibtisch, als ihm ein schmächtiger Mann auf die Schulter tippte, dessen sanfte Stimme bei Google jeder kannte: Salar Kamangar war im Unternehmen eine lebende Legende. Der Kommilitone von Page und Brin in Stanford hatte am Anfang für Google gearbeitet, ohne dafür ein Gehalt zu verlangen. Der gebürtige Iraner war Programmierer und der Erfinder von AdWords, dem Auktionssystem für Anzeigen, Googles ewiger Goldmine. Die Mitarbeiter bezeichneten ihn als den dritten einflussreichen »Mini-Gründer«; es hieß sogar, er sei »der heimliche Präsident von Google«.[6] Auch Kamangar war der Aufstieg von YouTube nicht verborgen geblieben.

»Ich muss ein paar Folien basteln«, sagte er zu Rajaraman. »Vielleicht kannst du mir helfen.« Dabei handelte es sich um Unterlagen, mit denen er aufzeigen wollte, dass es ratsam sei, YouTube zu übernehmen.

Für alle Beteiligten ging es in den folgenden Wochen drunter und drüber. Hurley wurde von allen Seiten mit Kaufangeboten bombardiert, die sie angesichts der Copyright-Streitigkeiten, die sich vor YouTube auftürmten, und der explodierenden Kosten für die Bereitstellung der Videos einfach nicht ignorieren konnten. Eines kam von der News Corporation, die Fox gehörte und kürzlich eine halbe Milliarde Dollar für MySpace auf den Tisch gelegt hatte. Sogar der Telefonbuchverlag R. H. Donnelley machte ein Angebot. Aber von all den Interessenten kamen im Grunde nur zwei in Betracht: Yahoo und Google.

Google bat eine seiner Hausbanken, die Credit Suisse, um ein Gutachten für den Deal. Die Banker setzten sich in einem von Googles »War Rooms« zusammen. Amüsiert schauten sie sich einige Videos auf YouTube an, leicht perplex darüber, dass dieses alberne Videoportal so viel wert sein sollte. Hurley und Chen hatten im selben Jahr schon einmal mit Google über eine Übernahme gesprochen, Googles Angebot von 50 Millionen Dollar aber als zu niedrig abgelehnt. Jetzt bot Google 615 Millionen Dollar. Einer der Banker grübelte hinterher noch darüber nach, wie man die Übernahme wohl am besten Googles Aktionären erklären sollte – eine undankbare Aufgabe, frei nach dem Motto: »Die gute Nachricht: Die Plattform macht keinen Gewinn. Die schlechte Nachricht: Sie haben noch nie von ihr gehört.«[7]

Hurley und Chen trafen sich mit den Verantwortlichen von Yahoo in einem Denny's-Restaurant in der Nähe ihrer Geschäftsräume, einem diskreten Ort, eigens ausgewählt, um möglichst nicht erkannt zu werden. Die Leute von Google hatten sich für den darauffolgenden Tag angekündigt. »Wäre es nicht total witzig«, flachsten die YouTube-Chefs, »wenn wir uns mit denen in genau demselben Denny's treffen?« Gesagt, getan.

Am Freitag, dem 6. Oktober, hielten Hurley und Chen ein besonders ausgelassenes Teammeeting ab. Es war das letzte in den Büroräumen über der Pizzeria – YouTube zählte inzwischen fast siebzig Mitarbeiter, und die Gründer hatten weiter nördlich in San Bruno, einem verschlafenen Vorort von San Francisco, ein größeres Domizil gefunden. Sie feierten den Umzug mit einer Sektpyramide und jeder Menge Bier. Einige schnappten sich leere Wasserspenderflaschen und bildeten einen improvisierten Trommelkreis. Und Schaffer drehte mal wieder ein Video. »Hier drüben sind die Ingenieure und Designer, zusammengepfercht wie Vieh«, erzählte er und schwenkte mit der Kamera durch die Büroräume. »Und da sichtet der Content-SQUAD eifrig Pornografie.« Die Mülleimer quollen über von Pizzakartons und Pappschachteln vom chinesischen Imbiss. Auf den Toiletten waren die Papierhandtücher alle.[8] Jemand, der sich die Räumlichkeiten anschaute, nachdem YouTube ausgezogen war, berichtete von stapelweise Unterlassungsanordnungen, die unbeachtet auf einem Faxgerät lagen.

Bei vielen lagen die Nerven blank. Trotz des Übernahmeangebots hatte Yahoo kürzlich Klage gegen YouTube eingereicht, weil sie ihnen mehrere Vertriebsmitarbeiter abgeworben hatten. Diese mussten nun wohl oder übel ihre Sachen packen und sich von YouTube wieder verabschieden. Viele im Team hatten von den Übernahmegerüchten gehört und fragten sich, was aus ihnen werden würde.

Jeden Freitag begann das Teammeeting bei YouTube mit demselben Gag. Hurley kletterte auf einen Stuhl und verkündete: »Leute, ich habe aufregende Neuigkeiten! Wir werden von eBay übernommen!« (Die Abneigung der Gründer gegen eBay, das PayPal gekauft hatte, war allgemein bekannt.) Und auch an diesem Freitag kletterte Hurley wieder auf einen Stuhl und rief: »Wir haben aufregende Neuigkeiten.« Aber diesmal machte er eine Kunstpause. *War das jetzt wirklich die Übernahme?* »Wir ziehen nach San Bruno.« Das wurde mit Lachen und Seufzern quittiert.

Über das Wochenende wurden einige wenige Mitarbeiter in die eigentlichen Pläne eingeweiht. Eine kleine Abordnung von Programmierern der ersten Stunde, die bei diesen Entscheidungen mit abstimmen durften, sollte den Deal so schnell wie möglich absegnen. Einige hielten das Ganze zunächst für einen Scherz.

Noch wussten nicht alle Bescheid. Montagfrüh betrat Heather Gillette, die Leiterin von YouTubes SQUAD-Team, noch völlig ahnungslos die neuen Büroräume in San Bruno und streifte sich den Matsch von den Schuhen. Sie hatte endlich eine Bank gefunden, die bereit war, ihr ein Darlehen für ihr Traumgrundstück zu gewähren – eines jener dubiosen zinslosen Darlehen ohne Sicherheiten, die zur Immobilienblase führten –, musste dort aber fürs Erste in einem Wohnmobil wohnen, und befestigte Wege gab es auch noch nicht. Aus Sorge, mit ihrer Hypothek in Verzug zu geraten, hatte Gillette sich bereits mit einem ihrer Nachbarn verständigt, der ihr notfalls ihr Grundstück abkaufen würde. Gegen Mittag war sie immer noch dabei, sich in dem neuen Büro einzurichten, das viel größer war, als sie erwartet hatte. Da kam auf einmal ein Kamerateam rückwärts durch die Eingangstür. Auf dem Fuß folgten Hurley und Eric Schmidt, der CEO von Google. *Huch?*

Die Männer verschwanden in einem der Konferenzräume, und bald gesellten sich Chen, Botha und eine Schar Anwälte von Google hinzu. Ein paar YouTube-Mitarbeiter waren in der Nähe Sandwiches futtern gegangen und wurden eilends zurück ins Büro zitiert, damit auch sie es aus erster Hand erfuhren: Sie alle gehörten jetzt zu Google.

Sergey Brin, der Mitbegründer von Google, absolvierte den Auftritt – ganz der Milliardär – in einem engen schwarzen Hemd mit dazu passender schicker Hose. Hurley und Chen trugen, wie immer zu formellen Anlässen, lockere schwarze Jacketts und Jeans, die Hemden über der Hose. Chen trug eine eng anliegende Halskette. Schmidt, in maßgeschneidertem Anzug mit rosa Krawatte, witzelte: »Ich habe mich extra für meinen Auftritt auf YouTube chic gemacht.«

Brin, der einst mit Page persönlich über die Einstellung jedes einzelnen neuen Mitarbeiters entschieden hatte, begrüßte die YouTube-Gründer und versuchte sich in Small Talk: »Ihr seid also erst kürzlich hergezogen?«

Chen lächelte und antwortete: »Vor etwa vier Stunden.«

»Oh«, gab Brin überrascht zurück.

Nur wenige wussten, dass die Übernahme fast gar nicht zustande gekommen wäre. Google besaß eine geheime Methode, die Leistungsdaten von Websites, die sein Online-Werbesystem nutzen, auszuspähen, und im Zuge der Verhandlungen hatte ein Manager von Google auch einmal kurz einen Blick auf die Zahlen von YouTube geworfen. Hurley war darüber so erbost gewesen, dass er damit gedroht hatte, alles abzublasen. Schmidt war es gelungen, ihn zu beruhigen und das Ganze doch noch zum Abschluss zu bringen.

Nun wandte sich Schmidt in den Räumen von YouTube an seine neuen Mitarbeiter. Innerhalb von anderthalb Jahren war es dem Team gelungen, YouTube komplett umzukrempeln: Aus einem Forum für Freaks, das immer wieder abstürzte und das sie mit Chens Kreditkarte finanziert hatten, war ein Portal geworden, das gerade in einer der teuersten, meistdiskutierten und unwirklichsten Transaktionen der Branche den Besitzer gewechselt hatte. »Erstens: Ihr habt alle Rekorde gebrochen, und das in Windeseile«, sagte Schmidt zu Beginn seiner Rede. »Ihr wart schnell und ihr wart gut.« Er versicherte den Mitarbeitern, dass alle ihre Jobs behalten würden und dass Google YouTube als »separate Einrichtung, separate Marke, separate Website« betreiben würde. Brin und die YouTube-Gründer sagten auch noch ein paar Worte, dann durften die Mitarbeiter Fragen stellen.

»Sagt mal«, wollte einer wissen, »was macht ihr denn jetzt mit Google Video?«

Später am selben Tag betrat Schmidt die Büros von Google Video in Mountain View, um dieselben Neuigkeiten zu überbringen, nur auf nicht ganz so feierliche Weise. Ein Teil der Abteilung, jene Mitarbeiter, die mit der Indizierung von TV-Untertiteln beschäftigt waren, würden vor Ort bleiben, verkündete er. Alle anderen sollten ihre Siebensachen packen – sie würden nach San Bruno umziehen und in Zukunft bei YouTube arbeiten.

George Strompolos, der junge Servicemitarbeiter und Amateurvideo-Fan, war geschockt. Google warf tatsächlich das Handtuch! Andererseits arbeitete er ab sofort für ebenjenes Unternehmen, das in der Popkultur und der Tech-Branche seit Neuestem die Trends setzte.

Er schaute sich im Raum um. Alle versuchten gerade zu verstehen, welche Summe Google für YouTube bezahlte, denn inzwischen hatten sie alle die Pressemitteilung gelesen: *1,65 Milliarden Dollar?!* Später lobte man Schmidt für seinen Weitblick, weil er das Angebot um eine satte Milliarde aufgestockt hatte, um die anderen Bieter auszustechen. Page und Brin, die Gründer von Google, hatten an YouTube, das ja ebenfalls so eine Art Suchmaschine war, schlichtweg einen Narren gefressen.

Nachdem die Führungskräfte von Google und die Kameras wie der aus San Bruno verschwunden waren, zogen die Verbliebenen weiter ins nahe gelegene TGI-Friday's-Restaurant, um die Übernahme zu begießen und sich klarzumachen, was für ein Glück sie gehabt hatten. Gillette weinte vor Freude; sie würde ihr neues Zuhause behalten können. Später stellte sich heraus, dass Hurley und Chen jeweils über 300 Millionen Dollar an dem Geschäft verdienten; Jawed Karim, der einstige dritte Gründer, der YouTube bereits verlassen hatte, erhielt immerhin noch 66 Millionen.

Bevor Hurley und Chen mitfeiern konnten, erinnerte sie ein Mitarbeiter daran, dass Schmidt, der ab sofort ihr Chef war, die frischgebackenen Millionäre gebeten hatte, ein Video aufzunehmen. Schaffer drehte es vor dem Restaurant.

YouTube: »A Message From Chad and Steve«, 9. Oktober 2006, 1:36.
Hurley macht den Anfang. »Heute haben wir spannende Neuigkeiten für euch. Wir« – Pause, ein Schritt weg von der Kamera – »gehören nun zu Google.« Chen ergreift das Wort. Er bedankt sich beim Publikum fürs Mitmachen und versichert, dass die Übernahme ihnen helfen werde, technische Probleme zu lösen. Es gibt ganz offensichtlich kein Skript. Hurley schwärmt: »Das ist toll. Zwei Könige haben sich zusammengetan.« Chen bricht in unkontrolliertes Gekicher aus und wendet sich von der Kamera ab. »Keine Ahnung. Film einfach weiter«, sagt Hurley. »Der König der Suchmaschinen und der König der Videos haben sich zusammengetan. Jetzt können wir tun und lassen, was wir wollen.« Beide lachen. Hurley blickt wieder in die Kamera. »Das können wir unmöglich so machen. Schnitt.«

Schaffer schnitt die Aufnahmen schnell zusammen und lud das Video unter ihrem offiziellen Konto auf YouTube hoch.

Kapitel 4
Die Sturmtruppen

Das musste sie unbedingt den anderen zeigen. Sadia Harper rief ihre Kollegen Anfang 2007 an ihren Schreibtisch. Auf ihrem Monitor war ein Junge mit Bürstenschnitt und einem übergroßen Oberhemd zu sehen, der einen Song der R&B-Sängerin Alicia Keys schmetterte. »Der Kleine ist unglaublich«, sagte Harper. Die Mutter des Jungen hatte Harper mit E-Mails bombardiert, ihren Sohn doch bitte auf der Startseite von YouTube anzuzeigen. Sein Name: Justin Bieber.

Harper gehörte bei YouTube zu den »Coolhunters« – einem Team, dessen Aufgabe es war, den Finger am Puls der Zeit zu haben und die Videos zu kuratieren, die erschienen, wenn man die Startseite von YouTube.com aufrief. Kurz vor der Übernahme durch Google hatte YouTube einen Vertrag mit Verizon Wireless abgeschlossen, die YouTubes Videoplayer-App auf ausgewählten Mobiltelefonen vorinstallieren würden. App Stores gab es zu der Zeit noch nicht. Und der Telekommunikationskonzern wünschte sich eine handverlesene Auswahl von Videos auf der Startseite, nicht den üblichen Mischmasch, der dort auch sonst kostenlos zu sehen war.

Apple wünschte sich genau das Gleiche für sein neuestes Gerät, das iPhone. Während eines Treffens hatte Steve Jobs die Mitarbeiter von YouTube angeschnauzt: »Eure Videos sind Mist.« Daraufhin stellte YouTube Mia Quagliarello, eine weitere Ex-Mitarbeiterin des Musikdienstes Rhapsody, als Redaktionsleiterin ein. Für die Nachtschicht rekrutierte sie Joseph Smith. Big Joe, wie er von allen genannt wurde, postete auch selbst Clips auf YouTube und war unheimlich gut darin, Videos zu entdecken, die bald viral gehen würden. Die offizielle Bezeichnung der Mitglieder dieses

Teams lautete »Community-Manager«, aber ein Kollege hatte ihnen den viel eingängigeren Namen Coolhunters verpasst.

Zu diesem Zeitpunkt war YouTube bereits unüberschaubar groß – voll mit aufstrebenden Komikern, Filmemachern, Musikerinnen, Künstlern, Bastlern und Enthusiasten aller erdenklichen Nischen und jeder Altersgruppe. (Im Jahr 2006 war für kurze Zeit auch Peter Oakley, ein geschmackvoll gekleideter, älterer britischer Gentleman mit dem Benutzernamen geriatric1927, unter den angesagtesten YouTubern gewesen.) Viele Nutzer landeten über Links, die Freunde ihnen schickten, oder über Suchmaschinen auf YouTube. Immer öfter sahen sie sich auch die Clips an, die in der Seitenleiste neben dem Video, was gerade lief, unter »Ähnliche Videos« angezeigt wurden. Aber ein recht großer Teil der Besucher rief nach wie vor zuerst die Startseite YouTube.com auf. Und die Coolhunters kümmerten sich darum, was dort zu sehen war. Sadia Harper, die Chen noch von der Highschool kannte, stieß ein paar Monate nach der Übernahme durch Google zum Team. Jeden Morgen durchforstete sie eine Reihe ausgewählter Blogs aus den Bereichen Musik, Entertainment, Design und Architektur nach neuen Clips, die sie auf der Startseite platzieren konnte. Dort wurden unter der Überschrift »Empfohlene Videos« die kleinen Vorschaubilder, sogenannte Thumbnails, von zehn Clips angezeigt, die Harpers Team alle vier Stunden austauschte. Die Videos der YouTuber, die auf die Startseite gelangten, wurden beinahe automatisch unzählige Male abgespielt. Einige schafften direkt den Sprung von der YouTube-Startseite in die Popkultur. Harper wählte das Musikvideo eines Songs mit einer sehr eingängigen gepfiffenen Melodie von der Band *Peter, Bjorn and John* für die Startseite aus, und schon eine Woche später trug Drew Barrymore bei *Saturday Night Live* ein T-Shirt der Band.[1]

Quagliarello, die Chefin der Coolhunters, ermunterte ihre Teammitglieder dazu, Videos von sich aufzunehmen, um sich den Nutzern vorzustellen. Harper drehte ihr Video in ihrem Schlafzimmer und lud außerdem gleich noch ein paar Clips von sich beim Heimwerken hoch. Heimwerker-Videos waren eine weitere

YouTube-Subkultur, die gerade immer beliebter wurde. Sie bat die Zuschauer, ihr Links zu Videos zu mailen, die sie gerne sehen würden, und genau das tat die Mutter des jungen Gesangstalents aus Kanada. Irgendwann musste Harper Justin Biebers Mutter allerdings höflich darauf hinweisen, dass sie dort lieber Originalsongs verlinken als Coverversionen. Auch wenn die Coolhunters rein technisch gesehen nur ihren Job machten: YouTube war eine echte Talentschmiede. Nur ein Jahr später entdeckte ein Plattenproduzent die Videos von Justin Bieber auf YouTube und machte ihn zum Popstar.

Das Redaktionsteam wurde so weit aufgestockt, dass sich jeder Coolhunter jeweils auf einen bestimmten Bereich der Website konzentrieren konnte. Ein Radiomacher kuratierte die Musik. Der schottische Stand-up-Comedian Mark Day, der auf YouTube sein Publikum gefunden hatte, wurde für Comedy eingestellt. Steve Grove, ein leidenschaftlicher junger Journalist aus Minnesota, kümmerte sich um Nachrichten und Politik.

Das Bloggen hatte die hehren Ideale des Graswurzel-Journalismus wiederbelebt: Die Leute nutzten das Internet, um das Leben in ihrer Gemeinde zu dokumentieren, Fakten zu überprüfen und die Mächtigen zur Rechenschaft zu ziehen. Grove richtete den Kanal CitizenTube ein und holte darüber Hobbyjournalisten auf YouTube ins Rampenlicht. »Was halten Sie vom Irak, von der Sozialhilfe, von Abtreibung oder vom Gesundheitssystem?«, fragte Grove die Zuschauer in einem Clip, in dem er ein weißes T-Shirt mit dem YouTube-Schriftzug trägt. »Was halten Sie von dem Schlagloch vor Ihrer Haustür?« (Hurley, der sich im Geschäftsalltag sonst kaum um die kleinen Details kümmerte, machte allerdings schnell deutlich, dass er auf der Startseite keine politischen Videos sehen wollte.)

In der YouTube-Redaktion waren sie stolz darauf, dass sie Leute entdeckten, die der Welt bisher verborgen geblieben waren – Leute, die gewillt waren, Neues zu versuchen und zu berichten, und das immer und immer wieder. Für sie selbst barg das auch das eine oder andere Risiko. 2007 sorgte auf YouTube ein sehr jung wirkender Sänger, der sich Tay Zonday nannte, mit seinem Video, in dem er mit überraschend vollem Bariton zu kitschigem Tastengeklimper ein Lied mit bizarr poetisch anmutendem Text darbot, für Aufsehen. Als plötzlich Dutzende YouTuber ihre eigenen Versionen seines Songs »Chocolate Rain« hochluden, plante die Redaktion als Gag ihr erstes »Takeover« – sie füllte die gesamte Startseite mit Coverversionen von »Chocolate Rain«. In heller Panik kam einer der Programmierer angerannt, der dachte, YouTube sei gehackt worden. Aber das Gimmick war ein voller Erfolg, und von da an inszenierten sie in regelmäßigen Abständen weitere »Takeover«.[2] Sollten den Redakteuren doch einmal die Ideen ausgehen, könnten sie ja immer noch Katzenvideos nehmen, scherzte ein Kollege. Steve Chen liebte Katzen und die Internetgemeinde sowieso. Mit dem Geld von Google stellte YouTube 2007 Dutzende neue Mitarbeiter ein. Der Webdesigner Jasson Schrock aus dem Bundesstaat New York kam im Anzug zum Vorstellungsgespräch – er konnte ja nicht ahnen, dass bei YouTube im Büro gerade »Pyjama-Tag« war. Gleich nach seiner Einstellung übernahm er die quälende Aufgabe, den wild zusammengestrickten Start-up-Code hinter YouTubes Videoplayer zu entwirren.

Und dann waren da noch die Googler. Nur wenige Wochen zuvor waren einige noch über die »Piraten« von YouTube hergezogen. Als bei Google vor der Übernahme die Rede davon war, YouTubes Herangehensweise, alles ungefiltert online zu stellen, unter Umständen einfach zu übernehmen, sorgte sich ein Manager von Google in einer E-Mail darum, dass das Unternehmen sich damit ein »riesiges Verzeichnis voller Pseudo-Pornos, alberner Clips wie ›Lady Punch‹ und rechtlich geschützter Inhalte« aufhalsen würde. Entsprechend herrschte zwischen den Angestellten von YouTube und den Neuankömmlingen von Google beim ersten Zusammentreffen in San Bruno ziemlich dicke Luft. Steve Chen wusste nicht, ob er Hände schütteln oder Ohrfeigen verteilen sollte. Es fühlte sich an, als hätten viel beschäftigte Eltern ihren Nachwuchs abgesetzt und wären dann wieder verschwunden. *Ihr Kinder wohnt ab jetzt zusammen. Also vertragt euch gefälligst.* Sie hatten so viel zu tun, dass sich die Spannungen schnell in Wohlgefallen auflösten. Chen und Hurley führten mit den verschiedenen Teams bei Google endlose Telefongespräche, um die verschiedenen Backends ihrer Anwendungen und ihre unterschiedlichen Geschäftsmodelle miteinander in Einklang zu bringen.

Die Googler beschäftigten sich mit dem Code, der der Plattform zugrunde lag, und den Zahlen von YouTube. Die Angestellten von YouTube füllten Unmengen von Einstellungsformularen für Google aus. Der YouTube-Programmierer Erik Klein musste dabei an *Brazil* denken, Terry Gilliams großartige filmische Parodie der Bürokratie. (Am Tag der Übernahme hatte Klein noch zu Brin gesagt, dass die meisten Programmierer von YouTube bei Google nicht durchs Vorstellungsgespräch gekommen seien oder sich gar nicht erst beworben hätten.)

Manchmal hatten die YouTube-Mitarbeiter das Gefühl, sie hätten die falschen Papiere. Die Personaler von Google legten für gewöhnlich Wert auf Punktzahlen beim SAT-Studierfähigkeitstest und Zeugnisse von Ivy-League-Universitäten. Das Unternehmen prahlte damit, dass seine Aufnahmequote niedriger war als die von Harvard. »Es war ein Haufen langweiliger Leute mit den immer gleichen Uniabschlüssen«, erinnert sich die Content-Moderatorin Mora-Blanco. So nach dem Motto: »Ach, du hast deinen MBA auch in Stanford gemacht?« Die YouTube-Crew bestand aus Absolventen staatlicher Hochschulen und Studienabbrechern, und hin und wieder frotzelten sie, sie kämen sich vor wie Hauptschüler auf einem College-Campus.

Einige aus der Crew berichteten von noch unangenehmeren Begegnungen. Schmidt, der CEO von Google, war verheiratet, hatte aber nebenbei immer wieder ganz unverhohlene Affären. Mehrmals nahm er seine aktuelle Geliebte, die ehemalige TV-Moderatorin Kate Bohner, mit zu YouTube und bat die Mitarbeiter darum, ihr ein paar Tipps zu geben, wie sie die Reichweite ihres YouTube-Kanals steigern könne.[3]

Viele Googler waren nur widerwillig in die neue Video-Abteilung gewechselt: Bei YouTube gab es weder einen Catering-Service noch die vielen anderen Nettigkeiten, mit denen Google seine sonstigen Mitarbeiter überschüttete. Ricardo Reyes, einer der Neuankömmlinge von Google, hatte den Eindruck, als wären sie vom galaktischen Imperium als Sturmtruppen ausgesandt worden, um in die Festung der YouTube-Rebellen einzumarschieren. Reyes war bei Google für die Bewältigung von PR-Krisen zuständig gewesen. Er war der Ansprechpartner, wenn es brenzlig wurde. Vorher hatte er unter Bush im Weißen Haus gearbeitet. Er hatte es sich wahrlich nicht ausgesucht, zu YouTube zu wechseln. An einem Freitagnachmittag in jenem Februar hatte er einige der Mitarbeiter von Google dazu angestiftet, sich eine Pause zu gönnen und mit ihm den neuen *Spider Man*-Film anzuschauen. Als die Vorstellung zu Ende war, leuchtete sein Telefon auf.

»Wo bist du?«, fragte ein Kollege am anderen Ende der Leitung.

»Ähm ... ich sitze in *Spider Man*«, gestand Reyes.

»Komm schnell wieder ins Büro. Man verklagt uns auf eine Milliarde Dollar.«

Viacom hatte YouTube nicht kommen sehen.

Der legendäre Medienmogul Sumner Redstone, seines Zeichens Vorstandsvorsitzender von Viacom, hatte die 1952 gegründete Autokino-Kette seines Vaters in ein dynastisches Medienkonglomerat verwandelt, das Partnern gerne auf die Schulter klopfte, bevor es ihnen ein Messer in den Rücken rammte. Zu seinem Imperium gehörten so unterschiedliche Aktivposten wie *South Park, Survivor, SpongeBob* und Al Gore.[4] Redstone hatte das Internet einst als »Straße ins Reich der Fantasie« abgetan, doch im Jahr 2006 konnte Viacom ein bisschen Fantasie ganz gut gebrauchen. Sein Hauptgeschäft, das Pay-TV, hatte im Jahr 2000 mit 83 Prozent der US-amerikanischen Haushalte seinen Höhepunkt erreicht und erlebte seither einen alarmierenden Niedergang. Das Unternehmen versuchte MySpace zu kaufen, aber sein Erzrivale NewsCorp, dem Fox gehörte, kam ihm zuvor. (»Eine demütigende Erfahrung«, gestand Redstone.) Viacom bot Facebook 1,6 Milliarden Dollar, aber das soziale Netzwerk lehnte ab – eine weitere Demütigung. Bei MTV, das ebenfalls Viacom gehörte, hatte man den Aufstieg von YouTube sehr genau beobachtet, und die Anzugträger von MTV wussten, dass dort ohne ihre Erlaubnis Clips von ihren Sendungen auftauchten. Aber Viacom war zu diesem Zeitpunkt vor allem mit einem anderen Newcomer beschäftigt: Grokster, einem Filesharing-Portal, das in der Branche für Unmut sorgte. (Bevor Google YouTube übernahm, hatte ein leitender Angestellter von Google YouTube in einer E-Mail noch verächtlich »Grokster für Videos« genannt.)

Abgesehen davon ergab YouTubes Geschäftsmodell aus der Sicht von Viacom einfach keinen Sinn. Das ganze Entertainment, die teuren Produktionen, die künstlerischen Leistungen – all das bekamen die Zuschauer komplett gratis! Nebenher wurden höchstens mal ein paar Werbefilmchen abgespielt. »Das ist geradewegs so, als würde man den Leuten auf einem Parkplatz einfach mal die Schlüssel für die Autos dort in die Hand drücken und nebenbei ein paar Hotdogs verkaufen«, erinnert sich Michael Fricklas, ein leitender Angestellter bei Viacom. Damals hatte er geglaubt, YouTube bestünde nur aus »ein paar Kids, die vom Keller aus Raubkopien unter die Leute bringen«.

Dann blätterte Google 1,65 Milliarden Dollar hin. Und plötzlich waren diese »Kids« Teil eines erwachsenen Unternehmens. Was dann folgte, lässt sich nicht ganz genau rekonstruieren. Kurz nachdem Google die Übernahme publik gemacht hatte, setzte sich Eric Schmidt mit der Geschäftsleitung von Viacom zusammen und bot an, sie mit bis zu 500 Millionen Dollar an den Werbeeinnahmen zu beteiligen, wenn sie im Gegenzug darauf verzichteten, YouTube wegen Copyright-Verstößen zu verklagen. Viacom schwebte jedoch eine Summe im Bereich von einer Milliarde Dollar vor, und wegen dieser Diskrepanz (und »anderer technischer Fragen«, wie es in Keach Hageys Buch *The King of Content* über Redstone heißt) gerieten die Gespräche ins Stocken.[5] Ein weiterer Manager von Viacom, der ebenfalls an den Gesprächen beteiligt war, erinnert sich noch daran, dass man sich per Handschlag auf eine Summe geeinigt habe, die in Richtung 800 Millionen Dollar ging; um Weihnachten herum sei das Viacom-Team dann zu einem weiteren Meeting zu Google geflogen, wo Google dann prompt einen Rückzieher gemacht habe. »Das ist schon ein lustiges Unternehmen«, kommentierte der Viacom-Manager, »wenn der CEO etwas festlegt, sehen alle anderen das höchstens als lockeren Vorschlag an.«

Bei YouTube indes hatte man Viacom durchaus kommen sehen, dank Zoey Tur.

Tur galt als beste Luftbildjournalistin von Los Angeles. 1992 hatte sich Tur kurz vor dem Rodney-King-Urteil in South Central umgesehen,[6] sich mit Anwohnern und örtlichen Gangmitgliedern der Crips unterhalten und sich bereits genau überlegt, wo sie ihren Hubschrauber parken konnte, falls es zu Unruhen und polizeilichen Übergriffen kam. Zwei Jahre später, als O. J. Simpson vor Gericht stand, machte sie es genauso und schwebte dann genau im richtigen Moment über Simpsons weißem Ford Bronco. Der Hubschrauber hatte zwei Millionen Dollar gekostet, aber die Nachrichtensender zahlten so gut für die Ausstrahlung solcher Aufnahmen, dass er sich längst amortisiert hatte.

Zehn Jahre später stieß Tur zufällig auf eine Internettauschbörse für Videos. Sie brauchte nur ein paarmal zu klicken, und schon zeigte YouTube ihr ihre eigenen Aufnahmen von den Unruhen in L. A. und O. J.s berühmtem Bronco. Bei einigen ihrer Clips war sogar Werbung zu sehen. Wenn es denen bei YouTube gelang, ihre Website von nackten Brüsten freizuhalten, warum kriegten sie das dann nicht mit Turs Filmmaterial hin? »*Die haben für diese Filmaufnahmen nicht einen Cent ausgegeben, geschweige denn ihr Leben aufs Spiel gesetzt*«, befand sie. Empört verklagte sie YouTube im Sommer 2006 wegen Verstößen gegen die rechtlichen Bestimmungen des DMCA. YouTube entfernte die von Tur gemeldeten Videos, argumentierte aber, dass es weder über ausreichend technische Mittel noch genügend Mitarbeiter verfüge, um alle etwaigen neu hochgeladenen Clips ihrer Aufnahmen aufzuspüren. Der

Prozess zog sich hin. Im Oktober stand Tur gerade im Stau, als sie im Radio hörte, dass YouTube für 1,65 Milliarden Dollar übernommen worden war. »Wow«, entfuhr es ihr. »Verbrechen zahlt sich also doch aus.«

Die meisten YouTube-Mitarbeiter hatten weder etwas von Turs Klage noch von den Hinterzimmertreffen mit Viacom mitbekommen. Im Februar war Micah Schaffer, der Ex-Hacker-Aktivist, gerade im Begriff, voller Vorfreude auf ein Wochenende mit viel Alkohol zur Feier des Super Bowls am Sonntag das Büro zu verlassen, als Zahavah Levine ihn aufhielt. Sie hatten von Viacom 100 000 Links zu Videos zugeschickt bekommen, die angeblich ohne Zustimmung des Unternehmens hochgeladen worden waren. »Könnt ihr euch bitte darum kümmern?«, bat sie ihn.

Schaffer und seine Kollegen konnten die verlinkten Videos nur schubweise löschen, weil sie sonst riskierten, die Computer von YouTube zu überlasten. Und das war erst das Vorspiel. Bei Viacom hatten sie Googles negative Reaktion auf ihr Angebot bei den Verhandlungen als Beweis dafür interpretiert, dass es der Suchmaschinenbetreiber auf einen Rechtsstreit anlegte. Und der studierte Rechtsanwalt Sumner Redstone liebte juristische Auseinandersetzungen. Nicht umsonst hatte er mit Philippe Dauman einen Fachkollegen als CEO von Viacom eingestellt. Jahre zuvor hatten die beiden die Übernahme von Viacom orchestriert, indem sie damit gedroht hatten, den Vorstand zu verklagen – ein Bewunderer verglich ihr gemeinsames Vorgehen dabei mit »Leonard Bernstein und Stephen Sondheim, als sie zusammen *West Side Story* schrieben«.[7] *Wenn du ein Jet bist, / ein Jet bis ins Mark, / trägst du das Etikett / voller Stolz noch im Sarg.*

Am 13. März 2007 forderte Viacom von Google eine Milliarde Dollar Schadenersatz. Die ersten Zeilen der Klageschrift lesen sich so, als stünde das größte kriminelle Superhirn der Entertainmentbranche vor Gericht:

> YouTube verletzt mithilfe technologischer Mittel vorsätzlich und in großem Umfang die Rechte von Copyright-Inhabern. Dadurch

beraubt es Autoren, Komponisten und Künstlern des gerechten Lohns, der ihnen für ihre Mühe und Innovationen zusteht, und verringert Anreize für Amerikas Kreativwirtschaft. Das Unternehmen profitiert von den rechtswidrigen Handlungen Dritter.

In der Klageschrift behauptete Viacom zudem, dass man nach der Mitteilung vom Super-Bowl-Wochenende sogar noch 150 000 weitere Clips mit rechtlich geschütztem Material auf YouTube gefunden habe, die »unfassbare 1,5 Milliarden Mal« aufgerufen worden seien. Aber YouTube wurde nicht nur von Viacom verklagt. Ein Jahr später wurde eine Sammelklage eingereicht, der sich neben einem französischen Tennisteam und mehreren Plattenfirmen auch Zoey Tur anschloss, die ihre Privatklage zurückgezogen hatte, um sich mit den größeren Akteuren zu verbünden. Die Klage sorgte bei YouTube für ein regelrechtes Erdbeben.

David King, der von Rhapsody zu YouTube gewechselt war, war gerade erst dabei, sich in seine erste Aufgabe bei YouTube einzufinden, als Levine mit einigen Plattenfirmen einen wegweisenden Deal aushandelte: Die Firmen willigten ein, ihre Songs in eine Datenbank hochzuladen, auf die man bei YouTube anschließend zugreifen konnte, um sozusagen durch das Vergleichen der technologischen »Fingerabdrücke« identische Songs im Portal ausfindig zu machen. Die Plattenfirmen konnten dann entscheiden, ob YouTube die Treffer entfernen sollte; wahlweise erhielten sie die Einnahmen aus den daneben eingeblendeten Werbeanzeigen (abzüglich YouTubes Anteil). King sollte nun ein ähnliches System für sämtliche Inhalte auf YouTube entwickeln, nicht nur für Musik. Das war durchaus eine interessante Aufgabe, aber kaum eine, bei der er viel Kontakt mit der Firmenleitung hatte. Doch als Viacom seine Klage einreichte, galt sein Projekt, Rechteinhaber zu besänftigen, mit einem Mal als überlebenswichtig, und King saß plötzlich in vertraulichen Besprechungen mit dem CEO und dem Chefsyndikus von Google, die unbedingt mehr über seine Pläne erfahren wollten.

Steve Grove, der Politikredakteur, hatte zu Beginn seiner Zeit bei YouTube noch mehrere CitizenTube-Clips pro Woche gepostet. Seine Vision war, aus seinem Konto eine Art YouTube-Wochenmagazin zu machen, mit aktuellen Ereignissen und politischen Talks nach dem Vorbild der legendären Polit-Talkshow *Meet the Press* auf NBC. Nach dem Prozess bat Hurley Grove, den Ball flach zu halten; YouTube durfte bloß nicht zu sehr wie ein Fernsehsender wirken.

Die Klage von Viacom hing über YouTube wie ein Damoklesschwert. Bald waren Levine und die anderen Anwälte fast nur noch damit beschäftigt, eine Verteidigungsstrategie für YouTube auszuarbeiten. Jede Entscheidung über jedes Video war nun von größerer Bedeutung. Dabei ging es inzwischen um weit mehr als das Copyright. In der Online-Welt, die es ein wenig überstürzt mit offenen Armen aufgenommen hatte, stieß YouTube auf immer neue unerwartete Komplikationen. Jasson Schrock, der neu eingestellte Designer, war inzwischen in der hauseigenen Marktforschung tätig, bei der YouTube irgendwelche Durchschnittsmenschen zu Umfragen einlud. Einmal überwachte Schrock eine Sitzung, bei der ein Kollege die Probanden fragte, welche Videos sie sich gerne ansehen. »Ich gucke am liebsten, wie Tiere im Käfig gegeneinander kämpfen«, antwortete ein Mann prompt. Schrock sank die Kinnlade hinunter. Damit hatte niemand gerechnet. Der Mann ging und wurde, wie alle Probanden, gebeten, eine Geheimhaltungsvereinbarung zu unterschreiben.

Immer öfter kamen die dunklen Seiten von YouTube ans Licht. Da war zum Beispiel ein tragischer Vorfall an einer Schule, der auf gewisse Weise den Anschlag von Christchurch vorwegnahm: Im Herbst 2007 marschierte ein 18-Jähriger mit einer halbautomatischen Pistole in eine Schule in Finnland, erschoss acht Personen und danach sich selbst. Er war YouTuber.[8] Unter seinem Namen Sturmgeist89 hatte er Videos über Heavy Metal und den Amoklauf von Columbine gepostet. In einigen Clips hatte er eine Pistole in der Hand und trug ein schwarzes T-Shirt mit dem Aufdruck »Humanity Is Overrated« (»Die Menschheit wird überbewertet«). Er erzählte sogar vor laufender Kamera, wie er bei seinem Amoklauf vorgehen würde. Doch da sein Videomaterial weder von Zuschauern noch von dem maschinellen System von YouTube als bedenklich eingestuft worden war, hatten es die Content-Moderatoren nie zu Gesicht bekommen. Kurz nach der Tragödie erhielt Schaffer eine E-Mail. Der Vater des Amokläufers, der verstehen wollte, wie sein Sohn so etwas Schreckliches hatte tun können, wollte sich die Videos seines Sohnes ansehen. YouTube hatte sie an die Behörden weitergeleitet und gelöscht. Immer wieder wandte sich der Vater via E-Mail mit seiner Bitte an YouTube.

Schaffer hatte einerseits das Bedürfnis, dem trauernden Vater zu helfen, wollte andererseits aber auch nicht von den bei YouTube geltenden Vorschriften zum Schutz der Privatsphäre abweichen, denen zufolge gelöschte Videos nicht weitergegeben werden durften. Er wusste nicht, was er tun sollte, also tat er gar nichts. Bis irgendwann keine Mails mehr kamen.

Kapitel 5
Clown & Co.

Als Evan Weiss seinen neuen Star das erste Mal sah, bekam er sofort rasende Kopfschmerzen. Weiss, ein erfahrener Hollywood-Agent, hatte TV-Sendungen für so bekannte Leute wie Tyra Banks oder Pamela Anderson produziert, aber er hatte die Nase voll von der Arbeit mit den großen Networks und war dazu übergegangen, sich mit kleineren Formaten zu beschäftigen. Ein Bekannter zeigte ihm einen neuen YouTube-Star.

> Fred: »Fred on Halloween«, 30. Oktober 2006, 4:32.
> Das Gesicht eines Jungen, viel zu nah an der Kamera. Eine billige grüne Perücke, ein Hexenhut, eine Zahnspange. Er spricht mit einer übertrieben hohen, verzerrten Quäkstimme. Sein Gerede ist genauso hektisch wie die Schnitte. »Meine Mom ist mit mir ein paarmal zum Beratungslehrer gegangen. Sie meint, ich habe … ich habe dauernd Wutanfälle.« Pause. *Ein Aufschrei.* »Ich habe keine Wutanf…« *Chaos.* Die Kamera wird ein paar Sekunden lang wild hin und her geschwenkt, dann ist sie wieder auf den Jungen gerichtet. »Ich glaube, ich habe die Kamera von meiner Mom kaputt gemacht«, quiekt der Junge.

»Ziemlich schräg«, stellte Weiss fest. »Einfach drüber.« Doch sein Bekannter ließ nicht locker. Er arbeitete im Lizenzgeschäft und war gerade erst mit dem Jungen in einem Einkaufszentrum am Stadtrand gewesen, wo sein Schützling vor einem Hot-Topic-Laden T-Shirts signieren sollte.
Er hatte die Aktion abbrechen müssen, weil sie von ganzen Horden junger Fans überrannt worden waren. Weiss klickte wieder auf Play.

Lucas Cruikshank wohnte in einer Kleinstadt in Nebraska. In der Mittelschule fand er nicht so recht Anschluss. Viel lieber lief er mit seinen Cousins und einer Kamera durch die Straßen und machte Quatsch. Er ließ sich von *MadTV* und Brookers, der verrückten YouTube-Komikerin, inspirieren, erfand seine eigenen skurrilen Figuren und übte, sein über die Maßen dehnbares Gesicht zu verziehen. Sein Alter Ego auf YouTube, Fred Figglehorn, entstand, nachdem Cruikshank in seiner Video-Bearbeitungssoftware eine Funktion entdeckt hatte, mit der er seine Stimme verzerren konnte. Innerhalb weniger Monate hatte er mehr Zuschauer um sich geschart als lonelygirl15 oder irgendein anderes YouTube-Konto. Ältere YouTuber (die jetzt Anfang zwanzig waren) waren sauer auf den Usurpator. Im Unternehmen selbst war man einfach nur perplex. Die Mitarbeiter schrieben seine Popularität einem jugendlichen Zeitgeist zu, den sie einfach nicht mehr nachvollziehen konnten.

Weiss überdachte seine ursprüngliche Haltung. Im Laufe der Jahre hatte er gelernt, durch welche vier Dinge sich ein guter Comedian auszeichnete: (1) Ein Comedian musste über eine markante Stimme verfügen. Das war bei Fred der Fall. (2) Ein Comedian musste die Leute für sich begeistern. *Check.* (3) Ein Comedian musste subversiv sein. (4) Ein Comedian musste einen Standpunkt haben.

Abgesehen davon, dass er manchmal quiekte wie einer der Chipmunks, waren Freds Nummern überraschend düster und wenig seicht. In seinen Clips ging es um Mobbing, Geschlechteridentität, psychische Gesundheit, Misshandlung durch Eltern und das komplexe Seelenleben eines Heranwachsenden. (Cruikshank war erst zwölf Jahre alt. Er hatte sich älter gemacht, um ein YouTube-Konto einzurichten – das durfte man offiziell erst ab 13.) »Das ist der Knaller«, sagte Weiss. Er musste Fred unbedingt unter Vertrag nehmen.

Bei Google hingegen wusste man nicht so recht, was man von den vielen unterschiedlichen YouTubern halten sollte – geschweige denn, wie man mit ihnen Geld verdienen sollte. Einige hatten eindeutig kommerzielles Potenzial und zogen so viele Zuschauer an wie das Fernsehen zur Hauptsendezeit. Viele andere YouTuber wiederum verabscheuten jegliche Form von Kommerz. Auf der CES-Konferenz im Januar 2007 erwähnte YouTubes Geschäftsführer Kevin Donahue in einem Nebensatz, man spiele mit dem Gedanken, aus den populären YouTube-Clips einen Fernsehkanal zu machen. Das kam überhaupt nicht gut an. boh3m3, ein beliebter YouTuber mit Spitzbart und einer sehr expliziten Meinung zu allem Möglichen, postete ein Video mit dem Titel »Dear Kevin Donahue«, in dem er den Geschäftsführer zur Schnecke machte. Seine Fans schlossen sich ihm an und luden Antwortvideos hoch, und einer riet boh3m3, sich YouTube-Clips von Katzen auf LSD anzusehen.[1] Bei Google schürten Videos wie diese bei manchen die Sorge, weite Teile des neuen Videodienstes würden bei Werbekunden nicht allzu gut ankommen.

Ein paar YouTuber beschäftigten sich auf eigene Faust mit dem Thema Werbung. Der letzte Schrei damals waren Festplattenrekorder, die man so einstellen konnte, dass sie beim Aufnehmen die Fernsehwerbung übersprangen. Die Werbebranche geriet in helle Panik und setzte fortan mehr auf Produktplatzierung direkt in den Sendungen. lonelygirl15 warb für ein Produkt von Neutrogena. Ende 2006 hörte Brendan Gahan, Mitte zwanzig, der in einer Agentur in San Francisco arbeitete, wie ein Partner das Angebot ablehnte, einen Werbespot zu schalten, weil das Budget fürs Fernsehen zu niedrig war. Gahan schlug vor, es stattdessen mit zwei Teenagern zu versuchen, die gerade auf YouTube extrem angesagt waren.

Ian Hecox und Anthony Padilla, zwei Typen mit Emofrisur aus Sacramento, die gerade die Highschool hinter sich hatten, liebten »Lazy Sunday« und imitierten den Stil des *SNL*-Clips in Lo-Fi-Sketchen auf ihrem Kanal, den sie Smosh getauft hatten. Von Smoothie King bekamen sie einmal 500 Dollar, um ein Video zu drehen – für die beiden eine geradezu fürstliche Summe. (Hecox hatte einen Nebenjob bei der Restaurantkette Chuck E. Cheese's, wo er für ein paar Dollar im Mauskostüm auftrat.) Der Werber Gahan lud die Smosh-Kids zu ihrem allerersten Businessmeeting ein und machte ihnen ein Angebot: Produziert ein Video, in dem der ZVUE (ein nicht ganz so stylishes Konkurrenzprodukt des iPods) erwähnt wird, und ihr kriegt einen fetten Scheck.

Smosh luden »Feet for Hands« hoch, einen dreiminütigen absurden Sketch, in dem es genau darum ging, was der Titel versprach: Jemand hat Füße als Hände. Der ZVUE war knapp 18 Sekunden lang im Bild, und die YouTuber kassierten dafür 15 000 Dollar.[2] Eine neue Branche war geboren: das Influencer-Marketing.

Chad Hurley war anfangs komplett dagegen, dass YouTuber Geld bekamen. »Wir wollten kein System aufbauen, das auf monetären Anreizen basiert«, erklärte er einmal auf einer Konferenz. Auch in den Übernahmeverhandlungen zwischen Google und YouTube war davon nicht die Rede gewesen. »Ihr beiden könnt den Laden so leiten, wie ihr euch das vorstellt«, hatte Eric Schmidt damals zu Steve Chen gesagt, »solange ihr euch an eine simple Vorgabe haltet.«[3] Und die lautete: *Mehr Nutzer, mehr Videos, mehr Aufrufe.* Laut einem anderen leitenden Angestellten sagte Schmidt: »Macht das Ding einfach immer größer. Geld spielt keine Rolle.«

Aber damit sie YouTube größer machen konnten, mussten sie dafür sorgen, dass die Leute auch weiterhin motiviert waren, Videos hochzuladen. Revver, eine konkurrierende Seite für Amateurvideos, zahlte für Uploads, und manchmal wiesen beliebte YouTuber in ihren Videos darauf hin. Hurley lenkte schließlich ein und ließ im Rahmen eines Projekts mit dem Namen »Apple Pie« Methoden zur Bezahlung von YouTubern entwickeln; der Name spielte darauf an, dass der Gedanke, Menschen dafür zu bezahlen, dass sie etwas herstellten, so uramerikanisch war wie ein Apple Pie, ein typisch amerikanischer Apfelkuchen.

Hurley wehrte sich standhaft gegen die Idee, auf dieselbe Weise Geld verdienen zu wollen wie Google: mit Werbung. Er mochte vor allem keine »Pre-Rolls«, Werbespots, die vor einem Video eingeblendet wurden, was er als extrem störend empfand. Bei den wenigen Gelegenheiten, bei denen Hurley sich im Beisein seiner Kollegen aufregte, ging es stets um Beeinträchtigungen der Benutzererfahrung. Einmal nahm Hurley mitten in einem Meeting ein Video auf, lud es hoch, zählte dabei die Sekunden und fragte: »Warum ist das immer noch nicht online?«

YouTube schaltete winzige Werbesequenzen auf seiner Startseite, doch das Publikum auf YouTube – im Gegensatz zu Fernsehzuschauern – war Werbeunterbrechungen nicht gewohnt. Der Vertrieb probierte daher verschiedene andere Strategien aus: Man versuchte es mit speziellen Konten für Unternehmen, wie beispielsweise YouTube.com/Coke – Seiten, auf denen automatisch Videos abgespielt wurden, sobald jemand darauf landete. Das Angebot stieß jedoch auf wenig Resonanz. Man versuchte es mit Preisverleihungen, zum Beispiel wurde das lustigste Video prämiert, gesponsert vom Softdrink Sierra Mist. Man versuchte es mit cleveren Pop-up-Anzeigen wie jener, in der Homer Simpson einen rosa Donut über den Bildschirm jagte, um eine Filmpremiere zu bewerben. Aber diese Anzeigen waren zeitaufwendig, und ihre Reichweite ließ sich schlecht steigern, und für Google, wo man großen Wert auf Geschwindigkeit und Skalierbarkeit legte, waren das zwei echte Minuspunkte. Das Sammelsurium an Maßnahmen kam bei Google gar nicht gut an. In den ersten Quartalen unter seiner Ägide erreichte das Team bei YouTube, das versuchte, Werbung an den Mann zu bringen, keines seiner Ziele.

Um das Problem generalstabsmäßig anzugehen, teilten die Betriebswirtschaftler von YouTube den riesigen Videofundus in einzelne Bereiche auf, als hätten sie einen Tierkörper vor sich, den es zu zerlegen galt. Der Kopf *(Head)* beinhaltete die hochwertig produzierten Clips – Material von TV-Networks, Filmstudios und Musikern, die bei Labels unter Vertrag standen. Der Körper *(Torso)* bestand aus den Videos von Amateur-YouTubern wie Fred und Smosh, die das Potenzial hatten, Profis zu werden oder zumindest kommerziell erfolgreich zu sein. Und die zahllosen Clips, in denen

Google – vorerst – kaum wirtschaftlichen Wert sah, bildeten den langen Schwanz *(Long Tail)*. (Google teilte YouTube-Videos, wie alles andere, in Kategorien ein: Videos der Kategorie 9 oder 10 wurden dem *Head* zugeordnet, Videos der Kategorie 6 bis 8 dem *Torso* und der Rest dem *Long Tail*.)

George Strompolos, der von Google Video herübergewechselt war, gehörte bei YouTube zu dem Team, das für den *Torso* zuständig war. Als er ein schlaksiger Teenager gewesen war, hatten er und seine Kumpels auf dem Bürgersteig einen Camcorder aufgestellt, sich bei ihren Skateboard-Tricks gefilmt und sich die Aufnahmen anschließend gemeinsam zu Hause auf dem Fernseher angeschaut. Bei Google wurden die Mitarbeiter dazu ermutigt, sich je Woche einen Tag Zeit zu nehmen, um an einer verrückten Idee zu arbeiten, einem sogenannten »20-Prozent-Projekt«. Strompolos nutzte diese Tage, an denen alles erlaubt war, um sich Werbekonzepte für Videomacher zu überlegen. Bei Google Video hatte er einen Sponsor dazu gebracht, zwei Filmemacher zu unterstützen, die sich Laborkittel anzogen, um Cola-Light-Flaschen mit Mentos in die Luft zu jagen. Strompolos hatte einen gepflegten Dreitagebart und war für einen Googler ein eher lockerer, zugänglicher Typ. Nach der Übernahme mailte er einigen der beliebtesten YouTube-Kanäle, um sich kurz vorzustellen.

Von der Hälfte bekam er keine Antwort. Noch nie hatte ihnen irgendjemand von YouTube eine persönliche Mail geschrieben. Entsprechend hielten viele seine Nachricht für Spam.

Aber einige von ihnen konnte er dazu bewegen, an YouTubes erstem großen wirtschaftlichen Experiment teilzunehmen: dreißig beliebte YouTuber erklärten sich bereit, Werbung neben ihren Videos laufen zu lassen oder als winzige Pop-up-Banner in ihre Videos zu integrieren. Dafür bekamen sie einen Teil der Einnahmen. Darunter waren Comedians wie Smosh und die One-Man-Show Ask a Ninja, unermüdliche Videoblogger wie sxephil und WhatTheBuck? und natürlich lonelygirl15.

Die Männer hinter lonelygirl15 baten Strompolos um einen Vorschuss zur Finanzierung ihrer Filme, eine Vereinbarung, wie sie in Hollywood durchaus üblich gewesen wäre. Strompolos ging mit der Anfrage zu seinem Chef, doch der winkte ab: keine Vorschüsse, bloß eine Beteiligung an den Werbeeinnahmen. Mehr Aufrufe = mehr Geld. Ganz einfach. Von jedem Dollar, den die Werbung neben oder in einem Video einbrachte, behielt Google 45 Cent, der Rest ging an den YouTuber. Das »Partnerprogramm« startete im Mai. Wer genau aufgepasst hatte, der hatte es kommen sehen – bereits im Januar in Davos hatte der verkaterte Hurley auf einer Bühne neben Bill Gates herausposaunt, dass sie vorhätten, ihre Einnahmen mit den Videomachern zu teilen.

YouTubes Fähigkeit, Einnahmen zu generieren, litt auch unter einem technischen Problem, das gar nichts mit den Videomachern zu tun hatte. Bei YouTube benutzten sie die Technologie eines Drittanbieters.

Googles Produktmanager Shiva Rajaraman war nach San Bruno gekommen, um sich dem Team von YouTube anzuschließen, das festlegte, wo und wie auf der Website Werbung erschien. Gleich zu Beginn wurde er von Susan Wojcicki zu einer Besprechung gerufen. Wojcicki, die neben Google Video auch für einen Großteil der Werbemaschinerie von Google zuständig war, fragte ihn ganz unverblümt: »Warum benutzt ihr nicht unsere Produkte?« Rajaraman musste ihr daraufhin erklären, dass die Software von YouTube eng mit der technologischen Infrastruktur eines anderen Unternehmens verflochten war.

Dieses Unternehmen, DoubleClick Incorporated, gehörte den »Mad Men« des Internetzeitalters. Das 1995 gegründete und in Manhattan ansässige Unternehmen hatte einen cleveren Namen (eine Anspielung auf das Klicken mit der Computermaus) und ein nicht weniger cleveres Geschäftsmodell. Zu jener Zeit suchte alle Welt nach Wegen, um im WWW Geld zu verdienen. DoubleClick erfand eine Software, mit der man digitale Werbebanner auf Websites platzieren konnte, womit Seiteninhaber wiederum Geld verdienen konnten. Das Unternehmen verwendete Cookies – versteckte Code-Fragmente, die man bei jedem Seitenaufruf unbemerkt aufsammelte und die sich sozusagen merkten, auf welchen Seiten man gesurft hatte. Man stöberte auf ein paar Websites über Inneneinrichtung, öffnete dann eine Nachrichtenseite, und zack: überall bunte Banner mit Werbung für Möbel. Dafür sorgten Cookies. DoubleClick richtete eine Börse für den Kauf und Verkauf solcher »verhaltensbezogener« Werbung ein, eine Art Nasdaq für Webmarketing. Im Jahr 2006 erwirtschaftete DoubleClick auf diese Weise geschätzte 300 Millionen Dollar.[4] Doch die Geheimwaffe des Unternehmens waren seine Vertriebsmitarbeiter, die Marketingchefs und Werbeagenturen abklapperten, um sie persönlich davon zu überzeugen, dass deren Werbung ins Internet gehörte. Ein Banker, der mit der Firma zusammenarbeitete, nannte ihre Vertreter »Glatzköpfe, die auf Handys herumhacken«.

Noch bevor YouTube von Google übernommen wurde, hatte jemand von DoubleClick bei dem angesagten Videoportal angerufen und vereinbart, dass sie dort Werbebanner schalten durften. Als YouTube dann plötzlich Google gehörte, war es längst DoubleClicks größter Einzelkunde. Aber DoubleClick hatte selbst einiges durchgemacht, von Ermittlungen der Aufsichtsbehörden, die seine Datenerfassung unter die Lupe nahmen, bis hin zum chaotischen Verkauf an eine Kapitalbeteiligungsgesellschaft. Jetzt war das Unternehmen schon wieder reif, veräußert zu werden, und wie es der Zufall wollte, suchte Google gerade nach einer Möglichkeit, neben dem Geschäft mit den Suchanzeigen noch in einem weiteren Bereich Fuß zu fassen. Die Führungsriege von Google war, im Gegensatz zu Hurley, der Meinung, dass sich Werbebanner ganz hervorragend in YouTube-Videos platzieren ließen. Nachdem man gerade erst wenige Monate zuvor ein halbes Vermögen für die Übernahme von YouTube hingeblättert hatte, war man bei Google bereit, nun noch viel mehr Geld für den Kauf von DoubleClick auszugeben.

Wojcicki schaltete sich ein, und ein Banker, der den Verkaufsprozess begleitete, erinnert sich an ein merkwürdiges Treffen, bei dem offenbar wurde, wie sie tickte. Sie waren gerade alle zusammen die Geschäftszahlen von DoubleClick durchgegangen, als Wojcicki laut nachdachte. Sie sagte: »Die eigentliche Frage ist doch, ob ich die Firma auch nehmen würde, wenn sie nichts kosten würde.« *Entgeisterte Gesichter.* In der Presse war von einem Preis von um die zwei Milliarden Dollar die Rede, und alle wussten, dass auch Microsoft schon seine Finger nach dem Unternehmen ausstreckte. *Hatte sie wirklich gerade vorgeschlagen ... gar nichts zu bezahlen?* Wojcicki erklärte, was ihr durch den Kopf ging: Die Übernahme von DoubleClick würde zwar sofortige Einnahmen generieren, erforderte aber auch eine jahrelange betriebliche Integration – die Teams für den Anzeigenverkauf müssten zusammengeführt und die Software angepasst werden, die Personalabteilung hätte alle Hände voll zu tun usw. Würde sie all das in Kauf nehmen, wenn jemand ihr die Firma gratis überließe? Zum Schluss stellte sie fest: »Ja, wäre sie umsonst, würde ich sie nehmen.« Im April verkündete Google, dass sie DoubleClick für 3,1 Milliarden Dollar übernehmen würden.

Mehr als zehn Jahre später sollten sich in den USA viele Abgeordnete fragen, warum Google damals überhaupt die Erlaubnis erhalten hatte, solch ein Mammutunternehmen wie DoubleClick zu kaufen, dessen Übernahme gepaart mit der von YouTube dazu geführt hatte, dass Google den Markt für Online-Werbung dominierte. Andererseits hatte YouTubes Geschäftsprognose damals so übel ausgesehen, dass sich kaum jemand darum geschert hatte.

Während Google gerade noch dabei war, den Kauf von DoubleClick abzuschließen, betraten zwei Googler ein brandneues Gebäude an der Avenue of the Stars in Los Angeles, das mit den rechteckigen Glasplatten und dem Loch in der Mitte der Fassade wie eine riesige Kinoleinwand aussah. Das Gebäude beherbergte den Hauptsitz der Talentagentur Creative Artists Agency (CAA) sowie andere Firmen, die über Wohl und Wehe zahlreicher Kreativer entschieden. Der Bürokomplex würde in Hollywoodkreisen später als »Todesstern« bezeichnet werden.

Hollywood-Anwalt Kevin Morris, der mit Vorliebe kontroverse Fernsehsendungen wie *South Park* vertrat, hatte zu einem Treffen in seinem dortigen Büro geladen. Teils geselliges Beisammensein, teils kreatives Brainstorming, sollte das Event vor allem zur Aussöhnung zwischen alten und neuen Medien beitragen. Seit der Übernahme von YouTube durch Google war ein Jahr vergangen, und die großen Player in Hollywood, die sich bewusst waren, wie die digitale Musik die Tonträgerindustrie zerstört hatte, hatten wenig Lust, ebenfalls zugrunde zu gehen.[5] Aus dem einen Lager hatte Morris bekannte Gesichter eingeladen – leitende Manager eines TV-Networks, einen Drehbuchautor und ein paar Filmstars. Auf der anderen Seite saßen ein Sequoia-Investor, Marc Andreessen (das Software-Wunderkind hinter dem Netscape-Browser) und die zwei Mitarbeiter von Google.

Jordan Hoffner, Bereichsleiter bei YouTube mit Halbglatze und modischer Brille, gehörte beim Treffen ebenfalls zum Technologie-Lager, doch die andere Seite kannte er nur zu gut. Er war zwölf Jahre bei NBC gewesen, bevor er zu YouTube in die Geschäftseinheit wechselte, die für den *Head* zuständig war. Doch seit er zur Tech-Welt gehörte, hatte Hoffner festgestellt, dass zwischen seiner neuen und seiner alten Branche eine veritable Sprachbarriere herrschte. Bei dem Treffen versuchte er, den Anwesenden mit einer Methode, mit der viele seiner Kollegen aus der alten Medienwelt bereits vertraut waren, YouTube zu erklären. Hoffner ging zum Whiteboard. »Können wir uns darauf einigen«, begann er, »dass ein YouTube-Video, das eine Million Mal aufgerufen wird, ein Hit ist?«

Alle nickten. (»Charlie Bit My Finger«, ein charmantes Heimvideo, das ein Vater aus Großbritannien im Mai hochgeladen hatte, würde in wenigen Monaten die Marke von einer Million Aufrufen überschreiten.)

»Nehmen wir einmal an«, fuhr Hoffner fort, »dass wir einen Werbespot dazu zu einem TKP von zwanzig Dollar verkaufen können.« (Die in der Werbung verwendete Kennzahl TKP, »Tausend-Kontakt-Preis«, gibt an, welcher Geldbetrag eingesetzt werden muss, damit eine Werbemaßnahme 1000-mal angeschaut wird.)

Alle stimmten ihm zu, dass für einen Werbespot im Fernsehen zwanzig Dollar ein angemessener TKP wäre.

YouTube habe damit begonnen, Werbung in Videos einzublenden, so Hoffner, aber ein großer Teil der Nutzer der Seite befinde sich im Ausland, wo das Unternehmen bislang noch keine Werbung schalte; der Einfachheit halber gehe er davon aus, dass die Hälfte der einen Million Aufrufe aus den USA komme. Auf dem Whiteboard rechnete er vor, was das bedeutete: Bei einem Tarif von zwanzig Dollar würde dieser YouTube-Hit, auch wenn nur jeder zweite Zuschauer die Werbung zu sehen bekam, 10 000 Dollar generieren.

Totenstille.

Die Serie *Mad Men*, die in jenem Jahr erstmals ausgestrahlt wurde, hatte etwa eine Million Zuschauer pro Folge. Die Produktionskosten *einer einzelnen Folge allein* betrugen schon etwa 2,5 Millionen Dollar. Im Falle von populären Fernsehsendungen holte man diese Kosten natürlich durch Werbeunterbrechungen und die Abonnenten der Kabelsender wieder herein. Aber die Nutzung von YouTube kostete nichts, und in der Führungsetage von YouTube war man sich nicht sicher, wie viele Werbeunterbrechungen (wenn überhaupt) die Zuschauer tolerieren würden.

Als YouTube auf dem Kanal von Smosh zum ersten Mal Popup-Werbung einblendete, deaktivierten die Jungs von Smosh den Großteil davon wieder, weil sie befürchteten, Zuschauer zu verlieren. In den Kommentaren wurden sie trotzdem beschimpft, sie würden ihre Ideale verkaufen.

Hoffner wollte die Medienbosse dazu bringen, ihre Geschäftsprognosen an die Welt von YouTube anzupassen, wo Talente wie Smosh ihr geistiges Eigentum selbst verwalteten. Dazu musste ein neues Geschäftsmodell her. Hoffners kleine betriebswirtschaftliche Rechnung warf bei allen Anwesenden beunruhigende Fragen auf: *Wie lange würde sich das altmodische Fernsehen noch rentie-*

ren? Was würde passieren, wenn die Fernsehzuschauer nach und nach ins Internet abwanderten?

Im darauffolgenden Jahr forderte Jeff Zucker, der CEO von NBC, seine Branche auf, so schnell wie möglich ein tragfähiges Geschäftsmodell für das Internet zu entwickeln, damit sie nicht »am Ende analoge Dollars gegen digitale Pennys« eintauschten.[6]

Bei Google ging man davon aus, dass das Internet das Fernsehen so oder so übernehmen würde. Aber die Führungsebene war unsicher, ob das Potenzial von Smosh oder dem in Finger beißenden Charlie YouTubes Geschäftsmodell aufrechterhielt. Sie wollten hochwertigere Formate, etwas, was sie »Premium-Inhalte« nannten. Angehörige von YouTubes *Head*-Team flogen nach New York, Los Angeles, Tokio – überallhin, wo es Networks und Studios gab, die sie überreden konnten, ihr Material über das Videoportal auszuspielen. Googles stets gut aufgelegter Vertriebschef Tim Armstrong warb bei den Chefs der Sport-Ligen, den Geldmaschinen des Fernsehens, dafür, den Sprung zu YouTube zu wagen. Fast unmittelbar nach dem Kauf von DoubleClick wollte sich Google ein weiteres Werbeunternehmen einverleiben: Donovan Data Systems, das elektronische Rechnungsverfahren für TV-Networks entwickelte. DDS war so etwas wie DoubleClick fürs Fernsehen. Bei den Verhandlungen zwischen den Unternehmen stand ein Preis von bis zu zwei Milliarden Dollar im Raum, am Ende konnte man sich aber nicht auf die Bedingungen einigen, und die Gespräche verliefen im Sande.

Dennoch brachte Google Ende 2007 eine Neuheit an den Start, von der alle glaubten, dass sie das Ruder herumreißen würde: Das »Fingerabdruck«-Programm, das Anwälte von YouTube gemeinsam mit den Plattenfirmen entwickelt hatten, war endlich einsatzbereit. Google nannte es ContentID, und genau das tat es: Es identifizierte rechtlich geschützte Inhalte auf YouTube und ermöglichte den Rechteinhabern, diese automatisch zu löschen oder (so hoffte Google) stehen zu lassen und Geld mit den Anzeigen zu verdienen, die zusammen mit den Videos abgespielt wurden. Sie hatten bei YouTube diverse Tools entwickelt, mit denen erneute Uploads von Audio- und Videodateien und schließlich sogar einzelne Fragmente von Aufnahmen automatisch erkannt wurden. Das kam der Musikindustrie in all ihrer wirtschaftlichen Komplexität zupass und bildete den Startpunkt für das stabilste Rechtemanagementsystem im Medienbereich, das die Welt bis heute kennt. Von allen Erfindungen bei YouTube trug ContentID schließlich am meisten dazu bei, dass das Unternehmen überlebte und weiter wuchs.

Und doch gab es anfangs nur wenige Interessenten, die etwas zum »Premium-Segment«, dem *Head,* beitragen wollten. Streaming und Video-on-Demand waren weitgehend unbekannt. Netflix gab es zwar schon, verschickte damals aber noch Leih-DVDs per Post. Wenn Medienunternehmen auf YouTube nicht gleich mit unverhohlener Verachtung herabschauten (wie Viacom), waren sie bestenfalls zutiefst verunsichert. »Niemand wollte sich als Erstes aus der Deckung wagen«, erinnert sich ein Manager von Google. Das Unbehagen hatte vor allem mit Geld zu tun. Seit Jahrzehnten erhoben die TV-Networks Lizenzgebühren. Kabelanbieter wie Comcast zahlten an ein bestimmtes Network wie ESPN eine Gebühr und kassierten dann ihrerseits von den Verbrauchern, denen sie ESPN zur Verfügung stellten, die Kabelgebühren. Die Networks gingen ganz selbstverständlich davon aus, dass sie von YouTube ebenfalls solche Lizenzgebühren erhalten würden. Einige bei Google waren auch durchaus der Meinung, dass sie solche Gebühren zahlen sollten, aber die Führungsetage war strikt dagegen. Für Content zu bezahlen, verstieß gegen einen zentralen Grundsatz von Google – das Unternehmen zahlte den Millionen Inhabern der Websites, die seine Suchmaschine katalogisierte, um sie auf Google.com oder Google News anzuzeigen, ja auch keine Gebühren. Warum sollte man dann ausgerechnet für YouTube eine Ausnahme machen? Wenn Google plötzlich für Inhalte auf YouTube *bezahlte,* was sollte die Leute hinter den ganzen Websites, Zeitungen und Blogs daran hindern, ebenfalls Geld zu verlangen? Nein, Lizenzgebühren kamen nicht infrage.

Diese Haltung war in Hollywood nicht immer ganz einfach zu vermitteln. Nachdem Jordan Hoffner von YouTube bei der CAA seinen Vortrag beendet hatte, wurde er von einem bekannten Schauspieler angesprochen, der ihm zugehört hatte. YouTube faszinierte ihn, auch wenn er die betriebswirtschaftlichen Mechanismen dahinter nicht so richtig verstand. Er hatte eine Idee für eine Reihe witziger Kurzfilme à la Charlie Chaplin, in denen er mitspielen wollte und die man auf YouTube ausstrahlen könnte. Hoffner war begeistert. »Großartig! Wer finanziert das Ganze denn?«

Der Filmstar sah den Mann von Google, einem Unternehmen, das mehr als 100 Milliarden Dollar wert war, verwundert an. »Na, ihr!«

»Nein«, gab Hoffner verblüfft zurück. »Wir spielen nur die Werbespots ab.«

Aus der Chaplin-Hommage wurde nichts. Und in den Fällen, in denen es YouTube dann doch einmal gelang, A-Promis ins Boot zu holen, war das Ergebnis auch nicht immer erfreulich. Der umstrittene Comedy-Star Damon Wayans legte einen YouTube-Kanal namens WayOutTV an, der auf ein junges männliches Publikum zugeschnitten war. In einem Sketch mit dem Titel »Abortion Man« (»Abtreibungsmann«) erfährt ein junger Mann von seiner Freundin, dass sie schwanger ist, läuft zum Fenster und schreit: »Hilfe!« Plötzlich erscheint der titelgebende Superheld, in einen Umhang gekleidet, und boxt der Frau in den Bauch, bis ein blutiger Fötus herauskommt. Die Website *Jezebel* nannte den Clip »das ekelhafteste, unsensibelste, witzloseste und beleidigendste Video, das man je gesehen hat«.[7] YouTube hatte Toyota als Sponsor für die Videos von WayOutTV gewonnen, und nun musste das Unternehmen den Autobauer um Entschuldigung bitten, um den millionenschweren Deal zu retten.

Die Business-Teams von Google passten sich im Handumdrehen an die »schrankenlose Upload-Welt« von YouTube an, erinnert sich der ehemalige Vertriebsleiter Patrick Keane. »Wie kurzfristig kann man Inhalte herunternehmen? Wie schnell kann man zu Inhalten Stellung beziehen? Funktioniert die Zielgruppenwerbung auch wirklich?« Keiner wusste es. Zu dieser Zeit war man bei Google immer noch damit beschäftigt, die vier Milliarden Dollar teuren Neuerwerbungen YouTube und DoubleClick ins laufende Geschäft einzugliedern.

»Zwei Unternehmen, die zu den Grundpfeilern des Internets gehörten, mussten in Google integriert werden«, so Keane, »und das zu einer Zeit, als überall noch Chaos herrschte.« Und die Konkurrenz schlief nicht. Sofern es Medienkonglomerate gab, von denen YouTube noch nicht verklagt worden war, bereiteten sich diese zumindest schon einmal darauf vor, es mit YouTube aufzunehmen. Monatelang wurde in den Führungsetagen von NBC, Fox und Sony Pictures an einem eigenen Internet-Videoportal für die eigenen Sendungen, Filme und Werbekunden gebastelt. Als man bei Google Wind von dem Projekt bekam, konnte man dort nur milde lächeln. Die Musikindustrie hatte so etwas ja bereits probiert und war damit komplett auf die Nase gefallen. Ohnehin besaßen die alten Medien nicht das technische Know-how, das für den Aufbau eines Streamingdienstes notwendig war.[8] Irgendjemand bei Google dachte sich für das Medienprojekt einen Spitznamen aus: »Clown & Co.«

Vor lauter Übermut unterschätzten die Googler aber die Konkurrenz. Als »Clown & Co.« schließlich 2008 unter dem Namen Hulu auf den Markt kam, bekam man es bei Google mit der Angst zu tun. In der Pressemitteilung von Hulu wurde fünfmal das Wort »Premium« verwendet. Bei YouTube gingen sofort die Diskussionen los, ob man einen eigenen »Premium«-Dienst starten sollte – und woher genau man den Premium-Content dafür nehmen sollte. In der *Head*-Abteilung gab man sich nun doppelt so viel Mühe. Als Patrick Walker, einer der leitenden Angestellten in London, davon Wind bekam, dass Hulu schon bald im Vereinigten Königreich an den Start gehen sollte, rief er alle seine Bekannten bei den TV-Sendern an und überredete sie, der Plattform fernzubleiben. Zweimal war man bei YouTube kurz davor, einen für das US-Geschäft sehr bedeutsamen Deal einzugehen. Mit CBS führten Vertreter von YouTube eine Reihe von Gesprächen, um Sendungen wie *The Amazing Race* online zu stellen. Sie flogen nach Manhattan, um sich mit Networkchef Les Moonves zu treffen, und arbeiteten einen Vorschlag nach dem anderen aus. Nach einem Meeting mit CBS in Las Vegas teilte ein YouTube-Manager dann einem Untergebenen mit: »Der Deal ist im Sack.« Doch dem war nicht so. Die Gespräche scheiterten, weil man sich nicht einigen konnte, wie die Werbeeinnahmen aufgeteilt werden sollten. Die Tatsache, dass CBS, obgleich es ein eigenständig agierendes Unternehmen war, dennoch von Viacom-Boss Redstone kontrolliert wurde, war auch nicht unbedingt hilfreich. Als man bei YouTube versuchte, mit CBS ins Geschäft zu kommen, hielt die Führungsetage von Viacom mit ihrem Missfallen nicht hinter dem Berg, so ein ehemaliger Manager des Networks.

Den Deal mit ABC, dem Network, das sich nicht an Hulu beteiligt hatte, wollte sich YouTube nicht von Viacom vermasseln lassen. Die Gespräche mit dem Network gingen, dank der geplanten lukrativen Platzierung der zugehörigen Sendungen, gut voran, und viele bei YouTube waren begeistert von der Aussicht, dass ihre Lieblingsserie *Lost* bald auf ihrem Portal laufen würde. In allerletzter Minute unterzeichnete ABC allerdings doch noch einen Vertrag mit Hulu. (Googles Seitenhieb in Richtung der alten Medien von wegen »Clown & Co.« hatte die Verhandlungen laut einer beteiligten Person wohl schwieriger gemacht, als es nötig gewesen wäre.)

Längst nicht alle Medienunternehmen waren einer Kooperation mit YouTube abgeneigt. Beim Wrestling-Sender WWE beispielsweise empfing man YouTube mit offenen Armen. Zuerst luden Fans immer wieder verwackelte, vom Fernseher abgefilmte Ausschnitte teurer Pay-per-View-Sendungen von WWE auf YouTube hoch und umgingen dabei auf kreative Weise sämtliche Regeln, die man dort zum Erkennen von rechtlich geschütztem Material implementiert hatte.[9] Auch eine Reihe von Clips mit »The Miz«, einem ehemals durch die Fernsehserie *The Real World* bekannt gewordenen Wrestler, fand enorm viele Zuschauer. WWE machte sich diese Begeisterung zunutze und zeigte dessen Fans auf You-

Tube Werbung für seine anderen Shows, wie den »Battle of the Billionaires« von 2007, an dem ein abgehalfterter Reality-Star namens Donald Trump teilnahm. Bei WWE hatte man sich außerdem einen Leitsatz zu eigen gemacht, an dem sich YouTube später selbst orientieren sollte und der sich im Titel der Biografie eines WWE-Moderators wiederfindet: *Controversy Creates Cash* – mit Kontroversen macht man Umsatz.

Sogar die Königin des Fernsehens, Oprah Winfrey, sprang auf den Zug auf. Im November 2007 lud sie Chad Hurley und Steve Chen in ihre Sendung ein. Die PR-Verantwortlichen von YouTube mussten die beiden regelrecht dazu zwingen, zur Aufzeichnung nach Chicago zu fliegen – sie traten nicht gerne in der Öffentlichkeit auf und hatten das Gefühl, dass Winfreys Publikum nicht zu ihnen passte.[10] In der Sendung stellte sich Winfrey neben die beiden YouTube-Typen und nahm mit ihrer kleinen rosa Digicam ein Video auf. Sie erwähnte, dass YouTube regelmäßig von ungefähr 200 Millionen Menschen aufgerufen wurde und über eine erstaunliche Anzahl von Videos verfügte. »Seht ihr euch die denn auch selbst an?«, fragte die Talk-Königin.

»Klar, deshalb haben wir nie Zeit für solche Interviews, weil wir ständig Videos gucken«, scherzte Hurley und fügte, ein wenig ernsthafter, hinzu: »Wir kommen kaum noch hinterher.«

Doch der denkwürdigste Gast bei *Oprah* an jenem Tag war die Skateboard fahrende Bulldogge Tyson – ein Riesenhit auf YouTube. Das war das Bild, das die Öffentlichkeit damals von YouTube hatte: dass es voll war von intellektuell anspruchslosen Darbietungen wie Hunden auf Skateboards. Das Unternehmen sollte noch Jahre brauchen, um dieses Image abzuschütteln.

Doch wie das Leben, so findet auch der Kommerz immer einen Weg. Während sich YouTube abmühte, Werbekunden und Premium-Inhalte zu akquirieren, lernte Fred, das YouTube-Wunderkind mit der quäkenden Stimme, Evan Weiss kennen, den Agenten, der ihn unbedingt unter Vertrag nehmen wollte. Weiss traf sich mit Lucas Cruikshank alias Fred Figglehorn und dessen Eltern in der Starbucks-Filiale im Foyer des Mandalay Bay Resort in Las Vegas und bot der Familie aus Nebraska an, rund um ihren Sohn ein ganzes Medienfranchise aufzubauen. Losgehen sollte es mit einer Weihnachts-CD, wie von Alvin and the Chipmunks. Cruikshank wollte unbedingt einen Film machen. »Definitiv«, sagte Weiss. »Das garantiere ich.«

Andere YouTuber schauten sich abseits von YouTube nach Geld oder Aufmerksamkeit um. Einige versuchten es bei blip.tv, einem Mitbewerber, der für Uploads zahlte. iJustine, eine der ersten berühmten YouTuberinnen, fing an, ihren kompletten Alltag im Netz zu streamen. (Sie zeigte allerdings weder, wie sie auf die Toilette ging, noch war sie nackt zu sehen – ihre Freunde nannten sie scherzhaft »Miss Jugendfrei«.) Ihr Stream lief auf dem neuen Online-Portal Justin.tv, das verschiedene Geschäftsmodelle durchlief, bevor daraus Twitch wurde.

Doch auf YouTube entfaltete der Kommerz seine volle Kraft. Michelle Phan, eine Kunststudentin aus Florida, richtete sich 2007 ein Konto ein und stellte Videos online, in denen sie dabei zu sehen war, wie sie ihr Make-up auftrug, dabei die einzelnen Schritte beschrieb und immer wieder innehielt, um bestimmte Produkte und Techniken zu zeigen. Dabei verwandelte sie sich mal in eine Barbiepuppe, mal in eine Anime-Figur, mal in eine »verführerische Vampirin«. Die Zuschauer waren hin und weg. Phan half einem neuen Medienphänomen aus der Taufe, das die Modebranche auf den Kopf stellen sollte: den Tutorials. Andere taten es ihr gleich, und das nicht nur im Bereich Mode.

kravvykrav: »iPod nano Video (3g): Complete Hands-On Review and Unboxing«, 8. September 2007, 6:18.
Eine grobkörnige Aufnahme vor einem Schreibtisch. Noah Kravitz, mit rasiertem Schädel und getönter Brille, stellt sich vor. Er hebt ein winziges Gerät in die Höhe: »Ein neues Apple-Produkt ist auf dem Markt. Die Leute drehen durch.«

Tragbare Geräte waren damals der letzte Schrei, und Noah Kravitz arbeitete als Rezensent für die Elektronik-Website PhoneDog.com. Er fing an, seine Rezensionen in Videoform zu veröffentlichen, und seine ausführlichen Beschreibungen neuer Geräte waren ein echter Hit. YouTube schickte ihm als Anerkennung für die Fangemeinde, die er um sich versammelt hatte, ein Paar Socken mit dem YouTube-Logo. Besonders gut kamen Clips an, in denen Kravitz vor laufender Kamera ganz langsam brandneue Artikel auspackte. In einem Chat fragte er einmal einen Fan, warum das so sei. »Du hast die Handys. Wir nicht«, lautete die Antwort. »Wir können es uns nicht leisten, jedes neue Smartphone zu kaufen. Mit deinen Videos fühlt es sich für uns wenigstens ein bisschen so an, als hätten wir uns das Smartphone gekauft und würden es zu Hause auspacken.«

Weder irgendjemand bei Google noch Kravitz selbst ahnte damals, dass das Unboxing (das Auspacken von Konsumprodukten vor laufender Kamera) schon bald noch auf eine ganz andere Weise von wirtschaftlicher Bedeutung sein sollte.

Kapitel 6
Die Bardin von Google

Falls das nicht klar rübergekommen sein sollte: Mein Leben hat sich komplett verändert!«
Diese Worte schrieb Claire Stapleton in einer E-Mail an ihre Freundin Chloé an einem Samstag Ende Juli 2007, kurz nachdem sie bei Google angefangen hatte – mehr als zehn Jahre vor dem eingangs erwähnten »Wellness-Trip« ins Indian Springs Resort und somit noch Lichtjahre entfernt von dem vernichtenden Zynismus jenes Betriebsausflugs. Die Wochen vor dieser E-Mail waren wie im Flug vergangen – College-Abschluss, ein Roadtrip quer durchs Land, ihr erster richtiger Job. Stapleton war in Oakland aufgewachsen, in der Schule war sie im Leichtathletik-Team gewesen und hatte Theater gespielt. Sie hatte eine lässige, mitunter sogar etwas trottelige Ausstrahlung, die dafür sorgte, dass man sich in ihrem Beisein ganz automatisch entspannte. Als sie mit 21 Jahren bei Google in Nordkalifornien ihre neue Stelle antrat, herrschte wunderbares Sommerwetter. Sie setzte sich ihren Noogler-Hut auf – eine alberne Kappe mit einem blauen Propeller, die alle neuen Mitarbeiter bekamen – und steckte das Blackberry-Handy ein, das ihr das Unternehmen zur Verfügung stellte. (»Wer hätte das gedacht«, schrieb sie ihrer Freundin.) Es gab Unmengen von Vorschriften und Richtlinien, die es zu verinnerlichen galt, und dazu einen Haufen neuer Leute, die man erst mal kennenlernen musste.
»Google! Das ist echt kaum zu glauben«, schrieb sie. »Eine seltsame Utopie, wirklich, jeder ist entweder ein Ivy-Leaguer mit ganz absonderlichen Stationen im Lebenslauf seit der Uni oder ein Ivy-Leaguer, der wegen seines Potenzials ausgewählt wurde, oder sonst was. Alle sind sehr klug, in gewisser Weise sehr privilegiert, aber

auch cool ... Alle hier sprühen nur so vor Dynamik, manchmal ist der Ehrgeiz ansteckend.«

Während ihres ersten Studienjahrs an der University of Pennsylvania hatte die Hochschule Zugang zu einer neuen, von Harvard-Studenten gebauten Website erhalten: thefacebook.com. Stapleton postete dort Bilder von sich und ihren Freundinnen und Freunden, wie sie auf Partys aus roten Plastikbechern tranken, im Park faulenzten oder für alberne Fotos posierten. Viele Aufnahmen waren ganz gut, aber professionell waren sie nicht – niemand konnte sich vorstellen, dass jemals Leute außerhalb der College-Szene das soziale Netzwerk nutzen würden. Sie glänzte in den Seminaren, studierte Englisch im Hauptfach und verschlang Romane wie die von Thomas Pynchon. Sie studierte bei Kenneth Goldsmith, einem Dichter, der sich selbst als »Text-Bildhauer« bezeichnete und sich in Bezug auf das Internet als »radikaler Optimist« verstand. Auf einem T-Shirt, das er im Unterricht trug, stand: »Was es im Internet nicht gibt, das gibt es nicht.« In ihrem letzten Studienjahr überlegte Stapleton, ob sie sich für das trendige Postgraduierten-Programm Teach for America bewerben sollte, verwarf den Gedanken aber, als sie auf einer Jobmesse den Stand von Google entdeckte. »*Warum nicht?*«, dachte sie sich.

In ihrem Bewerbungsaufsatz zitierte sie den Satz von Goldsmiths T-Shirt und stellte die Verachtung infrage, die Pynchon und andere Intellektuelle dem »Computerzeitalter« entgegenbrachten. Sie lägen falsch, hielt sie dagegen, denn Google sorge dafür, dass die »vernetzten intellektuellen Gedankenströme, nun ja, ungehindert fließen können«. Sie bekam den Job.

2007 war für Google ein ganz entscheidendes Jahr, was die Rekrutierung Studierender betraf. Ende 2006 hatte sich das Unternehmen mit einem solchen Tempo neue Geschäftsbereiche wie YouTube einverleibt, dass sein PR-Team mit der Arbeit nicht mehr hinterherkam. Die Verantwortlichen beschlossen, die Lücke mit frischen Hochschulabsolventen zu füllen, die sie darin schulten, Presseanfragen zu beantworten und Unternehmensmitteilungen zu formulieren. Sie wählten dreißig neue Mitarbeiter aus, die meisten von Ivy-League-Universitäten, und Stapleton gehörte zu den Ersten, die eingestellt wurden. Von ihrer ersten Aufgabe bei Google war sie dennoch enttäuscht: Sie wurde der Abteilung zugeteilt, die sich um die firmeninterne Kommunikation kümmerte, aber nicht um die interessanteren Auseinandersetzungen mit Reportern und Nachrichtenmoderatoren. Bald bekam sie dann aber doch eine spannendere Aufgabe: Sie sollte die Texte für ein Ritual schreiben, das bei Google heilig war und mit dem immer das Wochenende eingeläutet wurde: TGIF, kurz für *Thank God it's Friday!*

Jeden Freitag gegen 16:30 Uhr versammelte sich die gesamte Belegschaft in dem Google-eigenen Bistro Charlie's Café, wo die Gründer, Page und Brin, bei Bier, Limonade und Snacks Hof hielten und von den neuesten Entwicklungen im Unternehmen berichteten.[1] Dabei führten sie zur allgemeinen Unterhaltung routinemäßig auch einen Sketch mit Bezügen zu den Entwicklungen im Unternehmen auf. Die Texte dafür schrieben die Mitarbeiter der Internen Kommunikation. Ganz am Anfang verpatzte Stapleton in einem der Skripte ein technisches Detail über Gmail. Während der Aufführung schaute einer der Gründer auf und fragte: »Wer hat das hier geschrieben?« Stapleton dachte, sie würde gleich wieder gefeuert.

Wurde sie aber nicht. Und sie lernte schnell, sich an die nerdigen Befindlichkeiten der Gründer anzupassen, und baute Witze darüber ein, wie viele Pizzen ein Team von Programmierern verzehren könne. Das Beste am TGIF war Dory, ein Computersystem, das nach der gleichnamigen Pixar-Figur benannt war und über das das Publikum Fragen einreichen konnte, über die dann abgestimmt wurde. Die Fragen mit den meisten Stimmen wurden gestellt. Dory spiegelte Googles tiefste Überzeugungen in Bezug auf Daten, Effizienz und die kollektive Weisheit der Masse wider. Dory vermittelte ihnen das Gefühl, sie seien Teil einer echten Demokratie. Für viele Googler war das etwas ganz anderes als die Demokratie, die sie gerade unter George W. Bush erlebten.

Googles Führungsriege kritisierte offen Bushs Patriot Act und betonte immer häufiger die liberale kalifornische Gesinnung des

Unternehmens. In dem Sommer, in dem Stapleton bei Google anfing, kaufte das Unternehmen für seinen Campus unzählige Solarpaneele. Es war die größte derartige Bestellung, die jemals von einem Unternehmen in den USA in Auftrag gegeben worden war. Im Zuge der Expansion von Google wurden die TGIF-Treffen immer mehr dazu genutzt, die Werte des Unternehmens hervorzuheben und zu bekräftigen. Bei einem Treffen im Herbst schaltete sich Al Gore zu,[2] der am selben Tag für sein Engagement für die Umwelt mit dem Friedensnobelpreis ausgezeichnet worden war. »Ich habe gehört, dass Sie heute etwas gewonnen haben«, sagte Brin. »Wir sind Ihnen alle sehr dankbar.« Begeisterter Applaus der Googler.

Stapletons Aufgabe war es, all das nach innen widerzuspiegeln, was Google so besonders machte. Als Ghostwriterin hob sie in E-Mails, die sie für Führungskräfte vorformulierte, die einzigartige Unternehmenskultur von Google hervor, und jeden Freitag vor dem TGIF-Treffen schickte sie eine E-Mail mit merkwürdig fesselnden, skurrilen Zeilen herum, die ein Kollege einmal als »postmoderne Lyrik« bezeichnete. Dank ihrer Witze und umgänglichen Art wurde Stapleton schnell zu einer Art Google-Maskottchen. Sie wurde immer wieder auf memegen erwähnt, einem firmeninternen Message-Board, wo Googler Dinge schrieben wie: »Ich will auch was von dem Zeug, das Claire raucht.« Bald hatte sie einen Spitznamen weg: Sie war die »Bardin von Google«.

»Das ist PR. Eigentlich würde ich das ja für einen Witz halten, aber bei Google nimmt man das echt ernst«, erklärte Stapleton ihren Job in einer E-Mail. »Die glauben wirklich, dass das Schicksal des Unternehmens daran hängt, wie die Welt es verdaut. Und sie wissen, dass es mit dem goldenen Glanz, den Google im Moment ausstrahlt, irgendwann vorbei ist.«

Unweit von Charlie's Café saß Ende 2006 Nicole Wong an einem der Schreibtische, an denen die Anwälte von Google arbeiteten. Die erfahrene Rechtsanwältin, die sich nur selten aus der Ruhe bringen ließ, las eine E-Mail des thailändischen Informationsministeriums. Sie ging zunächst davon aus, dass die E-Mail ein Fake war, da sie von einem Yahoo-Konto kam. Nachdem sich Wong die Echtheit der Mail hatte bestätigen lassen, las sie sie noch einmal: Thailand hatte zwanzig YouTube-Videos aufgelistet, in denen der thailändische König beleidigt wurde, und Majestätsbeleidigung war nach dem thailändischen Gesetz eine Straftat. Bis diese Videos gelöscht würden, so hieß es in der E-Mail, werde man YouTube im ganzen Land abschalten. Bevor sie antwortete, griff Wong zum Telefon. Google hatte zwar keine Niederlassung in Thailand, aber sie hatten einen »Scout« damit beauftragt, vor Ort zu prüfen, ob man vielleicht eine eröffnen könnte. Nicht auszudenken, wenn Thailand diesem nun die Majestätsbeleidigung anlasten würde! In Bangkok war es mitten in der Nacht.

Als der Scout ans Telefon ging, teilte Wong ihm mit: »Du musst das Land verlassen.«

Die E-Mail aus Thailand, die Google kurz nach der Übernahme von YouTube erreichte, erinnerte das Unternehmen auf unschöne Weise daran, was es sich da aufgehalst hatte: eine für jedermann kostenlos zugängliche Website, die auch in Staaten abrufbar war, die auf das Recht auf freie Meinungsäußerung eher wenig Wert legten. Solche Forderungen oder Drohungen seitens Nationalstaaten landeten in der Regel direkt auf Wongs Schreibtisch. Ihr Spezialgebiet war der 1. Zusatzartikel zur Verfassung der Vereinigten Staaten, der u. a. Meinungsfreiheit und Pressefreiheit garantiert, und Wong hatte eine Weile als Anwältin auf diesem Gebiet gearbeitet, bevor sie 2004 zu Google kam, wo sie schnell zur stellvertretenden Chefjustiziarin aufstieg. Ihre Kollegen nannten sie »The Decider«, »die Entscheiderin«, eine Anspielung auf den Spitznamen, den George W. Bush sich selbst gegeben hatte. (Sie ließen ihr ein T-Shirt mit einem großen *D* im Stil des Superman-Logos bedrucken.) Googles politische Identität bildete sich größtenteils in Opposition zum machiavellistischen Moralismus der Bush-Cheney-Ära heraus. In den Anfangsjahren hatte sich Google den Leitspruch »Don't be evil« (»Sei nicht bösartig«) gegeben – ein Firmencredo für ein Unternehmen, in dem Firmencredos verpönt waren. Mit diesem Slogan wollte das Unternehmen der allgemeinen Sorge begegnen, dass es mit den intimen Details, die Nutzer in Internetsuchen preisgaben, irgendwelche ruchlosen Dinge anstellen würde. In der Praxis stand das Motto für Googles unerschütterlichen Glauben daran, dass das Internet per se eine positive Kraft für die Welt war. Ab 2006 war die Suchmaschine in der Volksrepublik China verfügbar, und Google rechtfertigte die dortige Zensur von Ergebnissen für die Suche nach Begriffen wie »Platz des Himmlischen Friedens« mit dem Argument, dass das World Wide Web, selbst wenn Teile fehlten, letztlich dazu beitragen würde, dass China bald weniger autokratisch regiert würde.

Bei YouTube arbeitete man seinerseits an einer Version des Portals für China, die ähnlichen Restriktionen unterliegen würde. Sogar der in Taiwan geborene Mitbegründer Steve Chen war dafür. (»Wenn wir nach Thailand wollen, müssen wir das Königshaus respektieren«, argumentierte er. »Wenn wir nach China wollen, müssen wir uns an bestimmte Regeln halten.«) Doch betriebliche Erschwernisse und der Widerstand anderer Kollegen ließen das Projekt schließlich scheitern.

Alles in allem sahen sich die Mitarbeiter von Google als stolze Verweigerer staatlicher Zensur – sofern ihnen dies möglich war. Für Wong, die »Entscheiderin«, war dies anfangs noch relativ simpel. Über die Google-Suche wurden die Leute ja immer anderswo hingeschickt, und Google konnte sich so glaubhaft von allen anderen Websites distanzieren, die es ja lediglich katalogisierte und verlinkte. Das wurde 2003 schon ein wenig komplizierter, als Google Blogger kaufte, ein Software-Tool, mit dem es ein Kinderspiel war, sich einen Blog einzurichten, womit das Unternehmen gleichzeitig in den Besitz von einem ganzen Haufen von Webinhalten kam. Trotzdem war Blogger noch relativ überschaubar. Die Anwälte konnten geschriebene Texte schnell analysieren, und die Nutzer eines Landes verfassten ihre Einträge für gewöhnlich in der dortigen Sprache. Thailändische Blogger bloggten auf Thailändisch, griechische Blogger auf Griechisch. Daher hatten die Anwälte von Google ein System entwickelt, um je nach Nationalität die jeweiligen rechtlichen Risiken zu erfassen.

Und dann kam YouTube und brachte alles durcheinander. Die unüberschaubare babylonische Videoplattform zu kontrollieren, war fast unmöglich, vor allem nachdem sie sich über den ganzen Globus ausgebreitet hatte. Plötzlich drehten griechische Fußballfans Videos, in denen sie zum Ärger ihrer Nachbarn den Gründer der modernen Türkei verspotteten – so geschehen im März 2007. In der Türkei verstand man dieses griechische Video sehr wohl. Als es auftauchte, verfügte ein türkischer Richter, dass die Internetprovider des Landes YouTube sperren mussten, und da die türkischen Behörden anscheinend nicht wussten, dass das Portal Google gehörte, informierten sie Google darüber nicht. (Später protestierten empörte Bürger vor der Google-Niederlassung in Istanbul.) Stundenlang saß Wong am Telefon und ließ sich die Einzelheiten der türkischen Gesetzgebung darlegen. Eines Abends saß sie zu Hause und hatte 67 verschiedene türkische Videos gleichzeitig auf ihrem Rechner geöffnet. Sie versuchte zu einer Entscheidung zu kommen.

Im Fall von Thailand hatte Wong eine technische Lösung vorgeschlagen, mit der die Videos, die den König beleidigen, in Thailand entfernt wurden, sonst aber nirgendwo. Die thailändischen Behörden hatten diesen Vorschlag akzeptiert. Doch auf solch eine Lösung wollte sich die Türkei nicht einlassen – dort stand YouTube weiterhin auf der schwarzen Liste. Wong wollte es nach Möglichkeit vermeiden, anderen Ländern Googles Werte und Normen aufzuzwingen, aber trotzdem diskutierten sie und ihre Kollegen darüber, wann sie sich weigern sollten, nationale Auflagen einzuhalten – zum Beispiel falls Indien, wo Homosexualität strafbar war, irgendwann verlangen sollte, LGBTQ-Videos zu sperren.»Der Auftrag lautete: ›Sei überall, werde nirgends verhaftet, und sei an so vielen Orten erfolgreich wie möglich‹«, sagte Wong der *New York Times* ein Jahr nach dem Streit mit der Türkei.

Tim Wu, Juraprofessor an der Columbia University, beschrieb die zunehmende Macht von Google als weltweit wichtigster Informationsregulator und Moderator von Meinungsäußerungen etwas anders. »Um Google zu lieben, muss man ein Stück weit Monarchist sein«, teilte er der Zeitung mit. »Man muss Google gewissermaßen auf die gleiche Weise vertrauen, wie die Menschen früher ihrem König vertrauten.«

▶

Bei YouTube hingegen ging es nicht wie in einer Monarchie zu, eher wie in einem lärmenden Parlament. Vor der Übernahme durch Google hatte der Ex-Hacker-Aktivist Micah Schaffer versucht, Standards für das SQUAD-Team zu verfassen und dabei ein Gleichgewicht zwischen Meinungsfreiheit und Seriosität zu schaffen. Dazu musste man sich gut in den seltsamen Weiten des World Wide Web auskennen. Anfänglich umfasste seine Handreichung siebzig Seiten. Darin waren Abschnitte wie »Shock and Disgust« (»Anstößig und ekelig«) enthalten, mit Tipps, welche Videos gegebenenfalls nur eingeschränkt verfügbar sein sollten (alles rund um Drogen, Genitalien von Tieren, erwachsene Männer mit Windelfetisch) und welche direkt gelöscht werden mussten (Playlisten mit Videos, in denen Kinder in Badebekleidung oder beim Sport zu sehen waren und die aussahen, als seien sie aus sexuellen Motiven in eine Playlist gepackt worden). »Benutzt euer gesundes Urteilsvermögen!«, stand in einem Dokument über zwei Videostandbildern von einer Frau, die auf einem anzüglich eine Banane an ihren Mund hält (löschen) und auf dem anderen einfach nur ein Corn Dog isst (akzeptabel). Videos, die dem Zweck dienten, »vorsätzlich Hass gegen geschützte Minderheiten zu verbreiten«, sollten gelöscht werden. Videos, die »fanatische Ansichten« in Form persönlicher Kommentare beinhalteten (zum Beispiel von dem Comedian Andrew Dice Clay oder der Rechtspopulistin Ann Coulter), sollten als »gewagt« gekennzeichnet werden.

Wo sollte man da die Grenze ziehen? Das zu entscheiden, war nicht einfach. Eine eindeutige Grenze gab es nicht. Einmal stießen die Content-Moderatoren auf das Konto eines YouTubers, der sich in seinem Zimmer dabei filmte, wie er auf koscheres Essen schimpfte. Der Mann war offenbar Anhänger einer kaum bekannten antisemitischen Verschwörungstheorie, der zufolge sich Rabbiner an einer »Koscher-Steuer« bereichern würden, doch die YouTube-Moderatoren hatten nicht den Eindruck, dass der Mann es direkt auf Juden abgesehen habe. Niemand wusste so recht, wie man damit umgehen sollte. Julie Mora-Blanco, eines der ersten Mitglieder des SQUAD-Teams, fand Videos über die ominöse Lehre der Phrenologie in ihrer Warteschlange, die wie Mini-Dokus aufgemacht waren. Als Abtreibungsgegner grausame Clips hochluden, in denen nichts als abgetriebene Föten zu sehen waren, formulierte Schaffer den lockeren Grundsatz, dass solche Videos in ausreichendem Maße einen »bildenden, dokumentarischen oder wissenschaftlichen« Wert haben müssten, um nicht gelöscht zu werden.

Die Mitarbeiter stritten und diskutierten. Das SQUAD-Team war zwar noch in der Findungsphase, aber es war agil und reaktionsschnell. Die Teammitglieder behielten nicht nur YouTube im Blick, sondern durchleuchteten auch die hintersten Winkel des Webs nach Trends. Einmal gelang es ihnen, einen Troll-Angriff zu vereiteln, weil sie im toxischen Internetforum 4chan gelesen hatten, dass YouTube mit Pornos geflutet werden sollte. Andernorts im Netz posteten junge Mädchen unter dem Schlagwort »Thinspiration« oder »Thinspo« alarmierende, Anorexie verherrlichende Fotos und Videos. Schaffer wies daraufhin sein Team an, diese Videos mit einer Altersbeschränkung zu versehen und derartige Videos nur freizugeben, wenn sie von Nutzern gepostet würden, die mindestens 18 Jahre alt seien. Von minderjährigen Nutzern gepostete Videos sollten gelöscht werden. (Einigen Mitarbeitern stieß dabei sauer auf, dass die Videos in der Regel gelöscht wurden, ohne dass den Nutzern, die sie hochgeladen hatten, erklärt wurde, warum.)

Google stellte YouTubes SQUAD-Team ungeahnte Ressourcen zur Verfügung.[3] Auch in Europa und Asien wurden nun Leute für die Moderation eingestellt. Außerdem sorgte man für therapeutische Unterstützung. Doch bei YouTube betrachtete man den doch immer etwas zugeknöpften Mutterkonzern nach wie vor mit Argwohn. Eines Tages lief ein Führungsgeschwader von Google an den Schreibtischen des Moderationsteams von YouTube vorbei, das gerade besonders verstörendes Material sichtete. Auf den Monitoren war ein neuer Trend aus Japan zu sehen: Frauen, die Oktopusse für sexuelle Spielereien verwendeten. Zwei Führungskräfte von YouTube bemühten sich, den Managern schnell die Sicht zu versperren. Sie fürchteten, die Anzugträger würden sonst ausrasten.

In Teilen war man bei Google trotz allem sehr angetan von YouTube. Die PR-Abteilung schätzte es sehr, dass man YouTube dazu nutzen konnte, die Machenschaften der Reichen und Mächtigen aufzudecken. Das verlieh dem Portal Seriosität. Als Michael DeKort, ein Ingenieur bei Lockheed Martin, im August 2006 auf YouTube ein Enthüllungsvideo über das gesetzwidrige Verhalten des Unternehmens einstellte, löste er damit behördliche Ermittlungen gegen den Waffenhersteller aus.[4] Im selben Monat musste ein republikanischer Senatskandidat aus Virginia seinen Hut nehmen, nachdem er sich vor laufender Kamera über einen indischstämmigen Amerikaner lustig gemacht hatte und das entsprechende YouTube-Video in diversen Fernsehsendungen aufgegriffen wurde. (Seither bezeichnet man einen solchen Vorgang, bei dem eine unbedachte Formulierung einen Politiker die Wahl kostet, als »Macaca-Moment«.) Aber Google verlangte auch, dass Vorgaben eingehalten wurden, die manche im SQUAD-Team für prüde, klassistisch oder einfach nur lächerlich hielten. Beispielsweise sollten sie auf YouTube alle Videos entfernen, in denen illegale Aktivitäten »verherrlicht« wurden – Clips, die Graffiti, Flammenwerfer oder Autobahnraser zeigten, mussten verschwinden. Und solche Anweisungen waren durchaus ernst gemeint. Auf Wunsch des Vertriebsteams von Google mussten sämtliche Videos gelöscht werden, die für Verstimmungen bei bestimmten Werbekunden sorgen könnten. Einmal wurde ein Teammeeting angesetzt, in dem es ausschließlich um Videos ging, in denen Frauen zu Musik mit dem Hintern wackelten.

Die Vorgaben variierten von Land zu Land. Die Briten hatten kein Problem mit Sex, aber Gewaltvideos waren kritisch. Der britische Kultusminister forderte Warnhinweise für Clips mit unflätigen Ausdrücken. In einer Folge der BBC-Sendung *Panorama* mit dem Titel »Fight Club für Kinder« wies der Moderator schockiert darauf hin, dass es auf YouTube Videos gebe, die Mobbing und Gewalt unter Heranwachsenden zeigten, und dass das Unternehmen diese Videos nur dann einer Überprüfung unterzog, wenn sie von jemand anderem als bedenklich gemeldet wurden. Rachel Whetstone, die leitende PR-Strategin von Google und eine gut vernetzte Britin, musste dem Reporter von BBC Rede und Antwort stehen. Sie kehrte anschließend nach Kalifornien zurück und drängte darauf, im Videofundus auf YouTube klar Schiff zu machen. Bei YouTube versuchte man, sich zu wehren. Schaffer lag seinem Chef in den Ohren: »Hey, ich will die Graffiti-Videos verteidigen. Ist das in Ordnung?«

»Klar, nur zu«, antwortete Hurley.

Kurz nach der Übernahme durch Google wurde SQUAD einem neuen Manager unterstellt: Tom Pickett, der einst als Pilot der Elite-Einheit TOPGUN bei der Navy gedient hatte, stellte hohe Ansprüche an sein Team. Pickett versuchte, Ordnung in die oftmals improvisierten Moderationsvorgänge bei YouTube zu bringen, und er brachte eine Professionalität mit, die einige im Team sehr begrüßten. Andere jedoch ärgerten sich über die allzu mechanischen Abläufe bei Google, wo die Leistung der Content-Moderatoren anhand der »Prüf-Lücke« bewertet wurde – also danach, wie lange sie brauchten, um ein gemeldetes Video zu prüfen. Ein weiterer Maßstab war die »Umkehr-Rate« – wie oft die Entscheidungen eines Moderators von einem anderen, der dasselbe Material gesichtet hatte, wieder aufgehoben wurden. »Es ging nicht mehr um irgendwelche Ideale«, erinnert sich Mora-Blanco. Das Team hatte immer mehr den Eindruck, dass man zugunsten automatisierter Abläufe auf das professionelle Urteil der Mitarbeiter verzichten wollte.

The Key of Awesome: »Crush On Obama«, 13. Juni 2007, 3:19.
Langsam wummernde Bässe und Beats. Eine Frau ist zu sehen, die Kurven unter einem engen Shirt, Lipgloss auf den Lippen. Sie telefoniert: »Hey, B. Ich bin's. Wenn du da bist, geh ran. Ich habe dich gerade auf C-SPAN gesehen.« Dann singt sie. Es ist eine Musikvideo-Parodie, in der die Sängerin Amerikas neuesten politischen Schwarm anhimmelt – Barack Obama, den Junior Senator aus Illinois.

Politiker orientierten sich immer an den momentan angesagten Medien, um Wähler zu gewinnen und sich als besonders hip zu präsentieren. Anfang der Neunzigerjahre hatte Bill Clinton in der *Arsenio Hall Show* Saxofon gespielt, im Jahr 2008 war YouTube die Bühne der Wahl. Im Vorfeld der Präsidentschaftswahlen kündigten sechs Kandidaten ihre Kampagne auf YouTube an. Aber keiner sorgte dort für so viel Wirbel wie Obama, der mehrfach Gegenstand von viralen Comedy-Hits wie dem obigen war. (Nach seiner Wahl fanden diverse Googler neue Jobs im Weißen Haus.[5]) Steve Grove, der bei YouTube das Ressort Politik leitete, war von dem Trubel begeistert. Er lud Obama und andere Kandidaten zu Interviews bei Google ein und stellte ihnen Fragen, die YouTuber eingereicht hatten.

Im Juni 2007 gelang es Grove, sein Format ins Fernsehen zu bringen: Der technikaffine Nachrichtensender CNN beteiligte sich mit einem Großaufgebot an dem Wahlkampfzirkus – Produzenten fuhren den Kandidaten im »Election Express Bus« hinterher, ausgerüstet mit einer Satellitenschüssel und vollgestopft mit Computern.

Im Juni parkte der CNN-Bus vor dem noblen Militärcollege The Citadel in Charleston, South Carolina, wo eine der ersten Debatten der Demokraten stattfand. CNN moderierte die Veranstaltung, und YouTube übertrug sie live im Internet und blendete per Video übermittelte Fragen von YouTubern ein – basisdemokratische Beteiligung à la Google. (CNN-Produzent und TV-Veteran David Bohrman hoffte zunächst, dass sich YouTube an den Kosten beteiligen würde, aber die Tech-Nerds teilten ihm mit: »Sorry, YouTube macht leider keinen Gewinn.«)

Grove schickte über 3000 Fragen an CNN, die als Videos gepostet worden waren und aus denen der Sender eine Auswahl treffen sollte. Auf einer eleganten, futuristisch wirkenden Bühne eröffnete der CNN-Moderator Anderson Cooper die Debatte. »Was Sie gleich sehen werden, ist ... nun ja, eine echte Premiere«, erklärte er dem Publikum. Dann spielte Cooper einige Videos mit den Fragen ein, die CNN abgelehnt hatte. Ein YouTuber hatte sich als Huhn verkleidet. Eine andere wollte wissen, was die Kandidaten von dem Vorschlag hielten, den »Cyborg Arnold Schwarzenegger« zur nuklearen Abschreckung einzusetzen. Grove saß in The Citadel in der ersten Reihe, zusammen mit Hurley, Chen und ihrem Boss, Eric Schmidt. Zwei Sommer zuvor hatte Hurley noch verzweifelt versucht, illegal hochgeladene Clips von CNN von ihrer neuen Website zu löschen. Und jetzt prangte das YouTube-Logo neben dem Logo von CNN, während das ganze Land zusah. Backstage lernten Hurley und Chen Barack Obama und Hillary Clinton kennen. Während die Klage von Viacom immer noch lief, konnten sie hier und jetzt unter Beweis stellen, dass es auf YouTube nicht nur einen Haufen Frivolitäten zu sehen gab, sondern Ereignisse von weltweiter Bedeutung. Als die Debatte zu Ende war, beugte sich Schmidt, der den politischen Small Talk aus dem Effeff beherrschte, zu den Gründern von YouTube hinüber und sagte: »Gentlemen, jetzt habt ihr es geschafft.«

Doch die Freude währte nicht lange. Das Flugzeug, das die Crew von YouTube nach Hause bringen sollte, stand noch auf der Startbahn, als Chen einen Krampfanfall erlitt und bewusstlos zusammenbrach.

Verwirrt und mit großen Schmerzen kam er in einem Krankenhausbett wieder zu sich. Eine eindeutige Diagnose erhielt er aber erst, nachdem er in ein neurologisches Zentrum in San Francisco verlegt worden war: Chen litt an einem Aneurysma. Er führte den Vorfall auf seinen Lebensstil zurück: Chen arbeitete achtzig, manchmal sogar hundert Stunden die Woche. Er schlief zu wenig und trank zu viel Alkohol. Die Ärzte verschrieben ihm Phenytoin, ein starkes Medikament gegen epileptische Anfälle, und er nahm sich eine Auszeit, um sich zu erholen. Ein paar Mal schaute er noch bei YouTube vorbei, um an Meetings und Veranstaltungen teilzunehmen, bevor er im Herbst 2008 einen weiteren Krampfanfall erlitt. Danach zog sich Chen, der sympathische Programmierer, der so hart gearbeitet hatte, damit YouTube die Anfangszeit überdauerte, quasi komplett aus dem Unternehmen zurück.

Aus dem Spaßportal voller alberner Clips war innerhalb kürzester Zeit eine Bühne für Ereignisse von Weltrang geworden. Und nun musste Chad Hurley plötzlich allein Regie führen. Zumindest für eine Weile.

Kapitel 7
Mit Vollgas voraus

Zeit, den Fernseher auszuschalten. Und den Computer einzuschalten!« Mit diesen Worten trat Katy Perry in einem pinkschwarzen Glitzerfummel ins grelle Rampenlicht der Bühne, die Google errichtet hatte, stolzierte die Stufen hinunter und steuerte geradewegs auf einen Hippie-YouTuber zu, der ein Plakat mit der Aufschrift »Gratis Umarmungen« hochhielt.

Hurley stand hinter der Bühne. Seine Begeisterung hielt sich in Grenzen.

Ideen für aufwendige Events dieser Art hatte Hurley schon mehrfach abgelehnt. Er war auch generell dagegen, dass YouTube seine Räumlichkeiten in ein Filmstudio verwandelte, schon um zu verhindern, dass manche Nutzer einen Vorteil gegenüber anderen hatten. Aber jetzt und hier, im November 2008, war er überstimmt worden. Das Resultat hieß »YouTube Live« und war eine lahme PR-Veranstaltung, die vor Publikum an der Uferpromenade von San Francisco abgehalten und live im Internet übertragen wurde. Neben Perry trat eine Handvoll bekannter YouTuber auf, der Königin von Jordanien wurde der »Visionary Award« verliehen, und im Publikum wurden kostenlose Digitalkameras verteilt.

2008 veränderte sich einiges. Das Jahr begann damit, dass Hurley sich bemühte, Googles erste Vorgabe für YouTube umzusetzen: die Zahl der Zuschauer zu steigern. Und das tat er unermüdlich; 2008 erzielte die Seite bereits den doppelten Videotraffic von MySpace. Der einst ärgste Konkurrent war nunmehr dem Untergang nah. Manche meinten, es sei einfach eine glückliche Fügung gewesen, dass Hurley just in dem Moment eine funktionierende Videoseite kreiert hatte, als Google und der Rest der Welt nach genau so etwas suchten. Andere hingegen schoben den Erfolg von

YouTube auf Hurleys Instinkt und sein gutes Gespür für die Bedürfnisse der Nutzer – immerhin war es ihm gelungen, einen Webdienst zu kreieren, den auch technisch weniger versierte Menschen ganz leicht bedienen konnten. David King, ein Manager von YouTube, erinnert sich, dass Hurley mehrfach Vorschläge für neue Funktionen als »zu technisch« oder nicht intuitiv genug abtat. »Wissen Sie, er ist ein ziemlich normaler Typ«, so King. Kurz nach der Übernahme durch Google wurde Hurley auf einer Party von *GQ* in Hollywood nachts um zwei beim Saufen mit einem der weniger bekannten Jungs von *Jackass* gesichtet. Und auf einer Geschäftsreise für Google hatten sie einmal auf seine Bitte hin angehalten, weil er sich einen Cheeseburger hatte holen wollen – eine veritable Sünde für die gesundheitsbewusste Elite im Silicon Valley. Seinem Mitarbeiter zufolge war er locker und umgänglich, vor allem im Vergleich zu der hölzernen Art der Führungskräfte von Google. »Bei der Entwicklung von YouTube hat er sich von seinem Gespür dafür leiten lassen, was bei der breiten Masse gut ankommen könnte«, sagt King. »Und das hat sich als extrem nützlich erwiesen.«

Auch fehlte Hurley der Narzissmus anderer Tech-Gründer, die vorhatten, die Welt zu beherrschen. Kurz nach der Akquise durch Google war die jährliche »Person des Jahres«-Ausgabe des *Time*-Magazins erschienen, und in jenem Jahr schmückte der von Hurley designte Videoplayer das Titelblatt. Dass darauf nicht etwa sein Gesicht zu sehen war, sondern das Wort »You«, schien ihn nicht zu stören. Er absolvierte brav die meisten der von Google arrangierten PR-Termine. Er trat bei *Oprah* auf und reiste rund um den Globus, um feierlich in verschiedenen Ländern Niederlassungen von YouTube zu eröffnen und die an das jeweilige Land angepasste Version des Portals einzuweihen. Europa war besonders hektisch. Eine Übernachtung in Berlin, eine in Moskau, eine in Paris. YouTube.de, YouTube.ru, YouTube.fr. Er stand neben der Queen, als sie für den Buckingham Palace auf YouTube ein eigenes Konto einrichtete. (Am Abend zuvor hatte er mit den Kronprinzen einen Pub besucht.) In Tokio entdeckten er und Chen zufällig das »YouTube

Café«, ein Lokal, das kurzerhand Hurleys Logo geklaut hatte. *Wahnsinn!* Bei einem Empfang, den Google anlässlich des Parteitags der Republikaner ausrichtete, kam Henry Kissinger auf Bob Boorstin zu, einen ehemaligen Berater von Clinton, der nun für Google in Washington arbeitete, und bat ihn darum, ihm den »Goldjungen« vorzustellen. »Erzählen Sie mir von dieser YouTube-Sache«, bat Nixons sicherheitspolitischer Berater, und Hurley gehorchte.

Dass Hurley so ein Durchschnittstyp war, kam bei Google, wo ein wenig Narzissmus zum guten Ton gehörte, nicht immer gut an. Ehemalige Mitarbeiter berichten, dass er sich zu wenig um Mitarbeiterführung kümmerte. Gillette, YouTubes erste Büroleiterin, kann sich nicht daran erinnern, dass sie mit ihrem Vorgesetzten jemals ein offizielles Vieraugengespräch geführt hat. Google heuerte einen Management-Coach an, aber zu diesem Zeitpunkt steckte YouTube bereits in der Krise. YouTubes monatelange Suche nach einem profitablen Werbeanzeigenmodell und die Einführung der Plattform in anderen Ländern hatten viel Geld gekostet, und die Ausgaben nahmen einfach kein Ende. (Es sah ganz danach aus, als würde Google im folgenden Jahr für YouTube rund 500 Millionen Dollar ausgeben, ungefähr doppelt so viel, wie YouTube einspielte.) Doch den Leuten bei YouTube waren geschäftlich die Hände gebunden. Die Programmierer unterstanden Führungskräften von Google in Mountain View, und die beurteilten deren Arbeit und setzten die Budgets fest. Auch einige extrem wichtige Komponenten kamen aus Mountain View – der Algorithmus, der einst die »ähnlichen Videos« ausgewählt hatte, die auf YouTube angezeigt wurden, befand sich auf dem Server eines Programmierers von Google; wenn der krankgeschrieben war, hing man bei YouTube in der Luft. Auch die Vertriebsmitarbeiter waren Google unterstellt. Aber weder im Vertrieb noch bei den Programmierern von Google stand YouTube auf der Prioritätenliste besonders weit oben. Es galt immer noch als das Portal mit den Videos von Hunden auf Skateboards. Hurley leitete von San Bruno aus YouTubes drittes Standbein *(Produkt),* aber er war einem Manager von Google unterstellt, der wiederum Schmidt unterstellt war. Ein Abteilungsleiter, den man damals dazuholte, nannte YouTube eine »dreiköpfige Hydra« – und bei Google war man der Ansicht, dass Hurley nicht in der Lage war, es ganz allein mit dem Monster aufzunehmen. Google änderte die Spielregeln.

Im Februar verkündete Eric Schmidt eine neue Vorgabe für YouTube: Das Unternehmen sollte einen funktionierenden Businessplan vorlegen. Schmidt erklärte, das habe für Google in jenem Jahr die »höchste Priorität«.

Hurley zeigte sich von der Direktive überrascht. »Du hast uns gar nicht gesagt, dass wir daran arbeiten sollen«, protestierte er.

»Die Zeiten haben sich eben geändert«, konterte sein CEO.

Googles Aktienpreis war im März 2008 gegenüber dem vorangegangenen Herbst um 40 Prozent gefallen. »Goodbye, Google« lautete eine Schlagzeile im Wirtschaftsmagazin *Forbes*. Kritiker monierten, das Unternehmen habe nur eine einzige Kernkompetenz, die Suchmaschine, und binde sich zu viele teure Nebenprojekte ans Bein. Vor allem YouTube wirkte wie Ballast. Klar, die jungen Leute waren ganz wild darauf, aber das waren sie auch auf ein anderes Unternehmen, das rasend schnell an Beliebtheit gewann: Facebook.

Die neue Direktive, Geld zu verdienen, sollte die betrieblichen Abläufe bei YouTube in den kommenden Jahren drastisch verändern. Als ein neues Gesicht von Google in San Bruno auftauchte, wusste man bei YouTube, dass sich einiges ändern würde. Salar Kamangar, der »geheime Präsident« von Google und Erfinder der Auktionen für Suchanzeigen, saß im selben Büro wie Hurley und war »Vermittler« oder »Co-CEO«, je nachdem, wen man fragte.

Die meisten wussten mit diesem neuen Arrangement nicht viel anzufangen, vermuteten jedoch, dass er dort hingeschickt worden war, um YouTube profitabel zu machen. Ein neuer Marketingleiter kam und plante »YouTube Live«, das große Event im November. Ein paar ausgewählte Schöpfer von viralen Hits wurden eingeladen: das Obama-Girl, der »Chocolate Rain«-Sänger Tay Zonday, die Teenager, die hinter Smosh steckten, und die Macher von »Will it Blend?«, dem Kanal eines Küchengeräteherstellers aus Utah, dessen Gründer vor laufender Kamera mit den Mixern seiner Firma alles Mögliche zerkleinerte. Der Filmstudent Freddie Wong wurde gebeten, seinen »Guitar Hero«-Clip nachzustellen. Er stand hinter der Bühne und verfolgte leidlich amüsiert das Spektakel. Keiner der Anwesenden wusste, wer er war.

Ein Teil der Belegschaft von YouTube war auf Hurleys Seite und hatte sich ebenfalls gegen das PR-Event ausgesprochen.[1] Die Veranstaltung »widersprach unserer DNA«, erinnert sich Reyes, der Leiter der Kommunikation bei YouTube. »Sie wurde produziert. Und wir waren kein Unternehmen, das Inhalte produzierte.« Noch nicht.

Je größer YouTube wurde, umso sichtbarer wurden die Probleme des Dienstes an anderer Stelle: nämlich im Kommentarbereich. Michele Flannery hatte die YouTuber immer davor gewarnt. Vor allem die Frauen.

Im Coolhunter-Team war Flannery für die Musik zuständig. Für die ehemalige Hörfunkregisseurin gab es nichts Schöneres, als auf dem Portal verborgene Perlen zu entdecken. Es kam ihr vor, als würde sie in einer verstaubten Plattenkiste herumstöbern. Auf der Suche nach unkonventionellen Künstlern entdeckte sie begnadete Ukulele-Spielerinnen und einzigartige Indie-Rocker. Musikern, die auf YouTube posteten, riet sie: »Eure Videos sollten so persönlich und intim wirken, als würdet ihr in eurem Schlafzimmer sitzen.« Aber bevor Flannery solche Musiker auf der Startseite featurte, warnte sie sie jedes Mal davor, dass sie dadurch nicht nur Aufmerksamkeit ernten würden, sondern auch unschöne Kommentare.

Die Einbindung der Kommentarfunktion hatte YouTube anfangs geholfen, seine Konkurrenten auszustechen. Die Möglichkeit, direkt unter den Videos seine Meinung kundzutun und mit den Videomachern zu interagieren, trug dazu bei, dass sich viele YouTuber eine treue Fangemeinde aufbauten und die Leute länger auf dem Portal verweilten. Aber wie immer gab es auch eine Schattenseite. Unter manchen Videos kam es zu kindischen Diskussionen, unter anderen fanden sich zahllose Links zu Spam-Seiten. »Wir wussten, was das für ein Dreckssumpf war«, gesteht Hong Qu, ein früher YouTube-Designer. Noch vor der Übernahme durch Google beauftragten Hurley und Chen Qu und einige von dessen Kollegen, eine Lösung für das Problem mit den Kommentaren zu finden. Der Webdienst Digg war zu jener Zeit sehr beliebt, und jemand schlug vor, dessen Feedback-System zu übernehmen: ein kleiner pixeliger Daumen zeigte nach oben, ein weiterer nach unten. Mithilfe dieser Symbole konnten die Zuschauer über Kommentare abstimmen, und die mit den meisten hochgestreckten Daumen rutschten entsprechend nach oben. Qu äußerte die Befürchtung, dass die Internettrüpel damit die Oberhand gewinnen würden. »Habt ihr mal die Federalist Papers gelesen?«, fragte er in einem Meeting. »Darin warnt James Madison ausdrücklich vor der Herrschaft des Pöbels.«

Kurzes Schweigen.

Die Wahl fiel auf die Daumen. Sie mussten schnell zu einer Lösung kommen, und außerdem hatte ein Programmierer eingeworfen, dass eine Gewichtung der Kommentare dafür sorgen würde, dass ihre Computersysteme mehr Daten zu analysieren hätten, und das war immer von Vorteil.

Ein paar Jahre später wurde auch YouTubes Fünf-Sterne-System zur Bewertung einzelner Videos durch zwei Daumen (»Mag ich« und »Mag ich nicht«) abgelöst.

Bald musste Flannery miterleben, wie der »Pöbel« über die Musiker herfiel, die sie entdeckte. »Die Kommentare waren wirklich furchtbar«, erinnert sie sich, »vor allem bei Frauen und PoC, bei allen, die nicht der Norm entsprachen.« Viele Kommentare zu Videos von DeStorm Power, dem Schwarzen Musiker aus Brooklyn, waren rassistische Beschimpfungen oder Hasstiraden à la »Geh doch zurück nach Afrika«. Power tat sein Bestes, sich von diesen »Tastatur-Killern«, wie er sie nannte, nicht allzu sehr beeindrucken zu lassen. »Es war einfach nur traurig«, erinnert er sich. Sie hatten bei YouTube zwar eine Funktion geschaffen, über die die Videomacher Kommentare herausfiltern konnten, aber dazu mussten sie die Begriffe, nach denen gefiltert werden sollte, einzeln auswählen. YouTuber wie iJustine leiteten einander Listen mit »bösen Wörtern« weiter. Flannery fiel auf, dass die Hasskommentare langsam zu einer Art Sport gerieten – die Kommentatoren testeten die Grenzen des Akzeptablen aus, um festzustellen, wie weit sie gehen konnten. Schließlich hörte sie ganz damit auf, sich die Kommentare anzuschauen, und riet den YouTubern, es ihr gleichzutun.

Hunter Walk war der Meinung, dass man das mit den Kommentaren in Ordnung bringen könne. Der hochgewachsene, redegewandte YouTube-Manager hatte einen Lebenslauf, der wie für Google geschaffen war: Er war Unternehmensberater mit einem MBA aus Stanford und sah das Internet durch eine rosarote Brille. Bevor er zu Google kam, hatte er an *Second Life* mitgewirkt, dem Virtual-Reality-Spiel, das leider seiner Zeit voraus gewesen war. Er fing kurz nach der Übernahme bei YouTube an und war dort »der Erste, der komplett Google war«, wie Chris Zacharias, ein ehemaliger YouTube-Entwickler, es formuliert. Obwohl Walk mit seinem Tatendrang und professionellem Führungsstil bei einigen der alteingesessenen Teammitglieder von YouTube aneckte, gewann er Hurleys Vertrauen und wurde sein wichtigster Stellvertreter, der sich um das *Produkt* kümmerte, den »Look and Feel« des Portals. Gerade wenn es um das Wachstum der Seite ging, fanden die Kollegen Walk mitunter »nervtötend diszipliniert«, wie einer es ausdrückte. Alle Ideen, die nicht unmittelbar darauf abzielten, mehr Videoaufrufe zu generieren (zum Beispiel eine Funktion zum Aufnehmen von Karaokeeinlagen), schoss er sofort ab. Dennoch hegte er ganz offensichtlich eine gewisse Zuneigung für YouTubes eigenwillige Kultur. Und er teilte Hurleys Abneigung, sie durch Werbung zu stören. Unter Schmidts neuer Direktive fingen sie an, auf YouTube mehr Werbung zu platzieren und mehr Programmierer einzustellen, die die »Monetarisierung« vorantreiben sollten. Einen davon begrüßte Walk eines Morgens trocken, indem er ihn fragte: »Und was werden Sie heute anstellen, um mir mein Nutzererlebnis zu verderben?«[2]

Walk hatte zwei Mitarbeiter eigens dafür abgestellt, sich um die katastrophalen Zustände in YouTubes Kommentarbereich zu kümmern, doch die wurden nun plötzlich wieder abkommandiert. Die von Schmidt angeordnete kommerzielle Neuausrichtung von YouTube erfolgte, kurz bevor in den USA die Immobilienblase platzte und die Wirtschaft einbrach. Google litt nicht so sehr wie die Banken, musste aber zum ersten Mal einen Einstellungsstopp verhängen und viele aufwendige Vergünstigungen für seine Angestellten streichen, die sich während Googles rasanter globaler Expansion etabliert hatten (All-inclusive-Urlaube in China, Einfuhr von Reese's Peanut Butter Cups in Indien). Die beiden Untergebenen von Walk sollten von nun an ebenfalls an der Monetarisierung von YouTube mitarbeiten. Diese Entscheidung nannte Walk später rückblickend »YouTubes Erbsünde«.

Die Angehörigen der Abteilung bei YouTube, die Umsätze generieren sollte, hatten trotz der plötzlichen Aufmerksamkeit und der enormen Ressourcen Angst um ihre Existenz. Im Herbst 2008 stellte Google einen neuen Manager ein, der sich um das Erscheinungsbild der Werbung auf YouTube kümmern sollte. Shishir Mehrotra war von Microsoft zu Google gewechselt, um an einem geheimnisvollen Projekt mitzuarbeiten, bei dem es darum ging, Fernseher mit interaktiven Funktionen auszurüsten, hatte aber schnell festgestellt, dass das Vorhaben eine Luftnummer war. (Die Google-Gründer Page und Brin mochten den Dienst nicht besonders, unter anderem, weil sie Fernsehen langweilig fanden und als massive Zeitverschwendung ansahen.) Seine Vorgesetzten bei Google setzten Mehrotra auf einen freien Posten bei YouTube, was ganz sicher keine Luftnummer war.

Bei einem seiner ersten Treffen saß Mehrotra mit Schmidt und dem neuen CFO von Google, einem kanadischen Telekom-Manager namens Patrick Pichette, zusammen. Der CFO legte drei Diagramme auf den Tisch. Das erste zeigte, wie viel Geld YouTube verlor – Hunderte Millionen Dollar pro Quartal. Das zweite, wie viel YouTube jedes Mal verlor, wenn jemand sich ein Video ansah. Auf dem dritten war zu sehen, wie viele Aufrufe YouTube im zeitlichen Verlauf zu verzeichnen hatte – die Kurve ging steil nach oben. Die gigantische Viacom-Klage erwähnte der CFO gar nicht erst, und dennoch war das Bild klar: YouTube war ein Riesenhit bei den Nutzern und steuerte trotzdem geradewegs auf die Insolvenz zu. »Das ist das dümmste Geschäftsmodell der Welt«, sagte der CFO. Und dann wollte er wissen, ob Google YouTube lieber verkaufen oder einfach schließen sollte. Mehrotra sollte noch lernen, dass solche Fragen bei Google an der Tagesordnung waren und nur halb zum Spaß gestellt wurden. Nahezu jedes Quartal schaute sich der CFO die wachsende Liste mit den Forschungsprojekten und Webanwendungen an, also die Vermögenswerte des Unternehmens – kostenlose Webvideos bis zum Abwinken, kostenlose Straßenkarten von der ganzen Welt, später außerdem noch selbstfahrende Autos und computerisierte Brillen –, und fragte sich laut, wie lange sie das alles noch finanzieren sollten. Google zog selten einfach so den Stecker. In der Regel ließ es erfolglose Projekte langsam von selbst sterben. Genau wie Google Video.

Eine glückliche Fügung verhinderte, dass YouTube dasselbe Schicksal ereilte: Der milliardenschwere Rechtsstreit mit Viacom hatte sich über drei Jahre hingezogen, während derer der Ton immer verbitterter geworden war. (Als Viacoms CEO Philippe Dauman während einer Konferenz im Jahr 2008 Google als »Piraten« verunglimpfte, sagte Schmidt Ken Auletta vom *New Yorker:* »Alles, was Philippe gesagt hat, ist gelogen. Das können Sie gerne so schreiben!«) Google trug den Zwist vor Gericht aus. Auf Grundlage der Gesetzgebung in Sachen Copyright konnte man die Betreiber einer Website, die rechtlich geschütztes Material unerlaubt hostete, nur dann zur Rechenschaft ziehen, wenn sie »tatsächliche Kenntnis« davon hatten. Die Anwälte von Google erstellten eine Präsentation, um zu demonstrieren, wie wenig durchdacht diese

Regelung war. Sie ließen drei Videos abspielen: einen modifizierten Ausschnitt aus Steven Colberts Sendung auf Comedy Central, einen Clip von Fox News mit Bill Clinton, in dem er einem TV-Moderator mit dem Finger droht, und ein verrücktes Amateurvideo von Brookers, der YouTube-Berühmtheit. Dann fragten die Anwälte: »Was meinen Sie, welcher dieser Clips darf auf YouTube bleiben und welcher verstößt gegen das Urheberrecht?« Niemand konnte die Frage korrekt beantworten. Fox hatte YouTube erlaubt, das Video mit Clinton zu zeigen, und der Colbert-Clip fiel unter die »Fair Use«-Doktrin, nach der die Nutzung von rechtlich geschütztem Material für wissenschaftliche oder satirische Zwecke sowie in Rezensionen gestattet ist. Nein, ausgerechnet der Beitrag von Brookers musste entfernt werden, da er im Rahmen ihres Vertrags mit NBC produziert worden war. Sinn und Zweck dieser Übung war es, zu zeigen, dass sich durch bloßes Anschauen der Videos nicht ohne Weiteres feststellen ließ, wer der Urheber war, wem die Nutzung rechtlich gestattet war oder ob eine Copyright-Verletzung vorlag. Wie konnte man das dann von YouTube verlangen?

Doch YouTubes geschicktester juristischer Kniff bestand darin, dass sie in Viacoms Argumentation ein paar Unstimmigkeiten entdeckt hatten: Der Medienkonzern hatte mehrere Clips genehmigt, die nun in der Klage plötzlich als »gestohlen« aufgelistet waren. In den Büroräumen von YouTubes Rechtsbeistand durchforstete Micah Schaffer sämtliche Tabellen, die die relevanten Videos enthielten. Das Ganze glich einer forensischen Untersuchung. Sein Bruder gehörte zu der Komikertruppe, die hinter »Lazy Sunday« steckte, und er wusste, dass die Marketingabteilung von *SNL* nichts gegen die kostenlose PR gehabt hatte, als der Clip auf YouTube viral gegangen war. Google deckte immer mehr solcher Ungereimtheiten auf. Das Network CBS, das zu Viacom gehörte, hatte sie angewiesen, einen Clip mit Katie Couric zu löschen, der von »TXCANY« gepostet worden war, doch das Konto gehörte einem Marketingagenten von CBS, wie Google herausfand. Mitarbeiter von Viacom waren eigens in Filialen der Copyshop-Kette

Kinko's gegangen, um von den dortigen Rechnern Videos hochzuladen, damit diese Uploads nicht mit Viacom in Verbindung gebracht werden konnten. Der Medienkonzern hatte außerdem einen Ausschnitt aus Al Gores *Eine unbequeme Wahrheit* entfernen lassen wollen, aber das Studio Paramount Classics, das Viacom gehörte, hatte per E-Mail bestätigt: »Der Clip geht in Ordnung.«

»Mann!«, rief Schaffer fassungslos. »Das sind solche verdammten Idioten.«

Schaffer und noch einige andere YouTube-Mitarbeiter der ersten Stunde mussten in San Francisco unter Eid aussagen. Vorher wurden sie von den konzerneigenen Anwälten geschult. (»*Daran kann ich mich nicht erinnern.« Gut.*) In Googles internem Webforum wurden den Mitarbeitern für bestimmte Leistungen Abzeichen verliehen, wie bei den Pfadfindern. So bekam man zum Beispiel ein Abzeichen, wenn man einen Bug in der Websuche behoben hatte. Jetzt gab es auch eines dafür, dass man vor Gericht ausgesagt hatte. »Unter anderem haben wir festgestellt«, so Hurley in seiner Vernehmung, »dass wir regelmäßig Fehler gemacht und Videos entfernt haben, die eigentlich autorisiert und vom Eigentümer des Inhalts hochgeladen worden waren.« Am 24. Juni 2010 entschied ein Bezirksrichter in Manhattan, dass YouTube durch die »Safe Harbor«-Bestimmungen des DMCA geschützt war. Es handelte sich um ein summarisches Verfahren, was bedeutete, dass Viacom das Urteil anfechten und sich an die nächsthöhere Instanz wenden konnte. (Das tat Viacom auch – der Streit dauerte noch drei weitere Jahre an.[3]) Doch bei YouTube wertete man den Schiedsspruch als Sieg. YouTubes Anwältin Zahavah Levine verfasste einen Blogbeitrag mit der Überschrift »Broadcast Yourself«.[4] In einem anderen kurzen Beitrag auf dem Blog des Unternehmens hieß es: »YouTube gewinnt Prozess gegen Viacom.«[5]

Am nächsten Tag wurde in der Google-Zentrale beim wöchentlichen TGIF-Treffen ordentlich gefeiert. Das Bier floss in Strömen. Bevor Page und Brin das Wort ergriffen, lief auf einem Bildschirm ein Clip von Jon Stewart, dem Star der *Daily Show* und Angestellten von Viacom. Einer von Googles externen Anwälten schnappte sich Schaffer. *Pack deine Tasche. Wir fliegen nach Vegas.* Mehrere YouTube-Mitarbeiter kamen mit, um sich in ihrem Triumph zu sonnen. Heather Gillette, YouTubes erste Copyright-Managerin, die den Programmierern mit ihrer Wachsamkeit in puncto Rechtsfragen auf die Nerven ging, hatten sie nicht nach Vegas eingeladen. Immerhin erhielt sie eine E-Mail von einem der Programmierer, der sie um Entschuldigung bat: »Nur dank deiner unermüdlichen Arbeit haben wir dieses ganze Theater mit Viacom so überzeugend durchgestanden und gewonnen.«

▶

Die Presse berichtete ausführlich über YouTubes Sieg über Viacom und die Jagd nach Geld. Beides deutete man als Anzeichen dafür, dass das »Web 2.0«-Kind dabei war, erwachsen zu werden. In etwa zur selben Zeit fand, weitgehend unbemerkt von der Öffentlichkeit, eine kaum weniger bedeutende Veränderung statt. Los ging es mit Auto-Videos.

Sadia Harper, die damals als Coolhunter den kleinen Justin Bieber bekannt gemacht hatte, kuratierte inzwischen Videos, in denen es um Autos ging. Sie mochte Autos. Die Leute sahen sich gerne Autos auf YouTube an – Rennwagen, Geländefahrzeuge, die Steilhänge hochfuhren, detaillierte Anleitungen, wie man einen Motor repariert. In regelmäßigen Abständen stellte Harper interessante Auto-Videos auf die YouTube-Startseite. Eines Tages kam ein Programmierer an ihren Schreibtisch und erzählte ihr, dass Ingenieure einen Algorithmus entwickelt hätten, der die Videos für die Startseite anhand von Daten über die Sehgewohnheiten der Nutzer so auswählte, dass maximale Klickzahlen erreicht würden. Sie wollten das an einer Kategorie testen. *Wie wär's mit Autos?*

Er lud eine Beispielseite mit Videos hoch, die der Algorithmus ausgewählt hatte. *Enter. Aktualisieren.* Die Seite wurde neu geladen und war plötzlich voll mit sogenannten »Revving«-Videos – Aufnahmen aus dem Inneren von Luxuswagen, bei denen die Kamera auf die Beine oder Füße des Fahrers gerichtet war, der aufs Gaspedal trat. Beziehungsweise der Fahrerin, denn meistens handelte es sich um eine Frau in Stöckelschuhen. Manchmal war auch Leder im Spiel.

Harper kannte solche Videos, hatte sie bislang aber absichtlich ignoriert. »Das ist ein Fetisch«, protestierte sie. »Das ist eigentlich nicht das, was wir wollen.«

In den Anfangsjahren waren YouTubes Algorithmen (die Reihen von Befehlen, die Computern sagen, was sie zu tun haben) für das Empfehlen weiterer Videos noch recht einfach gestrickt. Am wichtigsten war die Überschneidung der Sehgewohnheiten: Wenn jemand auf ein Video klickte, wurde die rechte Seitenleiste unter der Überschrift »Ähnliche Videos« mit Clips befüllt, die sich andere Nutzer, die auf dasselbe Video geklickt hatten, ebenfalls angeschaut hatten. *Leuten, denen dieses Video hier gefällt, gefielen auch jene.* Doch solche Experimente konnten auch schiefgehen und ließen einen auf YouTube manchmal allzu sehr in die Abgründe des Internets blicken. Noch im alten Büro in San Mateo hatten die Programmierer einmal an dem System herumgeschraubt, und plötzlich waren die Klickzahlen in die Höhe geschnellt. Aber im Endeffekt waren die entsprechenden Bereiche nur voller »Titten und Ärsche« gewesen, so ein Entwickler. Die IT-Spezialisten tüftelten weiter und fügten dem Code weitere Filter hinzu, um anstößige Inhalte automatisiert auszusondern. Berechnungsformeln, die bestimmte Ergebnisse prognostizieren sollen (nach dem Motto: *Diese Person wird wahrscheinlich auf jenes ähnliche Video klicken,* und das für Millionen Nutzer pro Tag), erforderten möglichst klare Signale und möglichst wenig verrauschte Daten. Das deutlichste Signal von YouTube war, was sich ein Nutzer zuvor alles angeschaut hatte, aber auch andere Faktoren spielten eine Rolle: wie lange sich jemand etwas anschaute, zu welcher Tageszeit, in welchem Land. Mehr Videoaufrufe erzeugten mehr Signale. Mit Google kamen mehr Rechenleistung, mehr IT-Expertise und mehr Leute, die diese Signale deuten konnten. Die Algorithmen von YouTube wurden immer besser. Anfangs waren sie nicht in der Lage, einen Hintern von einem Pfirsich zu unterscheiden – dafür war ein Mensch nötig gewesen. Jetzt wurden Algorithmen entwickelt, die menschliche Haut erkennen konnten und obszönes Material automatisch entfernten.[6] »Ähnliche Videos« wurden nun immer häufiger angeklickt. Bald schon lieferte die Formel für die Startseite so gute Ergebnisse, dass es so aussah, als könne man sie in den Livebetrieb übernehmen.

Gleichzeitig – das dritte Jahr von YouTube unter Googles Ägide neigte sich dem Ende zu – verloren die Coolhunters zusehends an Relevanz. Fürs Erste stellten aber weiterhin noch Harper und ihr eingespieltes Team die Startseite YouTube.com zusammen und experimentierten mit den Inhalten. Sie luden Gäste ein, die die Seite kuratieren durften, zu Halloween zum Beispiel Rob Zombie und Wes Craven. Für die Musikredakteurin Michele Flannery war die Startseite so etwas wie ein virtueller Marktplatz, wo die Zuschauer gemeinsam originelle Werke von »Leuten wie du und ich« (wie Hurley es ganz am Anfang formuliert hatte) entdecken konnten. Doch dadurch, dass YouTube auf einmal Gewinn abwerfen musste, geriet dieses Ziel immer mehr ins Hintertreffen. Als Lady Gagas Hit »Telephone« erschien, wurde deutlich, wie sehr inzwischen mit zweierlei Maß gemessen wurde. Der Vertrieb von Google ordnete an, das Musikvideo – einen raffiniert gemachten, ziemlich anzüglichen Clip, der in einem Frauengefängnis spielt – als bezahlte Promotion auf der Startseite von YouTube zu zeigen. Einige YouTube-Mitarbeiter protestierten: Würde ein ganz normaler Nutzer ein ähnlich freizügiges Video hochladen, so würde man es mit einer Altersbeschränkung versehen und auf keinen Fall featuren. Die Entscheidung fiel zugunsten von Lady Gaga.

Einmal trat der Vertriebsleiter mit der Bitte an Harper heran, das Video eines Werbekunden auf der Startseite zu platzieren. Als Harper seinen Wunsch mit dem Hinweis auf die mangelnde Qualität des Videos ablehnte, zeigte der Vertriebler auf die Clips, die gerade auf der Startseite angezeigt wurden, und fragte: »Sind *die* etwa besser?«

In der Führungsriege von YouTube hatte es schon immer Vorbehalte gegen die Coolhunters gegeben. Beim Prozess gegen Viacom hatte YouTube vor Gericht behauptet, dass es zwar gemeldete obszöne Inhalte entferne, die Plattform aber nicht aktiv nach solchen Videos durchforste – und hier war ein Team, das sich ausschließlich dieser Aufgabe widmete. Als YouTube weltweit expandierte, fand man, es sei zu teuer, in jedem Land ein Kuratoren-Team zu unterhalten, zumal es inzwischen Software gab, die solche Aufgaben viel billiger erledigte. Außerdem stellte man fest, dass die Startseite gar nicht wirklich funktionierte. Die meisten Nutzer gaben direkt etwas in das Suchfeld ein, ohne sich darum zu kümmern, was auf der Startseite angezeigt wurde, oder dort auf irgendwelche Videos zu klicken. Ein paar Mitarbeiter waren der Meinung, dass die Coolhunters so etwas wie Königsmacher waren, die auf kaum nachvollziehbare, undemokratische Weise ihre Videostars auswählten. Am schwersten aber wog die Tatsache, dass das Team über keine Möglichkeit verfügte, sich selbst zu messen. Und bei Google musste alles gemessen werden. Harper, die Mathematik studiert hatte, stellte eine Datenanalyse zusammen und versuchte, die Bedeutung ihres virtuellen Marktplatzes zu quantifizieren. Es reichte nicht.

Bei Google war ein strategischer Wandel im Gange. Das Unternehmen hatte beschlossen, dass jeder Nutzer eine individuell zugeschnittene Auswahl von Videos präsentiert bekommen sollte, wie man es aus den sozialen Netzwerken kannte. Der Produktmanager Brian Glick traf sich mit dem Redaktionsteam, um sich darüber zu unterhalten, wie sie die Startseite für das Publikum »relevanter« machen könnten, indem sie mehr Entscheidungen dem Algorithmus überließen. Bei einem dieser Treffen hatte Mark Day, der Comedy-Scout, eine Offenbarung.

»Moment mal«, dachte er, »Brians Job ist es, meinen Job überflüssig zu machen.«

Kurze Zeit später wurden die Coolhunters aufgelöst. Die meisten Mitglieder des Teams wurden in die Marketingabteilung versetzt und sollten fortan großen Unternehmen dabei helfen, über YouTube ihre Produkte an den Mann zu bringen. Die Videos auf der Startseite wurden ab sofort von Maschinen ausgewählt.

TEIL II

Kapitel 8
Die Diamantenfabrik

Danny Zappin, Häftling Nummer 08036–032, hatte jede Menge Zeit totzuschlagen. Das tat er, indem er Porträts von anderen Gefangenen zeichnete und Softball spielte. Wie alle Insassen dachte er darüber nach, wie er dort im Knast gelandet war. Und darüber, wie man ihn in Hollywood hatte fallen lassen.

Noch vor ein paar Jahren war er fast schon Teil des dortigen *inner circle* gewesen. Er war 1998 nach Los Angeles gezogen, nachdem er sein Filmstudium abgebrochen hatte – reine Zeitverschwendung, wie er fand. Zappin, ein drahtiger, kämpferischer Typ mit rotem Haarschopf, der vollkommen von sich überzeugt war, ergatterte eine kleine Rolle als Gangster in Spike Lees Film *Summer of Sam*, aber weitere Angebote kamen nicht, und eigentlich war er ja auch eher der kreative Typ. Er tat sich mit zwei anderen hoffnungsvollen Talenten zusammen, die gerade ein Online-Studio gegründet hatten – Certified Renegade American Product TV, kurz: CrapTV. Sie versuchten ihr Glück beim Sender Comedy Central, wo sie die Pilotsendung für eine Late-Night-Show mit dem Titel *The Hot Show* pitchten. (»Die Ideen sind ziemlich abgefahren«, prahlte ein Verantwortlicher des Senders gegenüber *Variety*.[1]) Doch die Sendung wurde nie ausgestrahlt, und bald war von dem Geld, das sie aufgetrieben hatten, um ihre Seite zu finanzieren, nichts mehr übrig. Und Zappin war pleite.

Ihm fehlten die Beziehungen, um im Showbusiness weiterzukommen. In seiner Verzweiflung wandte er sich an einen Bekannten, der in einer ganz anderen Branche tätig war: einen Dealer, der Zappin anbot, für ihn als Drogenkurier nach Ohio zu fliegen, wo Zappin aufgewachsen war. Das war leicht verdientes Geld – bis die Polizei ihn auf dem Flughafen von Cincinnati erwischte. Zappin

wurde verurteilt und landete im Nellis Prison Camp, einer Strafanstalt der Air Force in der Wüste von Nevada.
Da saß er nun also, zeichnete, spielte Softball und dachte nach. In Gedanken plante er nun doch einen neuen Anlauf in der Traumfabrik. In kleinen gefängniseigenen Notizbüchern skizzierte er Visionen von einer mutigeren Version von CrapTV. Und dieses Mal wollte er es in einer Branche versuchen, in der man sich nicht mit Studiobossen und Networkchefs herumschlagen musste.
Nach seiner Entlassung kam Zappin 2005 in den offenen Vollzug. Dort hatte er etwas mehr Freiheit und vor allem: Internet. Er entdeckte MySpace und ein unglaubliches neues Portal namens YouTube. Zappin war wie besessen. Von dem Geld, das er mit dem Parken von Autos verdiente, kaufte er sich mehrere Kameras und lud ein Video nach dem anderen hoch.

SleightOfHand: »Danny Diamond Gay Bar«, [Datum unbekannt], 1:51.[2]
Von schräg unten zeigt die Kamera in Zeitlupe einen harten Kerl in Trainingsjacke, der eine Zigarette raucht und bedrohlich dreinschaut. Der Soundtrack setzt ein – billiger Garagen-Rock mit dem Refrain »*I wanna take you to a gay bar, gay bar, gay bar*«, und der Kerl beginnt, sich oberkörperfrei und in ausgebeulten Baggyhosen zur Musik zu bewegen wie ein betrunkener Collegestudent. Derselbe bedrohliche Blick.

Für YouTube erfand Zappin eine Kunstfigur, Danny Diamond, einen aggressiven, absurden Performer, der andere zu Tanzduellen herausforderte. Während seiner Zeit im offenen Vollzug lernte er Lisa Donovan kennen, eine aufstrebende Komikerin aus Scarsdale, New York, die vor der Kamera keine Hemmungen kannte. Sie wurden ein Paar. Lisa hatte sich zusammen mit ihrem Bruder, seines Zeichens ebenfalls Schauspieler, auf YouTube angemeldet. Dort veröffentlichen sie Unmengen von Videos mit Zappin, vorwiegend auf Lisas Kanal LisaNova, auf dem sie als Karikatur einer eiskalten Diva Reality-TV und andere YouTuber parodierte.

Zappin wurde so etwas wie der Manager von LisaNova, und er tat alles, um den Kanal zu promoten. Als YouTube einen Comedy-Wettbewerb veranstaltete, schickte er den Mitarbeitern pausenlos E-Mails, in denen er forderte, sie zur Gewinnerin zu küren. Auf der Startseite von YouTube wurden unter anderem die Videos mit den meisten Kommentaren und Likes angezeigt. Also ließ Zappin einen Software-Bot programmieren, der jedes Mal, wenn LisaNova ein Video postete, automatisch Kommentare generierte. Damit verstieß Zappin technisch gesehen gegen die Richtlinien von YouTube, aber er wurde nie erwischt.

In den ersten Jahren von YouTube *waren* Danny Diamond und LisaNova YouTube, zumindest für ihre vielen Fans. Bald traten auch die alten Medien auf den Plan. Chris Williams, ein ehemaliger Manager von Yahoo, der sein Studio Take180, mit dem er Webserien für Jugendliche produziert hatte, gerade erst an Disney verkauft hatte, heuerte Lisa Donovan an, seine Seite auf ihrem YouTube-Kanal zu promoten. Gleich am ersten Tag erreichte ein entsprechender Clip über eine Million Aufrufe. Das übertraf Williams' kühnste Erwartungen. »*Ich muss meinen Businessplan komplett überarbeiten*«, sagte er sich.

Er rief beim Management von Disney an und schlug vor, das Material von seinem Studio nach YouTube zu verlagern. Doch aus Angst vor Raubkopierern winkten Disneys Anwälte ab. Zu diesem Zeitpunkt schmiedeten Zappin und die Donovan-Geschwister bereits Pläne für ein eigenes Studio. Zappin schwebte eine Einrichtung nach dem Vorbild von United Artists vor, der Produktionsfirma, die 1919 von Charlie Chaplin mitbegründet worden war, um den Künstlern die Kontrolle über ihre Filme zurückzugeben. Ein Studioboss hatte damals gejammert: »Die Irren haben die Leitung der Anstalt übernommen!«

Es dauerte nicht lange, bis die Irren von Zappin drauf und dran waren, YouTube zu übernehmen. Auf jeden Fall gelang es ihnen, den kommerziellen Erfolg des Portals anzukurbeln. Zappin verpasste der Operation den Namen »Diamond Factory« und lud andere YouTube-Stars zu sich ein, denen er die volle Kontrolle über ihre Produktionen versprach. Sie waren Medienrebellen, die stolz darauf waren, dass sie Grenzen ausloteten. Ein Stammgast der Diamond Factory, der in seinen Videos regelmäßig in Blackface und Drag auftrat, bezeichnete ihr Œuvre als »Anti-Disney« – eine durchaus zutreffende Beschreibung für Zappin und seine Kumpels. Zumindest für die paar Jahre, bis Disney bei ihnen anklopfte.

▶

In San Bruno war Chad Hurley langweilig. Sie hatten bewiesen, dass sie den richtigen Riecher gehabt hatten: YouTube, sein Baby, war nun ein globales Phänomen und ein fester Bestandteil der Kultur. Justin Bieber, der als kleiner Knirps von einem Produzenten auf dem Portal entdeckt worden war, war 2010 mit Doppel-Platin ausgezeichnet worden. Der Prozess gegen Viacom war vorbei, die Mistkerle hatten verloren. Und dennoch musste Hurley sich Woche für Woche zum Hauptsitz von Google begeben, um sich maßregeln zu lassen.

YouTube hatte inzwischen einen improvisierten Vorstand, der aus Google-Mitarbeitern bestand, die sich darum kümmern sollten, dass das Portal Geld einbrachte. Jeden Mittwoch traf sich Hurley mit Kamangar, seinem neuen Co-Chef. Dem Vorstand ging es in erster Linie um YouTubes Abverkaufsrate – wie viel Prozent der verfügbaren Slots für Online-Werbung an Vermarkter verkauft wurden. Im Falle von Googles Suchmaschine ergab eine solche Quote durchaus Sinn. Man stelle sich eine auf Scheidungen spezialisierte Anwaltskanzlei vor. Die Kanzlei könnte in Fernseh- oder Plakatwerbung investieren, um für Publicity zu sorgen. Doch um *wirklich* bekannt zu werden, wird die Kanzlei eine Anzeige bei Google schalten, die in den Suchergebnissen ganz oben erscheint, wenn jemand »bester Scheidungsanwalt« eingibt. Entsprechend hoch waren Googles Abverkaufsraten. In der Werbung auf YouTube sahen Anwaltskanzleien keinen großen Nutzen.

Bis der Viacom-Prozess ausgestanden war, hatte man bei YouTube aus Angst vor Copyright-Verstößen noch davor zurückgeschreckt, großflächig Werbung zu schalten. Wegen der Auseinandersetzungen mit Plattenlabels hatten sie auf YouTube vorerst kaum Werbung in Musikvideos schalten können, doch die machten einen großen Teil der Videos auf dem Portal aus. Vor der Übernahme hatte ein Google-Manager auf ein internes Papier einen Schätzwert gekritzelt, dem zufolge sie auf YouTube bis 2010 eine Abverkaufsrate von ungefähr 75 Prozent erreichen könnten. Davon war man weit entfernt. Im Jahr 2009 kamen weniger als 5 Prozent der Videos überhaupt für Werbung infrage, und wiederum für nur 3 Prozent jener Videos hatten sie Sponsoren gewinnen können. Hin und wieder zeigte die Führungsetage von Google ganz offen ihre Verachtung für YouTubes Geschäftsmodell. Bei einem TGIF-Treffen machte sich Sergey Brin, der mit Google-Suchanzeigen Milliardär geworden war, einen Spaß daraus, die Präsentation eines YouTube-Werbemanagers zu unterbrechen, um so zu zeigen, wie sehr die vor Videos geschalteten Werbespots auf YouTube nervten.

Ein andermal jagte Google beinahe das gesamte Konzept von YouTube zum Teufel. Dass YouTube Schwierigkeiten hatte, die TV-Networks dazu zu bringen, Material auf seiner Seite zu veröffentlichen, lag nicht zuletzt daran, dass die Networks ihre eigenen Videoplayer verwenden wollten. Kamangar und mehrere hohe Tiere bei Google stimmten ab und beschlossen, YouTube müsse so umgestaltet werden, dass neben den portaleigenen Videos auch Links zu Clips auf den Websites von Hulu, Dailymotion, CNN usw. angezeigt würden, ungefähr so wie in Googles Suchmaschine.

Am nächsten Morgen war die Nachricht von der Abstimmung per Mail bis nach London zu Patrick Walker, dem Europa-Chef von YouTube, vorgedrungen. »*Das darf auf keinen Fall geschehen!*«, dachte er. Er hatte vor einer Weile die BBC angeworben und glaubte, er sei auf dem besten Wege, diverse europäische Medienriesen davon zu überzeugen, dass YouTube *das* Medium der Zukunft war. Und jetzt wollte Google die Seite plötzlich in eine Link-Sammlung verwandeln? Walker rief Hurley an und schickte der Führungsriege von Google eine lange, harsche E-Mail, in der er schrieb, dass das »die falsche Entscheidung« sei. Google machte die Entscheidung rückgängig.

Scharmützel wie diese gehörten dazu, aber all die Besuche beim Vorstand, das Klein-Klein und die vielen Metriken setzten Hurley immer mehr zu. »Es war wie in einem *Dilbert*-Cartoon«, formulierte es einer seiner Kollegen. In der Belegschaft hatten sie beobachtet, wie er sich immer mehr zurückzog. Als seine Google-Anteile vier Jahre nach der Übernahme in handelbare Wertpapiere umgewandelt wurden, verließ Chad Hurley das Unternehmen und kündigte an, sich von nun an auf Hlaska zu konzentrieren, ein Label für Herrenmode, das er noch vor YouTube mit ins Leben gerufen hatte. Der Abschied des letzten der drei Erfinder von YouTube, der sich zwar so manchen Fehltritt in Sachen Geschäftsführung geleistet, aber immer die Nutzererfahrung über den wirtschaftlichen Erfolg des Portals gestellt hatte (eine Einstellung, die im Silicon Valley selten geworden war), markierte ganz still und leise das Ende einer Ära. Hurley hatte YouTube gemanagt wie jemand, der es auch benutzte, und mit seinem Ausstieg machte er den Weg für die Manager von Google frei, die YouTube endlich ganz nach Google-Manier führen konnten. Mit Spreadsheets und Algorithmen.

Nachdem Hurley das Unternehmen verlassen hatte, durfte sich nun Shishir Mehrotra mit dem *Dilbert*-Dilemma herumschlagen. Das gestelzte Gehabe, das Mehrotra von Microsoft mitbrachte, kam bei den eher lockeren, rebellischen Mitarbeitern von YouTube nicht so gut an. Der stämmige und wortgewandte Mehrotra war der Sohn zweier Computerwissenschaftler und in allem, was er tat, extrem ehrgeizig. Er spielte gerne Poker und hatte im Alter von 21 Jahren sein erstes Unternehmen gegründet. Als er zu YouTube kam, war er 29 Jahre alt, wirkte aber bereits wie ein alter Hase – »er war gleichzeitig der Älteste und Jüngste«, so ein Kollege. Er liebte komplexe technische Probleme und Unternehmenskennzahlen, die er bei Meetings mit großer Freude zum Besten gab.

Als sich Mehrotra mit dem improvisierten Vorstand traf, schlugen ihm die Mitglieder eine Lösung für das Problem mit der Werbung vor: *Warum schaltet ihr nicht einfach einige von den Werbespots wieder ab?* Bei Google war das sicherlich eine sinnvolle Strategie. Nehmen wir noch einmal das Beispiel der Scheidungsanwälte auf der verzweifelten Suche nach Kunden. Die Google-Suche profitierte von künstlicher Verknappung – schaltete Google weniger Anzeigen, zahlten Anwaltskanzleien für die Plätze, die sie bekommen konnten, automatisch *mehr*.

Aber bei YouTube würde das so nicht funktionieren. Im Gegensatz zur Google-Suche war Platz auf YouTube weder rar noch wertvoll, und die Werbekunden rannten ihnen auch nicht gerade die Bude ein. Mehrotra rechnete vor, dass es viel sinnvoller wäre, das genaue Gegenteil von dem zu tun, was der Vorstand empfahl: Um den Umsatz von YouTube zu steigern, mussten sie Platz für Werbung *schaffen,* nicht *wegnehmen.* Mehrotra wandte sich an Dean Gilbert, einen altgedienten Medienveteranen von Google, und bat ihn um Rat:

»Wenn du tust, was die sagen, und es funktioniert nicht, dann werden die abstreiten, dass sie es jemals gesagt haben«, erklärte Gilbert ihm. »Und wenn du *nicht tust,* was sie sagen, und es funktioniert, dann werden sie sagen, dass es von vornherein ihre Idee war. Sorg einfach dafür, dass das verdammte Ding funktioniert.«

Und das verdammte Ding funktionierte tatsächlich. Sie erhöhten den Prozentsatz der Videos auf YouTube, die für Werbung infrage kamen, auf 10 Prozent, und die Umsätze stiegen. »Einnahmen lösen alle Probleme«, stellte Gilbert fest.

Ungefähr zu jener Zeit begannen sie bei YouTube auch nach Möglichkeiten zu suchen, wie sich ein neuer Trend für ihre Werbekunden nutzen ließe: Produktplatzierung. Die trendy Fast-Food-Kette Carl's Jr. hatte es vorgemacht. Einige Jahre zuvor hatte sie einen sexy Werbespot mit Paris Hilton drehen lassen, die darin auf laszive Weise ein Auto wusch und dabei in einen Burger biss. Jetzt war die Fast-Food-Kette gerade wieder dabei, eine aufsehenerregende Werbekampagne vorzubereiten, um jungen Männern ihren neuen Sechs-Dollar-Burger schmackhaft zu machen, und hatte ein Millionenbudget für Fernsehwerbung zur Seite gelegt. Etwas Geld war noch übrig, und eine Werbeagentur schlug Carl's Jr. vor, damit ein paar weniger bekannte Stars aus dem Internet anzuheuern. Google wählte neun YouTuber aus, die jeweils für ein paar Tausend Dollar den Burger promoten sollten. iJustine und Smosh beteiligten sich, und nigahiga, ein weiterer Teenie-Star, postete einen einminütigen Clip, in dem er den Burger auf seinem Auto, in seiner Achselhöhle, auf seinem Mund und auf seinen Brustwarzen verrieb. Die einzige vertraglich vereinbarte Vorgabe war, dass die YouTuber den Slogan »Wie isst du deinen Burger?« einbauen mussten.

Nachdem die Videos im Juni 2009 online gegangen waren, rechnete der schlaksige YouTube-Manager George Strompolos kurz nach. Die neun Clips hatten ihnen mehr als elf Millionen Aufrufe eingebracht. Sie hatten ein wesentlich größeres Publikum erreicht als mit den teuren Werbespots im Fernsehen. Viele YouTuber hatten sogar auf eigene Faust Burger-Spots gedreht, ohne dafür bezahlt zu werden.

Er kam zu dem Schluss, dass das Werbekonzept des Fernsehens nicht mehr funktionierte. Es gab ein neues Konzept, und das hier war der Goldstandard dafür.

Danny Zappin hatte einen ganz anderen Goldstandard im Sinn. In jenem Sommer hatte er es sich mit seinem Blackberry im Garten hinter dem Haus in Venice, wo seit Neuestem sein Unternehmen beheimatet war, in einer bunten Hängematte bequem gemacht. Am anderen Ende der Leitung war ein Werbemanager der japanischen Elektronikfirma Sanyo, die einen Sponsoring-Deal mit dem YouTuber in Erwägung zog. Der Mann von Sanyo kam auf die Aktion von Carl's Jr. zu sprechen und bezeichnete sie als »dämlich«. Ungeschicktes virales Marketing, fuhr er fort, ein ganz offensichtlicher Pitch, den ein junges Publikum nicht schlucken würde.

Zappin lachte und stimmte zu: »Da fragt man sich echt, wer sich so was ausdenkt.« Er stand auf und lief im Garten herum. Über ihm hing ein leuchtend blaues Surfbrett, das mit Seilen an der Hauswand befestigt war. Zappin versuchte den Werbemenschen von seiner Idee für einen authentischeren Werbespot für die tragbaren Camcorder von Sanyo zu überzeugen. »Da werden all unsere großen Stars mitmachen«, sagte Zappin und zog an seiner Zigarette. »Wir werden einfach nicht sagen, dass wir damit was verkaufen wollen.« Zappin wollte LisaNova und andere YouTuber aus seiner Diamond Factory Clips hochladen lassen, in denen sie ihre Fans einluden, an einem Wettbewerb teilzunehmen: Wer einen Werbespot für Sanyo drehte und auf YouTube veröffentlichte, konnte eine Kamera gewinnen. Zappin garantierte Sanyo mindestens zehn Millionen Aufrufe für die Aktion, und Sanyo sollte ihm dafür 60 000 Dollar zahlen.

Der Anzugträger klang nicht überzeugt.

Ein Kollege im Garten begann zu filmen. Als Zappin das mitbekam, stellte er sein Handy auf Lautsprecher und redete lauter, damit er auch im Video zu hören sein würde. Werbeagenturen würden ihr Geld zum Fenster rauswerfen, erklärte er, und verstünden YouTube einfach nicht. »Wir wissen, wer Aufrufe kriegt und wer nicht«, sagte er. »Und deshalb sollten sich die Werbeagenturen aus dem Online-Business heraushalten und es uns überlassen. Weil wir das hinbekommen. Wir bekommen das immer hin. Das ist Teil unserer DNA. Wir wissen genau, was wir tun.«

Wie so oft nahm Zappin den Mund da ein wenig zu voll. LisaNova hatte im März einen gesponserten Clip gedreht, aber die Diamond Factory hatte so etwas noch nie gemacht. Sie hatten ihr Kreditkartenlimit für ihre YouTube-Träume total überzogen. Doch die Zeit war auf ihrer Seite. Dadurch, dass die Immobilienblase gerade geplatzt war, befand sich die Wirtschaft im freien Fall. Die Unternehmen suchten verzweifelt nach Kunden und die Menschen nach Arbeit. YouTube war inzwischen dazu übergegangen, YouTuber über sein Partnerprogramm zu bezahlen, und jene, die das Ganze bisher nur als nettes Hobby betrieben hatten, sahen darin nun einen möglichen Rettungsanker. Zappin, gewieft, wie er war, wusste das. Er nahm YouTuber unter seine Fittiche und versprach ihnen Ruhm, Filmverträge, Merchandising. Besonders angetan war er von Shay Carl, einem dicken, bärtigen YouTuber aus Idaho. Carl hatte früher als Küchenbauer gearbeitet und postete jetzt unter dem Alias »Shaytards« regelmäßig verrückte Heimvideos von seiner Familie, die beeindruckend viel Traffic generierten. Als das Haus nebenan zum Verkauf stand, bot Zappin Carl an, dort einzuziehen. Seine Vision war ein Haus voller YouTuber – rund zehn Jahre bevor es üblich war, dass sich Influencer gemeinsam in Villen einquartierten. Zappin leistete eine Anzahlung auf das Haus, noch bevor Carl zusagte. Auch in anderen Fällen handelte er größtenteils aus dem Bauch heraus. Als ihm der beliebte YouTuber Philip DeFranco (alias sxephil) steckte, dass ihm YouTube 100 000 Dollar überwiesen hatte, damit er sich besseres Filmequipment besorgen konnte, rief Zappin gleich ein paar Bekannte bei YouTube an, um ebenfalls in den Genuss einer solchen Finanzspritze zu kommen. Er bekam eine Zusage und ging sofort auf Shopping-Tour. Doch als sich der ehemalige Hollywood-Anwalt Scott Katz, den Zappin als Geschäftspartner gewonnen hatte, den Vertrag durchlas, den YouTube geschickt hatte, stellte er fest, dass YouTube das Geld nicht, wie Zappin es verstanden hatte, sofort auszahlen würde, sondern erst sechzig Tage *nachdem* die versprochenen Videos hochgeladen worden wären. »Meistens handelt er, bevor er nachdenkt«, erinnert sich Katz.

Aber Carl zog tatsächlich ein, und auch das Geld von Google kam. Zappin gab seinem Unternehmen einen richtigen Namen – Maker Studios – und machte sich auf die Suche nach Personal. Er flog nach New York, um Ezra Cooperstein anzuwerben, einen der führenden Köpfe der Werbeagentur, die hinter den Spots für Carl's Jr. steckte. »Mensch, du musst zu uns kommen!«, drängte ihn Zappin auf einem Bummel durch Midtown. »Wir bauen so etwas wie United Artists von YouTube auf.« Cooperstein ließ sich überzeugen, genau wie Jeben Berg, ein Mitarbeiter von YouTube, der dort für den Comedy-Wettbewerb zuständig war. Danny Zappin erinnerte Berg an den Rattenfänger von Hameln: Er lockte vielversprechende YouTuber nach Los Angeles, gewährte ihnen Unterschlupf und versprach ihnen, sich um sie zu kümmern. Weitere Leute kamen an Bord und übernahmen vage definierten Rollen – die Mitarbeiter nannten sie FOD, *friends of Danny*. Zappin leitete sein Unternehmen komplett aus dem Bauch heraus, ohne Schranken und ohne Businessplan. Es war das genaue Gegenteil von Google.

Damit hatten die Leute, die ursprünglich mal beim Fernsehen gearbeitet hatten, nicht gerechnet. Mickey Meyer, ein junger Filmhochschulabsolvent, der an der Serie *The West Wing – Im Zentrum der Macht* mitgearbeitet hatte, war zu Maker Studios gewechselt, um sich um die Produktion zu kümmern. Er betrat das provisorische Studio und erstarrte. »Gibt es hier keine ordentlichen Scheinwerfer?«, erkundigte er sich. »Wo ist das Studioequipment?« Er wurde mit großen Augen angestarrt. Zappins Team hatte nur ein paar billige Lampen aus dem Baumarkt, und als Greenscreen diente ein Stück grüner Stoff aus dem nächsten Handarbeitsladen. Meyer hätte schwören können, man habe ihm gesagt, er werde 2000 Dollar pro Woche verdienen. Sorry, nein, 2000 Dollar pro *Monat*.

Trotz allem machte es bei ihm klick. Zuletzt hatte er an einem Werbespot für den Ableger einer Reality-Sendung mitgearbeitet und hatte sich dabei am Set von zehn Leuten anbrüllen lassen müssen, die alle irgendwelche Details geändert haben wollten. Bei Maker Studios filmten sie einfach drauflos, luden das Resultat bei YouTube hoch, und dann filmten sie direkt das nächste Video. Alle sprühten nur so vor Kreativität. Er fand die Energie dermaßen ansteckend, dass er an Bord blieb.

Im August sorgte Maker Studios zum ersten Mal für Aufsehen. In dem vierminütigen Video »ZOMBIES TAKE OVER YOUTUBE!!!!!!«, das sie auf einem Grundstück in Nord-Hollywood gedreht hatten, tummelten sich elf der bekanntesten YouTuber und ein paar als Zombies geschminkte Fans. Der wichtigste Kanal von Maker Studios, The Station, wurde zu einer echten YouTube-Hitmaschine. Maker Studios im Haus 419 Grand Boulevard wurde schon bald zum kulturellen Mittelpunkt des Geschehens auf dem Portal. Hier fanden sich die Promis mit ihrer Anhängerschaft ein, um ihre Clips zu drehen oder auch einfach nur um gesehen zu werden. Im *Hollywood Reporter* nannten sie es das Haight-Ashbury des digitalen Zeitalters,[3] auch wenn hier deutlich mehr harter Alkohol als LSD konsumiert wurde. Ein leitender Online-Redakteur erinnerte sich daran, wie Zappin während eines Meetings eine Flasche Tequila hervorgeholt hatte, um auf irgendetwas anzustoßen – um zwei Uhr mittags. Als er die Räume des Studios später wieder verkaufte, sagte der Gauner, der in der Hollywood-Szene von YouTube den Takt vorgegeben hatte, schuld seien »die vielen Partys« gewesen.

Der Anwalt Katz fand, Zappins Wildwest-Attitüde habe etwas vom Führungsstil einer gespaltenen Persönlichkeit. Phasenweise war er ganz cool und gelassen, aber wenn er frustriert war, schrie er herum und wütete so lange, bis alle taten, was er wollte. Dann verwandelte er sich in die Kunstfigur, die er sich für YouTube ausgedacht hatte. Wenn das geschah, versuchte Katz, die Stimmung aufzulockern. »Hey, Leute, seht mal, Danny Diamond ist wieder da!«, rief er dann in den Raum. Mal funktionierte das, mal nicht. Seit die Talentagentur The Collective Fred Figglehorn entdeckt hatte, den Jungen mit der Quäkstimme, hatte man dort noch weitere YouTuber unter Vertrag genommen. Ihnen war auch der Aufstieg von Maker Studios nicht entgangen. Dan Weinstein, einer der leitenden Angestellten bei The Collective, traf sich mehrmals mit Zappin, um sich im Detail über eine mögliche Fusion zu unterhalten. Schließlich machte Weinstein ihnen ein Angebot, aber Zappin war es zu niedrig.

Üblicherweise kontert man ein inakzeptables Angebot in geschäftlichen Verhandlungen mit einem höflichen Nein oder mit einem Gegenangebot. Nicht so Zappin. Er schickte als Antwort eine E-Mail mit einem Link zu YouTube. Als Weinstein darauf klickte, erschien ein Video mit Danny Diamond, der sein Gesicht in die Kamera hielt und einen Song von Lil Wayne rappte: »So I pick the world up. And I'ma drop it on your fuckin' head.«

Kapitel 9
Nerdfighters

Gar nicht weit entfernt, in einer Wohnung in der Innenstadt von Los Angeles, brachen für Freddie Wong auf YouTube glanzvolle Zeiten an. Der »Guitar Hero«-Star und drei weitere aufstrebende Filmemacher teilten sich die Miete (375 Dollar pro Nase) und ernährten sich hauptsächlich von Tacos vom Foodtruck um die Ecke. Wenn es im Winter kalt wurde, wärmten sie sich die Hände an ihren PCs, die beim Rendern von Grafiken heiß liefen. Wongs Eltern machten sich Sorgen um die Wohnsituation ihres Sohnes, und Freunde, die das Loft besuchten, staunten: »Moment mal, habt ihr gar keine *Wände*?«

Wong erstellte Spezialeffekte für Epic Pictures, eine Low-Budget-Produktionsfirma, die ihre Filme direkt auf DVD veröffentlichte.[1] Auf YouTube lud er auch öfter etwas hoch. Das war seine filmische Spielwiese, aber er konnte sich nicht vorstellen, dass er damit einmal Geld verdienen würde. Zumindest nicht, bis ihm der Brooklyner YouTuber DeStorm Power über den Weg lief und ihn vom Gegenteil überzeugte. Da waren die beiden Tech-Freaks gerade für die Olympischen Winterspiele in Vancouver engagiert worden, wo sie für Firmen werben sollten, die nicht bereit waren, genug Geld für größere Stars in die Hand zu nehmen. Power nahm am Partnerprogramm von YouTube teil und erklärte Wong, wie sich das rechnete. *Soundso* viele Aufrufe brachten einem *soundso* viel Geld von Google ein. Keiner von beiden erkannte zu diesem Zeitpunkt das volle Potenzial, aber sie hatten gehört, dass sich der beliebte YouTuber Michael Buckley (alias What the Buck?) von seinen Einnahmen ein Haus gekauft hatte.

Wong ging es gar nicht unbedingt darum, Millionen zu verdienen, aber er wollte gerne seine eigenen Filme machen. Er rief

Brandon Laatsch an, seinen früheren Mitbewohner aus Collegezeiten, mit dem er damals schon Videos gedreht hatte, und schlug ihm vor, YouTube als Vollzeitjob anzupacken. »Das kriegen wir auf jeden Fall hin«, rief Wong begeistert ins Telefon.

freddiew: »The Rocket Jump«, 1. September 2010, 1:35.
Die Live-Umsetzung eines Computerspiels. Wong und seine Verbündeten, alle in Tarnkleidung, werden inmitten von Trümmern in ein Feuergefecht verwickelt. Ein hinter Sandsäcken versteckter Schütze knallt einen nach dem anderen ab. Blut spritzt. Bald ist nur noch Wong am Leben. Eine Comic-Denkblase erscheint über seinem Kopf. *Was, wenn er mit einem Sprung über den Schützen drüberfliegen könnte, wie in einem Computerspiel?* Genau das tut er, setzt, untermalt von dramatischer Musik, zum Sprung an und siegt.

Als Drehort diente ein verlassenes Grundstück in der Nähe des Hauses eines Freundes – die Einheimischen nannten es den »Friedhof«. Dorthin brachten Wong und seine Freunde Kameras, Sandsäcke, einen Greenscreen, ein Trampolin, Softair-Gewehre und eine Granatwerferattrappe. Sie filmten fünf Stunden lang, dann fuhren sie nach Hause, wo sie noch alles am Rechner bearbeiteten und die Farben anpassten. Als Letztes tat Wong einen Komponisten auf, der das zeitkodierte Video für 500 Dollar mit einem Soundtrack versah. Eine Woche Arbeit, um ein 95 Sekunden langes Filmchen zu produzieren. Damals im Studentenwohnheim hatte Wong aus dem Stand einen viralen Volltreffer gelandet, aber YouTube hatte sich seitdem verändert. Wer sich mehr Mühe mit der Produktion gab, konnte auf mehr Zuschauer hoffen. Der Lohn, den sie mit den Algorithmen und Werbeeinnahmen von YouTube erzielten, waren all die Zeit und Mühe wert, die sie in ihre Filmchen steckten – zumindest fürs Erste.

Wongs Team drehte einen Film pro Woche: live nachgestellte Videospiele mit pyrotechnischen Explosionen, in denen einmal sogar ein Fallschirmsprung vorkam. Wong wollte einen »YouTube-

Roadtrip« starten, er wollte im ganzen Land Fans besuchen und Videos nach deren Wünschen drehen. Er rief George Strompolos an, den einzigen Menschen, den er bei YouTube persönlich kannte, und erzählte ihm, was er ausgeheckt hatte.

»Das klingt cool, Mann«, sagte Strompolos. »Was brauchst du?«

Seine Vorgesetzten gaben ihr Okay, sodass Strompolos ihnen einen Vorschuss auf die Werbeeinnahmen in Höhe von 60 842 Dollar anbieten konnte. Davon kaufte Wong neue Kameras, einen Greenscreen, Scheinwerfer und ein Wohnmobil. Ein Fan aus Mississippi schrieb per E-Mail, er könne Wong mit einem Scharfschützengewehr eine Wassermelone vom Kopf schießen, also fuhr Wong hin, um das (mit Spezialeffekten) zu filmen. In einem Vergnügungspark in Valencia erfanden die YouTuber den »Achterbahntag«. Im Park bekamen Wong und Laatsch von einer Verehrerin ein Porträt überreicht, das sie als Anime-Figuren zeigte und an dem die junge Frau drei Tage gearbeitet hatte. Wong hielt es strahlend in die Kamera. Studios versuchten ihn davon zu überzeugen, für sie billige Filme zu drehen, die sie direkt auf DVD pressen würden, aber er lehnte ab. Auf YouTube hatte Wong die totale Kontrolle. Er war so etwas wie ein Indie-Autorenfilmer, nur mit einem viel direkteren Feeling für den Zeitgeist. Tarantino stellte Fans auf der Leinwand nicht seinen Kopf als Zielscheibe zur Verfügung und ließ sich von ihnen handgemalte Anime-Figuren überreichen.

Und anders als Hollywood lieferte YouTube den Filmemachern genaue Daten. YouTuber konnten in Echtzeit verfolgen, womit sie wie viele Zuschauer anlockten, wie lange sich ihre Zuschauer welche Videos anschauten und welche Inhalte sie besonders interessierten. »Hollywood ist eine Welt des Voodoo und der veralteten Traditionen«, so Wong. »Nach dem Motto: *Wir haben diesen Actionfilm an genau diesem Wochenende herausgebracht, weil da der Film vom letzten Jahr gut gelaufen ist.* Im Silicon Valley wird das Rad immer wieder neu erfunden.« Wong war nur nicht darauf vorbereitet, wie schnell das gehen würde.

Ein paar Monate bevor er zu seinem Roadtrip aufbrach, betrat Wong den Keller des Century Plaza, wo die größte YouTuber-Versammlung aller Zeiten stattfand. Auf der anderen Straßenseite thronte das riesige CAA-Hauptquartier, der »Todesstern«, das Herz von Hollywood. In dem Hotel lasen sich die YouTuber das Programm der Konferenz durch:

> Bereits zweimal haben im Century Plaza die Grammy Awards stattgefunden, und sechs amerikanische Präsidenten haben dort übernachtet. Das Century Plaza war schon Schauplatz für viele spektakuläre Events und wurde schon von vielen berühmten Leuten besucht, aber so etwas wie die VidCon hat es dort noch nie gegeben.

Hank Green hatte diese einleitenden Worte verfasst, nachdem er und sein Bruder John beschlossen hatten, die VidCon ohne finanzielle Unterstützung und ohne Erfolgsgarantie zu veranstalten. Zu diesem Zeitpunkt gehörten Hank und John bei YouTube bereits zu den alten Hasen. Drei Jahre zuvor hatten die Geschwister auf YouTube den Kanal vlogbrothers gestartet, auf dem sie sich, damals noch keine dreißig Jahre alt, per »textloser Kommunikation« mitteilten. Es war eine ganz neuartige Mischung aus Internet-Tagebuch und Performance-Kunst. Hank war ein flippiger, überaus produktiver Blogger. Und John, der Geschichten für junge Erwachsene schrieb, hatte schon eine ansehnliche Fangemeinde vorzuweisen; im Jahr 2012 würde er mit seinem Roman *Das Schicksal ist ein mieser Verräter* einen Weltbestseller landen. Die Greens waren witzig, sahen gut aus, aber nicht zu gut, und waren geradezu unverschämt ehrlich. Sie sprachen über Tiere, Nonsens, Neil Gaiman und die Absurditäten des Kapitalismus. Sie waren stolze Nerds und Digital Natives. Auf seine Akustikgitarre hatte Hank »THIS MACHINE Pwns n00bs« gekritzelt.

Die Brüder hatten eine treue Fangemeinde, die stetig wuchs. Sie interagierten zunehmend direkt mit ihren Fans und nannten sie die Nerdfighters. »Im Grunde genommen treffen wir uns«, erklärt

Hank in einem Video, »haben Spaß und kämpfen gegen den Weltschmerz.«[2]

»Was genau ist das eigentlich, Weltschmerz?«, hakt sein Bruder nach.

»Es ist schwer, das genau zu quantifizieren«, erwidert Hank. »Damit ist gemeint, na du weißt schon, dass es einem wehtut, wie viel Mist es auf der Welt gibt.«

Mit ihrer Marke sprachen sie die Bücherwürmer und die nerdigen Popkultur-Fans an, die YouTube in der Anfangszeit bevölkerten.[3] Drei Tage bevor 2007 der letzte *Harry Potter*-Band erschien, lud Hank einen selbst geschriebenen Song hoch, der davon handelte, wie sehr er sich auf das Buch freute. Die Coolhunters von YouTube stellten das Video auf die Startseite. Zu jener Zeit sorgte nichts anderes online oder offline für so viel Aufregung wie der Kult um *Harry Potter*. Zwei Jahre später wurden die Brüder Green als Gäste zu einem *Potter*-Fantreffen eingeladen, und dort kam ihnen eine Idee. Später beauftragten sie die Veranstalter, die das Fantreffen organisiert hatten, mit der Organisation eines Events für YouTuber.

Sie luden alle YouTuber ein, die sie finden konnten, und verkauften Tickets. Eine Karte kostete 100 Dollar (210 Dollar für Leute »aus der Branche«). Etwa 1400 Leute kamen – ungefähr die Hälfte davon Fans, die Hälfte YouTuber. Die Grenzen zwischen beiden Gruppen waren aber ohnehin fließend. Viele Fans der Plattform und YouTuber hatten auf der VidCon zum ersten Mal die Chance, andere Leute aus der Szene persönlich kennenzulernen. Hank Green scharwenzelte um seine Lieblings-YouTuber herum. Ein Teilnehmer war ganz aus dem Häuschen, als er iJustine entdeckte. Beatlemania-artiges Geschrei brach aus, als aus den Fans einer ausgewählt wurde, der das Haar des frechen YouTubers Shane Dawson berühren durfte. »Ich habe einfach beschlossen, dass es nicht creepy ist, dass ich alleine im Schlafzimmer Filme drehe«, sagte Dawson auf der Bühne.

Wong leitete ein Seminar zu »nicht ganz so speziellen Spezialeffekten«. YouTuber und jugendliche Fans spielten Calvinball, das Spiel aus *Calvin und Hobbes*, bei dem sich jeder seine eigenen Regeln ausdenkt. Eine Band mit einem Akkordeonspieler im Tanga trat auf. Menschen mit Filmkameras drängten auf die Bühne. Danny Diamond tanzte. Hinter der Bühne lagen sich Leute in den Armen. »Die Stimmung war so echt und herzlich«, erinnert sich Laura Chernikoff, die, selbst Fan der Vlogbrothers, an der Organisation der Veranstaltung beteiligt war. Viele hatten damals eine bestimmte Vision von YouTube, die auf der VidCon zum Leben erweckt wurde: ein Ort, »an dem man das Gefühl hatte, man befinde sich zusammen mit einem Haufen kreativer Spinner in einem Raum«, sagte Hank Green später. »So etwas Magisches hatte ich noch nie erlebt, bei Weitem nicht.«

Zwei Dutzend Mitarbeiter von YouTube hatten sich Tickets für die VidCon besorgt, aber sie fühlten sich doch recht fehl am Platz. Einige von ihnen konnten nicht umhin zu bemerken, was für ein krasser Gegensatz zu ihrer täglichen Arbeit das Event war.

Andy Stack hatte gerade erst bei YouTube angefangen und war für das Partnerprogramm zuständig. Im Juli machte er sich auf den Weg nach Los Angeles, um mit einem großen Studio zu verhandeln, das einen Teil seiner Entertainment-Bibliothek auf der Plattform veröffentlichen wollte. Das Meeting begann um 16:00 Uhr und zog sich in die Länge – Debatten über Copyright und Werbung, darüber, was funktionierte, was nicht funktionierte und was funktionieren sollte. Er hatte den Eindruck, dass niemand Lust auf das Meeting hatte und alle lieber woanders wären. Anschließend fuhr Stack erschöpft zum Century Plaza Hotel, um sich mit der VidCon-Crew zu treffen. Dort lernte er einige der von ihm verehrten YouTuber kennen. Jeder wollte dabei sein. Es war ein irres Gefühl. »*Wow, das sind die Leute, die ich voranbringen will*«, sagte er sich.

▶

Einer glänzte bei der VidCon allerdings mit Abwesenheit: der amtierende König von YouTube im Jahr 2010, Ray William Johnson. Er war kein Nerdfighter.

Johnson war ein gut aussehender Typ mit stachelig gegeltem schwarzem Haar und einem Mitteilungsbedürfnis, das dem von Danny Diamond in nichts nachstand. Nachdem er sich 2009 sein YouTube-Konto eingerichtet hatte, war ihm schnell klar geworden, nach welchen zwei simplen Prinzipien die Seite funktionierte: Die Leute wollten sich virale Videos anschauen, vor allem mit ganz normalen Menschen, und die Leute lachten gerne, vor allem *über* ganz normale Menschen. Sein Trick: Er vermischte beides, indem er Amateurclips nahm, die auf YouTube gerade viral gingen, und mit seinen eigenen frechen Kommentaren versah. Es war ein wenig wie die YouTube-Version von *Upps! – Die Pannenshow,* nur krasser und wilder. (Ein Begriff, nach dem auf YouTube damals besonders häufig gesucht wurde, war »lustig«.) Bald stellte Johnson noch etwas anderes fest: Seine YouTube-Videos *über* virale Videos tauchten auf, wenn die Zuschauer *nach* ebendiesen viralen Videos suchten oder zumindest in der Seitenleiste unter den »ähnlichen Videos«, und dieser Umstand sollte sich für ihn noch enorm auszahlen. Der YouTube-Algorithmus liebte seine Masche und sorgte dafür, dass die Zahl seiner Abonnenten rekordverdächtig schnell wuchs.

Johnson umging die Restriktionen des DMCA, indem er sich auf die »Fair Use«-Doktrin berief. Auf diese Weise blieben seine Videos online, generierten Werbeeinnahmen und oft sogar mehr Traffic als die Originale, die er verarbeitete. Einem Bericht zufolge machte ihn die Werbung in seinen Videos zum allerersten YouTube-Millionär. »Ich bin eigentlich ein ganz normaler Typ mit einem witzigen Hobby, nur dass ich zufällig eine Million Dollar verdiene, ohne dass ich dafür vor die Tür muss«, sagte er in dem Podcast.[4] »Soll ich mich dafür etwa entschuldigen? Wenn ihr neidisch seid, macht doch einfach, was ich mache, und macht es besser.« Er gründete eine Produktionsfirma namens Equals Three, geschrieben »=3«. Der Talentmanager Dan Weinstein ging mit Johnson zu Meetings mit MTV Networks, das gerne eine regelmäßige TV-Sendung mit ihm machen wollte, aber im Gegenzug forderte der Sender einen Teil seiner Einnahmen der nächsten Jahre. Johnson verdiente auf YouTube viel mehr, als MTV ihm bot, ohne dass er dafür vor die Tür musste, daher lehnte er ab.

Mitunter gestaltete sich das Geldverdienen auf YouTube jedoch etwas komplizierter. YouTube überwies Geld und verschickte IRS-Formulare, aber um die steuerlichen Aspekte mussten sich die YouTuber selbst kümmern. 2010 lernte Johnson den 22-jährigen David Sievers aus Nebraska kennen. Sievers machte gerade eine Ausbildung zum Buchhalter und gehörte zu den ersten Finanzprofis, die sich auf YouTube spezialisierten. Er kümmerte sich in Nebraska um die Buchhaltung und steuerliche Belange seines Kumpels Dan Brown, der auf YouTube mit Zauberwürfel-Videos überraschend schnell zu großer Bekanntheit gelangt war.

Die Welt der berühmten YouTuber war klein, und innerhalb kürzester Zeit nahmen immer mehr gefeierte YouTuber Sievers' Dienste in Anspruch, so auch Johnson mit seiner »Pannenshow«.

Im späteren Verlauf des Jahres reiste Johnson zusammen mit seinem neuen Steuermenschen nach Los Angeles, um eine Idee für eine neue Webserie an den Mann zu bringen. Sievers, der mit der Bibel in der Hand aufgewachsen war, war noch nie in einer so großen Stadt gewesen. Johnson spendierte ihm seine erste Margarita. Auf ihrem Trip lernten sie zufällig einen aufgedrehten Rotschopf namens Danny Zappin kennen. Sievers war kaum wieder zu Hause angekommen, da erhielt er einen langen Brief von Zappin, in dem dieser ihm unverblümt seine ganze Lebensgeschichte schilderte – die Drogenvorwürfe, die Niederlagen in Hollywood, die ganze Sache mit »United Artists für YouTube« – und ihn für Maker Studios anwarb. Sievers nahm das Angebot an und zog, Ray William Johnson mit seinen Millionen Dollar im Schlepptau, an die Westküste, um sich YouTubes buntester Truppe anzuschließen.

In Los Angeles angekommen, wurde Sievers durch die Büroräume von Maker Studios geführt. Hier gab es keine Schreibtische und ein lausiges WLAN, aber dafür eine Dachterrasse mit Bar und Blick auf den Strand von Venice Beach, wo gerade ein Cannabis-Festival stattfand, bei dem sich alle die Birne zudröhnten. Wow.

Bei Maker Studios waren sie auf der Jagd nach noch mehr Stars für ihre Kartei. Seine neuen Chefs wollten von Sievers wissen, ob es neben der Buchhaltung noch etwas gab, das ihn an YouTube besonders interessierte. Er gestand, dass er sich gerne Videos anschaute, in denen Leute Videospiele zockten.

Während in Venice Beach die Bongs blubberten, waren in den Medien große Umwälzungen im Gange. Bei Google sah man das in den Daten. Ab 2009 sanken die Zuschauerzahlen des Fernsehens – erst ein, zwei Quartale lang nur leicht, dann fielen sie plötzlich ins Bodenlose.[5] 2011 ging der Prozentsatz der US-Haushalte, die ein Fernsehgerät besaßen, nach zwanzig Jahren erstmals zurück. Es war ein leichter Rückgang, aber er war spürbar; das Internet forderte seinen Tribut. In jenem Jahr war *American Idol* zum ersten Mal, seit es YouTube gab, nicht die TV-Sendung mit den höchsten Einschaltquoten. Es war erst zwei Jahre her, dass die Welt der spröden Schottin Susan Boyle in der britischen Version der Show dabei zugeschaut hatte, wie sie aus vollem Halse »I Dreamed a Dream« sang, aber nicht im Fernsehen, sondern kostenlos auf YouTube. Um berühmt zu werden, brauchte es kein *American Idol*, keine gehässige Jury und keinen Sendeplatz zur Hauptsendezeit mehr. Amerikas meistgesehene Sendung war nun *Sunday Night Football*, das nicht online übertragen wurde.

Die YouTuber erlebten noch einen weiteren grundlegenden Wandel, den man bei Google nicht ganz nachvollziehen konnte. Die große Programmauswahl auf YouTube bedeutete, dass YouTuber im Gegensatz zu den großen TV-Networks kein bunt durchmischtes Publikum zufriedenstellen mussten. Sie profitierten vom gleichen Effekt wie das Kabelfernsehen – YouTube konnte sich in unendlich viele interessante Richtungen gleichzeitig entwickeln. Aber die YouTuber bedienten nicht nur die Fans ihrer jeweiligen Nische: Sie schufen starke Bindungen, bauten *Communitys* auf und pflegten sie. Manche waren kaum weniger einflussreiche Persönlichkeiten als Oprah Winfrey oder berühmte Reality-TV-Stars, aber sie waren viel zugänglicher und kamen viel persönlicher rüber. Die Fans von Freddie Wong liebten dessen kreative Visionen, die Fans der Green-Brüder teilten deren intellektuelle Neugier. Solche Formen der Interaktion hatten nicht mehr viel mit dem Fernsehen gemein. Die YouTuber konnten ihre Präsenz nutzen, um einer komplizierten Welt oder der Komplexität des Webs ein wenig Sinn zu geben. Genau das tat Ray William Johnson mit seinen aus viralen Videos zusammengestückelten Clips. Einst hatten die Coolhunters von YouTube den Nutzern geholfen, sich auf der Plattform zu orientieren, aber die gab es nun nicht mehr. YouTube war unübersichtlich und chaotisch, sich zurechtzufinden und alles zu absorbieren, was einem begegnete, konnte einen schon überwältigen. Die Leute waren auf der Suche nach jemandem, der sie auf ihrer Reise ein bisschen an die Hand nahm.

Kapitel 10
Kitesurfing TV

Im Jahr 2006 legte sich der Schwede Felix Kjellberg ein YouTube-Konto an und vergaß kurz darauf sein Passwort.[1] Deswegen konnte er nichts hochladen, nur Videos anschauen. Vier Jahre später postete er endlich seinen ersten Clip. Er studierte inzwischen an der Chalmers tekniska högskola in Göteborg. Seine Filme drehte er in seinem Zimmer im Studentenwohnheim und trug dabei einen riesigen schwarzen Kopfhörer, unter dem sein verwuscheltes straßenköterblondes Haar hervorlugte. Er hatte sich ein absurdes Alias gegeben – PewDiePie, eine Mischung aus *cutie pie* (»Süßer«) und dem Klang einer Spielzeugpistole – und filmte sich selbst beim Zocken. Als sich die ersten Leute für seine Videos interessierten, machte er sich mit Feuereifer ans Werk.

PewDiePie: »Call of Duty: Black Ops: Wager Match: Gun Game«, 16. Dezember 2010, 3:12.
»Heute gibt's was zu feiern: Ich habe 100 Abonnenten!« Wir sehen Kjellbergs virtuelle Egoshooter-Waffe, ihn hören wir nur, fließendes Englisch mit schwedischem Akzent und ein bisschen Internetsprech. Geschickt schaltet er feindliche Kämpfer aus. »Einige von euch«, erzählt er dabei, »haben mich gefragt: ›Willst du berühmt werden?‹« »Noch ein Toter. Auf dem Bildschirm ist zu lesen: *Humiliation. Demoted enemy!* »Nein, ich will nicht berühmt werden«, fährt er fort. »Ich mache das einzig und allein, weil es mir Spaß macht, und daran seid vor allem ihr schuld.« Das Spiel ist zu Ende. »Wir hören uns morgen wieder, Leute!«

Die nächste seismische Verschiebung bei YouTube erwuchs daraus, dass ein Unternehmen mit einem albernen Namen, das später PewDiePie zu seiner steilen Karriere verhelfen sollte, eine zufällige Entdeckung machte. Machinima war im Jahr 2000 als Webforum gestartet, wo man sich mit der filmischen Umsetzung von Videospiel-Techniken befasste. Der Name war eine Verschachtelung der Wörter *machine* (»Maschine«) und *cinema* (»Kino«). Innerhalb der nächsten zehn Jahre war aus dem Forum ein Produktionsstudio geworden, das Clips für und über Gamer produzierte und sein ganzes Material – so riskant es auch war – nach wie vor kostenlos auf YouTube veröffentlichte. Der Vorsitzende von Machinima meinte, mit YouTube breche nun nach Radio und Fernsehen die dritte Welle der Massenmedien über die Welt herein. Eine Welle, die beste Voraussetzungen dafür mitbringe, einen Goldrausch in Gang zu setzen. Bei Machinima stellten sie junge, billige (meist männliche) Mitarbeiter von Gaming- und Medienunternehmen ein, die für sie nach Gold schürfen sollten.

Bevor er zu Machinima gestoßen war, hatte Luke Stepleton für *American Idol* und Mark Burnett gearbeitet, den Produzenten, der Donald Trump im Fernsehen groß herausgebracht hatte. Kaum war er in Machinimas Büroräumen in Burbank angekommen, setzte ihn sein neuer Chef auch schon an einen Schreibtisch. Er sollte sich die Videos anschauen, die das Unternehmen auf YouTube hochgeladen hatte. »Sag uns, was wir übersehen«, bat ihn sein Chef. Stepleton vermisste in Machinimas Videos das Gefühl, das man hat, wenn man bei einem Kumpel zu Hause sitzt und gemeinsam ein Videospiel spielt. Durch die Weiterentwicklungen in puncto Grafik und Konsolen waren aus einst klobig anmutenden und verpixelten Videospielen kunstvolle virtuelle Spielwelten geworden, und nebenbei hatte sich eine gigantische Subkultur herausgebildet. Fans von Videospielen kauften sich nun nicht mehr nur neue Spiele, sie schauten auch vermehrt online anderen passionierten Gamern beim Zocken zu, entweder um selbst besser zu werden oder einfach nur zur Unterhaltung. Ganz normale Typen auf YouTube mit Konten, die Hutch oder Blame Truth hießen, filmten sich dabei, wie sie *Call of Duty* oder *Gears of War* spielten, und kommentierten alles mit lockeren Sprüchen und schrägen Witzen. Und die Videos dieser Amateurfilmer hatten viel mehr Aufrufe als die glatten, professionell produzierten Clips von Machinima.

Und dafür benutzten die noch nicht einmal dasselbe YouTube! Für die Normalverbraucher sah die Plattform aus wie immer, aber hinter den Kulissen stellte YouTube ausgewählten Partnern eine alternative Version der Seite zur Verfügung, mit einer speziellen Software, die es diesen Nutzern ermöglichte, genauer zu verfolgen, wie ihre Videos performten, und mit der sie Copyright-Verletzungen geltend machen konnten, falls ihr Material ohne Erlaubnis auf anderen Kanälen auftauchte. Machinima benutzte diese individuell konfigurierbare Version. Eines Tages sah Stepleton in dem viel zu kleinen Büro einem Kollegen dabei zu, wie er mit den Pixeln und Dropdown-Menüs herumspielte. Sein Kollege richtete einen neuen YouTube-Kanal ein und führte ein Experiment durch: *Was, wenn man Machinimas »Partner«-Konto mit einem stinknormalen Konto verschmelzen könnte?* Wie sich herausstellte, war das gar kein Problem. Das normale YouTube-Konto war damit automatisch ebenfalls ein »Partner«-Konto und konnte Werbung hosten. *Heureka!*

Stepleton war sofort klar, was das bedeutete: Dank dieses Schlupflochs musste Machinima selbst gar keine großen YouTube-Hits produzieren oder angesagte YouTuber für seine Videos rekrutieren. Es konnte Stars wie Hutch und Blame Truth einfach unter seine Fittiche nehmen, sie mit seinem speziell dazu konfigurierten Konto verknüpfen und deren Erfolg für sich verbuchen. »Damit kann ich uns in einem Tag auf hundert Millionen Aufrufe bringen«, teilte Stepleton seinem Chef mit.

Den Mitarbeitern von YouTube war nicht klar, dass Medienunternehmen andere YouTube-Kanäle aggregieren konnten. Sie hatten die Software eigentlich nicht dazu konzipiert. Als sie schließlich merkten, dass das möglich war, hatte Machinima bereits zahlreiche YouTuber rekrutiert, wodurch diese nun auch Einnahmen mithilfe des Werbeanzeigenprogramms von YouTube generieren konnten – so entstand das Geschäftsmodell, das YouTube in den kommenden fünf Jahren dominieren sollte. Die jungen Mitarbeiter von Machinima durchforsteten YouTube nach YouTubern, die Gaming-Videos hochluden, und boten ihnen Rahmenverträge dafür an, dass sie ihre Beiträge fortan mit der speziell dafür konfigurierten Software veröffentlichten. Machinima würde sich um etwaige Copyright-Ansprüche kümmern und im Gegenzug einen Teil der Einnahmen erhalten.[2] Schon bald nahm Machinima pro Monat 1000 YouTuber unter Vertrag.

Um 2011 herum war einer davon ein junger Schwede, der sich PewDiePie nannte.

▶

Machinimas zufällige Entdeckung passte gut zu der neuen Strategie, die Salar Kamangar gerade YouTube verordnet hatte: ein großer, kalkulierter Rundumschlag gegen das Fernsehen. Der neue Boss von YouTube, bei Google Mitarbeiter Nummer 9, war einem ehemaligen Kollegen zufolge ein Google-Funktionär »wie aus dem Bilderbuch«. Er mochte Computer, Logik und Schach. Einer, der »in Systemen denkt«, wie es im Silicon-Valley-Jargon hieß. (Danny Zappin nannte ihn einen »genialen Roboter«.) Er war introvertiert, manchmal richtiggehend verschlossen. Einmal kritzelte er während eines Treffens mit einem Medienmanager etwas auf einen Notizblock. Der fragte ihn, was er sich da aufgeschrieben habe. »Verrate ich nicht«, sagte Kamangar.

Viele bei Google wussten von ihm nur, dass er schon sehr lange im Unternehmen war und dass er sehr wohlhabend war – im Unternehmen war er fast so etwas wie eine lebende Legende. Wie so viele Führungskräfte bei Google hatte er es nicht so mit Soft Skills. Einmal fragte Kamangar vor einem Telefonat mit einem wichtigen Geschäftspartner einen seiner Stellvertreter: »Was für ein Gefühl soll ich dem vermitteln?« Aber er konnte plaudern, wenn es nötig war, und er war sportlich und schlank, hatte dunkle Augenbrauen und ein strahlendes Zahnpastalächeln. Auf *Gawker* überlegte man laut, ob er wohl »der begehrteste Junggeselle« des Silicon Valley sei, und verbreitete das Gerücht, er sei ein paarmal mit Ivanka Trump ausgegangen.[3]

Nachdem Kamangar Ende 2010 die Zügel in die Hand genommen hatte, gab es Grund zum Feiern: Das Unternehmen hatte zum ersten Mal die magische Umsatzgrenze von einer Milliarde Dollar überschritten. Die Mitarbeiter bekamen Boni ausgezahlt, und wie üblich fuhr man zum Feiern zusammen nach Las Vegas. Aber die nächsten Probleme zeichneten sich bereits ab. Zum ersten Mal stagnierte die Anzahl der Stunden, die die Nutzer auf YouTube verbrachten. Die meisten sahen sich bei der Arbeit oder in der Schule mal eben in der Pause ein virales Video an und widmeten sich dann wieder anderen Dingen. Eingefleischte Fans wie die Nerdfighters zogen sich immer noch stundenlang alles Mögliche rein, aber der Durchschnittszuschauer kam auf nur fünf Minuten pro Tag. Es sah ganz so aus, als hätte das Fernsehen seine Zuschauer vor allem an den ehemaligen DVD-Versand Netflix verloren, der dazu übergegangen war, Serien und Filme über das Internet zu streamen, was eine ernsthafte Bedrohung für YouTube darstellte.

Als Reaktion bemühten sie sich bei YouTube wieder einmal um mehr Premium-Inhalte. Intern wurde das Problem etwas anders dargestellt: *Was können wir tun, damit wir nicht mehr »Hunde auf Skateboards« sind?* Alberne Kurzvideos hatten YouTube in seiner Anfangszeit zu seinem phänomenalen Aufstieg verholfen. Chad Hurley hatte der Queen von England bei ihrem Treffen ein virales Video von einem lachenden Baby vorgespielt. Aber die Werbebranche konnte mit viralen Videos wenig anfangen. Die meisten Werbespots kauften die Vermarkter Monate im Voraus ein. Schon im Frühjahr wurden per Handschlag die Deals für das Fernsehprogramm des folgenden Herbstes besiegelt. YouTube konnte so weit im Voraus nichts garantieren. Wer wusste schon, wann oder wo das nächste Babyvideo viral gehen würde?

Daher sollte YouTube so umgestaltet werden, dass die Plattform sich sowohl für die Zuschauer als auch für die Werbetreibenden vorhersehbarer und vertrauter anfühlte. Ein wenig mehr wie Fernsehen. Kamangar borgte sich dafür ein Konzept des Kabelfernsehens. YouTuber sollten keine »Konten« mehr haben, das war ein Begriff aus dem Web 2.0. Nein, ab sofort hatten sie »Kanäle«. Im Gegensatz zu den großen TV-Sendern konnten sie über Kanäle sogar kleinste Zielgruppen bedienen – die besondere Gabe der technischen Funktionsweise YouTubes, die ihnen in puncto Kosten einen Vorteil verschaffte. Ein Kanal im Kabelfernsehen brauchte ein Publikum, das groß genug war, dass es die Kosten dafür rechtfertigte, das TV-Signal von einem Transponder an einen Satelliten weiterzuleiten und rund um die Uhr irgendwelche Sendungen zu zeigen. Im Kabelfernsehen mussten die Produzenten grünes Licht für Sendungen geben, und sie legten fest, wie viel Geld für eine bestimmte Sendung zur Verfügung gestellt wurde und wie lange sie lief. YouTube brauchte das alles nicht; hier gab es unendlich viel Sendezeit. Es war eine Schnellstraße ohne Ampeln. Auf YouTube konnten winzige Nischen quasi kostenlos existieren. Um das dahinterliegende Modell zu erklären, führte Kamangar seine eigenen Hobbys an. Er war ein begeisterter Kitesurfer, und manchmal ging er diesem Luxussport zusammen mit seinem Arbeitskollegen Larry Page nach. »Im Kabelfernsehen gibt es keinen Kitesurfing-Kanal, keinen Ski-Kanal, keinen Klavier-Kanal«, sagte Kamangar in einem Interview.[4] »All diese Themen, die mich interessieren, haben plötzlich ein Zuhause.« Mehrotra, sein Stellvertreter, drückte es noch prägnanter aus: »Durch Online-Videos wird mit dem Kabelfernsehen das passieren, was durch das Kabelfernsehen mit dem terrestrischen Fernsehen passiert ist«, verkündete er vor Werbekunden.[5] In der Zeit vor dem Kabelfernsehen hatte es in den USA drei Networks gegeben, jetzt waren es Hunderte. So waren klar definierte Zuschauersegmente (Fans von Outdoorsport, Homeshopping-Süchtige, Konsumenten rechtskonservativer Nachrichtensendungen usw.) entstanden, die sich Werbetreibende zunutze machen konnten, um noch zielgerichteter zu werben. YouTube würde das genauso machen, und diesmal kämen garantiert auch die großen Investoren an Bord.

Also griff YouTube Machinimas zufällige Entdeckung auf und startete damit so richtig durch. Im Kabelfernsehen gehörten zu Networks wie ESPN inzwischen auch noch Kanäle wie ESPN2, ESPN Deportes usw. Und wenn YouTuber nun Kanäle hatten, dann waren Unternehmen, die viele Kanäle sponserten, logischerweise ebenfalls Networks, genauer: Multi-Channel-Networks oder MCNs. So entstand über Nacht eine ganz neue Branche.

In Los Angeles stürzte sich Danny Zappin auf dieses aufkeimende Geschäftsmodell. Rund um Maker Studios hatte er bereits ein Dreamteam von YouTube-Stars versammelt. Jetzt, wo daraus ein MCN geworden war, konnte er weitere Stars hinzufügen und sie in ein größeres Unternehmen einbinden. (Andere bei Maker Studios behaupteten später, das Studio sei als Erstes auf die Idee mit den Multi-Channel-Networks gekommen.)

Einige bei YouTube wussten nicht, was sie von diesen neuen Satellitenunternehmen halten sollten. Später würden sie einigen ziemliche Kopfschmerzen verursachen, aber damals füllten MCNs eine Lücke, die dringend gestopft werden musste. Google besaß keinerlei Erfahrung im direkten Umgang mit Talenten vor der Kamera, mit Darstellern, die unberechenbar, unvernünftig und launisch sein konnten. Sogar die üblichen Fallstricke des Starrummels waren dem Unternehmen fremd. Dan Weinstein, der Manager, der auch Freddie Wong vertrat, rief bei YouTube einmal im Namen eines anderen Kunden an, des YouTubers The Annoying Orange, der Videos mit frechen sprechenden Früchten machte. »Moment mal, wer sind Sie?«, fragte ein YouTube-Regisseur.

»Sie wissen doch, dass George Clooney einen Manager hat, oder?«, erklärte Weinstein. »The Annoying Orange hat auch einen. Und das bin ich. Wenn Sie an ihn rankommen wollen, müssen Sie mit mir reden.«

Die Welt von Kamangar und der Crew von Google bestand aus Nullen und Einsen. Sie kannten sich mit Kategorien aus, nicht mit Menschen, und genau da kamen die Multi-Channel-Networks ins Spiel. Sie waren die Lösung für die ganzen Schwierigkeiten, die sie im Umgang mit den Kreativen hatten. YouTube suchte sich schnell weitere Partner, um dieses Modell zu adaptieren. Sarah Penna leitete eine Managementfirma in Los Angeles, die YouTuber bei der Erstellung von Businessplänen und dem Einstieg in neue Geschäftsfelder unterstützte. YouTube hatte Penna für Veranstaltungen mit Werbekunden nach San Bruno einfliegen lassen. Eines Tages teilte YouTube ihr mit, dass solche Vergünstigungen künftig unter Umständen wegfallen würden, falls sie ihre Firma nicht in ein Multi-Channel-Network umwandelte. Weinsteins Unternehmen bekam von YouTube dieselbe Anweisung; als MCN nannte es sich später Studio71. Diese neuen Gebilde wussten mit dem *Torso* der Bestie namens YouTube umzugehen, dem riesigen Meer an vermarktbaren Amateurvideos.

Jetzt brauchte Kamangar nur noch jemanden, der der *Head*-Abteilung neues Leben einhauchte.

In seiner Jugend lernte Robert Kyncl zwei Dinge: Skifahren und Gewinnen. Er wuchs in der Tschechoslowakei auf, wo er ein staatliches Internat besuchte, an dem Skiläufer für die Teilnahme an den Olympischen Spiele ausgebildet wurden. Sein Heimatland ließ den Kommunismus hinter sich, und Kyncl reiste mit einem Stipendium in die USA, um dort zu studieren. Verbissen und voller Ehrgeiz wandte er sich fortan dem Showgeschäft zu. Er fing in der Poststelle einer Talentagentur an und kletterte die Sprossen der Karriereleiter immer weiter empor, erst zu HBO und dann zu Netflix, wo er Lizenzverträge mit Studios und Networks abschloss. Obwohl Netflix noch kein ernst zu nehmender Akteur in Hollywood war, kannte Kyncl die Welt der Manager, Talente und Studiopolitik – zumindest kannte er sie besser als die Googler. Kyncl war drahtig, hatte ein kantiges Kinn und eine Baritonstimme, sprach abgehackt und strahlte ein unübersehbares Selbstbewusstsein aus.

YouTube stellte Kyncl 2010 ein, als das Unternehmen gerade eine Phase großer Umbrüche durchlief. Jetzt, wo der Viacom-Prozess überstanden war, sah YouTube seine Chance gekommen, die alten Medien an Bord zu holen. Dean Gilbert, der bei Google mit der Leitung der hauseigenen Hardwareentwicklung für Fernsehgeräte betraut gewesen war, wurde von Google zu YouTube geschickt, wo er die Content-Abteilung (den *Head*) und das operative Geschäft (den *Torso* und den *Long Tail*) leiten sollte. Von dem alten Leitspruch im Silicon Valley, dass alle Inhalte gleich seien, wollte der abgebrühte Kabelfernseh-Veteran nichts wissen. »Nicht alle Pixel sind gleich«, teilte er seinen Mitarbeitern mit. Gilbert rekrutierte Kollegen aus der Medienbranche, um bei YouTube die Spreu vom Weizen zu trennen und Kategorien auf der Website einzurichten, die auch den TV-Werbern etwas sagten. Er überredete YouTube, Next New Networks zu kaufen, ein Studio, das von alten Recken vom Fernsehen betrieben wurde und mehrere erfolgreiche YouTube-Kanäle betrieb, unter anderem den, der hinter »Obama Girl« steckte. Außerdem hatte das Studio einen Leitfaden für angehende YouTuber herausgebracht. (Die Google-Verantwortlichen liebten diesen Leitfaden. Endlich gab es Regeln, schwarz auf weiß!) Gilbert drängte sein Team, die großen Sportligen zu umwerben – auch wenn der Boss vor allem den Kitesurfing-Kanal mochte, wollte YouTube gerne Sportarten anbieten, die sich die meisten Menschen gerne anschauen. (Die Bosse von Google waren dabei leider keine große Hilfe. Ein Mitarbeiter erinnert sich noch lebhaft daran, wie Larry Page in einem Meeting, als es um die NFL ging, Football und Fußball durcheinanderbrachte. Als es dem Team von YouTube gelang, Page dazu zu bewegen, sich mit Roger Goodell, einem Funktionär der NFL, zusammenzusetzen, bekam die Presse Wind von dem Meeting, und Google vermutete, dass das Ganze bloß eine Taktik der NFL war, um bei den TV-Anbietern bessere Konditionen zu erzielen. Page war sauer und brach die Verhandlungen ab.[6])

Kyncls Aufgabe bestand darin, Hollywood zu umwerben. Bevor er zu YouTube stieß, waren immer wieder Mitarbeiter nach Los Angeles geflogen, hatten dort den hohen Tieren ihre Ideen unterbreitet, waren wieder zurückgeflogen und hatten nichts mehr von ihnen gehört. Eines der Probleme war, dass Google (wie andere Tech-Unternehmen, die es nach Hollywood drängte, auch) von Talentagenturen verlangte, dass sie aufwendige Versicherungsverträge und komplizierte Lieferantenvereinbarungen unterzeichneten. Die Film- und Fernsehstudios verlangten so etwas nicht. Als Kyncl die erste YouTube-Niederlassung in Los Angeles eröffnete, sorgte er laut einem prominenten Agenten dafür, dass YouTube künftig auf solche Verträge verzichtete. Fortan waren die Agenturen eher bereit, ihre großen Fernseh- und Filmstars auf YouTube zu präsentieren. Bei YouTube kam Kyncl »wie ein Vorschlaghammer« an, erinnert sich ein ehemaliger Kollege. Er teilte allen, die unter ihm arbeiteten, mit, dass sie nach Los Angeles umziehen mussten, und brach mit anderen Neuankömmlingen Revierkämpfe vom Zaun. Als er sich in Manhattan, wo das gerade von YouTube übernommene Studio Next New Networks seinen Sitz hatte, mit dessen Führungskräften zum Lunch traf, gab der Vorschlaghammer seine unverblümte Einschätzung ab: »Ich persönlich hätte euch nie gekauft. Was für eine bescheuerte Aktion.« Damit begann zwischen Kyncl und dem Team in New York ein jahrelanger Kampf um Strategien und Ressourcen. Keiner von Kyncls Rivalen blieb so lange im Unternehmen wie er.

Aber immerhin trugen die Neuankömmlinge von der Ostküste dazu bei, eine alte Debatte innerhalb von YouTube zu schlichten: wie man diejenigen bezeichnen sollte, die sich auf YouTube tummelten. Anfangs waren die, die Videos machten, und die, die sich diese Videos anschauten, allesamt lediglich »Nutzer«. Als die ersten Videomacher zu Stars avancierten, probiere YouTube andere Bezeichnungen aus. »YouTuber« war okay, aber noch nicht präzise genug. Einige waren echte Filmemacher, andere Make-up-Künstlerinnen, wieder andere einfach nur Verrückte mit einer Webcam. »Partner« klang zu geschäftlich. Bei Next New Networks sprach man gerne von *audience* (»Publikum«), und alle, die an der Herstellung von Webmedien beteiligt waren, nannte man *creators* (»Schöpfer, Kreative«). Bei YouTube blieb schließlich Creators hängen.

Einigen Mitarbeitern des Studios kam aber noch etwas anderes ziemlich merkwürdig vor: dass sich kaum ein Mitarbeiter von YouTube gerne Videos auf YouTube anschaute.

In Hollywood versuchte Kyncl zunächst, es so zu machen wie Netflix. Er verhandelte monatelang mit Medienunternehmen, um deren Material auf einem neuen gebührenpflichtigen Streamingdienst zu veröffentlichen, den YouTube auf die Beine stellte. Bekannte Sendungen wie *SNL* und bestimmte Late-Night-Shows stellten bereits Clips online, und es schien, als würden weitere folgen, wenn es Geld dafür gäbe. Aber beliebte Serien wie *Mad Men* waren leider an knifflige Syndikatsverträge gebunden, und die großen Studios waren nach wie vor skeptisch, was YouTube betraf: Als sich Kyncl und Gilbert bei Disney mit jemandem aus der Geschäftsführung treffen wollten, fanden sie dort nur eine Reihe Anwälte vor. Google hatte bereits versucht, Netflix zu übernehmen, und als daraus nichts wurde, gab es Gespräche darüber, die Netflix-Bibliothek komplett auf YouTube zu hosten. (Damals kam es bei Netflix häufig zu Abstürzen, bei YouTube aber nicht mehr.) Auch diese Gespräche verliefen im Sande, genau wie Kyncls Payper-View-Projekt.

Als Kyncl den ehemaligen Teenie-Schwarm Brian Robbins kennenlernte, schaltete er einen Gang höher.

Der durchtrainierte, braun gebrannte Robbins schien seit seiner Zeit als Fernsehstar, als er mit Vokuhila und Lederjacke in der ABC-Serie *Head of the Class* den Teenies der Reagan-Ära den Kopf verdreht hatte, kaum gealtert zu sein. Später war er hinter die Kamera gewechselt, hatte sich als Regisseur und Produzent betätigt und ein paar Hits wie *Varsity Blues*, aber auch ein paar Flops gedreht. Kurz bevor der Kontakt mit Kyncl zustande kam, hatte Robbins einen Anruf von seinem Agenten erhalten, er solle sich unbedingt mit einer YouTube-Sensation mit Quäkstimme namens Fred Figglehorn treffen.

»Du willst mich mit einem YouTuber bekannt machen?«, fragte Robbins entgeistert. »War's das jetzt mit meiner Karriere?«

Mehrere Talentmanager beknieten ihn, Fred auf die Leinwand zu bringen, aber Robbins war äußerst skeptisch – bis er während eines Familienurlaubs in Miami Beach im Luxushotel Fontainebleau mitbekam, wie seine beiden präpubertären Söhne den riesigen Fernseher in ihrer Suite komplett ignorierten und stattdessen die ganze Zeit am Laptop klebten und auf YouTube rumsurften. Robbins fragte die Jungs: »Wisst ihr, wer Fred ist?« Sofort ahmten sie Freds Kreischen nach und warfen mit Zitaten um sich, wie ihr Vater es immer mit seinen Lieblingsfilmen tat. Robbins löcherte seine Zielgruppe weiter: »Würdet ihr euch einen Spielfilm mit Fred ansehen?«

»Heute Abend?!«

Robbins drehte den Film. Für die Produktion von *Fred – Der Film* gab er eine Million Dollar aus und kassierte drei Millionen. Nach der Veröffentlichung wurde Robbins Zeuge, wie der Film weltweit auf Twitter trendete – *das* Gütesiegel der Internetgeneration.[7] Da schmiedete Robbins einen Plan: Er würde eine Million Dollar in anständig produzierte Kurzvideos für Jugendliche investieren. Dadurch würden weitere Freds auftauchen und ihm noch mehr Geld einbringen.

Mit seiner Kurzfilm-Idee ging er zu Nickelodeon, aber der Sender lehnte ab. Also setzte er sie selbst um, gab dem Ganzen einen betont jugendlichen Namen (AwesomenessTV) und stellte eine auf den Geschmack von Führungskräften zugeschnittene Präsentation mit hochauflösenden Kurzvideos zusammen. Um Kyncl in der YouTube-Niederlassung in Hollywood auch wirklich den richtigen Eindruck zu vermitteln, spielte Robbins ihm die Videos auf einem gigantischen Computerbildschirm vor, den er eigens dafür mitgebracht hatte.

Kyncl fand die Idee klasse – ein erfahrener Hollywood-Player, der sein Netzwerk auf YouTube ansiedeln würde! Er ließ Robbins' Präsentation von seinen Untergebenen anpassen, um Außenstehenden diesen wichtigen Schachzug der *Head*-Abteilung zu erläutern. »Wer in dieser Stadt glaubwürdig sein will«, sagte Kyncl zu seinen Mitarbeitern, »muss seinen Worten auch Taten folgen lassen.«[8]

Sein Plan sah vor, dass YouTube einflussreichen Typen wie Robbins Geld gab, damit diese originelles, hochwertiges Material in HD für die Plattform produzierten und auf diese Weise verlässlich Programminhalte lieferten, für die die Werbekunden Schlange stehen würden. Sie würden das Geld von Google in Form von Vorschüssen auf die zu erwartenden Werbeeinnahmen auszahlen, so wie die 60 000 Dollar, die Freddie Wong für seinen Roadtrip bekommen hatte. Nur in viel größerem Maßstab. Kyncl schlug vor, zwanzig Kanälen jeweils bis zu fünf Millionen Dollar zu geben.

Um festzulegen, wer so viel Geld wert war, holte Kyncl erfahrene Leute von digitalen Start-ups und Filmstudios in sein »Team für verdeckte Operationen«, wie einer der Beteiligten es ausdrückte – die Konkurrenz durfte nichts von diesen Plänen erfahren. Die Teammitglieder begannen mit einer Liste von zweihundert beliebten YouTube-Kategorien – Pferdesport, Technik, Mode – und dampften sie auf zwanzig ein. Als sie die internen Daten nach Trends durchsuchten, fiel ihnen immer wieder auf, wie grob Google hier und da filterte. So offenbarten die Muster in den Trafficdaten von YouTube eine erhebliche Konzentration von »militärischen« Inhalten. *Wie bitte?* Wie sich herausstellte, wurden alle YouTube-Videos, in denen jemand *Call of Duty* spielte, von den Rechnern als »militärisch« eingestuft.

Hin und wieder bat Kyncl sein Team, sich von den Zeitschriftenregalen am Flughafen inspirieren zu lassen, wo es für jedes noch so abseitige Interesse ein eigenes Hochglanzmagazin gab und alles schön ordentlich in Kategorien eingeteilt war. Kyncls Team hörte sich mehr als 500 Pitches an; jeder, der sich bewarb, hatte eine halbe Stunde, um sich vorzustellen. Große Player von bekannten Magazinen und Zeitungen kamen vorbei, darunter auch alte Erzfeinde von Google. Sogar Medienmogul Rupert Murdoch schaute herein. (Kyncl kannte die Murdochs, alte Feinde von Google, privat.) Kyncl warb für YouTube auch bei Medienwunderkindern wie Shane Smith, dem Gründer des einstigen Punk-Magazins *Vice*, das sich inzwischen als punkiges Web-TV präsentierte. Einmal traf sich Smith mit Kyncl und Patrick Walker in einer Suite des Aria Hotels in Las Vegas. Fünf Minuten nach Beginn ihres Meetings unterbrach Smith das Gespräch: »Sagt mal, steht ihr auf Glücksspiele?« Als sie bejahten, klatschte Smith in die Hände und zauberte einen Pokertisch mit Chips-Stapeln à 5000 Dollar hervor. Er schlug vor, das Ganze doch bei einer Partie Blackjack zu besprechen.[9] *Vice* bekam den YouTube-Zuschuss.

Nach heftigen Debatten beschloss man bei YouTube, diese Zuschüsse als Gegenentwurf zu dem Prozedere zu gestalten, das in Hollywood üblich war: YouTube würde die Rechte an dem Material lediglich für ein Jahr besitzen und keine Kapitalanteile halten. Kyncl genehmigte eine Reihe von Ideen für Kanäle, die darauf abzielten, aus Prominenten YouTuber zu machen: einen Comedy-Kanal für Shaquille O'Neal, einen Tanz-Kanal für Madonna, einen Skateboard-Kanal für Tony Hawk. Google verkaufte im Voraus Werbeplätze und prognostizierte hohe Zuschauerzahlen. Die Werbetreibenden gaben einander die Klinke in die Hand – alle wollten die A-Promis sponsern. Vor der Premiere gab Kyncl dem *New Yorker* ein Interview in Googles Niederlassung in Manhattan, wo einige Konferenzräume nach berühmten TV-Shows benannt waren. Kyncl saß im »Cosby Show«-Raum und prahlte wie üblich vor sich hin.[10] »Das wird bestimmt nicht einfach werden«, meinte er, »aber wie ein Freund von mir, der gerade einen Job bei einem großen Network bekommen hat, gesagt hat: ›Wenigstens setzt ihr alles auf eine Karte.‹«

Intern bei YouTube verwendete Kyncl für sein Lieblingsprojekt eine andere Metapher. Sein Codename war »Lighthouse« (»Leuchtturm«): Auf YouTube gab es wunderschöne Küsten, aber um sicher dort hinzusegeln, benötigte Hollywood eine Orientierungshilfe. Ein Manager beschrieb Kyncls Plan mit weniger blumigen Worten: »Er versuchte, in YouTube ein Mini-Netflix hineinzuquetschen.« In den Augen einiger Mitarbeiter verstieß die Finanzierung ausgewählter Kanäle gegen den Grundsatz der Gleichbehandlung.

Schon während des Rechtsstreits mit Viacom hatte es bei YouTube aus Angst vor rechtlichen Konsequenzen heiße Diskussionen um die Entwicklung eigener Inhalte gegeben. Jetzt fragten immer mehr Mitarbeiter ganz offen: *Sind wir ein Medien- oder ein Technologieunternehmen?*

Wie bei Medienunternehmen üblich, dauerte es nicht lange, bis sich jemand verplapperte. Im Oktober, als man bei YouTube gerade dabei war, die Liste der Kanäle fertigzustellen, die sie finanzieren wollten, bekam die Presse Wind von der Aktion. Als ein Reporter des *Wall Street Journal* anfing herumzuschnüffeln, versammelte die Führungsriege von YouTube das Content-Team und die Anwälte in einem Konferenzraum in San Bruno. Ihre größte Sorge war, dass ein Bekanntwerden der Zuschüsse die Verträge sabotieren könnte, die noch nicht fertig ausgehandelt waren. Die Mitarbeiter bekamen 24 Stunden Zeit, ihre Deals unter Dach und Fach zu bringen, anderenfalls könnte es sein, dass sie nicht mehr zustande kämen. »Alarmstufe Rot!«, rief irgendjemand. Alle rannten zu ihren Telefonen.

Ungefähr zur selben Zeit wies ein bekannter YouTuber, der von dem Projekt wusste, Kyncls Team darauf hin, dass es einen ganz üblen Eindruck mache, wenn das ganze Geld an Prominente und alte Hasen im Mediengeschäft gehe und nichts an einen »echte« YouTuber. Die Mitarbeiter machten sich umgehend an die Arbeit und suchten nach YouTubern, die sie finanzieren konnten. Machinima und Maker Studios erhielten Zuschüsse. Ein Mitarbeiter von YouTube rief den Nerdfighter Hank Green an und weihte ihn schnell in das geheime Projekt ein. »Wenn du uns bis Montag einen Vorschlag schickst, kann ich den vielleicht noch vorlegen«, sagte er zu ihm. Das war am Freitag. Green verbrachte das Wochenende damit, für YouTube eine PowerPoint-Präsentation über zwei Bildungssendungen zusammenzustellen, die er »SciShow« und »CrashCourse« nannte. Auf die letzte Folie schrieb er »Budget« und darunter eine komplett aus der Luft gegriffene Summe. YouTube zahlte ihm, was er veranschlagt hatte. Viele hielten das geheime Projekt für einen kolossalen Reinfall. Zuerst wurden einhundert Kanäle finanziert. Im darauffolgenden Jahr startete man noch einen Versuch. Kyncl »gab das Geld mit vollen Händen aus«, stichelte einer der involvierten Manager. Als die Videos online waren, gab es allerdings niemanden, der Promis wie Madonna und Shaq sehen wollte. Kritiker warfen Kyncl vor, von Hollywood besessen zu sein und die vielen kleinen Creators, das eigentliche Herz der Website, zu vernachlässigen. Befürworter hingegen waren der Ansicht, die Zuschüsse hätten für YouTube wie ein Konjunkturprogramm gewirkt und mit den umfangreichen kommerziellen Aktivitäten habe das Unternehmen in Hollywood und in der Werbeindustrie sein Profil geschärft. Brian Robbins nannte Kyncls Manöver sogar »brillant« und sagte: »Er hat die Werbebranche wachgerüttelt und eine Plattform legitimiert, die bis dato nicht legitim war.« Alle waren sich einig, dass die wenigen finanzierten Kanäle, die am Ende dann doch florierten, etablierten YouTubern wie den Brüdern Green gehörten. Die YouTuber verstanden YouTube mitunter besser als das Unternehmen selbst. »Wir stellten fest, dass die ganzen Kreativen unsere eigentliche Superkraft waren«, erinnert sich Ivana Kirkbride, die die gesponserten Kanäle mitbetreut hatte. »YouTube konnte nicht etwas sein, das es gar nicht war.«

Es sollte allerdings noch ein paar Jahre dauern, bis sich diese Erkenntnis durchsetzte. Für das erste Programm gesponserter Kanäle warb Kyncls Team namhafte Regisseure an, um *WIGS* zu produzieren, eine geskriptete Webserie, in der Filmstars wie Julia Stiles mitspielten. Aber die intellektuell anspruchsvollen Videos dieser Kanäle griffen überhaupt nicht die Themen und Inhalte auf, die auf YouTube gut ankamen, was wiederum bedeutete, dass der Empfehlungsalgorithmus, der maßgeblichen Einfluss darauf hatte, welche Videos aufgerufen wurden, sie schlichtweg ignorierte.

Ein simpler Vlog-Kanal aus Mexiko, Werevertumorro, der ebenfalls Fördermittel erhielt, generierte viel mehr Traffic als die

Kanäle der Hollywoodstars. Frustriert fragte Kyncl auf dem Weg nach San Bruno die YouTube-Manager einmal, warum *WIGS* nicht häufiger in den Suchergebnissen auftauchte. *Warum sah die Startseite von YouTube aus, als wäre sie für 15-jährige Jungs gemacht?*

Die Manager zuckten mit den Schultern. Die Suchergebnisse und die Startseite wurden von YouTubes Algorithmen gesteuert. Da ging es nur danach, worauf geklickt wurde.

Kapitel 11
YouTube wird erwachsen

Als Edward R. Murrow am 18. November 1951 den Koreakrieg live in die US-Wohnzimmer brachte, wurde das Fernsehen erwachsen. Die Amerikaner kannten Murrow. Keine zehn Jahre zuvor hatte er im Radio aus London über Hitler, den Nazi-Terror und den »D-Day« berichtet. *See It Now*, seine abendliche Fernsehsendung auf CBS, begann 1951 mit einem Bericht, in dem es im Kern darum ging, wie die jungen Soldaten in Amerikas jüngstem Krieg leiden mussten. »Kann gut sein, dass die Jungs Blut brauchen«, stellte Murrow fest und blickte in die Kamera »Können Sie einen halben Liter entbehren?«[1] Bis dahin war das Fernsehen vor allem dafür bekannt gewesen, dass sich dort Spaßvögel wie Milton Berle und Jack Benny tummelten. Nach der Erstausstrahlung von *See It Now* sagte ein Nachrichtensprecher zu Murrow, er könne sich an keine andere halbe Stunde erinnern, »in der einen die Bildröhre in jeder einzelnen Sekunde so sehr mitgerissen hat«.

YouTubes »Murrow-Moment« kam am 19. Juni 2009, als im Iran eine Revolution im Gange war.

Iraner hatten die ersten pixeligen Handyvideos hochgeladen, in denen Proteste gegen das Regime und dessen grausame Reaktion zu sehen waren. Aus einem Rinnsal wurde ein reißender Strom. Die Grüne Bewegung im Iran war das wichtigste Nachrichtenthema der Welt, aber die Kabelsender, die mit Budgetkürzungen zu kämpfen hatten und deren Mitarbeiter ohnehin nicht in den Iran einreisen durften, hatten Mühe, darüber zu berichten. Ricardo Reyes, Leiter der Kommunikation bei YouTube, erhielt einen Anruf von einem Produzenten von CNN, der nicht fassen konnte, was da vor sich ging: »Ihr kriegt mehr Material als wir! Wie macht ihr das?«

Reyes erklärte ihm, wie YouTube funktionierte, und lud das Nachrichtennetzwerk ein, ihnen einen Besuch abzustatten. Am 19. Juni sendete Wolf Blitzer ein Segment seiner allabendlichen Nachrichtensendung live aus dem YouTube-Hauptquartier. Ein Kameramann baute sich vor einem Desktop-Monitor auf und zoomte heran, um aus San Bruno für Millionen Zuschauer die Grüne Revolution zu dokumentieren. Reyes zeigte einem CNN-Reporter auf Google Maps den Stadtplan von Teheran, auf dem an all den Orten, von denen aus Videos hochgeladen wurden, kleine Vorschauvideos zu sehen waren. Viele dieser Clips enthielten verstörende Aufnahmen von expliziter Gewalt.

Normalerweise würden sie solche Clips herunternehmen, erklärte Victoria Grand, die von Google herübergewechselte neue Strategie-Chefin, dem Mann vom Fernsehen. »YouTube ist keine Plattform für Angst und Schrecken.« Allerdings gäbe es eine Ausnahme für Videos mit einer »klaren dokumentarischen Zielsetzung«, erklärte sie weiter. Für Medien, die die Welt sehen sollte.

»Also, Wolf«, schloss der Reporter, »das ist doch ein echter Wendepunkt für YouTube.« Damit gab er zurück ins Studio zu Blitzer.

Am nächsten Tag, einem Samstag, erschossen iranische Sicherheitskräfte in Teheran die Studentin Neda Agha-Soltan. Ein verwackeltes Video von ihrem Tod landete auf der anderen Seite des Erdballs auf dem Bildschirm von Julie Mora-Blanco, die eine der ersten Content-Moderatorinnen gewesen war und sich seit einer Beförderung mit besonders kniffligen Szenarien befasste. Ein schreiender Pulk bildete sich um die kleine zusammengesunkene Gestalt, Blut floss aus ihren Augen – das Video war grausam anzusehen und erregte große Aufmerksamkeit.

Drei Jahre zuvor hatten die YouTube-Mitarbeiter darüber diskutiert, wie sie mit hochgeladenen Videos von Saddam Husseins Hinrichtung umgehen sollten, und sich dafür entschieden, einige Clips online zu lassen und die allzu heftigen zu entfernen. Aber es gab im Unternehmen für solche Ereignisse noch immer keine genauen Vorgaben und Protokolle.

Mora-Blanco wusste, dass ihre Entscheidung von globaler Bedeutung sein könnte. Sie zog Kollegen hinzu, die sich mit einem Anwalt berieten, wie sie das Video auf Grundlage des »Nachrichtenwertes« ausnahmsweise freigeben könnten. Ein Programmierer entwarf einen grafischen Warnhinweis, der zu Beginn des Videos erschien und während der gesamten Wiedergabe angezeigt wurde.

Das Video vom grausamen Tod der Studentin sollte noch eine wegweisende Rolle für den politischen Umbruch im Iran und die Sicht der Welt auf die dortigen Vorgänge spielen. Diese rohen, erschütternden Szenen gab es so nur auf YouTube zu sehen.

Doch das Unternehmen tat sich schwer mit seiner neu gewonnenen Verantwortung. Weder die Maschinen noch die Content-Moderatoren waren Nahost-Experten. Es kam zu Fehlern. Einmal zeigten brutale Videos aus Kairo, wie Polizeibeamte eine Frau folterten und die Leiche einer anderen Frau in einen Müllsack steckten. *Zu gewalttätig.* Die Videos und das Konto, von dem aus sie gepostet worden waren, wurden von YouTube gelöscht. Doch dann meldeten sich mehrere Menschenrechtsorganisationen und informierten Googles Anwälte darüber, dass das Konto einem prominenten ägyptischen Aktivisten gehört hatte, der Misshandlungen durch die Polizei dokumentierte. YouTube stellte die Videos sofort wieder ins Netz.[2]

Kein Wunder, dass das iranische Regime YouTube in seinem Land schließlich sperrte. Hacker programmierten einen Workaround – ein Netzwerk-Tool, das es Iranern ermöglichte, Filmmaterial an eine E-Mail-Adresse zu senden, von wo es dann automatisch auf einen YouTube-Kanal hochgeladen wurde.

Doch der Workaround hatte einen Haken: Jeder konnte ihn nutzen. Schließlich begann irgendwer, rechtlich geschützte Videos an die E-Mail-Adresse zu senden. Und bei YouTube galt die eiserne Regel, dass ein Kanal nach drei Copyright-Verstößen automatisch entfernt wurde. So verschwand das zugehörige Konto und mit ihm Tausende Videos, die den Aufstand im Iran dokumentierten. Einige YouTube-Mitarbeiter vermuteten, dass iranische Regierungsvertreter das Konto sabotiert hatten, aber Beweise hatten sie keine. So oder so konnten sie nichts tun, um das Problem zu lösen.

▶

Mark Little verfolgte die Grüne Revolution auf YouTube von seinem Haus in Dublin aus. Zwei Jahrzehnte lang hatte Little für den irischen Rundfunk gearbeitet und über die Kriege im Irak und in Afghanistan berichtet. Wegen Budgetkürzungen konnte er zwar nicht in den Iran reisen, doch auf YouTube sah er die Amateuraufnahmen und war fasziniert von dem Potenzial dieser Videos. *Wer brauchte da noch Auslandskorrespondenten?*

Zur selben Zeit explodierten die sozialen Medien und wurden zu einem globalen Phänomen. 2009 wurde Twitter aus der Tech-Nerd-Nische herauskatapultiert und wurde zum Massenforum. Auf Facebook wurde die »Like«-Funktion eingeführt, und die Zahl der Nutzer verdreifachte sich auf 350 Millionen. Little schloss sich einer Handvoll Veteranen aus der Nachrichtenbranche an, die davon begeistert waren, mit welcher Kraft die sozialen Medien die Autorität der TV-Moderatoren und das emotionale Gewicht von Augenzeugenberichten ersetzten. Als wenige Wochen nach den ersten Protesten im Iran Michael Jackson starb, wurde Little das noch deutlicher bewusst. Er befand sich gerade auf einer Hochzeit, als ein paar jüngere Gäste ihm mitteilten, dass der King of Pop gestorben war. »Woher wisst ihr das?«, fragte er einen von ihnen. »Twitter«, lautete die Antwort. Zehn Minuten bevor die großen Zeitungen Jacksons Tod meldeten, tanzten die Hochzeitsgäste in Gedenken an den Sänger zu »Thriller«.

Little fand das ziemlich ernüchternd. Offenbar konnte heute jeder im Internet Nachrichten verbreiten, und es gab immer Abnehmer dafür. *»Aber wenn jeder eine Geschichte erzählen kann«*, fragte er sich, *»wem kann man dann vertrauen?«* Um diese Frage zu beantworten, gründete Little die digitale Nachrichtenredaktion Storyful. Sie sollte die Authentizität und Aussagekraft von Beiträgen in den sozialen Medien, zum Beispiel aus dem Iran, prüfen. Er stellte ein kleines Team zusammen und bewarb Storyful bei Nachrichtenagenturen als Auslandsredaktion des digitalen Zeitalters. Schnell kam Little mit Steve Grove in Kontakt, dem jungen Manager, der bei YouTube den Bereich mit politischen Inhalten verantwortete. Seit dessen Redaktionsteam aufgelöst worden war, hatte sich Grove noch intensiver um den Aufbau von Partnerschaften mit externen Gruppierungen bemüht, um YouTube als Plattform für seriöse Berichterstattung zu vermarkten.

Dann zündete sich ein Straßenverkäufer in Tunis an und setzte so den Arabischen Frühling in Gang. Von Ägypten aus, wo Demonstranten auf die Straßen strömten, wurden in kurzer Zeit 100 000 YouTube-Videos hochgeladen – schlagartig wurde YouTube in dem Land viel stärker genutzt. Grove rief David Clinch an, einen CNN-Veteranen, der die Niederlassung von Storyful in den USA leitete, und bat ihn um Unterstützung beim Kuratieren des stetig eingehenden Materials über den Arabischen Frühling. Nachdem Grove aufgelegt hatte, rief Clinch sofort Little in Irland an, um sich das Okay zu holen.

»Bekommen wir Geld dafür?«, wollte Little wissen.

Daran hatte Clinch gar nicht gedacht. »Keine Ahnung.«

YouTube zahlte Storyful für redaktionelle Unterstützung beim Filtern von Videos aus dem Nahen Osten eine monatliche Vergütung von rund 10 000 Dollar. YouTube selbst würde daran gar nicht mitwirken. Das Unternehmen heuerte Techniker an, keine Journalisten, und durch die Viacom-Klage war es zu der Überzeugung gelangt, dass es besser sei, selbst nichts zu tun, was nach redaktioneller Kontrolle aussah. Aus der Sicht von Google war der Arabische Frühling für die Video-Abteilung jedoch die perfekte Gelegenheit, YouTubes Ruf als Seite für virale Quatschvideos abzuschütteln. 2011 hielt Kamangar auf der zweiten VidCon eine Rede, in der es genau darum ging. Einige seiner Mitarbeiter waren im Vorfeld ziemlich nervös gewesen. Ihr Chef war zwar ein kluger Kopf, kam aber mitunter recht unbeholfen rüber, und er wollte sowohl die *Head*-Abteilung von YouTube dazu anspornen, gewinn- und prestigeorientierter zu arbeiten, als auch die kreativen Freigeister des *Torso* bei Laune halten. Auf der Bühne der VidCon erwähnte er die atemberaubenden Statistiken ihrer Plattform: Pro Minute wurde Videomaterial von 48 Stunden Länge auf YouTube hochgeladen, pro Tag sahen sich die Nutzer drei Milliarden Videos an. Einhundert Jahre lang hätten die Medien versucht, »gewöhnlichen Menschen« eine Stimme zu geben, so Kamangar, »aber erst heute, dank YouTube, *sind* gewöhnliche Menschen die Medien. Ihr seht euch nicht nur Nachrichten an, ihr *macht* Nachrichten.« Dann holte er den YouTube-Komiker Dane Boedigheimer alias The Annoying Orange auf die Bühne.

Inzwischen wurden von anonymen, fragwürdigen YouTube-Konten überall in der arabischen Welt immer mehr Videos hochgeladen. Und Storyful sollte dieses Material verifizieren, damit YouTube es auf seiner Plattform Millionen Zuschauern präsentieren konnte.

كتيبة المقداد بن عمرو تدمر دبابة في داريا باستخدام قذائف بي
5. März 2013, 2:43.
Ein Soldat sitzt auf einem grünen Stuhl. Er trägt eine Kufiya, durch die man nur seine Augen sieht. Kurze Zeit später folgen wir drei Männern, die Raketen- und Granatenwerfer über Trümmer hinwegtragen. *Explosionsgeräusche.* Jetzt rennen wir mit den Männern mit und gehen in einem verfallenen Gebäude in Deckung. Der Kameramann hastet zu einem kleinen herausgesprengten Fenster. *Explosion.* Das Bild wird unscharf. Dann fokussiert die Kamera auf einen Panzer, aus dem Flammen und schwarzer Rauch aufsteigen. »Allāhu akbar! Allāhu akbar!«

Laut dem arabischen Titel des Videos zeigten die Aufnahmen syrische Rebellen in Darayya, einem Vorort von Damaskus, die einen Panzer der Regierungstruppen in die Luft jagten. Littles Team sah sich das Video in seinem kleinen Büro in Dublin an und begann mit der Spurensuche. Zunächst achteten sie auf identifizierbare Merkmale der Umgebung – im Hintergrund waren ein Wasserturm und ein eckiges Gebäude zu sehen. Sie suchten auf Google

Maps und Fotoportalen online nach Wassertürmen in Darayya. Anhand von Facebook-Posts und Satellitenbildern verifizierten sie Zeit und Ort der Explosion. Dann fanden sie ein weiteres Video desselben explodierenden Panzers, das mit einer GoPro aus einem anderen Blickwinkel aufgenommen worden war. *Verifiziert.* Bald bekamen Demonstranten, die YouTube nutzten, Wind von dieser Vorgehensweise und gingen dazu über, ihre Kamera zuerst auf eine aktuelle Tageszeitung zu richten (um das Datum zu bestätigen) und anschließend auf ein wiedererkennbares Minarett (um den Ort zu bestätigen). Little staunte. Storyful war die neue Wochenschau.»Das Archiv der Gegenwart«, nannte er es und verkündete: »Das Internet ist schon beeindruckend.« Ab sofort hatten nicht mehr Edward Murrow und Wolf Blitzer den Finger am Puls des Zeitgeschehens, sondern unbekannte YouTuber aus Darayya.

YouTube schien der perfekte Partner dafür. Doch im Nachhinein betrachtet gab es von Anfang an Anzeichen dafür, dass dieses Konstrukt nicht von Dauer sein würde. Als Storyful den Leuten bei YouTube zum ersten Mal seinen Prozess vorstellte, hörte Clinch, wie sich ein Google-Programmierer über den Vorschlag lustig machte, Experten dafür zu bezahlen, das Material zu kuratieren. *Für so was haben wir doch einen Algorithmus.*

Auch Google wurde auf eine Weise in den Arabischen Frühling hineingezogen, wie es kaum jemand erwartet hatte. Kurz nach dem Ausbruch der Proteste in Ägypten verschwand Wael Ghonim, der in Kairo geboren war und bei Google in Dubai arbeitete. Das Unternehmen wusste nicht,[3] dass Ghonim unter Pseudonym eine Seite auf Facebook angelegt hatte, die viel Zuspruch bekam und über die er Ägypter zu Demonstrationen aufrief. Als die Proteste zunahmen, flog der Computer-Nerd nach Kairo. Kurz nachdem er gelandet war, verschwand er von der Bildfläche. »Wir wissen nicht, wo er ist«, teilte Patrick Walker seinen Mitarbeitern mit ernster Miene bei einem Meeting in München mit. Sie schalteten Vermisstenanzeigen auf der ägyptischen Startseite von Google und beauftragten private Sicherheitsfirmen mit der Suche nach Ghonim. Es hatte zwar keiner von seinen Aufrufen auf Facebook gewusst, aber es war kein Geheimnis gewesen, dass Ghonim die Proteste unterstützte, und einige bei Google hatten Bedenken, sich einzumischen. Sie befürchteten, ihr Einsatz für einen als Aktivisten tätigen Mitarbeiter könne so ausgelegt werden, dass ein amerikanisches Unternehmen den Sturz einer ausländischen Regierung unterstützte. Die Googler vor Ort hatten auch so bereits das Gefühl, dass die Lage äußerst gefährlich war. Ungefähr zur selben Zeit beauftragte das Unternehmen einen Manager in Israel, die Umsetzung der neuen Vorgaben im Nahen Osten zu überwachen, bat die dortigen Mitarbeiter jedoch darum, darüber Stillschweigen zu bewahren, damit die Beschäftigten von Google in der arabischen Welt nicht noch mehr als feindliche Spione wahrgenommen würden, als es ohnehin schon der Fall war.

Elf Tage nach seinem Verschwinden wurde Ghonim aus einem Gefängnis in Kairo entlassen. »Ich bin kein Held«, sagte er unter Tränen in einem Interview im ägyptischen Fernsehen, »ich habe nur meine Tastatur benutzt.« Bei einer Feierstunde in Googles Londoner Niederlassung anlässlich Ghonims Rückkehr bezeichnete CEO Eric Schmidt ihn dann trotzdem als »Helden«. Wenn einen die Grundsätze des Unternehmens etwas lehrten, dann dass Menschen auch mit einer Computertastatur Heldentaten vollbringen konnten.

Von der Geopolitik einmal angesehen, legte Ghonims Verhaftung für Google den Finger aber noch in eine ganz andere Wunde. Ghonim hatte zahlreiche Menschen inspiriert und mobilisiert und damit ein ganzes autoritäres Regime in Angst und Schrecken versetzt, aber nicht etwa auf YouTube, sondern auf Facebook. Das soziale Netzwerk, das Google bereits seit einer ganzen Weile den Rang als zentrale Anlaufstelle im Netz abzulaufen drohte, entwickelte sich immer mehr zu einem neuen Treffpunkt für die globale Öffentlichkeit – zu *dem* Ort, wo Revolutionen ihren Anfang nahmen. Während die Mitarbeiter von Storyful den Arabischen Frühling verfolgten, hatten sie bald öfter mit Facebook zu tun als mit YouTube, weil dort immer mehr Beiträge gepostet wurden, die sie verifizieren sollten.

Langsam, aber sicher ließ der euphorische Idealismus des Arabischen Frühlings nach. Im Jahr 2012 bekam man das auch auf YouTube mit. Im Juli lud ein Konto namens sam bacile einen 14-minütigen Trailer zu dem Film *Innocence of Muslims* hoch. Sam Bacile war eines von mehreren Pseudonymen eines koptischen Christen aus Ägypten, der in Kalifornien lebte und wegen Betrugs- und Drogendelikten mehrfach vorbestraft war.[4] Der Trailer war ein furchtbares Machwerk: Der Prophet Muhammad wurde in einer stümperhaft gespielten Räuberpistole als Pädophiler und Unmensch dargestellt.[5] Kaum einer bekam davon etwas mit, auch nicht YouTube – bis im September ein islamfeindlicher Blogger auf Arabisch über den Trailer berichtete und dafür sorgte, dass er größere Verbreitung erfuhr.[6]

Von da an gab es kein Halten mehr. Zehntausende protestierten gegen die unsägliche Darstellung des Propheten in dem vermeintlich amerikanischen Film. Nachdem der YouTube-Clip auch in ägyptischen Nachrichtensendungen zu sehen gewesen war, kam es zu Demonstrationen vor der amerikanischen Botschaft. In Pakistan setzte der Mob Kinos in Brand. Sechs Leute kamen im Zuge der Unruhen ums Leben. Google-Mitarbeiter, die gerade Islamabad besuchten, bekamen eines Morgens überraschend Besuch von US-Diplomaten, die in gepanzerten Fahrzeugen vor ihrem Hotel vorfuhren. Ein Mitarbeiter erinnert sich daran, wie sie von den Diplomaten begrüßt wurden: »Unsere Botschaft wird angegriffen, und zwar wegen Ihres dämlichen Videos.«

Im selben Monat wurden in der französischen Zeitschrift *Charlie Hebdo* satirische Muhammad-Karikaturen abgedruckt, und in Bengasi wurde ein amerikanischer Diplomat von Terroristen ermordet. Der Arabische Frühling war aus dem Ruder gelaufen und von gewalttätigen Auseinandersetzungen über freie Meinungsäußerung, westlichen Imperialismus und Dogmen abgelöst worden. Und YouTube geriet mitten hinein in diesen Strudel. Im Rahmen seiner raschen weltweiten Expansion hatte das Unternehmen Bürger ermutigt, in allen möglichen Sprachen und aus allen möglichen Ländern Videos zu posten, hatte in den Ländern aber nicht genug Mitarbeiter eingestellt, die Videos sichteten oder sich um die politischen Befindlichkeiten vor Ort kümmerten. Falschmeldungen, denen zufolge der Trailer auf YouTube die Ursache der Bluttat in Bengasi gewesen sei, machten die Runde und sorgten für zusätzliche Verwirrung. »Überall war der Teufel los«, erinnert sich ein Pressesprecher von YouTube.

Der Erste, bei dem das Telefon klingelte, war Bob Boorstin, der Leiter von Googles Niederlassung in Washington, D. C. Jemand aus dem US-Außenministerium war dran – die Regierung Obama bitte darum, den Trailer von YouTube herunterzunehmen.[7] Die Führungskräfte von YouTube nahmen an angespannten Telefonkonferenzen mit Anwälten von Google und politischen Funktionären teil, um die nächsten Schritte zu besprechen. Einige der Teilnehmer stimmten dafür, den Clip zu entfernen. Man könne ihn ja später, wenn sich die Wogen geglättet hätten, wieder online stellen. *Immerhin sind Menschen gestorben.* Aber die Juristen pochten auf das Recht auf freie Meinungsäußerung, und Kamangar war ganz ihrer Meinung. Google war schon immer stolz darauf, dass es den Forderungen von Regierungen (auch der eigenen) nicht nachgab. Googles Anwältin Nicole Wong, die »Entscheiderin«, argumentierte mit technischen Gründen – das Video verstoße nun einmal nicht gegen YouTubes Richtlinien zu Hassrede. Der Trailer war dämlich, gar keine Frage. Alle, die an den Telefonaten beteiligt waren, fühlten sich durch den Trailer persönlich beleidigt. Aber in dem Video werde, wie Wong hervorhob, nicht explizit dazu aufgerufen, jemandem zu schaden. *Warum sollte YouTube Kritik an einer Religion verbieten?*

Die Verfechter der Meinungsfreiheit setzten sich durch. In Ägypten und Libyen sperrte YouTube das Video, ließ es aber im Rest der Welt weiter laufen, auch in Pakistan, wo es keine extra an das Land angepasste Version der Website gab. (Pakistan sperrte YouTube daraufhin komplett.) Das Unternehmen veröffentlichte eine Erklärung und bekräftigte, dass der Trailer sich »eindeutig innerhalb unserer Richtlinien« bewege. YouTubes Richtlinien waren jedoch nie in Stein gemeißelt. Nach außen präsentierte das Unternehmen diese Richtlinien als unumstößliche Prinzipien, intern wurden jedoch dauernd Entscheidungen über den Haufen geworfen. Das war auch ein Jahr später der Fall, als der Sänger Robin Thicke das Video zu seinem Song »Blurred Lines« hochlud, in dem ein paar Models mit freiem Oberkörper zu sehen waren. Das Video wurde von YouTube entfernt – weibliche Brustwarzen verstießen gegen die Richtlinien –, doch einige Mitarbeiter argumentierten, der Popsong sei eindeutig in die Kategorie »künstlerischer« Ausnahmen einzuordnen, die das Unternehmen für Videos eingeführt hatte. Zu dem Thema wurde eine Besprechung angesetzt. Lance Kavanaugh, einer von YouTubes Topanwälten, schaltete sich vom Auto aus dazu, sodass ihm ein Kollege erst mal umständlich das ganze Video beschreiben musste, damit Kavanaugh entscheiden konnte, ob halb nackt herumstolzierende Models als Kunst eingestuft werden sollten oder als »SG« *(sexually gratifying)*, also der Befriedigung sexueller Bedürfnisse dienten. Eine Person, die mit im Raum war, erinnerte sich später daran, dass sich einer der Manager dafür aussprach, das Video herunterzunehmen, und das mit den Worten begründete: »Meine Frau würde sich das nicht ansehen.« Später verwendete YouTubes Strategieleiterin Victoria Grand in ihren Vorträgen regelmäßig den Terminus *blurred lines* (»unscharfe Grenzen«), um zu erklären, wie die – oft nicht ganz einfache – Moderation von Inhalten auf YouTube funktionierte.

Um den künstlerischen Wert eines Clips zu beurteilen, wurde im Unternehmen auf die Berühmtheit und Beliebtheit einer Person geschaut, wohingegen man bei politisch oder kulturell sensiblen Videoinhalten eher eine Laissez-faire-Philosophie verfolgte. Grand sagte häufig, dass YouTube in der Diskussion um *Innocence of Muslim* eine für seine Unternehmenswerte grundlegende Entscheidung getroffen habe – eine Entscheidung, an der sie noch jahrelang festhalten sollten. Sie erklärte die Werte des Unternehmens

2014 in einer Rede, in der sie das Internet als einen »Marktplatz der Ideen« beschrieb.

Wenn man den Zugang zu Informationen verteidigen will, bedeutet das zwangsläufig, dass man mit Regierungen und anderen Akteuren aneinandergerät, die versuchen, aus ihrer Sicht gefährliche Gedanken, beleidigende Inhalte und bedrohliche Haltungen und Sprecher zu zensieren.

Nach dem Attentat auf die Redaktion von Charlie Hebdo ließ Google Exemplare der Zeitschrift in seinen Niederlassungen auslegen – als Geste der Solidarität und Bekenntnis zum Recht auf freie Meinungsäußerung.

Innocence of Muslims zeigte deutlich, wie sehr YouTube provozieren konnte. Während die Unruhen im Nahen Osten weitergingen, beunruhigte Mark Little auch noch etwas anderes, das auf YouTube vorging: Sein Team fand immer mehr Fälschungen.

In den ersten Videos, die Storyful als Fakes entlarvte, ging es noch um recht harmlose Dinge: virale Fotos von einem Hai, der während des Hurrikans Irene auf einer überfluteten Schnellstraße schwamm. Dann tauchten auch unter den Videos, die mit dem Arabischen Frühling zu tun hatten, die ersten Fälschungen auf. In einem Video, das angeblich im Juli aufgenommen worden war, war ein Fluss zu sehen, der im Juli in Wahrheit immer ausgetrocknet war. In einem anderen Clip sah man, wie Rebellen einen syrischen Soldaten bei lebendigem Leib begruben. Verdächtig war, dass das Grab nicht tief genug aussah. Bei Storyful ahnten sie, dass da etwas nicht stimmte, und zogen weitere Experten zurate, die feststellten, dass die Aufnahmen nachvertont worden waren. Besonders besorgniserregend war, dass es ganz danach aussah, als habe die syrische Regierung das Videomaterial manipuliert, um einen Informationskrieg zu führen.

Dabei hatte Little zu diesem Zeitpunkt eigentlich ganz andere Sorgen: Bei YouTube wussten sie nicht mehr so recht, was sie mit den Kuratoren des Arabischen Frühlings anstellen sollten. Am liebsten wäre es ihnen gewesen, wenn Storyful jede Menge Geld eingespielt hätte, aber wer wollte schon Werbespots vor Videos von syrischen Rebellen schalten? »Das schreckt die Leute immer mehr ab«, wurde Little mitgeteilt. »Wenn YouTube zum Todes-Kanal wird, hauen uns die Kids ab.« Wieder einmal verschoben sich die Prioritäten. Offiziell wollte YouTube Ereignissen von weltweiter Bedeutung eine Bühne bieten, doch hinter den Kulissen war man offenbar bereits zu dem Schluss gekommen, dass die Bereitstellung eines Nachrichtenformats eine Nummer zu groß für YouTube war. Littles Fürsprecher bei YouTube, Steve Grove, war inzwischen zum nächsten großen Ding bei Google gewechselt, einem sozialen Netzwerk namens Google+. Die Leute, die nun für Little zuständig waren, versuchten eine Übernahme von Storyful durch YouTube zu arrangieren, aber daraus wurde nichts. Schließlich schlug ein YouTube-Manager Little vor, sein Geschäftsmodell geringfügig zu ändern. *Warum gründet ihr nicht ein Multi-Channel-Network?*

Von außen betrachtet, hatte YouTube auf Little schon immer etwas chaotisch gewirkt. Er ahnte nicht, dass es hinter den Kulissen inzwischen kaum besser aussah.

Kapitel 12
Wird das Boot dadurch schneller?

Larry Page trug ein schwarzes T-Shirt und Jeans und flüsterte in ein Mikrofon. Er war fast vierzig, sein Haar wurde langsam grau, und seine Stimme war heiser, ein wenig klang er wie Kermit der Frosch – Symptome eines Stimmbandleidens. Aber der Mitbegründer von Google lächelte, er wirkte regelrecht fröhlich. Sein Unternehmen wuchs so schnell, dass sein wöchentliches TGIF-Treffen mittlerweile in einem großen Hörsaal auf dem Google-Campus stattfand. Page stand auf der Bühne und leitete das Meeting. In den Reihen vor ihm saßen seine Angestellten und starrten gebannt zu ihm hinauf.

Anfang 2011 war Page als CEO zu Google zurückgekehrt, nachdem sich Eric Schmidt in den Vorstand verabschiedet hatte. (»Eine tagtägliche Aufsicht durch Erwachsene ist nicht mehr nötig«, twitterte Schmidt.) Als zurückgekehrter CEO galt Pages Sorge nun nicht mehr einem möglichen finanziellen Ruin – Google verzeichnete 2010 einen Rekordumsatz von 29 Milliarden Dollar –, sondern dem Tod der Innovation. Genauer gesagt: dass Google zu Microsoft mutierte. Microsoft, einst die unangefochtene Nummer eins der Tech-Branche, hatte sich immer mehr aufgebläht und war immer bürokratischer geworden. Zwei große Verbrauchertrends hatte Microsoft verpasst, das Internet und das Handy, und seither galt das Unternehmen in der Branche (zumindest im Moment) als abschreckendes Beispiel. Angesichts des rasanten Aufstiegs von Facebook und iPhone befürchtete Page, dass es Google genauso gehen könnte. Er las Bücher über erfolgreiche, innovative CEOs. Er besuchte Steve Jobs, den an Krebs erkrankten Gründer von Apple, der fand, Google habe »keine klar erkennbare Strategie«.[1] Sie müssten »mehr Ressourcen in weniger Produkte« stecken, teilte Page seinen Untergebenen mit. Also strich er Dutzende von Projekten und konzentrierte sich auf das mobile Betriebssystem Android. Früher hatte bei Google ein Komitee die Entscheidungen getroffen, jetzt orientierte sich Page mehr an Apple. Pages Aphorismen, die »Larry-ismen«, wurden zu geflügelten Worten. Alle Mitarbeiter sollten »auf unbehagliche Weise aufgeregt« sein und »eine gesunde Abneigung gegen das Unmögliche« hegen.² Der wichtigste Larry-ismus lautete: *10x*. Das bedeutete, man solle die Sache, an der man arbeite, zehnmal so groß machen, wie sie war. Als Googles neuer Webbrowser, Chrome, seine anvisierten Ziele in Sachen Nutzerzahlen verfehlte, forderte Page noch höhere Ziele. Als die Robotiker, die an selbstfahrenden Autos arbeiteten, ein Fahrzeug konzipiert hatten, das in geschlossenen Settings wie einem College-Campus eingesetzt werden konnte, befahl Page, das Auto müsse auf allen Straßen fahren können. *10x!*

Bei YouTube sorgte das »*10x*-Dekret« dafür, dass die Geschäftsziele und -praktiken ganz neu ausgerichtet wurden. Innerhalb weniger Monate sollte YouTube die Voraussetzungen schaffen, um mehr zu wachsen und wirtschaftlich zu expandieren, als es sich irgendjemand vorstellen konnte. Diese Veränderungen bescherten YouTube einen enormen kommerziellen Erfolg, sorgten aber auch dafür, dass sich das Unternehmen bald mit heftigen Kontroversen würde herumschlagen müssen.

All das begann damit, dass man versuchte, einen Larry-ismus zu befolgen: die »gesunde Abneigung gegen das Unmögliche«. Wann immer Page als CEO zu seinen Angestellten sprach, erinnerte er sie daran, dass Google Marktlücken füllen wollte, bei denen das als unmöglich galt. Seine Rückkehr als CEO ging mit einer regelrechten Explosion neuer ehrgeiziger Anstrengungen einher, Googles Geschäft über die Werbung hinaus zu erweitern. Die Roboterautos wurden in einem Versuchslabor namens Google X alias »The Moonshot Factory« entwickelt. Dort forschte man auch nach Möglichkeiten, das Leben von Menschen zu verlängern – oder, wenn man so will, den Tod zu besiegen. In New York gründete eine Gruppe von Designern und Administratoren das Google Creative Lab, eine Werkstatt, die ebenjene Art der künstlerischen Sensibilität gegenüber der Technologie einfangen sollte, die Apple so viel Lob einbrachte.

Und in dieser New Yorker Werkstatt arbeitete nun Claire Stapleton, die frühere »Bardin von Google«, die damals die Skripte für die TGIF-Treffen verfasst hatte. Bei ihrem letzten TGIF, bevor sie die neue Stelle antrat, stand Stapleton in weißer Bluse neben der Bühne, als Page zu seinen Truppen sprach. Plötzlich wich er von ihrem Skript ab und rief in seiner Kermit-Stimme: »Wie wär's mit einer Runde Applaus für Claire Stapleton und ihre genialen E-Mails?« Stapleton wurde rot und schlug sich die Hände vors Gesicht.

»Ich glaube, sie ist ein bisschen schüchtern«, fuhr Page fort, als der Applaus abebbte. »Sie äußert sich wohl lieber mithilfe ihres Computers.«

Noch Jahre später, nachdem sie längst zu YouTube gewechselt war, dachte Stapleton manchmal ein bisschen wehmütig an diesen Moment zurück. Es war einer der letzten Lichtblicke während ihrer Zeit bei Google, bevor alles den Bach hinunterging.

Die radikalen Veränderungen bei YouTube, die mit der Rückkehr von Page einhergingen, begannen ganz unschuldig: mit der Büro-Rutsche im neuen YouTube-Hauptquartier, die an einem Montag im Sommer 2011 eingeweiht wurde. Knallrot, riesig, albern – drei Personen nebeneinander konnten darauf von der zweiten Etage des Gebäudes hinunterrutschen. Nachdem die Mitarbeiterzahl noch einmal gestiegen war, hatte YouTube auf der gegenüberliegenden Straßenseite von seinem ersten Firmensitz in San Bruno ein dreistöckiges Gebäude gekauft, die ehemalige Zentrale von Gap Inc. Es gab hohe Fenster und kaum Zwischenwände, Besucher wurden in einem geräumigen Atrium empfangen, von dem aus man in die darüberliegenden Stockwerke schauen konnte. Man kam sich ein wenig vor wie in einem Einkaufszentrum. Die Rutsche gehörte zu Kamangars Plan, den Arbeitsplatz von YouTube *googliger* zu gestalten. In manchen Google-Niederlassungen gab es spezielle Annehmlichkeiten für die Mitarbeiter wie Massageräume und private Küchenchefs. Das Büro sollte ein Ort sein, an dem man gern seine Zeit verbrachte. YouTube installierte eine Kletterwand und hängte riesige TV-Bildschirme an die Wände (auf denen natürlich YouTube lief). Konferenzräume wurden nach bekannten viralen Videos benannt. An jenem Montag, an dem die Rutsche eingeweiht wurde, versammelten sich alle Mitarbeiter von YouTube – von den Programmierern bis hin zu den neuen Köchen in ihren weißen Kochjacken – an den Geländern, um mitzuerleben, wie Kamangar und zwei seiner Kollegen die neue Rutsche zum ersten Mal benutzten. Die drei hielten sich an den Händen und rutschten so schnell hinunter, dass der Boss am Fuß der Rutsche etwas ungeschickt ins Stolpern kam.

Shishir Mehrotra, Kamangars Stellvertreter, fand die Rutsche furchtbar. Nicht, weil sie so *googlig* war, sondern weil sie seinen eigenen Plänen als Manager in die Quere kam. Mehrotra, der Metriken-Freak, wollte durchsetzen, dass die Schreibtische bei YouTube mit Rädern versehen wurden. Alle paar Monate änderte YouTube seine Sitzordnung, ganz im Sinne von Googles Diktum, dass es den Einfallsreichtum der Mitarbeiter fördere, wenn sie immer wieder woanders säßen. Es kam ein logistischer Albtraum heraus. Wenn man die Schreibtische der Mitarbeiter von A nach B rollen könnte, fand Mehrotra, dann wäre es viel einfacher, sie umzustellen, und es würde einen nicht so sehr von der Arbeit abhalten. Die für die Inneneinrichtung zuständige Abteilung von YouTube lehnte ab: Wenn die Schreibtische Räder hätten, wäre die Gefahr zu groß, dass jemand sie aus Versehen die Rutsche hinunterrutschen ließe.

Die Schreibtische blieben, wo sie waren. Sie steckten quasi genauso fest wie YouTube selbst.

Als das Jahr 2011 zu Ende ging, waren Mehrotra und einige andere Führungskräfte sehr besorgt über die Stagnation. Die klügsten Köpfe von Google wollten in der »Moonshot Factory« oder anderen coolen Abteilungen arbeiten, nicht bei YouTube, dem es immer ein wenig an Fokus mangelte und das den Eindruck machte, als wäre es so etwas wie Googles Ersatzbank. Es gab dort alle möglichen konkurrierenden Projekte und Interessen – Head und Torso, einen geheimen neuen Musik-Dienst (Codename: Nirvana) und die inzwischen nicht mehr geheimen »verdeckten Operationen«. Mitarbeiter, die schon länger dabei waren, hatten das Gefühl, dass YouTube etwas von seinem ursprünglichen Charakter und Charme eingebüßt hatte. »Wir waren so was wie der Walmart der Webvideos geworden«, erinnert sich Chris Zacharias, ein Programmierer, der das Unternehmen 2010 verlassen hatte. Der Arabische Frühling hatte jene Googler elektrisiert, die regelmäßig nach Davos fuhren, nicht aber das Fußvolk bei YouTube – die Sache mit dem »Todes-Kanal« war mit der Zeit doch recht ermüdend. Die meisten Mitarbeiter beschäftigten sich ohnehin mit weniger prestigeträchtigen Themen als der Geopolitik. Zum Beispiel mit Dekolletés.

Mit dem Wachstum von YouTube wuchs auch die Zahl der Uploader, die versuchten, das System zu überlisten. Danny Diamond war nicht der Einzige, der die Seite mit Fake-Kommentaren füllte. Manche Nutzer stellten fest, dass es ihnen mehr Aufrufe einbrachte, wenn sie ihren Video-Titeln drei Auslassungspunkte hinzufügten – denn auf der Startseite wurden lange Titel vom System automatisch so angezeigt (z. B. »Krasses neues Video mit Justin Bieb…« *Klick. Nein, das ist ganz sicher nicht Justin Bieber*). 2010 brachte Apple ein schickes Tablet auf den Markt, das iPad. Schnell fanden Videopiraten heraus, dass sie YouTubes Urheberrechtsfilter umgehen konnten, indem sie Filme auf dem Kopf stehend hochluden; diese Filme konnte man sich dann später mit dem iPad anschauen, indem man es um 180 Grad drehte. Wieder eine Lücke, die die Programmierer von YouTube schließen mussten. Es war ein nicht enden wollendes Katz-und-Maus-Spiel mit gewieften Creators, die darauf aus waren, die Regeln zu beugen. Ein Manager verglich sie mit »lauernden Velociraptoren«.

Eine Gruppe bereitete YouTube besonders viel Kopfzerbrechen. Damals konnten nur Mitglieder des Partnerprogramms die Vorschaubilder ihrer Videos selbst auswählen, aber die YouTuber fanden heraus, welche Frames automatisch als Vorschaubild ausgewählt wurden, und einige junge Frauen machten sich das zunutze: die *reply girls*. Sie posteten Antwortvideos auf beliebte Clips, in denen sie tief ausgeschnittene Shirts trugen, und sorgten dafür, dass im Vorschaubild ihr Dekolleté zu sehen war. In jenem Sommer waren diese *reply girls* überall auf YouTube zu finden. Pubertierende Jungs konnten nicht anders, als solche Videos anzuklicken, und das System von YouTube konnte nicht anders, als solche Videos zu promoten. Die meisten, die auf den Clickbait hereinfielen, schlossen das Video wieder, aber damals zählte YouTube einen Aufruf, sobald ein Video angefangen hatte. (Gewissermaßen verhielten sich diese Frauen wie die findigen *growth hackers*, die im Silicon Valley gefeiert wurden, doch im Gegensatz zu den Programmierern erhielten diese Frauen für ihre Hartnäckigkeit Morddrohungen.) YouTube entwickelte eigens Algorithmen, um den *reply girls* das Handwerk zu legen. Aber das Phänomen trug auch zu der Erkenntnis bei, dass es nicht funktionierte, Videos einfach nur für Klicks zu belohnen. Aufrufe waren keine gute Metrik.

Und wenn Google eines hasste, dann schlechte Metriken. Alljährlich musste jede Google-Abteilung ihre Geschäftsziele für das nächste Jahr formulieren. Als das Jahr 2012 näher rückte, versammelten sich YouTubes Abteilungsleiter mit Laptops bewaffnet in einem Konferenzraum möglichst weit weg von der Rutsche, um ihre Geschäftsziele niederzuschreiben.

YouTube wurde damals von einer kleinen Gruppe Männer geleitet. Kamangar, der CEO, war der zurückhaltendste der vier und einer der wenigen, die im direkten Austausch mit Page standen. Seine Stellvertreter waren quirliger, durchsetzungsfähiger, streitlustiger. Viele fanden, dass die Unternehmenskultur bei YouTube einen ziemlichen Hang zum Machismo aufwies. *Work hard, play hard* lautete das Motto. Jeder wusste, dass Mehrotra in seiner Freizeit an Pokerturnieren teilnahm. Er blieb oft bis drei oder vier Uhr nachts auf, spielte online Poker und trank Scotch, um dann ein paar Stunden später bei der Arbeit aufzukreuzen und aufgedreht von einem Schreibtisch zum nächsten zu laufen und seinen Untergebenen auf die Nerven zu gehen. Robert Kyncl, der gerade richtig Karriere machte, konnte ohne Weiteres mit den Radaubrüdern aus Hollywood mithalten, und Dean Gilbert war dafür bekannt, dass er regelmäßig ausflippte. (Als es bei einem Meeting über den Livestream der Olympischen Spiele wieder einmal besonders laut zur Sache ging, ging Mehrotra um den Konferenztisch herum, baute sich vor Gilbert auf wie ein Baseball-Schiedsrichter und brüllte: »Ich kann auch laut werden!«) Bei einem berüchtigten Treffen in Tokio gingen YouTube-Mitarbeiter feiern und verloren ihre Brieftaschen und Schlüssel, beinahe kam es zu einer Schlägerei. Einer wurde in einer Bar ausgeraubt, blieb aber trotzdem sitzen und trank weiter. Kaum jemand sprach von Familie oder Kindern. Ein Manager ließ sich scheiden, erzählte seinen Kollegen aber nichts davon, da die regelmäßigen Leistungsbeurteilungen (»Kalibrierungsgespräche«) nahelegten, über so etwas zu sprechen, würde einem als Schwäche ausgelegt. »Wir waren die Helden des Universums«, erinnert er sich.

Kyncl kam meistens Mitte der Woche von Hollywood nach San Bruno geflogen, um mit den anderen zu diskutierten. Ihre Aufgabe war es, das »Google-Evangelium« für YouTube zu verfassen: die heiligen *Objectives and Key Results* (OKRs), ihre Ziele und Kernergebnisse. Page hatte dieses Managementkonzept schon früh von Google übernommen, und es durchdrang alles. Einfach ausgedrückt, zeigten die OKRs auf, *was* man als Erfolg definierte und *wie* man dorthin gelangte. Die Ziele mussten inspirierend sein, die Kernergebnisse mussten konkrete Zahlen nennen und einen zeitlichen Rahmen vorgeben. Jeder Google-Mitarbeiter hatte OKRs. Beförderungen, Sonderzulagen (manchmal in siebenstelliger Höhe) und Prestige waren daran gebunden, dass man diese Ziele erreichte. Sie wurden im internen Mitarbeiterverzeichnis neben dem Namen des Mitarbeiters aufgelistet. OKRs waren ein Hebel, mit dem Page auch in jener Zeit seine Macht ausübte, als er nicht CEO war.

Als er die Rolle wieder innehatte, verfolgte er ambitionierte Ziele. Eine seiner ständigen Vorgaben war, die Geschwindigkeit der Websuche zu erhöhen. Google solle »das Internet so schnell machen, wie wenn man in einer Zeitschrift blättert«, sagte er zu seinen Mitarbeitern.³ Page schaute nur selten im YouTube-Hauptquartier vorbei – eine Person, die bei YouTube arbeitete, als er CEO war, erinnert sich an lediglich zwei Besuche. Wenn er dann doch einmal vorbeischaute, erteilte Page hauptsächlich eine Anweisung: Die Videos sollten schneller laden. Ein ehemaliger Abteilungsleiter erinnert sich an ein Treffen, bei dem Page die Buffer-Geschwindigkeit von YouTube als »das größte Problem von ganz Google« bezeichnete.

Also versammelten sich YouTubes »Helden des Universums« in San Bruno und formulierten OKRs, um es Page recht zu machen, ihr Clickbait-Problem zu lösen und die Stagnation zu überwinden. Sie dachten sich Methoden aus, um das im Silicon Valley so viel gepriesene »Hyperwachstum« voranzutreiben.

Im Mittelpunkt dieses Meetings standen drei Geschichten. Eine kam von einem Manager in Europa, der gerade ein neues inspirierendes Buch über olympische Ruderer gelesen hatte. Darin ging es um die britische Mannschaft, die im Jahr 2000 mit einem ganz simplen Trainings-Mantra zu Gold gerudert war. Das Mantra lautete: »Wird das Boot dadurch schneller?« Jede Entscheidung – wo im Boot ein Ruderer saß, wie er trainierte, was er zum Frühstück aß – orientierte sich an dieser einen Frage. Einer der Olympioniken hatte dieses Mantra in einen Ratgeber-Bestseller verwandelt.⁴ »Wird das Boot dadurch schneller?«, schrieb der Olympionike. »Dann tu es!« Das Buch war voll von Ratschlägen, wie wichtig es sei, sich »verrückte Ziele« zu setzen und einen »kalten, klinischen Verstand« zu fördern, und es wimmelte darin von Management-Ausdrücken wie »High Performance-Gespräche« oder »Rückprallfähigkeit«. Für die Führungsriege war das ein gefundenes Fressen.

In der zweiten Geschichte ging es um Limonade. Einige Jahre zuvor durchlief Coca-Cola eine Umstrukturierung. Das Management machte sich Sorgen, weil sich das Unternehmen im Kampf um Marktanteile gegen Pepsi nicht durchsetzen konnte. Künftig sollte es nicht mehr um den Anteil am Cola-Markt gehen, sondern um den »Anteil am Magen«. Infolgedessen kaufte die Softdrinkfirma mehrere Wasser- und Saftmarken auf und erfand sich neu. »Was ist *unser* Magen?«, fragten YouTubes Manager bei ihrem Treffen.

Die dritte inspirierende Geschichte kam von Kyncl. Der ehemalige Skifahrer verabscheute Unentschlossenheit und hatte das Gefühl, dass der umständliche Kurs des Hauptquartiers sein eigenes Team behinderte. »Ihr könnt uns das nicht länger antun – uns verschweigen, worauf es wirklich ankommt«, sagte er den Kollegen. Er berief sich immer wieder auf sein altes Unternehmen Netflix: Der dortige CEO hatte einmal als Ziel formuliert, 20 Millionen digitale Abonnenten zu erreichen, was zu jenem Zeitpunkt irrsinnig viel erschien. Im folgenden Januar hatte Netflix das Ziel erreicht.

Die Anekdote von Coca-Cola auf YouTube umzumünzen, war nicht weiter schwer. Das Unternehmen hatte alle anderen Videoplattformen wie Dailymotion und BlipTV längst abgehängt. Sein »Magen« war eindeutig das Fernsehen, ein 450 Milliarden Dollar schwerer Markt. Dennoch setzte sich auch YouTube wie Netflix irrsinnig wirkende Ziele. Die Führungskräfte des Unternehmens benutzten eine Phrase, die in der Tech-Branche sehr beliebt war: *große, haarige, kühne Ziele.*

Bei der Sache mit dem schnellen Boot war die Analogie allerdings nicht ganz so naheliegend. Mehrotra rief YouTubes RASTA genanntes Metrik-Dashboard auf, das alle Statistiken auflistete, die das Unternehmen verfolgte.[5] Aufrufe, Abonnements, Zugriffshäufigkeit, neue Nutzer, täglich aktive Nutzer, Klickraten, Sitzungszeit, Verweildauer, Daumen hoch, Daumen runter, Kommentare – die Liste nahm kein Ende. Sie hatten das Gefühl, um sich wirklich zu konzentrieren und ihr Boot schneller zu machen, müssten sie hier Prioritäten setzen und sich ein Ziel aussuchen, das sie über die anderen stellten.

Cristos Goodrow schickte seine E-Mail genau zu dem Zeitpunkt, als die Chefs von YouTube zu einem Meeting zusammenkamen. Damit seine Mail maximale Aufmerksamkeit erzielte, hatte er sie an alle geschickt und ihr eine aufsehenerregende Betreffzeile gegeben: »Wiedergabezeit, und zwar nur die Wiedergabezeit«.[6]

Goodrow kam zu YouTube, nachdem er zwanzig Jahre lang für diverse Unternehmen im Silicon Valley und für die Google-Suche Software geschrieben hatte. Bei YouTube war er für die Suche und die »Entdeckungen« zuständig – so nannte das Unternehmen seine Systeme, die Videos wie vergrabene Schätze aufspürten. Der Mathematiker mit dem Kurzhaarschnitt und Körperbau eines Marinesoldaten bemerkte sofort den Stillstand und das Fehlen klarer Marschbefehle bei YouTube. In seiner Prognose schlug Goodrow vor, die Maschine YouTube neu zu justieren und alle Abläufe auf ein Ergebnis auszurichten: wie lange sich die Leute die Videos anschauten. »Wenn alles andere gleich bleibt, sollten wir uns vornehmen, die Wiedergabezeit zu erhöhen«, schrieb er in der E-Mail. Goodrow diskutierte diesen Gedanken mit Vorliebe mit anderen Programmierern und stritt sich mit ihnen über die Unterschiede zwischen den beiden größten Suchmaschinen der Welt, Google und YouTube.

»Gib bei YouTube ein: *Wie bindet man eine Krawatte*«, sagte Goodrow bei einer dieser Diskussionen. Dann bat er sein Gegenüber, sich zwei Suchergebnisse vorzustellen: ein einminütiges Video mit einer simplen Anleitung zum Krawattenbinden und ein zehnminütiges, das die Anleitung mit lustigen Sprüchen mischt, vielleicht sogar mit einem Song. »Welches findest du besser?«, fragte Goodrow.

»Das erste natürlich«, antwortete ein Google-Kollege.

Alberner Googler. Goodrows Antwort war: das zweite.

Das widersprach komplett der Logik von Google. Wenn ein Nutzer etwas in das Suchfeld eintippte, dann maß Google den Erfolg daran, wie schnell derjenige auf eine andere Website weitergeleitet wurde (wenn möglich auf eine, die Google dafür Geld gab).[7] Nicht so bei YouTube: Je länger sich die Nutzer dort ein und dasselbe Video anschauten, so Goodrows Argument, desto zufriedener waren sie logischerweise. »Es ist ein Kreislauf«, schrieb er später in einem Managementratgeber über OKRs. »Unsere Aufgabe bestand darin, die Leute zu beschäftigen und auf unserer Seite zu halten.« Goodrow machte aus seiner E-Mail ein langes, fortlaufendes Dokument auf Googles internem Message Board, eine proaktive Initiative, wie sie bei Google sehr gern gesehen war. (Ein ehemaliger Kollege bezeichnete ihn abwertend als »Einser-Schüler«.)

Die Führungskräfte von YouTube fanden Goodrows Manifest durchaus vernünftig. Auch sie hatten die Diskussion mit der Anleitung zum Krawattenbinden geführt und waren sich einig, dass es besser sei, die Zeit, die jemand mit Videos verbringt, zu belohnen, als die bloßen Klicks. Sie diskutierten auch über andere Kennzahlen, zum Beispiel den Prozentsatz der Creators, die jährlich sechsstellige Beträge verdienten, und Werbeumsätze. Doch es bildete sich ein Konsens. Googles aufstrebender Erzfeind Facebook war nicht nur erfolgreich darin, die Zahl seiner Nutzer zu steigern, ihm gelang es auch, diese Nutzer zu *beschäftigen*. Genau wie das Fernsehen. Deshalb sollte YouTube in Zukunft jene Videos hervorheben, die die beste Wiedergabezeit *(watch time)* hatten.

Wird das Boot dadurch schneller? Dann tu es!

Jetzt brauchten sie nur noch ein *großes, haariges, kühnes Ziel*. Sie sprachen immer wieder davon, dass sie etwas anstrebten, an dem man »kleben« blieb – ein Ziel, das dazu diente, die Zuschauer bei der Stange zu halten, und das zugleich eine dauerhafte Unternehmensstrategie darstellen würde. Sie rechneten aus, dass ihr Erzfeind Facebook jeden Monat etwa zweihundert Millionen Stunden der Zeit seiner Nutzer in Anspruch nahm. Die blieben also ziemlich gründlich »kleben«. Das Fernsehen beanspruchte (je nachdem, wer zählte) vier bis fünf Stunden vom Tag des Durchschnittsamerikaners. YouTube kam auf etwa hundert Millionen Stunden konsumiertes Filmmaterial pro Tag. Also war das Ziel einhundert Millionen Stunden mal zehn. *10x.*

Mehrotra verließ den Konferenzraum und eilte zum Schreibtisch eines Statistikers, der für ihn arbeitete. »Wie sieht es aus mit einer Milliarde?«, fragte er. »Wann können wir die erreichen?«

Mehrotra verkündete die neue Strategie im folgenden Jahr auf dem jährlichen Führungsgipfel von YouTube in Los Angeles. YouTube würde darauf hinarbeiten, dass die Wiedergabezeit in vier Jahren eine Milliarde Stunden pro Tag betragen würde. »Ich weiß, was ihr jetzt alle denkt«, begann er. »Das ist nicht zu schaffen.« Der Akademiker Mehrotra sprach zu seinem Publikum wie ein begeisterter TED-Talker und legte ihnen seine Berechnungen dar: Wenn sie auf eine Milliarde Stunden kämen, wäre das fünfmal mehr als der Traffic von Facebook, der größte Traffic im Internet. Die Pointe hatte er sich allerdings aufgespart: »Das sind trotzdem nur 20 Prozent vom Fernsehen. *Das* ist unser Anteil am ›Magen‹.«

Im Laufe der kommenden Monate erfuhren nach und nach auch die übrigen YouTube-Mitarbeiter von dieser neuen Zielvorgabe, mit der sich ihr Unternehmen nun in die Menagerie von Larry Pages anderen *10x*-Luftschlössern einreihte. Der Verkauf von Werbung wurde ab sofort danach beurteilt, wie viel Umsatz sie pro angeschauter Stunde erzielte, und diese Zahlen wurden mit denen des Kabelfernsehens verglichen.

Die Abteilung für Computernetzwerke schätzte, dass YouTube, wenn es dieses Ziel erreichte, fast das Doppelte der aktuellen Bandbreite des gesamten Internets verbrauchen würde. Um den nötigen Wachstumstrend grafisch abzubilden, erstellte die Abteilung ein Diagramm, das sie den »Break the Internet Graph« taufte. Als erste Amtshandlung modifizierten Goodrows Programmierer das Such- und Empfehlungssystem von YouTube so, dass es nicht mehr die Videos mit den meisten Aufrufen bevorzugte, sondern die, die für die beste Wiedergabezeit sorgten. *Nur Videos, mit denen das Boot schneller fuhr.*

Ein Team war von dieser Zielvorgabe wenig angetan. Bing Chen war vor Kurzem bei YouTube eingestiegen und arbeitete mit den beliebtesten Creators zusammen. Anfang 2012 lud Mehrotra ihn per E-Mail in einen Raum in San Bruno ein, den man intern die »Produkt-Höhle« nannte. Bevor es das gewagte Vorhaben in die Tat umsetzte, wollte YouTube die Auswirkungen testen. In der Höhle erfuhr Chen, dass er fünf Tage Zeit hatte, um eine Erklärung für die Creators zu verfassen. Chen war fassungslos. Er wusste, dass sich die YouTuber auf ein System eingestellt hatten, das die Zahl der Aufrufe belohnte und nicht die Länge eines Videos. Viele bestritten damit ihren Lebensunterhalt. Diese Änderung würde ihre Mühen quasi über Nacht zunichtemachen.

Nolens volens formulierten er und seine Kollegen einen Blogbeitrag, um die neuen Entwicklungen öffentlich zu machen. Als sie fertig waren, beschlossen sie, diesmal keinen ihrer Namen darunterzusetzen. Sie wussten, das Ganze würde überhaupt nicht gut ankommen.

Kapitel 13
Let's Play

Blogbeitrag vom YouTube-Team 9. März 2012: »Änderungen bei Ähnlichen und Empfohlenen Videos«:
Als du das letzte Mal Fernsehen geschaut hast, haben dir die zwanzig Serien, über die du hinweggezappt hast, gefallen? Erinnerst du dich an sie? Oder erinnerst du dich nur an die Folgen, die du ganz geschaut hast? Würdest du die zwanzig anderen einem Freund empfehlen oder nur diejenigen, die du wirklich geschaut hast? Damit die Videos, die du auf YouTube schaust, dich besser unterhalten, dir mehr im Gedächtnis bleiben und du sie lieber mit Freunden teilst, passen wir unsere Ähnlichen und Empfohlenen Videos an.

Trevor O'Brien saß gerade in einem der Konferenzzimmer mit den gläsernen Wänden, als er einen Kollegen draußen hektisch auf und ab springen sah. Es war ein Manager, der mit bezahlten Creators arbeitete. Offensichtlich rief er Trevors Namen, nur dass das Geräusch von dem Glas verschluckt wurde. *Trevorrr. Trev-orrr!* Als O'Brien vor die Tür trat, um herauszufinden, wo das Problem lag, sagte der Manager ihm: »Dein Algorithmus hat einen Bug.«

O'Brien war für die Suchfunktion bei YouTube verantwortlich und war genau das, was Google sich unter einem Produktmanager vorstellte: Er sprach schnell, kannte sich mit Software aus und konnte besser mit Menschen als die Programmierer. Nachdem YouTube sein System auf die Wiedergabezeit umgestellt hatte, waren einige der Angestellten nicht darauf vorbereitet gewesen, was für einen Umbruch diese Neuerung für einige YouTuber bedeuten würde, also schoben sie es auf einen Programmierfehler. Doch das System funktionierte so, wie es sollte. Die Suchergebnisse zeigten jetzt die Videos an, die die Aufmerksamkeit der Zuschauerinnen und Zuschauer am längsten halten konnten. Virale Videos bekamen einen Dämpfer verpasst. Der Vater, der »Dave after dentist« hochgeladen hatte – einen Internethit mit einem niedlichen Kind –, kontaktierte YouTube in heller Panik: Die Aufrufe des monetarisierten Videos hatten sich fast halbiert. Es war auch wenig hilfreich, dass niemand das Analytics-Dashboard dahingehend aktualisiert hatte, dass sich die YouTuber die Wiedergabezeit ihrer Videos ansehen konnten. Dort wurden lediglich die Aufrufe angezeigt, und diese Zahl brach gerade ohne ersichtlichen Grund ein.

YouTube musste seine Creators davon überzeugen, dass es so besser war. Dass Zuschauer, die ein Video aufriefen, es aber nicht bis zum Ende anschauten, wenig taugten. O'Brien riet seinen Kollegen, den YouTubern zu sagen: »Vertraut uns! Wir kümmern uns um die Qualität der Zuschauer.«

Doch bald musste er sich selbst in die Höhle des Löwen wagen. Er flog nach Los Angeles, um den größten Produzenten YouTubes zu erklären, warum die Plattform gerade ihre Lebensgrundlage ausgelöscht hatte. O'Brien traf sich mit Demand Media, einer Firma, die hinter großen YouTube-Kanälen wie eHow stand. Dort wurden fabrikmäßig kurze Videos für praktische Suchen veröffentlicht (»Wie bade ich meinen Hund?«, »Wie kellnert man?«, »Wie bekommt man in der Mittelstufe eine Freundin?«). Der Kanal hatte einst behauptet, YouTubes größter Videoproduzent zu sein, doch nun war der Traffic eingebrochen. Die Anzugträger von Demand Media wollten wissen, wie sie das ändern konnten. Was, wenn sie längere Tutorial-Videos drehten? Auch damit sei der Erfolg nicht garantiert, erklärte O'Brien, schließlich sollten nur Videos belohnt werden, die die Leute auch wirklich schauen *wollten*. Er verglich sein Empfehlungssystem mit dem eines Restaurant-Testers. »Wir wollen einfach dafür sorgen, dass die Leute die besten Videos finden«, sagte er.

In Meetings mit Machinima, einem weiteren großen Videoproduzenten bei YouTube, stellte sich O'Brien den Fragen eines CEO des Gaming-Netzwerks. Sollte Machinima die Titel ändern? Oder die Intros länger machen? »Nein, nein«, erwiderte O'Brien, »so denkt die Maschine nicht.« Die Maschine mochte Videos, die Nutzer zum Weiterschauen animierten und sie auf YouTube hielten. O'Brien gab ihm noch einige Tipps. Es dauerte länger, einen Kommentar zu verfassen, als ein Like dazulassen, also wogen Kommentare für den Algorithmus schwerer als Likes. Solche Sachen. Später kam der CEO von Machinima in San Bruno vorbei und hatte Hochglanzposter dabei, auf denen in großen Lettern O'Briens Tipps prangten und die er in seinem Büro aufhängen wollte. *»Wow«*, dachte O'Brien, *»für ihre Marktanteile tun die wirklich alles.«*

▶

Es war nicht das erste Mal, dass YouTuber sich von YouTube hintergangen fühlten. Im vorangegangenen Sommer hatte das Unternehmen ein stylishes Remake seiner Website mit dem Namen Cosmic Panda vorgestellt. Es wurde als ein bitter nötiges Design-Update verkauft, nachdem der Branchenblog *TechCrunch* YouTube.com »bemerkenswert hässlich« genannt hatte.[1] Außerdem sollte das Design-Update die Zuschauerschaft von viralen Hits hin zu unbekannteren Videos lenken. Bald fügte YouTube der Homepage einen Abschnitt hinzu, in dem Kanäle vorgestellt wurden – eine Art *Per Anhalter durch die YouTube-Galaxis* (Codename: Hitchhiker) –, sowie weitere Features, die jedem Zuschauer einen auf Basis des Verlaufs und der Sehgewohnheiten personalisierten Feed anzeigten, wie bei Facebook.

Joe Penna war ein sympathischer Musiker und Stop-Motion-Tricktechniker aus Brasilien, der auf YouTube als MysteryGuitarMan bekannt war. Er arbeitete oft mit Freddie Wong zusammen und war dank seiner eleganten, einprägsamen Videos zu einem bekannten YouTube-Star avanciert. Auf der VidCon half Penna bei der Enthüllung von Cosmic Panda, indem er zu der Präsentation Gitarre spielte. Alle klatschten, YouTube verteilte Panda-Merchandise. Dann fuhr Penna wieder nach Hause und musste mit ansehen, wie alles in sich zusammenfiel – wegen des neuen Konzepts, das Zuschauer von großen YouTubern wie ihm aktiv fortleitete, brachen seine Zuschauerzahlen um 60 Prozent ein. Als YouTube einige Monate später die Wiedergabezeit priorisierte, wurde alles nur noch schlimmer. Pennas Management, ein Unternehmen namens Big Frame, hatte ein Auge auf die Statistiken mehrerer YouTuber und konnte bei allen beobachten, wie praktisch über Nacht die Zuschauer wegbrachen. Der Blogbeitrag, in dem YouTube die Umstellung vorstellte, bot keine sonderlich hilfreichen Ratschläge:

> Wie könnt ihr mit diesen Änderungen umgehen? Tut einfach, was ihr bisher getan habt: Erstellt tolle Videos, die die Zuschauer lieben. Es ist egal, ob diese Videos eine Minute oder eine Stunde lang sind.

Obwohl die meisten von Pennas Videos nur eine Minute lang waren, investierte er Stunden, ja sogar Tage in den Dreh. Und deshalb schauten die Leute ihm auch zu. »Das war ein Blutbad«, erinnert sich Joe Pennas Ehefrau Sarah, eine der Gründerinnen von BigFrame. »Es nahm den Leuten, die wirklich kreativ waren, alle Luft zum Atmen.« Einen anderen Kunden von Big Frame erwischte es noch härter. Anfang 2012 verzeichnete der Musik-Kanal von DeStorm Power noch rund neun Millionen Aufrufe pro Monat, was ihn zu einem der beliebtesten Schwarzen Creators auf YouTube machte. Seit es seinen Kanal gab, war Power immer vielseitiger geworden. Er eröffnete seine Videos immer mit derselben Begrüßung: »Was geht, Welt? Ein neuer Tag, eine neue Herausforderung!« So war er zu einer eigenen Marke geworden – lange bevor das üblich war. Die plötzlichen Änderungen am YouTube-Algorithmus führten auch auf seinem Kanal zu rapide sinkenden Zuschauerzahlen, beschnitten sein Einkommen und sorgten für zahlreiche Softwarefehler. Mehr als ein Jahr lang diskutierten Power und Sarah Penna mit Angestellten von YouTube, bevor ein Unternehmensvertreter endlich zugab, dass es ein Problem gab.

Von den Softwarefehlern abgesehen, verteidigte YouTube seinen neuen Algorithmus. Nach dessen Einführung fiel die Gesamtzahl der Aufrufe der Seite um 25 Prozent. Und weil Werbeeinnahmen an Aufrufe gebunden waren, sank auch YouTubes Umsatz. Doch dem Unternehmen war die verbesserte Qualität die Einbußen wert. Mit der neuen Methode wurden sie Clickbait-Trends wie den *reply girls*, die Zuschauer mit falschen Versprechungen anlockten, größtenteils Herr.

Rein rational, rein rechnerisch und ganz allgemein war dies die beste Methode, dem Publikum die Videos zu zeigen, die es sehen wollte. Hier wegen der Befindlichkeiten einiger weniger YouTuber wie Power einzugreifen, entsprach nicht dem Fairnessgedanken von YouTube.

Von außen betrachtet sah es trotzdem aus, als habe YouTube einen seiner wenigen Schwarzen Geschäftspartner im Stich gelassen. Für eine bekannte Website schrieb Power einen Gastkommentar mit dem Titel: »Kann ich mich auf YouTube verlassen?«[2]

> **Manche Leute denken, es wäre ganz einfach. »Du machst doch nur Videos und postest sie auf YouTube, oder?« Falsch gedacht. Es ist ein Vollzeitjob. Plus Überstunden ... Anders als beim Film oder beim Fernsehen gibt es keine Drehpausen. Wenn alles gut läuft, ist man wie im Himmel. Aber weil YouTube zu unserem Beruf und zu einem so großen Teil unseres Lebens geworden ist, gilt auch: Wenn es nicht funktioniert, wird es zur Hölle auf Erden.**

Bald postete er keine neuen Videos mehr.

Andere suchten nach neuen Formaten, die sich besser für die neue Ära eigneten. Smosh, das Konto mit den meisten Abonnenten, startete einen Gaming-Kanal, der seine kurzen Sketche ergänzen sollte. Der Talent-Manager Dan Weinstein arbeitete gerade an einem Fernsehableger des YouTube-Hits »Epic Meal Time«, einer völlig überzogenen Kochshow, als deren Aufrufe um 90 Prozent einbrachen. Auch bei The Annoying Orange, dem Comedian mit dem sprechenden Obst, den der Geschäftsführer von YouTube noch ein Jahr zuvor zu sich auf die Bühne geholt hatte, blieben die Zuschauer weg.

Einige YouTuber fanden dann aber doch etwas, das funktionierte: lange, tägliche Talkshows, wie es sie im Radio gab – ein Format, das bald durch die Decke gehen sollte.

Freddie Wong erfuhr durch YouTubes Buschfunk von der Änderung des Algorithmus. Die meisten Interna der Website – welche Maschen funktionierten und welche nicht – wurden bei Treffen oder auf Partys von YouTuber zu YouTuber weitergegeben. »*So musst du das jetzt machen.*« *Echt? Woher weißt du das?* Niemand kannte alle Einzelheiten. Aber nach ein paar Monaten wurde klar, dass es von jetzt an einzig und allein um die Wiedergabezeit ging. Als er auf YouTube anfing, hatte Wong sich ganz genau mit der Wissenschaft hinter den Videos, die viral gingen, beschäftigt und herausgefunden, welche Zutaten man dafür brauchte. »*Na gut*«, dachte er sich, »*dann scheißen wir eben ein paar Minuten mehr raus.*« Die Änderung bei YouTube setzte Creators, die regelmäßig billiges Material produzierten, »auf die Rolltreppe nach oben«, erinnert sich ein Talent-Manager, der damals mit Wong arbeitete. Seither war das Vertrauen in YouTube massiv gesunken, wie Wong feststellte. Zum Beispiel veröffentlichte YouTube ein neues Feature, das es Creators ermöglichte, den Zeitpunkt der Veröffentlichung eines Videos im Voraus festzulegen, damit die Leute es auch garantiert schauen würden. Das war theoretisch eine gute Sache, aber niemand in Wongs Bekanntenkreis nutzte das Feature. Sie hatten viel zu viel Angst davor, dass die Maschinen es versauen würden.

Und noch etwas hatte sich verändert. Bei der ersten VidCon hatte Wong voller Bewunderung beobachtet, wie Dutzende aufstrebende YouTuber mit Kameras in der Hand durch die Gegend gerannt waren und einander gefilmt hatten. Als die VidCon 2012 in Anaheim stattfand, in der Nähe von Disneyland, fiel Wong auf, dass die Teilnehmer die Kameras jetzt eine Armeslänge von sich weghielten und sich selbst filmten.

Kein Genre profitierte mehr von der Entscheidung, die Wiedergabezeit zu priorisieren, als Let's Play. In den Videos dieses Genres (die man auch einfach als »Let's Plays« bezeichnet) filmten sich Gamer dabei, wie sie ein beliebtes oder bizarres Spiel spielten, und ihre Fans konnten ihnen dabei zuschauen. Neue Spiele wie *Minecraft* waren in aller Munde, und es gab endlos viele Ableger, die man auf dem PC spielen konnte, ganz ohne teure Konsole. Viele Videospiele erzählten eine Geschichte und eigneten sich ideal dafür, die Fans zum Bingewatchen zu verführen. Und das Genre hatte bereits einen aufstrebenden Superstar.

PewDiePie: »FUNNY GAMING MONTAGE!«, 28. Oktober 2012, 11:00.
Eine Zusammenstellung von Ausschnitten aus Gaming-Videos, aber mit besseren Quoten als die Clip-Shows im Fernsehen. Felix Kjellberg, auch bekannt als PewDiePie, trägt einen riesigen Kopfhöher, das blonde Haar fällt ihm ins Gesicht, er hat einen Dreitagebart. Die Aufnahme seiner Webcam ist in einer Ecke des Bildschirms eingeblendet. Er erzählt, was in dem Spiel passiert, das er gerade spielt, kommentiert alles mit einer Flut an »Fucks« und Freudenschreien und Imitationen von Cartman aus *South Park*. Er hat Segmente von mehr als zwanzig Gaming-Sessions zusammenschnitten. »Ich hab so eine Scheißangst«, sagt er, als er ein Horror-Spiel spielt, seine Spezialität. *Kreisch*. In der neunten Minute des Videos öffnet Kjellberg den Brief eines Fans. Ein Kondom. »*Bleib so cool, wie du bist, Pewds*«, liest er vor und grinst albern.

Kjellberg war für die Veränderungen bei YouTube perfekt aufgestellt. Er lebte in Europa, wo YouTube mehr Creators haben wollte, und verstand intuitiv, wo der Reiz der Plattform lag. In einem neuen Format namens »Fridays with PewDiePie« gab er nun mehr von sich preis und sprach dabei direkt zu seinem Publikum. »Meinen Fans sind professionelle High-End-Produktionen eigentlich gar nicht wichtig«, sagte er in einem Interview.[3] »Wir sitzen alle einsam vor dem Computerbildschirm – das ist es, was uns verbindet.« Noch wichtiger war vielleicht, dass PewDiePies Gaming-Videos sich sehr leicht finden ließen. In der Beschreibung seines Highlight-Videos hatte er alle Spiele aus dem Video genannt und verlinkt. Für das System von YouTube waren solche Listen ein gefundenes Fressen: Immer wenn Leute nach diesen Spielen suchten oder ähnliche Videos ansahen, empfahl der Algorithmus PewDiePies Videos.

Das fiel jedem bei YouTube auf. Gamer zogen jede Menge junge, männliche Zuschauer an, und für bestimmte Werbepartner war das ideal. Maker Studios unter der Führung von Danny Zappin fiel auf, dass der blauäugige, gut aussehende Kjellberg mehr weibliche Zuschauer anzog als andere Gamer.

Für Maker Studios war Let's Play die Chance, sein Geschäftsmodell zu überholen. Das Studio hatte weitere YouTube-Stars und sogar Promis wie Snoop Dogg für Videos angeheuert, die in den neu angemieteten Büroräumen vor einem riesigen Greenscreen gedreht wurden. Anfang 2011 vereinte Maker Studios 150 Kanäle in seinem Netzwerk und war für mehr als 300 Millionen Aufrufe pro Monat verantwortlich. Die Reichweite kam an die der TV-Networks heran. Aber viele Kanäle von Maker Studios verließen sich auf teure Produktionen mit Skript, deren Kosten nicht immer von den Werbeeinnahmen gedeckt wurden. Nachdem YouTube auf die Wiedergabezeit umgestellt hatte, konnte man den wirtschaftlichen Umbruch nicht mehr ignorieren. Gamer filmten sich dabei, wie sie zockten und etwas dazu erzählten. Vielleicht bearbeiteten sie die Videos ein wenig, fügten Animationen hinzu, doch meistens luden sie die Aufnahmen direkt auf YouTube hoch. Man musste keine Fixkosten für die Produktion oder riesige Greenscreens bezahlen. Und Fans sahen mindestens zehn Minuten lang zu.

David Sievers, der Steuerfachmann aus YouTubes Anfangszeit und im früheren Leben Jugendgruppenleiter einer Kirche, war für die Gaming-Projekte bei Maker Studios verantwortlich und entwickelte ein Faible für den fluchenden Großmeister des Let's Play, PewDiePie.

Durch die Änderung bei YouTube und den Druck, die Ziele der Investoren zu erreichen, startete Maker Studios einen Angriff auf Machinima, das Gaming-Netzwerk, und warb ihnen YouTuber ab, indem es ihnen bessere finanzielle Bedingungen bot. Maker Studios stellte fest, dass Machinima mit Kjellberg einen »Vertrag auf Lebenszeit« geschlossen hatte, der sich jedoch als fadenscheiniges juristisches Dokument entpuppte, das PewDiePie leicht kündigen konnte. Sobald er bei Maker Studios unterschrieben hatte, stiegen seine Zuschauerzahlen noch schneller. Maker Studios beschloss, ihm zur Feier der drei Millionen Abonnenten, mit denen er in die obersten YouTuber-Ränge aufstieg, eine Party zu schmeißen. Als PewDiePie noch während der Planungsphase die Vier-Millionen-Marke knackte, mussten sie von vorne anfangen. Man entschloss sich dann, gleich sechs Millionen Abonnenten zu feiern.

Maker Studios mietete ein Lager in Culver City, heuerte ein paar Taco-Trucks an und lud Hunderte Gäste ein. Kjellberg war geschmeichelt und hatte selbst nur wenige Wünsche. »Ich hab gehört, in Amerika kann man Kuchen mit seinem Gesicht drauf kriegen«, sagte er zu einem Angestellten. Sie erfüllten ihm seinen Wunsch.

Blogbeitrag vom YouTube-Team vom 12. April 2012: »Ein YouTube-Creator zu sein, lohnt sich ab sofort mehr denn je«
Die Partner produzieren bereits Videos, die ein großes und treues Publikum anziehen, während sie sich selbst eine Karriere aufbauen. Aber wir wissen, dass es da draußen noch viel mehr Creators gibt, die ihre Talente mit anderen teilen wollen, und wir wollen sie dabei unterstützen, ihre Ziele zu erreichen, wie auch immer diese aussehen.

Das Frühjahr bei YouTube war extrem arbeitsreich. Einen Monat nachdem YouTube den Algorithmus geändert hatte, beschloss man eine weitere Maßnahme, die nicht weniger folgenreich sein sollte: YouTube öffnete die Schleusen und ermöglichte es praktisch jedem, Geld zu verdienen. Fünf Jahre zuvor hatte das Unternehmen damit begonnen, seine Werbeumsätze mit einer Handvoll erfolgreicher »Partner« zu teilen; deren Zahl war inzwischen auf etwa 30 000 angewachsen. Aber die Führungsetage von YouTube war mit dem Verfahren nicht zufrieden.

Zum einen war es überhaupt nicht wirtschaftlich. Die US-Werbeindustrie hatte sich zwar für YouTube erwärmen können, aber YouTube hatte ja auch Nutzer im Nahen Osten und in Südostasien, und dort war die Website noch gar nicht für Werbespots ausgelegt. Außerdem deaktivierten manche Creators die Werbung auf ihren Kanälen, weil sie sich Sorgen machten, dass sich ihr Publikum darüber ärgern würde. Beides führte dazu, dass YouTube gemessen an seinen *möglichen* Einnahmen viel zu wenig Werbeplätze zur Verfügung hatte. Mehrotra war schon Jahre zuvor mit einem ähnlichen Dilemma konfrontiert gewesen, als er mit dem improvisierten Vorstand von YouTube aneinandergeraten war. Die Lösung schien auch jetzt recht naheliegend: Mehr Platz für Werbung musste her.

Und es gab noch ein Problem: MCNs wie Maker Studios und Machinima gelang es vor allem deshalb, sich auf einen Schlag Hunderte Kanäle zu schnappen, weil dies für viele YouTuber die einfachste Methode war, Geld zu verdienen. Das machte die MCNs zu Königsmachern, und YouTube hatte etwas gegen Königsmacher. Kamangar und Mehrotra verkündeten ständig, ihr Prinzip für die Website sei, dass sie »gleiche Wettbewerbsbedingungen« für alle bot: Creators standen bei YouTube auf einer Stufe mit Promis, einfache Bürger mit Nachrichtensprechern, Beauty-Vloggerinnen mit Fashionistas. Und der Arabische Frühling, der zu diesem Zeitpunkt noch nicht in einen tödlichen Winter übergegangen war, rechtfertigte diesen Egalitarismus auch politisch. Einige YouTuber, die von den jüngsten Änderungen am Algorithmus betroffen waren, fanden es unfair, dass plötzlich viel mehr Creators Geld bekamen als bisher. Doch für YouTube, das seine Daten immer als Ganzes betrachtete, sah es eher so aus, als würde der Reichtum nun gleichmäßiger verteilt.

YouTube erlaubte von jetzt an jedem, der ein Video hochlud, mit Werbung Geld zu verdienen, solange er nicht zu oft gegen das Urheberrecht oder die Richtlinien zu Hassrede oder Gewaltdarstellungen verstieß. Die Zahl der Kanäle, die Werbung schalteten, stieg von 30 000 auf mehr als drei Millionen. Es war zweifellos das kühnste Experiment zur Selbstverwaltung im Bereich Massenmedien und Internet, und es hob eine der größten Webökonomien aller Zeiten aus der Taufe.

Im Nachhinein erkannten viele Beteiligte, dass es auch Nachteile hatte, Millionen Menschen mit finanzieller Unterstützung von Google alles posten zu lassen, was sie wollten. Es gab nur wenige Kontrollmechanismen. Ein paar Mitarbeiter von YouTube berichteten später, sie hätten bestimmte Schwellen vorgeschlagen, um Werbung schalten zu dürfen, beispielsweise eine bestimmte Wiedergabezeit. Dean Gilbert, der Leiter der Content-Abteilung, wiederholte sein Mantra: »Nicht alle Pixel sind gleich.« Er war der Ansicht, dass verschiedene Kategorien auch verschieden teure Werbeplätze verdienten. Aber am Ende siegte das Argument, man wolle gleiche Wettbewerbsbedingungen für alle schaffen.

Ebenfalls im Nachhinein erinnerten sich manche noch an weitere Fehltritte. YouTube maß nicht, welcher Anteil der Wiedergabezeit auf Videos entfiel, die anschließend von den Zuschauern als unangemessen oder unerwünscht gemeldet wurden. Als sie die Ausweitung des Werbeprogramms vorbereiteten, führten die Mitarbeiter keine langen Debatten darüber, wer das Recht haben sollte, seine Videos zu monetarisieren. Sie befürchteten eher, dass viele Creators wussten, dass sie nicht genug Zugkraft hatten, um nennenswerte Umsätze zu erzielen. Die meisten wussten es nicht. Viele versuchten es trotzdem.

Kapitel 14
Disney Baby Pop-up Pals Ü-Ei Ostereier Kinderüberraschung

Harry Jho las die E-Mail, aber er konnte nicht glauben, was er da las. Ein *Mensch* bei YouTube? Die Hoffnung, bei YouTube mal mit einem echten Menschen zu sprechen, hatte er eigentlich längst aufgegeben. Einmal hatte ihm ein Angestellter eine Visitenkarte überreicht. Ein vielversprechendes Zeichen, fand er. Dann erst hatte er sich die Karte näher angeschaut. Darauf stand überhaupt kein Name, sondern nur eine E-Mail-Adresse. Und die lautete: support@google.com.

Jho arbeitete an der Wall Street als Wertpapieranwalt für die Bank of America. Zusammen mit seiner Frau Sona betrieb er in seiner Freizeit Mother Goose Club, einen YouTube-Kanal, auf dem Menschen in bunten Tierkostümen Kinderlieder sangen. In den Neunzigerjahren hatten die Jhos in Südkorea Englisch unterrichtet. Dann wurde Harry Banker, und Sona, die in Harvard Pädagogik studiert hatte, produzierte Filmchen für den örtlichen Offenen Kanal und für PBS, das nichtkommerzielle Fernsehen, wo man immer Material für die Sendeminuten zwischen zwei Sendungen brauchte, da ja keine Werbung ausgestrahlt wurde. Die Jhos waren koreanischstämmige Amerikaner und hatten zwei kleine Kinder, und irgendwann war ihnen aufgefallen, wie wenige Gesichter im Kinderfernsehen wie die ihrer Familie aussahen. Als Pädagogen wussten sie um die pädagogischen Schwächen des Fernsehens. Kinder lernten neue Wörter schneller, wenn sie sahen, wie sich die Lippen bewegten, aber der Mund des lila Dinosauriers Barney hatte keine Lippen, und Baby Einstein präsentierte hauptsächlich

Spielzeug. Also gründeten sie den Mother Goose Club, investierten in ein Studio und engagierten Schauspieler, die sich Tierkostüme anzogen und Kinderlieder wie »The Itsy-Bitsy Spider« und »Hickory Dickory Dock« sangen. Wie die Teletubbies, nur weniger bizarr. Die Jhos planten, DVDs an Eltern zu verkaufen, um das Interesse für eine mögliche Fernsehsendung zu wecken, die sie produzieren wollten. YouTube war für sie zunächst nur ein Ort im Netz, wo sie gratis ihre Clips speichern konnten. Harry Jho eröffnete 2008 ein YouTube-Konto, ohne sich viel dabei zu denken.

Erst zwei Jahre später begann er damit, sich nach Feierabend die Zahlen des Kontos anzuschauen. *Eintausend Aufrufe*. Am nächsten Tag schaute er wieder hinein. *Zehntausend*. Wenn er auf YouTube nach anderen Videos für Kinder suchte, war die Ausbeute ziemlich mager. »*Vielleicht sollten wir das mit dem Fernsehen sein lassen und die Ersten sein, die das hier machen*«, dachte er sich. Zumindest so lange, bis Nickelodeon auf den Plan trat.

Im Frühjahr 2011 erhielt er dann die besagte E-Mail von einem Menschen bei YouTube: eine Einladung in die Google-Niederlassung in Manhattan. Der Mitarbeiter zeigte Jho die Entwürfe für die Neugestaltung der Website und hatte noch ein paar Tipps auf Lager. Am Ende des Treffens stellte Jho ihm eine Frage, die ihm die ganze Zeit auf den Nägeln brannte: »Warum haben Sie gerade *uns* kontaktiert?«

»Sie sind im Moment so ziemlich der größte YouTuber in New York«, antwortete der Mitarbeiter.

Das war Jho bis dahin gar nicht klar gewesen.

Harry und Sona Jho waren wortkarg und wirkten mit ihren Brillen und ihrer praktischen Kleidung eher wie Teilnehmer eines Elternabends als wie YouTube-Stars. Aber ein Jahr zuvor war das iPad auf den Markt gekommen, ein praktisches Gerät, das gestresste Eltern ihren Kleinkindern in die Hand drücken konnten, um sie zu beschäftigen. Schon bald sollte YouTube eine Funktion einführen, mit der man automatisch ein Video nach dem anderen abspielen konnte. Nach dem Treffen mit Google hatten die Jhos auf ihrem Kanal noch mehr Traffic. YouTube gab ihnen die Erlaubnis, in ihren Videos Werbung zu schalten. Ein Jahr später stellte YouTube auf die Priorisierung der Wiedergabezeit um. Und schon bald bekam der Mother Goose Club Gesellschaft. Es begann mit BluCollection, einem anonymen Kanal, auf dem ein Mann Videos postete, in denen man sah, wie seine Hände Spielzeuge über den Fußboden schoben. Den Jhos fiel auf, dass diese Clips nach und nach in der Seitenleiste neben ihren Videos auftauchten. Dann erschienen weitere sehr ähnliche Videos, die bald die gesamte Seitenleiste einnahmen. Und dann eroberten diese Videos YouTube.

Eltern und Bürokraten ist schon immer wichtig gewesen, was Kinder sich ansehen. In den Siebzigerjahren drängte ein Verband aus Anwälten und Pädagogen, die die *Sesamstraße* ins Fernsehen gebracht hatten, auf strengere Werberichtlinien, da sie befürchteten, kleine Kinder könnten Sendeinhalte noch nicht von Werbung unterscheiden. Die 1990 von der Federal Communications Commission (FCC) verabschiedeten »Kidvid«-Richtlinien gingen sogar noch weiter: Sie verpflichteten die Fernsehsender, das Kinderprogramm nur zu bestimmten Tageszeiten zu senden, und gaben vor, wie oft darin Werbung gezeigt werden durfte.[1] Fernsehsender, die versuchten, die Richtlinien zu umgehen, liefen Gefahr, ihre Lizenz zu verlieren.[2]

Dann kam das Internet. Ein alarmierendes *Time*-Cover aus dem Jahr 1995 zeigte einen blonden Jungen mit aufgerissenen Augen vor einer Tastatur. Unter ihm prangte drohend das Wort »Cyberporn«. »Werden Kinder, die im Internet surfen, der schamlosesten Seite der menschlichen Sexualität ausgesetzt?«, fragte der Artikel. Der Gesetzgeber war mit dem Internet hoffnungslos überfordert. Die Behörden waren so besessen von der angeblichen Bedrohung durch Sex und Gewalt, dass sie andere Bedenken gar nicht zur Kenntnis nahmen, etwa solche bezüglich der Ausgewogenheit pädagogischer Inhalte in Medien und die Auswirkungen eines unkontrollierten Internetkonsums auf die Entwicklung von

Kindern.³ Datenschutzaktivisten, die sich über das schleichende Panoptikum von Web-Trackern wie Googles Cookies Sorgen machten, drängten den US-Kongress, die Online-Aktivitäten von Kindern zu regulieren. Websites luden Kinder ganz offen dazu ein, genau die persönlichen Daten zu teilen, die Vermarktern so wichtig waren. »Gute Bürger des Internets!«, verkündete eine Werbeseite für den Film *Batman Forever*. »Unterstützt Commissioner Gordon bei der Volkszählung in Gotham!« Einen kleinen Sieg errangen die Aktivisten 1998 mit dem Children's Online Privacy Protection Act (COPPA), der es Websites verbot, Daten von Kindern unter 13 Jahren für gezielte Werbung zu sammeln. Doch die Durchsetzung dieser Richtlinie überließ der Gesetzgeber nicht der FCC, die für das Fernsehen zuständig war, sondern der Federal Trade Commission (FTC). Richtlinien für Bildungsprogramme oder Werbung, wie es sie für das Fernsehen gab, sah das Internetgesetz allerdings nicht vor. Beim Fernsehen gab es auch Vorschriften für Darsteller: In einigen US-Bundesstaaten, zum Beispiel in Kalifornien, regelten Gesetze für Film und Fernsehen, wie viele Stunden pro Tag Kinderdarsteller vor der Kamera stehen durften, und sahen Schutzmaßnahmen für ihre Einkünfte vor. Für das Internet gab es so etwas nicht.

Aber immer mehr Kinder gingen online, und der riesige Entertainmentkomplex, der auf sie ausgerichtet war, folgte ihnen auf dem Fuße.

YouTube bekam die Auswirkungen davon früh zu spüren. Schon vor der Übernahme durch Google hatte Kevin Donahue, ein ehemaliger Producer bei Cartoon Network, den Gründern von YouTube eine neue Idee vorgestellt: eine Version ihres Portals speziell für Kinder. Sie verwiesen ihn an den Anwalt der Firma, der von der Idee aber nichts wissen wollte. Der COPPA verlangte von Websites geradezu akrobatische Leistungen, um eine Kids-Version ins Leben zu rufen, und YouTube hatte so wenig Personal, dass alle juristischen Ressourcen für Urheberrechtsstreitigkeiten draufgingen. YouTube verlangte von Uploadern, mit einem Haken zu bestätigen, dass sie mindestens 13 Jahre alt waren. Die Nutzungsbedingungen der Seite legten fest, dass sie nur für Personen ab 13 Jahren geeignet war, also wurde sie – zumindest auf dem Papier – auch nur von Personen ab 13 Jahren genutzt.

Google hatte ähnliche Schlussfolgerungen gezogen. Yahoo, sein alter Erzfeind, hatte einst eine eigene Kinder-Website (Yahooligans) gehabt, und ein paar Mal im Jahr schlug bei Google irgendjemand eine kinderfreundliche Version der Google-Suche vor. Die Idee kam nie über einen ganz bestimmten Punkt hinaus: *Wie entscheiden wir, was kinderfreundlich ist?* Einige YouTube-Mitarbeiter, die Kinder hatten, entdeckten Kinderlieder oder Abc- und Spielzeugvideos, die sich eindeutig an Kleinkinder richteten – selbst bevor BluCollection auf den Plan trat, waren die Jhos nicht die Einzigen, die so etwas produzierten –, und ärgerten sich über deren mangelnde Qualität. »Kompletter Schrott«, erinnert sich eine Mutter.

Alle Vorschläge, den »Schrott« zu beseitigen, liefen über Hunter Walk, den Produktmanager, der einst der Kommentarspalte an den Kragen wollte. Walk kannte sich in der Jugendkultur und der Welt der Kinder aus. Während seiner Ausbildung hatte er ein Praktikum bei Mattel gemacht und früher einmal in einer Buchhandlung für Kinderbücher gearbeitet. Trotzdem war er gegen die Vorschläge seiner Kollegen. Auf YouTube gab es einfach nicht genug hochwertiges Material für Kinder, als dass das Ganze mehr werden würde als eine minderwertige Version des Kabelfernsehens. (Viacom hatte Nickelodeon gekauft, daher wusste man bei YouTube, dass sie deren Sendungen nicht bekommen würde.) Zwar gab es auf YouTube einige Klassiker des Kinderfernsehens – bei der zweiten VidCon wurde ein Clip aus der *Sesamstraße* gezeigt –, doch die galten als Nostalgie-Clips, nicht als Videos, die sich speziell an Kinder richteten. Die Mitarbeiter wussten, dass Creators wie Fred bei Kindern hoch im Kurs standen, redeten sich aber ein, dass hauptsächlich fernsehmüde Teenager Freds Clips anschauten und dass Kinder unter 13 Jahren das nur unter der Aufsicht von Erwachsenen taten, genau wie es das Kleingedruckte von YouTube vorschrieb.

Nach und nach wurden aber so viele Inhalte hochgeladen, die eindeutig für Grundschüler oder sogar Vorschulkinder produziert waren, dass einige Mitarbeiter bei YouTube das Gefühl hatten, sie müssten etwas tun. Walk nahm sich Anfang 2011 wegen einer chronischen Sehnenscheidenentzündung eine Auszeit von YouTube. Als er im Herbst zurückkehrte, hatte er eine halb gare Idee im Gepäck: »YouTube for Good« – eine Patchwork-Initiative, um die Website für Aktivisten, gemeinnützige Organisationen und Schulen attraktiver zu machen. Die meisten Schulbezirke sperrten YouTube zum Schutz der Kinder an ihren Rechnern, aber Bildungs- und Lernvideos boomten: Die Green-Brüder hatten ihre Shows, und der Hedgefonds-Analyst Salman Khan zeigte auf seinem Kanal »Khan Academy« seit Kurzem Mathematik-Lektionen – im Silicon Valley gab es damals eine Fraktion, die unbedingt die höhere Bildung ins Internet bringen wollte.

Walks Team dachte sich für diese Creators einen eigenen Namen aus: EduTuber.[4] Er gab ihnen Tools an die Hand, sorgte für Aufmerksamkeit. Er warb an Schulen und bei Politikern für die Vorteile von YouTube für Schüler. Wenn die Schulen YouTube zuließen, so die Überlegung, würde automatisch mehr hochwertiges Material für Kinder entstehen.

Andere Elemente von Walks »YouTube for Good«-Projekt zielten darauf ab, die Seite seriöser aussehen zu lassen.

Die Programmierer entwickelten ein Tool, mit dem man Gesichter in Videos unkenntlich machen konnte, damit Demonstranten weniger Angst vor Konsequenzen haben mussten, wenn sie ihr Material hochluden. Ein Team arbeitete an einer Funktion, mit der man Tweets und andere Online-Kommentare zu YouTube-Videos auf der Website und der Startseite einfügen konnte, sodass die Website mehr wie eine Nachrichtenseite wirkte. Zuvor hatte Walk YouTube das »Wohnzimmer der Welt«[5] genannt (und so dem herkömmlichen Fernsehen ans Bein gepinkelt). Jetzt bezeichnete er es als »Klassenzimmer der Welt«.

Doch gerade als das Unternehmen beschloss, mehr auf Bildung und Gemeinnützigkeit zu setzen, wurde es von einem hausgemachten Phänomen überrascht, das mit aller Macht in eine ganz andere Richtung drängte.

▶

Das Phänomen machte sich wie immer zuerst in den Daten bemerkbar. Einige Coolhunter von YouTube, die ehemaligen Kuratoren der Startseite, hatten sich inzwischen in einer Marketingabteilung namens YouTube Trends zusammengefunden. Jede Woche verschickte die Abteilung den Bericht *What's Trending*, eine Übersicht neuer Trends auf YouTube. Die Mitarbeiter der Abteilung pflegten außerdem eine Liste mit den hundert Kanälen, die die höchsten Werbeeinnahmen erzielten. Aus dem Nichts tauchte plötzlich ein ziemlich seltsamer Kanal in den Trends auf und kletterte zugleich in der Liste der Topverdiener immer weiter nach oben.

DisneyCollectorBR: »Giant Princess Kinder Surprise Eggs Disney Frozen Elsa Anna Minnie Mickey Play-Doh Huevos Sorpresa«, 24. März 2014, 14 : 27.
»Hey Leute, hier ist die Disney-Sammlerin!« Wir sehen zwei Dutzend Überraschungseier in verschiedenen Größen, auf deren Verpackung Figuren aus verschiedenen Kinderserien und -filmen abgebildet sind. Die Stimme ist hell, melodisch und hat einen leichten Akzent. Das Gesicht der Sprechenden sehen wir nicht. Die Kamera zeigt ihre Hände, die Fingernägel sind schwarz lackiert, es sind winzige Bilder von Disney-Prinzessinnen daraufgeklebt. Sie kündigt jedes Ei einzeln an: »Micky Mauuuus.« Dann packt sie die Überraschungseier aus – sie zieht die Alufolie ab, knackt das Schokoladenei und öffnet die kleine Plastikkapsel mit dem Spielzeug darin. Dann weiter zum nächsten.

So etwas wie DisneyCollectorBR hatte YouTube noch nicht erlebt. In jenem Sommer hatte das beliebteste Video des Kanals, ein vierminütiges Unboxing-Video, 90 Millionen Aufrufe. Insgesamt wurden die Videos 2,4 Milliarden Mal angesehen. Bei Tubefilter, einer Online-Hitliste für YouTube,[6] war DisneyCollectorBR auf Platz 3 der meistgesehenen Kanäle, hinter PewDiePie und Katy Perry. Es dauerte nicht lange, bis der Kanal der Spitzenreiter wurde. Ein Marktforschungsunternehmen schätzte, dass DisneyCollectorBR mit Werbung auf YouTube bis zu 13 Millionen Dollar pro Jahr verdiente. Die Videos hatten irgendeine mysteriöse Qualität, die etwas mit den Neuronen in den Gehirnen von Kindern machte, das niemand so recht nachvollziehen konnte. Zumindest niemand bei YouTube. »Ich glaube, sie dringt irgendwie in die Köpfe der Kinder ein«, sagte ein Vermarkter einem Reporter.[7] Unboxing-Videos, in denen Tech-Rezensenten ihre Fetischartikel – iPods und Smartphones – auspackten, gab es schon seit Jahren. Der neue Fetisch war Kinder Überraschung von der italienischen Firma Ferrero. Weil die kleinen Spielzeuge in ihrem Inneren eine Erstickungsgefahr darstellten, waren Überraschungseier in den USA verboten. YouTuber, die dem Trend folgten, den DisneyCollectorBR ins Leben gerufen hatte, kauften Überraschungseier wie Schmuggelware auf eBay.

Bei Maker Studios beobachteten Angestellte diese Modeerscheinung genau und nannten diese Seiten »Hand-Kanäle«. Andere YouTuber nannten sie »die Gesichtslosen«. Wie frühere YouTube-Hits nutzten auch diese Kanäle das Herzstück von Google, um an Aufrufe zu kommen: die Suche. Unter dem Video von DisneyCollectorBR steht beispielsweise der folgende Mischmasch an Begriffen: *Princess egg, frozen eggs, Scooby doo, hello kitty, angry birds, sofia the first, winnie the pooh, toy story, playdoh surprise.* Eine Keyword-Suppe. Die Titel der Spielzeug-Unboxing-Videos folgten einer ähnlichen Logik. »Choco Toys Surprise Mashems & Fashems DC Marvel Avengers Batman Hulk IRON MAN«, »Disney Baby Pop-up Pals Easter Eggs SURPRISE Mickey Goofy Donald Pluto Dumbo«. Die Titel waren nicht für die Zielgruppe oder auch nur für deren Eltern gedacht, sondern für Algorithmen – für die Maschinen, die sie absorbieren sollten. Wie viele andere Mediengiganten weigerte sich auch Disney, wertvolles Material auf You-

Tube zu veröffentlichen. Wenn die Leute also »Frozen Elsa« oder »Marvel Avengers« – Disney hatte Marvel im Jahr 2009 gekauft – eintippten, zeigten ihnen die Maschinen Videos der »Gesichtslosen«. Jemand im Hollywood-Team von YouTube beobachtete diesen Trend voller Bestürzung und dachte: »*Der Algorithmus ist echt abgefuckt.*« In den niederen Gefilden von YouTube gab es aber noch viel düsterere Auswüchse. Einmal sichtete ein PR-Mitarbeiter eine Reihe von Videos, die von den Zuschauern gemeldet worden und so bei YouTubes Moderationsabteilung gelandet waren. Bei einem Clip war Bugs Bunny, der eine sehr junge Zielgruppe hatte, in ein gewalttätiges Ego-Shooter-Spiel eingebaut worden. »Mag sein, dass das Kinder nicht unbedingt traumatisiert«, fand die Mitarbeiterin, »aber es ist wirklich *skurril*.« Und es war relativ harmlos im Vergleich zu den skurrilen Sachen, die noch kommen sollten.

Die meisten »gesichtslosen« Kanäle wie DisneyCollectorBR waren anonym. Die ersten Stars hatten zwar ebenfalls Pseudonyme benutzt, aber sobald ein gewisser Ruhm winkte, hatte die Öffentlichkeit in der Regel erfahren, wer dahintersteckte, oder man kannte zumindest ihr Gesicht. Sie hatten einen Manager, einen Agenten, eine Entourage, ein Twitter-Profil. Damit ihnen die Werbeeinnahmen ausgezahlt wurden, mussten die YouTuber der Firma einen Namen und eine E-Mail-Adresse nennen, doch aus Datenschutzgründen teilte das Unternehmen diese Informationen seinen Angestellten nicht mit. DisneyCollectorBR stellte YouTube vor eine noch nie da gewesene Situation: Das Unternehmen wusste fast nichts über seinen beliebtesten Kanal.

Ein Mensch von YouTube rief Harry Jho an und fragte ihn: »Wissen Sie zufällig, wer das ist?«

▶

Jho gab seinen Job bei der Bank auch dann nicht auf, als das erste Geld von Google kam. Dafür waren die Einkünfte nie regelmäßig genug. In manchen Monaten, zum Beispiel in den Schulferien oder in der Weihnachtszeit, spielte der Kanal der Jhos mit YouTube-Werbung 700 000 Dollar ein, in anderen Monaten sanken die Umsätze auf 150 000 Dollar. Wie sollten sie mehrere Mitarbeiter einstellen, wenn sie ihnen keinen sicheren Lohn garantieren konnten? Wäre YouTube ihr einziges Einkommen gewesen, »dann wären wir vor lauter Stress verrückt geworden«, erinnert sich Jho.

Als sein Kanal in Schwung kam, bekam er einen Anruf von einem Vertreter von Maker Studios. Jho war zunächst durchaus interessiert. Doch als er den zweiten und dritten Anruf erhielt und jeweils ein anderer Anwerber von Maker Studios am Apparat war, wurde ihm klar, dass man dort lediglich eine Liste abarbeitete. Er besuchte YouTube-Veranstaltungen – VidCon und Kidscreen Summit, ein ähnliches Event für Kindermedien – und fragte andere Creators, was es einem brachte, bei einem MCN zu unterzeichnen. *Nicht viel.*

YouTube war zwar benutzerfreundlicher geworden, aber die Inhalte von Videos waren seinen Algorithmen im Großen und Ganzen egal. Einmal war die YouTube-Seite des Mother Goose Club voll mit Werbung für einen neuen Horrorfilm, ein Spin-off des *Exorzisten.* Direkt neben »Skip to My Lou« tauchte ein Miniaturbild mit dem verzerrten Gesicht eines von Dämonen besessenen Mädchens auf. »Wir sind ein Kanal für Kinder«, ärgerte sich Jho. »Das will doch keiner sehen.« Er versuchte vergeblich, sich bei YouTube zu beschweren. Schließlich fand er eine Lösung: Wenn er Werbung *für seinen eigenen Kanal* kaufte, die auf YouTube lief, verschwand nicht nur der *Exorzist,* sondern der Traffic stieg auch rapide an.

2014 hatten die Überraschungseier YouTube komplett erobert. Die Formel, um in die Seitenleiste mit den »Ähnlichen Videos« zu gelangen – und dort von Kindern gesehen zu werden –, war leicht durchschaubar. Die Jhos hielten in ihrem Büro in Manhattan eine Besprechung ab und schauten sich die bunten, mit Keywords vollgestopften Videos von DisneyCollectorBR und ihren zahllosen Nachahmern an. »Solche Videos sind billig zu produzieren«, stellte Jho fest. »Wir könnten einen Raum einrichten und für ein paar

Tausend Dollar solches Spielzeug kaufen.« Sie starrten wieder auf die Seitenleiste. »Das ist wie in einem Porno«, meldete sich schließlich ein Freund zu Wort, der mit im Büro saß. »Das sind Spielzeug-Pornos.«

Sie ließen den Vorschlag wieder fallen.

Während die Gesichtslosen YouTube übernahmen, geschah noch etwas anderes: Immer mehr Angestellte der Firma bekamen selbst Kinder, und diejenigen, die schon ältere Kinder hatten, mussten sich unablässig das Gequengel anhören, wann sie ihnen endlich eigene Endgeräte erlauben würden.

Unter den Eltern des Silicon Valley war es ironischerweise weit verbreitet, seine Kinder von dem, womit man seine Brötchen verdiente, möglichst fernzuhalten. Angeblich gewährte Steve Jobs seinem Nachwuchs kaum Zugang zu moderner Technologie. Wie Jobs verbrachten die Angestellten von YouTube Stunden damit, Code und Geschäftspläne zu überprüfen, mit denen die Nutzer möglichst lange auf der Seite gehalten werden sollten, bevor sie nach Hause gingen und ihren Kindern befahlen, YouTube auszumachen. Dass die Website gerade für Kinder, deren Gehirne neue Eindrücke aufsogen wie ein Schwamm, ein hohes Suchtpotenzial hatte, war offensichtlich. Für manche Angestellten fühlte es sich an, als würden sie bei einem Zigarettenhersteller arbeiten. Die Chefs von YouTube, loyale Googler, versuchten, dieses Problem zu messen und in eine Metrik zu packen.

Sie dachten sich Kategorien aus: »lecker« und »nahrhaft«. Der Spott, nur »Kaugummi für die Augen« zu sein, mit dem sich das herkömmliche Fernsehen herumschlagen musste, traf auch auf weite Teile von YouTube zu. Die Videos waren wie Süßigkeiten: bunt, zuckrig, süchtig machend. Doch es gab auch viele Videos, die lehrreich und gesund waren, fand YouTube. (Und wenn man die Stunden zusammenzählte, gab es auf jeden Fall mehr davon als im Fernsehen.) »Leckere« Videos verbesserten die Wiedergabezeit, doch einige Angestellte warnten, dass diese Zuschauer nicht zwangsläufig auch auf YouTube blieben. *Wenn man sich den Bauch mit Schokolade vollgeschlagen hat, hat man immer ein schlechtes Gewissen.* Was, wenn es den Leuten ähnlich ging, nachdem sie stundenlang Unboxing-Videos geschaut hatten? Was, wenn Eltern, die feststellten, wie lange ihre Kinder die Gesichtslosen schauten, ihnen die Süßigkeiten wegnahmen? »Auf lange Sicht können wir nur erfolgreich sein, wenn die Leute glücklich sind, nachdem sie ein Video geschaut haben«, sagte Mehrotra den Angestellten bei einem Meeting in San Bruno. »Es reicht nicht, wenn sie nur am Anfang oder mittendrin glücklich sind.« (Nach Walks Abgang hatte Mehrotra die Leitung der Produkt- und Softwareentwicklung übernommen.) YouTube maß, wie lange zugeschaut wurde, aber die Angestellten wollten etwas, das sich qualitativ besser eignete, um »leckere« Videos zu messen. Das Team hinter »YouTube for Good« erstellte eine Umfrage, die am Ende einiger Videos eingeblendet wurde und bei der man die Antworten als Kästchen anklicken konnte. Die Frage lautete: »Wie kannst du eine Stunde deiner Zeit am besten nutzen?«

– Mit einem Buch
– Im Fitnessstudio
– Vor dem Fernseher
– Mit YouTube

YouTube war nicht das Fernsehen. Hier konnten »nahrhafte« Videos nicht einfach die besten Sendezeiten bekommen. Stattdessen schlug Walk einen »Goodness Score« vor, der lehrreichen Videos von Creators wie »Khan Academy« und den Green-Brüdern bessere Positionen in der YouTube-Suche verschaffte. In Meetings und interner Korrespondenz nannte YouTube das »Brokkoli« (oder manchmal »Brokkoli mit Schokoladenüberzug«.) Einige formulierten Brokkoli-OKRs. Die *Torso*-Abteilung, die sich um immer mehr Creators kümmern musste, entwarf Pläne, um mehr als 30 Prozent der Wiedergabezeit aus »nahrhaften« Videos zu generieren. Programmierer, die an der Suchfunktion von YouTube und an Werbeschaltungen arbeiteten, diskutierten die Idee. Doch in einer schicksalhaften Wendung verliefen die Diskussionen im Sande. Es wurden keine firmenweiten Ziele oder Ergebnisse formuliert.

Man war bei demselben Problem hängen geblieben, das auch die Pläne für eine auf Kinder spezialisierte Google-Suche hatte ins Leere laufen lassen: *Was genau ist »nahrhaft«? Wie entscheiden wir das? Können wir Qualität in den Algorithmus einprogrammieren? Ist das überhaupt erstrebenswert?* Einige, die bei YouTube an pädagogisch wertvollen Inhalten arbeiteten, entwickelten eine spezielle App für Kinder. Walk verließ die Firma. Man legte keine Metriken fest. »Wenn man es nicht messen kann«, so äußerte sich ein Geschäftsführer, »tut man einfach so, als existierte es nicht.«

Abgesehen davon waren größere, hässlichere Schlachten zu schlagen, die die Aufmerksamkeit aller in San Bruno in Anspruch nahmen – Auseinandersetzungen mit anderen und Auseinandersetzungen innerhalb von Google.

Kapitel 15
Die fünf Familien

Salar Kamangar rief Francisco Varela an einem späten Freitagabend im Jahr 2012 an. Varela war für die Beziehungen mit Geschäftspartnern von YouTube verantwortlich. Der Geschäftsführer war angespannt. »Bist du sicher?«, fragte er.

Das Unternehmen bereitete sich darauf vor, ein großes Wagnis einzugehen. Jahre zuvor hatte es einen Deal mit Apple abgeschlossen, dank dem YouTube auf jedem iPhone (mit Ausnahme derer, die in China verkauft wurden) vorinstalliert wurde, was YouTube Millionen neuer Zuschauer gebracht hatte. Im Gegenzug erhielt Apple einen kleinen Anteil am Umsatz von YouTube. Und weil der Deal unter dem Design-Fanatiker Steve Jobs abgeschlossen worden war, durfte Apple entscheiden, wie die YouTube-App auf dem iPhone aussehen sollte (Jobs starb 2011).

Die Angestellten bei YouTube waren der Meinung, dass Apple neue App-Funktionen nicht schnell genug hinzufügte oder sie sogar gänzlich ignorierte. Angesichts der rasant steigenden Zahl der Menschen, die mit dem Handy ins Internet gingen, bereitete es YouTube große Sorgen, so sehr von Apples Launen abhängig zu sein. Kamangars Leute beknieten ihn, den Deal mit Apple aufzukündigen, damit sie wieder selbst über das Design der App entscheiden konnten. YouTube musste nirgendwo vorinstalliert sein, fanden sie. Die Nutzer würden die App von ganz allein herunterladen.

Für die YouTube-App auf Smart TVs hatte Varela einen ganz ähnlichen Deal abgeschlossen, und der hatte sich auch ausgezahlt. Doch iPhones brachten viele Millionen Nutzer mehr als Smart TVs. »Glaub mir, Salar«, beschwichtigte Varela seinen Boss, »du wirst nicht einen einzigen Nutzer verlieren.«

Es funktionierte. Nachdem Apple den Stecker gezogen hatte, änderte sich fast nichts an der YouTube-Nutzung auf den iPhones, was einmal mehr bewies, wie wichtig YouTube im Leben der Menschen geworden war. Im darauffolgenden Jahr sollte die Seite eine Milliarde Aufrufe pro Monat verzeichnen. Bald würden Läden, die iPhones und Smart TVs verkauften, auch Lautsprecher und Kühlschränke mit Internetverbindung und Bildschirmen ins Sortiment nehmen, auf denen man YouTube schauen konnte.

Die App auf eine Vielzahl Geräte zu bringen, war nicht einfach – alle bei YouTube mussten anpacken, um eine eigene App für iPhones zu entwickeln und zu vermarkten, und die Verhandlungen mit Geschäftspartnern waren meistens so angenehm wie eine Wurzelbehandlung.

Allem Anschein nach waren diese Projekte allerdings immer noch weniger stressig als die Zusammenarbeit mit den anderen Abteilungen von Google.

Damals war Google so etwas wie ein Feudalherr mit mehreren Lehen, die verschiedene Internetanwendungen kontrollierten: Websuche, Karten, Browser, Werbung. Die meisten Abteilungsleiter waren Alpha-Männchen mit Typ-A-Persönlichkeit und saßen in Larry Pages Vorstand, dem sagenumwobenen »L-Team«. Aber keines der Lehen war so abgeschottet und auf sich gestellt wie Android. Dessen CEO, Andy Rubin, ein brillanter Programmierer und Robotikfreak, baute sein Lehen aus, indem er zahlreichen Smartphoneherstellern, die Apple Konkurrenz machen wollten, eine kostenlose Betriebssoftware zur Verfügung stellte. (Im Gegenzug verlangte Android von den Herstellern nur, dass sie Googles Apps vorinstallierten.) Die Android-Mitarbeiter aßen bei Google in einer eigenen Kantine mit japanischer Küche, die Rubin besonders mochte, und hatten eine Arbeitskultur, bei der sich wie bei Apple alles nur um einen Mann drehte. Der hochgewachsene, schlanke Rubin sah mit seiner Glatze und Brille sogar aus wie Steve Jobs. Und man erzählte sich, dass er zu ähnlichen Schimpftiraden neigte wie der Apple-Chef. Später sollte alles noch viel schlimmer kommen.

Rubin hatte einige Leute von YouTube abgeworben, um als Konkurrenz zu Apples iTunes einen digitalen Store für Musik und Filme zu entwickeln, unter anderem Levine, den ersten Anwalt des Unternehmens. Rubins Programmierer waren auch für die YouTube-App für Android-Handys zuständig. Einige Abteilungsleiter bei YouTube waren der Meinung, dass sie stattdessen den Musikdienst von Google betreiben (Musikvideos waren nach der Umstellung auf die Wiedergabezeit beliebter denn je) und ihre eigene App kontrollieren sollten. Sie drängten Kamangar, der Konfrontationen normalerweise aus dem Weg ging, Rubin zur Rede zu stellen. Seine Stellvertreter wurden Zeugen, wie Kamangar nach dem Treffen mit Rubin völlig erschlagen nach San Bruno zurückkam.

2013 war YouTube in zermürbende Grabenkämpfe mit praktisch allen anderen Abteilungen von Google verwickelt. Android kämpfte um Musik und Apps. Das Networking kämpfte um Bandbreite. Die Websuche kämpfte um Programmierer. Der Vertrieb kämpfte um die Kontrolle. Googles Vertriebsteam wollte, dass Anzeigen, einschließlich der Videowerbung, im Paket verkauft wurden. Die Verantwortlichen von YouTube wollten aber nicht kampflos aufgeben. YouTube wollte wie im Fernsehen Werbeplätze mit Rabatten und Vorauszahlungen verkaufen. Jede Diskussion konnte zu einem lautstarken Schwanzvergleich ausarten. Dem L-Team gehörten zu diesem Zeitpunkt nur wenige Frauen an. Ein ehemaliger Abteilungsleiter nannte die Führungsetage von Google »eine einzige große Schwanzparade«.

Doch der schlimmste Kampf, den YouTube kämpfen musste – und der die Verantwortlichen eine ganze Menge Kraft kostete –, war wegen Google+.

Es gab eine Zeit, in der sein soziales Netzwerk für Google oberste Priorität hatte. Facebook wuchs und wuchs, und jede Sekunde, den die Menschen dort verbrachten, ging auf Kosten vom Rest des Internets, den Google als seinen persönlichen Basar betrachtete. Ab 2011 lenkte Page sein Schiff in Richtung Google+. Wie auf Facebook konnte man auch auf Google+ seine Befindlichkeiten mit anderen teilen und alberne Memes posten, Freunde hinzufügen und mit seinem echten Namen online interagieren. Google hatte große Bedenken, dass sich das Internet – inklusive der ganzen Werbung – auf soziale Verbindungen und Netzwerke verlagern und Google dabei außen vor bleiben würde. Die Boni und OKRs aller Mitarbeiter waren daran gekoppelt, welchen Beitrag sie leisteten, Google+ größer zu machen.

Google+ brach über YouTube herein wie eine biblische Plage. Es begann mit Neugestaltungen – Feeds, individuell zugeschnittenen Videos. Dann sollten die Programmierer von YouTube der Seite winzige Google+-Widgets hinzufügen, damit die Nutzer die Anzeigen teilen konnten, weil auch Facebook »teilbare« Anzeigen hatte. (Fast niemand teilte YouTube-Anzeigen.) Bestimmte Projekte wie »YouTube for Good«, das Tweets und Neuigkeiten aus dem Internet auf der Startseite einbetten sollte, wurden auf Eis gelegt, um mehr Kapazitäten für Google+ zu haben. Neue Anweisungen von ganz oben wurden wie Gebote behandelt. Einmal wurde ernsthaft darüber diskutiert, YouTube.com komplett auf den Video-Tab von Googles Netzwerk zu verlegen – das hätte das Ende von YouTube bedeutet. Kamangar konnte das erfolgreich abwenden, aber allein die Debatte darüber zeigte, dass Google ihn unter der Fuchtel hatte, auch wenn er offiziell der Boss von YouTube war.

Jahre später, nachdem Google+ tot und begraben war, gab es unterschiedliche Diagnosen. Als klar wurde, dass Google+ nicht mit Facebook würde konkurrieren können, vegetierte es wie ein Zombie in einer »kollektiven Halluzination« dahin, so Hunter Walk, der ehemalige Produktmanager bei YouTube. Einige suchten die Schuld bei den von oben verordneten Geboten. Andere machten die Genetik des Unternehmens dafür verantwortlich, in der soziale Verbindungen keine Rolle spielten. Googler verglichen das Unternehmen mit den Borg, der gefühllosen Cyborg-Zivilisation aus *Raumschiff Enterprise – Das nächste Jahrhundert*. »Die Borg verstehen Emotionen und Gemeinschaft nicht«, erinnert sich Laszlo Bock, der damalige Personalchef von Google.

Abgesehen davon ignorierten diese Borg völlig die sozialen Medien, die das Unternehmen bereits besaß. Technisch gesehen funktionierte YouTube größtenteils wie ein normales einseitiges TV-Medium, teilweise aber auch wie ein »parasoziales Netzwerk« – ein psychologisches Phänomen, bei dem das Publikum einen gewissen Grad an Vertrautheit zu einem Darsteller empfindet, obwohl es ihn gar nicht persönlich kennt. YouTube hatte zwar einige soziale Funktionen des Web 2.0 wieder über Bord geworfen, aber nach wie vor interagierten hier jeden Tag online Millionen Menschen und bildeten ein starkes Netzwerk voller Vertrauen und intensiver Verbundenheit. Doch auf solche Überlegungen verschwendete Google keine Zeit. Ende 2013 musste man plötzlich ein Konto bei Google+ haben, um auf YouTube Kommentare zu posten, und die Kommentare von »Power-Nutzern« von Google+ wurden weiter oben angezeigt. YouTubeland war außer sich. Jawed Karim, der dritte YouTube-Mitbegründer, der praktisch verschwunden war, als er sein Masterstudium aufgenommen hatte, postete unter dem allerersten Video, das jemals auf YouTube gepostet worden war, einen neuen Kommentar: »Warum verdammt noch mal brauche ich ein Konto bei Google+, um ein Video zu kommentieren?«

Alle YouTube-Creators mussten sich bei Google+ anmelden, um ihre Kanäle zu verwalten. Als Google den Erfolg seines sozialen Netzwerks anpries – »300 Millionen aktive Nutzer im Monat!« –, verschwieg es wohlweislich, dass sich viele davon gar nicht aus freien Stücken angemeldet hatten. »Das waren alles YouTuber!«, erinnert sich Hank Green, der Gründer der VidCon. »Sie sahen einfach nicht, was sie hatten, sondern nur, was sie nicht hatten.« Viele Teammitglieder, die von Anfang an bei YouTube dabei waren, empfanden diesen Affront gegen die Nutzer der Plattform als Angriff auf deren Kultur. Einige sahen darin einen Wendepunkt für das Internet, in dem von nun an Wachstum mehr galt als die Belange normaler Menschen. (Ein gutes Beispiel hierfür würde später Facebook sein.) »Das ist das Schicksal von Social Media«, sagte die Content-Moderatorin Julie Mora-Blanco, die später für Twitter arbeitete. »Du fängst mit einer kleinen Gruppe an, baust eine Community auf, wirst richtig groß und lässt die Community wieder fallen. Dann hast du eine Plattform.«

Während der Glanzzeit von Google+ trat eine finstere Realität zutage. Der Google-Programmierer Yonatan Zunger arbeitete am Code für das soziale Netzwerk. In dieser Funktion fuhr er häufig nach San Bruno, um einem zunehmend feindseligen Publikum die Anweisungen von Google+ zu übermitteln. Während seiner Arbeit an Google+ fiel Zunger ein beunruhigender Trend auf: Leute verfassten beleidigende Posts, entweder aus Wut oder um jemanden zu trollen – Posts, die beinahe gegen die Richtlinien zu Hassrede verstießen, aber eben nur beinahe. Auf YouTube beobachtete er das Gleiche. Wenn ein Video gegen die Richtlinien verstieß, entfernte YouTube es; ansonsten waren alle Videos gleichberechtigt. Selbst Videos, die den Holocaust leugneten, verstießen nicht gegen YouTubes Richtlinien zur freien Meinungsäußerung.[1] Bei einer Diskussion mit YouTubes Strategie-Team schlug Zunger vor, eine dritte Stufe für solche fragwürdigen Clips einzuführen.[2] »Man sollte sie nicht löschen, aber intern vermerken, dass sie nahe an der Grenze sind«, so sein Vorschlag. Wenn ein Kanal zu oft »nahe an der Grenze« war, solle er aus den Videoempfehlungen entfernt werden. Das Strategie-Team hielt dagegen, ein solcher Eingriff würde nicht nur gegen die Verpflichtung des Unternehmens zur freien Meinungsäußerung verstoßen, vor allem könne er die juristischen Absicherungen gefährden, die YouTube vor Haftungsansprüchen schützten. Die Softwareentwickler, die herrschende Kaste des Unternehmens, schlossen sich diesem Argument an. Der technische Leiter Cristos Goodrow erklärte später, dass das Team alle Videos auf der Seite gleich behandeln wollte: »Wenn es nicht gut genug ist, um empfohlen zu werden, sollte es halt nicht auf YouTube sein«, sagte er damals.

Als die Katastrophe über sie hereinbrach und YouTube Unmengen an Material zu verarbeiten hatte, sollten Goodrow und seine Kollegen Zungers Rat dann aber doch befolgen. Nur eben mehrere Jahre zu spät.

Während Google+ an einem Teil von YouTube sägte, wüteten in einem anderen die Multi-Channel-Networks. George Strompolos, der YouTube-Manager, der das Partner-Programm ins Leben gerufen hatte, ließ sich schon früh vom MCN-Goldrausch mitreißen. 2010 kündigte er bei Google, machte sich selbstständig und zog nach Los Angeles. Er übernachtete eine Zeit lang auf Danny Zappins Couch und überlegte, ob er bei Maker Studios anheuern sollte. Stattdessen gründete er ein eigenes MCN namens Fullscreen und richtete ein paar Meilen weiter östlich eine erste Niederlassung ein. Im Vergleich zu den Playern in Hollywood war Strompolos eher farblos, *googlig*. Ihm schwebte eine gut geölte Maschine vor, kein solches chaotisches Studio wie das von Zappin. Der Medienmanager Max Benator verglich die beiden einmal mit Steve Jobs und Bill Gates. Strompolos stellte seinen Investoren das »Schwungrad« (ein beliebter Begriff aus der Tech-Branche) seines Netzwerks vor: Er würde YouTube-Kanäle unter Vertrag nehmen, ihnen Softwaretools zur Verfügung stellen, mit denen sie wachsen könnten (z. B. ein Pop-up-Feld im Video, über das man direkt zu älteren Clips gelangte), und mit dem Geld aus diesem Wachstum würde er weitere Kanäle unter Vertrag nehmen. Er stellte sich Subnetzwerke vor, in denen die Stars unter den Creators neue Kollegen rekrutieren konnten, ganz so wie das Netzwerk von Dr. Dre, der auf diese Weise vom Rapper zum Hip-Hop-Mogul aufgestiegen war.

Kurz nach dem Start traf Strompolos zufällig einen ehemaligen Kollegen von YouTube, Jamie Byrne, und erzählte ihm, dass Fullscreen bereits mehrere Zehntausend Kanäle unter Vertrag genommen hatte. Byrne staunte. Fullscreen und die anderen MCNs waren direkt vor YouTubes Nase explodiert, ohne dass dort irgendwer etwas davon mitbekommen hatte.

Doch Fullscreens Dr.-Dre-Strategie wurde schon bald von der unübersichtlichen, unberechenbaren Realität von YouTube ausgebremst.

FPSRussia: »TOP 3 WEAPONS TO SURVIVE THE APOCALYPSE«, 10. November 2012, 6:15.

»Okay, die erste Waffe, die ich besprechen möchte, ist die 12er-Pumpgun Remington 870.« Ein YouTuber namens Kyle Myers, der mit schlecht nachgeahmtem russischem Akzent spricht, steht auf einer Wiese. Auf dem Tisch vor ihm liegen drei riesige Gewehre. Myers tritt in der Rolle des Waffenausbilders Dimitri auf – das Ganze ist nicht wirklich ernst gemeint. »In den USA führen die meisten großen Supermärkte Schusswaffen, man muss nicht einmal in ein Waffengeschäft.« Treue Zuschauer wissen, dass er gleich etwas in die Luft jagen wird, und sie werden nicht enttäuscht: Myers zielt mit dem Gewehr und: *Kabumm*.

Anfang 2013 war FPSRussia der neuntbeliebteste Kanal auf YouTube. Er war das Projekt von Kyle Myers und Keith Ratliff, einem Waffennarren, auf dessen Auto ein Aufkleber verkündete: *I ♥ Guns and Coffee*.[3] Strompolos nahm Kontakt zu Ratliff auf und überredete ihn, bei einem ehrgeizigen Projekt mitzumachen: FPSRussia sollte bei Fullscreen ein YouTube-Subnetzwerk gründen, das sich auf robusten Outdoor-Sport wie Jagen konzentrierte. Marken wie Yeti würden als Sponsoren auftreten. Ratliff fand die Idee gut, bat aber darum, seinen Wohnort und seine Identität geheim zu halten, da er einen Waffenladen in Georgia betrieb und seine Haupteinnahmequelle nicht gefährden wollte.

Das war zwar eine ungewöhnliche Forderung, schien aber nachvollziehbar. Strompolos bereitete den Papierkram für den Deal vor.

Als er am nächsten Morgen aufstand, erfuhr er, dass Ratliff erschossen worden war.

Die Mitarbeiter von Fullscreen waren verständlicherweise verunsichert. Sie waren es gewohnt, hin und wieder verzweifelte Anrufe von Creators entgegenzunehmen, aber die meiste Zeit verbrachten sie in der skurrilen Welt der Sketche, Parodien und albernen Eskapaden. Plötzlich war alles anders – zumal der Mord an Ratliff niemals aufgeklärt wurde. »*Gehören wir jetzt zum organi-*

sierten Verbrechen?«, fragte sich Phil Ranta, ein leitender Angestellter von Fullscreen. Im Internet tauchten erste Verschwörungstheorien über den Mord auf, zuallererst auf einer Website, die sich immer mehr zu einem fruchtbaren Boden für Verschwörungstheorien entwickelte: YouTube.

Zwar gab es bei keinem anderen Deal von Fullscreen solche Probleme, aber in wirtschaftlicher Hinsicht ergaben diese Deals immer weniger Sinn. Sinn ergab nur, was skalierbar war – das hatte Strompolos bei Google gelernt, wo man ganz verrückt nach Software und Geschäftsmodellen war, die sich skalieren ließen und mit minimalen Kosten und Eingriffen für so viele Nutzer wie möglich funktionierten. Das Rezept der MCNs für Skalierung lautete: Man nehme so viele Kanäle, Aufrufe und Werbeanzeigen wie möglich und werfe alles in einen Topf. Bei Fullscreen fand die Skalierung im »Kesselraum« statt, einem 190 m² großen Lagerhaus in Culver City, südlich von Hollywood. Dort arbeiteten reihenweise Mittzwanziger an langen Tischen voller Monitore, die alle das Gleiche zeigten: eine Tabelle mit den 100 000 erfolgreichsten Kanälen auf YouTube. (Später waren es sogar eine Million.) Jeder Recruiter musste täglich 1000 Kanäle kontaktieren – Kaltakquise per E-Mail, SMS oder Telefon. Zu einem Zeitpunkt war fast die Hälfte des fünfzigköpfigen Teams damit beschäftigt, Kanäle anzuwerben.

YouTube hatte inzwischen ein simples Verfahren eingerichtet, mit dem YouTuber mit nur drei Klicks Fullscreen beitreten konnten. Das Problem war, dass auch andere MCNs dieses Drei-Klick-Verfahren verwendeten. Und so begann ein Krieg. Ein Verdrängungswettbewerb, von dem die Menschen, die die eigentlichen Videos drehten, herzlich wenig hatten.

Dass ein Konflikt brodelte, wurde Andy Stack, dem Leiter der Zahlungsabwicklung bei YouTube, erst klar, als einige Creators ihm die entsprechenden Unterlagen zeigten. Das Gaming-MCN Machinima verschickte Verträge, die behaupteten, YouTube zahle zwei Dollar pro 1000 Videoaufrufe; wenn der Creator aber für mehrere Jahre bei Machinima unterschreibe, würden sie ihm drei Dollar garantieren. *Ein toller Deal, oder?* (Die Mitarbeiter von Machinima maßen den Erfolg ihres Unternehmens an der Anzahl der YouTuber, die ihren regulären Job kündigten.) Stack klickte auf ein paar Links im internen System von YouTube und entdeckte, dass diese Creators allein mehr verdienten, ohne einen Teil ihrer Umsätze an ein MCN abtreten zu müssen. *Nein, das war kein toller Deal.*

Aber die meisten YouTuber kannten niemanden bei YouTube, der sich um sie gekümmert hätte. Sie kannten höchstens die Recruiter der MCNs, die ihnen das Blaue vom Himmel versprachen. In Hollywood kassierten Manager und Agenten bei jedem Produktionsvertrag mit. Die MCNs taten dies anfangs mit den YouTube-Werbeausschüttungen genauso (70 Prozent gingen an die Creators, 30 Prozent an das MCN), doch bald wurde der Wettbewerb schärfer. Machinima gab seine Garantien ab. Maker Studios versuchte, Machinima auszustechen, indem es denselben Gamern eine höhere Beteiligung an den Werbeeinnahmen anbot. Plötzlich tauchten immer neue MCNs mit immer besseren Angeboten auf. 80 Prozent für die Creators! 90 Prozent! 95 Prozent! Alle kämpften um ein immer kleiner werdendes Stück vom YouTube-Kuchen. Die MCNs versuchten, neben den YouTube-Ausschüttungen eigene Sponsoringverträge abzuschließen, um ihre Einnahmen zu steigern, und manche waren sogar bereit draufzuzahlen, um bestimmte Creators unter Vertrag zu nehmen, nur um sie von der Konkurrenz fernzuhalten.

Als Dan Weinstein versuchte, einen YouTuber für sein MCN anzuwerben, stellte er fest, dass Machinima dem Star das Doppelte dessen zahlte, was er mit dessen YouTube-Werbung verdiente. *»Das ist doch verrückt«*, dachte Weinstein. *»Wie schaffen die das bloß?«*

Dieses Geschäftsmodell schien plausibel, solange die Werbeeinnahmen von YouTube weiter stiegen, Werbetreibende vom Fernsehen ins Internet wechselten und die MCNs zu den wenigen Auserwählten gehörten, die einen Teil der Werbeeinnahmen abgreifen konnten und Zugriff hatten auf geschäftliche Vorteile wie etwa Produktplatzierungen. Doch als YouTube sein Werbeprogramm für die breite Masse öffnete, geriet das wirtschaftliche Modell der MCNs ins Wanken. Plötzlich gab es so viele Videos mit Werbung, dass alle Preise stark sanken. Die MCNs konnten sich weder leisten, mit Geld um sich zu werfen, noch ihre Rolle als Vermittler rechtfertigen. Tausende junger Creators, von denen viele ihren Vertrag unterschrieben hatten, ohne ihn von einem Fachmann prüfen zu lassen, hatten das Nachsehen. Der texanische Vlogger Kaleb Nation, der bei Machinima unter Vertrag war, erfuhr per Telefon, dass er künftig nur noch ein Sechstel seines derzeitigen Betrags erhalten würde, obwohl das MCN ihm anfangs ein festes Honorar zugesichert hatte. »Das dürft ihr nicht!«, beschwerte er sich. »Das steht in meinem Vertrag!« Leider stand im Kleingedruckten des Vertrags, dass Machinima das sehr wohl durfte. Die verheizten Creators gaben dem Unternehmen den Spitznamen Ma-shit-ima. Kaleb Nation wurde aus seinem Vertrag entlassen, vielen anderen gelang das nicht.

Die Mitarbeiter der MCNs hatten das Gefühl, dass YouTube ihnen zunehmend den Boden unter den Füßen wegzog. Mal veränderte das Unternehmen ohne Vorankündigung einen Algorithmus, mal stellte es die wirtschaftlichen Rahmenbedingungen auf den Kopf, und hin und wieder stahl es den MCNs sogar ihre Ideen: Sechs Monate nachdem Fullscreen seine Video-Pop-up-Funktion veröffentlicht hatte, brachte YouTube eine eigene Version davon heraus. Schließlich fügte YouTube seiner Backend-Website für Creators eine Schaltfläche hinzu, über die sie mit nur einem Klick ihr MCN wieder verlassen konnten. Die Netzwerke, die einst als neue Avantgarde im Reich der Medien und Hollywoods galten, mussten feststellen, dass sie ihr Geschäftsmodell mit YouTube nicht länger aufrechterhalten konnten. Zumindest dann nicht, wenn sie niemanden über den Tisch ziehen wollten. »Ich habe noch nie etwas miterlebt, das so nah an einem Schneeballsystem war«, erinnert sich ein MCN-Manager. »Wir bündelten die Arbeit und die Kanäle anderer Leute und versprachen ihnen, dass sie mit uns viel Geld verdienen würden. Einigen gelang das auch, aber den meisten nicht.«

Dan Weinstein berief ein Meeting mit vier anderen führenden MCNs ein, um einen Waffenstillstand auszuhandeln und den Wettlauf in Richtung Abgrund zu beenden. Er nannte sie die »fünf Familien«, und tatsächlich haftete der Branche etwas Mafiöses an.[4] Die fünf Familien trafen sich mehrmals in Los Angeles und versuchten, sich auf ein realisierbares Provisions- und Wettbewerbsmodell zu einigen, um einander nicht mehr zu unterbieten. Es gelang ihnen nicht. Weinstein musste feststellen, dass allzu viele Netzwerke mit Risikokapital finanziert waren und eigentlich nur noch darauf warteten, aufgekauft zu werden, damit sie ihre Investoren auszahlen konnten.

▶

Zur selben Zeit lag das MCN, das eigentlich den YouTubern die Zügel zurück in die Hand geben sollte, in den letzten Zügen.

Der Risikokapitalanleger Mark Suster, der Maker Studios finanzierte, war eigentlich unter der Bedingung eingestiegen, dass der vorbestrafte Danny Zappin als CEO des Unternehmens abgesetzt würde. Andererseits war Suster generell dafür, dass die Gründer einer Firma das Ruder in die Hand nahmen, daher hatte er seine Meinung über den unkonventionellen Macher geändert und ihn an die Unternehmensspitze zurückkehren lassen. »*Besser, wenn er aus dem Zelt hinauspisst als herein*«, sagte er sich.

Die Insassen des Zeltes bekamen trotzdem etwas ab. Als Suster seinen neuen alten CEO per E-Mail bat, eine Vorstandssitzung abzuhalten, antwortete Zappin mit nur einer Zeile: »Sag mir nicht, was ich zu tun habe.«

Danny Diamond kannte sich mit Streitigkeiten unter Geschäftspartnern aus. Er hatte sich immer wieder Wortgefechte mit Robert Kyncl, dem Hollywood-Chef von YouTube, geliefert. Zappins Plan, das Studio und dessen Betrieb in die Hände von YouTubern zu geben, war von vornherein ein Streitpunkt gewesen. Schon in der Anfangszeit verließen viele Stars Maker Studios, weil ihnen das Geschäftsmodell nicht gefiel. Einer verklagte Zappin sogar. Der

Fortgang des Komikers Ray William Johnson von Maker Studios schlug besonders hohe Wellen. Er behauptete, das Unternehmen verlange von ihm, ihm einen größeren Anteil an den Werbeeinnahmen und die Kontrolle über sein geistiges Eigentum zu überschreiben. Als er sich weigerte, wurde es hässlich. Im Dezember 2012 verfasste Zappin mitten in der Nacht eine Nachricht an Johnson: »Dein Mangel an Integrität und Charakter ist echt traurig. Fick dich. Das bedeutet Krieg, du Arsch.«

Johnson ging damit an die Öffentlichkeit, dokumentierte den Streit in einem Blogbeitrag und auf Facebook[5] und prangerte Zappins »Verbrechertaktik« an. Zappin antwortete in einem Brief an die Mitarbeiter von Maker Studios, wies Johnsons Anschuldigungen zurück und verwies darauf, wie sehr ihn seine Haftstrafe geprägt habe. »Ich war überglücklich, dass ich eine zweite Chance bekam«, schrieb er. Doch zu diesem Zeitpunkt hatte er seine zweite Chance schon fast vertan.

Zappin hatte sich von seiner Freundin Lisa Donovan, der Mitbegründerin von Maker Studios, getrennt, und sein Umfeld musste mit ansehen, wie er immer emotionaler und sprunghafter wurde. Während der Auseinandersetzung mit Johnson bereitete Maker Studios gerade eine Finanzierungsrunde vor, bei der sie unter anderem Time Warner um Geld bitten wollten. Als Firmenbewertung riefen sie sage und schreibe 200 Millionen Dollar auf. Der Investor Suster hatte den ehemaligen Chef von Myspace Music, Ynon Kreiz, als neues Vorstandsmitglied ins Boot geholt. Kreiz, ein knallharter israelischer TV-Manager, war dafür bekannt, dass er angeschlagene Unternehmen sanierte, und am 16. April 2013 verkündete Zappin seinen Rücktritt als CEO und stimmte gemeinsam mit den anderen Vorständen von Maker Studios dafür, Kreiz zum Geschäftsführer zu ernennen. Doch danach geriet Zappin in Panik. Er war überzeugt, dass sich Kreiz und der Vorstand insgeheim mit seinen Mitbegründern zusammengetan hatten, um ihn aus dem Unternehmen zu drängen und sich größere Anteile zu sichern. (Kreiz und die anderen bestritten das.) Zappin reichte Klage gegen Maker Studios, dessen Vorstand und seine Ex-Freundin ein und behauptete, sie hätten ihn bewusst betrogen und gegen ihn »intrigiert«, um ihn zu »entmachten«. Die Klage scheiterte, und als sich auch noch der letzte Creator aus dem Management von Maker Studios zurückgezogen hatte, zerbrach auch Zappins Vision der »United Artists von YouTube«.

Im Zuge dieser unschönen Auseinandersetzung verlor er noch etwas, das ihm viel bedeutet hatte: Bald nachdem die neue Leitung von Maker Studios angetreten war, wurde Zappins alter YouTube-Kanal von der Seite entfernt.

Derweil war der größte Star von Maker Studios nicht mehr aufzuhalten.

PewDiePie: »THINGS YOU DIDN'T KNOW ABOUT ME«, 9. August 2013, 5:48.
Eine gut ausgeleuchtete Nahaufnahme von Felix Kjellberg. Er lächelt. Heute verrät er seinen Fans zwanzig Dinge über sich. Früher hat er Photoshop-Kunst verkauft, um sich seinen Computer leisten zu können und mit YouTube anzufangen. Mit 14 Jahren gewann er eine Tennismeisterschaft. Er isst kein Gemüse. »Meine nerdige Seite habe ich von meiner Mutter.« Er mag Radiohead. Im wirklichen Leben »fluche ich nur selten«. »Meine Freundin weiß mehr über Fußball und Autos als ich.« Er wirbt für seine Wohltätigkeitsaktion und beendet das Video mit seinem Markenzeichen, der *bro-fist*, einem Fistbump direkt in die Kamera.

Sechs Tage später überholte PewDiePie Smosh und wurde zum meistabonnierten YouTube-Kanal (11 915 435 Abonnenten). Sechs Jahre lang sollte er es bleiben. Sechs extrem ereignisreiche Jahre.

Kapitel 16
Lehn dich einfach zurück

Ihre Fans, die *echten* Fans, kannten Ingrid Nilsens ganzes Leben. Sie kannten ihre morgendliche Pflegeroutine und ihr Abendritual. Sie kannten ihre Lieblings-Concealer, ihre Lieblings-Eyeliner, ihre Lieblings-Shampoos. Sie wussten, dass sie ungern vor Publikum sprach, dass sie unter chronischer Akne litt, dass der Tod ihres Vaters sie sehr mitgenommen hatte, dass sie nur knapp ihren Highschool-Abschluss geschafft hatte und dass sie danach, in einer depressiven Phase, YouTube für sich entdeckt hatte.

Nilsens Mutter war Thai, und mit den Schönheitstipps in den Magazinen, die sie als Jugendliche in Orange Country las, konnte sie nie viel anfangen. Aber auf YouTube gab es nützliche Ratschläge von Frauen, die aussahen wie sie und die als »Beauty-Gurus« gefeiert wurden. Eines Nachts im Jahr 2009, als sie zwanzig Jahre alt und »gerade besonders deprimiert war«, wie sie ihren Zuschauern später erzählte,[1] blieb Nilsen lange auf und richtete sich unter dem Pseudonym Missglamorazzi ein eigenes YouTube-Konto ein. Der Name war von einem Song von Lady Gaga inspiriert. Sie filmte bei sich zu Hause ihren ersten Clip mit dem Titel »How To: Flawless Red Lips«. Sie saß im Gegenlicht und beugte sich extrem nah an die Webcam heran. Die zierliche, lebhafte Nilsen redete in Teenager-Sprache aus dem Stegreif über alles Mögliche, von Makeup bis zu Haarpflegeprodukten. Sie war ein echtes Naturtalent.

Den Coolhunters blieb der rasante Aufstieg der Make-up-Tutorials nicht verborgen. Sie passten genau in YouTubes »How-to«-Schublade, die Anleitungsvideos, die wie maßgeschneidert für die Suchfunktion waren. Aber die Anziehungskraft der Videos ging weit darüber hinaus: Diese Creators drehten ihre Tutorials so, dass man ihnen auch wirklich folgen konnte, und stets mit einer beruhigenden Dosis Intimität. »Sie bieten einen geschützten Raum, wo man üben, scheitern und über sich selbst lachen kann«, erklärte eine Modeexpertin der New York Times im selben Jahr, als Nilsen mit ihrem Kanal begann.[2] Nach der Umstellung auf die Wiedergabezeit schossen die Beauty-Gurus in den YouTube-Charts nach oben. Nilsen veröffentlichte zehn- bis fünfzehnminütige Videos, die sie kaum nachbearbeitete. Bald gab sie nicht mehr nur Tipps zu Make-up und Hautpflege, sondern sprach auch über Kleidung, Essen und persönliche Themen (»50 Random Facts About Me!«, »Zombie Pimple + Cleaning Day«, »AIRPLANE MAKEUP + TRAVEL OUTFIT IDEAS! ✈«). Anfangs verstand niemand in der Modeindustrie den Reiz dieser Videos. Nilsen wurde einmal zu einem Treffen mit der Beauty-Redakteurin eines bekannten Magazins eingeladen, wo sie dafür abgekanzelt wurde, dass sie nicht genug Styles für den roten Teppich postete. »Was Sie machen, kann nie im Leben funktionieren«, teilte die Redakteurin ihr mit.

Bei YouTube-Events und Creator-Wettbewerben, die das Unternehmen veranstaltete, sah sich Nilsen von lauter Komikern und Musikerinnen umgeben. YouTube förderte nur wenige Beauty-Gurus, obwohl sie eine so große Fangemeinde hatten. »Es war ein Genre, das sie nicht richtig verstanden«, erinnert sich Nilsen. Aber nach einer Weile erkannte YouTubes Torso-Team das kommerzielle Potenzial des Genres – Creators wie Nilsen begannen, »Haul-Videos« zu posten, in denen sie nach dem Shopping die Artikel, die sie gekauft hatten, einzeln auspackten und vorstellten. YouTube kategorisierte sie zunächst als »Style« und später dann, als Nilsen und ihre Kolleginnen die Bandbreite ihrer Videos erweiterten, als »Lifestyle«. Der Algorithmus liebte diese Kategorie.

YouTubes Algorithmen wurden immer besser. Was für eine unglaubliche Macht diese Algorithmen hatten, wurde dem irischen Journalisten und Storyful-Gründer Mark Little zum ersten Mal auf der Präsentation der Leanback-Funktion klar. Mit dieser Funktion konnten sich die Zuschauer Videos ganz automatisch anschauen, eines nach dem anderen. »Kein Klicken und Herumhantieren mit der Maus mehr«, erklärte eine angenehme Stimme in einem Werbefilm, »lehn dich einfach zurück, und genieß die Show.« Little schaute sich die Präsentation im Google-Büro in Manhattan an. Er war ein wenig beunruhigt. Bei den TV-Nachrichten und in der Presse teilte man den Menschen immer zuerst die wichtigsten Informationen und Ereignisse mit, erst dann durften sie tun und lassen, was sie wollten. »Das hier ist ganz anders«, stellte er fest. *Komm rein, und geh nie wieder fort.* Je häufiger sich jemand bestimmte Videos anschaute, desto mehr gab YouTube ihm davon. »So fiel man ganz leicht in ein Loch«, erinnerte sich Little später. »Nur dass diese Löcher damals noch nicht mit Schlamm gefüllt waren. Das kam erst später.«

Die neue Funktion wurde vermarktet, als würde sie die Welt ein Stück weit besser machen. Jonah Peretti, ein kauziger Hipster, der eine aufstrebende Website namens BuzzFeed betrieb, war ebenfalls bei der Präsentation in New York dabei. BuzzFeed sollte bald eine eigene Nachrichtenredaktion einrichten, die beides miteinander verband: virale Web-Inhalte und seriöse Berichterstattung. Littles Firma, die dazu genötigt worden war, wie ein MCN zu agieren, übernahm deren Ansatz. Um ihre seriöse Arbeit zu finanzieren, im Rahmen derer er zum Beispiel den Arabischen Frühling für YouTube kuratierte, suchten die Mitarbeiter von Storyful nach viralen Gute-Laune-Clips. »Emotional Baby« war genau das Richtige – ein Video von einem Baby, dem Tränen das Gesicht hinunterliefen, als seine Mutter ihm ein Lied vorsang. Sie riefen die Mutter an, fragten, ob sie etwas dagegen hatte, dass ihrem Video Werbung vorgeschaltet würde, teilten sich die Umsätze mit ihr und gaben den Clip an TV-Sendungen weiter, damit ihn sich noch mehr Leute anschauten. Storyful nannte das den »Vokuhila«: vorne seriös, hinten Party. Selbst Nachrichtenseiten bedienten sich des »Vokuhila«-Modells. In dieser Hinsicht tat sich auf YouTube insbesondere der vom Kreml finanzierte Sender Russia Today hervor, der politische Berichterstattung mit Clickbait-Clips von niedlichen Tieren, Autounfällen und beim Sex in der Öffentlichkeit erwischten Pärchen mischte. (Diese algorithmische Alchemie half Russia Today jahrelang dabei, in den YouTube-Charts immer höher zu steigen, und YouTube hatte überhaupt nichts dagegen – bis die russische Politik plötzlich zum Minenfeld geriet.)

Der Leanback-Client war auf YouTube nicht von Dauer, aber das prinzipielle Konzept, das dahintersteckte, schon. Mehr Zuschauer sahen einen empfohlenen Clip nach dem nächsten, schauten die Videos länger an und versorgten das Unternehmen mit mehr Daten. Die Mitarbeiter in San Bruno sahen sich zwar nur selten selbst YouTube-Videos an, aber sie beobachteten ständig die Video*daten*, vor allem die zu Werbung und Zuschauerzahlen. Häufigere Werbeeinblendungen vergraulten die Leute – auf YouTube gab es keinen festen Werbe-Rhythmus wie im Fernsehen. Werbung wurde etwa alle sieben Minuten gezeigt, aber die Aufteilung war uneinheitlich (einige Kanäle hatten längere Zeitfenster) und ineffizient (und für Google damit natürlich ein Ärgernis). Alexei Stolboushkin, ein Programmierer, der unter Mehrotra arbeitete, schlug vor, YouTube solle doch seine Algorithmen entscheiden lassen.

So kam es zu einem geschäftlichen Schachzug, der sich für YouTube als äußerst vorteilhaft erweisen sollte, auch wenn der Vorgang einmal mehr bewies, dass das Unternehmen oft keine Ahnung hatte, was seine Maschinen eigentlich taten. Dieser Schachzug nannte sich Dynamic Ad Loads (Codename: Dallas). Zu jener Zeit war das maschinelle Lernen bei Google in aller Munde. So bezeichnete man eine bestimmte Form der künstlichen Intelligenz, die in der Theorie schon seit Jahren existiert und nur darauf gewartet hatte, dass genügend Rechenleistung und Daten vorhanden waren, um zum Einsatz zu kommen. Google hatte beides. Bis dahin wurde die meiste Software hartkodiert. (*Wenn* dies, *dann* jenes. *Wenn* sich jemand dieses Ingrid-Nilsen-Video ansieht, *dann* zeige ihm jene Werbung.) Systeme, die maschinelles Lernen benutzten, programmierten sich selbst und erkannten Muster in ihren Daten. Sie konnten zum Beispiel ein Gesicht auf einem Foto oder eine Brustwarze in einem Video erkennen. Gute Systeme waren schlauer als der Mensch, zumindest bei bestimmten Aufgaben. Oft waren die Entscheidungen, die diese maschinellen Systeme trafen, selbst für jene, die die Systeme programmiert hatten, unerklärlich. Die YouTube-Programmierer schlugen vor, genügend Daten über Sehgewohnheiten zu sammeln, um ein Prognosemodell zu füttern, das vorhersagen würde, wie viel Werbung man einem Zuschauer zumuten konnte, ohne ihn zu vergraulen. Ein Prognosemodell, das auf maschinellem Lernen basierte, brauchte Zielvorgaben. Mehrotra zeichnete ein Diagramm, schrieb »Wiedergabezeit« an eine Achse und »Umsatz« an die andere. Mehrotra teilte seinen Programmierern mit, er sei bereit, mit einem Verlust von 1 Prozent bei der Wiedergabezeit zu leben, wenn dafür 2 Prozent mehr Werbung geschaltet würde.

Die Programmierer führten Tests für die Dynamic Ad Load durch, indem sie die Änderungen ohne Ankündigung anwendeten.[3] Bei einem der als »YouTube Stats« bezeichneten Meetings, die Mehrotra jeden Freitag abhielt, präsentierten sie schließlich das verblüffende Ergebnis: Die Maschinen hatten eine Methode gefunden, mehr Werbung zu zeigen und zugleich die Wiedergabezeit zu erhöhen.

»Wie kann es sein, dass sich beides positiv verändert?«, wollte Mehrotra wissen.

»Keine Ahnung«, gestand einer der Programmierer. »Dürfen wir ausliefern?« Das bedeutete so viel wie: *Dürfen wir das auf alle Videos anwenden?* Mehrotra bat sie, in der folgenden Woche eine Erklärung für das Verhalten des Systems parat zu haben. Sie brachten wieder die gleichen Ergebnisse mit. Mehr Werbung, höhere Wiedergabezeit. Noch immer wusste niemand, warum.

Schließlich kamen die Programmierer hinter die Logik der Maschine. Wenn YouTube einer Zuschauerin sofort, wenn sie die Seite besuchte, einen Werbespot vorspielte, war die Wahrscheinlichkeit hoch, dass sie sie gleich wieder verließ. Aber wenn sie sich bereits zehn oder zwanzig Minuten lang Videos angeschaut hatte und dann ein Werbespot kam, war sie eher geneigt, die Unterbrechung hinzunehmen. Die Algorithmen hatten eine Formel zutage gefördert, mit der die Leute mehr Videos und schlussendlich auch mehr Werbung schauten. Das funktionierte gut mit einem neuen Werbeformat auf YouTube, den »überspringbaren Werbespots«, die man nach ein paar Sekunden wegklicken konnte. Die Werbekunden zahlten nur, wenn ein Zuschauer die Werbung nicht wegklickte, was wohl bedeuten musste, dass die Werbung irgendwie interessant war (falls der Zuschauer nicht faul war oder ein Kind, das noch nicht lesen konnte, dass da »Werbung überspringen« stand).

Die Vertriebler von YouTube liebten dieses Format: Wenn Zuschauer sich Werbung von Nike anschauten und nicht wegklickten, würde auch Adidas interessante Werbung schalten wollen – und vielleicht sogar Nike überbieten, wenn Werbeplätze versteigert würden. Von nun an war YouTubes Geschäft »ein Güterzug, den keiner mehr aufhalten konnte«, so ein ehemaliger Manager.

Stolboushkin, der leitende Programmierer, sollte bei der YouTube-Mitarbeiterversammlung in San Bruno über die Dynamic Ad Load berichten. Da ihm nur zehn Minuten zur Verfügung standen, hatte er sich eine simple Metapher ausgedacht, die treffend beschrieb, welchen Geldsegen der Algorithmus ihnen einbrachte. »Stellt euch vor, die Videos sind das Essen und die Werbung ist der Wein«, begann er seine Präsentation, »dann ist die Dynamic Ad Load ein Sommelier-Roboter, der immer die richtige Kombination auswählt.« Auf dem Monitor auf der Bühne erschien ein Foto mit einem Steakgericht, einem Weinglas und einer Flasche Château Margaux.

Während YouTube seine Algorithmen weiter verfeinerte, war bei den Videos eine neue Kategorie auf dem Vormarsch. Ein Vlogger in dieser Kategorie hieß bei seinen Fans einfach nur Stef. Der stämmige Kahlkopf aus Kanada mit dem Akzent, der auf irische Wurzeln hindeutete, redete über seine traurige Kindheit, über

Dating und Ehe – große, ernste Themen. Seine Zielgruppe waren ausgegrenzte junge Männer, die es nicht leicht im Leben hatten. Stef versprach ihnen, dass da ein Licht am Ende des Tunnels war, und sie hörten ihm zu.

Stefan Molyneux, ein ehemaliger IT-Unternehmer, hatte sich mit Ende dreißig als Guru neu erfunden. Wie andere, die während der Dotcom-Blase mit Computern Geld verdienten, trug er locker sitzende Polohemden und hörte sich selbst gerne reden. 2005 begann er mit der Podcast-Reihe »Freedomain Radio«, die zu einer regelrechten Bewegung wurde. Kurz darauf meldete er sich bei YouTube an. Er postete Videos mit suchmaschinenfreundlichen Titeln[4] wie »Eine Einführung in die Philosophie« und stundenlange Selbsthilfe-Vorträge im Stil von Motivationstrainern. Ein paar Jahre später, nach der Finanzkrise, sprach Molyneux über wirtschaftliches Leid und fehlende soziale Normen. »College-Studenten haben ein verdammtes Recht, deprimiert zu sein«, teilte er seinen Zuschauern mit. »Die Gesellschaft, in der sie leben, ist nicht länger tragbar.«[5] Mitunter konzipierte er seine Vorträge als Kommentar zu *Harry Potter* oder *Star Wars*.

Einige Zuschauer waren genauso fasziniert von seiner Weltanschauung wie von den Einblicken in sein persönliches Leben. Caleb Cain, ein Studienabbrecher aus West Virginia, der die Dead Kennedys und die Dokumentarfilme von Michael Moore mochte, entdeckte Molyneux in seiner YouTube-Seitenleiste. Er bewunderte das häusliche Glück mit Ehefrau und Tochter, von dem der Guru berichtete. »*Das will ich auch alles haben*«, dachte sich Cain. »*Wenn ich mir nur genug Videos von Stef anschaue, werde ich irgendwann so sein wie er.*«

Anfangs äußerte sich Molyneux auf YouTube kaum zu politischen Themen. Wenn doch einmal Politik zur Sprache kam,[6] gab er sich als Libertärer oder »Anarcho-Kapitalist«.[7] Doch nachdem Amerika einen Schwarzen zum Präsidenten gewählt hatte, hielt er mit seinen politischen Ansichten immer weniger hinter dem Berg.

Stefan Molyneux: »The Story of Your Enslavement«, 17. April 2010, 13:09.
Auf den ersten Blick handelt es sich um eine Dokumentation über das Wesen des Menschen und wirtschaftliche Zusammenhänge, mit weichen Überblendungen und Archivmaterial. In Wirklichkeit ist es eine Hasstirade. Langsam wie in einer Geschichts-Doku erzählt Molyneux, wie sich aus der Sklaverei heraus die moderne Gesellschaft entwickelt hat. Doch dann kommt seine Pointe. »Nichts könnte weiter von der Realität entfernt sein«, sagt er uns. Es erscheinen Bilder von Tieren in Käfigen. »In eurem Land, eurer *tax farm*« – er spuckt die Worte regelrecht aus – »gewährt euch euer Farmer bestimmte Freiheiten. Nicht weil ihm eure Freiheit wichtig ist, sondern weil er seine Gewinne steigern will.« Er zeigt ein Protestplakat auf einer Tea-Party-Demonstration. Es zeigt Präsident Obama über dem Wort »Faschismus«. »Merkt ihr jetzt langsam«, fragt Molyneux, »in was für einen Käfig ihr hineingeboren wurdet?«

Zu diesem Zeitpunkt zeigten sich einige Eltern bereits beunruhigt über Molyneux. Barbara Weed, eine britische Stadträtin, kam eines Tages nach Hause und musste feststellen, dass ihr Sohn plötzlich ausgezogen war.[8] Er hatte nur einen Zettel hinterlassen, auf dem stand: »Bitte kontaktiert mich nicht.« Weed fand heraus, dass er und einige Gleichgesinnte dem Ratschlag im Podcast von Molyneux und seiner Frau gefolgt waren, sich von ihrer Familie zu trennen. »DeFOO« nannten sie das, und Molyneux und seine Frau, die Therapeutin Christina Papadopoulos, predigten es online und bei Versammlungen in ihrem Haus.[9] (Eine kanadische Psychologenvereinigung befand Papadopoulos später des beruflichen Fehlverhaltens für schuldig.[10]) Sie verkauften Abonnements und baten die Zuhörer um Spenden für spezielle Kurse, die es nicht auf YouTube gab. Wer 500 Dollar spendete, bekam den Titel »Philosopher King«[11] verliehen. Schon 2008, als Weed mit ihrer Geschichte an die Öffentlichkeit ging, verwendeten Zeitungen in ihrer Berichterstattung über Molyneux das Wort »Sekte«.

YouTube kümmerte sich nicht darum, was seine Creators abseits der Website anstellten. Inzwischen luden so viele Leute Videos hoch, dass das Unternehmen kaum hinterherkam. Doch Mechanismen wie die Dynamic Ad Loads machten es YouTube leichter, Werbeeinnahmen zu generieren, und damals bekamen alle Creators gleich viel vom Kuchen ab.

Das war, lange bevor wütende Männer im Internet als unaufhaltsame politische Kraft galten, aber erste Anzeichen dafür waren bereits sichtbar. »Ich bin mir sicher, dass der Feminismus schuld ist, dass ein paar Ehen zerbrochen sind«, sagte Molyneux einem kanadischen Reporter 2008,[12] »aber deshalb ist der Feminismus ja noch lange keine Sekte.«

Kapitel 17

Die Mutter von Google

Der Flug von Susan Wojcicki wurde gestrichen. Das war 2010, lange bevor sie zu YouTube kam. Sie hatte eigentlich nach Washington, D. C. fliegen wollen, zu einer Jetset-Gala anlässlich der diesjährigen Liste der »Fifty Most Powerful Women in Business« des Magazins *Fortune,* bei der Barack Obama eine Rede hielt. Wojcicki hatte es auf die *Fortune*-Liste geschafft. Als der Flug gestrichen wurde, machte sie sich gar nicht erst die Mühe, einen neuen zu buchen. Sie versank auch so schon in Arbeit und musste sich obendrein um ihre Familie kümmern.

Seit in ihrer Garage Google gegründet worden war, waren zehn Jahre vergangen, doch Wojcicki hatte sich kaum verändert. Sie trug ihr straßenköterblondes Haar immer noch kurz und liebte Google immer noch. Sie war die perfekte Google-Managerin, schob mit Bedacht Bits und Bytes hin und her und hielt Kennzahlen ein. Nach dem Ende von Google Video zugunsten von YouTube kümmerte sich Wojcicki um den technischen Apparat für Googles Goldmine, die Werbung. Sie leitete AdSense, den Dienst, mit dem das Unternehmen Websites mit Werbebannern überzog. Für die Erfindung von AdSense wurde sie mit dem Founders' Award von Google ausgezeichnet, der so hoch dotiert war, als hätte der betreffende Mitarbeiter ein eigenes Unternehmen gegründet. »Retention Bonus« nannte man so etwas. Damals konnte man die weiblichen Führungskräfte von Google an einer Hand abzählen. Wojcicki war eine davon. Dennoch wurde anderen Angehörigen dieser Elite weitaus mehr öffentliche Aufmerksamkeit zuteil. Die Google-Vertrieblerin Sheryl Sandberg hatte den zweitwichtigsten Posten bei Facebook übernommen. Sandberg war eine geborene Politikerin und veranstaltete in ihrem Haus im Silicon Valley regelmäßig Soireen. Ihr Facebook-Job brachte ihr viele schmeichelhafte Porträts in Zeitschriften und diverse Auszeichnungen ein. Auf der Liste der »Fifty Most Powerful Women in Business 2009« von *Fortune* belegte sie Platz 22. Auch Marissa Mayer, Googles Produktchefin, die wie Wojcicki als eine der »Mini-Gründerinnen« in die Unternehmensgeschichte eingegangen war, stand auf der Liste. Sowohl Mayer als auch Sandberg bewegten sich vor der Kamera und auf der Bühne sehr souverän. Wojcicki kam mitunter hingegen ziemlich gestelzt rüber. Frauen in der Führungsetage wurden in der Regel nach anderen Parametern beurteilt als Männer – Parametern wie Sichtbarkeit in den Medien und Bühnenpräsenz.[1] Googles PR-Team sollte Wojcicki auf die Bühnen von Preisverleihungen und in die Presse bringen. Zu einem bestimmten Zeitpunkt kam, wenn man ihren Namen googelte, gleich als zweites Suchergebnis ein Link zu einem Artikel auf dem Klatschblog *Gawker* mit der Schlagzeile »Susan Wojcickis große Lüge«. Darin wurde ihr vorgeworfen, dass sie ihre Rolle bei der Erfindung von AdSense fingiert habe. »Das ärgert mich«, gestand sie dem Journalisten Steve Levy, als er sie zu dem Artikel befragte. Aber es half nichts: Google stellte die Unantastbarkeit seiner Search-Rankings selbst dann nicht infrage, wenn einem der Führungskräfte das Ergebnis nicht gefiel.[2]

2010 schaffte Wojcicki es auf Platz 43 der *Fortune*-Liste, 27 Plätze hinter Sandberg. Mayer war auf Platz 42.

Nachdem Wojcicki ihren Flug verpasst hatte, teilte ihr einer ihrer PR-Leute mit: »Ich fürchte, du *musst* da hin.« Sandberg und Mayer seien wahrscheinlich schon dort und knüpften Kontakte. Wojcicki buchte einen neuen Flug.

▶

Susan Diane Wojcicki wurde 1968 in Santa Clara, Kalifornien, im pulsierenden Herzen des Silicon Valley in eine Familie hineingeboren, die in mehr als einer Hinsicht außergewöhnlich war. Ihr Vater, der Teilchenphysiker Stanley Wojcicki, wuchs als Katholik in Krakau auf, direkt an den Bahngleisen nach Auschwitz. Nachdem die Nazis die Wohnung seiner Familie beschlagnahmt hatten, floh er nach Schweden. Als Susan klein war, ernannte die Stanford University ihn zum Fachbereichsleiter für Physik. Susans Mutter, Esther, kam als Tochter russisch-jüdischer Einwanderer an der Lower East Side in New York zur Welt und machte sich als Journalismus- und Englischlehrerin an der Palo Alto High School in der Nähe von Stanford einen Namen. Die Wojcickis bekamen in kurzer Folge drei Mädchen. Susan und ihre Schwestern wurden stets angehalten, fleißig zu sein und ihren Beitrag zu leisten – sie schnitten Rabattcoupons aus und hatten bereits ihre eigenen Scheckbücher, bevor sie Auto fahren konnten. Mit vier Jahren kam sie einmal auf dem Parkplatz des Kindergartens in Stanford auf ihre Mutter zugerannt und rief: »Wir haben heute Marshmallows bekommen, und ich sogar zwei!«[3] Esther Wojcicki erfuhr später, dass ihre Älteste an einem psychologischen Experiment teilgenommen hatte: Walter Mischel, ein Professor aus Stanford, hatte Kinder in einen Raum gesetzt, ihnen einen Marshmallow gegeben und gesagt, sie könnten ihn entweder sofort essen oder 15 Minuten warten, dann bekämen sie einen zweiten Marshmallow dazu. Vierzig Jahre später waren die Kinder, die geduldig gewartet hatten, körperlich fitter, hatten »eine höhere kognitive und soziale Kompetenz« und »weniger zwischenmenschliche Probleme«, so das Resultat der berühmten Studie. Die kleine Susan hatte länger auf den Marshmallow gewartet als alle anderen Kindergartenkinder.

Auch wenn Mischels Schlussfolgerungen später angezweifelt wurden, gehört sein Experiment bis heute zu dem, was man sich über Wojcickis junge Jahre erzählt. »Susan ist einer der geduldigsten, vernünftigsten Menschen, die ich kenne«, schrieb Esther Wojcicki in ihrem Erziehungsratgeber *Panda Mama – Wie man glückliche und selbstbewusste Kinder großzieht*, nachdem sie die Anekdote mit dem Marshmallow wiedergegeben hatte. »Sie bleibt auch bei Stress unglaublich ruhig, ist durch nichts aus der Fassung zu bringen. Sie hat eine enorme Selbstbeherrschung. Sie umgibt sich mit Angestellten, denen sie vertraut und die sie respektiert. Diese

Eigenschaften hatte sie schon als kleines Mädchen – nicht etwa weil sie angeboren wären, sondern weil sie sie jahrelang geübt hat.«[4]

Susan studierte Geschichte in Harvard und verbrachte mit dem vagen Ziel, als Fotojournalistin zu arbeiten, ein Jahr in Indien. Doch bald wandte sie sich einer praxisorientierteren Karriere zu. Sie machte einen Master in Wirtschaftswissenschaften und einen MBA und spezialisierte sich auf Technologie. Sie heiratete Dennis Troper, einen Techniker, der später mit ihr zusammen bei Google arbeiten sollte. Ihre Schwester Janet wurde Epidemiologin, und Anne, die Jüngste, arbeitete an der Wall Street, bevor sie nach Kalifornien zurückkehrte und im Silicon Valley Karriere machte. Anne war Mitbegründerin und Geschäftsführerin von 23andMe, einer Firma, die Gentests durchführte, und heiratete in einer unorthodoxen Zeremonie auf den Bahamas Sergey Brin von Google. *Vanity Fair* nannte die leutselige und charmante Anne »Jennifer Aniston in Birkenstocks«, eine andere Zeitschrift bezeichnete sie als »wagemutigste CEO in Amerika«.[5] Susan dagegen war eher zurückhaltend, wirkte bescheiden und pflichtbewusst. »Die typische große Schwester«, wie ein Bekannter sagte.

Nachdem Google YouTube übernommen hatte, war Wojcicki maßgeblich daran beteiligt, den Kauf des Werbebanner-Magnaten DoubleClick in die Wege zu leiten, und machte Google zu einem Werbe-Giganten, indem sie auf beinahe jeder Website Bannerwerbung platzierte, die welche wollte. Vor allem aber stand sie in engem Kontakt mit Larry Page. Sie war eine »Larry-Flüsterin«, sagte Kim Scott, ein ehemaliger leitender Angestellter von Google. »Wenn niemand sonst zu ihm durchdringen konnte – Susan schaffte es immer«, erinnert er sich. Wojcicki war ein freundlicher Mensch, wurde selten laut und drängte sich nie in den Vordergrund. Bei »Google Zeitgeist«, einem jährlichen exklusiven Event für Firmenchefs, Politiker und VIPs, die gerne mit Googles Führungsriege plaudern wollten, entdeckte jemand einmal Wojcicki, die still und leise herumstand und sich Notizen machte. Sie trug immer noch die Outdoorkleidung, in der sie am Nachmittag auf einen nahe gelegenen Berg gewandert war. Keiner erkannte sie. Doch wenn es darauf ankam, konnte Wojcicki auch ganz anders. Ein ehemaliger Google-Manager erinnerte sich an ein Treffen mit Rupert Murdochs News Corp, bei dem es um irgendeine geschäftliche Vereinbarung ging. Der notorische Gegner von Google kämpfte mit ziemlich harten Bandagen. »Na gut, dann bezahlen wir euch halt gar nichts«, sagte Wojcicki kühl. »Zufrieden?«

Googles Publicity-Abteilung betonte bei ihr stets Eigenschaften, die in der männerlastigen Branche gut ankamen, wie Fleiß, Souveränität und Loyalität. Nach und nach erarbeitete sich Wojcicki ein öffentliches Image. Ein schmeichelhaftes Porträt, das 2011 in der Zeitung *The Mercury News* aus San Jose erschien,[6] nannte Wojcicki »die wichtigste Googlerin, von der Sie noch nie gehört haben«. In dem Artikel wurde sie von Kollegen gelobt, weil sie nie um Aufmerksamkeit buhlte, und ihre Rolle beim Kauf von DoubleClick und YouTube wurde erwähnt, wobei sie für Letzteres laut einigen Beteiligten mehr Anerkennung bekam, als ihr zustand.

Aber vor allem ging es in dem Artikel darum, dass sie Mutter war. Wojcicki war die erste Mitarbeiterin von Google, die ein Kind bekam, und konzipierte die Richtlinie des Unternehmens zum Mutterschaftsurlaub – ihren männlichen Kollegen war das nie in den Sinn gekommen. 2011 hatte sie bereits vier Kinder, die sie als »Soccer Mom« (so der Artikel) in einem Toyota Highlander durch die Gegend kutschierte. »Meine Kinder wissen, dass ich jeden Abend zum Essen zu Hause bin«, versicherte Wojcicki der Zeitung. Die PR-Taktik ging auf: Wojcicki »kann recht spröde sein«, erinnert sich ein ehemaliger Geschäftspartner, »aber wenn sie über ihre Rolle als Mutter spricht, dann taut sie auf«. *Fortune* nannte sie später die »Mutter von Google«,[7] und ein Artikel in *Forbes* bezeichnete ihren Kleidungsstil – im Büro trug sie Jeans und Kapuzenpulli – als »selbstironische Schlichtheit« und zitierte einen anonymen Ex-Kollegen, der sie mit dem Gärtner verglich, den Peter Sellers in der Satire *Willkommen Mr. Chance* verkörperte.[8] In jedem Artikel über Wojcicki – genau wie im Flurfunk – wurde ihre Garage erwähnt, wo Google entstanden war, ihr mütterliches Nest für die jungen männlichen Genies. (Später kaufte das Unternehmen das Haus und wies die Adresse auf Google Maps als »Susans Garage« aus.) Andererseits trug dieser Fokus immer auch dazu bei, Wojcickis Leistungen zu schmälern und sie als Führungskraft nicht ganz ernst zu nehmen. (Ein Kollege verspottete sie später als »Garagenbesitzerin, die besonders viel Glück hatte«.) Doch ihre frühe Nähe zu den Google-Gründern war wichtig, und zwar nicht etwa als Kennzeichen von Vetternwirtschaft, sondern um zu verdeutlichen, welchen Stand sie im Unternehmen hatte. Als Larry Page und Sergey Brin mit Google durchstarteten und in ihren jungen Jahren plötzlich extrem reich und mächtig wurden, schaute die Branche genau hin. Aber die zwei waren schlau genug, besonders kompetente Leute mit ins Boot zu holen, die sie vorher schon gekannt hatten. »Die Gründer vertrauen Susan möglicherweise mehr als jedem anderen Menschen auf der Welt«, so der ehemalige Google-Vertriebsleiter Patrick Keane. »Susan ließ sich nie aus der Ruhe bringen, was auch immer gerade das Problem war.«

Der langjährige Personalchef Laszlo Bock, der Google 2016 verließ, verglich seinen ehemaligen Arbeitgeber mit einem Familienunternehmen. 2011 verteilten Page und Brin die Google-Aktien neu, um sich selbst zehnmal so viel Mitbestimmungsrecht zu geben, wie es die normalen Aktionäre hatten. Wojcickis Ehemann und ihr Schwager arbeiteten ebenfalls bei Google. Ihre Mutter wurde als Beraterin für Bildungsprogramme angeheuert. Google investierte in das Unternehmen von Susans Schwester Anne. »In einem Familienunternehmen«, so Bock, »belohnt man vor allem Loyalität.«

Dass es auch in Familienunternehmen Rivalitäten gibt, bekam Susan Wojcicki 2013 zu spüren. Sie gehörte Pages Vorstand an, dem L-Team, in dem es häufig zu Streitereien kam, und jemand aus ihrer eigenen Abteilung hatte es auf ihren Posten abgesehen. Sridhar Ramaswamy, ein bebrillter, stets penibler Softwareentwickler, hatte sich in der für Werbung zuständigen Abteilung hochgearbeitet und befand sich nun auf Augenhöhe mit Wojcicki. Sie hatten sehr unterschiedliche Stile. Ramaswamy kümmerte sich um Details, wühlte sich durch Dokumente in Maschinensprache und kannte die Metriken wie seine Westentasche. Kollegen zufolge hatte Wojcicki immer das »große Ganze« im Blick und delegierte Details gerne an loyale Untergebene. (Ein ehemaliger Google-Mitarbeiter erinnert sich, wie er Wojcicki einen Geschäftsvorschlag vorlegte, der aus sechzig PowerPoint-Folien bestand. Nach fünf Folien wandte sie sich an einen ihrer Stellvertreter, fragte ihn nach seinem Bauchgefühl und beendete das Meeting vorzeitig.) Sie und Ramaswamy gerieten heftig aneinander. Wojcicki wollte Suchanfragen nutzen, um die Google-Anzeigen auf anderen Seiten im ganzen Netz zu steuern – Werbekunden würden viel mehr Geld dafür zahlen, wenn sie Verbraucher gezielt auf Grundlage von Suchanfragen *und* Websites ins Visier nehmen könnten. Ramaswamy war aus wirtschaftlichen Gründen dagegen: Er war der Meinung, die günstigere Bannerwerbung würde den fetten Profit schmälern, den die Werbeabteilung einfuhr. Ein weiterer Grund war die hartnäckige Überzeugung vieler Programmierer, dass die Leute es unheimlich finden würden, im Internet Werbung für Dinge zu sehen, nach denen sie gerade gegoogelt hatten. Page predigte ebenfalls seit Langem, man müsse die Suchdaten von allem anderen trennen. Eine andere Fraktion, zu der auch Wojcicki gehörte, war der Meinung, man müsse mit den Trends in der Werbeindustrie mithalten, und die verlangte nun einmal dringend nach mehr Daten.

Bei einer Reihe von Meetings, die Page Ende 2013 abhielt, um die langfristige Richtung des Unternehmens festzulegen (»Google 2.0«, wie er es nannte), spitzte sich die Auseinandersetzung zwischen Wojcicki und Ramaswamy zu. Der sonst eher zurückhaltende Ramaswamy wurde laut und beschuldigte Wojcicki bei einem Meeting angeblich, sie würde die Wahrheit über ihre Intentionen verschweigen.[9] Abgesehen von diesen Treffen vermieden es die beiden, im selben Raum zu sein. Jeden Dienstag mussten die Mitarbeiter ihrer Abteilung an einer Besprechung mit Wojcicki teilnehmen, jeden Donnerstag an einer Besprechung mit Ramaswamy. Jemand, der für Wojcicki arbeitete, berichtete, sie sei nie wütender geworden als zu der Zeit, als er zusammen mit Ramaswamy an einem Projekt arbeitete. (»Susan und ich hatten Meinungsverschiedenheiten«, sagte Ramaswamy später. »Doch dabei ging es immer um geschäftliche Entscheidungen. Das war nichts Persönliches.«) Schlussendlich musste sich Page für einen der beiden entscheiden, um seine Werbeoperation zu leiten.

Zu jener Zeit befanden sich Wojcickis Schwester Anne und Sergey Brin inmitten einer unschönen Scheidung, die von der Boulevardpresse genüsslich breitgetreten wurde. Der launische Brin hatte sich in eine Angestellte Mitte zwanzig verliebt, die an dem Projekt Google Glass mitarbeitete und das Wearable auf Events präsentierte, wo Google der Öffentlichkeit weismachen wollte, es sei der letzte Schrei. Diese Angestellte war damals mit einer Führungskraft aus Googles Android-Abteilung liiert. Brin und Anne Wojcicki gaben im August 2013 ihre Trennung bekannt und ließen über einen Pressesprecher verkünden, sie würden »gute Freunde und Partner bleiben«.[10] Anne floh mit Freundinnen nach Fidschi, um sich beim Yoga zu entspannen. Brin fuhr zum Burning-Man-Festival.[11] Aber die Scheidung und das unangenehme Google-interne Liebesviereck waren in der Gerüchteküche des Unternehmens Thema Nr. 1, was im Rahmen der bestehenden Rivalitäten für zusätzliche Spannungen sorgte. Der Familienmensch Larry Page ging eine Zeit lang auf Abstand zu seinem Mitbegründer Brin und redete nicht mehr mit ihm. Wojcicki erzählte Vertrauten, wie unzufrieden sie mit der Abwicklung der Scheidung und mit Brins Verhalten diesbezüglich war.

Bei YouTube gingen Googles Familienfehden vielen Mitarbeitern auf die Nerven, aber noch schlimmer fanden sie die wachsende Bürokratie. 2011 hatte Kathleen Grace, eine YouTube-Mitarbeiterin in Los Angeles, Kamangar vorgeschlagen, ein eigenes Produktionsstudio für YouTube zu gründen. Bei ihrem Pitch hatte sie ihm Fotos von den Hollywood-Studios Paramount Pictures und

Universal gezeigt, die von hohen Mauern umgeben waren, gefolgt von einem Modell des YouTube-Studios, bei dem die Tore weit offen standen. (Slogan: »Wir lassen niemanden außen vor.«) Eine halbe Stunde später hatte Kamangar das Konzept genehmigt. Drei Jahre später bemühte sich Grace um das Budget für ein viel weniger kostspieliges Projekt. Sie musste bei vier verschiedenen Gelegenheiten vor einem fünfzehnköpfigen Ausschuss um Zustimmung betteln. (Der Ausschuss war gebildet worden, nachdem Kritik aufgekommen war, YouTube habe zu viele Projekte gleichzeitig laufen.) Inzwischen kamen sich die Mitglieder der YouTube-Führungsriege eher wie pendelnde Diplomaten vor, die vor den verschiedenen Google-Abteilungen kuschten, als wie eigenverantwortliche Führungskräfte. »Man zwingt mich dazu, in etwas gut zu werden, in dem ich gar nicht gut sein will«, beschwerte sich Mehrotra einmal bei Kamangar.

Das ganze Jahr 2013 über bekamen die YouTube-Mitarbeiter ihren Boss nur selten zu sehen. Kamangar kam ungefähr einmal pro Woche nach San Bruno. Er schien immer weniger Lust auf YouTube zu haben. (Einer der Abteilungsleiter traf ihn zufällig auf dem Flughafen von San Francisco; Kamangar, der einen Rucksack trug und gerade auf dem Weg zu einem Wanderausflug war, winkte ihm nur kurz zu. Ein anderer Angestellter erinnerte sich an ein wichtiges Meeting, in dem es um die App YouTube Kids gehen sollte, bei dem sein Boss aber nur gelangweilt durch seine Facebook-Startseite scrollte.) Aber Kamangar machte sich Sorgen darüber, dass das Unternehmen zu groß wurde. Jeden Montag nahm er am ganztägigen »Google 2.0«-Meeting des L-Teams teil, bei dem Page Ideen vorstellte, wie Google den Zauber des agilen Startups zurückgewinnen könnte. In privaten Treffen brainstormten Kamangar und Page über eine drastischere Umstrukturierung des Unternehmens.

Faktisch wurde YouTube zu dieser Zeit von Mehrotra geleitet, seiner rechten Hand dort. Dean Gilbert, der Content-Leiter, war in den Ruhestand gegangen, und Mehrotra traf die meisten Entscheidungen für ein Management, das ihm mittlerweile treu ergeben war. Kamangar nahm seinen Stellvertreter bald auch zu seinen Vieraugengesprächen mit Page mit, und manchmal tauchte er dort selbst gar nicht mehr auf. Alle gingen davon aus, dass Kamangar bald abtreten und Mehrotra die Leitung überlassen würde.

Doch daraus wurde nichts. Mehrotra traf sich einmal im Monat mit Bill Campbell, einem knallharten Business-Veteranen, den alle im Silicon Valley nur den »Coach« nannten. Campbell hatte schon Larry Page, Steve Jobs und viele andere spätere Tech-Tycoons unter seine Fittiche genommen. Page gab Campbell den Auftrag, die YouTube-Gründer zu coachen, und er ließ ihn schwierige Gespräche führen, denen der eigensinnige CEO nur allzu gern aus dem Weg ging. Im Frühjahr 2014 sagte Campbell sein übliches Livetreffen mit Mehrotra ab und unterhielt sich mit seinem Schützling stattdessen per Videochat. (Der Coach war an Krebs erkrankt, zwei Jahre später starb er.)

Mehrotra hatte eine Liste mit kniffligen Management-Themen dabei, die er besprechen wollte.

»Tut mir leid, aber ich muss mit dir über etwas anderes reden«, sagte Campbell. »Außer mir traut sich keiner, dir das zu sagen, aber Larry hat statt dir jemand anderen ausgewählt, um YouTube zu leiten.«

Mehrotra war fassungslos. »Wen denn?«

»Susan.«

In jenem Februar besuchten einige YouTube-Mitarbeiter die Züricher Niederlassung von Google. Dort gab es Flipperautomaten, einen LEGO-Raum, einen Weinkeller und Wannen für ein entspannendes Schaumbad. Und genau wie in der YouTube-Zentrale gab es eine große Plastikrutsche. Die YouTube-Mitarbeiter waren spätabends mit ihren Schweizer Kollegen feiern, als auf ihren Handys plötzlich eine SMS nach der anderen aufpoppte. *Es gibt einen neuen Boss. – Warte mal ... wer? – Was!?* In San Bruno waren die meisten schockiert, als sie davon erfuhren. Eine Führungskraft von Google, mit der kaum einer von ihnen bislang zusammengearbeitet hatte, ja die die meisten von ihnen noch nicht einmal persönlich kannten, sollte die Leitung übernehmen?

Die Wojcicki nahestanden, wussten, dass sie ruhelos war und wie viele ihrer Kollegen nach einer höheren Führungsposition strebte. 2014 war der Konflikt zwischen ihr und dem Softwareentwickler Ramaswamy unerträglich geworden. Wojcicki stand mit Tesla in Kontakt, wo sie als rechte Hand von Elon Musk, einem Ex-Mitglied der »PayPal-Mafia«, im Gespräch war. Aber Page wollte, dass sie blieb. Er wusste, dass Kamangar weg wollte. Zu diesem Zeitpunkt hatte Page bereits begonnen, seinen eigenen Abgang zu planen. Google würde er an seinen vertrauten Stellvertreter Sundar Pichai übergeben. Sein Personalchef Laszlo Bock deutete Page gegenüber an, wenn er Wojcicki zu YouTube abkommandierte, wäre es leichter, seinen auserwählten Nachfolger auf seinen Posten zu setzen. Und damit hieß es für Wojcicki: auf zu YouTube! Als Page Mehrotra anrief, um ihn darüber zu informieren, wies er ihn lediglich an: »Mach einfach so weiter wie bisher.«

Der Presse und einigen YouTubern stieß der Umstand, dass die neue YouTube-Chefin bislang für Werbung zuständig gewesen war, sauer auf: Sie glaubten, Google wolle künftig noch mehr Umsatz aus der Website herauspressen. »Susan hat eine gesunde Abneigung gegen das Unmögliche«, erklärte Page gegenüber der *New York Times*.[12] (Dummerweise war auf dem Foto in dem Artikel über YouTubes neue Chefin irrtümlicherweise ein Foto von Anne statt von Susan zu sehen.) In der YouTube-Zentrale musste Mehrotra weinen, als die Nachricht bekannt gegeben wurde. Wojcicki hielt eine kurze Rede und traf sich nach und nach mit den einzelnen Teams. Als sie sich mit Cristos Goodrow traf, dem Softwareentwickler, der damals für die Umstellung auf die Wiedergabezeit plädiert hatte, brachte der eine Präsentation mit 46 Folien zum Treffen mit. Auf der fünften Folie war der Fortschritt beim Erreichen der Zielmarke von einer Milliarde Stunden Wiedergabezeit pro Tag zu sehen.[13] »Hierbei liegen wir übrigens weit zurück«, teilte Goodrow seiner neuen Chefin mit. »Mir macht das große

Sorgen, und ich hoffe, dass dir das auch ein wenig Sorgen macht.« Wenn er eines hasste, dann seine Zielvorgaben nicht zu erreichen. Im Silicon Valley passen frischgebackene CEOs die Strategie eines Unternehmens gerne an, um der neuen Wirkungsstätte ihren Stempel aufzudrücken. Googles Netzwerk-Team hoffte inständig, dass Wojcicki genau das tun würde – die Strategie ändern. Denn langsam machte man sich dort Sorgen darüber, wie sehr die ambitionierte Zielvorgabe für YouTube die firmeneigenen Server und die Bandbreite belastete.

Es gibt keine Anhaltspunkte dafür, dass ihr damals jemand von den anderen Belastungen berichtete, die YouTube wegen dieser Zielvorgabe blühten, oder dass sie jemand warnte, dass die Priorisierung des Engagements und die groß angelegte Verteilung von Werbegeldern gewaltigen Problemen Tür und Tor öffnen würde. Die Hoffnungen der Netzwerk-Mitarbeiter erfüllten sich nicht. »Bleiben wir doch vorerst einfach bei dem jetzigen Plan«, teilte sie ihnen mit.

# Teil III

Kapitel 18
Down the 'Tube

Claire Stapleton, die einstige »Bardin von Google«, gehörte jetzt zu den Coolhunters. Sozusagen.

Sie kannte den alten Spitznamen des Teams nicht, aber sie wusste, dass es bei YouTube früher die Startseite kuratiert hatte, bevor es ins Marketing abgewandert war, wo sie Anfang 2014 hinzustieß. Jemand aus der Personalleitung hatte Stapleton vorgeschlagen, sich auf eine Stelle als Curation Strategy Manager zu bewerben. Sie hatte keine Ahnung, was das sein sollte. Nachdem sie sich die Jobbeschreibung durchgelesen hatte, war sie genauso ratlos wie vorher. Trotzdem nahm sie die Stelle an. In ihrer ersten Woche im neuen Job schickte YouTube sie nach Paris, um sich mit Entwicklern zu treffen, die am Empfehlungssystem arbeiteten. Die Programmierer redeten lang und breit über die verschiedenen Signale, die in den Algorithmus einflossen, aber auch sie konnten ihre Frage danach, was ihre eigentliche Aufgabe war, im Grunde nicht beantworten. Schließlich schickte ihr ein Kollege aus London über den Firmen-Chat einen Link. Stapleton klickte darauf. Der Link führte zu einer Abhandlung eines Anthropologen mit dem Titel »Über das Phänomen der sinnlosen Jobs«:[1]

> Es ist, als ob jemand da draußen sinnlose Jobs erfindet, nur damit wir alle arbeiten müssen. Und genau hier liegt das Geheimnis ... Die Hölle ist eine Ansammlung von Menschen, die den Großteil ihrer Zeit mit einer Aufgabe verbringen, die sie nicht mögen und in der sie nicht besonders gut sind.

Stapleton hatte knapp zwei Jahre im Creative Lab in New York verbracht, Googles Abteilung, die versuchte, ein wenig von der Magie von Apple einzufangen. Dazu gehörte auch, die Mitarbeiter wie bei Apple bis spät in die Nacht und an den Wochenenden schuften zu lassen. Doch das Creative Lab erfand keine iPhones, und die meisten der dortigen Projekte verliefen, wie so vieles bei Google, im Sande. Sie stellte fest, dass die Leute, die im Lab am härtesten arbeiten mussten, gar nicht angestellt waren, sondern externe Mitarbeiter – Honorarkräfte, die weder Google-Aktien erhielten noch Sozialleistungen. Sogar die Namensschilder, die sie im Büro trugen, hatten eine andere Farbe.

Im Kommunikationsteam von Google in Kalifornien hatte Stapleton das Gefühl gehabt, dass sie herausgefordert wurde und dass sie eine sinnvolle Arbeit verrichtete – ihre damalige Abteilung, die von einer Frau geleitet worden war, hatte sie als »Matriarchat« bezeichnet. In ihrem neuen Job fühlte sie sich einfach nur schlecht betreut. Sie wollte wissen, wie sie ihren Chef für sich gewinnen konnte, und fragte einen Kollegen nach Tipps. »Er ist so ein richtiger *Kerl*«, sagte ihr Kollege. »Du weißt schon, er arbeitet am liebsten mit Jungs zusammen, mit denen er nach der Arbeit einen saufen gehen kann.«[2]

Sie war jetzt fast dreißig und hatte sich aus der Googler-Blase verabschiedet und sich in einem Brooklyner Milieu eingerichtet, das in Bio-Restaurants essen ging, Kaschmirpullover trug und teuer produzierte TV-Serien schaute. Kurzzeitig erwog sie, das Unternehmen zu verlassen, aber sie interessierte sich für YouTube und sein kulturelles Prestige. Es war ein gigantischer Ozean der Kultur, in dem jeden Tag neue Meeresarme und Wetterereignisse entstanden. ASMR-Videos (Flüstern und Knistern, die bei manchen Zuhörern ein wohliges Kribbeln auslösten) waren der neueste Hit auf der Seite. Mukbang, ein Trend aus dem koreanischen Fernsehen, bei dem Leute Unmengen an Essen verschlangen, fand den Weg zu YouTube und erlebte immer wildere Ausprägungen. Stapletons Abteilung beobachtete all diese Trends ganz genau, und sie selbst sollte die »Spotlight«-Seite (YouTube.com/youtube) kuratieren, eine Playlist mit Trends und Clips, die das Unternehmen besonders sehenswert fand.

Sie machte sich gleich an die Arbeit. Für die Wiedergabelisten verfasste sie Beschreibungen in demselben launigen Stil, mit dem sie bei Google für ihre TGIF-Skripts bekannt geworden war. Doch das kam bei ihrem neuen Brötchengeber nicht gut an: »Halt dich zurück«, mahnte ihr Vorgesetzter. »Lass deine Persönlichkeit da raus. Es soll eigentlich klingen, als hätte ein Computer den Text generiert.«

»Aber meine Persönlichkeit ist doch genau das, was mich ausmacht!«, protestierte sie.

YouTube, so erfuhr sie, musste stets darauf achten, dass es als neutrale Plattform auftrat, und das bedeutete: keine persönlichen Meinungen! So hoffte die Plattform, juristischen Problemen aus dem Weg zu gehen. Kurz nachdem Stapleton ihre Stelle angetreten hatte, griff auf YouTube ein neuer Trend um sich, der dafür sorgte, dass sich diese Einstellung noch weiter zementierte, und der alle bisherigen juristischen Auseinandersetzungen vergleichsweise harmlos wirken ließ.

Nachdem Stapletons Manager ihre Idee abgeschmettert hatte, dachte sie sich etwas Neues aus. Sie startete einen eigenen E-Mail-Newsletter mit dem Titel *Down the 'Tube*, eine Liste mit Links, die die ursprüngliche Magie von YouTube einfangen sollten. Kleine, erfrischende Tropfen aus dem Ozean. Sie verlinkte Videos von niedlichen Gepardenbabys, zu Tschaikowskyklängen boxenden Kängurus und einem Schlagzeuger, der auf kongeniale Weise einen Viehauktionator begleitete, und unterzeichnete die Mails mit: »Möge das Streaming mit dir sein!«[3] Sie verlinkte mehr importierte TV-Clips als einheimische YouTube-Stars, aber immerhin entwickelte sich das Unternehmen ja gerade genau in diese Richtung.

Ihr Newsletter wurde von mehreren Führungskräften abonniert. Im letzten Newsletter des Jahres sinnierte sie darüber, was ihr Unternehmen in die Welt gesetzt hatte:

Frohes Fest, ihr alle!

GANZ KURZ EIN ERNSTES THEMA ... Bei über 72 Milliarden Stunden Video, die in diesem Jahr auf YouTube angeschaut wurden – hauptsächlich wenig spannende Fragmente der Popkultur –, kann es durchaus sein, dass wir zu viel zu sehen bekommen. Je mehr es zu sehen gab, desto schwieriger war es, überhaupt etwas zu sehen. Aber wie das alte Sprichwort sagt: *Je genauer du hinschaust, desto mehr siehst du.*

Wir verabschieden uns von 2014 in der Hoffnung, dass in den seichten Sehgewohnheiten doch noch ein wenig Tiefe wohnt. Dass wir in dem Leben, das an uns vorbeirast und von dem wir höchstens ein paar verwackelte Standbilder erhaschen, noch ein Fünkchen Bedeutung finden können. Aber vielleicht ist da ja gar nichts. *tritt zögerlich vom Computer weg*

Im Jahr 2014 verbreitete sich bei YouTube ein Mantra, mit dem man die verschiedenen Stationen im Lebenszyklus eines Unternehmens innerhalb eines Großkonzerns beschreiben konnte: *lächerlich, gefährlich, selbstverständlich.*

Shishir Mehrotra hatte dieses Mantra bei seinem alten Boss bei Microsoft gelernt, jetzt gab er es an seine Truppen weiter. »Zuerst finden dich alle *lächerlich,* und niemand glaubt an dich«, erklärte Mehrotra. »Dann finden dich alle *gefährlich* und haben Angst vor dir. Und am Ende nehmen dich alle als *selbstverständlich* hin und gehen davon aus, dass du alles schaffst, was du dir vornimmst.« Bei YouTube konnte man sich noch gut an die *lächerliche* Phase erinnern – die Zeit der Hunde auf Skateboards, YouTube als Nachwuchsspieler auf Googles Ersatzbank. Die *gefährliche* Phase hatte verschiedene Stadien gehabt – erst Viacom, dann Hulu, dann die unbeholfenen Versuche der alten Medien, den neuen Konkurrenten entweder auszubremsen oder zu ignorieren. Und seit YouTube Fahrt aufgenommen hatte, galt als *selbstverständlich,* dass das von den Massen diktierte Medium mit den spottbilligen Inhalten die Zukunft des Entertainments darstellte.

Das YouTube-Modell funktionierte, und jetzt schlugen andere Branchen zu. Steven Spielbergs Studio DreamWorks, die Heimat von Franchises wie *Shrek*, kaufte AwesomenessTV, das YouTube-Netzwerk für Teenager, für 100 Millionen Dollar. AT&T gab noch mehr für das MCN Fullscreen aus. Auch Disney zückte bereits das Scheckbuch. Netflix und andere Online-Anbieter rekrutierten YouTube-Stars, genau wie Vessel, ein neuer Videodienst von einem der Gründer von Hulu. Die vor allem bei Gamern beliebte Livestreaming-Website Twitch stand zum Verkauf, und Google bot an, sie für mehr als eine Milliarde Dollar zu kaufen und in YouTube zu inkorporieren. Doch dann überlegte die Geschäftsführung es sich wegen des Preises und der möglichen Probleme mit den Kartellbehörden[4] doch anders, und stattdessen wurde Twitch von Amazon übernommen. Facebook begann, seinerseits mit Videos herumzutüfteln.

Als Susan Wojcicki zu YouTube kam, befand sich das Unternehmen bereits in der dritten Phase. Sie musste sich den Businessplan von YouTube nicht aus den Fingern saugen, sie musste ihm nur mehr Treibstoff geben. YouTube machte drei Milliarden Dollar Umsatz pro Jahr, aber das war immer noch nur ein Bruchteil des Fernsehmarktes. Branchenmagazine belächelten YouTube dafür, dass es zwar eine Milliarde Zuschauer hatte, damit aber keinen Profit generierte.[5] Wojcickis erster öffentlicher Auftritt fand bei Brandcast statt, einem jährlichen Event, das YouTube konzipiert hatte, um potenziellen Werbekunden sein Programm zu präsentieren. Genau wie Fernsehsender das taten, nur YouTube-mäßiger. Drei Monate nachdem sie zum CEO ernannt worden war, stand Wojcicki nun also auf einer Bühne im Madison Square Garden und kündigte den neuesten Service von YouTube an: Google Preferred bot Werbekunden die Möglichkeit, teurere Werbespots zu schalten, die nur vor den beliebtesten Videos liefen. Lange hatte sich das Unternehmen bemüht, auf der Website ein Premium-Programm zu schaffen, und dies war das Ergebnis. Wie bei YouTube kaum anders zu erwarten, wurden diese Programme nicht nach persönlichem Geschmack ausgewählt, sondern nach einer geheimen algorithmischen Logik. »Wir befinden uns in Sachen Video gerade mitten in einer großen Revolution«, teilte sie ihrem Publikum mit. Anschließend trat Pharrell Williams auf und sang »Happy«.

Der Schwerpunkt des Showbusiness verlagerte sich. Später in jenem Herbst nahm Wojcicki an einem protzigen Event von *Vanity Fair* in San Francisco teil, wo sie auf dem Podium neben den CEOs der Medienriesen HBO und Discovery Communications saß. Die männlichen Medienchefs trugen, was sie normalerweise im Silicon Valley trugen, Jeans und Slipper. Wojcicki trug Pumps und ein silbernes Kleid. »Wird es in zehn Jahren immer noch Kabelfernsehen geben?«, fragte sie der Moderator. Wojcicki lächelte verschmitzt und sagte: »Vielleicht.« Später in jenem Jahr brachte die *New York Times* ein ausführliches Porträt von ihr und schrieb, dass sie »ganz still und leise zu einem der mächtigsten Medienbosse der Welt« aufgestiegen sei.[6] Für den Artikel posierte sie in einem mitternachtsblauen Kleid, sichtlich schwanger mit ihrem fünften Kind.

Bei YouTube wurde sie von einigen Mitarbeitern nicht ganz so herzlich empfangen. Bei ihrer ersten Rede bei YouTube wirkte sie (wie so oft), als würde sie sonst nie vor Publikum sprechen, und sagte ständig »äh«. Eine junge Frau im Publikum fand Wojcickis Art erfrischend und »toll mit anzusehen«. Die meisten Angestellten bei YouTube hatten ganz weltliche Probleme: Die häufigste Frage, die Wojcicki bei firmenweiten Meetings gestellt wurde, war, warum es in der Cafeteria keinen griechischen Joghurt mehr gab. Einige Medienveteranen sahen in ihrer Ankunft immerhin ein Zeichen dafür, dass Google an sie glaubte. Auch wenn Hurley und Kamangar manchmal als »CEO von YouTube« vorgestellt wurden, waren sie es rein technisch nicht; Google führte sie als Senior Vice Presidents. Nur Wojcicki wurde offiziell zur CEO ernannt, ein Zeichen für ihren hohen Stellenwert im Konzern. »Es fühlte sich an, als käme die Kavallerie«, erinnert sich Tim Shey, Director im

Creator Relations Team von YouTube. Andere bei YouTube sahen in Wojcicki jedoch einen Eindringling und fürchteten, sie sei möglicherweise allzu sehr von Hollywoods alter Garde fasziniert. (Ein Abteilungsleiter erinnerte sich daran, wie sie herumerzählte, Brad Pitt sei einer der Ersten gewesen, die ihr zu ihrer neuen Rolle gratuliert hatten.) Mehrotra nahm sich nach dem Wechsel an der Führungsspitze eine sechsmonatige Auszeit, um sich über seine nächsten Schritte klar zu werden. Wojcicki versuchte ihn zu überreden, zu bleiben und ihr zu helfen, im Unternehmen Fuß zu fassen, aber er ging fort, und binnen eines Jahres taten das auch die meisten seiner Stellvertreter. Einige gingen, weil sie die *selbstverständliche* Phase langweilig fanden. Ein YouTube-Manager, der dazu beigetragen hatte, YouTube auf fast jedem Handy und allen möglichen anderen Geräten zu platzieren, warf das Handtuch, als YouTube begann, mit Airlines über einen Platz auf deren Sitzbildschirmen zu verhandeln. *Es gab keine Welten mehr zu erobern.* Viele fühlten sich Mehrotra verbunden und ärgerten sich, dass er übergangen worden war, und einige hatten wohl auch einfach keine Lust, unter einer Frau zu arbeiten.

Vielleicht lag es auch an ihrer *Googligkeit*.

Schon früh war diese *Googligkeit* ein greifbarer Wert im Unternehmen. Laszlo Bock, Googles langjähriger Personalchef, schrieb in einem Managementratgeber, das Unternehmen stelle Mitarbeiter nach *googligen* Eigenschaften ein: Bescheidenheit, Gewissenhaftigkeit und »Ambiguitätstoleranz«.[7] Mit Freuden bei der Arbeit eine Rutsche hinunterzurutschen – das war *googlig*. Es gab auch ein passendes Motto dazu: »Daten statt Taktiken.« (Während der Debatte vor der Akquise von YouTube warf ein Google-Manager die Frage auf, ob das Unternehmen von raubkopiertem Material profitieren solle, und fragte per E-Mail: »Ist das *googlig*?«) Im Laufe der Zeit war *googlig* aber auch zu einer Bezeichnung für jemanden geworden, der sich sklavisch der Managementkultur und dem hierarchischen System von Google verschrieben hatte. Jemanden, der seine Rolle ausfüllte und in der Lage war, zugunsten von Googles höherem Ziel Emotionen und Exzentrik hintanzustellen. »Ich kann dir gar nichts über sie erzählen«, sagte jemand, der jahrelang mit Wojcicki zusammengearbeitet hat. »Sie ist ein unbeschriebenes Blatt.«

In der Geschäftswelt kommt es immer wieder vor, dass Mitarbeiter faktisch degradiert werden, indem man ihnen auf der Karriereleiter plötzlich einen neuen Manager vor die Nase setzt. Google stufte alle Angestellten nach Dienstalter und bestimmten Metriken ein. Viele Manager bei YouTube waren im Vergleich zu denen in anderen Abteilungen von Google relativ jung; die Metapher mit den »Nachwuchsspielern auf Googles Ersatzbank« kam nicht von ungefähr. Als Wojcicki in San Bruno einzog, stellte sie Fotos von der Bar-Mizwa ihres Sohnes auf und hatte eine Kiste mit ihren verschiedenen Google-Visitenkarten dabei, die sich im Laufe der Jahre angesammelt hatten.[8] Sie brachte auch eine ganze Reihe Manager, Vizepräsidenten, Abteilungsleiter und angesehene Softwareentwickler von Google mit herüber. Sehr *googlig*. Mit Susan Wojcicki hielt ein ganzer Apparat bei YouTube Einzug, der sich deutlich mehr nach Großkonzern anfühlte, als die Mitarbeiter es gewohnt waren. Ein Angestellter erinnerte sich später, wie er damals dachte: »*Google hat das Gebäude infiltriert.*« Wojcicki umgab sich mit vertrauten Beratern, was manche durchaus bewunderten. Einer der YouTube-Manager, die damals das Handtuch warfen, bezeichnete diese Berater dagegen als »Ja-Sager, die den Ring küssen«. Manch einer sah die neuen Mitarbeiter und vermutete, dass Wojcicki ihr Google-Projekt mit den Werbespots bei YouTube fortsetzen wollte. Ihr Mutterschaftsurlaub bei YouTube war eigentlich eine verdiente Auszeit. Dennoch nahm sie von zu Hause aus auch weiterhin an einem wöchentlichen Meeting teil, das sich der Premium-Werbung widmete.

Während dieser holprigen Übergangszeit erlebte YouTube plötzlich einen ganz neuen Albtraum.

»A Message to America«, ein Video, das im August auf YouTube veröffentlicht wurde, begann mit Aufnahmen von Präsident Obama, der Luftangriffe gegen den Irak ankündigte. Nach zwei Minuten sah man plötzlich einen Mann in der Wüste, der einen orangefarbenen Overall trug und ein winziges Mikrofon am Kragen hatte. Er kniete, und hinter ihm stand ein weiterer Mann, vermummt und ganz in Schwarz. Er war Amerikaner und sagte, er sei entführt worden. Dann war er verschwunden, und der Vermummte sprach direkt in die Kamera: »Jeder Versuch von dir, Obama, den Muslimen ihr Recht auf ein sicheres Leben unter dem islamischen Kalifat zu verweigern, wird zum Blutvergießen in deinem Volk führen.« Das Video, das vom IS gefilmt und hochgeladen worden war, endete mit der Aufnahme einer weiteren Geisel im Overall, die in der Wüste kniete, eine unverhohlene Drohung.

Die erste Geisel, der Reporter James Foley, der zwei Jahre zuvor in Syrien entführt worden war, wurde enthauptet. Zwei Monate bevor das Foley-Video gepostet wurde, hatte der IS ein Kalifat ausgerufen, einen brutalen vormodernen islamischen Staat, und führte nun Krieg – ganz real, aber auch auf den modernen sozialen Medien. Mitglieder des IS überschwemmten YouTube mit Predigten gegen westliche Sünden und mit langen, teilweise aufwendig produzierten Geisel-Videos. Die schlimmste Videoschwemme erreichte damals Europa, was die kleineren Google-Niederlassungen dort zur Eile zwang. Das Unternehmen entfernte den Clip mit Foley auf Basis seiner Richtlinie gegen grafische Gewaltdarstellungen, musste mit anderen IS-Videos aber vorsichtiger umgehen. Zahlreiche Nachrichtenagenturen stellten eigene Clips über den IS ein, und diese wollte YouTube nicht entfernen. Andererseits wollte YouTube auch nicht eigenmächtig entscheiden, wer eine Nachrichtenagentur war und wer nicht. Der Arabische Frühling hatte gezeigt, dass das jeder sein konnte.

Dennoch zwang die Flut von IS-Videos YouTube zum Handeln. In Paris, wo Google eine besonders chic ausgestattete Niederlassung besaß, wurden fast alle Mitarbeiter eine Woche lang als Content-Moderatoren eingesetzt, auch wenn das eigentlich gar nicht ihr Job war. Sie erstellten eine große Tabelle, in die sie jeden Re-Upload des Clips mit Foley und von Videos ähnlicher Gräueltaten eintrugen. Ein Mitarbeiter der Businessabteilung, der sich plötzlich IS-Videos anschauen musste, war schockiert, wie filmreif die Propaganda wirkte. Die Uploader vom IS bauten immer wieder Ausschnitte aus Nachrichtensendungen in ihre Clips ein, sodass sie viel schwieriger zu finden waren. YouTube hatte eine Methode entwickelt, mit der sich die Content-Moderatoren durch Standbilder klicken konnten, was weniger traumatisierend war, als sich bewegte Bilder anzuschauen. Die Angestellte klickte und klickte – Nachrichtensprecher, Nachrichtensprecher, Nachrichtensprecher, Wüste und orangefarbener Overall. *Treffer. Nächstes Video.* Ein Kollege fand sie mit aschfahlem Gesicht an ihrem Schreibtisch. Nachdem sie sich eine ganze Reihe solcher Videos hatte ansehen müssen, durfte sie früher Feierabend machen.

Seit Jahren wurde YouTube bereits dafür gescholten, dass es den radikalen Islamisten eine Plattform gab. Im Jahr 2010 schrieb der demokratische Kongressabgeordnete Anthony Weiner einen wütenden Brief, in dem er Google aufforderte, Clips von Anwar Al-Awlaki zu entfernen, einem Geistlichen, der als »Bin-Laden des Internets« bekannt war. YouTube antwortete, man lösche Konten von Personen, die auf der Terrorliste des Außenministeriums standen, »normalerweise in unter einer Stunde«. Das Unternehmen fand die meisten dieser Anfragen unerträglich moralisierend oder schlicht naiv. (Einige Politiker, die keine Ahnung hatten, wie YouTube funktionierte, fragten einen Google-Manager: »Warum haben Sie das hochgeladen?«) Die Rechtsabteilung war der Ansicht, YouTube sei gar nicht in der Lage, einheitlich zu differenzieren, wenn es nicht gerade um Uploads von Personen ging, die auf offiziellen Terrorlisten standen. Manche Videos, über die sich Politiker aufregten, zeigten lediglich Männer, die mit Gewehren in der Hand durch die Wüste rannten. Doch das taten die Werbespots der US-Armee auch. Für ungeübte Augen war beides schwer voneinander zu unterscheiden. Für Maschinen erst recht. Und ein »Terrorist« in Palästina sah ganz anders aus als einer in Nordirland. *Warum sollte man sich in diese Schlacht stürzen?*

Aber der IS zwang YouTube dazu. Weitere Videos von IS-Morden tauchten im Netz auf, und Scotland Yard erklärte ihr Herunterladen und Verbreiten zur Straftat. Jede Schlagzeile über Hinrichtungen durch Terroristen begleitete der Hinweis, dass YouTube für den IS das perfekte Medium war, denn das Hochladen von Videos war einfach und Bewegtbild ein perfektes Propagandamedium. YouTube war die ideale Bühne für den internationalen Staatsfeind Nummer eins, und das Unternehmen musste einsehen, dass seine alte Haltung der »Grauzonen« nicht mehr funktionierte. YouTube nahm so viel IS-Material wie möglich offline. Twitter tat es ihm gleich, was einige der alten Verbündeten von Google in Alarmbereitschaft versetzte – so zum Beispiel die Bürgerrechtsorganisation EFF, die YouTube in seinem Kampf gegen Viacom bejubelt hatte. Plötzlich verließen sich die Informationshüter darauf, dass die US-Behörden ihnen vorschrieben, welche folgenreichen Ereignisse sie dokumentieren durften und welche nicht. »Für die meisten Nachrichtenorganisationen wäre das keine rechtliche Frage, sondern eine ethische«,[9] sagte Jillian York, eine Managerin von EFF, gegenüber Reportern. »Wenn wir Konzernen die Macht geben, Meldungen zu zensieren, schaffen wir einen gefährlichen Präzedenzfall.«[10]

In weiten Teilen Europas hingegen wurde YouTube dafür kritisiert, dass es *nicht genug* zensierte. Googles guter Ruf hatte dort bereits gelitten, seit europäische Politiker dem Konzern mit dem Motto *Don't be evil* vorwarfen, dass er Steuern vermied, die Privatsphäre seiner Nutzer ignorierte und sich wie ein Monopolist aufführte. Jüdische Organisationen tadelten YouTube dafür, dass es Holocaust-Leugnern ein Forum bot. 2013 hatte Edward Snowden im Rahmen seiner Enthüllungen Hinweise aufgedeckt, dass sich die National Security Agency (NSA) in Googles Datenzentren gehackt hatte. Google bestritt, davon gewusst zu haben. (»Wir sind empört«, verkündete Googles Chefjurist David Drummond vor der Presse.[11]) Das machte das Leben von Googles europäischen Diplomaten, die nun einmal als verlängerter Arm von Uncle Sam galten, aber auch nicht gerade leichter.

Im Januar, fünf Monate nach der Hinrichtung von Foley, wurden Google-Vertreter vor das Europäische Parlament in Brüssel zitiert, um sich für die zahlreichen Terroristen-Videos zu rechtfertigen, die das Unternehmen hostete. (YouTube hatte zu jener Zeit in Europa keine auf Politik spezialisierten Mitarbeiter.) Eine Google-Managerin nannte eine Zahl, die YouTube in den kommenden Jahren immer wieder ins Feld führen sollte, um seine schieren Dimensionen zu verdeutlichen: Bei YouTube, sagte sie, würden pro Minute dreihundert Stunden Videomaterial hochgeladen. Das alles zu überprüfen, fügte sie hinzu, »wäre, als wollte man einen Telefonanruf zurückverfolgen, bevor er getätigt wird«.

In San Bruno hatten YouTube-Mitarbeiter das Gefühl, dass sie es Tag für Tag mit neuen Abscheulichkeiten zu tun bekamen.[12] Angestellte informierten Wojcicki und ihre Stellvertreter über die neuesten Moderationsstandards. Ein Stellvertreter erinnert sich an ihren Gesichtsausdruck, als ihr die Tragweite dieser neuen Strategien bewusst wurde. YouTube verließ sich für Videos in den Kategorien »Bildung« und »Dokumentation« auf eine Ausnahmeregelung, die Darstellungen von Gewalt oder Extremismus mit einem Warnhinweis versah. (Diese Regelung war nicht einheitlich – ein Angestellter erinnert sich an ein Video darüber, wie man sich eine Tüte über den Kopf zog, um Suizid zu begehen, das in der Kategorie »Bildung« lief, bis ein Manager eingriff.) Aber die zentrale (ziemlich *googlige*) Strategie des Unternehmens konzentrierte sich auf *Gegenrede*, gezielte positive Erwiderungen. Die Anwälte vertraten eine berühmte juristische Maxime: »Sonnenlicht ist das beste Desinfektionsmittel.«[13] Wenn im Internet dunkle Flecken auftauchten, war es besser, sie auszuleuchten, als sie noch weiter zu verdunkeln. »Verordnetes Schweigen ist keine Lösung«, sagte der Google-Anwalt Drummond in einer Rede über Zensur.[14] »Die Technologie ist eines der wichtigsten Werkzeuge, die wir haben, um gefährdete junge Menschen auf der ganzen Welt zu erreichen und sie vor Hass und Radikalisierung zu schützen.« Obamas Außenministerium setzte ebenfalls auf Gegenrede und veröffentlichte auf YouTube ein grausiges Video, das die Brutalität des IS dokumentierte und dazu gedacht war, junge Leute davon abzuhalten, sich der Organisation anzuschließen. Die YouTube-Mitarbeiter überlegten sich, wie sie Creators dafür rekrutieren könnten, sich an diesen Bemühungen zu beteiligen.

Nach der Sitzung des EU-Parlaments trafen sich einige Google-Manager mehrmals unter vier Augen mit dem distinguierten belgischen Politiker Gilles de Kerchove, dem Koordinator für Terrorismusbekämpfung der EU. Bei solchen Treffen gaben die Google-Mitarbeiter oft mit der enormen Anzahl schlimmer Videos an, die das Unternehmen entfernt hatte. Aber sie teilten nie mit, wie viele sich *immer noch* auf der Website befanden, sodass man die Zahlen, die sie nannten, gar nicht einordnen konnte. Genauso ging es jetzt de Kerchove.»Ist das wenig? Ist das viel?«, wollte er wissen.»Ich habe keine Ahnung.« Google versicherte ihm ein ums andere Mal, Clips von Terroristen würden so schnell wie möglich entfernt. Gelegentlich ging de Kerchove dann nach Feierabend nach Hause, suchte auf YouTube nach Enthauptungsvideos und wurde sofort fündig. Und er hatte den Eindruck, dass das Unternehmen Videos mit Gräueltaten gegenüber Amerikanern schneller entfernte als solche, die sich gegen Araber richteten.

Bei diesem speziellen Treffen versuchte ein Google-Manager es mit dem »Sonnenlicht«-Ansatz: »Warum helfen Sie uns nicht, gute Videos mit Gegenrede zu produzieren?« Vielleicht konnten sie YouTube-Stars überreden, mitzuwirken? Einer von de Kerchoves Kollegen in der EU-Kommission war Schwede, genau wie YouTubes größter Star.

Also fragte der Google-Manager den weißhaarigen Beamten in vollem Ernst:»Haben Sie schon einmal von PewDiePie gehört?«

Kapitel 19
True Fake News

**PewDiePie: »VLOG – Singapore – BROS ARE EVERYWHERE!«,
29. Mai 2013, 6:23.**

Man sieht Paparazzi-Aufnahmen mit kreischenden Fans und Security-Personal, nur dass der Promi selbst das Video dreht: Felix Kjellberg befindet sich in Singapur auf der Verleihung der Social Star Awards, und wir, seine Bros, begleiten ihn. Wir sehen ihn ankommen, hoch oben auf einem Balkon in diesem fremden Land. Wir sind dabei, wie er im Pool schwimmt, zu Abend isst, von Fans umringt wird und all das auf sich wirken lässt. »Ich war gerade unten in der Lobby«, sagt er in die Kamera. »Und da waren ungefähr hundert Fans, die fingen an zu schreien, als ich herunterkam. Ich hatte keine Ahnung, dass ich in Singapur so viele Freunde habe.«

PewDiePie blieb zweifellos der hellste Stern im YouTube-Universum. Kjellbergs Fans, die »Bro Army«, bekamen nun immer öfter Einblicke in das Leben ihres Stars. Sie lernten seine Freundin Marzia Bisognin kennen, die ebenfalls YouTuberin war und ihn nach Singapur begleitete. Sie schickten ihm Gaming-Ideen, und Kjellberg wurde vor der Kamera immer selbstsicherer und mutiger. Die Online-Gaming-Szene war immer größer geworden und mit ihr auch eine Industrie, die sich zunutze machte, wie besessen die Leute von viralen Inhalten und Internetphänomen waren. Auf Facebook drehten die Leute bei der »Icebucket Challenge« durch, und dank Seiten wie Reddit oder BuzzFeed avancierten Shibas und eine mürrische Katze zu Stars.

Wie viele YouTuber machte auch Kjellberg mit – in seinem Beitrag zum 2013 allgegenwärtigen »Harlem Shake« tanzte er vor der

Kamera mit Zöpfchen und in rosa Damenunterwäsche. Millionen sahen ihm dabei zu. Sein Hauptjob waren nach wie vor billig produzierte Videos, in denen er Horror-Computerspiele spielte. Doch dann geschah etwas, das ihn noch berühmter machen sollte, und das hatte mit Kjellbergs Management zu tun.

2014 übernahm die Walt Disney Company für mehr als 500 Millionen Dollar das Netzwerk, das sich von Danny Zappins Hinterhof in Venice aus zu einem echten Mediengiganten entwickelt hatte. Zum Zeitpunkt der Akquise hatte Maker Studios rund 55 000 YouTube-Kanäle unter Vertrag. Als die *New York Times* über den Deal berichtete, erwähnte sie auch PewDiePie und beschrieb, wie Maker Studios aus YouTube-Nutzern digitale Stars machte – »man stelle sich nur vor, was sie für Iron Man, Micky Maus und Yoda tun können«, schwärmte ein Agent.[1] Aber der Artikel nannte weder Zappin noch LisaNova, noch sonst jemanden von der ursprünglichen Maker-Studios-Crew.

Kjellberg gefielen gewisse Teile des Deals. Während andere prominente YouTuber nach Los Angeles gezogen waren, hatte sich der eher introvertierte Kjellberg in dem Rentnerparadies Brighton südlich von London niedergelassen. (Interne Dokumente von YouTube bezeichneten ihn als »Typ, der am liebsten zu Hause sitzt«.) Wann immer Kjellberg nach Kalifornien kam, bestand er darauf, einen Ausflug nach Disneyland zu machen, wo er die VIP-Tour bekam.

Aber unter dem neuen Oberboss war nicht alles rosarot. Disney verstand zum Beispiel keinen Spaß, als PewDiePie und ein anderer Gamer in einem Clip albern kichernd Figuren aus *Die Eiskönigin* durch ein pornografisches Fan-Fiction-Videospiel lenkten. Irgendwer bei Disney entdeckte den Clip und schickte den Link an CEO Bob Iger, der das weniger lustig fand.[2] In einem nächtlichen Telefongespräch versuchte ein Manager von Maker Studios Iger zu erklären, dass Kjellberg sich mit solchen Aktionen bloß über die Perversionen der Internetkultur lustig mache, und versicherte ihm, Kjellberg sei ein großer *Eiskönigin*-Fan, Ehrenwort. Disney bat Kjellberg, das Video wieder zu löschen, was er auch tat. Am Ende sollten unterschiedliche Ansichten über Geschmack und Alltagskultur zu Kjellbergs endgültigem Bruch mit Disney führen, doch im Moment galt PewDiePie noch als begnadeter Performance-Künstler, als Personifizierung eines neuen Mediums. YouTube hängte in seinen Büroräumen Poster von ihm auf. Die alten Medien versuchten entweder, seine Anziehungskraft nachzuvollziehen, oder sie zogen sie ins Lächerliche. »Dies ist der Kauderwelsch sprechende Clown, der die westliche Zivilisation aufmischt«, hieß es in einer Story in *Variety* über PewDiePie, die einige Monate nach seiner Singapur-Reise erschien. »Wie schafft es jemand, von dem Sie noch nie etwas gehört haben, dass seine Videos 2,6 Milliarden Mal aufgerufen worden sind?«, fragte das Magazin. »Offenbar indem er wie ein Idiot vor sich hin quasselt.«[3]

Kjellberg fand den *Variety*-Artikel gar nicht lustig, und laut einer Person, die damals mit ihm zusammenarbeitete, war er noch jahrelang sauer auf den Autor. Trotzdem ließ er sich nach der Übernahme durch Disney noch mehrmals interviewen. »Es ist cool, so viel Einfluss zu haben«, teilte er dem *Wall Street Journal* mit, »aber gleichzeitig ist es auch ein wenig beängstigend.«[4] Die Zeitung zeigte ein Foto von ihm mit Blumenkranz im Haar. Die Überschrift lautete: »YouTubes größte Attraktion spielt Computerspiele und verdient vier Millionen Dollar pro Jahr«. Die zweite Hälfte der Schlagzeile, die sensationslüstern verkündete, wie viel der YouTuber verdiente, irritierte Kjellberg zutiefst. Er und seine Kollegen empfanden so etwas als respektlos. Die YouTuber waren es gewohnt, die volle Kontrolle über ihre Kanäle zu haben, und hatten für die Presse schon deshalb wenig übrig, weil sie darin auf eine Art und Weise dargestellt wurden, die sie nicht kontrollieren konnten.

Die Medien wiederum nahmen die traditionellen YouTuber oft auch dann nicht ernst, wenn sie mehr Zuschauer hatten als irgendwelche beliebten TV-Sendungen. Als MysteryGuitarMan, einer der ganz frühen YouTube-Stars, bei CNN auftrat, ordnete Sarah Penna, seine Managerin und Ehefrau, an, dass man ihn nicht fragen dürfe, wie viel er verdiene. *Es käme ja auch niemand auf die*

Idee, George Clooney das zu fragen. CNN tat es trotzdem. Im Jahr 2015 trat Kjellberg in Stephen Colberts *Late Show* auf. Der Schwede trug einen blauen Anzug, sein Haar war zurückgekämmt, und er war sichtlich nervös. Seine Eltern waren eigens für die Aufzeichnung in die USA geflogen.»Ich danke dem Internet dafür, dass sein Kaiser heute Abend hier sein darf«, begann der Moderator, bevor er Kjellberg bat zu erklären, warum die Leute ihm beim Spielen von Videospielen zusahen.»Ich habe den besten Job der Welt«, antwortete Kjellberg. Colbert teilte den Zuschauern mit, Kjellberg habe im vergangenen Jahr einen Betrag verdient,»der sich auf *schmieben Schmillionen* Dollar reimt«.

Auch wenn das Unternehmen es niemals zugegeben hätte: Dies war genau die Art von Publicity, über die man sich bei YouTube freute. Noch vor ein paar Jahren hatte niemand in dem Videoportal ein gangbares Geschäftsmodell vermutet, geschweige denn einen Ort für professionelle Medien. Jetzt gab es einen YouTuber, der *schmieben Schmillionen* Dollar verdiente. Hinter den Kulissen startete YouTube ein Programm, bei dem es seinen Topstars wie Kjellberg eigene Businessmanager zur Seite stellte. PewDiePie drehte am Ende zwar doch kein Antiterrorismus-Video, aber immerhin trat er in einem PR-Spot für YouTube auf. Seit 2010 produzierten die Coolhunters einmal im Jahr »YouTube Rewind«, einen locker-flockigen Jahresrückblick, in dem scharenweise bekannte Creators zu sehen waren. Die YouTuber waren besessen von diesen Clips und schauten genau hin, wer dabei war – und wer nicht. Im Jahr 2015, zu YouTubes zehnjährigem Jubiläum, war in der Mitte des Rewind-Videos Kjellberg zu sehen, wie er dem Firmenlogo seine typische *bro-fist* verpasste.

In einem beschaulichen Städtchen in Südengland, 150 Kilometer westlich von Kjellbergs Wohnort, begann David Sherratt seine YouTube-Karriere. Er war unheimlich schlau, aber ein Eigenbrötler und fand die Schule langweilig. 2010, als er 13 Jahre alt war, entdeckte Sherratt die fesselnde Welt des YouTube-Gamings. *Minecraft*, *Call of Duty* usw. Die meisten Gamer quatschen in ihren Let's Plays nur dummes Zeug, aber einer redete hin und wieder über Philosophie, und bald zeigte ihm YouTube immer mehr ähnliche Clips an. *Klick*. Von der Philosophie driftete Sherratt schnell in die Welt der »YouTube-Skeptiker« ab, eines losen Netzwerks atheistischer Vlogger und Provokateure. Er war nicht religiös erzogen worden und hatte diesbezüglich auch keine besonders starke Meinung, aber diese Vlogger waren klug, und sie nahmen kein Blatt vor den Mund – es machte einfach Spaß, ihnen dabei zuzusehen, wie sie in ihren Clips über die Gläubigen herfielen.

Sherratt war nicht allein. Viele kluge, orientierungslose junge Leute fanden die YouTube-Skeptiker spannend. Natalie Wynn, eine begabte neunzehnjährige Musikstudentin in Boston, bingte Videos über prominente Atheisten wie Richard Dawkins und Sam Harris. Fans luden deren Vorträge und Debatten hoch und versahen sie mit den für YouTube typischen reißerischen Titeln. Bald entdeckte Wynn YouTube-Vlogger mit expliziteren Inhalten. Sie hatten Namen wie Thunderf00t und luden spöttische Montagen hoch. (Eine 48-teilige Reihe hieß: »Why do people laugh at creationists?«)

Das Publikum von YouTube hob diese Freidenker – eine lose Ansammlung von Säkularisten, Rationalisten, Libertären und Spinnern – auf eine Stufe mit ernsthaften Wissenschaftlern. Ihre Videos befassten sich mit gewichtigen Themen wie dem freien Willen und dem Wesen des Menschen und vermischten den akademischen Diskurs (oder das, was sie dafür verkauften) mit witzigem Internet-Trolling. In Kommentaren und Antwortvideos diskutierten die Zuschauer mit. Für Wynn fühlte sich YouTube an wie eines der europäischen Kaffeehäuser des 17. Jahrhunderts. Wynn und Sherratt verfolgten die Debatten genau und kannten alle Stammgäste des Kaffeehauses.

Diese Zielgruppe konsumierte YouTube nicht wie die meisten Zuschauer, die sich mal eben nebenbei ein Tutorial, ein Musikvideo oder einen viralen Clip anschauten. Sherratt, ein dünner, blasser Teenager mit kurzem braunem Pony, ließ seine Lieblings-YouTuber nonstop im Hintergrund laufen, während er in seinem Jugendzimmer saß und Videospiele spielte. Mit einer iPad-App konnte er die Tonspur der Videos herunterladen und sie auf dem Schulweg, beim Mittagessen und in der Freizeit weiterhören. Auch Caleb Cain aus West Virginia, der Fan des kanadischen Gurus Stefan Molyneux, schaute sich ununterbrochen die Videos der Skeptiker an; wenn es sein Job zuließ, setzte er sich Kopfhörer auf und konsumierte zwölf bis vierzehn Stunden Videos pro Tag.[5] Der Reporter Kevin Roose, ein Journalist der *New York Times*, der Cains Geschichte aufdeckte, beschrieb diese Fans als »inneren Zirkel«, der YouTube als »Prisma« betrachte, »durch das alle Kultur und alle Informationen gebrochen werden«. Von Roose stammt diese eloquente Beschreibung:[6]

> Stellen Sie sich eine genetische Mutation vor, die allen nach 1995 geborenen Menschen die Fähigkeit verleiht, ultraviolettes Licht zu sehen. Stellen Sie sich vor, wie diese Menschen rund um das UV-Licht eine Identität entwickeln, sich »UVler« nennen und gegenüber allen Medienprodukten skeptisch sind, die ausschließlich im sichtbaren Spektrum hergestellt werden. Als alter Mensch mit normalen Augen werden Sie diesen Wandel als langsamen kognitiven Verfall erleben. Jeden Tag wird sich ein größerer Teil der Welt im UV-Licht abspielen, und jeden Tag wird es Ihnen schwerer fallen, mitzubekommen, was vor sich geht.

Einige Angehörige von YouTubes »innerem Zirkel«, wie die Nerdfighters und PewDiePies »Bro Army«, hatten gemeinsame Interessen oder ein gemeinsames Idol, die YouTube-Skeptiker hatten gemeinsame Ideen – oder zumindest eine gemeinsame Leidenschaft dafür, dass jemand seine Ideen in die Welt setzte und verteidigte, in der Regel auf laute und unverschämte Weise. Das gefiel den Algorithmen.

Nach und nach veränderte sich der Ton der Kaffeehaus-Konversationen.

Laut Sherratt spaltete sich der Online-Atheismus ab 2012 in verschiedene Strömungen auf, als ein Mitglied es wagte, neben der organisierten Religion auch Missstände wie Rassismus und Sexismus anzuprangern. Einige seiner Kollegen waren ganz anderer Meinung als er, und so bildete sich eine Skeptiker-Subkultur. Aber ein Aspekt hatte in der Bewegung schon vorher unter der Oberfläche gelauert und brach sich nun Bahn: ein abscheulicher Frauenhass. Schon 2011 postete der bärtige Skeptiker und beliebte Vlogger The Amazing Atheist Clips über das »Versagen des Feminismus« und schimpfte auf »gackernde Fotzen im Fernsehen«. »Hör auf zu jammern«, kommentierte Richard Dawkins das Videotagebuch[7] einer Frau, die einen sexuellen Übergriff beschrieb.

Wynn beobachtete, wie YouTuber wie Thunderf00t, der sich über Kreationisten lustig machte, nun auch über Frauen herzogen. YouTube empfahl Sherratt Clips von Sargon of Akkad, einem britischen Schwätzer, der den Feminismus eine »toxische, kranke Ideologie« nannte. Sherratt fand den Zorn dieses YouTubers zugleich amüsant und kathartisch. Er gründete einen eigenen YouTube-Kanal (Spinosaurus Kin) und drehte Videos mit Titeln wie »Feminism is Terrorism«, die sich die Leute aus Neugier oder Wut ansehen konnten. Ein zornig vorgetragener Standpunkt war ja trotzdem ein Standpunkt. Als er auf die Uni ging, tauchte er als das Gesicht einer neuen Männerrechtsbewegung in der britischen Boulevardpresse auf. In Lederjacke und mit finsterem Blick präsentierte er sich als stolze Jungfrau, die sich von Frauen fernhält, um nicht Gefahr zu laufen, fälschlich der Vergewaltigung bezichtigt zu werden.

Die jüngste Bastion unregulierter Medien brachte Scharen lautstarker misogyner Schwätzer hervor, die sich als politische Aktivisten gerierten und die weitgehend als Reaktion auf den Fortschritt der Frauenbewegung existierten. 1988 hob die FCC die Fairness-Doktrin auf, eine Vorschrift, die Sender dazu verpflichtete, bei kontroversen Themen beide Seiten zu beleuchten. Gleich im folgenden Jahr startete der gescheiterte Radiomoderator Rush Limbaugh auf einem Mittelwellensender eine neue Talkshow. Limbaugh übernahm den Stil von Skandal-Moderatoren wie Howard Stern, wandte ihn auf politische Themen an und hob damit eine Mediensparte aus der Taufe, die durchtränkt war von Sexismus (»Feminazis« usw.) und ein konservatives Publikum ansprach, das sich von der Mainstream-Presse nicht vertreten fühlte. Er baute eine enge Beziehung zu seinen Fans auf, die jede seiner Sendungen hörten und im Studio anriefen, um ihre Meinung beizusteuern. Mit dem Aufschwung des Kabelfernsehens, das dem Radio Marktanteile streitig machte, setzten immer mehr Radiosender auf die Hörerschaft von Limbaugh & Co. – manche Sender rechtfertigten dies mit einer Metrik namens »Hördauer«. Rupert Murdoch bezeichnete Fox News als »Talkradio mit Video«.[8] Im Jahr 2007 wurden 91 Prozent der werktäglichen Talk-Sendungen im Radio als konservativ eingestuft.

Vielleicht ist das der Grund dafür, dass sich diese Radiomoderatoren nicht sofort auf YouTube gestürzt hatten. Jahrelang hatte Cenk Uygur das Gefühl, er sei der Einzige dort. 2005 zog der liberale, wortgewandte Radioveteran mit seiner Talkshow *The Young Turks* auf YouTube um. Der Kanal mischte Sticheleien gegen die konservative Presse und Politiker mit Clickbait, der eher Boulevard-Charakter hatte.[9] Uygur fand auf YouTube zunächst kaum konservative Schock-Talker – bis zur Umstellung auf die Wiedergabezeit, als sie plötzlich »wie Pilze aus dem Boden schossen«. Viele Videos machten sich über Uygurs Sendung oder seinen Namen lustig. Sie taggten Videos mit »Young Turks« oder seinem Namen, um von der YouTube-Suche und den Video-Empfehlungen zu profitierten. Häufig schoss Uygur zurück. Da es damals nur wenige Mainstream-Nachrichtenkanäle auf YouTube gab, hatten die rechten YouTube-Talker mit ihren politischen Themen freie Bahn.

Uygur fiel bei diesen Newcomern etwas Seltsames auf: Einige entfernten sich immer weiter von der Realität. »Wenn Rush den

Leuten seine Lügen auftischte, benutzte er immer nachvollziehbare Fakten als Aufhänger«, erinnert sich Uygur. »Doch größtenteils ist das, was diese Leute erzählen, erstunken und erlogen.«
Stefan Molyneux, der kanadische Selbsthilfe-Philosoph, schaltete sich ein und veröffentlichte ein Video, in dem er sich gegen *The Young Turks* positionierte. Aber eigentlich warteten Molyneux und die anderen Gegner der SJW (»Social Justice Warrior«, eine abwertende Bezeichnung für Menschen mit liberaler oder progressiver Gesinnung) auf einen größeren Funken, der den Diskurs endlich so richtig in Brand setzen würde. Und der kam in Form von Gamergate.

David Sherratt beobachtete, wie sich Gamergate ausbreitete, und verfolgte die künstlich fabrizierte Online-Kontroverse, so gut er konnte. Soweit er es mitbekam, ging es darum, dass ein Gaming-Journalist eine positive Kritik über das Spiel einer feministischen Videospielentwicklerin veröffentlicht hatte, mit der er eine Affäre gehabt hatte, ohne die Beziehung zu ihr offenzulegen. Die anschließenden YouTube-Videos und Beiträge in Internetforen, die über den Skandal berichteten, waren heftig kritisiert oder einfach gelöscht worden. *Da stimmt was nicht.* Die Details waren nur schwer nachzuvollziehen, nicht aber die Wut der Sexisten. Einige Frauen kritisierten die Darstellung weiblicher Charaktere in Videospielen, was die männlichen Gamer nur noch wütender machte und ihren Eindruck verstärkte, hier laufe eine feministische PC-Kultur Amok – *die Social Justice Warriors wollen unsere Videospiele ruinieren!* Dass an dem angeblichen Skandal, um den es im Kern von Gamergate ging – dass ein Videospiel von einem voreingenommenen Kritiker gelobt worden war –, eigentlich gar nichts dran war,[10] half nichts. Gamergate verbreitete sich wie ein Lauffeuer und zwang mehrere Frauen aus der Gaming-Branche, sich aus der Öffentlichkeit zurückzuziehen, nachdem sie belästigt worden waren und Morddrohungen erhalten hatten. Gamergate war die Fortführung von Rush Limbaughs Kulturkrieg mit den Mitteln des riesigen, ungezähmten Internets.

Die Gamergate-Kontroverse spielte sich hauptsächlich in sozialen Netzwerken und dunklen Nischen des Internets wie 4chan ab, aber auf YouTube lieferte der laufende Internetskandal Material für Vlogger, um lange Videos mit einem gewissen Nachrichtenwert hochzuladen, die ihnen ihr Publikum aus der Hand fraß. Das war genau jene Art Content, wie ihn die Algorithmen liebten. Der Guru Molyneux wurde immer bissiger und zorniger. Er rief eine Videoreihe namens »True News« ins Leben und machte sich dabei Limbaughs bewährte Taktik zu eigen, sich als Opposition zu den Mainstream-Medien zu positionieren. Molyneux postete immer wieder Clips mit dem Titel »The Truth About …« Die Wahrheit über Karl Marx. Die Wahrheit über Israel und Palästina. Die Wahrheit über Martin Luther King Jr. Die Wahrheit über die Unruhen in Ferguson. Die Wahrheit über *Die Eiskönigin* und über *Wonder Woman* (beide Filme hielt er für trojanische Pferde einer feministischen Agenda). Die Medien, so Molyneux, halfen ihnen dabei, indem sie »euch die SJW-Daumenschrauben direkt in die Harnröhre stopfen, bis runter in eure Eier«. Seine Fans, die ihn Stef nannten, hingen an seinen Lippen. »Ich war auf der Suche nach der Wahrheit«, erinnerte sich sein treuer Zuschauer Cain später. »Und Stef sagte: ›Hier, schau in diese Höhle. Das Wissen ist da unten. Die Wahrheit ist da unten.‹«[11]

2013 begann ein Prozess, der die USA in Atem hielt. George Zimmerman hatte den 17-jährigen Schwarzen Trayvon Martin aus Florida erschossen und plädierte auf Notwehr. Als Geste der Solidarität mit Martin veranstalteten Mitarbeiter von Google einen »Hoodie-Marsch«. Auf Googles Videoportal lud Molyneux ein 35-minütiges Video in seinem typischen Stil hoch: »The Truth About George Zimmerman and Trayvon Martin«. Er nutzte Zimmermans Aussagen, die später vor Gericht angefochten wurden, um die Medien, alleinerziehende schwarze Mütter und Rap-Musik zu verteufeln. In anderen Videos sprach Molyneux über IQ-Unterschiede zwischen den Ethnizitäten und stützte sich dabei auf ein neues Schlagwort namens *race realism*, einen Euphemismus für Eugenik. Er war besessen von der Flüchtlingskrise, die er als »Beerdigung Europas« bezeichnete, und wie andere Kanäle am rechten Rand von YouTube klagte er über den angeblichen »Großen Austausch« von Weißen durch muslimische Migranten. »Ich weiß nicht, ob die Geburtenrate in Europa so weit gesunken ist, dass sich keiner dieser Politiker noch einen Dreck um die Welt schert, in der seine Kinder aufwachsen müssen«, wütete Molyneux in einem Video und starrte dabei direkt in die Kamera. »Aber ich schon. Ich schon.«

Hass hatte auf YouTube schon immer einen Platz. Im April 2007, als das Unternehmen noch dabei war, sich an Google als neuen Besitzer zu gewöhnen, dokumentierte ein Bericht des Southern Poverty Law Center, wie viel Neonazi-Material[12] es auf dem Portal gab – Clips nationalistischer Rockbands, Videos von David Duke, dem ehemaligen Anführer des Ku-Klux-Klan und regelmäßigen Talkradio-Gast. 2010 posteten prominente YouTube-Skeptiker wie der britische Ex-Komiker Pat Condell zahlreiche Videos über den Islam als rückständigen, gefährlichen Glauben. »Niemand dachte sich etwas dabei«, erinnert sich Skeptiker-Fan Natalie Wynn. »Natürlich schimpft er über den Islam. Wir sind Atheisten. Das ist halt unser Ding.« Solange sie nicht gegen YouTubes – sehr großzügig formulierte – Richtlinien zu Hassrede verstießen, waren sie auf dem Marktplatz der Ideen willkommen.

Bedenkt man, dass konservative Talksendungen seit zwanzig Jahren die US-Radioprogramme prägten, hätte YouTube eigentlich darauf vorbereitet sein müssen, wie mächtig diese extremen politischen Stimmen werden würden. Doch in der Abgeschiedenheit des liberalen Kalifornien hatten die Geschäftsführer von YouTube nur selten persönlich mit Konservativen oder gar Vertretern von rechts außen zu tun. »Keiner wusste, wie man mit dem rechten Flügel umgehen sollte«, erinnert sich ein Angestellter. Lange Zeit versteckten sich die unangenehmsten Typen am hinteren Ende des Marktplatzes. Die meisten trieben sich ohnehin auch auf Facebook und Twitter herum.

Doch im Gegensatz zu anderen Online-Angeboten konnten diese Leute mit YouTube nun Geld verdienen. YouTube belohnte lange Beiträge, die sich die Fans bis zur letzten Minute anschauten. Und obendrein hatte YouTube eine Maschine entwickelt, die diese Videos genau den Leuten empfahl, die sie sehen wollten. Eine Maschine, die bald noch leistungsfähiger werden sollte.

Kapitel 20
Unglaublich

Matthew Mengerink kam gegen Ende 2015 zu YouTube, nachdem er zwanzig Jahre lang programmiert und Softwareentwickler beaufsichtigt hatte. In dieser Zeit war er lange bei PayPal und eBay gewesen – ein Profil, wie Wojcicki es besonders schätzte. Und der Stichtag für die heikle Zielvorgabe von einer Milliarde Stunden Wiedergabezeit pro Tag rückte immer näher. Es sah ganz so aus, als würde das Unternehmen es schaffen, wenn auch nur knapp. Wojcicki hatte ein *googliges* neues Motivationssystem eingeführt: winzige Balken, die den Fortschritt verschiedener Ziele anzeigten – rot, gelb, grün neben den Namen der Mitarbeiter, die für das jeweilige Ziel verantwortlich waren. Die Programmierer, von Natur aus ein wettbewerbsorientierter Menschenschlag, wussten, dass ein Großteil ihres beruflichen Selbstwerts, ihrer Boni, Beförderungen usw. davon abhingen, ob ihr Balken grün wurde.

Als Mengerink zu YouTube kam, hatten die Programmierer gerade dringend eine Aufmunterung nötig. Venkat Panchapakesan, den Wojcicki zuvor als Leiter der technischen Abteilung von Google herübergeholt hatte, war an Krebs verstorben, und seine Kollegen waren immer noch erschüttert.

Mengerink kam als Vizepräsident an Bord, um YouTubes Eine-Milliarde-Stunden-Ziel voranzutreiben und die Unmengen an Daten in den Griff zu kriegen. Die Seite hatte zwar nicht das Internet »plattgemacht«, wie man dort früher gewitzelt hatte, war aber nahe dran. Mengerink staunte nicht schlecht, als er erfuhr, wie viel Platz YouTube im Internet einnahm, wie viele Videos nur ein- oder zweimal angesehen wurden und wie viele Videos als »privat« markiert und damit für die meisten Zuschauer gar nicht zugänglich waren. YouTube bot diese Funktion an, damit man Videos für ein ausgewähltes Publikum freigeben konnte, doch sie wurde auch einfach so als kostenloser Speicherplatz genutzt – manche Unternehmen lagerten so Hunderte Stunden an Aufnahmen ihrer Überwachungskameras auf YouTubes Servern aus.

Viele Mitarbeiter in Mengerinks neuem Team arbeiteten noch an einem weiteren ehrgeizigen Ziel: das Software-Gerüst der Website, das Mitbegründer Steve Chen zehn Jahre zuvor entwickelt hatte, in eine stabilere Programmiersprache zu überführen. Vom Aufwand her war das in etwa, als wolle man *Krieg und Frieden* übersetzen und anschließend noch jede Buchbesprechung über *Krieg und Frieden*, die jemals geschrieben wurde. Besonders innovativ war das nicht, entsprechend herrschte die Sorge vor, dass so ein Projekt Mitarbeiter anzog, die nicht gerade vor Tatendrang sprühten. »Sei vorsichtig, wenn du Googler einstellst«, warnte ein Kollege Mengerink, »zu YouTube gehen Googler, wenn sie sich zur Ruhe setzen wollen.«

Immerhin gab es noch einen Bereich, der die Programmierer inspirierte: eine erstaunliche neue Form der künstlichen Intelligenz, die gerade dabei war, das Silicon Valley zu erobern. Bei einem »Design Overview«-Meeting erlebte Mengerink aus erster Hand, wie verliebt die Entwickler in die KI waren. Google hielt in seinen Konferenzräumen regelmäßig solche Besprechungen ab, bei denen alle noch so winzigen geplanten Änderungen am Erscheinungsbild von Google.com und den anderen Diensten besprochen wurden.

Bei diesem speziellen Meeting ging es jedoch ausnahmsweise um eine Veränderung, die bereits stattgefunden hatte, und darum, den technischen Fortschritt zu feiern. Auf einem großen Bildschirm an einem Ende des Raums rief ein Mitarbeiter YouTube.com auf. Die Seite sah aus wie immer: Reihen von Videos in virtuellen Regalfächern, sechs Stück nebeneinander, rechts winzige Pfeile, auf die der Betrachter klicken konnte, um sich mehr anzeigen zu lassen. Die Titel von Videos und die Namen von Kanälen, die Anzahl der Aufrufe und rote Schaltflächen zum Abonnieren. »Und *so* würde die Seite aussehen«, verkündete der Mitarbeiter,

»wenn wir das maschinelle Lernen entfernen würden.« *Klick.* Plötzlich waren nur das YouTube-Logo und dünne Linien zwischen den Regalfächern übrig. Ohne künstliche Intelligenz war YouTube leer. Ein kompletter Kahlschlag.

Ein Jahr bevor Mengerink zu YouTube stieß, im März 2014, saß Larry Page auf einer Bühne in Vancouver an einem kleinen weißen Tisch und versuchte zu erklären, was es mit der KI-Revolution auf sich hatte. Googles CEO trug ein türkisfarbenes T-Shirt und eine elegante graue Jacke mit Reißverschluss, eines dieser Modelle, die bestimmte Milliardäre und Künstler gerne tragen. Einige von Pages direkten Untergebenen verglichen seinen logischen Verstand mit dem eines Vulkaniers, und mit seinem geraden Pony und seiner futuristischen Kleidung erinnerte er tatsächlich ein wenig an Mr. Spock. Wenn er sprach, hielt er sich das Mikrofon dicht an den Mund. Seit seiner Stimmbandlähmung klang er immer, als bereite ihm das Sprechen große Mühe. Sein Haar war fast komplett grau geworden. Ihm gegenüber saß der legendäre Fernsehmoderator Charlie Rose, betont leger – keine Krawatte, Jackett und oberster Hemdknopf offen. Damals galt Rose als Aushängeschild des öffentlichen Diskurses in den USA. (Dreieinhalb Jahre später, als mehrere Frauen ihm sexuelle Belästigung vorwarfen, war sein Ruf hinüber.)[1]

Die TED-Session war als Vortrag über die Zukunft von Google angekündigt, aber Rose erkundigte sich auch nach der Vergangenheit. Er erwähnte Edward Snowdens NSA-Enthüllungen und Googles bestürzte Reaktion. Page lächelte und verwies auf ein Foto, das bei dem TED-Vortrag zirkuliert hatte und auf dem Sergey Brin, seine »bessere Hälfte«, in die Kamera lächelte, während neben ihm auf dem Bildschirm eines Telepräsenzroboters ein verpixelter Snowden zu sehen war. »Für mich ist das Ganze eine enorme Enttäuschung«, sagte Page, der jetzt nicht mehr lächelte, und bezeichnete die unautorisierte Überwachung von Bürgern durch die Regierung als »Bedrohung für eine funktionierende Demokratie«. Er verzichtete auf diplomatische Formulierungen und redete so offen, wie nur ein Google-Gründer es kann. »Es macht mich traurig«, fuhr Page fort, »dass Google in der Position ist, Sie« – er blickte Rose an – »und unsere Nutzer vor der Regierung schützen zu müssen. Einer Regierung, die geheime Dinge tut, von denen niemand etwas weiß. Das ergibt für mich keinen Sinn.« Page wirkte müde. Er hatte weder für Politik noch für öffentliche Auftritte besonders viel übrig, und dies hier würde eines seiner letzten Interviews überhaupt sein. 17 Monate später übergab er Google an Sundar Piachi, und zog sich völlig aus der Öffentlichkeit zurück. Einen Moment lang wachte er auf der Bühne aber doch noch einmal auf und zeigte den jungenhaften Charme, den man von ihm aus Googles goldenen Jahren kannte. Da ging es um seine neueste Akquise: DeepMind, ein Londoner Unternehmen, das künstliche Intelligenz erforschte, aber keine Produkte oder Dienstleistungen verkaufte. Google hatte 650 Millionen Dollar dafür gezahlt. Das Geniale an DeepMind war seine Lösung für »unüberwachtes Lernen«, flüsterte Page in das Mikrofon, und als Rose nicht sofort verstand, was er meinte, fragte Page: »Vielleicht kann ich mal das Video zeigen?«

Auf der Leinwand hinter ihnen erschienen nacheinander mehrere Arcade-Klassiker – *Enduro, River Raid, Battlezone*. DeepMind hatte ein Computermodell entwickelt, das sich diese Spiele selbstständig beibrachte, ohne Anweisungen oder Kontrolle, wie sie die Schachcomputer früher benötigt hatten. »Das System sieht nur das, was Sie auch sehen: die Pixel«, erklärte Page. »Und es hat gelernt, diese Spiele zu spielen – *ein und dasselbe Programm* hat gelernt, diese Spiele mit einer übermenschlichen Leistung zu spielen. So etwas haben wir mit Computern noch nie hinbekommen.« Dann zeigte die Leinwand *Boxing*, ein geradezu prähistorisches Spiel von Atari. Ein phosphorgrüner Boxring, von oben betrachtet, mit zwei verschnörkelten Linien, die Boxer darstellen sollen, die gegeneinander kämpfen. Kein Problem für den Rechner: »Er weiß sofort, wie er den Gegner festnageln kann. Der Computer ist auf der linken Seite«, sagte Page und sah grinsend zu, wie sein Boxer den anderen pulverisierte. »Er sammelt einfach nur die Punkte ein.«

Google arbeitete im Verborgenen bereits seit einer ganzen Weile an einem ähnlichen System mit übermenschlicher Intelligenz. Ein Team von Programmierern mit dem Spitznamen »Brain« war seit 2011 damit beschäftigt, in Googles streng geheimer »Moonshot Factory« Computersysteme zu entwickeln, die menschliche Denkweisen imitieren konnten.[2] Computer machten Fortschritte dabei, Bildinhalte und menschliche Sprache zu erkennen. Sie konnten menschliche Gegner im Schach schlagen. Aber das waren letztlich nur Spielereien – Computer konnten nach wie vor keine Gespräche führen wie die Computer bei *Star Trek*. Und sie waren sehr *spezifisch*: Ein System, dem man Schach beigebracht hatte, konnte nicht auch noch Dame spielen. Ein System konnte eine Katze erkennen, wenn man ihm beibrachte, dass es auf vier Beine, spitze Ohren, Schnurrhaare und Schwanz achten sollte. Zeigte man ihm aber einen Hund, spuckte es lediglich aus: *Das ist keine Katze*. Was Computer brauchten, war eine *allgemeine* Intelligenz.

Und um diese zu entwickeln, griff Team »Brain« auf eine jahrzehntealte Idee zurück: Schon in den Vierzigerjahren hatten Informatiker von Modellen maschineller Intelligenz geträumt, die auf »neuronalen Netzen« basierten – auf mehreren Schichten mathematischer Modelle, die Daten, Bilder, Töne und Konzepte verarbeiten konnten, wie das menschliche Gehirn es tut. Auf diese Weise könnten Maschinen lernen, ohne dass man sie beaufsichtigte oder sie mit spezifischen Definitionen (Katze, Springer) fütterte. Aber das menschliche Gehirn hat über hundert Milliarden Neuronen und Billionen synaptischer Verbindungen. Kein Computer besaß auch nur annähernd genug Rechenleistung, dafür, und so blieben die neuronalen Netze graue Theorien – bis das Internet aufkam und die Rechenleistung von Computern ungeahnte Ausmaße annahm. Sein System mit diesem KI-Ansatz taufte Google DistBelief, nach der Praxis des *distributed training*, bei dem unabhängige Computer zusammengeschlossen werden. *Wenn das funktionieren würde, wäre das unglaublich.*

Die Programmierer von Google Brain arbeiteten anfangs auf derselben Etage wie Page und Brin und unterhielten sich oft über eine neurowissenschaftliche Studie von 2005, bei der die Gehirnströme von Epilepsiepatienten untersucht worden waren, um zu ergründen, wie genau es ihnen gelang, in Sekundenbruchteilen andere Menschen oder Objekte zu erkennen. Wenn ihnen bestimmte Gesichter gezeigt wurden, zum Beispiel das der *Friends*-Schauspielerin Jennifer Aniston, wurden unerklärlicherweise bestimmte mit der Bildung von Erinnerungen verbundene Neuronen aktiviert. Bei Fotos von Jennifer Aniston und vom Eiffelturm wurden dieselben Neuronen angesprochen. Die Gehirne versuchten, Assoziationen herzustellen, sie zu kodieren. Die Programmierer von Google wollten herausfinden, ob Maschinen so etwas auch konnten. Wäre ein künstliches neuronales Netzwerk in der Lage, das Bild eines vertrauten Objekts oder eines Konzepts ganz von selbst zu kodieren? Dazu musste man dem Netzwerk zunächst einmal eine Flut von Bildern zeigen.

Ein Glück für Google, dass es über den größten Fundus an Videos verfügte, der je zusammengetragen worden war, eine gigantische Bibliothek menschlicher Erfahrungen. Die Hirnforscher fütterten ihr neuronales Netz mit Standbildern von YouTube-Videos – genauer gesagt mit Standbildern von Katzenvideos. Millionen Standbilder wurden in Maschinen gepumpt, ohne sie als Katzenvideos auszuweisen. Google hatte ein Netzwerk konstruiert, das zwar viel kleiner war als unsere Gehirne, aber hundertmal mehr Neuronen und Synapsen besaß als jeder Computer, der je existiert hatte. Und es brachte sich ganz von allein bei, eine Katze als Katze zu erkennen.

»Wir können lernen, was Katzen sind«, erzählte Page zwei Jahre später Charlie Rose in Vancouver. »Das muss wirklich wichtig sein.« Seit den ersten Tagen von Google war Page besessen von künstlicher Intelligenz. Schon 2002 hatte er in einem Interview erklärt, eine effektive Websuche, bei der man tatsächlich fand, was man suchte, erfordere ein Verständnis für »alles, was es auf der Welt gibt«, und dafür brauche man eine KI.³ Zehn Jahre später prognostizierte er, bald werde sich alles um maschinelles Lernen drehen, und er sollte recht behalten. Später brachte Amazon ein sprachgesteuertes Gerät namens Echo auf den Markt. Mark Zuckerberg von Facebook, der wie immer bekannt gab, auf welche Weise er im kommenden Jahr sein Leben zu verbessern gedachte, sollte das nächste Jahr damit zubringen, einen KI-Butler zu erfinden. Während die Technologie-Firmen stolz verkündeten, dass ihre Websites ab sofort mobiltauglich waren, drehte sich bei Google bereits alles um künstliche Intelligenz.

Auf dem TED-Podium holte Page tief Luft. »Stellen Sie sich vor, diese Art von Intelligenz könnten Sie für Ihren Terminkalender nutzen, Ihren Informationsbedarf«, sagte er zu Rose. »Wir stehen da wirklich erst am Anfang.« Jede Abteilung seines Unternehmens formulierte ihre Geschäftspläne und OKRs so um, dass sie möglichst viel KI beinhalteten. Die Früchte dieser Anstrengungen machten sich zuerst bei der Google-Suche bemerkbar. Geben Sie eine extrem lange Frage ein (*Wo ist die Schauspielerin, die bei Friends Rachels Mutter spielt, aufs College gegangen?*), und schon haben Sie die Antwort. Übersetzen Sie diese Frage ins Französische, und: voilà. Als Nächstes baute man neuronale Netze in Googles Spamfilter, Zielgruppenwerbung und digitalen Fotoalben ein.

Bei YouTube wurden neuronale Netze in das Empfehlungssystem integriert.

Das Empfehlungssystem von YouTube kann man sich wie eine gigantische Sortiermaschine mit unzähligen Armen vorstellen. Es hat nur eine Aufgabe: zu prognostizieren, welches Video sich jemand als Nächstes ansehen möchte, und es ihm anzuzeigen. Seit es YouTube gab, hatten diverse Computerprogramme versucht, dies hinzubekommen. Aber das künstliche neuronale Netz von Google Brain konnte viel exaktere Prognosen treffen als fehlbare Menschen und schwächere Rechner. Es lag in der Natur der Sache, dass sich das Netz oft auf eine Weise verhielt, die Programmierer nicht sofort oder nicht vollständig nachvollziehen konnten.

Als Mengerink zu YouTube kam, war das von Brain entwickelte System bereits eingeführt. Die Zuschauer merkten höchstens, dass die Trefferquote der ihnen empfohlenen Clips immer höher wurde. Das Netzwerk lernte, kürzere Clips vorzuschlagen, wenn Leute gerade auf ihrem Smartphone schauten, und längere Clips, wenn sie die YouTube-App für Fernsehgeräte verwendeten – beides steigerte insgesamt die Wiedergabezeit. Das Netzwerk lernte, Videoserien, die aus mehreren Episoden bestanden, automatisch zu sortieren. Es verknüpfte Punkte, stellte Assoziationen her und kodierte sie. Das künstliche neuronale Netz stellte fest, dass viele Nutzer, die sich Clips über die *Avengers* ansahen, auch an Clips über Robert Downey Jr. interessiert waren. Das scheint auf den ersten Blick ziemlich naheliegend – Blockbuster-Star im Blockbuster-Film –, aber man stelle sich genau diesen Vorgang für Millionen Videos, Tausende Themen und Dutzende Sprachen vor. Nach zwei Jahren empfahl das System mithilfe von Google Brains neuronalem Netz täglich etwa 200 Millionen verschiedene Videos in 76 Sprachen.[4] Und es entdeckte Formeln. »Wenn ich mir früher ein Video von einem bestimmten Comedian angesehen habe, war unser Empfehlungssystem ziemlich gut darin, zu sagen: ›Hier ist noch eins von ihm, das ist ganz ähnlich‹«, teilte ein YouTube-Manager einem Reporter mit. »Aber das Modell von Google Brain findet andere Comedians, die ähnlich, aber nicht genau gleich sind – und sogar noch abseitigere Verbindungen. Es ist in der Lage, Muster zu erkennen, die nicht ganz so offensichtlich sind.« Googles Programmierer waren der Ansicht, dass sie aus allen Videos, die je auf der Seite hochgeladen worden waren, Perlen herausfischten und den Zuschauern damit einen wichtigen Dienst erwiesen. (Musikvideos waren nach wie vor extrem beliebt.) Die Mitarbeiter identifizierten »Gateway-Videos«, Clips, die dafür sorgten, dass man immer wieder zurückkehrte. »Dann ist man quasi süchtig«, erinnert sich Jack Poulson, ein Programmierer, der an dem System mitarbeitete. »Ich hatte immer ein komisches Gefühl dabei.« YouTube fügte seinen Komponenten immer mehr Modelle für maschinelles Lernen hinzu, bis die KI schließlich, wie die »Kahlschlag-Präsentation« zeigte, die gesamte Website steuerte.

Mengerink hatte seine Zweifel. Er hatte sich ausführlich genug mit maschinellem Lernen beschäftigt, um zu wissen, dass die Fehler, die eine KI macht, meist nicht darauf zurückzuführen sind, dass sie nicht wie ein Mensch denkt, sondern dass sie *zu sehr* wie ein Mensch denkt. Eine KI kann genauso sexistisch, rassistisch und grausam sein wie wir. »Sobald sie bei jemandem ein Vorurteil erkannt hat, bedient sie dieses Vorurteil wie nichts Gutes«, sagte er später.

Der Islamische Staat bereitete der westlichen Welt nach wie vor schlaflose Nächte. Im Jahr 2015 führten die US-Strafverfolgungsbehörden etwa 900 aktive Ermittlungen gegen Sympathisanten des IS, in allen fünfzig Bundesstaaten. Bei YouTube fanden regelmäßig Gespräche darüber statt, wie man mit Videos umgehen sollte, die einen radikalen Islam predigten. Die künstliche Intelligenz würde den YouTube-Moderatoren ganz bestimmt auch helfen, die schiere Menge an Videos zu sichten. Wenn die Maschine in der Lage war, in der Mitte eines Clips eine IS-Flagge zu erkennen, würde das die Entscheidungsfindung der Content-Moderatoren einfacher – also schneller – machen.

Aber wie Mengerink auffiel, gab es auf YouTube auch Videos, die genauso radikal aussahen, aber *gegen* den Islam predigten. Oder gegen das Judentum oder Schwarze. Er war selbst Muslim und wusste, dass die meisten Praktizierenden den Begriff »Dschihad« nur als Teil der Phrase »Dschihad-al-Nafs« (»Kampf der Seele«) verwendeten. Wenn er den Begriff bei YouTube eingab, erschienen zwar einige Videos über den IS und über Terrorismus, aber wenn er ein wenig nach unten scrollte, kamen Clips von Tea-Party-Anhängern und rechten Vloggern wie Molyneux. So verbittert und wütend diese Vlogger auch waren, sie achteten immer darauf, nicht zu viele Kraftausdrücke zu verwenden oder direkt zur Gewalt aufzurufen, damit YouTube ihre Videos nicht löschte. Da das neuronale Netz von Google Brain so eingestellt war, dass es um jeden Preis die Wiedergabezeit maximierte, schnitten solche Videos besonders gut ab.

YouTube hatte begonnen, Videos zu filtern, die den islamistischen Terrorismus unterstützten. Sie wurden entweder mit einer Altersbeschränkung versehen oder gelöscht. In einem Meeting schlug Mengerink vor, mit Material, das andere Formen des Radikalismus zeigte, ähnlich zu verfahren oder wenigstens dafür zu sorgen, dass es in der Suche und in den Empfehlungen weniger häufig auftauchte. »So etwas sollte richtig schwer zu finden sein«, schlug er vor. Warum sollte man jemandem, der sich ein offen rassistisches Video anschaut, nicht als Nächstes ein Video vorschlagen, das Schwarze Geschichte positiv beleuchtete? Davon gab es schließlich auch eine ganze Menge. Man sagte ihm, mit solchen Optimierungen könnten sie den Anschein erwecken, die freie Meinungsäußerung einzuschränken, und das wolle Google unbedingt vermeiden. Aber vor allem durfte die sakrosankte Google-Suche auf keinen Fall beeinträchtigt werden. Ein Einwand wurde immer wieder vorgebracht: »Das ist nicht sehr *googlig*.« *Wo waren bitte schön seine Daten, die dieses Argument stützten?* Diesen Vorwurf würde Pierre noch öfter zu hören bekommen – und nicht nur er: Als eine YouTube-Mitarbeiterin gegen eine bestimmte Entscheidung protestierte, warf man ihr vor, sie sei »nicht positiv« und »nicht *googlig*«. Bei einer anderen Gelegenheit wurde Mengerink wegen seiner Einstellung als »creepy« bezeichnet.

Natürlich wussten auch seine Kollegen, dass es auf YouTube unschöne Videos gab. Niemand war davon besonders angetan. Einige diskutierten Ideen für eine »Strafbank« für problematische Creators wie den Verschwörungstheoretiker Alex Jones, dessen Talkshow *InfoWars* auf YouTube ein riesiges Publikum hatte. Manche schauten sich seine Videos an, um sich darüber lustig zu machen, andere nahmen seine kruden Theorien für bare Münze. Dummerweise konnten die Maschinen die einen nicht von den anderen unterscheiden. Bei einem Vorstellungsgespräch für eine leitende

Position bei YouTube wurde einem Bewerber die Frage gestellt: »Was meinst du, was sollen wir mit Alex Jones anstellen?«

Die korrekte Antwort auf solche Fragen war, YouTube solle sich so wenig wie möglich einmischen, und am Empfehlungssystem zu schrauben fühlte sich allzu sehr wie Einmischen an. Darin spiegelte sich nicht nur ein unbedingter Glaube an die Meinungsfreiheit wider, sondern genauso die Auffassung, dass das Unternehmen kein moralisches Urteil über den freien Willen seiner Zuschauer fällen dürfe. »Wenn die Leute sich *das* ansehen wollen«, teilte man Mengerink mit, »dann ist das ihre Entscheidung.«

Doch wenn er sich die Website so anschaute, kam er ziemlich schnell darauf, wo dieses Argument an seine Grenzen stieß. *Bei Kindern funktioniert das nicht*, sagte er.

Kapitel 21

Ein Junge und sein Spielzeug

Der größte Star des zweiten Jahrzehnts der Geschichte von YouTube kam 2011 zur Welt. Auf dem Bildschirm sah man ihn das erste Mal drei Jahre und fünf Monate später, als seine Mutter ihn dabei filmte, wie er ein neues Spielzeug auspackte.

> **Ryan ToysReview: »Kid playing with toys Lego Duplo Number Train«, 16. März 2015, 15:13.**
> »Hi, Ryan!« – »Hi, Mami!« – »Was für ein Spielzeug willst du heute?« Ryan Kaji hockt im Gang einer Filiale des Discounters Target. Ein niedliches Kind – Pausbacken, Grübchen, große braune Augen. Er spielt gerade mit zwei roten Jeeps, aber als seine Mutter ihm sagt, dass er sich etwas aussuchen darf, lässt er die Spielzeugautos stehen. Er entscheidet sich für einen Zug von LEGO Duplo. Wir begleiten ihn aus dem Geschäft, und die restlichen 14 Minuten des Videos sehen wir ihm dabei zu, wie er zu Hause den LEGO-Zug auspackt und zusammenbaut, dabei bis zehn zu zählen übt und den Zug über den Teppich schiebt.

Die Eltern des kleinen Ryan lernten sich in Texas auf dem College kennen. Da steckte YouTube noch in den Kinderschuhen. Ryans Vater Shion Kaji, der in Japan zur Welt gekommen war, sah sich gerne beatboxende YouTuber an. Mit Loann verband ihn die Leidenschaft für das nerdige Fantasy-Kartenspiel *Magic: The Gathering*. Als ihr ältester Sohn Ryan alt genug war, um sich YouTube anzuschauen, mochte er vor allem Videos von Kanälen etwas älterer Kinder wie EvanTubeHD, einem Kanal mit einem Knirps, der sich darauf spezialisiert hatte, *Angry-Birds*-Produkte auseinanderzunehmen. Ryans Eltern sagten später, sie hätten Videos von ihrem Sohn vor allem für ihre im Ausland lebenden Verwandten hochgeladen.

Nach ihrem ersten Clip luden die Kajis binnen sechs Monaten über 100 Videos von Ryan hoch. Meistens spielte er mit einem oder zwei Spielzeugen (z. B. Thomas, der kleinen Lokomotive, oder Knetmasse). Den ersten Hit landeten sie im Juli, als Loann ihren Sohn beim Spielen mit einem Riesen-Überraschungsei filmte. Das Video »GIANT Lightning McQueen Egg Surprise with 100+ Disney Cars Toys« borgte sich Elemente von den »gesichtslosen« Unboxing-Kanälen: aneinandergereihte Keywords im Titel, viel Spielzeug und ein bekanntes Franchise. Das riesige rote Ei, das fast so groß war wie Ryan, war mit dem Pixar-Logo bedruckt, und im Inneren befand sich Spielzeug von Pixar. Ein Jahr später hatte der Clip mehr als 500 Millionen Aufrufe – so etwas hatte es noch nie gegeben. Ryans Kanal zählte mehr als 19 Millionen Aufrufe pro Tag, doppelt so viele wie der von PewDiePie. Nachdem das Video mit dem riesigen Überraschungsei dem Jungen und seinen Eltern zu sofortigem, unerwartetem Ruhm und Reichtum verholfen hatte, wurde Ryan zum Vorreiter einer ganzen Generation kleiner YouTube-Stars.

»Ich weiß nicht, was die Leute gerade an diesem Video so toll finden«, gestand sein Vater einem Reporter. »Wenn ich es wüsste, würde ich viel mehr davon machen.«[1]

Einen Monat vor Ryans YouTube-Debüt gab das Unternehmen Folgendes bekannt: »Heute stellen wir die App ›YouTube Kids‹ vor, das erste Produkt von Google, das speziell für Kinder entwickelt wurde.« Amateurvideos mit und von Kindern schossen wie Pilze aus dem Boden, und mit der neuen Smartphone-App wollte YouTube versuchen, Ordnung zu schaffen. Die App bot eine Auswahl kinderfreundlicher Videos von der Website, größere, lustiger aussehende Schaltflächen für kleine Finger sowie einen eingebauten Timer und Sound-Einstellungen für Eltern. »Jetzt können Eltern aufatmen«, schrieb ein Produktmanager des Unternehmens in einem Blogbeitrag, »denn sie wissen, dass die App ›YouTube Kids‹ nur Inhalte zeigt, die für Kinder geeignet sind.« Was der Blog nicht erwähnte: Die Auswahl erfolgte nicht durch Menschen, sondern durch Algorithmen.

Die Smartphone-App war wie die Website kostenlos und werbefinanziert, um allen Familien einen gleichberechtigten Zugang zu YouTubes riesigem Angebot zu ermöglichen, so das Unternehmen. Außerdem hatte YouTube inzwischen die kommerzielle Attraktivität von Kindern erkannt und wusste sie zu nutzen. Ein Dokument für Werbekunden von 2014 erwähnte die bemerkenswerte Tatsache, dass es sieben Jahre dauern würde, um sich alle mit »Unboxing« gekennzeichneten Videos anzusehen, die in den vorangegangenen zwölf Monaten gepostet worden waren – Nerds packten elektronische Geräte aus, Influencerinnen Hautcremes, Kinder neue Spielsachen. In Gesprächen mit Anzeigenkäufern achteten die YouTube-Mitarbeiter stets darauf, das K-Wort (Kinder) zu vermeiden; stattdessen war die Rede von »Co-Viewing«: Eltern, die mit ihren Kindern gemeinsam YouTube schauten – rein rechtlich gesehen ging es ja gar nicht anders.

Google Preferred, das Programm für YouTube-Videos, die zu einem höheren Preis an Werbekunden verkauft wurden, hatte einen Abschnitt mit der Bezeichnung »Themen für Familie und Kinder«. Welche Videos dazugehörten, gab das Unternehmen nicht offiziell bekannt, doch das Webmagazin Tubefilter spürte eine Liste[2] auf, in der sowohl der Mother Goose Club als auch DisneyCollectorBR, die Königin der »Gesichtslosen«, aufgeführt waren. In der *Today*-Show bezeichnete ein Vater von Kindern,[3] die von DisneyCollectorBR besessen waren, deren Unboxing-Videos als »Crack für Kleinkinder«. Manche vermuteten, dass Dopamin oder Spiegelneuronen im Spiel waren – Gehirnzellen, die aktiviert werden, wenn wir jemandem bei einer zielgerichteten Tätigkeit zuschauen, und sich so verhalten, als täten wir es selbst. *Los, schau nach, was in dem Überraschungsei steckt!* Schauten sich Kinder diese Videos aus echtem Interesse an oder weil YouTube sie ihnen vorsetzte? Dieses Phänomen war noch zu neu, um es vernünftig zu untersuchen, und das Unternehmen gab praktisch keine Daten an externe Forscher heraus.

In der Zwischenzeit waren Harry und Sona Jho mit ihrem Mother Goose Club in den zehnten Stock eines Bürogebäudes in der Wall Street gezogen. In einem Teil der Büroräume betrieb Harry Jho mit ein paar Angestellten seine Anwaltskanzlei, in einem anderen Teil befanden sich Regale voll bunter Kostüme und ein Greenscreen, vor dem das Ehepaar seine YouTube-Videos mit Kinderliedern aufnahm. In seinen Pausen beobachtete Harry aufmerksam das Auf und Ab der Trends auf YouTube, die sich manchmal quasi über Nacht veränderten. Zu einem Zeitpunkt war seine Leiste mit den Empfehlungen voll mit »Finger Family«-Clips: Zeichentrick-Händen, die sich bewegten und eine Variante von »Baa, Baa Black Sheep« sangen, wobei jeder Finger ein Familienmitglied darstellte. Jho fand heraus, dass all diese Clips auf ein altes Video aus Korea zurückgingen, das wahrscheinlich deshalb viral gegangen war, weil der »Papa-Finger« einen absurden Hitler-Schnurrbart trug. (Unbeabsichtigterweise, wie Jho vermutete.) Kinder mochten das simple Lied und die sich im Takt wiegenden Finger offenbar, und das Ganze war vollkommen harmlos, wenn auch nicht besonders lehrreich. Aber er beobachtete noch etwas anderes: Sobald ein paar dieser Clips gut liefen, wurde die Website geradezu von Finger-Family-Videos überflutet – die meisten waren animiert, manchmal hatten sich auch einfach Leute im Kostüm vor die Kamera gestellt, schunkelten und sangen das Liedchen. Jho wurde klar, dass YouTubes Maschinen das als positives Zeichen werteten und diese Clips daher besonders stark pushten, was wiederum noch mehr Zuschauer anlockte. Schließlich drehten auch die Jhos ein Finger-Family-Video.

Die Jhos hatten mit einem Mal viel mehr Konkurrenz auf YouTube. Familien schlossen sich zusammen, um gemeinsam Inhalte zu produzieren und mehr Werbeeinnahmen abzugreifen. Melissa

Hunter, die extrovertierte Geschäftsführerin einer Immobilienfirma in Manhattan, musste ihren Job aufgeben, nachdem bei ihr Multiple Sklerose diagnostiziert worden war. »Was wollt ihr den Sommer über tun, wenn Mama nicht mehr aus dem Haus kann?«, fragte sie ihre achtjährige Tochter. Sie schauten sich beide gerne YouTube-Videos an, in denen Leute ihre Barbiepuppen präsentierten und an ihnen herumbastelten. *Wie wär's damit?*

Auf ihrem Kanal Mommy and Gracie rezensierten sie Puppen und griffen dafür auf den albernen, improvisierten Stil der frühen YouTube-Kanäle zurück. Als die Zuschauerzahlen stiegen, gründete Hunter ein eigenes MCN speziell für YouTuber, deren Videos sich an Kinder richteten. Sie merkte schnell, dass die meisten nur über begrenzte Unternehmens- oder Medienerfahrung verfügten. Zu Beginn waren viele YouTuber Teenager oder Twens gewesen, die davon träumten, von Hollywood oder von der Modebranche entdeckt zu werden. Das hier waren Eltern, die Hypotheken bedienen und Studienkredite abzahlen mussten und manchmal ihren Job kündigten, um von den anscheinend immer weiter steigenden Werbeeinnahmen auf YouTube zu leben.

Der astronomische Erfolg des kleinen Ryan brachte YouTube nicht nur ein jüngeres Publikum, er rief auch die großen Konzerne auf den Plan. Der Spielzeugmagnat Isaac Larian, Boss von MGA Entertainment, dem Hersteller der Bratz-Puppen, erfuhr durch seine Kinder von dem Trend. Er beauftragte seine Firma mit der Entwicklung eines neuen Produkts, das sich besonders gut für Unboxing-Videos eignete. Das Resultat war L.O.L. Surprise! – bonbonfarbene Puppen mit riesigen Augen (»wie aus einem LSD-Trip«, höhnte eine Journalistin[4]) in einer Verpackung, bei der man von außen nicht sah, was drinsteckte. Im Gegensatz zum Fernsehen, wo Larian seine Werbespots Monate im Voraus buchen musste, bot YouTube ihm ein sofortiges Produkt-Feedback. Um seine neuen Puppen zu bewerben, verschenkte er sie an große Kinder-Kanäle wie CookieSwirlC, einen »gesichtslosen« Spielzeug-Kanal. Bald wurden die L.O.L. Surprise!-Puppen mit einem Umsatz von über vier Milliarden Dollar zum meistverkauften Spielzeug der USA. Spielzeughersteller bezahlten YouTuber sogar dafür, dass sie auf dem Bildschirm mit ihrem Spielzeug spielten.

Harry Jho hatte diesen Trend im Grunde schon erwartet, schließlich war Spielzeug im Fernsehen auch sehr beliebt. Beunruhigender fand er etwas anderes: Riesige Animationsstudios aus Übersee tauchten wie aus dem Nichts auf YouTube auf und konkurrierten um die Gunst der Vorschulkinder. Digitale Animationssoftware war inzwischen so billig geworden und so leicht zu programmieren, dass es den Anschein hatte, als seien manche Videos nicht einmal mehr von Menschen gemacht. Animationsfabriken produzierten einen nicht enden wollenden Strom an Kinder-Videos. Es gab eine YouTube-Richtlinie, laut der nicht zu viele Kopien desselben Videos hochgeladen werden durften, aber die war kaum durchzusetzen, da die Animateure die Inhalte immer wieder leicht abwandelten – beispielsweise indem sie das Aussehen der einzelnen Mitglieder der Finger-Familie geringfügig veränderten. Content-Farmen hatten schon immer billiges Material für YouTube produziert, aber erwachsene Zuschauer ignorierten diese Videos in der Regel weitgehend, sodass sie in ihren Empfehlungen kaum auftauchten. Kinder waren weniger kritisch. Im Jahr 2015, als YouTube seine Kids-App veröffentlichte, sah Jho hilflos zu, wie sich automatisch generierte Videos für Kinder verbreiteten »wie ein Virus, gegen den es keine Antikörper« gab.

In der Zwischenzeit änderte YouTube in San Bruno schon wieder seine Strategie. Das Unternehmen plante, seine drei größten Kategorien – Kinder, Musik und Gaming – jeweils in eine eigene App zu verwandeln. Wojcicki konzentrierte sich auf das Potenzial der Musik. Die Leute sahen sich Musikvideos wie »Gangnam Style« und Lil Jons »Turn Down for What« verdammt oft an. *Warum sollte ein kleines schwedisches Unternehmen wie Spotify beim Musikstreaming die Nase vorn haben?* Doch YouTubes erster Versuch in diese Richtung war ein Fehlschlag. Das kostenpflichtige Streaming-

Angebot »YouTube Music Key«, bei dem für 9,99 $ pro Monat die Werbung aus Musikvideos entfernt wurde, stieß auf wenig Resonanz. Bei YouTube war man überzeugt, dass es an der unklaren Definition eines Musikvideos lag. Robert Kyncl, der Leiter der Niederlassung in Hollywood, erklärte diese Erkenntnis mithilfe einer persönlichen Anekdote: Als seine Tochter den Musikdienst testete, fand sie keine Lieder aus *Die Eiskönigin* im Katalog. »Und für sie ist das Musik«, sagte Kyncl einem Reporter.[5] Also warf YouTube seine Pläne wieder über den Haufen und dachte um. Alles, was die Seite zu bieten hatte – Lil Jon, Gamer, Spielzeug-Unboxer, Hassprediger –, sollte in einen kostenpflichtigen, werbefreien Dienst einfließen, der Netflix und HBO ähnelte. Das Unternehmen nannte seinen neuen Dienst YouTube Red, womit der rote Teppich gemeint war – die Ähnlichkeit des Namens mit dem einer beliebten Pornoseite kümmerte zunächst niemanden. (Später wurde der Dienst dann aber doch in YouTube Premium umbenannt.)

Kyncl war an Bord geblieben, nachdem Wojcicki die Leitung übernommen hatte. Er kletterte auf der Karriereleiter weiter nach oben, bis zum Chief Business Officer von YouTube, und war in dieser Funktion für die Beziehungen zu Hollywood, Plattenlabels und Creators zuständig. Seine *Eiskönigin*-Anekdote wurde zur Verhandlungstaktik. Schließlich war es seinem Team gelungen, für YouTube Red fast alle alten Medien-Titanen zu überreden, ausgewähltes Material auf YouTube hochzuladen. Der einzige Konzern, der sich standhaft weigerte, war Disney. 2013 schwang sich Disneys *Die Eiskönigin* zum umsatzstärksten Animationsfilm seit *Toy Story* auf und ließ ein gigantisches Franchise auf die Kinder los. *Die Eiskönigin* fand man auf YouTube nicht, wohl aber ihre Fans, und praktisch jeder Kanal für Kinder, vom kleinen Ryan bis zu den »Gesichtslosen«, sprang auf den Zug auf und postete Videos mit Elsa-Figuren, Elsa-Puppen, Elsa-Cartoons und Elsa-Kostümen. Videos trugen »Elsa« im Titel und wurden mit »Elsa« gekennzeichnet, damit die Maschinen wussten, was sie zu tun hatten.

In Los Angeles gab sich Maker Studios alle Mühe, seiner neuen Aufgabe als digitaler Erbe von Walt Disney gerecht zu werden, und versuchte, möglichst viele Kanäle einzukaufen, die Spielsachen rezensierten. Der Geschäftsführer von Maker Studios, Chris Williams, der schon früher bei Disney angestellt gewesen war, nahm fünf bekannte Unboxing-Kanäle für Disneys YouTube-Netzwerk unter Vertrag. Er versuchte auch, den größten dieser Kanäle, DisneyCollectorBR, zu rekrutieren, und ihm gelang, was diverse Journalisten nicht geschafft hatten: mit der Frau zu sprechen, die hinter dem Konto steckte. Sie hatte keine Lust, bei Maker Studios zu unterschreiben, aber Williams konnte sie wenigstens überzeugen, »Disney« aus dem Namen ihres Kanals zu streichen. Im Februar 2015 enthüllte die *Daily Mail*, dass die Inhaberin des Kontos, die vielleicht bestbezahlte Creatorin auf YouTube, eine Brasilianerin war, die früher als Pornodarstellerin gearbeitet hatte.[6] Die Stars von YouTube, um deren Identität sich das Unternehmen kaum kümmerte, waren mittlerweile ein gefundenes Fressen für die Boulevardpresse.

Als die Mitarbeiter von Maker Studios zu Disney kamen, wurde ihnen gesagt, das legendäre Studio werde sich die Begeisterung der Fans für *Die Eiskönigin*, *Star Wars*, Sport (ESPN gehörte Disney) usw. zunutze machen. Tatsächlich veröffentlichte Disney ein paar Filmtrailer und Werbeclips für seinen TV-Sender auf YouTube. Aber als YouTube seine Kids-App veröffentlichte, geriet das Studio in Panik. Ein Disney-Anwalt rief David Sievers an, den Buchhalter von Maker Studios, der Disneys YouTube-Integration überwachen sollte, und fragte: »Was zum Teufel ist da los?«

Laut US-Bundesgesetz war es untersagt, bei Online-Inhalten, die sich an Zuschauer unter 13 Jahren richteten, die Sehgewohnheiten nachzuverfolgen. Dennoch spuckte der Algorithmus von YouTube Kids immer wieder Clips aus Disneys Fernsehsendungen für Teenager aus, die sich nicht an jüngere Kinder richteten. Sievers und seine Anwälte mussten fortan jede Woche mit Disney telefonieren, um über das Material in der App zu sprechen; unter der Hand verabredete er mit Mitarbeitern bei YouTube, alle Videos zu entfernen, die Disney nicht in der App haben wollte.

Der Rest der YouTube-App wurde weniger sorgfältig kuratiert.

Das blieb einer Organisation an der Ostküste nicht verborgen, die sich für eine werbefreie Kindheit einsetzte, der Campaign for a Commercial-Free Childhood. Sie wurde von Josh Golin, einem ehemaligen Vertriebsleiter von Miramax, geleitet. In erster Linie konzentrierte sich Golin bei seiner Arbeit auf das Fernsehen, aber als YouTube Kids auftauchte, prüfte er das Internetfernsehen auf Herz und Nieren. Zwei Monate nach Veröffentlichung der App schrieb er einen Brief an die Federal Trade Commission, in dem er YouTube vorwarf, deren App sei voll von »unlauterem und irreführendem Marketing« und die Spielzeug-Videos seien letztlich nichts anderes als Werbung. Die meisten Videos auf YouTube Kids, so hieß es in dem Schreiben, wären im Fernsehen gar nicht legal.

Kinderrechtler schickten immer wieder solche Briefe, aber kaum jemand im Silicon Valley oder in Washington, D. C. scherte sich darum. Also suchte Golin weiter, und er fand noch mehr bedenkliches Material. Einen Monat später schrieb seine Gruppe erneut einen öffentlichen Brief an die FTC. Sie hatten auf YouTube Kids Videos mit Weinverkostungen gefunden, eine Anleitung zur Benutzung einer Motorsäge, eine *Casino*-Parodie mit Ernie und Bert voller schlimmer Wörter, mehrere Clips mit Witzen über Pädophilie und einen mit dem Titel »One Huge Acid Trip?«. Der Brief führte auch eine Auswahl von Rezensionen der App an, darunter die Beschwerde eines Rezensenten, der berichtete, der YouTube-Kids-Algorithmus habe seinem vierjährigen Kind, nachdem es sich ein Peppa-Wutz-Video angesehen habe, einen pornografischen Zeichentrickfilm namens »Peppa Penis« empfohlen. Andere Eltern wollten wissen: »Wer filtert eigentlich diese Videos?«

YouTube bat für die Panne um Entschuldigung. Man hatte automatische Filter eingerichtet, die Videos für die App auswählten, aber die Leute luden neue Videos schneller hoch, als die Filter sie verarbeiten konnten.

Doch im August, drei Monate nach Golins zweitem Brief an die FTC, dachte bei YouTube kaum noch jemand an die Auseinandersetzung mit den Kinderrechtlern. Ein Reporter von *Time* kam vorbei, um über die Feier zum zehnjährigen Bestehen des Unternehmens zu berichten. Die Party fand auf dem Freigelände hinter dem Büro statt, wo sich die Mitarbeiter jede Woche zum »YouTube Friday« trafen, einer *googligen* Mitarbeiterversammlung, die Wojcicki eingeführt hatte. Wie *Time* berichtete,[7] gab es »eine Hüpfburg, eine Slushy-Maschine, ein paar überdimensionale Brettspiele, Bottiche voll roter Süßigkeiten und einen DJ«. Wojcicki setzte sich einen Helm auf und machte beim »Meltdown« mit, bei dem sich die Mitspieler in einem aufblasbaren Pool unter einem riesigen drehenden Propeller ducken mussten. (Peinliche Auftritte waren ihr gut bekannt. Im Büro gab es die Tradition, dass Führungskräfte verkleidet zur Arbeit kamen, wenn die Angestellten mehr als 98 Prozent der Mitarbeiterfragebogen ausgefüllt hatten. Wojcicki zog sich zu solchen Gelegenheiten meist einen einteiligen Tierpyjama an.)

Die CEO erzählte *Time*, ihr Lieblingsvideo auf YouTube sei im Moment ein wütender Beitrag von John Oliver von HBO über die Notwendigkeit eines obligatorischen bezahlten Mutterschaftsurlaubs, den es in den USA bis heute nicht gibt. Als Wojcicki acht Monate zuvor ihr fünftes Kind zur Welt gebracht hatte, hatte sie nur 14 der 18 Wochen Mutterschaftsurlaub genommen, die Google ihr angeboten hatte. Wojcickis Erfahrungen als Mutter seien »für sie heute geschäftlich von Vorteil«, berichtete das Magazin. »Für viele ihrer Ideen sind ihre Kinder die ersten Versuchskaninchen.« Kyncl nannte seine Chefin eine »ganz normale Mutter, die weiß, was normale Menschen für Probleme haben«.

Die Entscheidung, die App für Kinder durch Algorithmen bestücken zu lassen, war nicht einstimmig gefallen. Jahre später sagten mehrere Abteilungsleiter und Geschäftspartner von YouTube, sie hätten sich dafür eingesetzt, die Inhalte auf der App filtern oder kuratieren zu lassen. Aber man hatte nicht auf sie gehört. Das Unternehmen führte Umfragen unter Eltern durch, und einige berichteten, ihre Vorschulkinder sähen sich auf YouTube am liebsten

Zug-Videos an. Wenn es sich nicht gerade um Cartoon-Züge handelte, klang das nun gar nicht nach Kinderprogramm, und in einer kuratierten App wäre so etwas auf keinen Fall aufgetaucht. *Aber war diese Unvorhersehbarkeit nicht gerade das Magische an YouTube? Warum sollte man Kinder daran hindern, sich das anzuschauen?* Einige Angestellte wiesen darauf hin, dass Kindern so unweigerlich Videos von Zugunglücken vorgeschlagen werden würden – Unglücksvoyeurismus ist ein beliebter Zeitvertreib auf YouTube. Als eine Abteilungsleiterin von Google gegen die Entscheidung Einspruch erhob, erhielt sie eine sehr *googlige* Antwort: *Je mehr Informationen, desto besser.*

Tatsächlich basierte ein Großteil der Aktivitäten von Google auf dem Irrglauben, wenn man der Öffentlichkeit mehr Informationen an die Hand gäbe, würde sie dadurch automatisch schlauer.

Doch neben den ganzen Clips mit fragwürdigen Inhalten für Kinder gab es auf YouTube auch eine Gruppe von Creators, bei deren Videos man tatsächlich etwas lernen konnte. Der Versuch des Unternehmens, in die Schulen zu gehen, war gescheitert, aber dafür erlebten die EduTuber, YouTuber mit akademisch-pädagogischem Hintergrund (oder nerdigem Spezialwissen), einen enormen Aufschwung.[8] Hank und John Green erweiterten ihren erfolgreichen Bildungskanal um eine neue Show für Kinder. Andere verpackten wissenschaftliche Konzepte in putzige Animationen oder präsentierten sie im Stil der Wissenssendungen im Fernsehen, nur mit mehr wissenschaftlichen Details. Viele verdienten mit der Werbung genug, um hauptberuflich YouTube-Videos zu drehen. Sie waren etwas älter als die erste Generation der YouTube-Stars und hatten genug Lebenserfahrung, um nicht bei einem MCN zu unterschreiben. (Das nichtkommerzielle TV-Network PBS ging mit einem eigenen Netzwerk-Konzept hausieren, fand aber nur wenige Abnehmer, da die meisten YouTuber das Programm von PBS kaum inspirierend fanden.) Die EduTuber wollten unterhalten und damit Geld verdienen, aber etwas anderes war ihnen mindestens genauso wichtig: Sie wollten ihre Zuschauer informieren und die Welt so ein Stück besser machen. Einige gingen dazu über, direkt unter ihren Videos ihre Quellen anzugeben, obwohl YouTube das weder verlangte noch sonderlich förderte.

Und viele wussten bereits damals um die Gefahr, die von einem Phänomen ausging, das im Internet immer mehr um sich griff und die Wissenschaft akut bedrohte: Verschwörungstheorien. Auf YouTube und in den sozialen Medien fanden Menschen, die an solche Theorien glaubten, immer mehr Futter, und sie machten so viel Lärm, dass sie die Stimmen der Vernunft langsam, aber sicher übertönten.

Auf YouTube gab es schon immer Videos mit einem zweifelhaften Bezug zur Realität. »Loose Change«, ein frühes, einflussreiches Filmchen über 9/11, ging zuerst bei Google Video viral, bevor es auf YouTube auftauchte. Die Mitarbeiter schenkten solchem Material wenig Beachtung und dachten auch nicht daran, es zu beseitigen. »Es herrschte das Gefühl vor, dass die Leute schon herausfinden würden, was wahr ist und was nicht«, erinnert sich Ricardo Reyes, der ehemalige Kommunikationschef von YouTube. »Dass sich das Ganze von selbst erledigen werde.« Einmal schlug ein Mitarbeiter vor, die enorm beliebten Videos über Ufos und andere paranormale Themen in eine eigene Kategorie zu verschieben, wie beim Fernsehsender Syfy, damit YouTube die beteiligten Creators strategisch unterstützen könnte. Doch daraus wurde nichts. Anders als beim »kinderfreundlichen« Material tat man sich schwer damit, zu definieren, was eine Verschwörungstheorie ausmachte. Also ließ YouTube es bleiben.

Immerhin versuchten die EduTuber gegenzusteuern. Einige veröffentlichten Clips, in denen sie offensichtlich falsche Behauptungen widerlegten, beispielsweise dass der Klimawandel nicht menschengemacht sei oder die Erde eine Scheibe. Der Luft- und Raumfahrtingenieur Destin Sandlin aus Alabama (alias SmarterEveryDay) erklärte in einem Video, wie er vorging, wenn er Unwahrheiten entlarvte. Er deutete auf das Wappen auf seiner Brust: Es zeigte Riepischiep, die fechtende Maus, die sein Lieblingsautor C. S. Lewis erfunden hatte. Sandlins Frau stickte ihm die Maus auf die Polohemden, die er vor der Kamera trug. »Er nimmt es mit

Gegnern auf, die ihn mit ziemlicher Sicherheit töten werden«, sagte Sandlin und grinste. »Aber wenn der Gegner ein Feind der Wahrheit ist, dann ist er auch sein Feind, und er kann nicht anders, als ihn anzugreifen.«

Einige Mitarbeiter von YouTube sprachen sich dafür aus, Projekte einzurichten, um diese EduTuber gezielt zu fördern. Wojcicki verkündete immer wieder, wie gerne sie sich solche Videos anschaue, insbesondere die von Simone Giertz, einer schwedischen Erfinderin, die witzige Clips von sinnlosen Robotern postete. Aber die Projekte erfuhren keine große Unterstützung. Und auch Wojcicki gab sich keine große Mühe, die EduTuber gezielt einem jüngeren Publikum näherzubringen, geschweige denn Leuten, die auf ihrer Website Verschwörungstheorien verschlangen – zumindest nicht, bis sie dazu gezwungen war.

Im Moment hatte ihr Unternehmen andere geschäftliche Prioritäten.

Kapitel 22
Scheinwerferlicht

TheGridMonster: »VLOGMAS 2014 IS HERE!!!«, 1. Dezember 2014, 16:28.

Ingrid Nilsen alias MissGlamorazzi meldet sich hier auf ihrem zweiten Kanal, wo sie Vlogs und ihre persönlichen Anliegen postet. Der Intro-Jingle erklingt: »Ich werde jeden Tag bis Weihnachten für euch vloggen.« Ingrid ist ungeschminkt, damit ihre »Haut atmen kann«, sie trägt einen kuscheligen Rolli der Billigmarke Brandy Melville, Pantoffeln von Target und schlendert durch ihr Haus. Sie muss einkaufen gehen. Auf dem Weg zu Whole Foods klemmt sie ihr Handy hinter das Lenkrad, die Kamera läuft weiter: »Lehnt euch einfach zurück und genießt die Fahrt!« Zu Hause packt sie ihre Einkäufe aus. Wir bereiten gemeinsam mit ihr das Essen zu. Wir erhaschen einen flüchtigen Blick auf ihren Freund Chris, der auf Snapchat und Instagram aktiv ist, aber nicht auf YouTube. Wie immer hat Ingrid ein Geschenk für uns: Bodylotion. Um sie zu gewinnen, müssen wir auf ihren Instagram-Account gehen. Sie verabschiedet sich mit den Worten: »Wir sehen uns morgen!«

Ingrid Nilsen erfand die adventskalenderartige Videoreihe »Vlogmas« 2011. Sie hatte ein echtes Händchen dafür. Sie liebte das Format, zumindest am Anfang. Jahr für Jahr sprangen immer mehr Vlogger auf den Zug auf und stellten ihre Ausdauer unter Beweis – nicht nur während »Vlogmas«, sondern auch im »Vlogust«, »Vlogtober«, »Vlogmas in July« und »VEDA« (*vlog every day in April*). Als Nilsen älter wurde und in der Vorweihnachtszeit immer mehr auf dem Zettel hatte, machte ihr der »Vlogmas« immer weniger Spaß. Regelmäßig interessante Clips zu produzieren, fühlte sich langsam wie ein ewig gleicher, langweiliger Job an.

Mit ihren knapp 26 Jahren gehörte Nilsen zu den Älteren auf YouTube. Sie war Teil der zweiten YouTuber-Generation; sie und ihre Altersgenossen betrachteten die Plattform weniger als Sprungbrett denn als Vollzeitjob. Anfang des Jahres unterzeichnete sie als erste YouTuberin einen Werbevertrag als »Glambassador« für CoverGirl und verpflichtete sich, Videos für die Kosmetikmarke zu drehen. Sie bekam jetzt pausenlos Anrufe von Beautymagazinen, die bislang nichts von ihr hatten wissen wollen. Bald kam für Creators wie Nilsen eine neue Bezeichnung auf: Influencer.

Ab 2014 startete Wojcicki eine PR-Kampagne, um solche Influencer einer breiteren Öffentlichkeit vorzustellen. *Variety* hatte eine Umfrage[1] unter US-amerikanischen Teenagern durchgeführt, laut der YouTuber wie Smosh und PewDiePie inzwischen beliebter waren als A-Promis wie Jennifer Lawrence und Johnny Depp. Als diese Umfrage unter den YouTube-Mitarbeitern die Runde machte, sahen sich viele darin bestätigt, dass die alte Strategie, Prominente zu umwerben, ein Fehler gewesen war. YouTube hatte seine eigenen Prominenten. Wojcickis Werbekampagne mit dem Namen Spotlight zeigte ihre Gesichter auf Plakatwänden, auf Postern in U-Bahnen und in TV-Spots. Los ging es mit einem Trio von »Lifestyle«-YouTuberinnen – eine war für Make-up bekannt, eine für Haul-Videos, eine für ihre Kochkünste. Das Unternehmen verwendete nun einen neuen Begriff für seine YouTuber mit Außenwirkung: »endemische Creators«, sozusagen eine einheimische Spezies.

Diese neue Werbetaktik führte dazu, dass immer mehr YouTuber auf Ruhm und Reichtum aus waren und die Veteranen der Seite immer größerem Druck ausgesetzt waren, um mithalten zu können.

▶

Olga Kay hatte sich wesentlich früher als die »Lifestyle«-Stars auf YouTube etabliert. Sie war dafür bekannt, härter zu arbeiten als alle anderen. Kay, die sich in ihrer Heimat Russland mit 14 Jahren einem Zirkus angeschlossen hatte, lud zu Beginn ihrer YouTube-Laufbahn Jonglier-Videos hoch. Dann entdeckte sie die Vlogger und staunte über die seltsame Intimität, die ihre Clips verströmten, und schließlich postete sie selbst ein Sammelsurium von persönlichen Beiträgen, lustigen Sketchen und allem anderen, was ihr so einfiel. Die zierliche Frau mit dem herzförmigen Gesicht und der endlosen Energie wurde zu einem festen Bestandteil der ersten bunten YouTube-Truppe. Sie trat mit LisaNova in Clips von Maker Studios auf und jonglierte auf der Bühne der VidCon. Sie war die einzige YouTuberin, die im VidCon-Hotel mit einem sperrigen iMac aufschlug – sie hatte sich selbst beigebracht, wie man Videos schneidet, und selbstverständlich tat sie das auch während der Konferenz. Um mit YouTube Geld zu verdienen, brauchte man damals möglichst viele Abonnenten, die bei der Stange blieben, und Kay erkannte, dass ein persönlicher Touch mehr Menschen anzog. Jedes Mal, wenn jemand ihren Kanal abonnierte, ging sie auf dessen YouTube-Seite und hinterließ einen Kommentar: »Danke fürs Abonnieren, liebe Grüße aus Russland!« Andere Nutzer sahen den Kommentar und entdeckten so ihre Seite. *Und dasselbe Spiel noch einmal.* Sie postete diese Kommentare, wenn sie sich daheim einen Film anschaute oder während ihres Hauptjobs beim Fernsehen. Teilweise über hundert Kommentare pro Stunde.

»Danke fürs Abonnieren, liebe Grüße aus Russland.«

»Danke fürs Abonnieren, liebe Grüße aus Russland :)«

Langsam stellte sich der Erfolg ein. Sie erhielt ihren ersten Scheck von YouTube: 54 Cent. »*Immerhin*«, sagte sie sich. »*Morgen sind es bestimmt schon fünf Dollar.*« An manchen Tagen arbeitete sie zwölf Stunden lang an ihren Videos. 2014 verdiente sie mit YouTube das dritte Jahr in Folge mehr als 100 000 Dollar – eine Stange Geld, aber das war vor Abzug von Steuern, Investitionen in Merchandise-Artikel (die sie selbst verkaufte) und dem Honorar für den Cutter, den sie einstellte. Um auf diese Summe zu kommen, musste sie für ihre Kanäle zwanzig Videos pro Woche produzieren. Von nun an jonglierte sie nicht mehr mit Bällen, sondern mit Zahlen.

Und dann traten die zweite Generation von YouTubern und die zeitraubenden Social-Media-Apps auf den Plan. Kay passte sich an YouTubes Umstellung auf die Wiedergabezeit an und lud Gaming-Clips und Make-up-Tutorials hoch. Auf YouTube-Events stellte sie fest, dass die meisten ihrer Fans Mädchen im Teenageralter waren. Kay war Anfang dreißig und wollte in ihren Videos zeigen, dass man als Frau unkonventionell, kauzig und fehlerhaft sein darf.

Sie lud einmal pro Woche Videos hoch, doch bald musste sie feststellen, dass das nicht mehr ausreichte. Um relevant zu bleiben, musste sie täglich etwas posten.

Olga Kay: »I AM NOT READY!!!«, 21. Januar 2015, 4:29.
Sie liegt auf der Couch und filmt sich mit ihrem iPhone in Selfie-Pose. »Warum ich dieses Video mache? Weil ich Pickel habe und euch zeigen will, wie mein Gesicht aussieht. Es sind so viele.« Sie zeigt auf einen links über ihrer Lippe. »Ich bin genau wie alle anderen.« Ein weiterer Grund für das Video, fährt sie fort, sei, dass sie zwei wirklich tolle Videos gedreht habe, die aber noch nicht fertig seien. »Ich wollte wenigstens *irgendwas* für euch posten, damit ihr wisst, dass es mich noch gibt.«

Im April 2015 lud YouTube mehr als 100 Creators in ein Studio im Garment District in Manhattan ein, wo der erste YouTube Creator Summit stattfand. Es gab ein aufwendiges Catering und einen Auftritt des Magiers David Blaine, aber keine Horden kreischender Jugendlicher. Trotzdem hatten die Creators das Gefühl, alles mitfilmen zu müssen. Beim Lunch richtete ein Vlogger die Kamera auf Ingrid Nilsen, die in einem grauen Hoodie am Tisch saß und einen Salat aß. Sie begann wie auf Kommando zu strahlen und mit ihm herumzualbern.

Trotzdem berichtete Nilsen später, wie sehr die Veranstaltung sie inspiriert habe – YouTube bot Produktionstipps an und feierte seine engagierten, abgedrehten Videomacher. Endlich wurden sie wie A-Promis behandelt. Auch YouTube wertete sein Event als Triumph. Innerhalb des Unternehmens sprachen die Mitarbeiter oft davon, dass es für Creators zwei Wege zum Erfolg gab: Die einen nutzten YouTube als Sprungbrett für Film und Fernsehen, wie die Comedians von *Saturday Night Live*. Die anderen bauten sich ihr Imperium direkt an Ort und Stelle auf und hielten ihr Publikum bei der Stange, wie Oprah Winfrey. Auf dem Creator Summit war alles voll mit Mini-Oprahs.

Das Event erinnerte YouTube auch daran, dass die Konkurrenz langsam, aber deutlich zunahm. So zückte fast jeder YouTuber auf dem Creator Summit zu irgendeinem Zeitpunkt sein Smartphone, um Selfies für Instagram zu machen. Alle benutzten Social-Media-Apps: Instagram, Snapchat und Vine, ein Portal für sechs Sekunden lange Videoloops. Man brauchte nur ein Smartphone, um auf diesen Apps zu posten, keine Kameras und Bearbeitungssoftware, wie sie für YouTube nötig waren. Ambitioniertere Creators wussten, dass sie ständig auf allen Apps präsent sein mussten. Die meisten dieser Apps bezahlten ihre Creators noch nicht, doch Vessel, ein neuer Videodienst des Gründers von Hulu, tat es und hatte bereits einige bekannte YouTuber wie Nilsen verpflichtet, exklusives Material zu produzieren. Die Mitarbeiter von YouTube nahmen den neuen Konkurrenten erst zur Kenntnis, als sie erfuhren, dass Larry Page sich mit Vessel beschäftigte. Es kam zu einem wilden Gerangel um die beste Strategie, mit der man den Konkurrenten ausschalten konnte. (Die Strategie, die intern unter dem Namen »Platinum« lief, basierte darauf, ausgewählten Stars große Vorschüsse zu geben, damit sie auf YouTube blieben.)

Doch kein Konkurrent raubte YouTube so sehr den Schlaf wie Facebook.

2012 hatte Facebook eine Milliarde US-Dollar für Instagram bezahlt. Im Nachhinein stellte sich heraus, dass das ein Schnäppchen war – seit YouTube hatte es keinen Internetdienst mehr gegeben, der den Zeitgeist der Jugend so gut erfasste. Eine Zeit lang war Facebook ein durchaus nützlicher Gegenspieler: YouTube-Clips, die in dem sozialen Netzwerk geteilt wurden, gingen oft besonders schnell viral, so wie damals, in der Anfangszeit von YouTube, auf MySpace. Um 2014 herum fiel langjährigen YouTube-Managern auf, dass der Traffic von Facebook zu YouTube immer mehr nachließ. Das soziale Netzwerk hatte jetzt seinen eigenen Videoplayer und bevorzugte Beiträge, die diesen verwendeten. Dann plante Facebook eine Livestreaming- und eine Videofunktion für Instagram. Google+ war zu diesem Zeitpunkt bereits Geschichte. »In Sachen Social Media hatte sich Google selbst in den Hintern getreten«, so ein YouTube-Manager, »und jetzt hatte Facebook es auch noch auf die Videos abgesehen.« Facebook landete einen echten Coup, als es sich mit Nielsen zusammentat, der Firma, die in den USA die TV-Einschaltquoten ermittelte. Ab sofort konnten Vermarkter ihre Werbung auf Facebook und im Fernsehen mit demselben Rating-System schalten.

Das war ein Schlag ins Gesicht für YouTube und insbesondere für Wojcicki, die die meiste Zeit ihrer Karriere in der digitalen Werbung gearbeitet hatte. Sie führte sofort mehrere zusätzliche Systeme ein, um YouTube-Kanäle zu messen und zu bündeln, wie es das Fernsehen tat. Sie übernahm die Kontrolle über die Werbeaktivitäten der Multi-Channel-Networks, denen YouTube bislang erlaubt hatte, nach Lust und Laune Werbung zu verkaufen. Damit war jetzt Schluss. Die MCNs, die durch die früheren Änderungen bei YouTube bereits verunsichert waren, sahen sich nun durch die Auseinandersetzung zwischen YouTube und Facebook um die beste Methode, online Werbebotschaften zu messen, noch mehr unter Druck gesetzt. Jedem war klar, dass dringend eine Lösung her musste. »Google war *die* Werbe-Infrastruktur für das Internet«, erinnert sich David Sievers von Maker Studios. »Es war der riesige, 800 Pfund schwere Gorilla. Es durfte diesen Krieg nicht verlieren.« Dennoch fühlte sich YouTube in diesem Krieg letztlich wie ein Außenseiter. Zwar war die durchschnittliche Zeit, die die Leute sich allein auf dem Handy YouTube-Videos anschauten, von 2011 bis 2015 von fünf auf vierzig Minuten pro Tag gestiegen. Doch Facebook verdiente mit Werbung mehr als doppelt so viel wie YouTube – eine Diskrepanz, die dazu beitrug, dass Wojcicki im Jahr 2015 ihr erstes großes Vorhaben als CEO formulierte, den »*2020-20 plan*«: Innerhalb von fünf Jahren sollte das Unternehmen einen Umsatz von 20 Milliarden Dollar erreichen.

Wojcickis andere wichtige Dienstanweisung war eindeutig von der Konkurrenz durch Social-Media-Apps inspiriert. Die neue Chefin sah sich die Daten der Website an und folgerte, dass es YouTube sehr gut gelang, bestehende Zuschauer dazu zu bringen, mehr zu schauen – eine schöne, stetige Rampe hin zum Eine-Milliarde-Stunden-Ziel. Die Gesamtzahl der täglichen Zuschauer zu steigern, klappte jedoch weniger gut. Auch hierzu gab es einen passenden Ausdruck von Larry Page: Produkte von Google müssten den »Zahnbürstentest« bestehen – sie hätten nur eine Existenzberechtigung, wenn die Leute sie so oft benutzten, wie sie sich die Zähne putzten. Also wies Wojcicki ihr Entwicklerteam an, den Algorithmus für Empfehlungen so anzupassen, dass er jene bevorzugte, die täglich neue Zuschauer anlockten, immer und immer wieder.

All dies erklärte, wieso die Mini-Oprahs bei YouTube so hofiert wurden. Man wollte die Stars unter den Creators zu ihren eigenen Showrunnern machen und es so mit dem täglichen Output des Fernsehens und den dortigen Werbeeinnahmen aufnehmen. Zu diesem Zweck wollte YouTube gerne eine engere Bindung zu seinen Stars aufbauen, musste allerdings bald feststellen, dass es dabei eine beträchtliche kulturelle Kluft zu überwinden galt. Ariel Bardin, den Wojcicki als Führungskraft von Google zu YouTube geholt hatte, ging gleich zu Beginn seiner Amtszeit auf Dienstreise, um sich mit YouTubern zu treffen. In Los Angeles besuchte er Matthew Patrick, einen ehemaligen Musicaldarsteller, der auf seinem bekannten Kanal *The Game Theorists* theatralischen Bombast mit einem fundierten Wissen über Videospiele, Naturwissenschaften und YouTube verband.[2] Um das Eis zu brechen, fragte Patrick: »Welche YouTube-Kanäle schaust du dir denn so an?«

»*Vice*«, antwortete Bardin.

Patrick zuckte zusammen. Das angesagte Medienunternehmen aus Brooklyn hatte nach einem YouTube-Stipendium eine erfolgreiche Finanzierungsrunde abgehalten. Für die meisten YouTuber war *Vice* ein abschreckendes Beispiel und der typische von großen Unternehmen finanzierte Poser-Kram, der gerade die Plattform überschwemmte. Einer der Kanäle, die sich Leute anschauten, die sich nicht für die echte YouTube-Kultur interessierten. »Okay, und sonst?«, wollte Patrick wissen.

Bardin schwieg.

Als beim ersten Creator Summit der Hauptact angekündigt wurde, saß Patrick in der ersten Reihe. Auf einer L-förmigen Bühne legte ein DJ vor fünf gigantischen Videowänden Dance-Tracks auf. Der mittlere Bildschirm faltete sich wie von Zauberhand in V-Form zusammen. Alle Creators im Saal kannten Patrick unter seinem YouTube-Pseudonym MatPat. Die Manager von YouTube leider nicht. Als die offizielle Präsentation des Events begann, zeigte das Unternehmen auf den Videowänden Fotos seiner Creators. *Smosh! iJustine! MatPat!* Das Foto zeigte jemand anderen, nicht Patrick. *Autsch.*

Kyncl betrat die Bühne. »Hier sind so viele Leute, die ich ganz klasse finde«, verkündete YouTubes Hollywood-Chef mit seinem tiefen Bariton. »Creators wie …« *Pause.*

»*Ups*«, dachte Patrick, »*fällt dem etwa niemand ein?*«

Schließlich nannte Kyncl Hannah Hart, die YouTuberin, deren Gesicht in der ganzen Stadt auf YouTubes Werbeplakaten prangte.

Felix Kjellberg trug ein geblümtes Kleid und eine blonde Perücke, wurde von einer Domina ausgepeitscht und gehorchte den Befehlen seiner eigenen Stimme, die aus einem Lautsprecher ertönte. Es war ziemlich surreal.

Während sich Wojcicki um Facebook Sorgen machte, machte Robert Kyncl ein anderes Unternehmen zu schaffen: sein ehemaliger Brötchengeber Netflix. 2013 zeigte der Streaminganbieter *House of Cards,* eine seiner ersten selbst produzierten TV-Serien, und sie war ein Riesenhit. Amazon hatte ebenfalls begonnen, eigene Serien zu produzieren, und war damit ganz elegant in das goldene Zeitalter des Fernsehens und des *Prestiges* eingetaucht. Warum sollte YouTube das nicht ebenfalls gelingen? Nachdem es Kyncl nicht gelungen war, mit seinen A-Promis Hits zu landen, schlug er eine neue Strategie ein. YouTube würde eigene Sendungen, die sogenannten Originals, finanzieren, die sich nur zahlende Abonnenten anschauen konnten und in denen die Creators mitspielten, die das Publikum so liebte. Netflix und Amazon hielten sich an das Modell der traditionellen Medien und überließen die Auswahl von Stoffen und Stars den Showrunnern und Produzenten. Sumner Redstone, der alte Viacom-Mogul, hatte ein berühmtes Credo, das er immer als Argument für den finanziellen Wert dieses Modells anführte: »Der Content ist König.« Bei YouTube hatte man ein eigenes Credo, mit dem man sich der *House of Cards*-Ära annäherte: *Das Publikum ist König.*

So kam es, dass sich die Zuschauer auf YouTube ansehen konnten, wie Kjellberg in Episode 9 seiner YouTube-Serie *Scare PewDiePie*, die 2016 Premiere feierte, von einer Domina ausgepeitscht wurde. Maker Studios produzierte die Show, in der es darum ging, Kjellberg in beängstigende Situationen zu versetzen, die den Horror-Videospielen aus seinen Let's Plays nachempfunden waren. *Scare PewDiePie* war stark von Motiven bekannter Reality-Formate wie *Fear Factor* oder dem *Dschungelcamp* inspiriert – später in der Episode musste sich Kjellberg durch rohes Fleisch und Kakerlaken wühlen, um Rätsel zu lösen. Kjellberg spielte fleißig mit, aber die Serie erhielt nur mäßige Kritiken und stieß auf wenig Interesse.[3] Das lag sicherlich nicht zuletzt daran, dass Kjellberg darin nicht als PewDiePie auftrat, die cartoonhafte Kunstfigur, die die Fans so liebten, sondern als er selbst, ein schüchterner, etwas unbeholfener YouTuber. Die Show war professionell produziert, fühlte sich aber insgesamt an wie eine Fernsehsendung von gestern. Und sein Umfeld merkte bald, wie die Dreharbeiten Kjellberg auszehrten.

Nachdem YouTube mehr als ein Dutzend solcher Eigenproduktionen auf die Beine gestellt hatte, fiel einigen Creators auf, dass hier ein ganz zentrales Paradoxon vorherrschte. YouTube wollte unbedingt aufwendige, teure Inhalte produzieren. In Los Angeles hatte das Unternehmen einen 4,5 Hektar großen Flugzeughangar angemietet, in eine hochmoderne Produktionsstätte für ausgewählte Creators umgewandelt und »YouTube Space« getauft.[4] Doch der Algorithmus wollte das genaue Gegenteil. Er wollte Wiedergabezeit und tägliche Aufrufe. Und das meiste Material, das ihm beides bot, war billig produziert und schaffte es trotzdem an die Spitze. Ein leitender Mitarbeiter beklagte später, YouTubes Creator-Team fördere nicht mehr Talent und Kreativität, sondern suche »bloß noch nach Leuten, die in die Metriken passen«.

Viele YouTuber hatten das Gefühl, dass die unabhängige, basisdemokratische Aura, die die Website seit ihrer Gründung auszeichnete, nicht so recht zu einem auf Massenmedien ausgerichteten Werbegeschäft passen wollte. »Wenn man das hier professionell macht, ist es nicht leicht, authentisch und glaubwürdig zu sein«, klagte Hank Green, der Gründer der VidCon, in einem Video mit dem Titel »Honest YouTube Talk Time«. Olga Kay spürte diese Spannung die ganze Zeit. Sie hatte nicht genug Abonnenten, um zu Gipfeltreffen für YouTube-Stars eingeladen zu werden, bekam aber immer wieder Angebote von Filmstudios und TV-Sendern, die nach YouTubern für aufwendige Produktionen suchten. Aber Kay wusste, dass die Fans und Maschinen von YouTube solche Produktionen nicht wollten – sie sahen ihr lieber dabei zu, wie sie einfach so zu Hause in ihre Kamera sprach. Und zwar möglichst oft und möglichst regelmäßig. Kay lud weiterhin etwa zwanzig Videos pro Woche hoch. Wenn ihre Freunde etwas mit ihr unternehmen wollten, fragte sie als Erstes: »Kann ich da filmen? Sonst muss ich zu Hause bleiben und Content produzieren.«

Manchmal drehte sie in YouTubes Studio in Los Angeles, aber meistens ging sie dorthin, um sich beraten zu lassen. Ein MCN wollte ihre Gaming-Videos in sein Netzwerk aufnehmen, und sie zeigte die Unterlagen dem YouTube-Manager Andy Stack.

Stack schaute sich ihre Zahlen an. »Du würdest dabei eine Menge Geld verlieren«, sagte er und riet ihr, das Angebot abzulehnen.

Stack war nicht der Erste bei Google, der zu der Überzeugung gelangte, dass die MCNs mit ihren zweifelhaften Verträgen und mafiösen Taktiken nichts taugten; ein anderer YouTube-Mitarbeiter bezeichnete die MCNs als »Parasiten«.

Dennoch wurde immer deutlicher, dass YouTube große Mühe hatte, die Talente zu managen, die sich auf dem Portal tummelten. Stack verwaltete das System, das Geld an die Millionen Creators des *Long Tail* verteilte. Doch welche beängstigenden Ausmaße dieses System angenommen hatte, wurde ihm erst klar, als er einen Anruf von Googles Rechtsabteilung bekam: Da diese Zahlungen nun einen wesentlichen Anteil von Googles täglichem Umsatz ausmachten, wolle man ihn auf neue, gesetzlich vorgeschriebene Compliance-Maßnahmen aufmerksam machen. All diese YouTuber benötigten Systeme, um beim Geldfluss und den häufigen Aktualisierungen der Website auf dem Laufenden zu bleiben. Andere Unternehmen hätten für den Kontakt zu den Nutzern ein Callcenter eingerichtet oder spezielle Teams eingestellt. Nicht so Google. »Google löst Probleme mit Maschinen, nicht mit Menschen«, so Stack. Ein Team von Softwareentwicklern richtete ein neues computerisiertes System ein, das sich um die Bedürfnisse der Nutzer kümmerte, ohne dass Menschen beteiligt waren. Allerdings ließen die Maschinen die Creators allzu oft im Ungewissen, was eigentlich vor sich ging. Unter Wojcicki wurden die Systeme von YouTube strikter, wenn es darum ging, Videos zu identifizieren, die Werbekunden möglicherweise abschreckten (wegen zu vieler Flüche oder Anspielungen). Sobald diese Videos identifiziert waren, wurden die Werbespots daraus entfernt. Doch wenn das System in einem solchen Fall dem Creator den Geldhahn zudrehte, setzte es ihn davon nicht in Kenntnis, und eine Erklärung bekam er auch nicht. Bei einem Meeting plädierte Stack bei seinen Kollegen für bessere Ressourcen: »Sogar wenn man verhaftet wird, wird einem ein Anruf gewährt.«

Mitunter machten die Maschinen aber auch Fehler. Einmal aktualisierte YouTube seinen Algorithmus, der nackte Haut erkannte und automatisch Pornos und andere freizügige Clips von der Website entfernen sollte. Irgendjemand drehte einen der Regler zu weit auf. Als das Update kam – natürlich ohne dass YouTube es öffentlich ankündigte –, mussten zahlreiche Bodybuilder, eine beliebte Nische, tatenlos zusehen, wie ihre Videos verschwanden. Sie waren Opfer einer Software, die nicht zwischen Pornos und Speedos unterscheiden konnte. Kathleen Grace, eine neue YouTube-Mitarbeiterin, beobachtete diesen Vorgang, und ihr wurde klar, wie ungenau die Algorithmen sein konnten. »*Die können halt nicht alles wissen*«, dachte sie sich. Grace leitete das YouTube-Studio in Los Angeles, wo Creators vorbeikamen, um Videos aufzunehmen und ihren Frust loszuwerden. Eine Frau war verzweifelt über ihre sinkenden Zuschauerzahlen und zeigte Grace, wie sie gegensteuern wollte. Innerhalb von sechs Wochen wollte sie mehr als 300 Videos filmen, anschließend täglich ein neues Video veröffentlichen und *dann* noch eine separate YouTube-Show starten. Die YouTuberin hatte sich den alten Larry-ismus zu Herzen genommen: *10x*. Grace, die Webvideos produzierte und Regie führte, seit es YouTube gab, starrte entgeistert auf das Diagramm der YouTuberin. »*Das ist verrückt*«, fand sie. Ein anderer YouTuber brach in Tränen aus und sagte, er sei einfach erschöpft, weil er jetzt so oft Videos hochladen musste, die länger als zehn Minuten waren, damit der Algorithmus sie auch promotete. »Das ist eine Tretmühle, bei der jeder Schritt schmerzt«, so Grace. »So kann doch niemand kreativ sein.«

Der YouTube-Angestellte Bing Chen, der ebenfalls mit den Creators zusammenarbeitete, betrieb versuchsweise seinen eigenen Kanal, den er regelmäßig bestückte. Aber obwohl er vom Aussehen her das Zeug zum Hauptdarsteller hatte, gab Chen sein Experiment schnell wieder auf. »Das ist ein Hundert-Stunden-Job«, berichtete er seinen Kollegen. »Es ist einfach wahnsinnig viel Arbeit.«

Als Nebenprojekt hatte Stack sein Haus in den Hollywood Hills in einen Zufluchtsort für Kreative umgewandelt, den er »Alchemy House« nannte, und lud ständig Musiker und YouTuber ein. Als Olga Kay zum ersten Mal das Alchemy House besuchte, war sie verblüfft, dass der in der Arbeit stets konservativ gekleidete Stack hier in T-Shirt, Shorts und mit blauem Nagellack herumlief. Wie viele andere Googler nahm Stack regelmäßig am Burning Man teil. 2013 widmete er sein Haus in einen »Dekompressionsraum« um, wie er es nannte. Nach jeder VidCon lud er YouTuber ein, mit ihm zu trinken, in seinem Pool zu planschen und den Blick aufs Meer zu genießen, fernab von Menschenmassen, Kameras und dem dringenden Bedürfnis, etwas hochzuladen.

Vielleicht hätte Kay in der Tretmühle weitermachen können, wenn es bei zwanzig YouTube-Videos pro Woche geblieben wäre. Aber plötzlich meldeten sich bei ihr dauernd Social-Media-Apps, die ein Stück von YouTubes Kuchen wollten. Ein Anruf über Snapchat gab Kay den Rest. Die Messaging-App hatte ein neues Format namens »Stories« erfunden, mit dem man Fotos und Videos teilen konnte, die nach 24 Stunden automatisch wieder verschwanden. Ein Vertreter von Snapchat bot Kay an, fünf Videos à 10 Sekunden für einen gesponserten Deal aufzunehmen. Sie würden ihr 7000 Dollar dafür zahlen.

Das war ein gutes Angebot, und doch zitterten ihre Hände, als sie darüber nachdachte. Die Aussicht, auch nur fünfzig Sekunden mehr zu filmen als jetzt, machte sie so wütend, dass sich ihr der Magen umdrehte. Sie konnte einfach nicht mehr. »*Wow*«, dachte sie. »*Ich bin durch. Das ist nicht gut.*« Wie lange sollte sie so weitermachen? Bis sie Mitte vierzig war? Mitte sechzig? Ständig vor der Kamera stehen und sich neu erfinden, um für die Leute da draußen interessant zu bleiben? »*Nein. Ich möchte einfach ein ganz normales Leben führen*«, beschloss sie.

Das Unternehmen wusste, dass mit dem Geschäftsmodell seiner Creators etwas nicht stimmte. Aber es hatte gerade genug mit einer ganz anderen Baustelle zu tun.

Im August 2015 hatte Larry Page die Öffentlichkeit (und viele Googler) mit der Gründung von Alphabet schockiert, einer neuen Holding, mit der er sein Imperium in mehrere eigenständige Firmen aufteilte: Eine war Google, eine sollte selbstfahrende Autos entwickeln, eine intelligente Thermostate usw. Die Verantwortlichen diskutierten darüber, auch YouTube als separate, von Google losgelöste Einheit von Alphabet zu betreiben, immerhin besaß das Unternehmen ohnehin einen eigenen Namen und eigene Räumlichkeiten. Auch Wojcicki hätte lieber weiter unter Page gearbeitet, der sich selbst zum CEO von Alphabet ernannt hatte, statt unter seinem Nachfolger Sundar Pichai. Aber letztlich war das Videoportal zu sehr mit dem Werbegeschäft und den Maschinen von Google verflochten, also blieb es, wo es war.

In jenem Jahr hatte Wojcicki zwei neue Führungskräfte eingestellt, die die Zukunft von YouTube gestalten sollten. Keiner der beiden kam aus der Medienproduktion, sie waren alte Google-Veteranen. Neal Mohan hatte als Manager bei DoubleClick YouTubes ersten großen Werbedeal besiegelt, damals, in den Büroräumen über der Pizzeria. Seit Google die Werbefirma gekauft hatte, arbeitete er dort in der Werbeabteilung. Er hatte zwei Abschlüsse von Stanford, war ein großer Basketballfan und pflegte die sorgfältige Ausdrucksweise eines Buchhalters. Bei Google galt er als Meister der diplomatischen Winkelzüge, als jemand, der in der Lage war, seine Vorgesetzten auf produktive Weise zu beeinflussen. Ein YouTube-Manager erinnert sich an eine heftige Auseinandersetzung zwischen Mohan und Wojcicki bei einem Meeting an einem Dienstag; zwei Tage später hatte Wojcicki ihre Meinung plötzlich geändert. Mohan »hatte hinter den Kulissen einen Jedi-Trick oder so was benutzt«, meinte der Manager. Das machte sich bezahlt. Im Jahr 2011 berichtete ein Artikel, dass Google Mohan einen Bonus in Höhe von 100 Millionen Dollar gezahlt hatte, damit er ein Angebot von Twitter ablehnte. Kollegen bei Google verpassten ihm daraufhin den Spitznamen »Hundert-Millionen-Dollar-Mann«, sehr zu seinem Leidwesen.

Wojcicki übertrug Mohan die Verantwortung für das Produkt YouTube, und er avancierte schnell zu ihrem wichtigsten Stellvertreter. Seine neue Nummer zwei war Ariel Bardin, der Manager, der sich so gerne den Kanal von *Vice* anschaute. Bardin, ein redegewandter, abgebrühter Israeli, hatte einen Abschluss von Stanford, und er hatte Tech im Blut. Er war seit 2004 bei Google und hatte dort zuletzt Google Payments geleitet. Als er und Mohan zu YouTube kamen, schauten sie sich die Zahlen der Creators an. Ihnen war sofort klar, dass es so nicht weitergehen konnte. Das meiste Werbegeld floss an die 100 größten Kanäle. *Waren beim Vergütungssystem wirklich alle gleichberechtigt?* Die neuen Führungskräfte entwickelten einen Plan, um das gesamte Vergütungssystem von YouTube auf Grundlage mathematischer Berechnungen neu zu konzipieren.

Als Anspielung auf die geradezu herkulische Aufgabe, die die Programmierer zu bewältigen hatten, erhielt das Projekt den Spitznamen »Boil the ocean« (»Bringt den Ozean zum Kochen!«). Man hatte diese Phrase schon früher einmal verwendet, für das erfolgreiche Vorhaben, YouTube für die Apps auf Smartphones und Smart-TVs umzugestalten. Zu Beginn des Jahres 2016 bereitete sich das Unternehmen nun also darauf vor, die finanziellen Probleme seiner Creators zu lösen, und zwar wie üblich mit den Mitteln der Technologie. Niemand hatte den Eindruck, als müsse man sich in naher Zukunft um irgendwelche anderen nennenswerten Probleme kümmern.

Kapitel 23
Lächerlich, gefährlich, selbstverständlich

Januar 2016

Die kleine Filmkulisse im East Room des Weißen Hauses sah aus wie Ingrid Nilsens Küche: kleine Sukkulenten und weiße Chrysanthemen vor einer taubenblauen Wand. Nilsen wendet sich Barack Obama zu und spricht ihn auf Tampons an.

Die Lifestyle-Vloggerin Nilsen war eine von drei Creators, die den Präsidenten für den offiziellen YouTube-Kanal des Weißen Hauses interviewen durften. Damit hoffte YouTube, seine kreativen Köpfe auch bei einem älteren Publikum als die einflussreichen Persönlichkeiten zu vermarkten, die sie online waren.[1] Im vergangenen Sommer hatte Nilsen mit einem sehr persönlichen Video von sich reden gemacht, und seither hatte Google sie auf dem Schirm. »Ich bin lesbisch«, hatte sie ihren Zuschauern mitgeteilt. »Es fühlt sich richtig gut an, das auszusprechen.« Dann war sie in erleichtertes Schluchzen ausgebrochen.

Die Interviews mit Obama waren sorgfältig choreografiert – für die Sicherheitsüberprüfung im Vorfeld hatte Nilsen etwa vier Stunden am Telefon hängen müssen. Doch als sie den Präsidenten fragte, warum Menstruationsprodukte wie Luxusgüter besteuert wurden, schaffte sie es in die Nachrichten. (»Vermutlich«, antwortete der Präsident, »weil Männer die Gesetze gemacht haben.«) Nilsen wirkte die ganze Zeit leicht nervös, bis sie den Präsidenten bat, ihr ein paar persönliche Gegenstände zu zeigen, wie sie es auf ihrem YouTube-Kanal immer tat. Obama wirkte plötzlich eher wie ein Familienvater kurz vor der Rente. Er holte einen Rosenkranz vom Papst aus seiner Tasche, einen kleinen Buddha von einem

Mönch und einen Glücks-Pokerchip von einem Biker aus Iowa. »Das ist wirklich rührend«, schwärmte Nilsen. »Ich fand das ganz toll!«

Nach Nilsens Interview tauchte Steve Grove vor der Kamera auf, der früher einer der ersten Community Manager von YouTube gewesen war. Inzwischen arbeitete er für Google, und statt wie früher Jeans und Sneakers trug er nun einen gut sitzenden blauen Anzug, mit dem er beinahe selbst aussah wie ein Politiker.[2] Er bedankte sich bei Obama. »Das ist eine wunderbare Tradition, die Sie da ins Leben gerufen haben«, sagte Grove. »Hoffentlich tritt Ihr Nachfolger in Ihre Fußstapfen.«

▶

Zu jener Zeit kam Donald Trumps erstaunlicher Vorsprung im Rennen um die Präsidentschaftskandidatur der Republikaner vielen noch wie ein schlechter Scherz vor. Seine Wahlversprechen, zum Beispiel ein Register aller in den USA lebenden Muslime einzurichten, klangen einfach nur absurd. Eine Mitteilung von Trumps Arzt verkündete, er sei »der gesündeste Mensch, der je zum Präsidenten gewählt werden wird«. Auf Facebook lobte Trump seine eigenen »großartigen Gene« und bedankte sich irrtümlicherweise bei einem bereits verstorbenen Mediziner. Aber Trump machte sich gut im Fernsehen. Im November war er bei *Saturday Night Live* zu Gast und trat in der Talkshow von Jimmy Kimmel auf.[3] Clips aus beiden Sendungen tauchten umgehend auf YouTube auf.

In einer anderen Ecke der Website ging man mit Trump allerdings ganz anders um. Stefan Molyneux, der Selbsthilfe-Guru, rief im Januar eine Reihe namens »Die Unwahrheit über Donald Trump« ins Leben. YouTuber wie Molyneux, die davon lebten, Medien und andere Mainstream-Institutionen anzugreifen, fanden in Trump einen mächtigen Verbündeten – und immer neuen Stoff für ihre Videos. In seiner neuen Videoreihe katalogisierte Molyneux alle »Falschdarstellungen« über Trump in der Presse.

Oben links in der Ecke war sein eigener kahler Kopf zu sehen, während er die Folien kommentierte. Diese Videos waren über eine Stunde lang. Im ersten Clip wies Molyneux ganz korrekt darauf hin, wie gut Trump es gelang, die Nachrichten zu manipulieren, dann verteidigte er die Ansichten des Präsidentschaftskandidaten zu einer ganzen Reihe politischer Positionen wie Einwanderung und Frauen. Trumps politische Gegner erwähnte Molyneux gar nicht. »Die Lektion hier lautet: Lasst euch von niemandem sagen, was ihr denken oder empfinden sollt«, verkündete er mit direktem Blick in die Kamera. »Weder von mir noch von sonst wem. Und vor allem nicht von den Mainstream-Medien. Die wollen euch nicht informieren. Die wollen euch kontrollieren.« Auf Reddit, wo sich eine grimmige Truppe von Trump-Loyalisten versammelt hatte, kamen diese Clips sehr gut an. Einige Monate später hatte Molyneux zwei Autoren zu Gast, von denen das Southern Poverty Law Center einen als »Eugeniker« und den anderen als Redakteur eines »Magazins für weiße Nationalisten« bezeichnete.[4] (Molyneux bestritt beides.[5])

»Wenn ihr diese Informationen nützlich findet«, sagte Molyneux am Ende seines Videos vom Januar, »dann klickt auf ›Daumen hoch‹, abonniert meinen Kanal, und teilt meine Videos.«

April 2016

Anfang April saß Susan Wojcicki im Andaz Hotel am Sunset Boulevard in Los Angeles auf einer Bühne, um sich die Anliegen ihrer Creators anzuhören.

Mitunter trat die YouTube-Chefin (wie schon ihr Vorgänger Kamangar) vor Menschenmengen ein wenig unbeholfen auf. Wenn sie bei solchen Gelegenheiten die Namen von YouTubern aufzählte, die sie kannte, klang sie, so ein ehemaliger Mitarbeiter, »wie eine spießige Mutter, die gerne mit den coolen Kids abhängen möchte«. Laut Claire Stapleton wirkte sie »wie Hillary Clinton« –

eine dankbare Zielscheibe für Spott, eine Workaholic, die nur selten ihre berufliche Zurückhaltung aufgab. Für Wojcicki waren die Creators ein besonders heikles Publikum: Sie waren nicht ihre Angestellten, und trotzdem hatte sie großen Einfluss auf ihre Karrieren. Beim Umgang mit den Creators kam sie an ihre Grenzen, und das hier war eine besonders heikle Situation.

Das Event mit dem Titel #YouTubeBlack war organisiert worden, nachdem die langjährige YouTuberin Akilah Hughes eine vernichtende Anklage erhoben hatte. Auf ihrem Kanal Akilah Obviously parodierte und analysierte sie Popkultur, Politik, ihr Haar, YouTube-Trends und Literatur. (Sie freundete sich mit John Green von den vlogbrothers an, nachdem sie eine »beschwipste Rezension« eines seiner Bücher gepostet hatte.) Ihre YouTube-Präsenz hatte ihr einen Job bei dem Medienunternehmen Fusion beschert. 2015 schrieb Hughes einen Artikel darüber, dass bei der Plakat- und U-Bahn-Werbung, die YouTube für seine Spotlight-Kampagne geschaltet hatte, nirgends Schwarze Creators zu sehen waren. Und auch bei den neuen Originals traten keine auf. In jenem Februar, dem Black History Month, wurden auf dem Twitter-Account von YouTube mehr als zehnmal so viele weiße wie Schwarze Creators beworben. Und wie Hughes in der Zeitschrift *Fusion* schrieb, machten es die zahllosen Hasskommentare auf YouTube »für Angehörige von Minderheiten schwieriger, mit YouTube zu arbeiten als mit anderen sozialen Netzwerken«.

Der Artikel machte unter den YouTube-Mitarbeitern die Runde, die eigentlich immer stolz darauf gewesen waren, dass sie die männlichen, hauptsächlich weißen Türhüter Hollywoods aus dem Weg geräumt hatten. Die Marketingteams organisierten #YouTubeBlack und setzten Wojcicki auf eine Bühne mit Adande Thorne alias Swoozie, einem altgedienten YouTube-Trickfilmer und Liebling des Unternehmens.[6]

Thorne redete nicht lang drum herum: »Wann werden wir auf einem Werbeplakat Schwarze Creators sehen?«

»Bald«, versprach Wojcicki. »Da ist bei uns noch Luft nach oben.«

Am Abend feierten die YouTuber, die sich hier zum ersten Mal trafen, zusammen und sangen zu Kendrick Lamars »Alright« mit. »YouTube ist nicht perfekt«, schrieb Hughes hinterher, »aber zumindest kommen einem die Führungskräfte einigermaßen progressiv vor.«

Mit diesem Lob im Gepäck kehrte Wojcicki einige Wochen später beim zweiten YouTube Creator Summit auf die Bühne zurück. Diesmal sprach sie zu ihren größten Stars. Sie betonte das Wachstum von YouTube bei den Werbeeinnahmen und versicherte den Anwesenden, dass sich das Unternehmen langfristig für seine »Originals« engagieren werde. Dann durften Fragen gestellt werden.

Eine Creatorin sprach sie auf das Mobbing auf YouTube an. Ein anderer YouTuber hatte wiederholt feindselige Videos über sie gemacht, sie »gedoxt« (ihre persönlichen Daten online gestellt) und eine Welle zorniger Follower auf sie losgelassen. Sie hatte Angst. Eine andere Creatorin ergriff das Mikrofon, um die Vorwürfe zu bekräftigen, und sagte, so etwas komme inzwischen viel zu häufig vor. *Was gedachte YouTube dagegen zu tun?* Wojcicki ging sofort in die Defensive. Sie bekundete ihr Mitgefühl, machte aber keine konkreten Versprechungen, bevor sie sich der nächsten Frage widmete. Ein paar Fragen später sprachen noch weitere YouTuber das Thema Mobbing an. Wojcickis Antwort fiel ganz ähnlich aus. Zu jener Zeit zog man es bei YouTube vor, sich aus Streitereien zwischen Creators herauszuhalten. Entweder war man dort der Meinung, dass die bestehenden Regeln ausreichen, um Creators zu schützen und zugleich dem Recht auf freie Meinungsäußerung Rechnung zu tragen. Oder YouTube war ganz einfach nicht auf dieses Problem vorbereitet.

Ingrid Nilsen, die mit im Publikum saß, bekam seit ihrem Coming-out mehr Hasskommentare denn je. Bisher hatte sie noch niemand gedoxt, aber es schien nur eine Frage der Zeit. »YouTube hatte darauf einfach keine Antwort«, erinnert sich Nilsen. »Dabei wussten die genau, wie groß der Schlamassel war, in dem sie steckten.«

Milo: »Milo Yiannopoulos denies Black Lives Matter protester special mic privileges«, 27. April 2016, 3:30.
Milo Yiannopoulos, ein Brite mit blondierten Strähnen und einer immergleichen Masche als aufgedrehter Troll, arbeitete für Breitbart News. Hier spricht er an der American University im Rahmen seiner »Dangerous Faggot Tour«, bei der er in Colleges auftrat und gegen Feminismus, SJW und »Pseudo-Konservative« wetterte. Ein kurzes Wortgefecht mit einem Schwarzen Studenten ist der Aufhänger für dieses Video, das sich perfekt als Futter für YouTube eignet. In einer der ersten Reihen kichert ein Student, der eine rote Baseballkappe mit dem Slogan »Make America Great Again« trägt.

Steve Bannon hatte die Website Breitbart News nach einer etwas ziellosen Karriere als Hollywood-Finanzier und Videospiel-Manager übernommen. Er benutzte Schergen wie Yiannopoulos dazu, ein Heer unzufriedener, extrem online-affiner Anhänger zu »aktivieren«. »Sie finden uns durch Gamergate oder was auch immer, und wir geben ihnen Infos zu Politik und Trump«, erklärte Bannon dem Journalisten Joshua Green.[7] Breitbart News hatte bereits zwei Jahre seinen politischen Einfluss unter Beweis gestellt, als es mit seiner eifernden, parteiischen Berichterstattung dafür gesorgt hatte, dass ein Gesetzentwurf zur Einwanderungsreform trotz Unterstützung durch alte konservative Standartenträger im Senat gescheitert war. Jetzt gab Bannon, der kurz davor war, Donald Trumps Chefstratege zu werden, den Rädelsführer der »Alt-Right«, eines Netzwerks von Internetpersönlichkeiten, Provokateuren und Rassisten. Joshua Green beschrieb diese Bewegung treffend als »Steppenläufer aus verletzter männlicher Identität und Aggression«.

Der Steppenläufer rollte durch Breitbart News, toxische Messageboards und Social Media. Und natürlich auch durch YouTube.

Der britische Männerrechtler und YouTuber David Sherratt beobachtete diese Entwicklung ganz genau. Viele Kanäle, die er regelmäßig verfolgte, beschäftigten sich nun nicht mehr mit Atheismus oder Feminismus, sondern mit Trump. Manche, wie der Vlogger Sargon of Akkad, behielten ihren alten ironischen Tonfall bei, als sie gegen die »machiavellistische Intrigantin« Hillary Clinton wetterten und gegen das »Milliardär-Monster George Soros«, das »bei ihrer Kampagne die Fäden zieht«. Zuerst dachte Sherratt, dass sie alle plötzlich Trump unterstützten, sei ein Witz, ein Mittelfinger an die Eliten. Doch bald war er sich da nicht mehr so sicher. Videos über Trump bekamen besonders viele Klicks.

YouTubes Alt-Right-Subkultur hatte regen Zulauf. Wie bei anderen YouTube-Subkulturen traten die Creators gegenseitig in ihren Videos auf, schrieben Kommentare, diskutierten. Sie reizten die Suchfunktion aus. Eine spätere Studie[8] zeigte, dass bei den YouTube-Suchergebnissen für den Begriff »Gamergate« im Sommer 2016 ein Clip mit Yiannopoulos »hartnäckig« den ersten Platz belegte. Videos von YouTubern aus der Alt-Right-Szene wurden auch angezeigt, wenn man nach »Islam«, »Syrien« und »Flüchtlinge« suchte.

Brandstifter wie Yiannopoulos machten auch Stimmung für den Brexit. Doch dann begannen dieselben YouTuber, immer öfter gegen Flüchtlinge zu hetzen. Da machte Sherratt nicht mehr mit. »*Ernsthaft?*«, dachte er. »*Die fliehen, weil bei ihnen Krieg ist.*« Als er später an diese Zeit zurückdachte, fragte er sich, was genau er eigentlich geglaubt hatte. Und warum.

Juli 2016

Wojcicki berief eine Krisensitzung ein. Am Vortag hatte Donald Trump offiziell die Präsidentschaftsnominierung der Republikaner angenommen, doch darum ging es in diesem Meeting nicht, sondern um einen kurzen Artikel im *Wall Street Journal,* der erwähnte, dass einige Medienunternehmen[9] ihre Videos lieber auf Social Media posteten als auf YouTube. Das Videoportal sei überfüllt und biete keine Mechanismen, um Medien auf einfache Weise mit anderen zu teilen, so der Artikel. »Irgendetwas muss sich bei YouTube ändern«, schimpfte ein anonymer Medienmanager, »sonst werden bald Facebook und Snapchat die Welt beherrschen.« Wojcicki beauftragte ihr PR-Team, sich zu überlegen, wie man der Wahrnehmung, dass Facebook attraktiver für Videos sei als YouTube, entgegenwirken könne. Im Jahr 2016 widmeten die Angestellten von YouTube einen beträchtlichen Teil ihrer Zeit und Aufmerksamkeit dem Kampf gegen seine Konkurrenten.[10] Die Angst war real. Einmal war YouTube in Verhandlungen mit einem kleineren Technologieunternehmen und knüpfte sein Angebot an eine ganz bestimmte Bedingung: Sollte Facebook ihnen jemals anbieten, sie zu kaufen, hätte YouTube ein Vetorecht. Als Facebook ein neues Werbefeature veröffentlichte, rief die Marketingabteilung von Google des Öfteren Journalisten an, um ihnen ins Gedächtnis zu rufen, dass Google schon lange ein ähnliches Angebot hatte.

▶

Guillaume Chaslot hatte ohne viel Tamtam bei YouTube gekündigt, um in seine Heimat Frankreich zurückzukehren und sich um seinen alten Vater zu kümmern. Chaslot war ein kleiner, lebhafter Mann mit markanter Stirn und leicht schiefer Nase. Mit seinem langen Haar, das er sich hinter die Ohren klemmte, sah er ein wenig aus wie Timothée Chalamet. Chaslot war in Informatik promoviert worden und hatte sich anschließend nur bei einem einzigen Unternehmen beworben – einem Unternehmen, von dem es hieß, nerdige Akademiker seien dort besonders willkommen. Als er 2010 bei Google in Kalifornien anfing, waren in seiner Orientierungseinheit mehr als die Hälfte der Kollegen Ausländer wie er (kürzlich war eine neue Runde von H1-B-Arbeitsvisa genehmigt worden). Chaslot fand das toll.

Er arbeitete am Empfehlungssystem von YouTube. Hier initiierte er eines von Googles »20-Prozent-Projekten«: Er wollte einen Fehler im System beheben, den er entdeckt hatte. YouTube neigte dazu, den Leuten immer wieder dieselbe Perspektive zu zeigen. Nach dem gewaltsamen Tod des Schwarzen Highschool-Schülers Trayvon Martin gingen viele Tausend Menschen auf YouTube, um sich zu informieren. Wenn sie sich mehrere Videos anschauten, die Martins Tod bedauerten, wurden ihnen in der Regel weitere Clips empfohlen, in denen diese Haltung zum Ausdruck kam. Wenn sie sich aber Videos der Gegenseite ansahen, in denen es beispielsweise hieß, Martins Tod sei Notwehr gewesen, zeigten die Empfehlungen mehr davon.

Chaslot wollte ein Gleichgewicht herstellen: einen digitalen Katalog namens Google History, der jedes einzelne Video enthielt, das zu einem bestimmten historischen Ereignis gepostet worden war. Nebenbei würde man damit sogar die Wiedergabezeit auf YouTube steigern können. Chaslot wurde von seinen Kollegen gelobt, konnte aber keine YouTube-Manager finden, die Interesse gehabt hätten, und erhielt schnell eine negative Leistungsbeurteilung (einen sogenannten *ding*). Er kündigte.

Zurück in Frankreich, versuchte er, dieses unschöne Erlebnis zu verdrängen. An YouTube dachte er kaum noch. Sein Vater lebte auf dem Lande und verbrachte nur wenig Zeit online. Doch einmal, als Chaslot ihn besuchte, sagte sein Vater etwas, das den Informatiker schockierte. »Weißt du«, teilte der alte Mann ihm mit, »wir sollten endlich auf Wladimir Putin hören.« Sein Vater, der nie besonders politisch gewesen war, fing an, Putins Verdienste aufzuzählen. Chaslot konterte, aber hinterher war er verwirrt. *Wie kann es angehen, dass mein Vater mitten in Frankreich ein Opfer russischer Propaganda wird?* Er vermutete, dass sein Vater die kruden Thesen in seiner Stammkneipe gehört hatte, von Bekannten, die sich im kostenlosen Internetfernsehen Clips über Putin anschauten.

Chaslot ging auf YouTube und fand Clips, in denen Putin darüber dozierte, welchen Schaden Migranten in Europa angerichtet hätten, und in denen Gérard Depardieu im russischen Staatsfernsehen auf Französisch Putin lobte. Solche Videos hatten mehr Traffic als die von seriösen Medien.

Schon bald hatte Chaslot eine weitere denkwürdige Begegnung mit seinem alten Arbeitgeber. Er saß in einem Bus in Paris, und sein Sitznachbar schaute sich auf dem Handy YouTube-Videos an. In einem Clip erzählte jemand auf Französisch von einer Intrige, mit der ein Viertel der Weltbevölkerung ausgerottet werden solle. Chaslot, der annahm, es müsse sich um einen Scherz handeln, beugte sich zu seinem Nebenmann hinüber und fragte: »Na, wer will uns umbringen?«

»Das ist ein geheimer Plan der Regierung«, antwortete der Fahrgast in vollem Ernst. »Darüber gibt es Hunderte Videos!«

Chaslot konnte es nicht fassen. Als er bei YouTube gewesen war, hatte er sich Sorgen darum gemacht, dass die Nutzer in einer ewig gleichen Blase steckten, innerhalb der sie sich informierten. Er hatte keine Ahnung, dass manche dieser Blasen voll von kruden Verschwörungstheorien waren.

Auf Verdacht hin schaute er sich genauer an, was auf YouTube im Vorfeld der US-Präsidentschaftswahlen los war. Er entwickelte ein Tool, mit dem er öffentliche Daten zu Videoempfehlungen auslesen konnte. Seine Stichprobe war begrenzt – Außenstehende konnten nicht sehen, welche Videos eingeloggten Nutzern gezeigt wurden, aber vielsagend war es allemal. Ein Name tauchte ganz oben auf seiner Liste auf: Alex Jones, der stimmgewaltige Skandalmoderator, das wandelnde Medienspektakel. Im Juli jenes Jahres stürmte Jones mit seinem Gefolge in Cleveland eine Trump-Kundgebung vor dem Gebäude, in dem der Parteitag der Republikaner stattfand. Vor Dutzenden von Kameras wetterte er gegen Globalisten und die »Neue Weltordnung«. In seiner Talkshow *InfoWars* ließ Jones Wirrköpfe zu Wort kommen, die behaupteten, der Amoklauf an der Sandy Hook Elementary School sei inszeniert gewesen.

Chaslot berechnete, dass Jones' YouTube-Clips innerhalb von 18 Monaten mehr als 300 Millionen Mal aufgerufen wurden. Während Chaslot noch Daten sammelte, stellte er fest, dass Jones' Kanal nicht bloß erfolgreich war: Er war der meistempfohlene Kanal in seinem Datensatz. »*Das ist doch irre*«, dachte er.

Entweder wusste sein alter Arbeitgeber nichts davon, oder es war ihm egal.

August 2016

»Seid werbekundenfreundlich. Keine expliziten Inhalte und nicht übermäßig viele Kraftausdrücke.« So lautete YouTubes Botschaft an seine Creators. Um dem Fernsehen einen größeren Teil der Werbebudgets abzutrotzen, hatte Wojcicki beschlossen, YouTube müsse sauberer werden. Der Algorithmus von YouTube, der Werbung von möglicherweise problematischen Videos entfernte, war besser geworden, aber es war nicht leicht zu vermitteln, wie er funktionierte. Wenn Werbung entfernt wurde, schickte YouTube eine automatische E-Mail an die betroffenen YouTuber, um ihnen Gelegenheit zu geben, die Entscheidung anzufechten. Das schien durchaus fair.

Doch es kam anders als geplant.

Philip DeFranco war der Erste, der sich lautstark darüber beschwerte. (Der Titel des betreffenden Videos lautete: »YouTube Is Shutting Down My Channel and I'm Not Sure What to Do«.) DeFranco, ein verbissener Vlogger mit stachligem Haar und einem Dutzendgesicht, war seit zehn Jahren eine feste Größe auf YouTube und war einer der allerersten bezahlten Creators gewesen. Seine tägliche Nachrichten- und Klatsch-Talkshow begann er immer mit der Begrüßung: »Was geht, ihr hübschen Bastarde?« In einem Video im August teilte er seinen Zuschauern mit, dass er sie bald vielleicht nicht mehr »Bastarde« würde nennen dürfen; das war nicht werbekundenfreundlich. Als DeFranco und andere YouTuber die automatischen Benachrichtigungen erhielten, nahmen sie diese leider nicht so wahr, wie sie von YouTube gedacht waren – als freundliche Aufforderung, die Entscheidung der Filter anzufechten. Stattdessen kam es ihnen vor wie Zensur. Viele wussten nicht, was YouTube als werbekundenfreundlich empfand, oder sie fanden diese Richtlinien willkürlich und unfair. DeFranco stellte fest, dass aus einem Dutzend seiner Videos, in denen er über aktuelle Nachrichten sprach, die Werbung entfernt worden war. Die großen Medienunternehmen schienen dieses Problem nicht zu haben: Ihre Clips mit Nachrichten und Kommentaren, die YouTube überschwemmten, zeigten allesamt Werbung. Bald führte YouTube eine Neuerung ein: ein kleines Dollar-Zeichen, das auf dem Dashboard der Creator neben jedem geposteten Video auftauchte. Wenn es grün leuchtete, verdiente man mit dem Video Geld, wenn es gelb leuchtete, dann nicht. Die gelben Dollar-Zeichen wurden zum Symbol der Ungerechtigkeit. Ein Begriff setzte sich durch, der für YouTuber geradezu religiöses Gewicht hatte: Videos und Creators ohne Werbung bezeichnete man als »demonetarisiert«. Für YouTube war die ganze Angelegenheit ein einziges großes Missverständnis. »Ich habe das Gefühl«, twitterte DeFranco, »dass man uns nach zehn Jahren in den Rücken fällt.«[11]

YouTube hatte schon immer toleriert, dass sich seine Creators öffentlich über das Unternehmen beschwerten. Das schien nur fair, wenn man bedachte, dass sie gratis Videos hochluden, die Werbeeinnahmen generierten, von denen YouTube 45 Prozent kassierte. Aber in diesem Sommer, nachdem sich bei den Creators immer mehr Frustration aufgestaut hatte, war der Ton schärfer denn je. Nach DeFrancos Video verbreitete sich im Internet ein Hashtag, das diesen Zorn kanalisierte: #YouTubePartyIsOver. Viele Creators schlossen sich an, darunter auch rechtskonservative Vlogger und Einrichtungen, die die Gelegenheit nutzten, um YouTube zu beschuldigen, abweichende Meinungen zu unterdrücken. PragerU, eine konservative Lobbygruppe, die von Magnaten der Fracking-Industrie unterstützt wurde, warf YouTube vor, seine Videos über die Zehn Gebote und andere biblische Themen zu zensieren. YouTube berief eine Anhörung in seinem New Yorker Studio ein und lud Vertreter von PragerU und ein paar Dutzend anderen rechtskonservativen YouTube-Kanälen ein.

Vor der Wahl wurde Google von den Rechten beschuldigt, es verfälsche die Suchergebnisse zugunsten von Hillary Clinton.

Google bestritt dies, aber die Vorwürfe wurden nur noch lauter. Wie seine Muttergesellschaft wollte auch YouTube auf keinen Fall den Anschein erwecken, es habe seinen Finger auf der politischen Waage, egal auf welcher Seite.

▶

Die Creators hingegen hatten überhaupt keine Skrupel, den Finger auf die Waage zu legen.

> **Paul Joseph Watson: »The Truth About Hillary's Bizarre Behavior«, 4. August 2016, 5:53.**
> »Merkwürdige Anfälle. Psychotische Zuckungen im Gesicht. Übertriebene Reaktionen. Hustenanfälle. Seltsame Läsionen auf ihrer Zunge«, kommentiert eine Stimme mit britischem Akzent aus dem Off, während wir eine Montage sehen, in der die Präsidentschaftskandidatin der Demokraten wirkt, als hätte sie komplett die Kontrolle über sich verloren. »Steht Hillary kurz vor einem stressbedingten Nervenzusammenbruch, oder ist ein medizinisches Problem schuld an ihren seltsamen Ausbrüchen?«

Paul Joseph Watson war Redakteur von *InfoWars*, der Website von Alex Jones, und ein fester Bestandteil der Alt-Right-Szene auf YouTube. Er postete häufig lange humoristische Clips zu wichtigen Nachrichten und Internetgeheimnissen, die er kommentierte, indem er einfach nur Fragen stellte. Von Stefan Molyneux borgte er sich die Taktik, den Zuschauern zu versprechen, dass sie bei ihm erfuhren, was die Mainstream-Medien verheimlichen wollten. (Watsons Videos boten »die Wahrheit über« Rape Culture, den IS, Ebola oder #Gamergate.) Die Quellenangaben zu seinem Video über Hillary Clinton versah er mit witzigen Anmerkungen – ein Experte, den er zitierte, war der »Pharma-Kumpel« Martin Shkreli, der damals gerade wegen Wertpapierbetrugs vor Gericht stand. Aber das Video kam gut an und landete auf dem »Donald Trump«-Subreddit ganz oben.[12] *The Drudge Report* und der *Natio-*

nal *Enquirer*, beides eifrige Trump-Organe, brachten weitere Falschmeldungen über Clintons Gesundheit. Sean Hannity von Fox News widmete dem Thema mehrere abendliche Sendungen. YouTube, das so viel Wert darauf legte, neutral zu bleiben, war zu einer effektiven Waffe politischer Randgruppen geworden.

Vier Tage nach Watsons Video veröffentlichte Google seine Liste mit den häufigsten Suchanfragen zu den Präsidentschaftskandidaten. Die zweithäufigste Suchanfrage zu Clinton lautete: »Hat Hillary gesundheitliche Probleme?« Bei Trump wollten die meisten wissen, wann er bei *Letterman* auftrat.

Trump liebte das Fernsehen, aber noch mehr liebte er Twitter, das Wahlkampf-Insider inzwischen mit Argusaugen beobachteten, um bloß nicht das nächste bisschen Zunder für den politischen Schwelbrand zu verpassen. Ein paar Monate später weihte Watson sie alle auf Twitter in ein Geheimnis ein: »Ich glaube, den Linken ist gar nicht klar, wie sie auf YouTube gerade den Arsch versohlt kriegen.«

Oktober 2016

YouTube war ins Hintertreffen geraten. Einen Moment lang sah es ziemlich düster aus.

Im Juli verbrachten die Menschen in der nördlichen Hemisphäre mehr Zeit im Freien und saßen weniger vor den Bildschirmen. Auf der internen Grafik von YouTube, die das anvisierte Ziel von einer Milliarde Stunden anzeigte, flachte die Kurve leicht ab.[13] Cristos Goodrow, der Programmierer, dessen Name direkt neben der Grafik stand, überprüfte sie jeden Tag. Auch am Wochenende, im Urlaub und wenn er krankgeschrieben war. Als der Herbst kam, suchte sein Team nach neuen Möglichkeiten, um die tägliche Wiedergabezeit wieder zu verlängern. Sie wurden fündig: Im Laufe des Jahres nahmen sie etwa 150 Änderungen am Algorithmus vor, um das 2012 gesetzte Ziel zu erreichen.

Als Goodrow eines Tages im Oktober auf das Diagramm schaute, stellte er fest, dass YouTube sein Ziel tatsächlich erreicht hatte, und das sogar früher als geplant.

Im selben Monat planten einige seiner Kollegen ein Event für die erste Novemberwoche: YouTube lud Creators und Angestellte in sein Studio in Manhattan zu einer Wahlparty ein. Der Rapper Common trat auf. Fast alle kamen in der Erwartung, die Wahl der ersten Frau zur Präsidentin in der Geschichte der USA mitzuerleben.

Kapitel 24
Die Party ist vorbei

Am 10. November, zwei Tage nach der Wahl von Donald Trump, fand bei Google eine Betriebsversammlung statt. Gründer Sergey Brin, der sich schon lange aus dem Tagesgeschäft von Google verabschiedet hatte, stand auf der Bühne und moderierte die Veranstaltung. »Als Einwanderer und Flüchtling fühle ich mich von dieser Wahl persönlich angegriffen, und ich weiß, vielen von euch geht es ähnlich«, sagte Brin. »Es ist eine sehr stressige Zeit, und sie steht im Konflikt zu vielen unserer Werte.«

Larry Page stellte sich neben ihn. Beide Milliardäre trugen grau melierte Bärte, der Schaumstoff-Windschutz ihrer Mikrofone war farblich auf ihre Hemden abgestimmt. Sie holten die vier Führungskräfte auf die Bühne, die bei Google de facto das Sagen hatten. Einer davon war der gebürtige Inder Sundar Pichai, Pages Nachfolger als CEO, ein schlaksiger, bebrillter Produkt-Spezialist, der innerhalb der Firma nur wenige Gegner hatte. Jetzt durften die Mitarbeiter Fragen stellen. Brin las eine Frage vor, in der es darum ging, ob die Algorithmen von YouTube und den sozialen Netzwerken die Menschen polarisierten und sie »blind dafür machen, was die andere Hälfte der Welt denkt«. *Was konnte Google dagegen tun?* Pichai, der einen stylischen Hoodie trug, versicherte seinen Mitarbeitern, solche Fragen würden bei ihnen auf höchster Ebene diskutiert, aber zuerst wolle er mehr »datenbasierte und empirische Untersuchungen« zu diesem Thema sehen. Google versorge nach wie vor die breite Masse mit Informationen, fuhr er fort. »Aber ich glaube, bestimmte Leute erreichen die gar nicht«, fügte er hinzu. Es kamen immer mehr Fragen. Gelegentlich meldeten sich die Google-Gründer zu Wort, um einen Punkt zu unterstreichen. Einmal sagte Brin: »Wie die Daten zeigen, hat Langeweile zum Aufstieg des Faschismus und zur kommunistischen Revolution geführt.« Er hielt inne, anscheinend suchte er nach den passenden Worten. »Manchmal schleicht sie sich einfach so an, wisst ihr. Und dann passieren echt schlimme Dinge.« Später wurde ein Videomitschnitt dieses Treffens an Breitbart News[1] weitergeleitet und dort als Beweis für Googles Vorbehalte gegenüber Konservativen präsentiert – ein Vorwurf, den das Unternehmen fortan nicht mehr abschütteln konnte.

Am nächsten Tag trafen sich die YouTube-Mitarbeiter zu ihrem wöchentlichen Meeting in einem mit Eukalyptusbäumen bestandenen Innenhof des Firmensitzes. Nach der offiziellen Präsentation wurden Snacks und Craft-Bier herausgekarrt, und normalerweise gab es anschließend Livemusik. Heute nicht. Stattdessen saßen alle ein wenig benommen und verwirrt herum, genau wie ihre Kollegen bei Google. Irgendwann meldete sich ein Mitarbeiter zu Wort. Er hatte Daten von Kanälen analysiert, die Trump unter dem Deckmantel vermeintlicher politischer Expertise unkritisch bejubelten, zum Beispiel dem von Alex Jones. Zusammengenommen hatten sie auf YouTube eine höhere Wiedergabezeit als die seriösen Nachrichtenkanäle. »Das ist eine Krise«, sagte der Mitarbeiter.

Falls die Führungsriege von YouTube dies genauso sah, behielt sie es für sich. Doch die echte Krise würde noch früh genug kommen. Und als sie kam, wusste bei YouTube keiner, was zu tun war.

PewDiePie: »DELETING MY CHANNEL AT 50 MILLION«, 2. Dezember 2016, 10:19.

»Kann jemand mal bitte YouTube vor sich selbst schützen?« Kjellberg steht in einem kleinen Tonstudio, das Disney gehört. Hinter ihm an der Wand hängt seine stilisierte *bro-fist* als Neon-Kunstwerk. Er hat einen struppigen Bart und übt sich in einer Kunst, die gerade immer beliebter wird: über YouTube, sein Zuhause im Internet, zu meckern. »Mir kommt es vor, als ob YouTube ein Kleinkind ist, das mit Messern spielt. Nehmt dem

Kind doch endlich mal das Messer weg!« Sein Problem, so erfahren wir, ist eine Fehlfunktion – seine Abonnenten bekommen seine Videos nicht mehr auf der Startseite angezeigt. Auch seine Kollegen sind davon betroffen. YouTube hat offensichtlich irgendetwas geändert und es niemandem mitgeteilt. Einige seiner täglichen Vlogs erhalten immer weniger Klicks – manche kommen kaum noch auf zwei Millionen. »Das finde ich unerhört.« *Jump Cut*. »YouTube versucht, meinen Kanal zu zerstören.« Das will er lieber selbst tun. Er verspricht: Sobald seine Abonnentenzahl auf unter 50 Millionen sinkt, zieht er den Stecker.

Natürlich hatte er nicht vor, den Stecker zu ziehen. Die Drohung war bloß ein Werbegag für die zweite Staffel von *Scare PewDiePie*, seiner YouTube-Originals-Serie. Aber der cäsarische Zorn des Königs von YouTube war echt. Jemand, der mit ihm zusammenarbeitete, nannte die Monate davor die »dunkelsten«, die sie je erlebt hatten. Die Content-Mühle hatte Kjellberg zermürbt. Anfang des Jahres hatte er ein eigenes Multi-Channel-Network mit dem Namen Revelmode gegründet, das Videos anderer YouTuber produzierte und Wohltätigkeitsveranstaltungen organisierte. Nebenbei war er mit den Dreharbeiten zu *Scare PewDiePie* in Los Angeles beschäftigt, und sein eigener Kanal wollte ebenfalls bestückt werden. (Später gestand Kjellberg Fans, dass er angefangen hatte, täglich Whisky zu trinken, um mit dem Stress umzugehen.) Maker Studios drängte Kjellberg, seine Marke weiter auszubauen – er schrieb ein Buch und begann mit der Arbeit an einer weiteren YouTube-Serie. Viacom rief an und bot ihm eine Sendung auf Comedy Central an, aber er lehnte ab, er wollte lieber bei YouTube bleiben. *Time* ernannte ihn zu einem der 100 einflussreichsten Menschen 2016 und zeigte ein Foto von ihm[2] im Anzug bei einer *Star-Wars*-Premiere auf dem roten Teppich.

Während Kjellberg sich dem Mainstream annäherte, entwickelte sich PewDiePie in die andere Richtung. Seit 2015 langweilten ihn Videospiele immer mehr, und seine Masche, besonders absurde Spiele zu spielen, wurde zu seinem Metakommentar über die offensichtliche Absurdität des Internets und von YouTube. Seine Let's Plays voller Teenie-Humor konnte man schon fast nicht mehr ernst nehmen. (Dieser Humor schlug sich auch in den Titeln der Videos wie »RUN LIKE YOU HAVE DIARRHEA« oder »THE GREAT HAND JOB« nieder. Viele enthielten das Wort *boobs*.) Als Kjellberg, wie anderen YouTubern auch, klar wurde, dass die Systeme ihrer Plattform nun vor allem »werbefreundliches« Material und tägliche Vlogs pushten, machte er sich auch darüber lustig. Bei seinen Vlogs gaben sich Sentimentalität (»ANNIVERSARY«) und Quatsch (»DRINKING PISS FOR VIEWS«, »I TRY POOP CANDY«, »I SHOULDN'T HAVE DONE THIS«) die Klinke in die Hand. In mehreren Videos beklagte er sich über den Rückstau bei den YouTube-Kommentaren – ein berechtigter Vorwurf. Genauso berechtigt war sein Ärger über die Probleme bei den Abonnements. Bei YouTube machte man sich Sorgen über inaktive und gefälschte Abonnenten und war dazu übergegangen, solche Konten zu löschen. Dabei gab es eine technische Panne, und wie das Unternehmen später zugab, waren die Creators darüber nicht ordnungsgemäß informiert worden. Immer mehr TV-Networks, für die ein täglicher Output ganz normal war, luden ihre Fernsehsendungen hoch. Und da das System jetzt Kanäle begünstigte, die täglich etwas posteten, hatten die herkömmlichen YouTuber das Nachsehen. (MatPat, der »Theoretiker« unter den YouTubern, postete im Dezember ein animiertes Video, in dem YouTuber von einem Laufband purzelten, während die Logos von TV-Talkshows weiterhin fröhlich vor sich hin joggten.)

So meisterhaft, wie Kjellberg das Let's-Play-Format beherrschte, so wenig schien er sich in jener Zeit der Logik von YouTubes Algorithmus bewusst zu sein. Niemand suchte nach Videos, in denen jemand Süßigkeiten ausscheidet oder für Klicks Urin trinkt, und entsprechend sank die Zahl seiner Aufrufe. Aber Kjellberg blieb bei seiner Masche, entweder seinem Kernpublikum zuliebe oder weil ihm das Komödiantische nun einmal lag. Er liebte *South Park,* das in seinen Staffeln 2015 und 2016 mit seinem charakteristischen Nihilismus sowohl die Kultur der *political correctness* als auch den trumpschen Bombast auf die Schippe nahm. (Trump wurde als »Riesentrottel«, Clinton als »Kackhaufen-Sandwich« dargestellt.) Bei *South Park* gab es einen Running Gag mit einem Juden, mit dem der unterschwellige Antisemitismus der US-Kultur persifliert wurde (oder zumindest werden sollte). Online verlor diese Art der Comedy jedoch an Schliff und Schärfe. Die Alt-Right-und-Breitbart-Armee hielt mit Beleidigungen und Beschimpfungen nicht hinter dem Berg, während eine ganze Brigade von Online-Trollen ihre Taktiken als witzige Internetaktionen tarnte und den Cartoon-Frosch Pepe in ein Symbol des Hasses verwandelte. Einige trollten einfach, weil es ihnen Spaß machte, andere aus politischer Berechnung, eine moderne Variante der Angriffe von Richard Nixons Schergen auf die politischen Gegner. »Wie Trumps Äußerungen«, schrieb die TV-Kritikerin Emily Nussbaum, »waren ihre quasikomischen Aktionen und Beleidigungen deshalb so destabilisierend, weil sie ständig zwischen ernst und albern schwankten, und damit verwischten sie die Grenzen des üblichen Diskurses.«[3]

Ein ähnliches Phänomen wie die Trolle war die Edgelord-Subkultur. Edgelords posteten in Internetforen besonders kontroverse Beiträge zu Tabuthemen – um einen Standpunkt zu vertreten oder einfach, weil sie es konnten. Kjellberg bewunderte die Edgelords, online wie offline. Ein ehemaliger Kollege erinnert sich daran, dass sich Kjellberg darüber lustig machte, dass jemand Jude war – wie ein unbedarftes Kind, das, ohne nachzudenken, »schwul« als Schimpfwort benutzt. Auf seinem Kanal kommentierte PewDiePie »muffige Memes« und die viralen Auswüchse des Internets im Rahmen von Trumps Kandidatur. »Bei YouTube wusste damals niemand wirklich, wo die Grenzen liegen«, erinnerte sich Kjellberg später. »Viele Kanäle trieben es einfach so weit wie möglich, weil es keine Schranken gab.«[4] Von außen betrachtet war seine persönliche Haltung schwer auszumachen.

Trotz seiner Mätzchen schien er sich für die Integrität von YouTube (oder zumindest was er dafür hielt) einzusetzen. Viele YouTuber waren der Meinung, dass das Unternehmen seinen Algorithmus dahingehend verändert hatte, dass er Likes und Kommentaren, also Zeichen des Engagements, mehr Wert beimaß. Das konnte man an den Videos von proletenhaften (zumeist männlichen) Creators ablesen, die die Zuschauer ständig aufforderten, den Like-Button anzuklicken. Im Dezember nahm Kjellberg dies auf die Schippe, indem er ohne Hemd durch sein Haus lief, theatralisch herumfuchtelte und über die Likes schimpfte. Für einen kurzen Moment hob er dabei den Arm, was wie ein Hitlergruß aussah.

Viele, die mit Kjellberg zusammengearbeitet hatten, betonten später, er sein kein feindseliger Mensch und vertrete keine hasserfüllten Überzeugungen. Vor allem sei er seinem YouTube-Publikum gegenüber unerschütterlich loyal. (Einer nannte ihn »ein bisschen autistisch« in seiner Monomanie.) »Er ist ein sehr freundlicher Typ«, sagte David Sievers, ein früher Mitarbeiter von Maker Studios. »Wie viele Künstler hat auch er seine eigene Kunstform. Und wie viele Comedians, die ihre eigene Kunstform ausüben, versteht das nicht jeder.« In seinen Videos verfiel Kjellberg immer wieder in seine quietschige PewDiePie-Stimme, die er in seiner Zeit als Gamer perfektioniert hatte. In einem Video spekulierte Kjellberg darüber, dass das Unternehmen YouTube ihn möglicherweise vom Thron stoßen wollte, weil er ein weißer Mann sei. Als er über Lilly Singh redete, eine Creator of Colour, die das YouTube-Marketing promotet hatte, imitierte er mit seiner Quietsch-Stimme einen Verschwörungstheoretiker. »Ich bin weiß. Darf ich das überhaupt kommentieren?«, fragte er. »Wobei ich schon finde, dass das ein Problem ist.« In einem Folgevideo erklärte Kjellberg später, diese Bemerkung sei natürlich ein bissiger Scherz gewesen.

Im Monat darauf ging er zu weit.

Er hatte eine Reihe von Videos über Fiverr gestartet, einen Online-Dienst aus dem Bereich der Gig Economy, der Menschen fünf Dollar dafür zahlte, dass sie irgendwelche Aufgaben erledigten. Kjellberg wollte wissen, wie weit der Dienst gehen würde.

In einem Video absolvierte er seine übliche Internet-Routine: Er teilte seinen Bildschirm mit den Zuschauern und zeigte in Echtzeit seine Reaktion darauf, was dort zu sehen war. Der Bildschirm zeigte zwei junge Männer aus dem ländlichen Indien, die einen Fiverr-Account namens »The Funny Guys« hatten und die Kjellberg angeheuert hatte. Die Funny Guys lachten in die Kamera, und dann entrollten sie ein Stück Papier, auf dem »Tod allen Juden« stand. Sichtlich geschockt hielt sich Kjellberg die Hand vor den Mund. Mehrere Sekunden verstrichen. Einen Moment lang sah man ihm an, dass er die Aktion bedauerte. »Es tut mir leid. Ich hätte nicht gedacht, dass die das wirklich tun würden«, sagte Kjellberg. »Ich bin echt nicht stolz darauf. Ganz ehrlich: Ich bin kein Antisemit.« Dann verfiel er wieder in seine PewDiePie-Stimme. »Das war eine lustige Aktion. Ich hätte nicht gedacht, dass sie funktioniert.«

Trotzdem postete er das Video.

Später in jenem Monat veröffentliche das Weiße Haus einen sehr seltsamen Brief. Es handelte sich um ein von Präsident Trump unterzeichnetes Schreiben anlässlich des Holocaust-Gedenktags, das mit keinem Wort die Juden erwähnte.[5] Mehrere zivilgesellschaftliche Organisationen kritisierten diesen offensichtlichen Affront. Manche warfen die Frage auf, ob dies nicht vielleicht sogar mit voller Absicht geschehen sei, als verschlüsselte Botschaft an rechtsextreme Gruppen, die dem neuen Präsidenten nahestanden. Ein Reporter des *Wall Street Journal* recherchierte, welches Echo dieser Vorgang am äußersten rechten Rand fand: im Daily Stormer, einem offen neonazistischen Internetforum. Ganz oben auf der Seite entdeckte er ein bekanntes Gesicht: einen blonden, blauäugigen Schweden. Der Daily Stormer warb damit, er sei die »PewDiePie-Fanseite Nr. 1«. *Was hatte der größte YouTuber auf einer Neonazi-Website zu suchen?*

Mehrere Journalisten der Zeitung durchforsteten den Daily Stormer und fanden neun Clips von PewDiePie, von denen die Seite behauptete, sie seien der Beweis dafür, dass der YouTuber einer von ihnen sei. Dazu gehörten das Video vom Januar und ein weiteres von Fiverr, bei dem Kjellberg jemanden dafür bezahlt hatte, dass er als Jesus verkleidet verkündete: »Hitler hat nichts falsch gemacht.« Gelegentlich baute Kjellberg, wenn er irgendwelche Absurditäten kommentierte, Filmmaterial von Hitler und Nazi-Bilder in seine Videos ein. Ein Beitrag auf der Neonazi-Seite lobte Kjellbergs Haarschnitt, Brille und Kleidung als faschistische Codes. Das *Wall Street Journal* schrieb an einem Artikel über die beunruhigende Tatsache, dass Neonazis einen VIP promoteten, der auf den Gehaltslisten von Google und Disney stand. Sie versuchten mehrfach, Kjellberg für eine Stellungnahme zu erreichen, und am 10. Februar fragten sie bei Disney und YouTube nach.

Von da an ging alles ganz schnell. Die Anfrage löste eine Kettenreaktion aus, die YouTube und die Karriere seines größten Stars nachhaltig verändern sollte.

Am Sonntag postete Kjellberg auf seinem persönlichen Blog einen kurzen Beitrag, mit dem er der Kontroverse den Wind aus den Segeln zu nehmen hoffte. Mit dem Fiverr-Clip, so schrieb er, habe er ja bloß zeigen wollen, »wie verrückt die moderne Welt ist«. Er gab zu, dass es beleidigend war, aber er behauptete, das sei nicht seine Absicht gewesen, und deshalb werde er sich auch nicht dafür entschuldigen. »Ich betrachte die Inhalte, die ich kreiere, als Entertainment«, schrieb der Star. »Es ist lächerlich, zu glauben, dass ich diese Leute unterstützen könnte. Für alle, die sich nicht sicher sind, wie ich zu solchen Hass-Gruppen stehe: Nein, ich unterstütze diese Leute in keiner Weise.«

Aber das reichte nicht. Disney verlangte eine öffentliche Entschuldigung – der Konzern wollte unbedingt vermeiden, dass sein Name auch nur in der Nähe eines solchen Vorgangs in der Zeitung erwähnt wurde. Bei Maker Studios, Disneys digitalem Ableger, herrschte das ganze Wochenende lang eine chaotische Hektik. Und der PewDiePie-Skandal war nicht einmal das einzige PR-Desaster. (Ein weiterer Maker-Studios-Star, der altgediente Vlogger Shay Carl, postete an jenem Sonntag ein Video, in dem er seine Alkoholkrankheit öffentlich machte und verkündete, er werde eine Entziehungskur machen.) Disneys Boss Bob Iger machte den Maker-Studios-Mitarbeitern klar, dass Disney nur an Kjellberg festhalten werde, wenn der Star sich für die Videos entschuldigte. Kjellberg weigerte sich.

Daraufhin kommentierte Disney dem *Wall Street Journal* gegenüber, man werde sich von PewDiePie trennen. Montagabend brachte das *Wall Street Journal* seinen Artikel,[6] der nun darüber berichtete, wie Disney und Google den König von YouTube fallen ließen, illustriert mit einem Standbild, auf dem Kjellberg neben dem Schild mit »Tod allen Juden« zu sehen war. Einige Cutter, die für Kjellbergs Produktionsstudio arbeiteten, saßen gerade in London und schnitten Filmmaterial für seine bevorstehende YouTube-Show zusammen. Sie ahnten nicht, was sich in Übersee zusammenbraute, bis einer von ihnen den Artikel im Internet fand und den anderen mitteilte: »Sieht ganz so aus, als würde es diese Firma nicht mehr geben.«

Anfangs sagte YouTube der Zeitung noch, PewDiePies Videos würden keine ihrer Richtlinien verletzen, und argumentierte, der Star sei dafür bekannt, Grenzen auszuloten. Das Unternehmen demonetarisierte das Video mit den Funny Guys, aber andere Uploads, die The Daily Stormer gelobt hatte, blieben unangetastet. »Von der Intention her provokative oder satirische Videos« seien unbedenklich, erklärte ein Sprecher; Videos, die zu Gewalt oder Hass aufriefen, würden entfernt. Wer wie wann diese Unterscheidung traf, wurde nicht weiter erläutert. Nachdem der Artikel veröffentlicht worden war, teilte YouTube mit, man werde *Scare PewDiePie* einstellen und Kjellberg vom Premium-Werbeprogramm ausschließen.

Der ganze Vorfall kam Kjellberg einfach nur bizarr vor und erinnerte ihn daran, wie ihn die Medien damals, als sein Kanal bekannt geworden war, wie einen Zirkusfreak behandelt hatten. Als die Geschichte am Valentinstag bekannt wurde, befand er sich gerade mit seiner Freundin in einer gemieteten Hütte, wo er Twitter öffnete und einen Tweet von Joanne K. Rowling sah, die ihn einen Faschisten nannte. Trumps Wahl hatte die üblichen Konventionen der Medien und des Diskurses auf den Kopf gestellt, die Nerven waren bis zum Zerreißen gespannt. Kjellberg, der schon mit Anfang zwanzig berühmt gewesen war und sich eingestandenermaßen nichts aus Politik machte, hatte entweder nicht mitbekommen, was um ihn herum vorging, oder er unterschätzte den Einfluss seiner Arbeit. Vielleicht lag das daran, dass sein Publikum so isoliert war. »Du hältst dich da in einem Bereich auf, wo alle auf einer Wellenlänge sind«, sagte er später in einem Interview, in dem er zugab, dass er mit dem Debakel »ziemlich verantwortungslos« umgegangen war.[7]

Doch im Moment war er einfach nur sauer.

PewDiePie: »My Response«, 16. Februar 2017, 11:05.[8]
»Es ist fast so, als würden Angehörige von zwei Generationen darüber streiten, ob das in Ordnung ist oder nicht.« Kjellberg macht seinem Ärger in seinem Studio Luft. Er gibt nicht Disney oder YouTube die Schuld. Er wirft dem *Wall Street Journal* vor, dass es seine Satire nicht als Satire erkannt hat. Sein Fiverr-Gag war zwar beleidigend, aber er besteht darauf, dass es ein Witz war, genau wie die anderen Sachen: »Das ist doch verrückt!« Je länger das Video dauert, desto frustrierter wird er. Er erwähnt, wie sich die Zeitung damals darauf einschoss, wie viel er verdiente. »Die Old-School-Medien«, fährt er fort, »mögen keine Internetstars, weil wir ihnen Angst machen.« Er zeigt den aktuellen Artikel aus dem *Wall Street Journal* auf seinem Bildschirm und zoomt auf die Verfasserangabe. »Ich mache immer noch Videos. Netter Versuch, *Wall Street Journal*.« Er hält seinen Mittelfinger hoch und saugt daran. »Vielleicht habt ihr nächstes Mal mehr Glück, ihr Motherfucker.« Als er sich schließlich bei der »YouTube-Community« für ihre Unterstützung bedankt, kommen ihm die Tränen.

Der Vorfall mit PewDiePie bot durchaus Raum für einige sinnvolle Diskussionsansätze – man hätte sich damit auseinandersetzen können, wie Hassgruppen die Popkultur nutzten oder verzerrten; wie zwei Megakonzerne von geschmackloser Satire profitierten; welche Gags in der Trump-Ära funktionierten und welche nicht.

Aber all das ging in der allgemeinen Aufregung unter, als PewDiePie-Fans (und Trolle) einen Shitstorm auf die Journalisten des *Wall Street Journal* losließen und Informationen über ihre Familien ausgruben. In den Betreffzeilen einiger E-Mails an einen Reporter tauchten gepixelte Hakenkreuze auf. Nachdem ein Mitarbeiter und seine Familie Morddrohungen erhalten hatten, heuerte die Zeitung einen privaten Sicherheitsdienst an. Eine ganze Phalanx von YouTubern und Fans, die der Mainstream-Presse ohnehin schon skeptisch gegenüberstanden, wurde noch misstrauischer.

Dutzende Artikel und Pressekommentare wurden veröffentlicht, aber die klügste Stellungnahme erschien auf YouTube. Matthew Patrick alias MatPat veröffentlichte ein Video,[9] in dem er darlegte, warum Felix Kjellbergs Fiverr-Gag nicht funktioniert hatte: Auf YouTube verschwammen meistens die Grenzen zwischen Darsteller und Rolle. »Es ist oft schwer festzustellen, wo PewDiePie aufhört und Felix anfängt«, sagte Patrick.[10] Und sein eigentliches Ziel, die fragwürdigen Umtriebe der Gig-Economy zu entlarven, hatte der Gag unvorsichtigerweise mithilfe eines schockierenden Antisemitismus erreichen wollen, ohne dass dies im Video erklärt worden war. Außerdem trat Kjellberg mit seinem Gag nach unten: Ein reicher, weißer Promi ließ zwei ahnungslose Inder die Drecksarbeit machen. »Wer Humor am Rande des guten Geschmacks macht, der muss es richtig machen«, schloss Patrick. »Sosehr es auch nervt: Auf die Worte kommt es an, Felix. Vor allem, wenn dir 50 Millionen Leute zugucken.«

YouTube selbst hielt die Füße still. Die Führungskräfte äußerten sich nicht öffentlich über den Vorfall. Medienpartner erinnerten sich, dass Susanne Daniels, eine ehemalige Geschäftsführerin von MTV, die YouTube für seine Originals angeheuert hatte, privat ihrer Frustration über Kjellbergs Verhalten und die Verzögerung, mit der YouTubes Führungskräfte handelten, äußerte. »Sie bewegten sich zu langsam und ineffektiv«, sagte sie später. Robert Kyncl veröffentlichte 2017 ein Buch über YouTube-Creators, in dem er Kjellbergs Fiasko mit dem Fremdschäm-Potenzial von Ted Dansons Blackface-Auftritt von 1993 verglich. Auch wenn der You-

Tuber, wie Kyncl schrieb, »privat ein friedlicher Typ« sei, habe er »die Verantwortung unterschätzt, die er als beliebtester Botschafter der Plattform trug«.[11] Hinter den Kulissen versuchte YouTube jedoch, den Schaden wiedergutzumachen, den Kjellberg der Marke zugefügt hatte. Das Unternehmen arrangierte einen Anruf mit Kjellberg, Juniper Downs, der Policy Chief von YouTube, und der Anti-Defamation League (ADL). Während des Gesprächs erklärten die Mitglieder der ADL, die von ihnen beobachteten Online-Extremisten benutzten antisemitischen Humor, um reale Gewalt zu rechtfertigen, und dadurch, dass sie ihr Material einfach als Satire abtäten, konnten sie jede Verantwortung von sich weisen. Die Organisation schlug Kjellberg vor, ihr öffentlichkeitswirksam etwas zu spenden oder jüdische Gruppen um Entschuldigung zu bitten, vielleicht mit einem Video über Toleranz.

Laut einer Person, die an dem Gespräch teilnahm, blieb Kjellberg die meiste Zeit stumm und wirkte wie ein gelangweilter Junge, der in das Büro des Schulleiters zitiert worden war. Hinterher setzte er keinen der Vorschläge um. YouTubes Strategie, sich möglichst wenig einzumischen, sei es bei seinem größten Star oder generell auf seiner Plattform, schien geradewegs in die Sackgasse zu führen. Dabei hatten die Probleme der Marke YouTube gerade erst begonnen.

Kapitel 25
Boykott

Einen Monat nach dem Artikel über PewDiePie im *Wall Street Journal* saß Jamie Byrne in der YouTube-Niederlassung in Los Angeles und bat, so gut er konnte, um Entschuldigung. Byrne war YouTubes Grandseigneur. Nicht vom Alter her: Er war Mitte vierzig, sah aber jünger aus, trug einen blonden Anime-Haarschnitt und hatte die sonnengebräunte Haut eines Surfers aus Venice Beach (was er auch war). Aber er war schon vor der Übernahme durch Google im Unternehmen gewesen und kannte alle Gepflogenheiten und Schwierigkeiten. Er hatte schon alles gesehen. Jetzt wurde er als Verbindungsmann zu YouTubes Toptalenten eingesetzt, was allzu oft bedeutete, dass er für Dinge um Entschuldigung bitten musste, auf die weder sie noch er Einfluss hatten.

Bei diesem Treffen bat Byrne im Namen von YouTube eine Gruppe von LGBTQ-Creators um Entschuldigung dafür, dass die Maschinen der Website sie immer wieder benachteiligten. YouTube galt lange Zeit als Bastion für den Fortschritt in Sachen LGBTQ. »It Gets Better«, eine Online-Bewegung mit Mut machenden Erfahrungsberichten, die sich an queere Jugendliche richtete, war auf YouTube zu Hause. Coming-out-Videos wie das von Ingrid Nilsen waren ein beliebtes YouTube-Genre, und ihre jungen Creators zeigten vielen Zuschauern einen Aspekt des Lebens, den sie so nur selten in Film und Fernsehen zu sehen bekamen. YouTube wollte diesen Content gerne mehr in den Mittelpunkt rücken.

Aber leider machten andere Initiativen des Unternehmens diesen Bemühungen einen Strich durch die Rechnung. Als YouTube in die Schulen vordrang, setzte das Unternehmen automatische Filter ein, um zu verhindern, dass dort Inhalte gezeigt würden, die als »erwachsen« galten. Und mit der Umstellung auf »werbekundenfreundliche« Inhalte wurden diese Filter noch strikter. Das Ergebnis war ein schwerfälliges automatisiertes System, das viele Videos, die Sexualität thematisierten oder auch nur Wörter wie »gay« oder »lesbisch« erwähnten, in den eingeschränkten Modus versetzte, eine Funktion, die Schulen und Bibliotheken nutzten, damit man bei ihnen auf YouTube nur »sauberere« Videos schauen konnte. Videos im eingeschränkten Modus waren quasi nicht mehr auffindbar.

Byrne hatte eine Gruppe prominenter queerer Creators in den YouTube-Hauptsitz eingeladen, um ihnen klarzumachen, dass sein Unternehmen dies nicht beabsichtige, sondern sein System korrigieren werde. Denn natürlich wolle YouTube, dass auch diese Creators Geld verdienten. Zu diesem Zeitpunkt hatten sich die Wogen des PewDiePie-Fiaskos weitgehend geglättet, und Byrne ging mit einem guten Gefühl aus dem Meeting.

Sein Job, wie viele andere bei YouTube, beinhaltete nicht, dass er von einer Kontroverse zur nächsten stolperte. Noch nicht. Er packte seine Sachen, jetzt hatte er endlich Feierabend. Doch als er gerade gehen wollte, hielt ein Kollege ihn auf: »Hey, könntest du mal eben in den Konferenzraum kommen?«

Dort musste Byrne etwas erfahren, mit dem selbst ein alter Hase wie er nicht gerechnet hätte. Fast alle der größten Werbekunden von YouTube boykottierten die Seite.

Um zu verstehen, in welcher Situation sich YouTube im März 2017 befand, müssen wir ein Stück zurückgehen und uns mit Marc Pritchard beschäftigen. Die Experten, die YouTube-Werbung einkauften, sahen oft aus wie Pritchard. Aufrechte Körperhaltung, fester Händedruck, schicker Anzug, makellose Zähne. Er kannte sich mit Tech-Jargon genauso gut aus wie mit TV-Quoten. Pritchard hatte 1982 bei dem Konsumgüter-Konzern Procter & Gamble angefangen. Dort war er bis zum Chief Brand Officer aufgestiegen. Seine zwei Hauptaufgaben: (1.) die zahllosen Haushaltsprodukte von P&G wie Blendax, Meister Proper, Tampax, Gillette usw. so effizient zu vermarkten wie möglich und (2.) dafür zu sorgen, dass diese Marken niemals in einem schlechten Licht erschienen. Anfangs erleichterten ihm Google und das Internet die erste Aufgabe immens. Die Möglichkeit, bestimmte Verbraucherschichten direkt anzusprechen und die »coolen Kids« zu erreichen, war für P&G ein Geschenk des Himmels. Pritchard konnte sich zurücklehnen. Ein Werbespot seiner Firma für Old Spice aus dem Jahr 2010 (mit einem unfassbar sexy Mann unter der Dusche) gewann mehrere Preise und ging auf YouTube viral. Wojcicki lobte öffentlich »#LikeAGirl«, einen Werbespot der P&G-Marke Always. Pritchard kontrollierte ein enormes Budget: Allein 2016 gab P&G 7,2 Milliarden Dollar für Marketing aus, so viel wie kein anderer Konzern, und tat genau das, was YouTube unbedingt wollte: einen Teil dieses Budgets vom Fernsehen ins Internet zu verlagern.

Aber im Zuge dessen hatte sich etwas ganz Entscheidendes verändert: Auf der Madison Avenue war Werbung noch ganz simpel per Handschlag verkauft worden – *dieser* Werbespot soll in *jener* Sendung laufen, *diese* Anzeige soll auf *jener* Plakatwand zu sehen sein. Das Internet brachte dieses System komplett durcheinander. 2007 kaufte Google DoubleClick, das erste iPhone kam auf den Markt, Facebook ging durch die Decke. Und im Handumdrehen entstand eine ganz neue Branche, deren einzige Aufgabe darin bestand, den automatisierten Handel mit Online-Werbung zu erleichtern. Sie ähnelte vom Konzept her dem Aktienhandel, und genau wie die Wall Street wurde auch diese Branche mit der Zeit unnötig komplex. Unternehmen boten Zusatzdienste an, um Anzeigen schneller zu verkaufen, sie etwas besser zu messen oder die Verbraucher genau dann mit Nachrichten zu bombardieren, wenn sie im Laden gerade vor dem Regal standen, in dem sich ein bestimmtes Produkt befand. Betrüger traten auf den Plan, entwickelten Methoden, um gefälschte Seitenaufrufe zu generieren, und programmierten Bots, die auf Werbebanner klickten. Das wiederum trieb die Anzeigenpreise in die Höhe, und Geschäftsleute wie Pritchard, die diese Preise zahlen mussten, ärgerten sich maßlos darüber. Selbst wenn echte Menschen seine Anzeigen anschauten, gab es immer noch Bedenken wegen der »Sichtbarkeit«. Damit, dass Facebook eine Definition dafür hatte, wann eine Anzeige als »angesehen« (und damit kostenpflichtig) galt, und YouTube eine andere, konnte Pritchard sich gerade noch abfinden. Aber dann gingen Google und Facebook im Zuge ihres Kampfs um Nutzer dazu über, immer weniger Daten mit ihren Werbekunden zu teilen. Unternehmen wie P&G konnten bald nicht mehr ohne Weiteres nachvollziehen, wie sich ihre Internetwerbung auf den Gesamtumsatz auswirkte. Die Algorithmen, mit denen Google Anzeigen schaltete, wurden immer undurchsichtiger. Die Werbebranche fand das gar nicht witzig und sprach von einem »eingemauerten Garten«. »Das war ein echter Streitpunkt mit unseren Kunden«, erzählt Martin Sorrell, der WPP leitete, eine große Werbeagentur, die für P&G und viele andere große Marken arbeitete, »denn als das Internet aufkam, hatten sie geglaubt, sie hätten nun einen ganz direkten Draht zu den Verbrauchern.« Doch wie sich jetzt herausstellte, hatte diesen direkten Draht nur Google, und im Vergleich zum Fernsehen waren die Zuschauerstatistiken, die Google seinen Kunden bot, dürftig und uneinheitlich.

Und so standen die Verantwortlichen von YouTube in New York und Frankreich neben Werbefachleuten und schwärmten von Kreativität und emotionalen Werbespots, aber hinter verschlossenen Türen stritten sie sich über Einschaltquoten, Messbarkeit und Betrug. Sorrell bezeichnete die Beziehung als »Hassliebe«. Im Januar 2017 hielt Marc Pritchard eine Rede, in der er erklärte, er sei es leid, Geld für »eine echt beschissene Medien-Lieferkette« zu verschwenden. Seine Branche gebe online inzwischen 70 Milliarden Dollar pro Jahr aus, mehr als im Fernsehen. »Wir haben den neuen Medien einen Freifahrtschein ausgestellt, weil wir dazulernen wollten«, sagte er. »Jetzt ist es allmählich Zeit, erwachsen zu werden.«

Elf Tage später brachte die Londoner *Times* die Schlagzeile: »Große Marken finanzieren Terror durch Online-Werbung«.[1] Die Zeitung hatte mitbekommen, dass vor YouTube-Videos von IS-

Sympathisanten und Neonazis Werbespots für Mercedes-Benz und eine britische Supermarktkette geschaltet waren.

Bei YouTube läuteten wegen so etwas nicht sofort die Alarmglocken – seit es Internetwerbung gab, gab es auch Pannen beim Schalten von Werbespots. Einmal musste YouTube vor Toyota zu Kreuze kriechen, als ein Spot der Firma in einem viralen Video auftauchte, in dem eine Frau mit ihrem Toyota in einen Supermarkt krachte. Solche Pannen passierten, aber dabei ging es nie um große Summen, und die meisten zahlenden Kunden von YouTube wussten, dass dies nun einmal der Preis dafür war, wenn sie an dem riesigen weltweiten Geschäft mit der Online-Werbung teilhaben wollten. Davon war das Unternehmen zumindest ausgegangen.

Dabei warnten Googles Vertriebler in Europa ihre amerikanischen Kollegen schon seit einer ganzen Weile hinter vorgehaltener Hand, dass ihre leichtfertige, sehr amerikanische Herangehensweise an freie Meinungsäußerung, Privatsphäre und Medien im Ausland weniger gut ankam. Die europäischen Mitarbeiter wiesen die amerikanischen Kollegen immer wieder darauf hin, dass kontroverse Videos gesponsert wurden, wie sich ein europäischer Vertriebler erinnert. Doch mit dem, was jetzt kam, hatte bei Google dennoch niemand gerechnet.

Im März wurde das Unternehmen vor das britische Kabinett geladen, um zu erklären, warum britische Werbekunden Terrorismus und Hassrede unterstützten. Als Nächstes teilte Havas, eine der größten französischen Werbeagenturen, dem *Guardian* mit, sie werde im Zuge dieser Angelegenheit sämtliche Ausgaben für Werbung auf Google-Plattformen einstellen.[2] Sorrell, der Chef von WPP, gab einen deutlichen Warnschuss ab. Google und Facebook seien »Medienunternehmen«, sagte er der Zeitung. »Sie sollten nicht so tun, als seien sie Technologie-Unternehmen, insbesondere wenn sie Werbung schalten.« Eine Schlagzeile der *Daily Mail* zu diesem Thema verkündete: »Googles Blutgeld«.

Das Debakel schwappte schon bald zurück über den Atlantik. In der darauffolgenden Woche berichtete das *Wall Street Journal* über

Werbespots großer Marken in abscheulichen YouTube-Videos, u. a. Werbung von P&G, die einen Clip mit dem Titel »A 6000 Year History Of The Jew World Order« sponserte.[3] Eigentlich vermieden Fortune-500-Unternehmen jede Assoziation mit Politik, insbesondere mit Extremisten, doch in der Trump-Ära schien alles kopfzustehen. Gleichzeitig suchten die Vermarkter in ihrem Kampf mit Google um Standards und Daten nach einem Druckmittel. Diese Berichte erschienen direkt nach dem Schlamassel mit PewDiePie.

Und dann brach der Damm.

P&G, Starbucks, AT&T, Walmart und ein Dutzend weitere große Werbekunden erklärten, sie würden so lange keine Werbung mehr schalten, bis YouTube ihnen garantieren könne, dass sie nicht als Finanzier von Terroristen oder Neonazis in der Zeitung genannt würden. »YouTube ist unkuratiert«, erinnerte WPP seine Vermarkter in einer Mitteilung, in der es hieß, die Agentur suche zusammen mit Google nach einer »Lösung für unkuratierten Content, so es denn eine gibt«.[4] YouTube hatte schon unzählige Auseinandersetzungen wegen umstrittener Videos hinter sich, aber dies war die erste, die das Unternehmen wirklich hart traf. Alphabet, die Holdinggesellschaft von Google, verlor im März innerhalb einer Woche rund 26 Milliarden Dollar an Wert. Das Unternehmen hat nie bekannt gegeben, wie hoch seine Umsatzeinbußen durch die monatelangen Boykotte waren, aber laut einer Person, die die Zahlen kennt, hatte YouTube fast zwei Milliarden Dollar an Umsatz eingebüßt.

YouTube bemühte sich sofort um Schadensbegrenzung. Es bat um Entschuldigung und versprach in einer öffentlichen Erklärung, die »neuesten Fortschritte in künstlicher Intelligenz« einzusetzen, um das Problem zu bekämpfen. Es gewährte Rabatte und aktualisierte seine Bestimmungen, um Werbung bei »gefährlichen oder abwertenden Inhalten« zu verhindern. Das Unternehmen versuchte, das Problem so anzugehen, wie es alles anging: mit den Mitteln der Mathematik. Googles energischer Vertriebschef, der Deutsche Philipp Schindler, erklärte in einem Interview, nur »sehr,

sehr, sehr wenige« Anzeigen würden auf solchen problematischen Videos geschaltet; eine Lösung zu finden, sei aber leider schwierig. »Nehmen Sie nur das N-Wort«, so Schindler. Wenn die Werbung von jedem Video entfernt würde, das dieses Wort enthielt, dann würde das »einen ziemlich großen Prozentsatz aller Rap-Videos« treffen. Maschinen könnten nicht zwischen Rap und Hass unterscheiden. »Man denke nur an das Ausmaß des Problems, mit dem wir es hier zu tun haben«, argumentierte er.[5] Wojcicki lud mehrere Chefs von Werbeagenturen zu einem klärenden Gespräch in Eric Schmidts Wohnung in Manhattan ein. Google versuchte, eine Agentur zu beruhigen, die sich Sorgen machte, weil Google deren Anzeigen auf Videos der nordkoreanischen Regierung geschaltet und man damit möglicherweise gegen Vorschriften verstoßen hatte. (Das Unternehmen erklärte, dies sei nicht der Fall, da die Clips aus Mexiko stammten, das diplomatische Beziehungen zu Nordkorea unterhielt.) In den Gesprächen entwickelten die YouTube-Verantwortlichen eine Metapher: Ihre Website hatte sich von einem kleinen Dorf zu einer großen Stadt entwickelt, nur leider ohne die Ampeln, die Flächennutzungspläne oder die Polizeikräfte, die eine Stadt benötigte. Diese Metapher verwendete Wojcicki auch bei einem privaten Treffen mit Marc Pritchard später in jenem Jahr. Pritchard war anderer Meinung. »Ihr seid in eine große Galaxie vorgedrungen, jenseits von allem, was man je gesehen hat«, sagte er. »Ich glaube, euch ist gar nicht klar, welchen Einfluss ihr habt.«

»Wir wollen auf der richtigen Seite der Geschichte stehen«, gab Wojcicki zurück.[6]

Manchmal wehrte sich YouTube aber auch gegen die Vorwürfe. Viele Presseartikel zu dem Thema bewegten sich auf unterstem Boulevardniveau. »Google bezahlt Terroristen und Nazis« war nun einmal eine tolle Schlagzeile. Um immer wieder darüber zu berichten, musste man nur immer neue abscheuliche Videos finden, auf denen Werbung lief. Das war gar nicht schwer: Man suchte nach irgendwelchen üblen Videos, und dann ließ man das Internet sein Ding machen. Ein Journalist des *Wall Street Journal* verbrachte einen Abend damit, rassistische Beleidigungen bei YouTube einzugeben, und fand sofort Hassvideos über Michelle Obama, vor die Werbung für Haushaltsprodukte geschaltet war. »Sie waren aktiv auf der Jagd«, sagte Jamie Byrne von YouTube später über die Reporter hinter diesen Geschichten. Intern hatten viele bei Google längst gemerkt, mit wem sie es zu tun hatten: Die *Times* und das *Wall Street Journal,* die immer wieder über diese Angelegenheit berichteten, gehörten beide Rupert Murdoch, einem erklärten Feind von Google. Aber das änderte nichts an der Tatsache, dass YouTube nicht kontrollieren konnte, wo die Werbung, die es sich bezahlen ließ, geschaltet wurde, und die Werbetreibenden schlussendlich das Vertrauen verloren. Und Schuldzuweisungen konnten auch YouTubes nächstes Problem nicht lösen: den Creators zu erklären, warum ihr Geld futsch war.

Die Preis-Algorithmen von YouTube reagierten schnell auf den Werbeboykott. Da weniger Anzeigen geschaltet wurden, senkte das System automatisch die Preise. YouTube passte die Filter an, um die Anzeigen von allen auch nur im Entferntesten kontroversen Videos zu entfernen. Zahlreiche Creators, die mit YouTube Geld verdienten, verloren quasi über Nacht bis zu 80 Prozent ihres Einkommens. Das Unternehmen warnte ausgewählte Creators, die Situation sei so schlimm, dass bald eventuell sämtliche Zahlungen an YouTuber, die nicht an ein Medienunternehmen oder MCN gebunden seien, eingestellt werden müssten. »Wenn wir das erst einmal überstanden haben, wird es sich wieder einrenken«, teilte Jamie Byrne einigen ausgewählten YouTubern mit. »Aber wenn wir es nicht schaffen, dann ist es vorbei.«

Doch die meisten Creators ließ man im Unklaren. Für sie hatte YouTube bislang auf eine mystische, kaum erklärliche Art und Weise den wirtschaftlichen Wert ihrer Videos bestimmt. Jetzt mussten sie sich wohl oder übel auf Orakel wie Hank Green verlassen.

Green war in den zehn Jahren seit dem Debüt der vlogbrothers kaum gealtert. Mit seiner Brille, dem verwuschelten straßenköterblonden Haar und der schlaksigen Statur wirkte er wie ein aufgeweckter Mittelschullehrer. Er filmte seine Vlogs vor einer Bücherwand und einer gerahmten Landkarte von Narnia. Er lebte immer noch in Montana. Aber er war kein Amateur mehr. Green verwaltete acht YouTube-Kanäle und veranstaltete diverse karitative Aktionen. Die VidCon fand mittlerweile in drei Ländern statt, und er hatte Complexly gegründet, ein Medienunternehmen, dem inzwischen zwanzig Mitarbeiter angehörten. Green gehörte außerdem zu der Handvoll Creators, mit denen die Bosse von YouTube regelmäßig persönlich kommunizierten. Auch wenn Green nicht die Zahlen von PewDiePie hatte, war er stets gelassen, werbekundenfreundlich und engagiert. Eine moralische Autorität des Portals, die von den YouTube-Mitarbeitern respektiert wurde. Zugegeben, ein wenig hatten sie sicher auch Angst vor ihm. Im Jahr zuvor hatte Green die Internet Creators Guild (ICG) gegründet, in der sich professionelle YouTuber organisierten.[7] Green sorgte dafür, dass YouTube aufhorchte und zuhörte.

Mehr als einen Monat lang gab es seitens der YouTube-Verantwortlichen keine öffentliche Stellungnahme gegenüber den Creators. Seitens Green aber schon. Er saß in einem gestreiften Kapuzenpulli an seinem Vlog-Stammplatz und war noch unrasierter als sonst. (Fünf Monate zuvor war sein erstes Kind zur Welt gekommen.) In seinem Videoessay berichtete Green ausführlich über den Boykott und etablierte sogar einen Begriff dafür (»Adpocalypse«). Aber der eigentliche Clou war sein sorgfältig formulierter, leidenschaftlicher Angriff auf das Geschäftsmodell des Internets und speziell das von YouTube.

Vlogbrothers: »The Adpocalypse: What it Means«, 21. April 2017, 3:54.
»Das Verrückte an YouTube-Werbung ist«, erzählt Green, »dass jemand für einen Werbespot, der in einem YouTube-Video geschaltet wird, zehnmal weniger Geld bekommt, als wenn die

Werbung im Fernsehen geschaltet würde ... Warum? Warum sind meine Augäpfel zehnmal mehr wert, wenn ich fernsehe, als wenn ich YouTube schaue? Es sind genau dieselben Augäpfel, das garantiere ich!« Obendrein sei man auf YouTube aktiv – der Zuschauer browst, klickt, beschäftigt sich mit dem, was er sieht, und sitzt nicht einfach auf der Couch. »Es muss einen Punkt geben, an dem diese Leute ihr Publikum so wenig schätzen, dass du einfach sagst: *Nein!*«

Dann wird Green etwas lebhafter: »Ist es das wert? Ist diese Beziehung zwischen Inhalt und Marken – die übrigens für das Radio entwickelt wurde – ein nutzloses Überbleibsel aus einem vergangenen Jahrhundert?«

Zehn Tage später, am 1. Mai, trafen Green und circa hundert andere Creators im 1 Hotel Brooklyn Bridge ein, New Yorks neuem, schickem Öko-Luxushotel, das gerade erst eröffnet worden war. Die Bar auf dem Dach bot einen tollen Blick auf die Skyline von Manhattan. Im mondänen Ballsaal versammelten sich die YouTuber zum dritten jährlichen Creator Summit. Das Unternehmen hatte beschlossen, dieses Event zu nutzen, um sich seinen Stars gegenüber zu rechtfertigen.

Das Event war mehr Revolte als Gipfeltreffen. Bis Green den Ballsaal betrat, war er davon ausgegangen, dass den meisten seiner YouTuber-Kollegen die prekäre geschäftliche Situation des Unternehmens bewusst war. Weit gefehlt. Wojcicki stand mit Robert Kyncl und Neal Mohan, ihrer linken und rechten Hand, an der Stirnseite des Ballsaals und wurde von den Creators ausgefragt, warum es einem der reichsten Unternehmen der Welt nicht gelang, die Blutung zu stillen. Ein Mitarbeiter erinnerte sich später an einen »lauten, beunruhigenden Moment«, als eine aufstrebende junge YouTuberin den Managern klarmachte, dass ihre Einnahmen inzwischen nicht mehr ausreichten, um ihre Unkosten zu bezahlen: »Wie soll ich überleben?«

Der neue YouTube-Star Casey Neistat schaute sich das Spektakel im Ballsaal an. Der unermüdliche Filmemacher und Showman hatte einen regelmäßigen Vlog mit seiner Familie und postete gut gemachte Mini-Filme, die so sauber waren wie eine Sendung im Kinderfernsehen. In einem seiner viralen Hits trug er einen knallroten Schneeanzug mit YouTube-Logo und filmte sich nach einem Schneesturm beim Snowboarden in Manhattan. Sein Vlogger-Kollege Philip DeFranco nannte Neistat den »Goldjungen von YouTube«. Mit seinen 36 Jahren war der Goldjunge inzwischen allerdings schon ein *elder statesman*, den die jüngeren Creators in ihrer Verzweiflung um Rat fragten. Im Ballsaal wollte Neistat wissen, warum das Unternehmen nicht mehr tue, um seine Creators vor der Wankelmütigkeit der Werbekunden zu schützen. Die Führungskräfte schienen ehrlich erstaunt über diese Frage, und sie gaben zu bedenken, dass auch YouTube gerade finanziellen Kräften ausgesetzt sei, auf die es keinen Einfluss habe. »Sie reagierten auf die Stimmen im Raum, so gut sie konnten«, erinnert sich Neistat.

Intern redete YouTube gerne von seinen drei Komponenten – Zuschauer, Creators und Werbekunden – als den drei Beinen eines Hockers: Nur wenn alle Beine gleich lang sind, steht er stabil. Jetzt wackelte der Hocker, aber gewaltig. Fünf Jahre, nachdem YouTube beschlossen hatte, alle seine Creators Geld verdienen zu lassen, wirkte dieses System immer mehr wie ein unsicheres, unhaltbares Experiment. Während dieser Krise hatte YouTube das *andere* Problem behoben, an dem Jamie Byrne gearbeitet hatte, und rund zwölf Millionen LGBTQ-Videos aus dem eingeschränkten Modus befreit. Doch als der Werbeboykott die Einnahmen der YouTube-Creators einbrechen ließ, fühlte sich das Ganze plötzlich wie ein Pyrrhussieg an. »Du beschäftigst dich intensiv mit einer Sache und bekommst nicht mit, dass am anderen Ende des Raums, sagen wir mal, ein Feuer ausbricht«, so Bryne später. »Wenn du dann doch merkst, dass es brennt, kümmerst du dich erst mal nur um das Feuer. Und während du das Feuer löschst, verlierst du das erste Problem aus den Augen, das dann auf einmal viel größer ist als am Anfang.« Das nächste Feuer ließ nicht lange auf sich warten.

Kapitel 26
Verstärkung

An einem Freitagmorgen im Juni 2017, einen Monat nach dem Creator Summit, fand sich ein Dutzend Angestellte von YouTube in einem trostlosen, fensterlosen Kellerraum eines Hotels in Los Angeles ein. Sie nahmen an Stream teil, einer Art Betriebsausflug von YouTube mit Teambuilding-Maßnahmen, einem Privatkonzert von Snoop Dogg und Ausflügen in die nahe gelegene Wizarding World of Harry Potter. Doch am Freitag zog Wojcicki einige glücklose Mitarbeiter von den Freizeitaktivitäten ab. Sie versammelten sich zusammen mit Wojcickis Stellvertretern, Publizisten und einem Topprogrammierer im Keller des Hotels, wo ihre Chefin ihnen schlechte Nachrichten unterbreitete: YouTube hatte einen »Code Yellow«.

Die junge Nachwuchsmitarbeiterin Tala Bardan* fühlte sich fehl am Platz. Sie hatte keine Erfahrung mit Meetings mit Geschäftsführern. Sie war in einem arabisch-amerikanischen Haushalt aufgewachsen und hatte eigentlich ihren Doktor machen wollen, bis ein Freund vorgeschlagen hatte, sie solle sich doch bei Google bewerben, wo man gerade händeringend nach Menschen suchte, die Arabisch sprachen.

Bardan landete im VE-Team von YouTube – so bezeichnete man in der Firma die Truppe, die Inhalte mit gewalttätigem Extremismus *(violent extremism)* moderierte. Das VE-Team war Teil der Abteilung Trust and Safety, die sich mit kontroversen Online-Inhalten beschäftigte. Ein Kollege bezeichnete die schlecht gemanagte, unorganisierte Abteilung einmal als »Schwelbrand«. Bardans Kollegen nannten sie die »Burn-out-Fabrik«. Wer tagtäg-

---
* Name geändert

lich solche Videos anschauen musste, hielt das nicht lange durch. Als sie zum Team dazustieß, kannte sie sich weder mit Google noch mit den dunkleren Ecken des Internets sonderlich gut aus. Während ihrer Schulung musste sie sich ein Fetisch-Video von einem Mann anschauen, der im Fitnessstudio seine Zehen filmte. Immer wenn er die Zehen krümmte, waren Masturbationsgeräusche zu hören. Sie erfuhr, was »Elfenbeinküste-Videos« waren – sexuell explizite Aufnahmen, die hochgeladen wurden, um irgendwen zu erpressen. »Ich bin konservativ-muslimisch erzogen worden«, erzählte sie später. »Auf so was war ich nicht vorbereitet.« Sie lernte YouTubes Kodex zu freier Meinungsäußerung kennen: Videos durften online bleiben, solange sie extreme Gewalt weder zeigten noch dazu aufriefen. »Wir sind nur die Plattform«, teilte man ihr mit. »Für die Inhalte sind wir nicht verantwortlich.«

An jenem Freitag im Juni änderte sich diese Einstellung. Eine Woche zuvor hatten drei Islamisten in London acht Menschen getötet – drei Personen überfuhren sie auf der London Bridge mit einem Lieferwagen, fünf erstachen sie anschließend auf dem Borough Market. Wie sich herausstellte, hatte sich einer der Mörder von einem amerikanischen Kleriker inspirieren lassen, dessen Videos er sich auf YouTube angesehen hatte.[1] Die Geschäftsführung war schockiert und beschloss, dass die Richtlinien dringend aktualisiert werden mussten.

Bardan war zu dem Meeting eingeladen worden, weil sie zu den wenigen YouTube-Mitarbeitern zählte, die sich mit gewalttätigem Extremismus auseinandersetzten *und* Arabisch sprachen. Sie hörte sich an, was ihre Chefs planten: YouTube wollte radikale Prediger von der Plattform verbannen und mehr Programmierer damit beauftragen, strengere KI-Systeme zu entwickeln, um so viele Videos wie möglich zu entfernen, die islamistischen Extremismus verbreiteten. Während sich ihre Kollegen weiterhin amüsieren durften, wurde Bardans Team dazu verdonnert, Videos zu sichten. Einer ihrer Kollegen wurde um zwei Uhr morgens aus dem Schlaf gerissen, um sich ein besonders irritierendes arabisches Video anzuschauen. Er verzog sich ins Bad des Hotelzimmers, um seinen

Zimmergenossen nicht zu wecken, wenn er sich das Video anschaute und telefonierte. Zum Dank für ihren Einsatz am Wochenende brachte Bardans Vorgesetzter Cupcakes mit. Das Policy Team hatte die Liste der Gefährder inzwischen auf 14 muslimische Männer eingegrenzt, von denen sämtliche Videos gelöscht werden würden, ganz egal, worum es darin ging.

Bis zu diesem Monat hatte YouTube ein absurdes Gedankenspiel benutzt, um seinen Ansatz zu verdeutlichen: *Wenn Osama bin Laden auf YouTube eine Kochshow hätte, wäre das völlig in Ordnung.* Das galt jetzt nicht mehr. Von nun an würde alles, was mit bin Laden zu tun hätte, gelöscht. Einige Videos von Predigten, wie die von Ahmad Musa Jibril, der Berichten zufolge die Attentäter von London inspiriert hatte, kamen auf YouTubes »Strafbank«. Es war ein Rundumschlag. Auch die neuen Zensureinstellungen waren nicht gerade zimperlich: Ein Angestellter, der Arabisch sprach, arbeitete sich durch den Code und stellte fest, dass zu den Schlüsselwörtern, nach denen das System anfangs Videos aussonderte, auch das arabische Wort für Allah zählte.

Später sollten Führungskräfte das »Code Yellow«-Meeting als Wendepunkt bezeichnen, an dem beschlossen wurde, die künstliche Intelligenz fortan für die Content-Moderation zu benutzen und nicht mehr nur für die Video-Empfehlungen. Bardan hat dieses Wochenende allerdings etwas anders in Erinnerung – als den Zeitpunkt, an dem sie und einige Kollegen sich zu fragen begannen, ob ihr System von nun an all seine Ressourcen für die Online-Jagd nach extremistischen Muslimen einsetzte. Als ob es keine anderen Extremisten gab.

▶

Wenige Wochen nach dem »Code Yellow«-Meeting standen Scharen von Teenagern und Mittzwanzigern Schlange, um die VidCon zu besuchen. Schon rein optisch hatte das Event kaum noch etwas mit der ersten improvisierten VidCon sieben Jahre zuvor gemein. Die großen Konzerne waren auf den Plan getreten. Der neue Veranstaltungsort war das Anaheim Convention Center, ein modernistischer Klotz ein paar Hundert Meter von Disneyland entfernt. An der Fassade prangten drei große Banner, die für eine YouTube-Originals-Serie mit einem auffallend diversen Cast warben. (Damit löste Wojcicki ihr Versprechen ein, auf Werbeplakaten Schwarze Creators zu zeigen.) Die Networks NBC und Nickelodeon hatten früher mit YouTube nichts zu tun haben wollen – jetzt sponserten sie das Event. Acht Monate später kaufte Viacom, das das Internet am liebsten komplett für sich gehabt hätte, die VidCon.

Die Sicherheitsvorkehrungen auf der VidCon 2017 waren strenger als zuvor. Im Sommer zuvor war während eines Fan-Treffens in Orlando ein YouTuber niedergeschossen worden. Aber es gab noch weitere Faktoren, die die Atmosphäre belasteten. Zwei Wochen vor der diesjährigen VidCon hatte die Stadt Charlottesville einen nach dem Südstaaten-General Lee benannten Park umbenannt, weshalb rechtsradikale Hetzer dort eine gruselige Kundgebung abhielten.

Im Kongresszentrum sah sich Akilah Hughes, die Creatorin, die 2016 das #YouTubeBlack-Event inspiriert hatte, eine Podiumsdiskussion mit vier YouTuberinnen an, bei der es darum ging, wie man als Frau im Internet kreativ sein und sich engagieren konnte. Viele waren vor allem wegen einer Diskussionsteilnehmerin da: der feministischen Autorin Anita Sarkeesian, die hinter einer YouTube-Serie steckte, die sexistische Topoi in Videospielen aufdeckte. Außerdem ging sie gegen Online-Trolle vor. Beides machte sie während des #Gamergate-Skandals zu einer beliebten Zielscheibe. Als die Diskussion auf der VidCon ebendieses Thema anschnitt, wurden die Zwischenrufe aus der Menge immer lauter. Sarkeesian zeigte auf einen bärtigen Mann im Publikum. »Ich glaube, einer von denen, die mich immer belästigen, sitzt in der ersten Reihe«, sagte sie. »Ich schenke dir nur ungern Aufmerksamkeit, denn du bist einfach menschlicher Abfall.«

Hughes wusste, wen sie meinte. Carl Benjamin alias Sargon of Akkad, ein produktiver britischer YouTuber, hatte es bereits in die

Mainstream-Presse geschafft, weil er eine britische Politikerin beleidigt hatte. Sie hatte berichtet, wie häufig ihr Männer im Netz drohten, sie zu vergewaltigen, und Benjamin hatte sie mit den Worten verhöhnt: »Dich würde ich nicht einmal vergewaltigen.« Benjamin hatte mehrere Videos gepostet, in denen er Sarkeesian persönlich angriff, oft mit dem Namen ihres YouTube-Kanals (Feminist Frequency) im Titel, ein alter Trick für die Suchfunktion. In seinen Videos achtete er immer darauf, nicht explizit zu Gewalt aufzurufen und somit gegen die Richtlinien von YouTube zu verstoßen, aber jeder wusste, was er meinte.

Hughes kannte ihn seit der Wahl von Trump. Einige Tage danach hatte sie ein sehr emotionales Video mit Aufnahmen von Clintons Wahlparty gepostet. Unparteiisch war dieser Vlogbeitrag nicht – Hughes war am Boden zerstört über Clintons Niederlage und trug ein schwarzes Sweatshirt, auf dem in Weiß *Awful* (»schrecklich«) stand. Sie sprach über ihre akuten Ängste bezüglich Änderungen an der Gesundheitspolitik und über weitere gesellschaftliche Anliegen Schwarzer Frauen und anderer Gruppen. Sargon of Akkad lud ihren Clip auf seinem eigenen Kanal neu hoch und verpasste ihm den spöttischen Titel »SJW Levels of Awareness«. Das bekam Hughes aber erst mit, als das Internet mit rassistischen Beleidigungen gegen sie überschwemmt wurde und gephotoshoppten Fotos, auf denen sie blutete. Sie hatte gerade einen Verlagsvertrag für ihre Autobiografie unterschrieben, als ihre Agentin plötzlich bei ihr anrief und wissen wollte, warum völlig Fremde ihr wirre Mitteilungen schickten, dass Hughes »die eigentliche Rassistin« sei und sie ihr doch bitte kündigen solle.

Benjamin und eine Reihe gleichgesinnter YouTuber waren schon eine ganze Weile, bevor die Podiumsdiskussion begann, beim VidCon-Panel aufgetaucht, um die ersten drei Sitzreihen zu besetzen. Die Veranstaltung ging über die Bühne, ohne dass es zu größeren Auseinandersetzungen kam – die sparten sich die Streithähne für hinterher auf. Ihr Hass ergoss sich auf Twitter und YouTube, wo Grabenkämpfe zwischen Creators zuverlässig für Klicks sorgten. Hank Green wurde klar, dass zu seinen Pflichten als Gastgeber der VidCon auch gehörte, schwierige Entscheidungen über das Verhalten der Teilnehmer im kulturellen Diskurs zu treffen. Schließlich gab er eine offizielle Erklärung ab. Redner, hieß es darin, sollten Zuschauer bitte nicht als »menschlichen Abfall« bezeichnen. Aber er sei auch nicht gerade erfreut darüber, so Green, dass manche YouTube-Kanäle bloß zu existieren schienen, um Empörung zu schüren, als »Basislager für jahrelange Belästigungen« zu dienen und ihre Anhänger »nicht gegen Ideen und Konzepte aufzuhetzen, sondern gegen Menschen (vor allem gegen Frauen). Wir alle müssen mit ansehen, wie diese Methoden nicht nur die Internetkultur, sondern unsere ganze Welt zerstören.« Er teilte Benjamin mit, dass er künftig auf der VidCon nicht mehr willkommen sei. Benjamin legte auf dem YouTube-Kanal von Joe Rogan dar, wie er behandelt worden sei, und postete ein Video, dessen Miniaturansicht eine Comicfigur zeigte: Sarkeesian als schwitzende und schreiende Medusa. Es wurde zu einem seiner meistgeklickten Videos.

Für Hughes fühlte sich der ganze Vorfall an, als wären die Kommentare und Algorithmen von YouTube plötzlich zum Leben erwacht. Wenigstens hatte Hank Green etwas dagegen unternommen. YouTube, so ihr Eindruck, dachte gar nicht daran.

Dabei versuchte YouTube durchaus, seine Algorithmen zu verbessern. Aber wie üblich uferte die Plattform auch in jenem Jahr wieder so sehr aus, dass es alle diesbezüglichen Bemühungen des Unternehmens zunichtemachte.

Die Werbung auf YouTube funktionierte immer noch nicht, wie sie sollte, und das war dem Unternehmen auch eindeutig bewusst. Während der Werbeboykott andauerte, bat Wojcicki im Mai auf dem alljährlichen Werbe-Showcase des Unternehmens öffentlich um Entschuldigung und versprach den Vermarktern weitere Nachbesserungen. Aber sie pries auch die Anarchie ihrer Website als Vorteil an und erklärte: »YouTube ist nicht das Fernsehen. Und es wird nie das Fernsehen sein.« (Anschließend kündigte das Unternehmen eine neue YouTube-Serie mit Ryan Seacrest an, dem Moderator von *American Idol*, und holte Kevin Hart und James Corden auf die Bühne, Stars aus dem Fernsehen.) Drüben in San Bruno war Anarchie weniger willkommen. Wojcicki hatte ein Team von Programmierern damit beauftragt, einen Ausweg aus dem Boykott zu finden. Es herrschte »Code Orange« – nicht ganz die höchste Alarmstufe, aber fast. Programmierer schrieben Tools, um Berichte für YouTube-Werbetreibende zu erstellen, aus denen hervorging, wann genau ihre Werbespots liefen und wie viel Geld sie dafür ausgaben. Aber die Moderationsabteilung war »für ihren Zweck viel zu klein«, wie eine Person berichtet, die dort arbeitete und sich erinnert, dass es dort »ein wenig chaotisch« zuging. YouTube stellte der Abteilung mehr Ressourcen zur Verfügung, um zu verhindern, dass problematische Videos gesponsert wurden. Intern nannte man das Ganze »Project MASA« *(make ads safe again)* – eine augenzwinkernde Anspielung auf Trump.

Andere Programmierer waren damit beschäftigt, die Algorithmen den neuen Vorgaben anzupassen, die nach dem Terroranschlag von London ausgegeben worden waren. Videos mit »religiöser oder rassistischer Hetze«, die rein technisch gesehen nicht gegen die Richtlinien verstießen, wurden auf die »Strafbank« verwiesen. YouTube unternahm noch größere Anstrengungen, Videos in den Suchergebnissen untergehen zu lassen. Intern nannte man diesen Prozess *whistling*, so ein ehemaliger Manager, der dies als Methode beschreibt, Videos zu »begraben«, ohne sie zu löschen. Was das Löschen von Videos anging, war das Unternehmen sensibler geworden, nachdem Menschenrechtsgruppen kritisiert hatten, dass YouTube wertvolle Aufzeichnungen von Kriegsverbrechen falsch gedeutet und unwiederbringlich gelöscht hatte.

In der Zwischenzeit überlegten YouTubes Topprogrammierer, wie sie mit problematischen Videos umgehen sollten, bei denen es sich nicht direkt um »religiöse oder rassistische Hetze« handelte. Natürlich wollten Werbetreibende mit solchen Clips nichts zu tun haben, aber es war schwierig, klare Regeln aufzustellen und dem

Algorithmus beizubringen, wie er solche Inhalte erkennen konnte. YouTube sah die Lösung darin, die *Zufriedenheit* zu messen. Viele Videos waren schlampig und billig produziert, und das, so glaubten die Programmierer, bekamen die Zuschauer auch mit. Deshalb richteten sie eine Funktion ein, mit der man ein Video hinterher mit einem bis fünf Sternen bewerten konnte. Andre Rohe, einer der technischen Leiter von YouTube, erklärte die Logik dahinter folgendermaßen: »Stell dir ein Video vor, das dir ›Die zehn tödlichsten Tiere‹ verspricht. Die Leute klicken es an und schauen wahrscheinlich auch eine ganze Weile zu. Aber was, wenn das Video nicht hält, was es verspricht? Dann hast du es dir bis zum Ende angesehen und denkst: ›Au Mann, da habe ich wieder sieben Minuten meines Leben verschwendet.‹« *Also: ein Stern.* Ab Ende 2016 flossen die Daten dieser Umfragen und die Häufigkeit, wie oft »Daumen hoch« oder »Daumen runter« geklickt wurde, in einen Algorithmus ein, der nun zusätzlich zur Wiedergabezeit auch die Zufriedenheit maß. Es war ein paar Jahre her, dass YouTube, um seine Qualitätskrise zu beheben, sein System von Aufrufen auf Wiedergabezeit umgestellt hatte, aber das reichte nun nicht mehr aus. (YouTube verriet Außenstehenden nie die genaue Gleichung für sein Ranking-System.) Wenn Videos behaupteten, die Erde sei eine Scheibe oder bestimmte Impfstoffe verursachten Autismus oder der Feminismus ruiniere die Gesellschaft oder Hass sei das beste Desinfektionsmittel gegen die Demokratie, dann würden die Zuschauer ihre Abneigung gegen solche Inhalte klar zur Schau stellen, und diese Abneigung würde sich in den Metriken abbilden, glaubten die Programmierer. Anfangs habe YouTube tatsächlich die Hoffnung gehegt, es könne so anstößige Videos ausmerzen, sagte Rohe Jahre später, nachdem längst klar war, dass das nicht gelang.

    Die dafür Verantwortlichen vermuteten ganz richtig, dass die Creators ihrem Algorithmus nicht vertrauten, weil niemand wusste, wie er funktionierte. Also ließ YouTube Videos produzieren, die den Algorithmus entmystifizieren sollten. Man lud Derek Muller ein, einen erfolgreichen EduTuber, dessen Wissenschafts-Kanal

Veritasium dafür bekannt war, dass er komplexe Themen ganz allgemeinverständlich erklärte. Muller trat selbst in seinen Videos auf – ein Typ mit muskulösen Oberarmen und einem gepflegten schwarzen Bart, der an den Komiker Nick Kroll erinnerte, nur dass er besser aussah. Muller hatte schon in seinen ersten Tagen auf YouTube das Gefühl gehabt, dass ihm etwas verheimlicht wurde. »*Die machen da drinnen ganz merkwürdige Sachen*«, dachte er, »*und wir reiten quasi auf dieser Welle mit.*«

Bei einem Treffen im Hauptsitz von YouTube erklärten die Programmierer Muller, wie ihr Algorithmus funktionierte. Was er dort erfuhr, ließ ihn aufhorchen: Offenbar war es weniger wahrscheinlich, dass das System einem Nutzer Videos eines bestimmten Creators empfahl, wenn er sich dessen letztes Video nicht angesehen hatte. Oder im vergangenen Monat kein Video von diesem Creator angeklickt hatte. Das schien zunächst nachvollziehbar, aber Muller fürchtete, dass dadurch Creators bestraft würden, die nicht ständig etwas posteten. Ihm gefiel auch nicht, wie der Algorithmus die Sitzungszeit gewichtete – er belohnte Videos, die dazu führten, dass man sich sofort einen weiteren YouTube-Clip anschaute, und bestrafte Videos, die einen veranlassten, andere Internetseiten zu öffnen. Wenn eines seiner Videos über Quantenphysik oder schwarze Löcher die Leute dazu inspirierte, anderswo nach weiteren Informationen über dieses Thema zu suchen, dann fand er das eigentlich sehr wünschenswert. Zumindest wusste er jetzt, warum YouTube-Videos auf unterstem Boulevardniveau wie Pilze aus dem Boden schossen. »Leute«, sagte er, »das ist ein ganz furchtbares Konzept.« Aus dem Erklärungsvideo zum Algorithmus wurde nichts.

Im August veröffentlichte YouTube dann ein eigenes Video. Darin wurde der Algorithmus als »Feedback-Schleife in Echtzeit« bezeichnet und den Creators eine Phrase eingebläut, die intern bei YouTube längst zum allgegenwärtigen Leitsatz geworden war: »Der Algorithmus folgt dem Publikum.« *Das Publikum ist König.*

Das war allerdings nur die halbe Wahrheit. Wie die letzten fünf Jahre gezeigt hatten, bestimmten die Algorithmen von YouTube nicht nur, welche Videos beliebt waren, sondern auch, welche Videos *gemacht* wurden. Und das Unternehmen konnte immer, wenn es Lust dazu hatte, an den Reglern drehen. Ein Beispiel: *Minecraft*. Nach der Umstellung auf die Wiedergabezeit war das YouTube-Publikum so begeistert von dem Computerspiel, dass das einstige Nischenprodukt Einzug in den Mainstream hielt. Im Mai 2015 zeigte die ausgeloggte YouTube-Startseite (also die Variante für Nutzer, die sich nicht per Google-Konto angemeldet hatten) ganze 14 Videos an, in denen es um *Minecraft* ging, wie der YouTuber MatPat berichtete, der nachgezählt hatte. Im Juni waren es noch sieben Videos. Im September war *Minecraft* von der Startseite verschwunden. Dieses Phänomen ließ die YouTuber-Community vermuten, dass diese Änderung irgendein Anzugträger im Unternehmen veranlasst hatte, der etwas dagegen hatte, dass den Leuten ständig Clips über *Minecraft* angezeigt wurden.[2] Laut Cristos Goodrow, YouTubes leitendem Programmierer, war das aber nicht der Fall. Der wahre Grund war, dass YouTube beschlossen hatte, die Startseite attraktiver zu gestalten, um neue Zuschauer zu gewinnen. Daher wurde der Algorithmus so angepasst, dass er Videos anzeigte, die »jeden ansprechen«, so Goodrow, »meine Tochter genauso wie meine Mutter«.

Wie dem auch sei: Die Klickraten der *Minecraft*-Kanäle brachen ein. Hatte das Publikum kein Interesse mehr an solchen Videos? Vielleicht. Vielleicht aber auch nicht. »Menschen schauen sich an, was man ihnen zeigt«, stellte MatPat in seinem Video fest. »Was man ihnen direkt vor die Nase setzt.«

Ein andermal fand YouTube, dass zu viele skandalöse und ekelerregende Videos auf der Startseite platziert waren. Also änderte YouTube das still und heimlich, genau wie bei *Minecraft*. Das Modell für maschinelles Lernen, das YouTube zu diesem Zweck entwickelte, wurde »Trashy Video Classifier« getauft. (Die Programmierer, die sich darum kümmerten, waren das Trashy Clickbait Team.)

Doch im Großen und Ganzen war YouTube mit seinem System zufrieden. Ende 2017 liefen die YouTube-Empfehlungen auf einer neuen Version einer Software von Google Brain namens Reinforce. Benannt war diese Software nach einer bestimmten Methode des maschinellen Lernens, dem *reinforcement learning* (»verstärkendes Lernen«), bei dem eine KI selbstständig dazulernt, wenn sie mit einer bestimmten Umgebung interagiert. Auf einer Konferenz später in jenem Jahr bezeichnete einer der Forscher von Google Brain Reinforce als YouTubes erfolgreichsten neuen Dienst in zwei Jahren.[3] Die Software ließ die Gesamtzahl der Aufrufe um fast ein Prozent steigen, was gemessen an der Videomenge auf YouTube eine enorme Summe war. Die *New York Times* bezeichnete dieses Empfehlungssystem später als »eine Art Langzeit-Sucht-Maschine«. YouTube sah das natürlich anders. Im August gestattete das Unternehmen mehreren Mitarbeitern, sich von The Verge interviewen zu lassen und dem Mediennetzwerk zu erzählen, wie YouTube den Feed »perfektionierte«.[4] Allein in jenem Jahr wurden rund 300 Änderungen am System vorgenommen, um die Auswahl der Videos zu verbessern. Später teilte das Unternehmen mit, dass mehr als 70 Prozent der Aufrufe von Empfehlungen stammten. Und es prahlte damit, dass sich die Zahl der Zuschauer auf der Startseite innerhalb von drei Jahren verzwanzigfacht hatte. Früher habe man Tage gebraucht, um Sehgewohnheiten in den Algorithmus einzupflegen, kommentierte ein YouTube-Manager, jetzt sei es eine Frage von Stunden oder sogar Minuten. YouTube war einfach gut darin, den Leuten zu geben, was sie wollten. »Du siehst Videos, die denen ähneln, die du ohnehin magst, und Videos, die gerade besonders beliebt sind«, so der Manager. »Aber dazwischen – da ist die magische Zone.«

Dem Algorithmus war es egal, was sich in der magischen Zone befand. Der Algorithmus maß nur Zeit und Zufriedenheit.

Als sich im November in Raleigh, North Carolina, mehr als 500 Menschen zur ersten Flat Earth International Conference versammelten, erzählte eine Teilnehmerin einem neugierigen BBC-Reporter, sie habe sich mehr als fünfzig Stunden an Videos über das Thema angesehen, und jetzt sei sie überzeugt, dass die Erde eine Scheibe sei.[5] »Wenn du dir zu Hause Videos anguckst, gibt es nur dich und den Bildschirm«, sagte ein Mann, der sich als Happy aus Virginia vorstellte. Ein anderer Teilnehmer erzählte von einem YouTube-Marathon mit seiner Freundin: »Wir beschäftigten uns mit den Bilderbergern, den Rothschilds und den Illuminaten. Man schaut da überall mal rein, denn wenn man sich ein Video angeguckt hat, wird einem gleich das nächste empfohlen, das in die gleiche Richtung geht.«[6] All diese Menschen waren offensichtlich sehr zufrieden mit den Videos, die sie sich angesehen hatten.

Sicherlich genauso zufrieden waren viele Zuschauer, die sich im darauffolgenden Januar den Livestream einer Debatte zwischen Sargon of Akkad, der »einen klassischen Liberalen« mimte, und dem bekennenden Neonazi Richard Spencer anschauten. YouTube hatte oben auf seiner Startseite einen neuen Reiter für »Trends« eingerichtet – hier präsentierte der Algorithmus die angesagtesten Clips. Für einen kurzen Moment war die Aufnahme dieses Livestreams damals das Trend-Video Nummer 1.

Später sollte YouTube Videos darüber, dass die Erde eine Scheibe sei, und Debatten wie die zwischen Sargon und Spencer als »gefährdend« einstufen und aus seinem Werbesystem verbannen. Aber noch war es nicht so weit.

Anfang März 2017 lud das Unternehmen einen Reporter des Business-Magazins *Fast Company* zu sich ein. Angesichts des sich abzeichnenden gesellschaftlichen Umbruchs sollte der Artikel, der über den Besuch berichtete, schon bald wie ein faszinierendes Relikt aus vergangenen Zeiten wirken. Der Reporter sah zu, wie Wojcicki alle Angestellten zusammentrommelte und von einem Rednerpult aus zehn »NewTubers«, neue Mitarbeiter, begrüßte. Dann hörten sich alle gemeinsam eine Präsentation von Google Brain über das Empfehlungssystem an. *Fast Company* beschrieb das Ganze folgendermaßen:

> Angesichts der Vorwürfe sexueller Belästigung bei Uber, von denen gerade die Medien berichten, fordert sie [Wojcicki] ihre Mitarbeiter auf, alle solchen Vorfälle bei YouTube einer Person zu melden, von der sie das Gefühl haben, dass sie sich ihr anver-

trauen können – bis hin zu ihr selbst. Dann erzählt sie, wie sie am vergangenen Wochenende zum ersten Mal die Oscar-Verleihung besucht hat (als Gast von Produzent Harvey Weinstein) und auf der After-Party der *Vanity Fair* schuldbewusst einen Cheeseburger gegessen hat, obwohl sie eigentlich Vegetarierin ist.[7]

Das Magazin erlebte hautnah die kopflose Reaktion von YouTube auf den Werbeboykott mit. Wojcicki bedauerte, dass die Creators leiden müssten, und versprach neue Funktionen beim Kundensupport, aber sie ging auch darauf ein, welche Fehler ihr Portal begangen hatte.[8] »YouTube hat etwas sehr Menschliches an sich«, sagte sie dem Reporter beim Interview in ihrem Büro in der Google-Zentrale, wo sie einen Tag in der Woche arbeitete. Stolz zeigte sie ihm eine kleine Skulptur, die ihre neunjährige Tochter für sie aus TinkerToys und Pappe gemacht hatte und die mit inspirierenden Sprüchen bemalt war: *Fairness ist für alle da. Geh nicht rückwärts, geh vorwärts. In deinen Augen sehe ich die Zukunft.*

Weiter unten auf der Karriereleiter hatte Claire Stapleton das Gefühl, dass ihre Firma ins Schlingern geriet. Im Mai, wenige Wochen bevor sie ihr erstes Kind zur Welt brachte, verschickte sie ihren »Down the 'Tube«-Newsletter. Sie hatte die »Spotlight«-Seite, wo ihre Vorgesetzten gehofft hatten, sie könne die aktuellen Trends mitgestalten, verlassen. Sie war darüber nicht gerade unglücklich – YouTubes schiere Größe hatte ihr dort das Gefühl vermittelt, sie würde »bloß einen Korken in einen sprudelnden Geysir stecken«. Stattdessen war sie in das Team gesteckt worden, das YouTubes Social-Media-Konten verwaltete, und hin und wieder schaute sie sich die neuesten Clips ihres heimlichen Lieblingsgenres an: vloggende Teenie-Mütter. Der Algorithmus empfahl ihr immer neue Videotagebücher, und jede junge Mutter schien noch ein bisschen jünger, noch ein bisschen extrovertierter, noch ein bisschen extremer zu sein als die letzte.

Der Newsletter vom Mai begann mit einem GIF aus der Serie *The Handmaid's Tale*, einem neuen Symbol für den Widerstand von Frauen gegen das Trump-Regime. Stapleton und ihren Kolleginnen war klar, dass der im Silicon Valley allgegenwärtige Sexismus auch vor Google nicht haltmachte und Liebeleien am Arbeitsplatz an der Tagesordnung waren. Trotzdem glaubten viele bei Google, dass die berüchtigte »Tech-Bro«-Kultur eher ein Problem jüngerer, rücksichtsloser Unternehmen wie Uber war und dass sich der erbitterte Kulturkampf, von dem man immer hörte, irgendwo auf dem flachen Land ereignete, weit weg von ihrem solarbetriebenen Campus.

Mit dieser Illusion war es in jenem Sommer endgültig vorbei. James Damore, ein Google-Programmierer der mittleren Führungsebene, schickte ein zehnseitiges Memorandum mit dem Titel »Googles ideologische Echokammer« herum.[9] Die Konservativen bei Google fühlten sich »entfremdet«, schrieb Damore. Konkret wetterte er gegen die Diversitäts-Vorgaben bei der Einstellung neuer Mitarbeiter, da sie seiner Interpretation wissenschaftlicher Erkenntnisse zu Gender und Geschlecht widersprächen. Als Erstes verbreitete er seinen Essay über die unternehmensinterne Mailingliste *sceptics,* wo es oft um kontroverse Themen ging. Bis August hatte sich sein Memorandum im ganzen Unternehmen verbreitet und war geleakt worden. Die Nachrichtenredaktionen füllten damit ihr Sommerloch.

Sundar Pichai, der CEO von Google, der zu diesem Zeitpunkt gerade im Urlaub war, als der Skandal hochkochte, musste sich von seinen Stellvertretern erst einmal auf den neuesten Stand bringen lassen.[10] Er kündigte Damore, goss damit aber nur noch mehr Benzin ins Feuer.

Ein schmutziger Kulturkrieg, der im Talk-Radio und im Kabelfernsehen begonnen hatte, war auf YouTube herangereift und schließlich in den Büros von Google gelandet.

Diverse Zeitungen und Fernsehsender wollten mit dem gefeuerten Programmierer sprechen, doch sein erstes Interview gewährte Damore zwei seiner Lieblings-YouTuber: Jordan Peterson, einem umstrittenen Psychologieprofessor mit einer großen Fangemeinde auf YouTube, und Stef.

Stefan Molyneux: »Google Memo: Fired Employee Speaks Out!«, August 2017.[11]
Damore meldet sich per Videoanruf aus seiner Wohnung, die Kabel weißer Ohrstöpsel rahmen sein langes, jungenhaftes Gesicht ein. Molyneux ist auf der rechten Seite des geteilten Bildschirms zu sehen. »Gib uns einen Eindruck von deinem geistigen Wachstum«, sagt er im fröhlichen Plauderton. »Ich verstehe gerne, womit ich es zu tun habe«, antwortet Damore zögerlich, anscheinend sucht er nach den richtigen Worten. »In einer Umgebung, in der alle in derselben Echokammer sitzen und nur mit sich selbst reden, sind die Leute für vieles andere blind.« Molyneux gefällt besonders die Aussage, dass Google eine Echokammer sei. Sie diskutieren über das Programmieren und Libertarismus. Als dem YouTuber klar wird, dass sein Gegenüber nicht besonders gesprächig ist, redet er umso mehr. Molyneux zieht eine Parallele zwischen Damores Memorandum und den Vorvätern der modernen Wissenschaft. »Es ist wie bei Galileo: *Und sie bewegt sich doch!*«, ereifert sich Molyneux. »Ich kann nicht fassen, dass sie dein Zeug Pseudowissenschaft nennen. Nein, nein, nein. Diversität ist eine Pseudowissenschaft.« Damore lacht nervös.

Damores Memorandum war voll von Verweisen auf die Evolutionspsychologie, ein akademisches Minenfeld und ein echtes Steckenpferd von Molyneux. Bei näherer Betrachtung ließ sich seine Analyse schnell widerlegen – »im besten Fall ist sie politisch naiv und im schlimmsten Fall gefährlich«, schrieb *Wired*.[12] Ein Forscher, den Damore zitiert hatte, bezeichnete dessen Behauptungen über Geschlechtsunterschiede als »sehr weit hergeholt«. Abgesehen davon sah sich Google mit neuen bundesstaatlichen Ermittlung wegen »systematischer Vergütungsunterschiede zuungunsten von Frauen« im Unternehmen konfrontiert. Damores Memorandum war in dieser Hinsicht nicht gerade hilfreich.

Um sich von diesem Vorwurf zu distanzieren, setzte das Unternehmen Susan Wojcicki ein. Sie verfasste eine Mitteilung an die Angestellten von YouTube, die das Unternehmen anschließend veröffentlichte. Der Text begann mit einer Frage ihrer Tochter: »Mama, stimmt es, dass es biologische Gründe gibt, warum es weniger Frauen in Technik und in Führungspositionen gibt?« Diese Frage habe Wojcicki während ihrer gesamten Karriere »sehr belastet«, fuhr sie fort und merkte an, das Memo habe ihr klargemacht, wie sehr sie den Kummer darüber verdrängt habe. Ja, Google setze sich für freie Meinungsäußerung ein. »Aber auch wenn Menschen das Recht haben, ihre Überzeugungen öffentlich zu äußern«, schrieb Wojcicki, »bedeutet das nicht, dass Unternehmen nichts dagegen tun sollten, wenn gegen Frauen gerichtete Geschlechterstereotype reproduziert werden.«[13] Für weibliche Kreative, die auf Wojcickis Plattform immer wieder mit negativen Kommentaren konfrontiert wurden, klangen diese Zeilen des CEO wahrscheinlich reichlich ignorant. In einem späteren Interview wurde Wojcicki auf Damores Auftritte auf YouTube angesprochen. »Das ist völlig in Ordnung«, sagte sie. »Wir machen es möglich, dass eine breite Palette von Themen aus allen möglichen Blickwinkeln diskutiert wird.«[14]

Stapleton war während des Vorfalls mit Damore in Mutterschaftsurlaub, aber mehrere empörte Kolleginnen und Kollegen nicht. Sie fühlten sich angegriffen, waren angestachelt. Diese größtenteils weiblichen Googler bauten ein eigenes Netzwerk auf. Sie kommunizierten persönlich, in Firmenchats und über verschlüsselte Apps miteinander und tauschten sich aus über das Ungleichgewicht zwischen den Geschlechtern, das sie bei Google beobachteten. Und sie trugen weitere Beispiele für Missstände zusammen, die in ihrem Unternehmen herrschten.

Kapitel 27
Elsagate

Greg Chism liebte YouTube. Als er es entdeckte, machte der alleinerziehende Vater von zwei kleinen Mädchen aus dem Süden von Illinois gerade eine schwierige Zeit durch. Seit Jahren schon kam er mit seinem Job als Rasenpfleger gerade so über die Runden, genau wie früher sein Vater. Chism hatte ein langes Gesicht mit einem kleinen Kinnbart und spärliches Haupthaar. Von klein auf hatte er ziemlich schiefe Zähne, was ihn stark verunsicherte. Doch dann entdeckte er kurz vor seinem vierzigsten Geburtstag YouTube und stieß dort auf inspirierende Videos, wie man sein Leben verbessern konnte. Er ließ sich eine Zahnspange anpassen und ging ins Fitnessstudio. Und dann startete er seinen eigenen YouTube-Kanal. Mit seinem billigen Motorola-Handy nahm er Videos über Rasenpflege auf und fand Menschen, die davon genauso besessen waren wie er. Seine Zuschauer begrüßte er immer mit: »Freaks!« Einem anderen YouTuber erzählte er: »Da herrschte ein echtes Wirgefühl. Ich wusste, ich bin nicht allein auf der Welt.«[1]

Bald postete er auch Videos von seiner Familie. Er filmte seine Töchter dabei, wie sie zu Hause Spielzeug auspackten. Er tüftelte an den Videotiteln, den Tags, dem Material. Seinen Kanal benannte er in Toy Freaks um. »Mit der Zeit fiel mir auf, dass bestimmte Videos häufiger angesehen wurden als andere«, erzählte er 2015. »Es ist kreativ. Es lohnt sich, auch finanziell. YouTube ist einfach toll.« 2017 lohnte sich Toy Freaks mehr denn je. Der Kanal kletterte auf Platz 68 der Zuschauercharts und wurde in das Premium-Werbeprogramm aufgenommen. Das brachte gutes Geld. Chism konnte den Trailerpark verlassen und in ein Haus ziehen. Er beobachtete weiterhin ganz genau, was auf YouTube funktionierte und was nicht. In den Videos trat er gemeinsam mit seinen Töchtern auf. Wie die beiden Mädchen trug er einen Schnuller. Er filmte Szenen mit ihnen, die er »bad baby« (»böses Baby«) betitelte und die irre Klickzahlen erzielten. Er aß mit seinen Kindern überdimensionierte Süßigkeiten. Er spielte ihnen Streiche.

YouTube schickte ihm den »goldenen Play Button«, mit dem Creators ausgezeichnet wurden, die die Marke von einer Million Abonnenten knackten. Das Unternehmen ließ ihn für ein Event nach Kalifornien einfliegen, stellte ihm einen Partnermanager an die Seite und behandelte ihn wie einen VIP. Niemand beschwerte sich über seine Videos – bis es plötzlich alle taten.

In den Jahren, seit YouTube seine Bemühungen eingestellt hatte, Videos als »lecker« und »nahrhaft« zu kategorisieren, hatten die Inhalte für Kinder extrem merkwürdige Auswüchse erfahren. Auswüchse, die sich jeder Kategorisierung entzogen. Wie bei jedem Trend auf YouTube waren die Creators die Ersten, die es kommen sahen. Ethan und Hila Klein waren eine feste Größe auf YouTube. Für ihren Kanal h3h3 hatten sie die absurde Machart von *Mystery Science Theater 3000* übernommen und kommentierten die abseitigsten Videos aus den Niederungen von YouTube. Obwohl YouTube h3h3 nie aktiv promotete, waren viele Creators eingefleischte Fans des Kanals. »So, Leute, heute erkunden wir mal die ganz schrägen Seiten von YouTube«, versprach Ethan Klein seinen Zuschauern im Frühjahr 2016.[2]

Die Kleins waren auf ein Phänomen gestoßen, das YouTube gerade im Sturm eroberte: Videos für Kinder, gedreht von Erwachsenen, die sich als Superhelden verkleideten. Der Kanal Webs & Tiaras beherrschte dieses Format besonders gut. Die Titel der Videos waren ein einziges Durcheinander von Keywords, wie »Spiderman & Frozen Elsa vs. Joker! w/ Pink Spidergirl Anna & Batman! Superhero Fun in Real Life :)«. Im Juni 2016 lag dieser Kanal bei den Aufrufzahlen auf Platz 3 und damit nur knapp hinter dem kleinen

Ryan und dem aufstrebenden Bollywood-Label T-Series. Die Kleins wunderten sich sehr über die immensen Klickzahlen. Einige Monate später kamen sie erneut auf diesen Trend zurück.

H3h3: »Toy Channels are Ruining Society«, 25. Januar 2017, 13:08.
Ethan Klein sitzt vor seinem Computerbildschirm und erzählt von einem abgedrehten YouTuber-Paar (eines seiner Lieblingsthemen), das gerne Pranks postete, »bis sie den neuen Goldrausch entdeckten: Spiderman und Elsa«. Dann zeigt er das besagte Video: Vier Erwachsene laufen zu Ragtime-Musik vor einem Billardtisch hin und her. Zwei sind als Spiderman verkleidet, einer als Hulk und einer als Elsa. Ein Kind, ebenfalls verkleidet, ist auch mit dabei. Ein Spiderman fängt an, den ausgestopften BH von Elsa zu begrapschen. »Wow, das ist cool«, sagt Spiderman. Klein zeigt weitere Inhalte des Kanals. Auf den Thumbnails sind vor einem quietschgelben Hintergrund Erwachsene in Elsa- und Spiderman-Kostümen bei diversen unzüchtigen Handlungen und in unterschiedlichen Stadien des Entkleidens zu sehen. »So sieht euer Hirn auf YouTube aus, liebe Kinder«, kommentiert Klein abschließend. Dann tut er so, als würde er zu den Videos masturbieren.

Die Kanäle, die Klein aufs Korn nahm, eiferten allerdings nur dem Erfolg der eigentlichen Meister dieses neuen Formats nach. Webs & Tiaras wurde von Quebec City aus betrieben und zeigte Schauspieler in billigen Halloween-Kostümen, die in einer tristen Reihenhaussiedlung herumalberten. Die Clips kamen ohne Dialoge aus. Meistens ging es um eine Liebesbeziehung zwischen Spiderman und Elsa, die der Superheld aus einer Notlage retten musste. Der Betreiber des Kanals gab sich lediglich als Eric zu erkennen, ein Pseudonym. YouTuber wie die Kleins vermuteten, dass hinter den hohen Klickzahlen Bots steckten, wahrscheinlich nutzte Webs & Tiaras aber lediglich auf besonders clevere Weise den Algorithmus: Kanäle für Kinder waren gerade der absolute Renner, während sich bei den Mainstream-Inhalten schon seit Längerem nichts mehr tat. (2016 wurde der alberne Ohrwurm »Baby Shark Dance« dank YouTube zum Hit.) Da es die *Eiskönigin* und Marvels Superhelden auf YouTube nicht gab, wurden Eltern und Kindern, die »Elsa« oder »Spiderman« in die Suchzeile eingaben, die beliebten Videos von Webs & Tiaras angezeigt. Und zwar immer und immer wieder. »Manche Kinder sehen sich ein Video vermutlich fünfzig Mal an«, erzählte Phil Ranta, COO von Studio71, einem MCN, das den Sender unter Vertrag hatte, im Jahr 2017 einem Reporter. »Das trägt enorm dazu bei, dass die Aufrufzahlen steigen.«[3]

Webs & Tiaras versuchte, sich an den Erfolg des kleinen Ryan anzuhängen, der inzwischen mit seinen jüngeren Schwestern auf dem Bildschirm zu sehen war. Sie spielten mit Unmengen von Spielzeug und riesigen Schaumstoff-Lebensmitteln, was ihnen Hunderte Millionen Klicks einbrachte. Irgendwann fielen Webs & Tiaras zwei Trends auf: erwachsene Menschen, die sich gern verkleideten, und die außergewöhnliche Kopplung zweier Suchbegriffe, die bei Kindern beliebt waren. Und wie jeder gute YouTuber, erläuterte Ranta später, »machst du einfach nur das nach, was gerade viral geht«. Als Ranta Webs & Tiaras unter Vertrag nahm, hatte er nichts dagegen, dass die Macher anonym bleiben wollten. Viele YouTuber, deren Inhalte sich an Kinder richteten, wollten anonym bleiben, um Probleme mit den Datenschutzgesetzen für Kinder zu vermeiden, oder einfach, weil sie eine doch ziemlich spezielle Nische bedienten.[4] Und Webs & Tiaras war extrem speziell: Dort war eine kostümierte Elsa mit Hühnerfüßen zu sehen und eine mit einem »Gehirnbauch«. Doch Ranta, ein ehemaliger Stand-up-Comedian, hielt den Kanal immer noch für »ziemlich harmlos« und meinte, die Clips würden wie alte Stummfilme funktionieren und seien wie eine Art Cosplay für Kinder. Die Handlung war immer eingängig, etwa wenn die Figuren ins Gefängnis gesteckt wurden, so Ranta: »Als kleines Kind denkst du dir: ›Wow, ich mag Elsa. Ich mag Spiderman. Was? Die beiden sind im Gefängnis? Von der Geschichte habe ich ja noch nie etwas gehört.‹« *Klick.*

Der Erfolg rief eine Welle von Nachahmern auf den Plan. Einige ließen sich von den Pranksterninspirieren. Das war ein weiterer angesagter Trend auf YouTube, bei dem es darum ging, einander bei waghalsigen Spielen mit absurden Stunts zu übertrumpfen. Als die Prankster dazukamen, wurde das Superhelden-Genre noch schräger. Elsa spülte Spiderman die Toilette hinunter, ein »böser Weihnachtsmann« entführte Elsa, Spiderman injizierte Elsa seltsame Flüssigkeiten. Und immer wieder musste Elsa ein Kind zur Welt bringen. »Bei den Szenarien erwartet man schon fast, dass ein Porno kommt«, schrieb ein Blogger im Februar 2017 über den Trend.[5] Einige Monate zuvor hatte David Sievers von Maker Studios für die Anwälte von Disney, Elsas Mutterkonzern, einen Bericht erstellt, dem zufolge sämtliche Promo-Clips von Disney auf YouTube rund eine Milliarde Aufrufe pro Monat generierten (Hits von Maker Studios wie PewDiePie nicht mitgezählt). Das war eine ordentliche Summe, aber es war nichts gegen die Amateurvideos mit Elsa: Die brachten es, so Sievers, auf *13 Milliarden* Aufrufe im Monat.

In jenem Jahr machten Harry und Sona Jho, die Creators des Mother Goose Club, unter den Toptrends eine neue Phrase aus: *bad baby*. Darunter fand man harmlose animierte Clips von trotzigen Kleinkindern, aber auch eklige Realfilme mit Kindern, die sich überfraßen und dann erbrachen. Toy Freaks sprang auf letzteren Zug auf. Greg Chism drehte kurze Filme, in denen er seinen beiden Töchtern, die schon zur Schule gingen, aber als Kleinkinder verkleidet waren, Streiche spielte. In einem Video reißt sich eines der Mädchen einen Wackelzahn heraus, schreit und spuckt Blut. (In dem Clip beruhigte Chism seine schreiende Tochter wieder, aber das bekamen Leute, die nur die ganz blutigen Standbilder aus dem Video sahen, nicht mit.) In den YouTube-Charts kletterte Toy Freaks immer weiter nach oben.

Im März 2017 sendete die BBC einen vernichtenden Beitrag.[6] Eltern hatten entsetzt bemerkt, dass sich ihre Kleinkinder auf der YouTube Kids App, die als geschützter Raum vermarktet wurde, gewalttätige, albtraumhafte Clips ansahen. Ein Peppa-Wutz-Abklatsch wurde beim Zahnarzt gequält. Micky Maus spielte mit Fäkalien herum. Minnie Maus wurde blutig zerstückelt. Für die Maschinen von YouTube waren diese Clips einfach nur Zeichentrickfilme für Kinder. Die neuronalen Netze (die übermenschliche KI, die hinter den YouTube-Empfehlungen steckte) wurden immer wieder als »Blackbox«-Systeme bezeichnet, da sie auf eine Art und Weise funktionierten, die ein Mensch nicht ergründen konnte. Die Flut an verstörendem Material für Kinder auf YouTube erinnerte viele daran, dass sie die Kombination der Box nicht kannten. »Es hatte ein Eigenleben entwickelt, und niemand fühlte sich wirklich verantwortlich«, erinnert sich ein Mitarbeiter.

Bald schon schienen alle, die diese Entwicklung verfolgten, zu ahnen, dass sich eine Katastrophe anbahnte. Alle außer YouTube selbst.

»Schlechte Akteure« – so bezeichnete Google Spammer, Hacker und Betrüger, kurz: alle, die dafür sorgten, dass das Internet kein sicherer Raum war. »Schlechte Akteure« auf YouTube waren Leute, die blutige Minnie-Maus-Cartoons machten. Die die Schlupflöcher und die großzügigen Parameter des Unternehmens ausnutzten. Die »problematische Inhalte« posteten.

Im Sommer 2017 begann ein Team bei YouTube, Videos unter die Lupe zu nehmen, die sich an Kinder richteten und *problematisch* erschienen. Das Unternehmen litt immer noch unter den Folgen des Werbeboykotts, aber es hatte die Anzeigenrichtlinien aktualisiert und Modelle entwickelt, die Terroristen-Videos zuverlässiger erkennen konnten und – sollten die Götter der KI ihnen gnädig gesinnt sein – das Problem ein für alle Mal aus der Welt schaffen würden. Eine Person, die im Frühjahr zum Team stieß, bekam zu hören, dass ihr Job demnächst »möglicherweise gar nicht mehr gebraucht werden würde«.

Doch bei genauerem Hinsehen dämmerte allen Beteiligten rasch, dass sie zu optimistisch an die Sache herangegangen waren.

Toy Freaks war nämlich nicht allein. Chisms Erfolg hatte Dutzende Nachahmer angelockt (im Fachjargon hieß das *replica content*). Um auf einer bestimmten Welle des Algorithmus wie *bad baby* mitzuschwimmen, nutzten einige Nutzer eine alte Spammer-Taktik, die man als *keyword stuffing* bezeichnet und bei der übermäßig viele Tags verwendet werden, die in keinem Zusammenhang zum Video stehen und nur für die Maschinen lesbar sind. Viele YouTube-Angestellte konnten diese *Bad-baby*-Videos mit Minderjährigen nur schwer ertragen. Einige Kanäle griffen einen Trend auf, bei dem die Gesichter von kleinen Kindern rasiert werden, um sie zu bestrafen. (War das echt oder Fake? Das war oft nicht leicht zu erkennen.) In anderen Videos waren Kinder zu sehen, die sich vollstopften und dann ihre aufgeblähten Bäuche in die Kamera streckten, eine Anleihe bei Pornofilmen. Das Unternehmen hatte schon seit Langem Richtlinien gegen die Ausbeutung von Kindern und sexuelle Fetische. Diese Videos verstießen zwar nicht direkt dagegen, aber viel fehlte nicht. Jahrelang hatte YouTube sich darauf verlassen, dass die Eltern ihre Kinder ausschließlich YouTube Kids sehen ließen, aber das funktionierte nicht, wie man an den mageren Besucherzahlen der App sah. YouTube guckten Millionen unbeaufsichtigter Kinder.

Die Mitarbeiter dachten sich eine neue Kategorie aus (»Beinahe-Fetisch«) und formulierten ein Regelwerk für Content-Moderatoren und Maschinen, um entsprechende Videos ausfindig zu machen. Eine weitere Kategorie führte YouTube für Videos ein, die bei Kindern beliebte Figuren mit »Themen für Erwachsene« mischten, wie die abgedrehten Peppa-Wutz-Filmchen und die zahllosen Spiderman-und-Elsa-Videos.

Sie gingen ganz gewissenhaft vor. Sosehr YouTubes Mitarbeiter Facebook auch beneideten, sie betonten immer wieder, dass sie von Facebooks altem Motto – »Beweg dich schnell und mach Sachen kaputt« – nichts hielten. Im Nachgang der Wahl Trumps galt dieses Motto als Synonym für die sorglose Zerstörung demokratischer Normen durch Facebook. Als YouTube beschloss, Videos zu verbieten, die Anleitungen zum Gebrauch von Schusswaffen enthielten oder Waffen zum Verkauf anboten, nahm sich das Unternehmen sechs Monate Zeit, um entsprechende Richtlinien zu formulieren, sie einem Stresstest zu unterziehen und Leitlinien zu entwickeln, um sie durchzusetzen. Mögliche Kollateralschäden bereiteten den Mitarbeitern Kopfzerbrechen. KI-Forscher nannten das »Trefferquote und Genauigkeit«: Wenn Maschinen darauf trainiert wurden, nach Videos zu suchen, die Anleitungen zum Bombenbau enthielten, mussten sie genug davon finden (Trefferquote), ohne versehentlich Videos von Nachrichtenkanälen und Dokumentationen über den Zweiten Weltkrieg oder Zeichentrickfilme mit Wile E. Coyote auszusortieren (Genauigkeit). Google bemühte sich, KI-Modelle mit hoher Genauigkeit und hoher Trefferquote einzusetzen. Als die YouTube-Mitarbeiter sich mit den seltsamen Videos für Kinder beschäftigten, fanden sie es extrem schwierig, daraus Richtlinien für ihre Maschinen abzuleiten. Wie sollte man mit Trickfilmen im Stil von *Adult Swim* verfahren? Wie mit Parodien? Sie führten eine hitzige Debatte über eine geschmacklose Verballhornung von »Lass jetzt los«, dem Titelsong aus Disneys *Eiskönigin,* bevor sie beschlossen, der Clip mache nicht deutlich, dass er für Erwachsene gedacht sei. Inwiefern unterschieden sich die Leute in den Spiderman-und-Elsa-Videos von Cosplayern auf der Comic-Con in San Diego? Schon Menschen konnten beides kaum auseinanderhalten, wie sollten es dann erst Maschinen hinbekommen? Und was war mit Toy Freaks? Durften Familien etwa keine lustigen Heimvideos posten? Greg Chism sagte selbst, dass seine Videos sicher anders wirken würden, wenn er nicht der Vater der Kinder wäre. Doch wie sollte YouTube überprüfen, ob die Kinder, die jemand gefilmt hatte, dessen eigene waren? Zumal im großen Stil, für Tausende Kanäle gleichzeitig?

Außerdem wollte YouTube seine Creators nicht noch mehr verärgern. Je länger sich der Werbeboykott hinzog, desto wütender wurden die YouTuber und desto mehr Beispiele fielen ihnen auf, wo die Plattform gegen sie arbeitete. Als im Herbst ein Schütze in Las Vegas über sechzig Menschen tötete, drehte Casey Neistat einen kurzen Clip zugunsten einer Spendenaktion für die Opfer und teilte den Zuschauern mit, sämtliche Werbeeinnahmen würden dort hinfließen. YouTubes Systeme stuften sein Video mit Verweis auf das Thema als »für die meisten Werbetreibenden ungeeignet« ein. In einem Clip von Jimmy Kimmel von ABC hingegen, in dem es ebenfalls um den Anschlag ging, lief die Werbung einwandfrei. »Das ist eine ganz schöne Heuchelei«, beschwerte sich Neistat in einem Folgevideo mit dem Titel »DEMONITIZED, DEMONITIZED, DEMONITIZED« und verkündete: »Ein Großteil der Community ist unzufrieden mit YouTube.« Dazu hielt er eine Zeichnung von einem missmutigen Smiley in die Kamera.

Im September berief Wojcicki in San Bruno ein Treffen mit Technikern, Rechtsexperten und Mitarbeitern der Abteilung Trust and Safety ein, die teilweise persönlich teilnahmen, teilweise per Video zugeschaltet wurden. »Wir stecken immer in irgendeiner Krise«, ließ Wojcicki ihre Belegschaft wissen. Sie forderte die Teilnehmer auf, sich neue Methoden auszudenken, um »problematische Inhalte« schneller zu erkennen und zu handhaben. Auch sollte die Kommunikation mit den Creators verbessert werden. Tech-Unternehmen bezeichnen solche Kriseninterventionsteams gern als »War Rooms«, und die neue Gruppe sollte nach Vorstellung der Führungsebene als ständiger War Room fungieren. Einer von dessen ersten Schlachtplänen sah vor, die Website von »Beinahe-Fetisch«-Videos wie denen von Toy Freaks zu säubern. Viele Nutzer hatten festgestellt, dass die Kinder in diesen Clips in unangenehme Situationen gebracht worden waren und den Eindruck machten, als stünden sie nicht ganz freiwillig vor der Kamera.

Inzwischen übernahm YouTubes Chief Product Officer Neal Mohan immer mehr Verantwortung. Er tauchte bei Events auf, um Wojcicki aus der Schusslinie zu nehmen, und beaufsichtigte die Umsetzung der neuen Richtlinien. Im Oktober genehmigte Mohan den Schlachtplan aus dem War Room. Bei YouTube wollte man den Plan trotzdem möglichst behutsam und sorgfältig umsetzen. Deshalb wartete man noch ein paar Wochen.

Im Herbst beendeten viele bekannte Marken und Werbeagenturen nach und nach ihren YouTube-Boykott. Die Weihnachtszeit stand vor der Tür, für Werber die wichtigste Zeit des Jahres. Und mit Google Preferred, dem höherpreisigen Angebot für Werbekunden, versprach YouTube mehr Verlässlichkeit. Aus Angst vor weiteren Fehltritten waren manche Werbekunden bereits dazu übergegangen, auf eigene Faust zu prüfen, auf welchen Videos ihre Anzeigen liefen, einfach um auf Nummer sicher zu gehen. Und im Oktober fiel einem Manager einer Werbeagentur aus Manhattan dabei etwas ziemlich Beunruhigendes auf.

Die Agentur hatte Werbung in zahlreichen Videos für Kinder laufen. Das war nicht weiter überraschend, schließlich waren Kinder ein wichtiger Faktor im Weihnachtsgeschäft. Aber einige Videos waren eigenartig. Schräg. Fetischmäßig. In einem Video zum Thema »Farben lernen« war ein Kind mit buntem Klebeband gefesselt worden. Ein anderes zeigte Kinder und Erwachsene, die alle Schnuller und knappe Badehosen trugen. Mehrfach waren Kinder in Badeanzügen zu sehen. Einige Kommentare unter den Videos waren eindeutig sexueller Natur – Anspielungen auf Milchshakes und Schlagsahne. *Und um diese Videos zu sponsern, verlangt YouTube fast so viel wie ein Fernsehsender?* Der Agenturmanager machte seine Ansprechpartner bei Google darauf aufmerksam und wollte wissen, warum das angebliche Premium-Material nicht geprüft wurde.

Die sonst so gesprächigen Google-Mitarbeiter antworteten mit einem vorformulierten Text, den sie verlasen, »als wären sie Geiseln in der Gewalt von Entführern«, erinnert sich der Manager, ein alter Hase im Anzeigengeschäft. In einer weiteren E-Mail von Google fand sich die Erläuterung, das »Nutzerinteresse« entscheide über die Aufnahme in Google Preferred. Soll heißen: Das Publikum hatte das Sagen. »Es geht um Beliebtheit und Klickzahlen«, hieß es weiter. »Wir sind uns jedoch bewusst, dass es immer wieder Inhalte geben kann, die manchen Werbekunden nicht gefallen.« Google bot der Agentur eine Entschädigung an.

Von alldem bekam die Öffentlichkeit nichts mit, bis die *New*

York Times am 4. November einen Bericht über »erschreckende Videos« in der YouTube-Kids-App brachte, zum Beispiel einen Zeichentrickfilm, in dem die Hündchen aus *PAW Patrol – Helfer auf vier Pfoten* von Dämonen besessen waren. »Mein armer kleiner unschuldiger Junge«, klagte die Mutter eines dreijährigen Zuschauers.[7] Die *New York Times* druckte auch ein Standbild aus einem *Bad-baby*-Clip eines Kanals namens Freak Family ab. Es zeigte ein verzweifelt wirkendes kleines Mädchen mit roten Flecken im Gesicht, dessen Stirn rasiert wurde. Auf YouTube.com war dieses Video zig Millionen Mal aufgerufen worden. Ein Abteilungsleiter bei YouTube sagte der Zeitung, in den vergangenen dreißig Tagen seien »weniger als 0,005 Prozent« der Videos in der Kids-App als für Kinder ungeeignet gekennzeichnet worden, und sprach von einer »extremen Nadel im Heuhaufen«. Aber es nützte alles nichts: Die Erde hatte gebebt. Und zwei Tage später brach eine Lawine los.

Dafür sorgte der britische Autor James Bridle, der normalerweise über Drohnen und Kriegsführung schrieb. Auf der Blogging-Website *Medium* veröffentlichte er einen sehr langen Beitrag mit dem griffigen Titel »Mit dem Internet stimmt was nicht«.[8] Bridles Text war scharfsinnig und voller Details, aber eigentlich reichte es, wenn man sich die Bilder anschaute. Zunächst zeigte Bridle Standbilder von Überraschungsei-Unboxing-Videos, Kinderreimen, Peppa-Wutz-Fakes, allesamt Kategorien mit zig Milliarden Aufrufen. Als Nächstes kamen die Family-Finger-Clips, die es in »mindestens 17 Millionen Versionen« auf YouTube gab. Viele wirkten wie automatisch generiert, aber ganz genau ließ sich das nicht sagen. »So sieht die Produktion von Inhalten im Zeitalter der Algorithmen aus«, schrieb Bridle. »Selbst wenn du ein Mensch bist, bleibt dir am Ende nichts anderes übrig, als die Maschine zu imitieren.« Je weiter man nach unten scrollte, desto schlimmer wurde es. Ein bonbonfarbenes Standbild nach dem anderen, beunruhigend identisch, alle auf den YouTube-Algorithmus zugeschnitten: *Bad-baby*-Ableger, geistlose Cartoons und noch viel surrealere Inhalte (z. B. *wrong heads* – Köpfe von Disney-Figuren ohne Körper, die über den Bildschirm schweben, und die entsprechenden Körper ohne Köpfe). Mit dabei war auch der Kanal Toy Freaks, auf dem, wie Bridle feststellte, Kinder gezeigt wurden, die sich übergeben mussten und Schmerzen hatten, sowie zahllose Nachahmer von Toy Freaks mit Prankstern in Spiderman- und Elsa-Kostümen. »Eine industrialisierte Albtraum-Produktion«, nannte Bridle das, bevor er noch einen draufsetzte: »Kinder diesen Inhalten auszusetzen, ist Kindesmissbrauch. Und genau hier und jetzt sind YouTube und Google mitschuldig an diesem System.«

Langjährige YouTuber wie die Jhos und die Kleins beobachteten diese Trends schon eine ganze Weile, aber die meisten Menschen, Eltern von Kleinkindern genauso wie Google-Mitarbeiter, hatten nicht die leiseste Ahnung, dass es solche Inhalte überhaupt gab. Bei YouTube, wo man alles beobachtete, was sich online so tat, registrierten die Mitarbeiter bestürzt, dass es immer mehr Tweets zu Bridles Beitrag gab. Die Werbebranche wurde schon wieder unruhig. Alles deutete darauf hin, dass sich ein neues Debakel anbahnte. Zeitungsreporter stürzten sich auf Bridles Beitrag und machten Jagd auf den einzigen Creator, der auf YouTube sein Gesicht zeigte: Greg Chism, den Vater auf Toy Freaks. Die Londoner *Times* veröffentlichte einen Artikel über wütende Werbekunden, die Chisms Video nicht länger finanzieren wollten. Die Schlagzeile des Artikels lautete: »Kindesmissbrauch auf YouTube – Google macht Millionen mit verstörenden Videos«.[9]

Mit diesem Artikel, der Google Kindesmissbrauch vorwarf, war für Sridhar Ramaswamy das Maß voll. Seit seinem Streit mit Wojcicki vier Jahre zuvor leitete der Programmierer, der kein Blatt vor den Mund nahm, die technischen Abläufe bei Google Ads. Ramaswamy war für die Verwaltung der komplexen Auktions- und Börsensysteme von Google und YouTube zuständig, musste aber viele Entscheidungen mit Wojcicki abstimmen. Er war mit Sicherheit am Projekt »MASA« beteiligt, das den Werbeboykott beenden sollte, aber von dem Kanal Toy Freaks, dessen Popularität und den

Heerscharen von Nachahmern hatte er nichts mitbekommen. Der Artikel in der Londoner *Times* veranlasste ihn zu seiner Entscheidung, der Werbebranche den Rücken zuzukehren, wie er später berichtete.[10] Im Jahr darauf kündigte er bei Google.

Nach dem Erscheinen des Artikels in der *New York Times* erwog YouTube einen beispiellosen Schritt. An einem Wochenende im November fand sich eine kleine Gruppe von Führungskräften, darunter Wojcicki, Mohan und Ramaswamy, in einer Videoschalte zusammen, um eine Strategie zu entwerfen und einen Ausweg aus diesem Debakel zu finden. YouTube hatte die Einschätzung externer Experten zu diesen Videos eingeholt, und die hatten dem Unternehmen mitgeteilt, dass es sich bei bestimmtem Bildmaterial, z. B. mit buntem Klebeband gefesselten Kindern, und gewissen Kommentaren unter Gymnastik-Clips um eindeutige Internet-Codes für Pädophile handelte. Ramaswamy fragte die Anwesenden, ob Google denn überhaupt mit so etwas in Verbindung gebracht werden wolle. YouTube verkaufte zwei Arten von Anzeigen: Direct-Response-Werbung (Gutscheincodes oder Sonderangebote) und Marken-Werbung (traditionelle Werbespots für Unternehmen wie Gillette oder VW). Während der Diskussion schlug Ramaswamy vor, sämtliche Marken-Werbung auf YouTube auszusetzen, bis das Problem mit den Kinder-Videos behoben sei. Diese Werbespots brachten dem Unternehmen das meiste Geld ein; auf sie zu verzichten hätte einen potenziellen Verlust von mehreren Milliarden Dollar bedeutet.

Letztlich entschied man sich für einen anderen, fast genauso drastischen Schritt. YouTube, das seine Inhalte, auch die kontroversen, früher mit allen Mitteln verteidigt hatte, löschte nun mehrere Hunderttausend Clips auf einmal. Kurz vor Thanksgiving entfernte das Unternehmen aus über zwei Millionen Kanälen die Werbung, löschte mehr als 150 000 Videos und mehr als 270 Konten, darunter die beiden Kanäle von Greg Chism, die zusammen 13 Millionen Abonnenten hatten, sowie rund fünfzig Nachahmer von Toy Freaks.

Phil Ranta wurde vom Klingeln seines Telefons aus dem Schlaf gerissen. Seine Superhelden-Darsteller aus Quebec riefen an, und sie klangen ganz verzweifelt. Webs & Tiaras war verschwunden. Er versuchte, bei YouTube anzurufen, erreichte aber niemanden. In heller Panik riefen diverse YouTuber bei Melissa Hunter an, der Mutter, die Puppen bewertete und ein spezielles MCN für Videos für Kinder betrieb, und schickten ihr E-Mails. In der Hektik hatte YouTube das KI-Filtersystem auf die problematischen Kinder-Videos losgelassen, ohne sich ausreichend um die Genauigkeit zu kümmern und ohne Vorkehrungen zu treffen, dass sich gelöschte Inhalte wiederherstellen ließen. »Sie haben einfach mit der Machete drauflosgeschlagen«, erinnerte sich Hunter später. »Aber sie hatten keine Wahl. Das war echt eine harte Zeit.«

Die erfolgreichen Familien-Vlogger April und Davey Orgill hatten ihrem YouTube-Repertoire Anfang des Jahres einen Kanal mit Superhelden-Parodien hinzugefügt. Die Clips, in denen sie verkleidet mit ihren Kindern auftraten, hatten ihnen über zwei Millionen Abonnenten eingebracht, aber im August hörten sie auf damit. »Die Videos wurden immer seltsamer«, berichtete April ihren Zuschauern über die anderen Vertreter dieses Genres. »Igitt.«[11] Den Kanal behielten sie allerdings trotzdem, sammelten Klicks und scheffelten Werbeeinnahmen. Noch am 23. November genehmigte YouTube die Monetarisierung zweier Videos auf diesem Kanal. Einen Tag später war der Kanal verschwunden. »YouTube gibt den Leuten die Schuld, die diese Videos gemacht haben, aber der Algorithmus hat diese Inhalte ein Jahr lang gepusht«, berichtete Davey Orgill einem Reporter. »Die haben das Monster selbst geschaffen.«[12] Irgendwer dachte sich für dieses Monster und YouTubes Kahlschlag einen passenden Namen aus: Elsagate.

Greg Chism verstand die Welt nicht mehr. Für ihn waren seine Videos für Toy Freaks so harmlos wie Bugs-Bunny-Cartoons, er hatte nie irgendwelche Hintergedanken gehabt. Mit den Filmchen hatte er das Selbstwertgefühl seiner Töchter stärken und nebenbei einen College-Fonds für sie einrichten wollen. Und mit einem Mal waren alle gegen ihn. Völlig Fremde beschimpften ihn im Internet. Eine Frau bezichtigte ihn in einem Post, er sei ein Entführer und seine jüngere Tochter sei in Wahrheit ein vermisstes Kind. Als sein Kanal gelöscht wurde, veröffentlichte er eine Erklärung, wie sehr es ihn belaste, »dass irgendwer an unseren Video-Sketchen ein unangemessenes Vergnügen finden« könne. Die Strafverfolgungsbehörden von Illinois ermittelten gegen Chism wegen des Vorwurfs der Kindeswohlgefährdung. »Wenn jemandem vorgeworfen wird, ein schlechter Vater zu sein, ist das für alle beunruhigend«, sagte der leitende Polizeibeamte Rich Miller gegenüber dem Online-Magazin *Buzz Feed News*. »Aber es ist mitunter schwierig, den passenden strafrechtlichen Aspekt zu finden.«[13]

Am Ende wurde Chism von allen Vorwürfen entlastet, doch was er erlebt hatte, machte ihm noch Jahre später zu schaffen. »Mir ging es richtig schlecht, psychisch. Verdammt, ich wäre fast gestorben«, erinnert er sich. »Die Medien haben mich ungerecht behandelt. YouTube war ganz okay. Ich hatte nicht viel mit denen zu tun. Es ist einfach passiert.«

2017 hatten die Angestellten von YouTube kein sehr angenehmes Thanksgiving. Mehrere Mitarbeiter verbrachten die Feiertage über ihre Laptops gebeugt, um Statusberichte für Wojcicki zu schreiben und sicherzustellen, dass die umfassenden Änderungen, die in die Wege geleitet worden waren, auch tatsächlich griffen. Wie immer musste YouTube kontrollieren, ob Menschen, deren Videos gerade gelöscht worden waren, diese nicht gleich wieder hochluden. Es herrschte Alarmstufe Rot. Programmierer wurden hinzugezogen, um die maschinellen Filter so schnell wie möglich anzupassen. »Es war wie ein Rausch«, erinnert sich Jack Poulson, der als Wissenschaftler dem Google-Response-Team angehörte. »Um es einmal ganz offen zu sagen: Alle wussten, wenn sie das hier hinbekämen, winkte eine Beförderung.« Um die entnervten Mitarbeiter ein wenig aufzubauen, ließ die Firmenleitung Hundewelpen in die YouTube-Zentrale in San Bruno bringen. Im Laufe der Jahre hatte YouTube sich schon mit vielen Schwierigkeiten auseinandersetzen müssen. Doch nichts hatte die Herangehensweise an die Moderation der Videos ähnlich zügig verändert wie die aktuelle Krise. »Es kam mir so vor, als würde ich für ein anderes Unternehmen arbeiten«, sagt ein ehemaliger Mitarbeiter. Und der dreifache Vater Neal Mohan, der die Aktion leitete, erzählte später: »Das war für mich ein Wechselbad der Gefühle. Unser Elan, unsere Leidenschaft und natürlich der Stress, den wir uns machten, kam zu einem Großteil daher, dass es im Wesentlichen darum ging, Kinder zu schützen.«

YouTube ging an die Öffentlichkeit und versprach, man werde künftig aus zweifelhaften Videos, die sich als Familienunterhaltung ausgaben, die Werbung entfernen, anstößige Kommentare über Kinder blockieren, mehr Experten hinzuziehen, einen Leitfaden über »familienfreundliche Inhalte« für Creators veröffentlichen und »eine schnellere Durchsetzung der Richtlinien mittels Technologie« gewährleisten. Der riesige Fundus an Videos auf YouTube hätte ihre Kinder »schlauer gemacht«, schrieb Wojcicki im Dezember in einem Blogbeitrag, »aber ich habe auch aus nächster Nähe gesehen, dass YouTube noch eine andere, beunruhigende Seite hat. Ich habe miterlebt, wie einige schlechte Akteure unsere Offenheit ausnutzen, um die Nutzer zu täuschen, sie zu manipulieren, sie zu belästigen oder ihnen sogar zu schaden.« Sie versprach, Google werde die Zahl der Mitarbeiter, die die Videos sichteten und schlechte Akteure identifizierten, personell deutlich aufstocken; im kommenden Jahr würden es bereits 10 000 sein – eine eindrucksvolle Zahl.

Was Wojcicki nicht erwähnte: Die meisten von denen würden gar nicht direkt für Google arbeiten.

Kapitel 28
Schlechte Akteure

Als Jakob Høgh Sjøberg den Gebäudekomplex in Dublin betrat, sah er zwei Schilder: das Logo von Facebook und das der Suchmaschine. Eine Plastikkarte, die man ihm am Empfang aushändigte, gewährte ihm Zutritt zu den Räumlichkeiten von Google. Sjøberg war ein schlanker, rothaariger Mann mit einem internationalen Lebenslauf: Abschlüsse in Jura in seinem Heimatland Dänemark und in Irland sowie ein Trimester an der London School of Economics. Allerdings schien sein zukünftiger Arbeitgeber in erster Linie daran interessiert zu sein, dass er Dänisch sprach. Das Bewerbungsgespräch führte er mit dem Unternehmen Accenture, von dem er noch nie etwas gehört hatte. Er wurde gefragt, ob er sich vorstellen könne, mit »sensiblen Inhalten« zu arbeiten. Sjøberg überlegte kurz. »Ich bin genauso nervenstark wie andere Leute«, antwortete er. Viel mehr Informationen zu der Stelle erhielt er nicht.[1]

Bei der Einweisung im September 2017 waren sie zu fünft: Zu Sjøberg gesellten sich noch ein Russe, drei Spanier und eine Irin, die fließend Französisch sprach. Sie saßen in einem nüchternen Seminarraum und redeten über die Grundlagen der Meinungsfreiheit und der freien Meinungsäußerung. Solche Themen lagen Sjøberg. Dann ging der Schulungsleiter zu einem großen Bildschirm, der fünf Meter von Sjøbergs Platz entfernt stand.

YouTube-Videos flimmerten über den Monitor. »Das hier ist explizit«, sagte der Schulungsleiter. *Nächstes Video.* »Das hier ist ultra-explizit.«

Sjøberg spürte, wie sein Herz pochte. Offenbar bedeutete »ultra-explizit«, dass Menschen in Brand gesetzt oder Körperteile verstümmelt wurden. Erschießungen. Morde. Grausige Szenen. Als ein Video gezeigt wurde, in dem wiederholt auf einen schreienden Mann eingestochen wurde, rannte Sjøberg auf die Toilette und spritzte sich kaltes Wasser ins Gesicht. Er hatte Angst, dass er sonst in Ohnmacht fallen würde. *Das war furchtbar. Aber so leicht würde er sich nicht geschlagen geben.* Er kehrte in den Raum zurück.

Die eigentliche Arbeit fand in einem Großraumbüro statt, in dem reihenweise Computer standen. Auf jedem Bildschirm wurde ein Ticketing-System angezeigt – eine digitale Schnittstelle, die wie Gmail aussah, nur mit mehr Labels und Ordnern. Ein Video nach dem anderen tauchte auf dem Bildschirm auf. Sjøbergs Auftrag lautete, Videos mit gewalttätigem Extremismus auszusondern, insbesondere dänische Clips. Es gab eine Quote, jeder von ihnen musste 120 Videos am Tag schaffen. Da jedoch oft nicht genug dänische Videos zu prüfen waren, musste Sjøberg sich manchmal auch Videos in anderen Sprachen ansehen. Mit Enthauptungen konnte er ganz schlecht umgehen. Die Maschinen von YouTube waren inzwischen zwar in der Lage, solche Videos automatisch zu entfernen, aber einige schlüpften trotzdem durchs Raster. Manche Videos waren auf groteske Weise innovativ, indem beispielsweise besonders stumpfe Messer zum Einsatz kamen. Einmal zeigte ein Video in seiner Warteschlange eine altbekannte Szene: Ein gefesselter Mann las eine Nachricht vor. Sjøberg wurde schwindelig. Instinktiv klickte er auf die Schaltfläche, die den Clip löschte, nur um später zu erfahren, dass es ein Prank gewesen war: Der vermeintliche Terrorist hatte dem gefesselten Mann lediglich eine Zahnbürste an die Kehle gehalten. Sjøbergs Vorgesetzter rügte ihn für diesen Fehler. Schließlich einigte er sich mit seinen Kollegen, dass sie ab sofort das besonders gewalttätige Material prüfen würden und ihm dafür die grausigen Clips mit Tieren und Kindern überließen. »Aus irgendeinem makabren Grund«, erinnert er sich, »hat mich das nicht so fertiggemacht.«

Einige Kollegen rissen ständig Witze, um die Belastung verkraften zu können. Sjøberg setzte seine Kopfhörer auf und hörte beschwingte Top-40-Musik. Außerdem ging er regelmäßig nach draußen und spazierte um einen Teich auf dem Campus. Er machte diesen Job ein Dreivierteljahr lang, und in der ganzen Zeit erhielt er nur ein einziges Mal eine Rundmail, in der die Mitarbeiter aufgefordert wurden, ihre Schreibtische besonders gründlich aufzuräumen: Jemand von YouTube würde zu Besuch kommen.

Nach der Finanzkrise von 2008 hatte Google zahlreiche Arbeitsplätze ausgelagert. In erster Linie waren das Jobs, die nichts mit Technik zu tun hatten. Während das Unternehmen wuchs, kamen auch immer mehr externe Mitarbeiter hinzu, die Google als »TVCs« bezeichnete – *temporary, vendor and contract employees* (»befristete Mitarbeiter, Lieferanten und Leiharbeiter«). 2018 gab das Unternehmen an, dass es mehr als 100 000 fest angestellte Mitarbeiter beschäftigte. Die Zahl der TVCs war fast genauso hoch, wurde aber nicht offiziell bekannt gegeben. Einige arbeiteten an Kurzzeitprojekten und wurden gut bezahlt. Andere putzten die Büros oder testeten Googles (noch nicht ganz) selbstfahrende Autos. Für YouTube waren TVCs als Content-Moderatoren tätig und bei Firmen wie Accenture, Vaco und Cognizant angestellt, undurchsichtigen Back-Office-Firmen, wie man sie von Stellenanzeigen her kennt, die man liest, ohne eine Vorstellung davon zu haben, was dort eigentlich gearbeitet wird. Diese outgesourcten Mitarbeiter trafen nur vereinzelt auf Vorgesetzte, Begegnungen mit YouTube-Mitarbeitern waren noch seltener. Sie waren die Nachfolger von YouTubes altem SQUAD-Team, die als Erste an der vordersten Front des Internets gearbeitet hatten. Es gab allerdings einen Unterschied: Die Mitglieder des SQUAD-Teams hatten YouTube-übliche Gehälter und dazu noch Firmenanteile erhalten und hatten in der Unternehmenszentrale gesessen. Inzwischen waren die meisten Content-Moderatoren Teil einer sich immer weiter ausbreitenden Schattenwirtschaft. Sie saßen in anonymen Büroparks in Dublin, Hyderabad oder Kuala Lumpur und tauchten in Googles Unternehmensbilanz gar nicht mehr auf.

Als Anfang 2017 der öffentliche Druck immer größer wurde,

versuchten sowohl Google als auch Facebook, die Zahl ihrer Content-Moderatoren zu erhöhen, um weitere Probleme mit der Presse, den Werbekunden und den Regulierungsbehörden zu vermeiden. Viele dieser outgesourcten Mitarbeiter litten aufgrund ihrer Tätigkeit unter akuten Angstzuständen, Depressionen und Schlafstörungen, wie der Reporter Casey Newton in einer Recherche für *The Verge* dokumentierte, deren Ergebnis vernichtend ausfiel.[2] Einige YouTube-Moderatoren, mit denen Newton sprach und die bei Accenture in Austin angestellt waren, verdienten 18,50 Dollar pro Stunde, also etwas über 3000 Dollar brutto im Monat, ohne Lohnfortzahlung im Krankheitsfall. Als einmal ein YouTube-Mitarbeiter neue Content-Moderatoren einarbeitete, die in der Nähe der Firmenzentrale tätig sein sollten, wurde er gefragt, ob sie einen Therapeuten in Anspruch nehmen könnten. Er wusste es nicht.

Sjøberg und seine Dubliner Kollegen waren zwar nicht krankenversichert, aber immerhin stand ihnen ein Ruheraum zur Verfügung, in den sie sich zurückziehen konnten. Zu guter Letzt wurde doch ein Psychologe hinzugezogen, der quasi sofort eine lange Warteliste hatte.

Nicht alle, die sich beruflich für YouTube Videos anschauen, hatten mit so grauenhaften Bildern zu tun. Ganze Scharen von externen Mitarbeitern kümmerten sich im Auftrag von YouTube um Urheberrechtsstreitigkeiten. Diese bizarren Kleinkriege spielten sich mehrere Ebenen unterhalb der großen Medienunternehmen ab. Ein externer Mitarbeiter in Kalifornien etwa wurde zum Experten für kambodschanische Fischfang-Videos. Aus unerfindlichen Gründen kam es in diesem Genre besonders häufig zu Urheberrechtsklagen. Die Anwälte des Gurus aus der Netflix-Dokuserie *Wild Wild Country* schickten stapelweise Löschanträge wegen Verletzungen des Copyrights. Manchmal vermasselten die Content-Moderatoren aber aus Versehen auch YouTube das Geschäft. In jenem Jahr buchte der Vertrieb des Unternehmens jede Menge Werbung von saudi-arabischen Auftraggebern, die während des Ramadans auf beliebten saudischen Food- und Entertainmentkanälen laufen sollte. Als Werbesaison war der Fastenmonat einem

Mitarbeiter zufolge so etwas wie der »Super Bowl mal dreißig«. Aber als der Ramadan begann, lief so gut wie keiner der gebuchten Spots. Offenbar hatten YouTubes Content-Moderatoren und Maschinen, die darauf trainiert waren, kommerzielle Verbindungen zum islamistischen Extremismus zu unterbinden, aufs Geratewohl aus Videos in arabischer Sprache oder mit islamischer Symbolik die Werbung entfernt. (Ein leitender YouTube-Angestellter im Nahen Osten wiederum wusste zu berichten, dass das Unternehmen in Saudi-Arabien plante, Peppa-Wutz-Cartoons aus dem Empfehlungssystem zu entfernen, damit man nicht gegen das dortige Schweinefleischverbot verstieß.[3])

Google rechtfertigte den Einsatz von Subunternehmen mit deren Schnelligkeit – sie konnten viel zügiger neue Mitarbeiter einstellen als Google, das für seinen akribischen Einstellungsprozess bekannt war. Wenn Google plötzlich einen bestimmten Content im Blick behalten musste, zum Beispiel merkwürdige Kinder-Videos, brauchte man sehr schnell sehr viele Leute, die YouTube auf solche Videos hin prüften, um »das System zu trainieren« (das heißt seine maschinellen Filter), wie ein leitender Angestellter einem Reporter berichtete.[4] Diese externen Mitarbeiter waren sich durchaus bewusst, dass sie nur dazu da waren, die Maschinen zu füttern. Sjøbergs Kollegen nannten YouTubes Algorithmus den »Roboter«. Die Content-Moderatoren wussten: Sobald der Roboter gut genug war, waren sie ihre Jobs los.

Selbst Googles interne Moderatoren, die einen sicheren Arbeitsplatz mit Sozialleistungen hatten, waren in den Jahren des Hyperwachstums des Unternehmens überlastet. Eine YouTube-Mitarbeiterin, der 2011 anfing, erinnert sich, dass es zu diesem Zeitpunkt nur vierzig Moderatoren gab, die bis zu 1000 Videos am Tag überprüfen sollten. Daisy Soderberg-Rivkin, die 2015 eingestellt wurde, um Ergebnisse der Google-Bildersuche zu überprüfen, musste miterleben, dass der einzige arabischsprachige Kollege in ihrem Team das Unternehmen verließ, ohne dass die Geschäftsleitung Anstalten machte, die Position neu zu besetzen. In einem Unternehmen mit einem Marktwert von gut 500 Milliarden Dollar, wo der Kombucha in Strömen floss und das über schier unerschöpfliche Rechenleistung verfügte, mutet dies besonders seltsam an. Das Budget gebe es einfach nicht her, wurde ihr mitgeteilt. »Ihr meint wohl«, blaffte sie irgendwann zurück, »*unser* Budget gibt das nicht her?« Ein Mitarbeiter der Abteilung Trust and Safety musste sich nach seinem Ausscheiden wegen einer posttraumatischen Belastungsstörung behandeln lassen, da er so viele verstörende Inhalte mit Kindern hatte prüfen müssen. »Ich musste jeden Tag eine Lithium oder eine Xanax nehmen«, erinnert er sich.

Nach Elsagate investierte das Unternehmen deutlich mehr in die Überprüfung seiner Inhalte und stockte das Personal für Maßnahmen im Bereich »Kindersicherheit« auf. Der Produktchef Mohan sollte Trust and Safety übernehmen, womit die Abteilung in der Unternehmenshierarchie aufstieg. Die Content-Moderatoren in Dublin erhielten den Auftrag, noch intensiver nach Kindesmissbrauch in Videos zu suchen. (Eine genauere Definition bekamen sie nicht.)[5] Und YouTube stellte sicher, dass die am stärksten frequentierten Bereiche der Website, wie zum Beispiel die Rubrik »Trends« auf der Startseite, rund um die Uhr von irgendeinem Content-Moderator irgendwo auf der Welt überwacht wurden. Umso bitterer war es, als ausgerechnet bei den »Trends« etwas ganz schrecklich danebenging.

Während sich die Skandale rund um die Kinder-Videos häuften, wuchs der Ruhm der YouTube-Stars immer schneller. Und am schnellsten wuchs der von Logan Paul.

Er und sein jüngerer Bruder Jake, der wie eine kleinere, frechere Ausgabe von Logan wirkte, waren in einem Vorort von Cleveland aufgewachsen und hatten schon mit zehn, zwölf Jahren einen eigenen YouTube-Kanal eingerichtet, auf dem sie Prank-Videos hochluden. Aber so richtig in Schwung kam ihre Internetkarriere erst, als Logan aufs College ging und Vine für sich entdeckte. Die App, auf der man sechs Sekunden lange Videos hochladen und teilen konnte, verströmte noch etwas von dem spontanen kreativen Zauber, den YouTube längst verloren hatte. Logan Paul, der auf der Highschool Football gespielt und gerungen hatte, sah aus wie ein junger Matthew McConaughey, der einen muskulösen Disney-Prinzen spielt. Mit seinen Filmchen im *Jackass*-Stil eroberte er sich auf Vine eine riesige Fangemeinde. In seinen Clips stieg er in fremde Autos ein, lieferte sich Ringkämpfe im Supermarkt und sang einen Song von Journey, während er in der U-Bahn von einer Stange baumelte. Und immer wieder zog er sein Hemd aus.

Im Oktober 2016 verkündete Twitter, dem Vine gehörte und das die Video-App nicht richtig in den Griff bekam, man werde den Dienst demnächst abschalten. Paul bildete die Speerspitze einer Massenmigration von Vinern zu YouTube, wo sie längere und wildere Videos machten. Diese Creators waren mit dem Web 2.0 aufgewachsen (Paul war Jahrgang 1995) und konnten sich nur vage an die Zeit erinnern, bevor man auf YouTube oder im Internet berühmt werden konnte. Für sie war Social-Media-Influencer ein ganz normaler Beruf. »Ich will der größte Entertainer der Welt werden«, erzählte der zwanzigjährige Paul 2016 einer Werbezeitschrift.[6] Das schien auch gar nicht so weit hergeholt. Im Jahr darauf hatte er über 15 Millionen YouTube-Abonnenten, eine Fernsehshow bei Disney, einen Filmvertrag, einen Deal mit dem Multi-Channel-Network Studio71 und eine riesige Anhängerschaft. PewDiePie hatte seine »Bro Army«, Logan Paul hatte seine »Logang«.

Paul wusste sich zu benehmen, aber er hatte ein Aufmerksamkeitsdefizit. Wenn ihn die Anzugträger des MCN endlich einmal dazu brachten, sich in einen Konferenzraum zu setzen, konnte er kaum still sitzen. Abgesehen davon besaß er ein geradezu übernatürliches Gespür dafür, was Klickzahlen brachte. Laut John Carle, einem ehemaligen Manager von Studio71, war Paul zugleich ein »Kumpeltyp« und ein »Vorbild« – College-Jungs würden gerne mit ihm einen trinken gehen, junge YouTuber wären gerne so erfolgreich wie er. Paul hatte ständig eine Entourage aus anderen Internetpromis und Mitläufern um sich. Über Weihnachten lud er sie zu einer Reise nach Japan ein. Dort wollte er ein paar Vlogs drehen.

Dan Weinstein, einer der leitenden Manager von Studio71, machte gerade mit seiner Familie Urlaub auf den Turks- und Caicosinseln, wo er das neue Jahr begrüßen wollte. Er lag faul am Pool herum, als er auf sein Handy schaute und sah, dass er zehn Anrufe aus seinem Büro verpasst hatte. *Du liebe Zeit.* Er rief zurück.

»Logan hat gerade eine Leiche gefilmt«, teilte ihm ein Kollege mit.

»Ich bin mit meinem Kind am Pool«, erwiderte Weinstein. »Was soll ich deiner Meinung nach nun tun?«

Paul drehte in der japanischen Metropole eine dreiteilige Serie mit dem Titel »Tokyo Adventure«. In seinem Silvester-Video besuchte er das Waldgebiet Aokigahara, das »auch als der japanische Selbstmordwald bekannt ist«, wie Paul seine Zuschauer wissen ließ. Nach dem üblichen Teaser darauf, was als Nächstes kommen würde, blendete Paul einen Warnhinweis ein. Dann erschien er selbst, um seinen Zuschauern mitzuteilen, dass er bei diesem Video des Themas wegen die Werbung deaktiviert habe, was wahrscheinlich einen »historischen Augenblick in der Geschichte von YouTube« darstelle. Abschließend fügte er noch einen Disclaimer hinzu: »In diesem Sinne: Schnallt euch verdammt noch mal an, denn so ein Video wie das hier werdet ihr nie wieder zu sehen bekommen.«

Seine Clique hatte inzwischen Campingausrüstung und Ferngläser zusammengepackt, weil sie die Nacht im Wald verbringen wollten. Paul trug eine alberne grüne Mütze, die aussah wie die niedlichen Aliens aus der *Toy Story*. Nach einigen Filmminuten unterbrach Paul die Aufnahme. »Alter, haben wir gerade einen Toten gefunden?« Seine Kamera schwenkte zu einem Mann, der von einem Baum hing. Paul richtete die Kamera wieder auf sich: »Tut mir echt leid, Logang. Das sollte eigentlich ein lustiger Vlog werden.« Dann äußerte er sich spontan zu den Folgen einer Depression und erklärte, alle seine Zuschauer würden geliebt und sollten sich doch bitte bei Bedarf Hilfe suchen. Der Rest des Videos zeigte, wie er und seine Jungs sich – vor lauter Adrenalin völlig aufgedreht – darum bemühten, das »viel zu reale« Erlebnis zu verarbeiten.

Als Paul das Video später zusammenschnitt, machte er das Gesicht des Toten unkenntlich. Dann lud er es bei YouTube hoch. Die Zuschauer klickten. Und wie eine Motte, die das Licht sucht, beförderte YouTubes Algorithmus sein Video auf den zehnten Platz in der »Trends«-Rubrik auf der Startseite.

Die Verantwortlichen bei Studio71, das einen Anteil an Pauls YouTube-Einnahmen einstrich, wussten genau, dass sein Video gegen den guten Geschmack, wenn nicht sogar gegen die Richtlinien von YouTube verstieß. Ganz bestimmt würde es Werbekunden abschrecken, die YouTube generell immer noch skeptisch gegenüberstanden. Innerhalb eines Tages entfernte Paul das Video (das zu diesem Zeitpunkt bereits mehrere Millionen Aufrufe verzeichnete). Doch wie bei allen Videos, die viral gingen, gab es auf YouTube eine wahre Flut von Re-Uploads, und die Presse griff den Vorfall auf. Aus dem Urlaub heraus versuchte Weinstein den Schaden zu begrenzen. Von YouTube war kein Ton zu hören. »Die wollten erst mal abwarten, wie groß der Shitstorm werden würde«, erinnert sich Weinstein.

Graham Bennett machte Urlaub in seiner Heimat Großbritannien, als Pauls Video in der »Trends«-Rubrik auftauchte und der Sturm losbrach. Der lässige, bärtige Brite war YouTubes wichtigster Verbindungsmann zu Paul und mehreren anderen Megastars. Bennett war 2007 von der BBC zu YouTube gewechselt und gehörte zu den Ersten, die sich mit quirligen YouTubern wie Danny Diamond auseinandersetzen mussten. Pauls Zerreißprobe sei die »verstörendste Erfahrung« während seiner Zeit bei YouTube gewesen, erinnert sich Bennett.

Selbst nach dem Fiasko mit PewDiePie verließ sich YouTube darauf, dass sich seine Stars innerhalb der Grenzen des guten Geschmacks bewegten und wussten, was als akzeptabel galt, ohne dass man es ausdrücklich formulieren musste. Eine Woche nach der Veröffentlichung von Pauls Video traf sich Bennett mit der Führungsriege von YouTube. Die Schlussfolgerung lautete: *Okay, das können wir nicht mehr machen.* »Aus heutiger Sicht wirkt das ziemlich naiv«, sagte Bennett später, »aber damals haben wir zum ersten Mal begriffen, dass diese Creators echte Weltstars waren. Und das bedeutete: Wenn sie etwas Ungewöhnliches oder Verrücktes machten, tauchte es überall auf der Welt in den Nachrichten auf.« Vielleicht wusste YouTube auch, dass der Anblick eines typisch amerikanischen Internetstars, der wie ein Elefant im Porzellanladen durch fremde Länder und Kulturen stampfte, dem angestrebten Image eines globalen Unternehmens nicht gerade zuträglich war.

Anders als PewDiePie bat Paul seine Zuschauer jedoch umgehend um Entschuldigung. Am 2. Januar postete er einen kurzen Clip (»So Sorry«) und schaute dabei mit leicht geröteten Augen direkt in die Kamera. »Ich hätte nicht weiterdrehen sollen«, sagte er und endete mit den Worten: »Ich verspreche, mich zu bessern. Ich werde mich bessern.«

Und das tat er auch. Aber nur einen Monat lang. Denn dann schloss er sich einem bizarren Trend an, der YouTube und die sozialen Netzwerke gerade im Sturm eroberte – eine virale Internet-Challenge, bei der es darum ging, kleine, weiche, bunte Waschmittelkapseln der Marke Tide zu zerbeißen. Auf Twitter scherzte Paul darüber, er werde für jeden Retweet eine Kapsel herunterschlucken. Am selben Tag lud er ein YouTube-Video hoch, in dem er auf dem Balkon seiner Villa in Los Angeles mit einem Elektroschocker auf eine tote Ratte schoss.

Damit war das Maß voll. Bennett, Wojcicki und andere Führungskräfte bei YouTube beriefen eine Sitzung ein, in der es eigens um das Verhalten ihres problematischen Stars ging. Paul wählte sich für eine Videokonferenz ein, die über eine Stunde dauerte und in der ihm die Beschlüsse des Unternehmens erläutert wurden. Künftig würde YouTube mitberücksichtigen, was die Creators jenseits der Plattform so trieben. Dazu gehörte auch, was Paul twitterte. Außerdem würde YouTube seine Richtlinien für Videos verschärfen. Pranks wären nicht mehr erlaubt, wenn ein Teenager sie ohne Weiteres zu Hause nachahmen konnte, erklärte Bennett.

Clips, in denen jemand Feuer im Haus legte oder auf Waschmittelkapseln biss, würden entfernt. Stunts, die man nicht einfach so nachmachen konnte, waren jedoch weiterhin erlaubt, zum Beispiel Fallschirmspringen. (Das tat Paul später auch, und zwar nackt. Das Video lud er auf YouTube hoch.) Außerdem entfernte YouTube vorübergehend sämtliche Werbung von Pauls Kanal – es war das erste Mal in der Firmengeschichte, dass man auf diese Weise das Fehlverhalten eines Creators bestrafte. Intern machte bei YouTube bereits eine neue Maxime die Runde: *Mit YouTube Geld zu verdienen ist ein Privileg und kein Anrecht.*

Während der Videokonferenz gab sich Paul freundlich und verständig, und tatsächlich blieb er YouTube treu. Doch da die Werbeeinnahmen fehlten, nutzte er eine andere Methode, um mit seinen Videos Geld zu verdienen: Er vermarktete sein eigenes Modelabel. Auf diesen Zug sprangen immer mehr YouTuber auf, seit die »Adpocalypse« ihre Einnahmen hatte schrumpfen lassen. Der britische Journalist Chris Stokel-Walker analysierte fünfzig Videos,[7] die Paul und sein Bruder im Februar und März veröffentlicht hatten. Durchschnittlich alle 142 Sekunden erwähnten die beiden ihren eigenen »Merch«.

Bisher waren YouTubes zahlreiche Skandale von Videos ausgelöst worden, an denen Außenseiter (Werbekunden, Eltern, Journalisten, Politiker) Anstoß genommen hatten. In jenem Winter änderte sich das. Ein Insider packte aus.

Dem französischen Programmierer und ehemaligen YouTube-Mitarbeiter Guillaume Chaslot war aufgefallen, wie sehr auf YouTube verstörende Verschwörungstheorien um sich griffen. Anfang 2017 sprach Chaslot darüber mit einem Bekannten, der immer noch bei YouTube arbeitete. Der teilte seine Bedenken, war aber der Meinung, dies lasse sich eher auf die Neugier oder die Dummheit der Menschen zurückführen, und auf beides habe Google ja keinen Einfluss. »Was soll man da machen?«, fragte ihn sein Bekannter. »Ich wünschte, ich könnte die Menschen ändern.« Also ging Chaslot an die Öffentlichkeit. »Die Fiktion stellt die Realität in den Schatten«, titelte der *Guardian* am 2. Februar 2018.[8] Chaslot legte dar, wie YouTube den Brunnen vergifte. »Der Empfehlungsalgorithmus ist nicht für Inhalte optimiert, die wahrheitsgetreu, ausgewogen oder förderlich für die Demokratie sind«, sagte er. Fünf Tage später erschienen die Ergebnisse von Chaslots Recherchen auch in einem Artikel im *Wall Street Journal*.[9] Darin ging es um YouTubes Angewohnheit, offensichtliche Unwahrheiten ganz nach oben zu befördern. Die Republikaner hatten gerade erst ein Dokument veröffentlicht, in dem die Beamten, die Trumps Russland-Verbindungen untersuchten, der Voreingenommenheit beschuldigt wurden. Suchte man auf YouTube nach »FBI memo«, wurden Videos von Alex Jones und ein Kanal namens Styxhexenhammer666 angezeigt. Eine Suche nach »Grippeimpfung« führte zu Tiraden gegen die Schulmedizin und einem ganzen Rattenschwanz ähnlich gearteter Videos. In dem Artikel wurden die Suchergebnisse auf YouTube mit denen verglichen, die bei Google erschienen, und siehe da: Wenn man auf Google nach denselben Begriffen suchte, erschienen als Erstes Links zu seriösen Nachrichtenanbietern und Gesundheitsorganisationen.

Wie alle Firmenchefs las auch Googles CEO Sundar Pichai regelmäßig das *Wall Street Journal*, und er setzte sich mit dem YouTube-Management in Verbindung, um seinem Ärger über die Erkenntnisse Luft zu machen, die der Artikel darlegte. Pichais Vorhaltungen trafen YouTube besonders hart, weil das Unternehmen davon ausgegangen war, dass die Sache erledigt sei.

Im Herbst des Vorjahres hatte YouTube seinen Algorithmus dahingehend angepasst, dass »verlässlichere« Nachrichtenkanäle weiter oben auftauchten. Doch Chaslots Nachforschungen ergaben, dass der Algorithmus nicht richtig funktionierte. »Wenn etwas Wichtiges passiert, dann schreiben Journalisten sofort darüber«, erklärte Johanna Wright, eine Managerin bei YouTube, gegenüber dem *Wall Street Journal*, »aber sie machen keine Videos.« Fernsehsender warteten Stunden oder gar Tage, bevor sie ihr Material auf

YouTube veröffentlichen – wenn sie es überhaupt taten. Kanäle wie Styxhexenhammer 666 verloren hingegen keine Zeit. Und genau in solchen Situationen rauschte unschönes Material aus YouTubes *Long Tail* schnell ganz nach oben. Google kannte dieses Phänomen, weil das Unternehmen sich daran schon früher die Finger verbrannt hatte. Wenn Programmierer sich über das Thema unterhielten, führten sie als klassisches Beispiel gern das Gerücht an, dem zufolge Obama gar nicht in den USA geboren worden sei – eine rassistische Verschwörungstheorie, die dazu beigetragen hatte, Trump den Weg in die Politik zu ebnen. Die Krux daran: Menschen, die glaubten, dass Obama rechtmäßiger Bürger der Vereinigten Staaten war, schrieben keine Artikel darüber, warum auch? Das taten nur die, die daran zweifelten (oder denen es Spaß machte, das zu behaupten), und daher tauchten ihre Texte bei Google in der Suchliste ganz oben auf. Die Mitarbeiter nannten diese seltenen Schwachstellen »Datenlücken« oder »böse Einhörner«. Nach der Präsidentschaftswahl von 2016 wurde dieser Fehler schleunigst behoben: Googelte man damals nämlich danach, wer den *popular vote,* also die Mehrheit der Wählerstimmen, erhalten hatte, wurde für kurze Zeit ein anonymer Blog angezeigt, in dem fälschlicherweise behauptet wurde, dies sei Trump gewesen.

Über ein Jahr später war YouTube entweder nicht willens, dieses Problem anzupacken, oder immer noch nicht dafür gerüstet. Doch entgehen konnte das Unternehmen ihm nicht.

Nach dem Massenmord in Las Vegas im Oktober 2017 füllten einige YouTuber die Datenlücke mit verrückten Theorien[10] über eine »False-Flag-Aktion« und behaupteten, das Massaker sei inszeniert worden. Das Gleiche geschah im November 2017 nach dem Amoklauf in Texas und dann noch einmal im Februar des folgenden Jahres, als ein Amokläufer an einer Highschool in Parkland, Florida, 17 Personen erschoss. In den obskuren Randgebieten des Internets kam die Theorie auf, dass die Schüler, die diese Tragödie überlebt und sich für eine Reform des Waffengesetzes ausgesprochen hatten, bezahlte »Krisen-Schauspieler« seien. Bei YouTube war man davon ausgegangen, die Systeme seien auf den

Umgang mit derartigen Unwahrheiten vorbereitet. Doch dann wurde auf einem Kanal mit dem Namen mike m ein alter Clip aus dem Regionalfernsehen hochgeladen, in dem einer der Parkland-Aktivisten zu sehen war. Der Titel behauptete, Hogg sei ein Schauspieler (»DAVID HOGG THE ACTOR...«). Fans von Verschwörungstheorien und neugierige Zuschauer sorgten dafür, dass der Clip viral ging. Auf den ersten Blick schien das wiederverwendete Bildmaterial der Nachrichtensendung YouTubes Richtlinien nicht zu verletzen, daher gab ein Content-Moderator den Clip für YouTubes »Trends«-Rubrik frei, wo er eine Zeit lang den zweiten Platz belegte, was für Außenstehende nach stillschweigender Zustimmung aussah. »Du liebe Güte«, simste ein PR-Mitarbeiter von YouTube einem Kollegen. »Was sollen wir bloß tun?«

Für einige Subunternehmer von YouTube war so etwas nichts Neues. In den Richtlinien für die Moderatoren, die für Urheberrechtsstreitigkeiten zuständig waren, war ein ganzer Abschnitt allein Leonard Pozner gewidmet, dem Vater eines Jungen, der 2012 beim Amoklauf an der Sandy Hook Elementary School getötet worden war. Pozner wurde im Internet immer wieder zur Zielscheibe von Leuten, die Falschnachrichten verbreiteten. Gegen den Hohn der Verschwörungstheoretiker und die entsprechenden Videos setzte sich Pozner mit Urheberrechtsklagen zur Wehr, aber das funktionierte nicht immer. Ein Content-Moderator erinnerte sich, wie sehr er und seine Kollegen bei YouTube darunter gelitten hatten, dass die Eltern der Opfer von Sandy Hook online gemobbt wurden. Aber wenn Forderungen nach Schadenersatz eingingen, mussten die Content-Moderatoren immer die gleichen Antworten in Juristensprache zurückmailen. Manchmal fetteten sie dann bestimmte Passagen, um den Menschen auf diese Weise zu verstehen zu geben, sie sollten »sich anderswo Hilfe suchen«.

Im März 2018, einen Monat nach der Panne mit dem Parkland-Video, saß Susan Wojcicki in Texas auf einer Bühne. In einem ausführlichen Gespräch mit Nick Thompson, dem damaligen Chefredakteur von Wired, kamen etliche peinliche Vorkommnisse zur Sprache. Die Zeiten, als es bei Wojcickis öffentlichen Auftritten vor allem darum ging, wie YouTube dem Fernsehen den Rang ablief, waren vorbei. Stattdessen fühlte Thompson ihr auf den Zahn und wollte wissen, wie YouTubes Strategie im Umgang mit Verschwörungstheorien und Wahleinmischung aussah. Facebook und Twitter hatten erst kürzlich bekannt gegeben, dass russische Agenten 2016 ihre Seiten mit Bots und Werbung durchsetzt hatten. Damit lösten sie eine hitzige öffentliche Diskussion über die wichtige Rolle von sozialen Netzwerken in der Geopolitik aus. Wer verfolgte, was sich in den sozialen Medien so tat, konnte angesichts der Welle von Schulmassakern und heimtückischen Verschwörungstheorien auf den Gedanken kommen, dass YouTube einen vergleichbaren Einfluss hatte. Und plötzlich fiel allen auf, dass sie von der YouTube-Chefin zu diesem Thema bisher recht wenig gehört hatten.

Wenn man Wojcicki eine schwierige Frage stellte, über die sie erst nachdenken musste, hielt sie einen Moment inne, richtete den Blick nach oben und ließ ihre Hände, mit denen sie beim Sprechen gestikulierte, ruhig im Schoß liegen. Auf der Bühne in Texas erläuterte sie, wie YouTubes »Strafbank« funktionierte: Ihr Unternehmen lösche zwar bestimmte Videos nicht, empfehle sie aber auch nicht und lasse auch keine Werbung in diesen Videos laufen. Sie nannte mehrere Gründe dafür, warum ein Clip auf die »Strafbank« verwiesen würde.

»Was ist mit Unwahrheit?«, warf Thompson ein.

Wojcicki behielt ihre nachdenkliche Haltung bei. »Ich meine«, sagte sie, »dass man Unwahrheit schlecht als absoluten Wert nehmen kann. Denn das würde ja bedeuten, dass wir festlegen müssten, ob etwas wahr ist oder nicht. Und wir sind prinzipiell nicht der Auffassung, dass uns das zusteht, von daher …«

Thompson fiel ihr ins Wort. »Aber Sie legen doch auch fest, ob etwas als Hass einzustufen ist? Oder ob jemand nackt ist?«

»Na ja, ob jemand nackt ist, sieht man für gewöhnlich sofort«, erwiderte Wojcicki. Zu beurteilen, ob es sich um Hass handele, sei schwieriger, aber machbar. Ob etwas wahr sei, ließe sich hingegen nicht beurteilen. »Sehen Sie, ich habe Geschichte studiert«, sagte sie. »Genau darum geht es in der Geschichtswissenschaft. Es geht um unterschiedliche Interpretationen. Wer war ein Held? Verschiedene Personen werden sagen, dass verschiedene Dinge geschehen sind.« Sie verwies auf die Menschen, die glaubten, die Erde sei eine Scheibe. Auf diese Verschwörungstheorie bezog sich das Unternehmen bei solchen Diskussionen häufig, vielleicht weil sie relativ harmlos wirkte. Zu Beginn des Interviews hatte Wojcicki etwas aus ihrem Leben erzählt: Ihre Großmutter habe die slawische Abteilung in der Library of Congress geleitet. Bibliotheken hielten verbotene Bücher und die freie Meinungsäußerung in Ehren, so ähnlich wie YouTube.

»Im Grunde sind wir ja eher wie eine Bibliothek«, sagte Wojcicki.

Das war ein ziemlich gewagter Vergleich für die Chefin einer Firma, die in jenem Jahr 11,2 Milliarden Dollar Umsatz machen sollte, indem sie den Inhalten ihrer Bibliothek Werbung vorschaltete. Aber die Antwort an sich war natürlich sehr *googlig*. Dann erläuterte Wojcicki ihre nicht weniger *googlige* Lösung für das Problem mit den Verschwörungstheorien: YouTube plane die Einführung von »Informationshinweisen«, kleinen Textkästen, die unter Videos mit »bekannten Internet-Verschwörungstheorien« (etwa darüber, dass die Erde eine Scheibe sei) erscheinen sollten. Der Inhalt für die Textfelder würde wie schon bei der Google-Suche von einer nutzergenerierten, gemeinnützigen Website kommen, die sich im Großen und Ganzen an die Wahrheit hielt: Wikipedia. (Nach Wojcickis Auftritt ließ Wikipedia verlauten, man sei über dieses Vorhaben nicht informiert gewesen.[11])

Im weiteren Verlauf des Gesprächs benutzte Wojcicki dann einen Begriff, den sie intern bei YouTube seit einer Weile immer häufiger verwendete. Die Algorithmen bei YouTube orientierten sich bisher an drei Kennzahlen: der Wiedergabezeit, den täglichen

Zuschauerzahlen und der Zufriedenheit. Jetzt sollte noch eine weitere Kennzahl hinzukommen. »Wir wollen das Konzept der *Verantwortung* mit einbauen«, erzählte sie Thompson, »aber noch sind wir dabei, herauszufinden, was das im Einzelnen bedeutet.« Nach dem Interview war ein anwesender YouTube-Mitarbeiter insgeheim erleichtert, dass der *Wired*-Chefredakteur nicht darauf zu sprechen gekommen war, dass es in den Suchergebnissen von Verschwörungstheorien nur so wimmelte, wenn man auf YouTube nach bestimmten Begriffen wie »Grippeimpfung« suchte. Ein anderes Mitglied des Policy-Teams erzählte später, Wojcicki habe sich dagegen ausgesprochen, solche Videos einzuschränken, und auf Freunde von ihr verwiesen, die alternative Heilmethoden bevorzugten und Impfungen ablehnten – eine Haltung, die sie im Zuge der COVID-Pandemie überdachte.[12]

Dennoch beendete Wojcicki das Interview mit einem positiven Ausblick: YouTube habe bereits eine Reihe von Updates durchgeführt, und sie gehe davon aus, dass schlechte Akteure, die die Systeme missbrauchten, damit ausgemerzt würden. Videos wie den Parkland-Clip, der es in den »Trends« ganz nach oben geschafft hatte, hatte man entfernt, weil sie gegen die Richtlinien zu Hassrede und Belästigung verstießen. Nachdem neue Werbefilter und Kontrollen eingeführt worden waren, hatte Wojcicki fast alle großen Marken, die YouTubes Werbeprogramm boykottiert hatten, davon überzeugen können, wieder Anzeigen zu schalten.

Vor allem aber traf sie in jenem Winter die schwierige Entscheidung, das große Demokratisierungsprojekt, das YouTube fünf Jahre zuvor begonnen hatte, wieder rückgängig zu machen: Geld für alle würde es ab sofort nicht mehr geben. Wollte ein YouTuber seine Videos monetarisieren, musste er von nun an mindestens 1000 Abonnenten und eine akkumulierte Wiedergabezeit von mindestens 4000 Stunden haben. Diese Schwellenwerte seien so gewählt worden, dass sich mit den Werbeeinnahmen ein »einigermaßen sinnvoller« Verdienst erzielen lasse, erklärte Mohan später. Mit dieser Einschränkung hoffte YouTube, nicht mehr so viele zwielichtige Gestalten zu belohnen und der negativen Publicity, die das

Unternehmen im Vorjahr vor so viele Probleme gestellt hatte, ein Ende zu setzen. YouTube reduzierte so die Zahl der bezahlten Kanäle quasi über Nacht von rund sechs Millionen auf etwa 20 000.

Die Werbekunden begrüßten diese Umstellung, und YouTube ging davon aus, dass auch die meisten großen Creators sie würden nachvollziehen können. Dass dies nicht bei allen der Fall sein würde, war dem Unternehmen klar. Doch darauf, wie massiv die Reaktion einer ganz bestimmten YouTuberin ausfallen würde, war niemand gefasst.

Kapitel 29
901 Cherry Avenue

Die YouTube-Zentrale tat ihr Bestes, in das Gebäude in einem Vorort von San Bruno hineinzupassen. Zum Eingang führten zwei begrünte Außentreppen. An der linken Treppe hatte das Unternehmen ein dezentes Schild angebracht, auf dem im selben Farbton wie die eierschalenweiße Fassade des Gebäudes das YouTube-Logo prangte. Das Bürogebäude lag unweit eines Restaurants der Burgerkette Carl's Jr. und einer Tiefgarage an der Cherry Avenue, einer vierspurigen Straße, die unter der Interstate 380 hindurchführte. Zwischen der Tiefgarage um die Ecke am Bayhill Drive und dem Eingangsbereich von YouTube befand sich ein kleiner Innenhof mit Stühlen und knallroten Sonnenschirmen. Dort hielt YouTube immer seine freitäglichen Meetings ab.

Am Morgen des 3. April 2018 stiegen die Angestellten wie immer aus den Shuttlebussen und nahmen die begrünte Treppe hinauf in den ersten Stock, wo sich ihre Schreibtische und die große rote Rutsche befanden. Ein paar Stunden später strömten sie zur Mittagszeit in den Innenhof. Nicht so Kurt Wilms. Er blieb im ersten Stock an seinem Schreibtisch sitzen. Wilms war seit sieben Jahren bei YouTube, was im Tech-Zeitalter eine halbe Ewigkeit war, und hatte im Laufe der Zeit an diversen Projekten mitgearbeitet. Derzeit war er in der Abteilung »Wohnzimmer« tätig, die sich darum kümmerte, dass YouTube auch auf Spielekonsolen, Smart-TVs und anderen Geräten gut zu nutzen war. »Sein« YouTube war das der ganz normalen Leute: Kochanleitungen, Sport-Highlights, Sketche aus *Saturday Night Live* und Schachanalysen (die mochte er am liebsten). Mit Enthauptungen, Selbstmordwäldern und Spiderman-Elsas kam er gar nicht in Berührung. Wilms war ein unbekümmerter Typ. Er nahm ständig das Wort »Learning« in den

Mund, das man in der Tech-Branche gerne verwendete, weil es bedeutungsvoller und enthusiastischer klang als »Erkenntnisse«. Wilms benutzte es gern in Sätzen wie: »Das war ein gutes Learning für mich: Ich werde versuchen, locker zu bleiben.«

Die Räumlichkeiten von YouTube waren damals so offen und einladend wie ein College-Campus, genau wie es auch bei Google und anderen Unternehmen üblich war. Die Mitarbeiter brachten Freunde und Familienangehörige mit, die sich die Kaffeeküchen und die Räume, die nach viralen Videos benannt waren, anschauen wollten. Das änderte sich auch nicht, als Wojcicki CEO wurde und schließlich mehr als 1000 Mitarbeiter in der Firmenzentrale beschäftigt waren. Wilms, der früher jeden im Büro gekannt hatte, fragte sich mit einem Mal: »*Wer sind eigentlich diese ganzen Leute?*« Doch im Grunde war das ja ein gutes Zeichen, denn es bedeutete Wachstum.

An jenem sonnigen Dienstag im April war von draußen Baulärm zu hören. Kurz vor 13:00 Uhr tippte Wilms gerade eine E-Mail, als ihn ein Geräusch ablenkte.

Peng.

»Was war das denn?«, fragte ein Kollege neben ihm.

»Ach, das sind bloß die Handwerker«, sagte Wilms und wandte sich wieder seinem Bildschirm zu.

Peng. Peng. Peng.

Wilms drehte sich wieder zu seinem Kollegen um. *Nein, das klang eindeutig nach Schüssen, und es kam ganz aus der Nähe.* Wilms sprang auf und rief das Erste, was ihm in den Sinn kam: »Lauft!«

Nasim Najafi Aghdam war eine 38-jährige YouTuberin aus der Nähe von San Diego. Junge Iraner hätten sie vielleicht erkannt. Im Iran und in der Diaspora hatte sie eine kleine Fangemeinde, die ihr auf Social Media folgte und sie als Nasime Sabz oder Green Nasim kannte.[1] Sie war eine merkwürdige Internet-Persönlichkeit, die bereits Videos für das persische Satellitenfernsehen gemacht hatte – und unzählige für YouTube.

Aghdam war im Iran nahe der türkischen Grenze auf die Welt gekommen und drehte ihre Videos auf Türkisch, Persisch und Englisch. Dabei erzählte sie oft davon, wie ihre Familie, die dem Bahaitum angehörte, in ihrer Heimat wegen ihres Glaubens verfolgt worden war. Im Jahr 1996 war die Familie nach Kalifornien gezogen, wo sich Aghdam seither leidenschaftlich für die Rechte der Tiere einsetzte.[2] Als sie 29 Jahre alt war, demonstrierte sie zusammen mit PETA-Aktivisten in Camp Pendleton, einem Stützpunkt des Marine Corps in Südkalifornien, gegen die Verwendung von lebenden Schweinen bei militärischen Übungen. Die Demonstranten standen vor dem Eingang und trugen Schilder, auf denen stand: STOPPT DIE TIERQUÄLEREI. Aghdam, sehr dünn mit tiefschwarzem Haar und scharfen Gesichtszügen, kreuzte mit einem Plastikschwert auf. Sie trug schwarze Handschuhe und Jeans, die mit dunkelroten Tropfen bemalt waren, die wie Blut aussehen sollten. Auch auf ihr Kinn hatte sie zwei Tröpfchen gemalt. »Für mich sind Tierrechte genauso wichtig wie Menschenrechte«, sagte sie einem Reporter vor Ort. Die PETA-Mitarbeiterin Jena Hunt, die die Demo organisiert hatte, sagte später, sie habe Aghdam auffordern müssen zu gehen. »Die Arme schien große psychische Probleme zu haben«, erinnert sich Hunt.

Um sich weiter zu engagieren und Trost zu finden, wandte sich Aghdam dem Internet zu. Sie machte Krafttraining und bezeichnete sich als »erste persische vegane Bodybuilderin«. Sie richtete sich eine eigene Website ein und gründete eine gemeinnützige Organisation namens Peace Thunder. Tierschutzgruppen hätten es schwer, sich Gehör zu verschaffen, sagte sie 2014 einem Wellness-Magazin, »weil viele Medien und sogar Websites nur an ihren eigenen Profit denken«. Das begleitende Foto zeigte Aghdam in einem schrillen neongrünen Tanktop mit einem Schmetterling darauf, wie sie ihre Oberarmmuskeln spielen ließ.

Sie nutzte YouTube, um ihre Botschaft zu verbreiten. Sie drehte Videos in ihrem Elternhaus in Menifee, einer Stadt am Rande von

Los Angeles, vor einer dunkelblauen Wand gegenüber von einem schmalen Bett und einer paillettenbesetzten Schaufensterpuppe. Sie betrieb mindestens vier YouTube-Kanäle und lud ziemlich oft neue, seltsame Clips hoch, die in dem bunten Durcheinander der Website aufgingen – Fitnessübungen, skurrile Musical-Parodien und drastische Videos, die Tierquälerei dokumentierten. Einer ihrer Clips war in iranischen Internetkreisen besonders beliebt: Darin tanzte Aghdam in einem extravaganten lila Kleid mit einem tief ausgeschnittenen Dekolleté. Während sie sich hin und her wiegte, nahm sie eine Platte mit künstlichen Brüsten ab, und auf dem Bildschirm war zu lesen: »Glaub nicht alles, was du siehst.« Manche Leute machten sich über ihre seltsamen Auftritte und die ausdruckslose Performance lustig. Zuschauer fragten sie, ob sie noch ganz bei Trost sei. Irgendwann ging Aghdam dazu über, sich in ihren Videos über das Leben in den USA zu beklagen, darüber, dass Menschen, die sich gegen das System und die großen Unternehmen wehrten, »zensiert« würden. Dass es hier genauso schlimm sei wie im Iran. »Dort töten sie dich mit der Axt«, sagte sie in die Kamera, »hier töten sie dich mit Baumwolle« – ein iranischer Ausdruck dafür, wenn man mit etwas vermeintlich Harmlosem umgebracht wird.

Etwa ab Anfang 2017 beschwerte sie sich auch über YouTube. »Ich werde auf YouTube gefiltert«, sagte sie in einem Video, »und da bin ich nicht die Einzige.« Auf ihrer Website dokumentierte sie, wie das Unternehmen dabei vorging, und vermutete, es sei eine Vergeltung für ihre unverblümte Kampfansage an die Fleischindustrie. Sie postete drei Screenshots von ihrem YouTube-Dashboard, auf denen man die Wiedergabezeit, Aufrufe und Zahl der Abonnenten ihrer Videos sehen konnte: Alles nahm kontinuierlich ab. Ein Post verzeichnete 307 658 Minuten Wiedergabezeit und 366 591 Aufrufe. Auf dem Dashboard war zu lesen: »Deine geschätzten Einnahmen betragen 0,10 Dollar.« Diese Zahl hatte sie rot eingekreist. »Auf YouTube hat nicht jeder dieselben Wachstumschancen«, verkündete sie in knalliger Schrift auf ihrer Website. »Dein Kanal wird nur größer, wenn die es wollen!!!!!«

Inzwischen war Aghdam zu ihrer Großmutter in die Nähe von San Diego gezogen.[3] Am 2. Januar 2018 bestellte sie in dem Waffengeschäft The Gun Range in San Diego eine Smith & Wesson, Kaliber 9 mm.[4] Zwei Wochen später holte sie die Pistole ab. Am selben Tag gab YouTube die umfassende Änderung seiner Werberichtlinien bekannt. Sie fuhr nach Norden.

Am Montag, dem 2. April, betrat Aghdam um die Mittagszeit das Gebäude 901 Cherry Avenue. Sie ging zum Empfang und fragte dort nach freien Stellen. Nach zehn Minuten war sie wieder weg.

Am selben Abend parkte sie ihr weißes Auto dreißig Meilen weiter südlich in dem Ort Mountain View, wo die Google-Zentrale liegt. Dort wurde eine Polizeistreife auf sie aufmerksam. Eine Polizistin näherte sich dem Fahrzeug. Aghdam öffnete die Fahrertür: Sie trug einen hellen Kapuzenpulli, die Kapuze hatte sie über den Kopf gezogen. Auf dem Beifahrersitz lag eine Rolle Toilettenpapier.

»Nehmen Sie irgendwelche Medikamente?«, fragte die Polizeibeamtin.

»Nein«, antwortete Aghdam.

»Sie wollen sich doch nichts antun, oder?« Die Beamtin sah sie skeptisch an.

Aghdam war mit ihrem Handy beschäftigt. Sie sah auf und schüttelte den Kopf.

»Und Sie wollen auch sonst niemandem etwas antun?«

Aghdam schaute auf ihr Handy und schüttelte wieder den Kopf, wenn auch etwas verhaltener als zuvor.

Die Polizisten fuhren wieder weg und verständigten Aghdams Familie.

Reportern erzählte ihr Bruder später, bei ihm hätten sämtliche Alarmglocken geschrillt, als er nach dem Anruf der Polizei den Aufenthaltsort seiner Schwester gegoogelt habe. »Sie hat immer wieder darüber geklagt, dass YouTube ihr Leben ruiniert hat«, erinnerte er sich. Er habe daher die Polizei zurückgerufen und gewarnt, dass »sie vielleicht irgendetwas vorhat«.[5] Die Polizei von Mountain View stritt später ab, diesen Anruf erhalten zu haben.

An jenem Morgen ging Aghdam zu einem Schießstand vor Ort.

Kurz nach Mittag fuhr sie wieder zum Firmensitz von YouTube und parkte in der Tiefgarage. Am Eingang wurde sie von einem Angestellten angehalten, der sie bat, sich auszuweisen. Aghdam zog die Pistole aus ihrer Handtasche, und der Angestellte flüchtete und wählte den Notruf. Aghdam ging weiter in den Innenhof.

Als die Projektmanagerin Dianna Arnspiger bemerkte, wie die dunkelhaarige Unbekannte ihre Waffe abfeuerte, rief sie instinktiv: »Schützin!« Ein Fußgänger, der gerade in der Nähe war, berichtete später einem Fernsehteam: »O Mann. Es hörte gar nicht mehr auf. Es gab keine Gnade. Keine Gnade.« Im Inneren des Gebäudes spähte ein Manager die Treppe hinunter und entdeckte Blutstropfen auf dem Fußboden.

Kurt Wilms war zu einer Tür in der Nähe seines Schreibtischs gestürzt. Mit Tunnelblick rannte er die Treppen hinunter. Plötzlich blieb er stehen: Vor sich sah er die menschenleere Eingangshalle, in der um die Mittagszeit normalerweise viel los war. Er drehte sich um und stellte fest, dass ihm einige Kollegen in ihrer Panik blindlings gefolgt waren. Sie liefen alle die Treppe wieder hinauf und flüchteten sich in einen Konferenzraum, dessen Tür sie mit einem Tisch verbarrikadierten. Dann warteten sie. Wilms atmete tief durch. Er rechnete damit, dass jeden Moment der oder die Attentäter hereinstürmten.

Die Polizei entdeckte Wilms und seine zusammengekauerten Kollegen, bevor Schlimmeres passieren konnte. Einige Mitarbeiter wurden mit erhobenen Händen nach draußen eskortiert. Andere hatten sich in ein nahe gelegenes Einkaufszentrum geflüchtet oder waren über einen Zaun geklettert und in Richtung Schnellstraße gerannt. Bei der Schießerei waren drei YouTube-Mitarbeiter verletzt worden; sie wurden in ein Krankenhaus nach San Francisco geflogen. Einer hatte leichte Verletzungen erlitten, einer schwere, und einer schwebte in Lebensgefahr. (Auch er überlebte.) Insgesamt hatte Aghdam zwanzig Schüsse abgegeben. Mit dem letzten hatte sie sich selbst getötet.

Susan Wojcicki steckte in einem Meeting im ersten Stock, als die Schießerei begann. Sie verließ das Gebäude in einem schwarzen

Mantel, den ihr jemand geliehen hatte, gefolgt von ihren Mitarbeitern und mehreren Reportern, die bereits am Tatort eingetroffen waren. »Wir werden das alle gemeinsam verarbeiten, als eine große Familie«, schrieb sie kurz darauf auf Twitter. Nach dem ersten Notruf war die Polizei binnen drei Minuten vor Ort gewesen. Dann waren Fernsehteams, Hubschrauber und FBI-Beamte aufgetaucht. »Sie können sich vorstellen, dass es sehr chaotisch zuging«, sagte Ed Barberini, der Polizeichef von San Bruno, in einer eilig einberufenen Pressekonferenz auf einem Parkplatz in der Nähe.

Bis nach mehreren Stunden Aghdams Identität und Vorgeschichte bekannt wurden, gab es jede Menge Spekulationen. Sobald man wusste, wer sie war, nutzten Kritiker ihre tragische Geschichte als abschreckendes Beispiel dafür, wie unberechenbar und unzuverlässig YouTubes Maschinen waren. Dabei war Aghdams Geschichte im Grunde sehr amerikanisch, eine Kombination aus der unzureichenden medizinischen Versorgung einer psychisch Kranken und einem allzu einfachen Zugang zu Schusswaffen. Ein Vierteljahr bevor sich Aghdam in San Diego ihre Pistole kaufte, hatte der Händler noch mit der Aktion *12 Guns of Christmas* für seine Sonderangebote geworben. Dem Verkäufer zufolge, der ihr die Waffe verkauft hatte, war es eine ganz normale Transaktion gewesen.

Kapitel 30
Bringt den Ozean zum Kochen!

Am Tag nach dem Anschlag, einem Mittwoch, hielt Susan Wojcicki eine sehr emotionale Mitarbeiterversammlung ab. Sie stellte der Belegschaft einen Aktionsplan vor, der vorsah, umgehend die internen Sicherheitsmaßnahmen zu verschärfen. Hinterher sagte ein Kollege zu Kurt Wilms, YouTube solle endlich aufhören, so zu tun, als sei es ein ganz lockerer Tech-Campus, und sich mehr wie die Fernsehsender oder Zeitungsredaktionen verhalten, die längst auf solche Angriffe von Einzeltätern vorbereitet waren. »Wir sollten mehr wie ein größeres Medienunternehmen agieren«, meinte der Kollege zu Wilms. »Denn das sind wir ja eigentlich auch.«

Die Sicherheit seiner Führungskräfte trieb Google schon seit Längerem um. In der brasilianischen Niederlassung hatte das Unternehmen eine geheime Hintertür einbauen lassen, durch die man das Büro schnell verlassen konnte, falls ein Video oder eine Entscheidung die dortigen Bürger oder Behördenvertreter gegen das Unternehmen aufbringen sollte. Einige Tage nach der Schießerei installierten Handwerker kugelsichere Wände rund um Wojcickis Büro. Wollte jemand aus der Belegschaft das Büro betreten, musste die Person erst den Mitarbeiterausweis durch ein Lesegerät ziehen. Ihr Sicherheitsteam wurde um Mitarbeiter aus einer Firma in Texas aufgestockt, die ehemalige Marines beschäftigte. Diese wurden auch zur Bewachung ihres Hauses eingesetzt. Die Einladung zu einer Tech-Konferenz nahm Wojcicki erst an, nachdem die Organisatoren bewaffnetes Sicherheitspersonal bereitgestellt hatten. Falls sich Wojcickis Personenschützer fragten, ob ihr Leben tatsächlich bedroht war, brauchten sie nur einen Blick auf die Website zu werfen. Wütende YouTuber und Edgelords konzentrierten ihren Frust immer mehr auf die Unternehmenschefin, die noch dazu Jüdin war. Viele benutzten Topoi, die auf beides zugleich abzielten. Ein Jahr später drohte eine 14-jährige YouTuberin, die für ihre vulgären Anti-Islam-Videos bekannt war, ganz offen vor der Kamera damit, Wojcicki zu töten.[1]

Der Anschlag machte allen bei YouTube noch einmal klar, welche Verantwortung auf ihnen lastete. Schließlich kontrollierten sie ein System, das schon Millionen Menschen bezahlt und ihnen eine Bühne mit wenigen Regeln und Einschränkungen geboten hatte, nur um vielen von ihnen genau das wieder wegzunehmen. Einen Monat vor dem Anschlag hatte Jennie O'Connor, eine Führungskraft bei YouTube, die Leitung einer neuen Abteilung übernommen, die sich mit den Problemen und Gefahren der Plattform befasste. Am Tag des Anschlags hatte sie sich krankgemeldet und verfolgte die grauenhaften Ereignisse von zu Hause aus. »Dieser Vorfall hat uns vor Augen geführt, welche Tragweite unsere Entscheidungen haben«, erinnert sie sich. »Wir müssen den Spagat schaffen, YouTube zu einem sicheren Ort zu machen, ohne es zu übertreiben. Das hat ganz reale, echte Konsequenzen.«

Wojcicki wollte den Creators nur ungern noch weitere Einschränkungen auferlegen. Ein paar Tage nach dem Anschlag besuchten Googles CEO Sundar Pichai und Googles Mitbegründer Sergey Brin den Firmensitz von YouTube und setzten sich mit einem kleinen Team von Führungskräften zusammen. Als CEO war Pichai darauf bedacht, sich nicht zu sehr in YouTubes Angelegenheiten einzumischen, nicht zuletzt aus Respekt vor Wojcickis enger Beziehung zu den Gründern von Google, so ein Mitarbeiter. Von allen Topmanagern im Konzern schien YouTubes CEO als einzige auf Augenhöhe mit dem Google-Chef zu sein. Im Büro schlug Pichai vor, weitere Maßnahmen für Werbekunden einzuführen, um sie von potenziell problematischen YouTubern fernzuhalten. Wojcickis Reaktion war deutlich: »Wir haben mehr als genug getan.« Damit war die Sache erledigt.

Aber ein anderes Vorhaben Wojcickis wurde durch den Anschlag ausgebremst. Seit einigen Jahren plante das Unternehmen im Rahmen des Projekts »Boil the ocean«, die Zahlungen an die Creators zu überarbeiten. Dabei ging es unter anderem um Videos, die nach Ansicht des Unternehmens gesponsert werden sollten, aber auf Werbekunden abschreckend wirkten, zum Beispiel Clips über Sexualerziehung oder Suizidaufklärung. Geplant war, die Creators künftig nicht mehr für jeden einzelnen Werbespot zu bezahlen, der auf ihren Videos lief, sondern stattdessen einen Pool aus Werbeeinnahmen zu schaffen. Die Verteilung der Einnahmen würde auf dem Engagement der Zuschauer basieren – Likes, Kommentaren und Wiedergabezeit. Das erschien den Verantwortlichen fairer und besser vertretbar.

YouTube informierte vorab einige wenige Creators über dieses anspruchsvolle Vorhaben, und im März stellte Wojcicki den Plan ihren Mitarbeitern vor. »Bitte lasst nichts durchsickern«, bat sie.

Es sickerte zwar nichts durch, aber umgesetzt wurde das Projekt auch nicht. Seit Jahren droschen Politiker und Kritiker auf die sozialen Netzwerke ein und warfen ihnen vor, Werte wie Faktentreue und Anstand zugunsten des Engagements ihrer Nutzer zu opfern. Auch YouTube wurde heftig attackiert. »Wir erleben, wie mithilfe von Computern ein ganz natürliches menschliches Bedürfnis ausgenutzt wird: ›hinter die Kulissen zu schauen‹ und tiefer einzutauchen in etwas, das uns beschäftigt«, schrieb die Soziologin Zeynep Tüfekçi im März 2018 in einem Gastkommentar in der *New York Times*. In der Überschrift bezeichnete sie YouTube als »großen Radikalisierer«.[2] Nachdem Pichai für das Vorhaben zunächst grünes Licht gegeben hatte, legte er nun aus Angst davor, solche Bedenken noch weiter anzuheizen, eine Kehrtwende hin. Einige Mitarbeiter hatten ausgerechnet, dass dreiste YouTube-Stars wie Logan Paul mit dem neuen Modell mehr Geld bekommen hätten als die meisten Nachrichtenkanäle auf YouTube.

Und damit setzte der Anschlag einer gewalttätigen YouTuberin, die sich durch weitreichende Änderungen des Dienstes benachteiligt gefühlt hatte, dem Projekt »Boil the ocean« endgültig ein Ende.

2018 wurden YouTube und seine Muttergesellschaft noch durch ein anderes Ereignis erschüttert. Und im Zuge dessen fielen nun nicht mehr nur die Journalisten und Politiker über das Unternehmen her – jetzt waren auch die Mitarbeiter nicht mehr zu bremsen.

Als Claire Stapleton nach der Babypause an ihren Arbeitsplatz zurückkehrte, erkannte sie ihre alte Firma nicht wieder. Plötzlich gingen alle wie auf Eiern, Nervosität lag in der Luft. Sie konnte nicht genau sagen, wann die Stimmung gekippt war. Vielleicht am Valentinstag vor dem Anschlag, während des Black History Month, als ihr Team von YouTubes offiziellem Twitter-Account aus folgenden Tweet verschickt hatte:

Rosen sind rot.
Veilchen sind blau.
Abonniert Schwarze Creators.

Das war pfiffig, passte zu Twitter, und es ging um *Werte*. Stapletons Team war immer wieder eingebläut worden: »Wir müssen für unsere Werte einstehen.« Als der Outdoor-Bekleidungshersteller Patagonia im Sommer zuvor seine erste große TV-Werbekampagne gestartet hatte, ein Plädoyer für den Schutz von öffentlichem Land (und ein expliziter Angriff auf Trump), hatte YouTubes Marketingchefin einen Artikel darüber herumgeschickt und hinzugefügt: »Find ich *super*.« Stapleton erfuhr, dass die Anweisung, für Werte einzustehen, von ganz oben kam: »Susan setzt auf Außenwirkung.« Stapletons Team musste für Wojcicki Konzepte ausarbeiten, wie man die Gleichstellung der Geschlechter stärker als zentralen Wert herausstellen könne. »Als global agierendes Tech-Unternehmen mit einer Frau als CEO wollen wir bei diesem Thema eine Vorreiterrolle einnehmen«, stand in einem Memo, das das Marken-Team 2018 verfasst hatte. Das Unternehmen sollte auch zu Themen wie mentale Gesundheit, Einwanderung, LGBTQ und rassistische Diskriminierung klar Stellung beziehen. In Stapletons Team wurde oft darüber diskutiert, was man dagegen tun könne, dass der Algorithmus Creators of Colour seltener auftauchen ließ. YouTube lud Referenten ein, die über Themen wie systemimmanenten Rassismus sprachen. Da schien das Gedicht auf Twitter wunderbar in das Konzept für den Black History Month zu passen.

Doch als es zu den vorhersehbaren Reaktionen kam (»Ich unterstütze *alle* Creators«, verkündete ein weißer Avatar, häufig lautete die Antwort einfach nur »Nein«), wurden im Unternehmen Einwände laut. »Warum sollen wir uns da überhaupt einmischen?«, fragte der Manager Ariel Bardin, besorgt angesichts der Reaktionen. Von da an musste sich Stapleton jeden einzelnen Tweet von ihrer Vorgesetzten absegnen lassen. Ein Marketingkollege erinnerte sich später daran, dass es einmal einen YouTube-Tweet über Transgender-Creators gegeben hatte, über dem sage und schreibe dreißig Kollegen gebrütet hatten.

Für den Internationalen Frauentag gab YouTube bei einer Werbeagentur einen Werbespot in Auftrag, der speziell den Mittleren Westen ansprechen sollte. Kaum lag das Konzept vor, wurde es auch schon beanstandet.[3] »Das polarisiert viel zu sehr«, meinten Stapletons Chefs. Stapleton kam es so vor, als würde das Unternehmen den Kopf in den Sand stecken. Außenwirkung ging anders. »Wir waren desillusioniert und völlig verwirrt«, erinnert sie sich. »*Wofür* sollte YouTube denn nun stehen?«

In den zwei Jahren seit Trumps Amtsantritt hatte sich der Diskurs über Geschlechter, rassistische Diskriminierung, Werte, Meinungsfreiheit und Macht zusehends verändert und verschärft. In Hollywood schlugen Berichte über die bizarren sexuellen Übergriffe Harvey Weinsteins hohe Wellen und führten dazu, dass Männer in leitenden Funktionen im Kulturbetrieb genauer unter die Lupe genommen wurden. Bald wurden weitere Medienmoguln zu Fall gebracht. Gemeinsam mit einigen Kolleginnen verfolgte Stapleton, wie sich die Dinge in der für das Internet üblichen rasanten Geschwindigkeit entwickelten. Die #MeToo-Bewegung mit ihrer Erkenntnis, dass einige der wichtigsten Türsteher der Medienbranche echte Mistkerle waren, die die Karriere von Frauen in Geiselhaft nahmen, schien für YouTube, das sich gern progressiv gab, genau zur rechten Zeit zu kommen. Aber Google hatte kein großes Interesse mehr daran, solche Debatten zu steuern, geschweige denn sich einzuschalten. Während Kritiker aus dem linken Lager auf Google eindroschen, beschuldigten Konservative das Unternehmen, seine linke Belegschaft zensiere Videos und Ansichten von rechtsgerichteten Personen.

Bisher hatte Google es vermeiden können, ins Visier der Politik zu geraten, was seit eh und je die größte Sorge des Unternehmens war. In Europa hatte Google zwar weiterhin Probleme mit den Kartellbehörden, aber in den USA ließ man das Unternehmen größtenteils in Ruhe, obwohl es ganz offensichtlich in diversen Bereichen gleichzeitig absoluter Marktführer war: bei Online-Werbung, Kartendiensten, E-Mails, Internetsuche, Videos und Informationen.

Wie Google es bewerkstelligt hatte, nicht in die Schusslinie der Politik zu geraten? Das Unternehmen hatte allein im Jahr 2017 insgesamt 17 Millionen Dollar für Lobbyarbeit in Washington ausgegeben, mehr als irgendein anderes Unternehmen. Aber ein Mitarbeiter von Google hatte noch eine andere Erklärung parat: Es sei wie bei dem Witz über zwei Wanderer, die einem Bären begegnen. Der eine rennt sofort los, während der andere sich bückt, um seine Schnürsenkel fester zu binden. »Was ist los?«, fragt der Erste. »Ich muss nicht schneller sein als der Bär«, erklärt der andere, »ich muss nur schneller sein als du.« Google hatte das große Glück, dass sich der andere Wanderer, Facebook, erstaunlich ungeschickt anstellte.

Ende 2017 waren der Kongress, die Presse und ein Sonderausschuss intensiv damit beschäftigt, die sozialen Medien nach Anhaltspunkten zu durchpflügen, dass Russland sich in die Präsidentschaftswahlen eingemischt hatte. Offenbar hatte sich vor allem Facebook die Finger schmutzig gemacht. Nachdem das Unternehmen die Sache zunächst verschleppt hatte, legte es schließlich offen, dass Auftraggeber aus Russland Anzeigen mit politischem Inhalt im Wert von über 100 000 Dollar geschaltet hatten, mit denen sie gut 126 Millionen Nutzer erreicht hatten. Dabei verbreiteten sich gerade über dieses Netzwerk Verschwörungstheorien besonders gut. Google vermeldete nur einen Werbeumsatz von gut 58 000 Dollar.

Allerdings hatte YouTube ein eigenes Russland-Problem. Der von der russischen Regierung finanzierte Fernsehsender Russia Today, der sich seit 2009 nur noch RT nannte, war auf der Plattform eine große Nummer. RT hatte über zwei Millionen Abonnenten, fast so viele wie der Kanal von CNN. Diese Zahlen waren für jedermann ersichtlich, doch nur die Vertriebler von Google wussten, dass RT bei YouTube auch ein bedeutender Werbekunde war, der eine Menge Geld ausgab, um seine Videos in diversen Kanälen und Märkten zu bewerben. Hochrangige europäische YouTube-Manager trafen sich privat mit Führungskräften von RT, um ihre Geschäftsbeziehung zu pflegen. Als Russland die Internetzensur verschärfte, befürchtete Google, dass das Land in Chinas Fußstapfen treten und die Website sperren könnte.

»Wir konnten es uns nicht leisten, Russland zu verlieren«, erinnert sich ein ehemaliger Vertriebsleiter. YouTubes Topmanager Kyncl flog 2013 nach Russland, um die dortigen TV-Sender zu umwerben. In einem Fernsehauftritt bei RT verkündete er, der Sender habe den YouTube-Meilenstein von einer Milliarde Aufrufe erreicht, und lobte RT dafür, dass es »authentisch« sei und keine »Agenden oder Propaganda« verbreite.[4] US-Politiker waren da ganz anderer Meinung. Nach der Wahl von Donald Trump zwangen Bundesbeamte RT, sich in den USA als »ausländischer Agent« registrieren zu lassen. Senator Mark Warner, ein Demokrat aus Virginia, bezeichnete YouTube als RTs »Plattform der Wahl«, auf der der Sender »reichlich Resonanz für seine Desinformationskampagnen« finde.

Bald wurde YouTube der Boden zu heiß. RT verlor seinen Platz im Premium-Werbeprogramm, und sämtliche regierungsfinanzierten Medien wurden entsprechend gekennzeichnet. Doch gerade als der Druck auf YouTube wuchs, geriet Facebook wieder ins Straucheln. Vier Tage nachdem Wojcicki in Texas zu Verschwörungsvideos in die Mangel genommen worden war, wurde der Cambridge-Analytica-Skandal publik: Ein Datenanalyse-Unternehmen hatte personenbezogene Daten von Millionen Facebook-Nutzern gesammelt und ausgewertet, um psychologische Profile für Trumps Kampagne zu erstellen. Facebook hatte einen neuen Skandal und stand wieder im Rampenlicht. Google hielt es für das Beste, die Füße stillzuhalten.

Das lag vielleicht auch am Temperament von Sundar Pichai, dem nachdenklichen CEO von Google, einem Mann der leisen Töne, der stets um Konsens bemüht war und Konfrontationen am liebsten aus dem Weg ging. Auf viele bei Google wirkte er so immer etwas unentschlossen. Ein ehemaliger Manager schrieb Pichais Entscheidung, das Projekt »Boil the ocean« ad acta zu legen, seiner Zaghaftigkeit zu. Allerdings gelang es Pichai, Google Skandale vom Kaliber Facebooks zu ersparen.

Jedenfalls bis zum Sommer 2018.

Als Pichai die Leitung von Google übernahm, legte er fest, dass die Zukunft des Unternehmens vor allem in zwei Bereichen liegen würde: dem Verkauf von Unternehmenssoftware über Cloud Computing und den Internetnutzern in Schwellenländern, die er als »die nächste Milliarde Nutzer« bezeichnete. Google hatte einen Vertrag mit dem Pentagon über die Lieferung von Drohnen mit computerbasierter Objekterkennung unterzeichnet, der den Weg für lukrative Cloud-Abschlüsse mit der Regierung ebnen sollte. Dies löste wochenlange unternehmensinterne Proteste aus. Im Juni knickte Google ein und sicherte der Belegschaft zu, den Vertrag mit dem Pentagon nicht zu verlängern. Noch im selben Sommer kamen die Mitarbeiter hinter einen Bestandteil des Plans für »die nächste Milliarde Nutzer«, der ihnen nicht wenig sauer aufstieß: Google entwickelte für Festlandchina eine Suchmaschine mit zensierten Suchergebnissen. Weite Teile der Google-Belegschaft machten ihrem Ärger über die beiden Projekte, die sie als Verrat an den Unternehmenswerten auffassten, lautstark Luft.

Auch in Washington war man davon gar nicht angetan. Gesetzgeber und Militärbeamte hielten Googles Vorgehen – erst das Pentagon im Stich zu lassen und dann mit China ins Bett zu steigen – für ein Sakrileg und befürchteten, Google könne zu einem Spielball der Politik werden.

Trump stürzte sich auf den Schlamassel mit dem Pentagon und die aus der Luft gegriffenen Behauptungen, das Unternehmen manipuliere Daten, um Konservative zu zensieren. »Die sollten besser mal aufpassen«, polterte der Präsident im August, »das können sie den Leuten nicht antun.« Trumps Gesinnungsgenossen warfen den Internetplattformen im Silicon Valley vor, sie würden ihren geschützten Status missbrauchen, den ihnen Abschnitt 230 des Communications Decency Act garantierte, der Websites davor bewahrte, für nutzergenerierte Inhalte haftbar gemacht zu werden. In einer Anhörung beschimpfte der Republikaner Ted Cruz aus Texas Mark Zuckerberg dafür, dass er Facebook nicht als »neutrales öffentliches Forum« betreibe, wie Abschnitt 230 es vorschreibe. In Wirklichkeit schrieb das Gesetz dies gar nicht vor,[5] doch die lautstarke Drohung verfehlte ihre Wirkung nicht.[6] Die Mitglieder von Googles Policy-Team wurden angewiesen, bei allem, was mit Abschnitt 230 zu tun hatte, besonders vorsichtig zu sein, und überhaupt immer dann, wenn es eventuell so wirkte, als schlüpfe Google in eine publizistische Rolle.

Bei YouTube hielt wieder die strikte Vorsicht Einzug, die man aus den Jahren des Rechtsstreits mit Viacom kannte. Ein Programmierer, der mit der Aufgabe betraut war, Werbung aus problematischen Videos zu entfernen, suchte auf eigene Faust nach entsprechenden Clips, bis YouTubes Anwälte einschritten. Ein Vertriebsmitarbeiter von YouTube wollte für das Premium-Werbeprogramm handverlesene Clips heraussuchen (weil der Algorithmus, wie er sich erinnerte, bloß »Pranks und Videos von Pick-up Artists« auswählte), doch ihm wurde mitgeteilt, dies würde die rechtliche Position des Unternehmens untergraben. Ein leitender Angestellter legte eine Übersicht mit besorgniserregenden Videos an, darunter auch »ausgesprochen rassistische«, bis er zu hören bekam, YouTube dürfe nicht in Eigeninitiative nach solchen Clips suchen. Auch als ein Mitarbeiter nach dem Anschlag auf dem Firmengelände herauszufinden versuchte, wie oft in Kommentaren auf YouTube mit Erschießung gedroht wurde, schritt die Rechtsabteilung ein. Der Öffentlichkeit gegenüber bagatellisierten YouTubes Führungskräfte die politische Rolle der Plattform.

Es half ein wenig, dass der fanatische Twitterer Donald Trump auf YouTube nicht sonderlich aktiv war, ganz im Gegensatz zu seinen radikalen Unterstützern. Die Wissenschaftlerin Becca Lewis befasste sich mit dem rechten Rand von YouTube, nachdem im Vorfeld der Präsidentschaftswahl mehrere Kabelsender fragwürdige Videos über Hillary Clintons Gesundheitszustand ausgestrahlt hatten. Lewis untersuchte Filmmaterial aus 15 Monaten ab 2017 und fand heraus, dass Mainstream-YouTuber[7] wie Joe Rogan umstrittenen Personen Sendezeit zur Verfügung gestellt hatten.[8] (Rogan hatte für mehrere dreistündige Gespräche den kanadischen Guru Stefan Molyneux zu Gast. Molyneux wiederum lud einen österreichischen YouTuber in Hipster-Klamotten zu sich ein, der der rechtsradikalen Identitären Bewegung angehörte.) Lewis kam zu dem Schluss, dass rechtslastige YouTuber so großen Erfolg hatten, weil sie sich im Grunde genau wie die Mainstream-YouTuber verhielten. »YouTubes Funktionsweise bietet solchen politischen Influencern echte Anreize«, schrieb Lewis. Viele rechtsextreme YouTuber nutzten gängige Tricks der Suchmaschinenoptimierung. Bereits 2015 fiel dem YouTuber und Männerrechtler David Sherratt auf, dass etwa jedes zehnte Video über Immigration oder »westliche Zivilisation« mit Tags wie »Genozid an Weißen« und »Großer Austausch« versehen war. Rief er eines dieser Videos auf, wurden ihm anschließend überwiegend ähnliche Inhalte angeboten.

Die YouTube-Führungsriege tat sich schwer damit, extremistische oder gefährliche Inhalte von der üblichen kontroversen politischen Kost zu unterscheiden. Anhänger des IS waren eindeutig schlechte Akteure, rechte Radiomoderatoren offenbar nicht. Außerdem hatte weder die eine noch die andere Gruppe besonders viele Zuschauer. »Ich finde es wichtig, darauf hinzuweisen«, sagte Wojcicki dem *Guardian*,[9] »dass Nachrichten und politische Meinungsbeiträge nur einen sehr kleinen Prozentsatz der Aufrufe ausmachen.«

Doch selbst wenn Nachrichten und politische Meinungsbeiträge nur einen kleinen Teil des YouTube-Publikums erreichten, waren einige Meinungsmacher so erfolgreich, dass sie auch jenseits der Plattform Zuschauer fanden.

Im Sommer 2018 ging Stefan Molyneux auf Tournee. Dafür tat sich der Guru mit Lauren Southern zusammen, einer jungen YouTuberin aus Kanada und festen Größe der Alt-Right-Bewegung, die den Multikulturalismus verachtete und für ihre »Gonzo«-Konfrontationen mit Feministinnen bekannt war. Das Weiße Haus unter Donald Trump hatte ihr einen Presseausweis ausgestellt. Ein Reporter, der sie im Juli 2018[10] in Toronto besuchte, schrieb, die Wände in ihrem Haus seien komplett kahl, mit Ausnahme einer Plakette von YouTube, die ihr für 100 000 Abonnenten verliehen worden war. Noch im selben Monat sprachen Molyneux und Southern in Sydney vor ausverkauftem Haus. Die australischen Regionalregierungen hatten vor Kurzem vorgeschlagen, Verträge mit der indigenen Bevölkerung zu schließen, und damit eine landesweite Debatte ausgelöst. Molyneux, der zu diesem Zeitpunkt um die 800 000 YouTube-Abonnenten hatte, legte dem Publikum Berichten zufolge dar, dass solche Verträge unnötig seien, da die Ureinwohner »auf den untersten Sprossen der Leiter der Zivilisation« stünden.[11]

Im August kamen die beiden YouTuber nach Auckland in Neuseeland. Dort sollten sie in einem bekannten Musiksaal auftreten, aber der Veranstalter sagte ihnen ab. Das passte den beiden gut in den Kram, schließlich gab es ihnen Gelegenheit, sich als radikale Verfechter der Meinungsfreiheit aufzuspielen. Das Duo sprach mit dem Nachrichtensender Newshub über den Vorfall.

Newshub: »Full interview: Lauren Southern and Stefan Molyneux«, 3. August 2018, 13:46.
»Dieses Land ist als Schmelztiegel bekannt«, sagt der Fernsehmoderator Patrick Gower. Dann will er von seinen Gästen wissen, was seine Mitbürger von deren Botschaft halten sollten, Diversität sei eine »Schwäche«. Southern antwortet mit einer Gegenfrage und will wissen, wie weit es denn mit diesem Schmelztiegel her sei, wenn er sich doch »gegen alles richtet, was die schönste Kultur der Welt geschaffen hat: der Westen«. Sichtlich fassungslos hält Gower einen Moment lang inne. Dann wendet er sich an Molyneux und fragt ihn, ob er wirklich glaube, dass bestimmte Gruppen von Menschen rein genetisch schwächer seien als andere. »Das habe ich so nie gesagt«, erwidert Molyneux. Bei Streitgesprächen ist er ganz in seinem Element. Als der YouTuber sagt: »Die gängigste Messgröße in der Sozialwissenschaft ist der IQ«, würgt Gower ihn ab. Das sei »wirres Zeug«, rechtfertigt er sein Einschreiten. »Ich muss an das Publikum denken«, sagt Gower. »Oh, glauben Sie mir«, erwidert Molyneux, »das Publikum interessiert sich sehr für das, was wir zu sagen haben.«

Nachdem Newshub das Interview auf YouTube gepostet hatte, lud ein YouTuber, der seinen Kanal als Ort anpries, wo man die »fortgeschrittenen sozialen Fähigkeiten« erlernen könne, die man brauche, »um zu bekommen, was man vom Leben haben will«, einen Kommentar zu dem Schlagabtausch hoch. Der Titel lautete: »Brutal! Stefan Molyneux & Lauren Southern DESTROY Patrick Gower (Body Language Breakdown)«. Bald verzeichnete dieses Video fast doppelt so viele Aufrufe wie das Original.

▶

Im Laufe des Jahres war Google dann doch gezwungen, sich mit der Politik auseinanderzusetzen. Im Dezember 2018 trat Sundar Pichai vor dem US-Kongress auf. Bereits im September waren

Larry Page und er zu einer Anhörung über Wahleinmischung, Datenschutz und andere vermeintliche Missstände im Silicon Valley eingeladen worden, aber sie hatten beide abgelehnt und damit Abgeordnete auf die Idee gebracht, auf dem freien Platz zwischen den Führungskräften von Facebook und Twitter ein leeres Tischkärtchen für »GOOGLE« aufzustellen. Das hatte wahrscheinlich größeren politischen Schaden angerichtet, als es eine Teilnahme der beiden getan hätte. Nach der scharfen Kritik an Googles Fortbleiben war Pichai nun allein im Kongress erschienen und wurde drei Stunden lang vom Justizausschuss des Repräsentantenhauses in die Mangel genommen.

In seinem dunkelblauen Anzug saß er stocksteif da, die Hände auf dem Tisch gefaltet, und korrigierte die Abgeordneten kein einziges Mal, wenn sie seinen Namen falsch aussprachen. Einige Reihen hinter Pichai saß ein Aktivist mit Zylinder, der als Mr. Monopoly, das Maskottchen des berühmten Brettspiels, verkleidet war.

Als der CEO zur Einmischung der Russen in die Wahl befragt wurde, sagte er: »Wir sind überhaupt kein soziales Netzwerk.« Er machte sogar einen Scherz über Google+, mit dem das Unternehmen gescheitert war. Pflichtbewusst saßen einige hochrangige Google-Mitarbeiter hinter ihrem CEO. Sie wussten, dass YouTube sehr wohl ein soziales Netzwerk war (nutzergeneriert, kaum reguliert, riesengroß). YouTube kämpfte mit den gleichen Schwierigkeiten, die Politiker Facebook und Twitter anlasteten: Rekrutierung für den IS, russische Propaganda, Verschwörungstheorien und ein laxer Umgang bei der Prüfung der Inhalte, der regelrecht dazu einlud, dem Unternehmen politische Voreingenommenheit vorzuwerfen.

Einige Google-Mitarbeiter aus dem Bereich Politik beschwerten sich hinter vorgehaltener Hand über den unverhältnismäßigen Ärger, den YouTube dem Unternehmen bereite. Das Geschäft mit den Suchanzeigen, das den Löwenanteil von Googles Umsatz ausmachte, basierte auf den Suchbegriffen und dem Standort der Nutzer. Es stützte sich nicht auf das Surfverhalten oder das undurchsichtige Ad-Tracking, das die Privatsphäre verletzte und Kritiker auf die Palme brachte. Das Geschäft von YouTube hingegen schon. In einer internen Telefonkonferenz warf ein Mitarbeiter von Googles Policy-Team die Frage auf, ob sich YouTube nicht einfach ausgliedern ließe. Einigen Personen zufolge, die mit den internen Debatten bei Google vertraut waren, wurde dies ernsthaft in Erwägung gezogen. Andere hingegen taten es als »übertrieben« ab und hielten es für leeres Gerede.

Im Kongress wurde Pichai dazu überhaupt nicht befragt. Wie viele ältere Amerikaner gingen die Politiker wahrscheinlich eher selten auf YouTube und ganz bestimmt nicht, um sich dort die Nachrichten anzuschauen. (Ein Google-Mitarbeiter in Washington, D.C. sagte, das Unternehmen habe dort oft Schwierigkeiten, Interesse für Events zu wecken, zu denen Wojcicki anreiste, da kaum ein Entscheidungsträger in der Hauptstadt wusste, wer sie war.)

Doch dann brachte Pichai der Demokrat Jamie Raskin aus Maryland aus dem Konzept: »Wissen Sie, was Frazzledrip ist?«

Ja, das wusste Pichai, jedenfalls mehr oder weniger. Seine Mitarbeiter hätten ihn gerade heute darüber informiert, berichtete er. Raskin schlug eine Ausgabe der *Washington Post*[12] vom Vortag auf und las vor: »YouTube empfahl kürzlich Videos, in denen es heißt, dass Politiker, Prominente und andere Angehörige der Eliten Kinder sexuell missbrauchen oder ihre Leichen essen, häufig im Rahmen von satanischen Ritualen.« Er blickte auf. In einigen Videos wurde behauptet, Hillary Clinton und ihre Topberaterin hätten ein junges Mädchen missbraucht und sein Blut getrunken. Das war die Verschwörungstheorie mit dem Namen Frazzledrip, ein bizarrer Ableger von Pizzagate, das inzwischen zu QAnon, einer sektenähnlichen Verschwörungsbewegung, mutiert war. »Wie geht Ihr Unternehmen damit um?«, wollte Raskin wissen.

Zu der Zeit war YouTube gerade damit beschäftigt, seine Suchmaschine gründlich zu überarbeiten, um Videos mit Verschwörungstheorien und anderes als »schädlich« eingestuftes Bildmaterial auf die »Strafbank« zu verbannen. Aber davon sollte die Öffentlichkeit noch nichts erfahren, daher erwähnte Pichai es nicht. »Wir haben vor, in dieser Richtung aktiver zu werden«, erwiderte er.

»Sind Sie denn ganz allgemein der Ansicht«, bohrte der Abgeordnete weiter, »dass es einfach eine Lawine an Material gibt und man nichts dagegen tun kann?«

»Wir packen durchaus schwierige Themen an«, sagte Pichai bewusst zurückhaltend, bevor er die Frage indirekt verneinte: »Ich glaube, es liegt durchaus in unserer Verantwortung, sicherzustellen, dass YouTube eine Plattform für freie Meinungsäußerung ist, aber genauso müssen wir dafür sorgen, dass es sich seiner Verantwortung bewusst ist und einen positiven Beitrag zur Gesellschaft leistet.«

Claire Stapletons Brand-Marketing-Team gelang es tatsächlich, Frazzledrip, YouTubes exzentrische Randgruppen und die meisten politischen Themen zu umschiffen. 2017 hatte Trumps Mitarbeiterstab das Unternehmen gebeten, ihnen YouTuber zu schicken, die ein Programmier-Projekt in Detroit bewerben sollten, doch YouTube konnte niemanden auftreiben, der dabei mitmachen wollte. Einmal erzählte ihr ein Kollege davon, dass konservative Radiomoderatoren jede Menge Umsatz machten, und einige weniger zurückhaltende Google-Mitarbeiter bezeichneten YouTube bereits als »CNN für Nazis«. Stapleton hatte allerdings den Eindruck, dass die rechten Hetzer nur einen kleinen Teil der Probleme von YouTube ausmachten. »Es gab so viel zu tun«, erzählte sie später. »Das alles wirkte wie eine einzige giftige Kloake.«

Im Frühjahr gab es die nächste Krise, und diesmal saß Stapleton in der ersten Reihe. Kurz vor den Gay-Pride-Feierlichkeiten im Juni, bei denen YouTube als Sponsor auftrat, beschwerten sich queere Creators wieder einmal darüber, dass der Zugang zu ihren Videos erschwert und die Werbung entfernt worden sei. Schlimmer noch: Wenn doch einmal Werbung lief, waren darunter Spots für Konversionstherapiegruppen, wo Homosexuelle »umgepolt«

werden sollten. Hank Green nannte diese Werbung »abscheulich, widerlich und ekelerregend«. YouTube bat um Entschuldigung und erklärte, diese Werbespots verstießen zwar nicht gegen die Richtlinien, aber man weise darauf hin, dass YouTuber bestimmte Kategorien von Werbung auf ihrem Kanal ausschließen könnten. (Dabei wussten viele Creators gar nicht, wie das funktionierte.)

Nicht lange danach erhielt Stapleton von YouTubes Policy-Team ein Dokument, in dem dieser Vorfall analysiert wurde und das zu folgendem Schluss kam: Bei einem automatisierten System, das den zahllosen Videos des *Long Tail* Werbeclips zuordnete, ließen sich solche unschönen Situationen gar nicht vermeiden. Diesen gordischen Knoten könne YouTube nur lösen, indem es sich klar positioniere: Entweder müsse das Unternehmen seine Richtlinien umschreiben, um bestimmte Interessengruppen wie queere Creators zu beschwichtigen, oder komplett die Finger von dieser Problematik lassen. YouTube würde es nie allen recht machen können. Um es in Stapletons Worten zu sagen, man konnte schlecht beides zugleich sein, »liberale Ikonen, *yas queen*, #Pride und ein rechtspopulistischer Peter-Thiel-Fanklub«.

Doch allzu oft wollte das Unternehmen beides sein. Bei Google und im Silicon Valley hatte man sich noch nie mit wenig zufriedengegeben. In den Monaten nach dem Gay-Pride-Debakel nagte dieser Widerspruch an Stapleton.

Und dann erfuhr sie, dass ihr Arbeitgeber sich *doch* einmal klar positioniert hatte. Das war für sie der Tropfen, der das Fass zum Überlaufen brachte.

Am Donnerstag, dem 25. Oktober, verließ Stapleton die YouTube-Niederlassung in Chelsea und fuhr in ihre Wohnung in Brooklyn. Sie brachte ihr kleines Kind ins Bett, schenkte sich ein Glas Rotwein ein und klappte ihren Laptop auf.[13] Sie klickte sich zu einem Firmen-Listserv für Mütter durch, den sie häufig besuchte, und stieß auf den Link zu einer tagesaktuellen Schlagzeile der *New York Times* über ihren Arbeitgeber.[14] *Klick.*

Google verabschiedete Andy Rubin, den Entwickler des Smartphone-Betriebssystems Android, wie einen Helden, als er das Unternehmen im Oktober 2014 verließ. ... Google verschwieg, dass eine Mitarbeiterin Mr. Rubin sexuelles Fehlverhalten vorgeworfen hatte.

Wie die New York Times berichtete, hatte eine Frau Rubin, der Googles oberer Führungsriege angehörte, beschuldigt, sie in einem Hotelzimmer zu Oralsex gezwungen zu haben. Das Sicherheitspersonal fand auf seinem Arbeitscomputer Bondage-Sexvideos, und die Zeitung grub eine E-Mail aus, die er einer anderen Frau geschickt hatte und in der es hieß: »Jemandem gehören bedeutet, dass du so was wie mein Eigentum bist und ich dich an andere Leute ausleihen kann.« Doch das war noch nicht alles. Weiter hieß es in der New York Times: »Google hätte Mr. Rubin feuern können und ihm wenig bis gar nichts zahlen müssen, um ihn loszuwerden. Stattdessen zahlte ihm das Unternehmen eine Abfindung in Höhe von 90 Millionen Dollar.« (Rubin bestritt, die Frau zum Sex gezwungen zu haben, und tat die Vorwürfe als »Teil einer Hetzkampagne« seiner Ex-Frau während des laufenden Scheidungsverfahrens ab.)

Stapleton las den Artikel zu Ende und schaltete sich in Googles interne Online-Diskussion ein. Pichai hatte per E-Mail um Entschuldigung für den »unschönen« Artikel gebeten und seiner Belegschaft die haarsträubende Tatsache mitgeteilt, dass Google in den vergangenen zwei Jahren sage und schreibe 48 Personen wegen sexueller Belästigung gefeuert hatte. Die New York Times berichtete, dass Larry Page und der Vorstand von Google die 90 Millionen Dollar für Rubin gemeinsam abgesegnet hätten. Einige Unternehmensangehörige rechtfertigten dies damit, dies sei die übliche Abfindung, mit der man verhindern wolle, dass Topmitarbeiter bei der Konkurrenz anheuerten.

Laszlo Bock, der damalige Personalchef von Google, sagte später, er habe Page geraten, Rubin ohne Abfindung zu entlassen.

Um 19:58 Uhr tippte Stapleton eine Nachricht an den Mütter-

Listserv: »Google-Frauen (und Verbündete) sind im Moment ECHT wütend, und ich frage mich, ob wir uns das nicht zunutze machen können, um ein paar echte Veränderungen zu erzwingen.« Ein offener Brief?, schlug sie vor. Oder ein Streik?

Am nächsten Tag bei der Arbeit war die Belegschaft immer noch wütend. Am Nachmittag jenes Tages tat Stapleton das, was ihr Unternehmen ihr beigebracht hatte, wenn es Streitfragen gab: Sie rief einen neuen Listserv mit dem Titel »womens-walk« ins Leben und lud andere ein, beizutreten. Als sie am Samstagmorgen aufstand, hatten sich bereits über zweihundert Personen angemeldet.

Dann ging alles sehr schnell. Eine Google-Mitarbeiterin schlug vor, eine Liste mit Forderungen an das Management zu erstellen, eine andere sammelte die Anregungen. Auch Männer schlossen sich dem Listserv an, und Stapleton erweiterte den Rahmen. Einige Teilnehmer hatten schon damals gegen die Pläne mit dem Pentagon und China protestiert. Mehrere Mitarbeiter warfen Google vor, im Umgang mit Trump zu wenig Rückgrat an den Tag zu legen und zu kumpelhaft aufzutreten. Andere regten sich darüber auf, dass verschiedene Google-Subunternehmer, wie YouTubes outgesourcte Content-Moderatoren, lausig bezahlt wurden und weniger Sozialleistungen erhielten. Alle Mitarbeiter hatten mitverfolgt, wie #MeToo, beschleunigt durch die sozialen Medien, eine Branche nach der anderen wachgerüttelt hatte. Nun waren die Tech-Firmen an der Reihe.

Fünf Kollegen schlossen sich Stapleton an, um aus dem Stegreif ein Organisationskomitee zu bilden. Für den Streik wählten sie den 1. November, einen Donnerstag. Sie kommunizierten über eine verschlüsselte Messaging-App, nutzten aber auch die firmeneigenen Tools Google Docs und Google Calendar. (Stapletons Vorschlag, den Protest #MeGoo zu nennen, fand keine Mehrheit.) Mitarbeiter der Personalabteilung und der PR-Abteilung schlossen sich dem Listserv an, und niemand hatte ein mulmiges Gefühl dabei. Schließlich ermutigte Google seine Angestellten ja immer, den Mund aufzumachen und ihre Bedenken zu äußern, wenn ihnen etwas missfiel.

Am Montag kam Stapleton in einem T-Shirt mit der Aufschrift *The Future Is Female* zur Arbeit, »wie Jeanne d'Arc oder so«, wie sie später sagte.[15] Ihre Gruppe war inzwischen auf über 1000 Mitglieder angewachsen. Sie verschickte eine Rundmail mit der Frage: »Warum wollt ihr die Arbeit niederlegen?« Hunderte Berichte über Sexismus, Rassismus und Belästigung kamen zurück. Das, so schrieb Stapleton später, »hat mich enorm desillusioniert«.[16]

Am Dienstag schickte Pichai eine E-Mail an alle Mitarbeiter im Unternehmen. Er räumte ein, dass seine zuvor verschickte Entschuldigung »nicht ausgereicht« habe, und versicherte der Belegschaft, Google werde die Arbeitsniederlegung am Donnerstag unterstützen. Das war quasi eine offizielle Genehmigung. »*Wenn du sie nicht besiegen kannst*«, dachte Stapleton, »*dann verbünde dich mit ihnen.*«

Am Donnerstagmorgen machte sich die Google-Managerin Erica Anderson, eine der Organisatorinnen des Streiks, auf den Weg zur Arbeit. Mit dabei hatte sie eine Tasche mit Apfelwein-Doughnuts, die ihre Freundin, YouTubes Beauty-Guru Ingrid Nilsen, als Glücksbringer gebacken hatte. Nilsen hatte verfolgt, was sich bei Google so tat, und fand, dass es exakt die Dynamik widerspiegelte, die auf YouTube vorherrschte. Sie beobachtete, dass LGBTQ- und sexpositive Creators ständig um Gelder und Zuschauer kämpfen mussten, während rüpelhafte, selbstherrliche Männer die oberen Plätze der YouTube-Charts belegten. »Leute, die ganz realen Schaden anrichteten, kamen nicht nur ganz nach oben, sondern verdienten auch noch Millionen damit«, so Nilsen. »Das war einfach nur rückständig.«

Kurz nach 11:00 Uhr verließ Stapleton in einer grünen Armeejacke das Bürogebäude, und mehr als 3000 Kollegen folgten ihr. Sie versammelten sich mit ihren Megafonen in einem kleinen Park nahe des Hudson River. Auch in London, Singapur und Zürich gingen Mitarbeiter auf die Straße. Vor der Google-Firmenzentrale weinten die Demonstrierenden, als eine Programmiererin erzählte, wie sie von einem Kollegen auf einer Firmenfeier unter Drogen gesetzt worden war. Die Google-Mitarbeiter hielten Schilder hoch, auf denen »Tech, die Zeit ist um« und »Sei nicht bösartig« stand. Insgesamt demonstrierten über 20 000 Beschäftigte in fünfzig Städten. Es war ein bahnbrechendes Ereignis im Kampf für Arbeitnehmerrechte, ein Moment der Katharsis in der Ära Trump. Eine Bewegung, die den Ozean zum Kochen brachte. Der Aufstand der Techies machte landesweit Schlagzeilen, und erstaunlicherweise schien das Unternehmen stolz darauf zu sein. Googles Finanzchefin Ruth Porat beschrieb die Aktion als »Googler, die tun, was Googler am besten können«.

Doch wie Stapleton bald feststellen musste, sah zwei Monate später alles schon wieder ganz anders aus. Googles Vorstandsetage und die Protestierenden redeten – genau wie die Kulturkrieger und die lautesten Stimmen auf YouTube – konsequent aneinander vorbei.

Kapitel 31
Die Werkzeuge des Meisters

Wenn die Arbeitsniederlegung bei Google eines bewiesen hatte, dann dass das unerschütterliche Vertrauen vieler Mitarbeiter in den Konzern Risse bekommen hatte. Auf YouTubes Plattform spielte sich etwas ganz Ähnliches ab.

Die Menschen, die das Portal in seiner Frühzeit gestaltet und mit Leben erfüllt hatten, hatten an YouTube *geglaubt*. Für sie war es nicht nur ein gemeinsames Projekt, sondern eine Community. Als YouTube größer wurde und immer weiter zersplitterte, schwand das Vertrauen der loyalen Creators und Fans nach und nach. Inzwischen hatten viele alte Mitstreiter die Plattform verlassen, und in der Ära Trump wurden es immer mehr. Es war nur eine Frage der Zeit, bis sich ihr Zorn kanalisierte.

Mit Will Smith fing es an.

> YouTube: »YouTube Rewind 2018: Everyone Controls Rewind«, 6. Dezember 2018, 8:13.
> Der ehemalige Prinz von Bel-Air eröffnet den jährlichen YouTube-Jahresrückblick, den YouTuber und Fans wie immer akribisch auseinanderpflücken und nach Gesichtern, Trends und Phänomenen absuchen werden. Es geht Schlag auf Schlag. Dutzende YouTuber feiern K-Pop, *Fortnite*, ASMR, »Baby Shark«, Wohltätigkeitsaktionen, Drag-Performer und »alle Frauen, die 2018 ihre Stimme gefunden haben«.

Auf jemanden, der sich im YouTube-Land nicht gut auskannte, mochte dieses Video ganz harmlos wirken. Aber das war es nicht. Nach zwei Jahren einer wirtschaftlichen Berg-und-Tal-Fahrt und vieler rasanter Umwälzungen war jetzt der Moment gekommen, da sich die Wut der YouTuber entladen sollte, und dieses Video war der Anlass. Schon dass in dem Clip Vertreter der alten Medien auftraten (Will Smith, John Oliver, Trevor Noah), empfanden die eigentlichen YouTuber als Affront. Im Video kamen erfolgreiche Creators aus Korea, Brasilien und Indien vor, die nicht auf Englisch produzierten und die den amerikanischen Fans nichts sagten. Außerdem wurden einige weniger schöne Momente des vergangenen Jahres unter den Teppich gekehrt: diverse Fehden zwischen Beauty-Gurus etwa oder Logan Pauls gehypte neue Karriere als Boxer. Dieser »Rewind« wirkte fremd und allzu werbekundenfreundlich. Wie das PR-Video eines Konzerns.

Der Mob machte seinem Ärger Luft. Innerhalb einer Woche klickten mehr als zehn Millionen Nutzer bei dem Video auf »Mag ich nicht« und machten es damit zum unbeliebtesten Video aller Zeiten. Und selbstverständlich posteten YouTuber eigene Videos über das »Rewind«-Video. PewDiePie beispielsweise teilte seinen Zuschauern mit, er finde YouTubes Marketingfilmchen »komplett abgekoppelt von seiner Community und seinen Creators«, räumte dann aber doch ein, dass die Szene inzwischen kaum noch überschaubar sei – über 2000 Kanäle hatten inzwischen eine Million Abonnenten oder mehr: »Allen wird man es kaum recht machen können.«

Seit Felix Kjellbergs antisemitischem Fiasko ging es auf seinem Kanal noch extremer zu. Mit »Pew News« startete er ein neues Format, in dem er Medienkritiker und andere YouTuber auf die Schippe nahm und wütete wie einst der Nachrichtensprecher Howard Beale in dem Film *Network*. Er ließ seinen Bart so lang wachsen, dass er an einen Zwerg aus *Herr der Ringe* erinnerte. Bei einem Videospiel-Livestream außerhalb von YouTube rutschte ihm in einem euphorischen Moment das N-Wort heraus, wofür er sich auf YouTube entschuldigte (»Ich bin ein Idiot«). Die Folge waren weitere kritische Medienberichte.[1] In einem »Pew News«-Clip sezierte er Paul Logans Bemühungen, sich für seine Aktion im japanischen Selbstmordwald zu entschuldigen: Der YouTube-Star war im Fernsehen aufgetreten und hatte ein Video gedreht, in dem er mit Hundeblick über Suizidgefahr sprach. Man hatte Kjellberg geraten, das Gleiche zu tun, aber das wäre ihm »höchst unaufrichtig« vorgekommen, wie er seinen Zuschauern erklärte: »Ich wollte den Leuten einfach nur zeigen, dass ich mich durch meine Videos im Laufe der Zeit verändert habe.«

Auch wenn sein Umsatz darunter gelitten haben mag, dass er nicht öffentlich zu Kreuze kroch: Sein Publikum wuchs und wuchs. Im Herbst hatte PewDiePie über 60 Millionen Abonnenten. Seine Fehltritte hatten die Loyalität der Fans nur noch weiter gestärkt. Allerdings wuchs sein Publikum nicht so schnell, dass er der König von YouTube blieb.

Im August des Jahres hatte die Website Social Blade, die die Statistiken von YouTube verfolgte, eine Übersicht veröffentlicht, der zufolge T-Series auf dem besten Wege war, PewDiePie den Rang als meistabonnierter YouTube-Kanal abzulaufen. T-Series war ein Entertainment-Riese aus Indien, zu dem ein gigantisches Musiklabel und ein Bollywood-Studio gehörten. Während in Indien immer mehr billige Smartphones erhältlich waren, postete T-Series immer mehr Videos auf YouTube und sorgte so dafür, dass zig Millionen Bollywood-Fans das Internet für sich entdeckten. Die meisten von ihnen hatten nie einen Computer oder auch nur einen Fernseher besessen. T-Series war ein popkulturelles Phänomen, Hitmacher und Traumfabrik in einem, ein Unternehmen, wie YouTubes *Head*-Abteilung sie seit jeher umwarb. Und virale Videos aus Indien passten gut zu Googles ehrgeizigem Vorhaben, seine »nächste Milliarde Nutzer« zu generieren.

Und doch wirkte T-Series auf viele im YouTube-Land wie ein Eindringling: ein Großkonzern, der für YouTube Monat für Monat Dutzende Hochglanzvideos produzierte. Kaum jemand in Amerika oder Europa hatte je von dem Kanal gehört oder sich für ihn interessiert, bis er PewDiePie, der YouTubes unregulierte Szene verkörperte, vom Thron zu stoßen drohte. Ausgerechnet der Schwede PewDiePie, dessen ganze Karriere von Werbespots abhing, die einer der größten globalen Konzerne verkaufte, wurde so zu einer Galionsfigur des Anti-Establishments. Kjellberg nahm die Herausforderung an. Im Oktober drehte er ein an T-Series gerichtetes Schmähvideo mit dem Titel »bitch lasagna«, in dem er im Stil von Eminem Edgelord-Lyrics rappte (»Ich bin ein blauäugiger weißer Drache, du bist nur ein dunkler Magier«). Das war typisch PewDiePie, total albern und voller Insiderwitze aus dem Internet (*bitch lasagna* bezog sich auf den viralen Screenshot eines Chatverlaufs, bei dem ein Inder erfolglos eine Frau umwirbt). Außenstehende konnten kaum nachvollziehen, was hier eigentlich karikiert wurde.

Der Schlachtruf »Abonniert PewDiePie« kam auf und entfaltete eine Dynamik, die selbst die Mitarbeiter bei YouTube schockierte, die inzwischen nicht mehr allzu leicht aus der Fassung zu bringen waren. Ein gewitzter YouTuber mietete für diesen Zweck eine Werbetafel am Times Square, und Logan Paul rief seine Logang auf, PewDiePie zu unterstützen. Jimmy Donaldson alias MrBeast, ein aufstrebender YouTube-Star, der für seine völlig überzogenen Charity-Aktionen und Stunts bekannt war, mietete in seiner Heimatstadt Greenville, North Carolina, mehrere Plakatwände, die verkündeten: »An alle Bros! Ihr könnt YouTube retten. Abonniert PewDiePie.« Andere verbreiteten ähnliche Botschaften, indem sie sich in Drucker, Streaming-Geräte und Smart-Kameras von Nest einhackten, das zu Google gehörte. Ein Internetphänomen verselbstständigte sich. PewDiePie gewann mehrere Millionen neuer Abonnenten.

Im Dezember, nach dem verpfuschten »YouTube Rewind«, beschloss das Unternehmen, man müsse cool auf die Kritik reagieren. Wojcicki ließ ihre Mitarbeiter wissen, selbst ihre Kinder hätten sich dabei fremdgeschämt. Als Akt der Selbsterkenntnis erstellte das Marketingteam von YouTube unter Leitung von Claire Stapleton eine Playlist mit den besten Videos, die als Reaktion auf den »Rewind« entstanden waren. Es gab große Bedenken, auch PewDiePies Video mit aufzunehmen, obwohl es außerordentlich beliebt war. Kjellberg hatte über eine Senior-Partnermanagerin, die Deutsche Ina Fuchs, weiterhin Kontakt zu YouTube, aber seit dem Fiasko von 2017 hatte das Unternehmen die öffentlichen Beziehungen zu seinem größten Star gekappt. (Abgesehen davon, dass YouTube in geeigneten Videos von PewDiePie weiterhin Werbung schaltete.) Für die Verantwortlichen bei YouTube wurde diese Situation allmählich unhaltbar, vor allem angesichts der breiten Welle von Unterstützung für Kjellberg, die häufig als indirekte Kritik am Unternehmen verstanden wurde. Fuchs und einige ihrer Kollegen argumentierten, dass Kjellberg missverstanden worden sei und mehr Unterstützung seitens YouTubes verdiene. Solche Entscheidungen machte man sich nicht leicht.

Auf dem Google-Campus genoss Stapleton gerade eine Massage, als eine Nachricht nach der anderen von ihrer Chefin eintraf, in denen es um die »Rewind«-Playlist ging. Sollte man PewDiePies Video wirklich mit auf die Liste setzen? Und wie bekäme man es hin, die Botschaft perfekt rüberzubringen? Per E-Mail entbrannten Debatten darüber, ob der offizielle Twitter-Account des Unternehmens unter einem von PewDiePies Tweets auf das ♡ klicken sollte. Stapleton war dagegen. PewDiePie gehe ihrer Meinung nach »unverantwortlich mit seinem Einfluss« um. Sie weigerte sich, sein Video auf die Playlist zu setzen.

Aber dann tauchte es trotzdem dort auf. Ihre Vorgesetzte hatte einen anderen Marketingmitarbeiter gebeten, das Video hinzuzufügen, und sie damit einfach übergangen.

Stapleton hätte es kommen sehen müssen. Als nach der Arbeitsniederlegung ihr Foto in der *New York Times* erschienen und sie in verschiedenen Fernsehsendungen aufgetreten war, hatte ein Kollege sie gewarnt, derart sichtbare Aktionen, die innerhalb des Unternehmens geplant und umgesetzt worden waren, müssten eine entsprechende Reaktion provozieren. Der Kollege zitierte einen berühmten Ausspruch der Bürgerrechtlerin und Schriftstellerin Audre Lorde: »Die Werkzeuge des Meisters werden niemals das Haus des Meisters niederreißen.«

»Sobald du unbequem wirst«, kommentierte Stapleton den Vorgang hinterher, »sind deine Tage hier gezählt.«

Claire Stapleton und Meredith Whittaker wurden zu den Gesichtern des Streiks. Whittaker hatte seinerzeit den Protest gegen den Vertrag mit dem Pentagon angeführt. Die Google-Researcherin prangerte mit großer Leidenschaft die gefährlichen ethischen Fehltritte an, die ihr Unternehmen mit seiner künstlichen Intelligenz beging. Whittaker war schon seit 2006 bei Google – wie Stapleton war sie eine langjährige Mitarbeiterin, was die beiden zu geeigneten Fürsprecherinnen für ihre Sache machte. Außerdem waren sie beide weiß. Ein YouTube-Kollege, der das nicht war, sagte einmal zu Stapleton, er stimme ihr in vielen Themen zu, auch bei der PewDiePie-Geschichte, sei aber nicht privilegiert genug, sich mit den Chefs anzulegen.

Die Unterstützung der Vorstandsetage für die Arbeitsniederlegung hielt nicht lange vor. Die Organisatorinnen hatten es nicht dabei belassen, sondern fünf Forderungen aufgestellt, darunter gleiche Löhne für Frauen und Männer und einen Sitz für die Belegschaft im Vorstand. Kurz nach der Arbeitsniederlegung lud die CEO Stapleton und einige andere weibliche Angestellte zu einem persönlichen Gespräch ein. Wojcicki hatte mehreren Untergebenen anvertraut, dass sie nichts von den Vorwürfen gegen Andy Rubin gewusst habe und davon angewidert sei. Bei diesem Treffen sprachen ihre Mitarbeiterinnen sie auf das geschlechtsspezifische Lohngefälle und den Mangel an PoC unter den Führungskräften bei YouTube an. Wojcicki ließ durchblicken, von diesen Diskrepanzen wisse sie nichts, und sagte, YouTube werde in diesen Bereichen nachbessern. Nach dem Treffen wandte sich eine Kollegin an Stapleton und sagte: »Die lügt wie gedruckt.« Sie kamen zu dem Schluss, dass Wojcicki sehr wohl davon gewusst habe, aber die Verantwortung abschieben wolle. »Das war ein reines Lippenbekenntnis«, erinnerte sich Stapleton später.[2]

Es war ihre letzte Begegnung mit ihrer CEO. Im Januar erfuhr Stapleton von ihrer Vorgesetzten, dass ihre Stelle »neu definiert« werden würde. Offiziell handelt es sich um eine personelle Umstrukturierung, wie sie bei Google an der Tagesordnung war, doch Stapleton musste verschiedene Aufgaben abgeben und verlor die Hälfte ihres Teams, daher vermutete sie andere Motive dahinter. Sie machte ihrem Frust weiter oben in der Unternehmenshierarchie Luft, wo man ihr riet, zu ihrer Vorgesetzten »wieder Vertrauen aufzubauen« und vielleicht einige Tage freizunehmen. Allmählich wurde ihr klar, was die Stunde geschlagen hatte.

Im März wurde Stapleton zu einem firmeninternen Retreat eingeladen, der den schönen Namen »Wohlbefinden: Code Red« trug. »Oh, das wird sicher lustig«, schrieb sie in einer E-Mail an einen Kollegen. Es war ironisch gemeint.

Am 14. März 2019, einem Donnerstag, nahm Jennie O'Connor ihre Arbeit beim Intelligence Desk von YouTube auf. Diese Abteilung war Anfang 2018 nach der Elsagate-Krise eingerichtet worden. Als Abteilungsleiterin war es O'Connors Aufgabe, über den chaotischen *Long Tail* von YouTube hinauszublicken und ungute Entwicklungen rechtzeitig zu prognostizieren, damit YouTubes Moderatoren und Maschinen angemessen reagieren konnten. O'Connor stellte ehemalige Geheimdienstmitarbeiter und Creator-Manager ein, um den Finger besser am Puls der Website zu haben. Nach zwölf Jahren im Unternehmen »sprach sie Google«, wie es ein früherer Kollege formulierte. Am wichtigsten aber war, dass sie als Stellvertreterin für Neal Mohan *direkt am Produkt* gearbeitet hatte. »Wenn du nicht am Produkt arbeitest oder Codes schreibst«, so Hong Qu, ein ehemaliger Designer bei YouTube, »hast du keinerlei Einfluss.«

Als Erstes brachte sich O'Connor bezüglich des IS auf den neuesten Stand. Außerdem machte sich die ehemalige Highschool-Mathematiklehrerin damit vertraut, was für wilde Sachen die Kids gerade so trieben, wie zum Beispiel die »Kondom-Challenge« (dabei ließ man jemandem ein mit Wasser gefülltes Kondom so auf den Kopf fallen, dass es sich wie ein Goldfischglas darüberstülpte –

ein gefundenes Fressen für die Internetgemeinde). Manchmal wurde O'Connors Abteilung aber auch kalt erwischt, zum Beispiel im Februar, als ein YouTuber aufdeckte, dass in den Kommentaren unter Clips mit Kindern Pädophile verschlüsselte Links und Formulierungen verwendeten. Erneut boykottierten zahlreiche Werbekunden YouTube. Doch O'Connors Team handelte schnell. Innerhalb von zwei Wochen wurden von Millionen Videos die Kommentare entfernt, ein effizienter, KI-gesteuerter Kommentarfilter wurde eingesetzt und härtere Strafen festgelegt. O'Connor hatte weltweit ein rotierendes Team von »Einsatzleitern« aufgestellt, das bei solchen unmittelbaren Katastrophen auf Abruf bereitstand. War Rooms, Geheimdienst, Einsatzleiter – die martialische Sprache vermittelte den Eindruck, als würde YouTube gegen seine Gegner in den Krieg ziehen.

An besagtem Donnerstag im März lehnten die US-Senatoren die Notfallmaßnahme des Präsidenten ab, mit der dieser seine Grenzmauer in Mexiko bauen wollte, woraufhin Trump »VETO!« twitterte. Ein Googler in Japan brach den Guinness-Weltrekord, indem er die Zahl Pi bis 31 Billionen Stellen nach dem Komma berechnete. O'Connors Arbeitstag endete ohne weitere Zwischenfälle. Sie verließ ihr Büro bei YouTube und wollte es sich gerade zu Hause gemütlich machen, als die ersten E-Mails aus Neuseeland eintrafen.

Der Terrorist war ein achtundzwanzigjähriger Australier.[3] Er war in einer Stadt nördlich von Sydney aufgewachsen, wo er Videospiele spielte und Subkultur-Internetforen wie 8chan frequentierte. Nachdem sich seine Eltern hatten scheiden lassen, ging seine Mutter eine Beziehung mit einem gewalttätigen Mann ein. Noch vor seinem 20. Geburtstag starb sein Vater infolge einer Asbestvergiftung an Krebs, was dem Sohn eine stattliche Abfindung einbrachte. Er reiste viel, meistens allein, und ging, wie es später in einem Regierungsbericht hieß, »keinerlei dauerhafte Beziehungen mit anderen Menschen ein«. Er war weiß und betrachtete sich als Europäer. Beides waren für ihn Zeichen der Überlegenheit, und in beidem fühlte er sich akut bedroht: durch zunehmende Immigration, vor allem muslimischer Migranten. Das war seine Version der Theorie vom »Großen Austausch«, die sich online verbreitet hatte.

Er schaute YouTube und hatte diverse Kanäle abonniert. Er postete in der Lads Society, einer rechtsextremen Facebook-Gruppe, die dort in ein privates Forum verbannt wurde, als das soziale Netzwerk unter seinen öffentlichen Gruppen aufräumte. Auf diese Gruppe bezog sich wahrscheinlich sein letzter Satz, bevor er so viele Menschen tötete: »Denkt dran, *lads,* abonniert PewDiePie.« Wahrscheinlich wollte er damit nur Aufmerksamkeit erregen. Es gab keinen Hinweis darauf, dass er sich regelmäßig PewDiePies Videos ansah oder sich davon in irgendeiner Weise beflügelt fühlte.

Anfang 2017 hatte der junge Mann einem US-amerikanischen Think Tank weißer Nationalisten Geld gespendet, ebenso wie dem Freedomain Radio von Stefan Molyneux. (In einer Stellungnahme distanzierte sich Molyneux »umgehend von dem Terroristen aus Neuseeland«.[4]) Auf einer Reise durch Frankreich im Frühjahr hatte der Terrorist in einem Einkaufszentrum Migranten gesehen. Später schrieb er in einem Online-Post, der Anblick dieser »Invasoren« sei für ihn der Moment der Erleuchtung gewesen, der ihn später veranlasste, gewalttätig zu werden. Doch es hatte schon vorher Anzeichen gegeben. Seine Familie erzählte den Behörden später, er sei Ende 2016 von einer Reise »als anderer Mensch« zurückgekehrt, abgebrüht und mit extremen Ansichten. Immer wieder habe er darüber gesprochen, dass die muslimische Migration den Untergang des Westens und der ganzen Welt herbeiführen werde. Seine Mutter hatte sich schon damals Sorgen um seine psychische Verfassung gemacht. »Die Patrioten und Nationalisten haben gesiegt«, postete er nach Trumps Wahl zum US-Präsidenten. Später schrieb er auf Facebook in der Lads-Society-Gruppe: »Unsere größte Bedrohung sind die gewaltlosen Einwanderer, die sehr fruchtbar sind und einen großen sozialen Zusammenhalt haben.«

Material über den »Großen Austausch« saugte er förmlich auf. Bücher, Foren, 4chan, Facebook-Gruppen.

Doch einem Bericht neuseeländischer Regierungsbeamten zufolge, die den Terroristen nach der Tat vernahmen, hatte ein ganz bestimmtes Internetportal maßgeblichen Einfluss auf ihn. Der Bericht kam zu dem Schluss: »Er sagte aus, dass er eher selten Kommentare auf rechtsextremen Websites hinterlässt und dass YouTube für ihn eine viel wichtigere Quelle der Information und Inspiration war.«

Zwei Tage vor dem Anschlag postete er auf seiner Facebook-Seite mehrere Dutzend Links, darunter Zahlen zu Geburtenraten und den Bericht einer britischen Boulevardzeitung über gewalttätige Gangs aus Asien.[5] Auch Links zu diversen YouTube-Videos waren darunter: Reden eines britischen Faschisten aus den Dreißigerjahren. Nachrichtenclips über Chaos in Europa. Russische Bomber über Syrien. Ein zweibeiniger Roboter, der zu den Klängen eines deutschen Soldatenliedes marschierte. Neben ein Video mit einem lettischen Volkslied schrieb er: »Genau das wollen sie zerstören.« Später sagte er den Ermittlern, er habe anhand von YouTube-Tutorials gelernt, wie man die Schusswaffen zusammenbaut, die er bei seinem Anschlag verwendet habe.

2017 war er nach Dunedin im Süden Neuseelands gezogen, wo er ganz unauffällig gelebt hatte. Nach dem Terroranschlag versuchte die ganze Nation, diesen Massenmord irgendwie zu begreifen. »Er war ein absoluter Niemand«, erinnert sich Kirsty Johnston, eine Reporterin, die viel über sein Leben recherchiert hatte. »Der ganz normale Rassist von nebenan. Aber er hatte Geld und Zeit.«

Haji-Daoud Nabi hatte eine Familie, die ihn liebte, und eine Gemeinde in Christchurch, die ihn bewunderte. Der 71-jährige Großvater war in den Siebzigerjahren aus Afghanistan gekommen und trug immer noch den *pakol*, die traditionelle Kopfbedeckung seiner Heimatregion. Er reparierte alte Autos und fuhr gerne Besucher, die sich die Stadt ansehen wollten, zu seiner Moschee. Er kümmerte sich um andere Migranten, die nach Neuseeland kamen, hatte aber auch seine Wahlheimat ins Herz geschlossen. Bei seiner Beerdigung war eine Karawane von Harley-Davidson-Motorrädern dabei, die er so geliebt hatte. »Er war genauso sehr Kiwi, wie er Afghane war«, erinnert sich ein Freund.[6] Nabi redete jeden mit »Bruder« an.

An jenem verhängnisvollen Freitagnachmittag, dem 15. März, stand Nabi am Eingang der Al-Noor-Moschee und begrüßte seine Glaubensbrüder.[7] Kurz nach 13:40 Uhr kam ein Mann auf ihn zu, der eine aufnahmebereite Body-Cam und ein halbautomatisches Sturmgewehr vom Typ AR-15 trug. Bald darauf würde er Nabi und fünfzig weitere Menschen in der Masjid-Al-Noor-Moschee und an einer anderen islamischen Stätte töten. Nabi begrüßte ihn herzlich: »Hallo, Bruder! Sei willkommen!«

▶

Nicht lange danach klappte Jennie O'Connor auf der Küchentheke ihren Laptop auf. In Kalifornien war es noch Donnerstagabend. Ihre Kollegen hatten sie darüber informiert, dass es in Christchurch zu einem Anschlag gekommen sei und der Attentäter die Morde live auf Facebook gestreamt habe. Und dass dieser Stream inzwischen auf YouTube hochgeladen worden sei.

Für solche Situationen gab es einen genauen Ablaufplan. YouTube stufte das Bildmaterial umgehend gemäß seinem Grad der Gewaltdarstellung ein und erstellte entsprechende Regeln für Content-Moderatoren und Maschinen. O'Connor beschloss, dass das Video entfernt werden müsse, und setzte den Prozess in Gang. Zu fortgeschrittener Stunde versuchte sie schließlich, etwas Ruhe zu finden.

Als Tala Bardan, YouTubes Spezialistin für gewalttätigen Extremismus, am nächsten Morgen aufwachte, sah sie auf ihrem Instagram-Kanal sofort Nachrichten über die Schießerei. Sie begann auf der Stelle zu weinen. Sie wischte die Tränen weg, öffnete ihren Laptop und schaute sich das Bildmaterial des Terroristen an. Noch schwerer konnte sie den Anblick der umstehenden Personen ertragen – Clips von fassungslosen, weinenden Moscheebesuchern und

Nachbarn. Bardan wirkte bei der Erstellung der Leitlinien für die Content-Moderatoren mit: Sie sollten alle Re-Uploads sowie sämtliche Clips löschen, die diese Gewalttat verherrlichten, nicht aber die Berichterstattung durch Nachrichtensender. Sie fuhr mit dem Taxi ins Büro, um ungestört arbeiten zu können, und verbrachte anschließend das ganze Wochenende zu Hause damit, das gewalttätige Material durchzusehen. Ihr Mann versorgte sie mit Essen, während sie am Schreibtisch saß. YouTube wurde geradezu bombardiert mit Clips zu Ehren des Todesfilmchens aus Christchurch. Hetzer und Trolle hatten das Filmmaterial so zusammengeschnitten, dass es die Maschinen austrickste. Während Kalifornien schlief, versuchten Bardan und ihre Kollegen in Europa und Asien verzweifelt, den Schwelbrand zu löschen.

Als O'Connor am Freitagmorgen aufwachte, musste sie feststellen, dass das übliche Prozedere nicht funktionierte. Zuerst dachte sie, YouTube benötige mehr Content-Moderatoren. »Wir haben nicht genug Screener«, hatte sie noch in der Nacht verkündet. Aber bereits am nächsten Morgen war klar, dass es damit nicht getan war. Zu einem Zeitpunkt tauchten auf YouTube im Sekundentakt neue Kopien des Videos vom Anschlag auf. Eine Führungskraft sagte später, die besorgniserregende Geschwindigkeit der Re-Uploads habe manche im Unternehmen mutmaßen lassen, dass eine fremde Regierung dahinterstecke. Mohan, O'Connors Vorgesetzter, beschrieb den Vorfall später als »Tragödie, die wie dafür gemacht war, viral zu gehen«.[8]

Videos, die viral gingen, waren in der Geschichte von YouTube bisher meistens etwas Positives gewesen. YouTube war als das unerschöpfliche Archiv des Internets konzipiert. Clips, die zuerst anderswo ausgestrahlt worden waren, so wie der Livestream aus Christchurch, konnten jederzeit auf YouTube landen und dort Fahrt aufnehmen. Um relevant zu bleiben, hatte YouTube seine Algorithmen so umgestellt, dass mehr aktuelle Meldungen angezeigt wurden. Leute, die nach einer Massenschießerei früher den Fernseher eingeschaltet hatten, sollten stattdessen auf YouTube gehen, und das taten sie auch. Im Gegenzug schafften es inzwischen sogar

Kuriositäten aus YouTube-Land wie die Aktion »Abonniert PewDiePie« in die TV-Nachrichten. Anders als in den sozialen Netzwerken mit ihren schwerfälligen Suchfunktionen fand man auf YouTube verhältnismäßig einfach alles Mögliche, was man suchte. Die Mechanismen, die aus YouTube ein florierendes Unternehmen gemacht hatten, die Tools, die man entwickelt hatte, ohne recht im Blick zu haben, welche katastrophalen Auswirkungen sie im Zweifelsfall haben konnten – all das kam nun zusammen und bildete eine verhängnisvolle Mischung. Es war ein Albtraum, der sich verselbstständigte, und das Unternehmen konnte nichts dagegen tun.

O'Connor war gerade auf dem Weg zur Arbeit und telefonierte, als die Entscheidung fiel. YouTube würde jegliches Bildmaterial entfernen, das den Anschlag von Christchurch zeigte, nicht nur die Re-Uploads des ursprünglichen Videos. Und man würde unterbinden, dass Zuschauer überhaupt nach dieser Tragödie suchen konnten. Damit wurde zum allerersten Mal überhaupt eine komplette Kategorie aus der Suche entfernt. Die Content-Moderatoren, die mit der Arbeit nicht hinterherkamen, konnten endlich durchatmen. YouTube drehte seine Filter auf und überließ seinen Maschinen die Kontrolle.

Teil IV

Kapitel 32
Roomba

Im Mai 2019 erschien auf einer Plakatwand in San Francisco neben der Schnellstraße, die viele Google-Mitarbeiter nahmen, wenn sie zur Arbeit fuhren, ein neuer Slogan: »Zerschlagt Big Tech!«

Hinter dem Plakat steckte Elizabeth Warren, eine der Anwärterinnen auf die Präsidentschaftskandidatur, doch dieser Forderung hätten sich Politiker aller Parteien angeschlossen. Im Sommer leitete Trumps Justizministerium wegen Googles Monopolstellung ein umfangreiches Kartellverfahren ein. Der Senat berief eine Kommission ein, die ergründen sollte, welche Gefahr von unkontrollierter künstlicher Intelligenz in den sozialen Medien ausging. »Die Unternehmen lassen den Algorithmen freien Lauf«, erklärte ein Abgeordneter. Republikaner und Demokraten, die sonst grundsätzlich über alles erbittert stritten, waren sich einig darin, dass Internetportale wie YouTube zu groß und zu einflussreich geworden waren.

In jenem Sommer hatte YouTube etliche seiner größeren Krisen in den Griff bekommen – es kam nicht mehr vor, dass Markenunternehmen versehentlich Videos von Randgruppen finanzierten (oder zumindest gerieten sie damit nicht mehr in die Schlagzeilen). Die seltsamen Videos mit Kindern waren von der Seite verschwunden. Das Unternehmen hatte seine cholerischsten Stars weitgehend im Griff, und seit dem Ende der Werbeboykotts ging es wirtschaftlich wieder bergauf. Für diese neue Krise hingegen gab es keine eindeutige Lösung. Verschiedene Regierungen waren darin übereingekommen, dass das Silicon Valley besser reguliert werden musste. Die EU verabschiedete eine umfassende Urheberrechtsreform, deren umstrittener Artikel 13 die Plattformbetreiber für bestimmte

Urheberrechtsverletzungen haftbar machte. Das beeinträchtigte YouTubes Prozesse im Umgang mit Urheberrechten. Viele Länder, die der Aufstieg der sozialen Medien unvorbereitet getroffen hatte, stellten Überlegungen an, wie man die Branche regulieren könne. Selbst die Stammgäste in Davos nannten Facebook inzwischen das »neue Rauchen«,[1] und bei YouTube war man sich im Klaren darüber, dass die Abgeordneten nicht nur Gesetze für Facebook formulierten – auch YouTube wäre eines Tages an der Reihe.

Es stand eine ganze Menge auf dem Spiel, zumal das Jahr 2020 heranrückte. 2019 berichtete ein investigativer Artikel in der *New York Times* ausführlich darüber, wie Videos mit fragwürdigen medizinischen Inhalten den Kampf gegen das Zika-Virus in Brasilien behinderten und wie das dort allgegenwärtige YouTube dem Rechtspopulisten Jair Bolsonaro zur Präsidentschaft verholfen habe,[2] der bald ein weiteres Virus verharmlosen sollte. Micah Schaffer, ein YouTube-Angestellter aus der Anfangszeit des Unternehmens, ging mit seinem alten Arbeitgeber hart ins Gericht. Er warf der Firma vor, gefährliche Theorien zu unterstützen, wie zum Beispiel Verschwörungstheorien zu Impfstoffen. Zu seiner Zeit, als das Unternehmen noch nicht so profitorientiert gewesen sei, habe es so etwas nicht gegeben. »Mag sein, dass wir eine Menge Geld verbrannt haben«, sagte er einem Reporter, »aber wenigstens haben Hunde auf Skateboards noch niemanden umgebracht.«[3] Im Juni 2019 stellte der queere Creator Carlos Maza YouTube öffentlich an den Pranger: Dem Unternehmen sei es nicht gelungen, die rassistischen und homophoben Beleidigungen eines anderen YouTubers, des rechtslastigen Kommentators Steven Crowder, gegen ihn zu unterbinden. Dass sich YouTube gerade in diesem Fall weigerte, Klartext zu reden, brachte einige Mitarbeiter in Rage. Auf der San Francisco Pride Parade, zu deren offiziellen Sponsoren Google zählte, marschierten einige Dutzend Googler mit. Auf ihren Plakaten war zu lesen: »Mobbing auf YouTube tötet uns.«

In jenem Jahr fragte ein YouTube-Mitarbeiter Wojcicki während eines Meetings, wovor sie am meisten Angst habe. Sie musste nicht lange überlegen: »Regulierung.«

YouTube, das so oft schon viel zu spät auf Kritik von Creators und Mitarbeitern reagiert hatte, wurde nun aktiv und versuchte verzweifelt, sich selbst zu regulieren, bevor irgendwelche Regierungen das taten. Im Juni formulierte das Unternehmen neue Richtlinien zu Hassrede und gewaltverherrlichenden oder grausamen Inhalten. Videos, »die zu Gewalt oder Hass gegen Einzelpersonen oder Gruppen aufrufen«, waren ab sofort verboten.[4] Alles, was die Nazis verherrlichte, war von jetzt an tabu, genau wie »das Leugnen eines klar dokumentierten Gewaltereignisses« wie des Holocaust oder des Amoklaufs an einer Schule. Nach dem Anschlag in Christchurch wurde die Veröffentlichung von »Videos von schwerwiegenden oder tödlichen Gewalttaten, die vom Täter gefilmt werden«, untersagt. YouTube brachte auch seine Richtlinien gegen Belästigung und Cybermobbing auf den neuesten Stand: Künftig waren Videos, in denen andere Creators bedroht wurden, verboten. Anfangs gab es dabei noch eine Ausnahmeregelung für »Persönlichkeiten des öffentlichen Lebens«, auch wenn das Unternehmen sich damit schwertat. Immerhin hatte YouTube ja ein Portal geschaffen, damit ganz gewöhnliche Menschen berühmt werden konnten. (Später wurde die Richtlinie dann doch noch auf Prominente ausgeweitet.) YouTube stellte Spezialisten für kindliche Entwicklung ein und rief unter dem Decknamen Crosswalk ein internes Programm ins Leben, mit dessen Hilfe mehr pädagogisch wertvolle Videos für Kinder beworben werden sollten. Ein YouTube-Mitarbeiter meinte, bald würde einem das YouTube aus der Zeit vor diesen Neuerungen vorkommen wie die Welt der Autos, bevor es die Anschnallpflicht gab. Wie eine Gefahr für die öffentliche Sicherheit.

Doch die neuen Sicherheitsmaßnahmen stießen nicht überall auf Gegenliebe. Einige Wochen nachdem YouTube die Aktualisierung der Richtlinien zu Hassrede bekannt gegeben hatte, verkündete das Unternehmen, es werde solche Richtlinien »ohne Ansehen der politischen Gesinnung« anwenden, was Donald Trump Jr. mit den Worten kommentierte: »Das glaubt euch keiner.« Nachdem YouTube Werbung vom Kanal des konservativen Komikers

Steven Crowder entfernt hatte, verlangte Senator Ted Cruz, das Unternehmen solle damit »aufhören, Gott zu spielen«. Die rechte Anhängerschaft Trumps war der Meinung, das Silicon Valley nutze die angebliche Hassrede lediglich als Vorwand, um allem und jedem seinen Liberalismus aufzudrücken. Wenn Politiker so unverhohlen die Fäuste schwangen, schlug YouTube nie zurück. Stattdessen setzte es umso mehr auf die Wirksamkeit seiner Maschinen – das Unternehmen formulierte zwar die Richtlinien, überließ die Durchsetzung aber seinen automatisierten Systemen. Bei YouTube war man davon überzeugt, dass die Algorithmen schneller und effizienter arbeiteten als Menschen und frei vom Makel der Voreingenommenheit waren. Maschinen konnten *skalieren*. Maschinen hatten keine vorgefertigte Meinung zu Donald Trump Jr. An dieser Logik hielt YouTube in einer Weise fest, die nicht immer glaubwürdig war.

Im Herbst 2018 verschwand der *InfoWars*-Skandalmoderator Alex Jones aus dem kommerziellen Internet. Binnen eines Monats hatten Spotify, Apple, Twitter, Facebook und YouTube ihn gesperrt. Es sah ganz danach aus, als seien die großen Plattformen, die jahrelang seine Hasstiraden und wilden Verschwörungstheorien ausgestrahlt hatten, kollektiv der Meinung, er habe eine Grenze überschritten. Doch ganz so war es nicht. YouTube fror Jones' Kanal ein, nachdem er gezeigt hatte, wie ein Minderjähriger gemobbt wurde – ein Verstoß gegen die Richtlinien zur Gefährdung von Kindern. (Mit seinen Verschwörungstheorien zu Amokläufen an Schulen hatte das Video nichts zu tun.) Jones versuchte daraufhin, die Sperre zu umgehen und das Video auf einem anderen Kanal hochzuladen, woraufhin er komplett gesperrt wurde. YouTube brachte ihn also wegen einer Formsache zu Fall, genau wie Al Capone ausgerechnet wegen Steuerhinterziehung festgenommen wurde. (Zu diesem Zeitpunkt hatte Jones auf YouTube mehr als zwei Millionen Abonnenten.)

Trotz dieser zügigen Gegenmaßnahmen wurde YouTube in jenem Herbst von der US-Regierung gemaßregelt. Inzwischen schauten fast genauso viele Kinder YouTube wie Fernsehen (vielleicht sogar noch mehr). Doch für das Kinderfernsehen gab es gesetzliche Vorschriften, die für YouTube nicht galten. Die Standardbehauptung des Unternehmens zu diesem Thema, nämlich dass Kinder ja nur unter elterlicher Aufsicht Videos schauten, war nicht mehr tragbar. Im September 2019 reichte die FTC Klage gegen YouTube ein und warf dem Unternehmen vor, es verstoße gegen den Children's Online Privacy Protection Act (COPPA). Dieses Gesetz untersagte es, in Medien, die sich an Kinder richteten, Werbung zu schalten, die auf dem Surfverhalten der Zuschauer oder ihren personenbezogenen Daten basierten. YouTube musste 170 Millionen Dollar Strafe zahlen – die höchste Geldbuße, die je in einem solchen Fall verhängt worden war. Anschließend war YouTube gezwungen, sein Portal aufzuteilen. Videos für Kinder mussten künftig als »speziell für Kinder erstellt« gekennzeichnet werden, und auf diesen Videos liefen die teureren zielgerichteten Werbespots nicht mehr. Das bedeutete Umsatzeinbußen für Tausende Creators.

Doch selbst eingefleischten Fans von YouTube kamen allmählich Zweifel. Patrick Walker hatte jahrelang das Europa-Geschäft des Unternehmens geleitet. Nachdem er YouTube verlassen hatte, rühmte er die Plattform immer noch dafür, »eine ganz neue Sprache des Storytelling« erfunden zu haben. Trotzdem setzte Walker seine kleine Tochter niemals unbeaufsichtigt vor YouTube. »Wir haben nicht damit gerechnet, dass YouTube eine so dunkle Seite haben könnte«, erinnert sich Walker. »Viele Leute sind von den Möglichkeiten dieser Plattformen so begeistert, dass sie jedes Gespür dafür verlieren, was sie mit ihren Videos anrichten können.« Später trat Walker als einer der Gründer von Uptime in Erscheinung, einem Bildungsunternehmen, das erreichen möchte, dass die Leute aufhören, gedankenlos zu scrollen – also genau das Gegenteil von dem, was sein früherer Arbeitgeber gerne hätte und als Konzept in seine Algorithmen eingearbeitet hat.

Die zunehmenden Angriffe konterte Susan Wojcicki mit einer anschaulichen Antwort. Das Allzweck-Mantra des Unternehmens lautete: *the four Rs of responsibility* (»die vier R der Verantwortlichkeit«) – *remove, raise, reward* und *reduce*. Man gelobte, Material, das gegen die Regeln verstieß, zu löschen *(remove)*, »verlässliche« Quellen in den Rankings nach oben zu befördern *(raise)*, »vertrauenswürdige« Creators zu belohnen *(reward)* und die Menge grenzwertigen Bildmaterials zu reduzieren *(reduce)*.

Wojcicki wurde nicht müde, diese Grundsätze auf Sitzungen zu verkünden und auf einer Rundreise, auf der sie bei beliebten YouTubern im Interview Rede und Antwort stand. Das erste dieser Gespräche wurde im April aufgezeichnet, einen Monat nach der Tragödie von Christchurch. In diesem Gespräch wurde deutlich, wie das Unternehmen tickte und welche Strategie es verfolgte.

Wojcicki befand sich in Indien, wo YouTube, wie sie berichtete, monatlich von über 265 Millionen Menschen genutzt werde. Damit war es YouTubes am schnellsten wachsender Markt. Und ausgerechnet dort wurde ein neuer Konkurrent sehr schnell immer beliebter: TikTok. Wojcicki sprach mit Prajakta Koli, einer mehrsprachigen Komikerin, die den Kanal MostlySane betrieb. Koli fragte Wojcicki, was sie sich auf YouTube ansehe. »Ich glaube, ich bin eine ganz typische Nutzerin«, erwiderte Wojcicki, »Yoga-Videos mag ich.«[5] Außerdem verriet sie, dass sie gerne Clips über Kochen und Handarbeiten schaute. (YouTube hatte eine firmeninterne Aktion anlaufen lassen, um mehr Frauen für das Portal zu interessieren, dessen Zuschauer überwiegend männlich waren. Das mag ihre kalkuliert wirkende Antwort erklären.)

Wojcicki ging Punkt für Punkt durch, welche Anstrengungen YouTube unternahm, um die Creators zu unterstützen. Und dann wollte sie verdeutlichen, warum das Unternehmen strenger darauf achtete, was Creators posten durften und wie sie bezahlt wurden. »Wenn ich nur eine Sache nennen dürfte, auf die ich mich konzentriere«, sagte sie, »dann ist das Verantwortung.« Und auch in späteren Interviews betonte Wojcicki immer wieder, dass weder sie noch das Unternehmen bestimmten, wo es langging. Das läge ganz bei den Zuschauern. Das Ranking und die Empfehlungen bei YouTube beruhten auf Klicks, Umfrageergebnissen und Zuschauerzahlen. »Wir treffen diese Entscheidungen also gar nicht«, sagte Wojcicki zu Koli. »Alles hängt davon ab, was uns unsere Nutzer sagen.« Dies sei ein Verfahren, mit dem sie »wirklich die Inhalte in den Mittelpunkt stellen können, die unsere Nutzer nützlich finden und die gut sind für die Gesellschaft. Und noch einmal: Wir wollen das gar nicht selbst bestimmen.«

YouTube wollte als ein *verantwortungsbewusstes* Unternehmen wahrgenommen werden, als eine Plattform, die jene Creators finanziell unterstützte, die die wechselnden Normen von Sprache, Toleranz und Anstand respektierten, (und die nicht ins Kreuzfeuer der Kritik geraten wollte). Allerdings wollte YouTube den Anschein vermeiden, dass es dafür verantwortlich war, diese Normen festzulegen – oder sie auch nur zu unterstützen. Damit lief man Gefahr, den Haftungsschutz zu verlieren, die Konservativen zu verärgern, die YouTube der Voreingenommenheit bezichtigten, und gegen die unantastbare Überzeugung des Unternehmens zu verstoßen, der zufolge die Zuschauer das Sagen hatten. Außenstehende mochte diese Haltung verwirren, aber für YouTube hatte sie Hand und Fuß.

Und doch bestimmte YouTube in vielerlei Hinsicht die Marschrichtung.

Vor allem legte das Unternehmen fest, wie *verantwortungsbewusst* ein Video war, und stufte es in seinem Werbealgorithmus entsprechend ein. Das funktionierte ein bisschen wie bei den Uber-Rankings: YouTube zählte Videos, die beim Zuschauerfeedback vier oder fünf von fünf Sternen bekommen hatten, und gab sie zusammen mit den Umfragen, Likes und einer Fülle von Metriken in eine geheime Formel ein, um so die sogenannte wertvolle Wiedergabezeit zu ermitteln (also wie lange man sich ein Video anschaut, das man als wertvoll empfindet). Mehr *verantwortungsbewusste* Videos ergaben eine höhere *wertvolle* Wiedergabezeit. Aber das war keine exakte Wissenschaft. Ein Ingenieur, der an diesen Funktionen arbeitete, erinnert sich, dass die Rücklaufquoten der Zuschauerumfragen mit 2 oder 3 Prozent »bedenklich niedrig« waren und die Ergebnisse hauptsächlich von männlichen Mittzwanzigern stammten. Diesem Programmierer zufolge hatten die Manager kleine Anpassungen des Algorithmus abgesegnet, die die *wertvolle* Wiedergabezeit nachbesserten, sofern sich dies nicht negativ auf die *normale* Wiedergabezeit auswirkte. Die übliche Faustregel setzte einen Anstieg der *wertvollen* Wiedergabezeit um 1 Prozent dem Wert gleich, der maximal 0,2 Prozent der *normalen* Wiedergabezeit betrug. Es war immer eine Ermessensfrage. (Ein Sprecher sagte, im Unternehmen gebe es keine »verbindlichen Regeln« für diesen Prozess.)

Um YouTubes aufgemotztes Kontrollsystem im Blick zu behalten, richtete Wojcicki ein neues regelmäßiges Meeting ein: Jeden Freitag traf sie sich mit ihren leitenden Angestellten. Sie nannte dieses Team »Roomba«, nach dem kleinen Staubsaugerroboter, der die Böden putzt und dabei kaum hörbar vor sich hin schnurrt. (Einmal schenkte Wojcicki den Teammitgliedern sogar richtige Roombas.) Teilnehmer an diesen Sitzungen erinnerten sich daran, dass häufig über Videos mit politischem oder kulturellem Stellenwert diskutiert wurde. Dazu gehörten etwa die Videos von Steven Crowder, einem beliebten Moderator mit Hang zu Yellow-Face-Auftritten, der gern das Schimpfwort »Ankerkind« benutzte. Ihre Untergebenen lobten Wojcicki dafür, Berater ins Boot geholt zu haben, die sie – anders als bei Tech-Firmen sonst üblich – nicht nur in den Bereichen Produkt und Technik unterstützten. Die Teams, die bei YouTube die Richtlinien durchsetzen sollten, waren nicht mehr völlig unterbesetzt und wurden auch nicht gleich auf dem Altar des Wachstums geopfert. Trotzdem spiegelte das Roomba-Team, das sich darum kümmerte, was über zwei Milliarden Zuschauer weltweit zu sehen bekamen, vor allem Google und die Branche als solche wider: überwiegend weiß oder indischer Abstammung, viele mit Hochschulabschluss und wohlhabend. »Die Leute in dem Raum dort sehen nicht aus wie Amerika«, erinnert sich eine ehemalige Führungskraft.

Während der Roomba-Debatten versuchte Wojcicki nur selten, den anderen ihre Meinung zu diktieren, sondern wollte Entscheidungen lieber im Konsens treffen. Sie äußerte immer wieder ihren Unmut darüber, dass ähnliche Videos unterschiedlich beurteilt wurden. So kam es vor, dass ein als Satire eingestuftes Video auf der »Strafbank« landete, ein anderes aber nicht. YouTube sah jedoch gerade in diesem Umstand einen Beweis für seine Objektivität und war entsprechend stolz darauf. Führungskräfte argumentierten, die Richtlinien würden den Kontext eines Videos beurteilen, nicht die Person dahinter – ein deutlicher Seitenhieb gegen Facebook, wo man dazu neigte, für einen gewissen vor sich hin schwadronierenden Präsidenten immer wieder eine Ausnahme zu machen. »Jeder wird gleich behandelt«, erklärte Neal Mohan, der Produktchef von YouTube. »Warum sollte ein Staatsoberhaupt einen Freifahrtschein bekommen, jemand wie du und ich aber nicht?« In den nächsten Jahren löschte YouTube tatsächlich immer wieder Videos von Trump, Bolsonaro und diversen US-Abgeordneten, weil sie gegen die Richtlinien verstießen.

Doch nicht alle waren der Ansicht, dass es sinnvoll sei, auf einheitlichen Richtlinien zu beharren. Ein damaliger YouTube-Manager befürchtete, dass es letztlich nur zu Whataboutism führen würde. *Und was ist mit diesem Video hier? Und was mit dem da?* Ein anderer verglich den Entscheidungsprozess mit der chinesischen Lingchi-Folter, auch bekannt als »schleichender Tod«. Verschiedene ehemalige Angestellte beschwerten sich, dass Wojcicki sich vor Entscheidungen scheute, nur dann reagierte, wenn es schlechte Presse oder finanzielle Not gab, und den Konsens mehr schätzte als die Tat. »Es ist lächerlich. Jeder muss zustimmen«, erinnerte sich Susanne Daniels, eine erfahrene Führungskraft. »Das verlangsamt den Prozess.« Daniels, die YouTube 2022 verließ, sagte, die Firma hätte seit dem PewDiePie-Drama Fortschritte gemacht, kommt aber dennoch zu folgendem Schluss: »Es ist ein Unternehmen, das immer noch nicht voll in der Lage ist, auf die möglichen negativen Konsequenzen zu reagieren, die dadurch entstehen, dass man eine offene Plattform hostet.«

Die YouTube-Managerin Jennie O'Connor war da anderer Meinung. Sie musste immer wieder zusammen mit Wojcicki heikle

Entscheidungen treffen. So auch Anfang 2019, nachdem ein YouTuber aufgedeckt hatte, dass sich in den Kommentaren unter den Videos Minderjähriger die Pädophilen tummelten. O'Connors Team war im Krisenmodus und sprach sich dafür aus, bei allen Kinder-Videos die Kommentare zu löschen. Als O'Connor mit diesem Beschluss zu Wojcicki ging, war sie nervös. Immerhin wollten sie eine Funktion abschalten, die von Anfang an ein zentrales Element bei YouTube gewesen war. Doch Wojcicki war sofort einverstanden. »Genau das sollten wir tun«, sagte sie. »Sie ist der gelassenste Mensch überhaupt«, sagte O'Connor später über ihre Chefin, »und sie ist ziemlich entscheidungsfreudig.«

Man darf auch nicht vergessen, dass jede Entscheidung, die Wojcicki traf, massive Auswirkungen hatte. Werbekunden beispielsweise begrüßten YouTubes Entscheidung, bei den Kinder-Videos die Kommentare zu entfernen. (Ein Agenturchef kommentierte dies mit den Worten: »Ich habe noch nie erlebt, dass Google so rasch reagiert.«) Die davon betroffenen YouTuber hingegen fanden das gar nicht lustig, denn über die Kommentare bekamen sie das meiste Zuschauerfeedback. Und das wiederum war eine Kennzahl, die YouTube seit Jahren belohnte.

Nach und nach akzeptierte YouTube, dass man es bei wichtigen Entscheidungen nicht allen recht machen konnte. »Es gibt keine richtigen oder falschen Antworten«, sagte O'Connor. »Es gibt nur Kompromisse.«

Allerdings war YouTube fest davon überzeugt, dass es eine richtige und eine falsche Form der Regulierung gab. Vor allem die strikte Urheberrechtsrichtlinie der EU hatte das Unternehmen schockiert. Im Laufe des Jahres 2019 stellte YouTube sein Policy-Team neu auf und verwendete eine Menge Energie und Mittel auf seinen Kampf gegen das Vorhaben der Europäer. Das Unternehmen startete eine Webkampagne (#SaveYourInternet) und rief YouTuber auf, ihrem Ärger über diese Maßnahme Luft zu machen. Viele folgten dem

Aufruf, darunter auch Felix Kjellberg, der sich Ende 2018 wieder mit YouTube ausgesöhnt hatte.

Am 28. April, sechs Wochen nach dem Anschlag in Christchurch, lud Kjellberg ein Video hoch, in dem er sich an seine Zuschauer wandte, ohne in den kreischenden Tonfall seiner Kunstfigur zu verfallen. Er forderte seine Fans auf, mit den »Abonniert PewDiePie«-Aktionen aufzuhören. »Meinen Namen mit etwas so unsagbar Abscheulichem verknüpft zu sehen, hat mich mehr getroffen, als ich mir habe anmerken lassen«, sagte er. YouTube hatte eigens ein Team gebildet, das sich mit dem heiklen Wettstreit zwischen PewDiePie und T-Series, wer von den beiden als Erster die Marke von 100 Millionen Abonnenten knacken würde, befasste. Die Gruppe arbeitete verschiedene Szenarien aus, um auf mögliche Reaktionen von YouTubern, Medien und fanatischen Fans vorbereitet zu sein. Doch im Mai erreichte T-Series den Meilenstein, ohne dass es zu irgendwelchen Zwischenfällen kam. In jenem Monat kursierte im Unternehmen ein Dokument über Kjellberg mit Notizen seiner Partnermanagerin Ina Fuchs. Darin hieß es, der Star wünsche sich, dass das Unternehmen »ihn wieder mehr anerkennt, da er das Gefühl hat, dass er öffentlich ignoriert wird«. Fuchs lobte PewDiePies jüngsten Erfolg mit »Meme Reviews« und seine Kooperationen »mit anderen Top-Creators (wie jacksepticeye und Elon Musk[6])«. Auch Kjellbergs Videos, in denen er Stellung gegen die EU-Urheberrechtsreform bezog, wurden in dem Dokument lobend erwähnt. (Nach dem Brexit beschloss Großbritannien, die EU-Richtlinie nicht umzusetzen.)

Am 25. Juli lud YouTube zwölf europäische Creators, darunter Kjellberg, in das Londoner Victoria and Albert Museum ein, wo sie an einer Sonderführung durch die laufende Christian-Dior-Ausstellung teilnahmen. Außerdem hatte das Unternehmen eine Diskussionsrunde geplant, gefolgt von einem privaten Empfang und einem Abendessen. Auch Susan Wojcicki wurde eingeflogen, obwohl man dem Programm schon vorab entnehmen konnte, dass sie nicht am Abendessen teilnehmen würde. Doch im Zeitplan war zwischen 17:00 und 17:30 Uhr folgende Veranstaltung eingetragen: »Susan und PewDiePie«. Für die Diskussionsrunde hatte YouTube drei Punkte formuliert, die zur Sprache kommen sollten:

1. Unsere oberste Priorität als Unternehmen ist Verantwortung.
2. Die Creators stehen im Zentrum all unseres Tuns.
3. Die Regulierung wird weiter voranschreiten.

In den folgenden Monaten hielt sich Kjellberg zurück. Obszönitäten in seinen Videos blendete er mit einem Piepton aus, er postete Videos, in denen er wie am Anfang seiner Karriere *Minecraft* spielte, und er beteiligte sich an einem neuen YouTube-Genre, das immer beliebter wurde: Er filmte seine Reaktion auf seine eigenen Videos von früher – nostalgische Clips für die Zuschauer, die mit ihm zusammen älter geworden waren und sich an früher erinnern wollten. Im darauffolgenden Frühjahr unterzeichnete er ohne großes Aufsehen einen Vertrag mit YouTube für Gaming-Livestreams – seine erste offizielle geschäftliche Vereinbarung mit Google seit über drei Jahren. Er war in den Schoß der Familie zurückgekehrt.

Während Kjellberg sich Google wieder annäherte, geriet Claire Stapletons Karriere dort immer mehr ins Wanken. Nachdem ihr Verantwortungsbereich beschnitten worden war, hatte sie sich einen Anwalt genommen, der dafür sorgte, dass ihr das Unternehmen einige ihrer bisherigen Aufgaben wieder übertrug. Trotzdem fühlte sie sich weiterhin kaltgestellt und unerwünscht. Man schloss sie aus E-Mail-Korrespondenzen aus. Bei PewDiePie wurde sie übergangen. Nach dem Anschlag in Christchurch war Stapleton davon ausgegangen, dass sich das Unternehmen ihrem Standpunkt zu Kjellberg – dass der Star einen zerstörerischen Einfluss habe – anschließen würde. Doch das Gegenteil war der Fall. Und Google hatte offensichtlich vor, die Mitarbeiterinnen, die den Streik angezettelt hatten, auszubooten. Stapleton, die mit ihrem zweiten Kind schwanger war, machte sich Sorgen um die körperliche Belastung durch den Stress auf der Arbeit. Sie war verzweifelt. (»Meine Lebenskraft ist ungefähr auf die Größe und Konsistenz eines schleimigen Körnchens am Boden einer Kombucha-Flasche geschrumpft«, schrieb sie in einem E-Mail-Newsletter.)[7] Als sie wieder einmal ihrem Ehemann ihr Leid klagte, fragte er sie: »Warum kündigst du nicht einfach?«[8]

»Google ist mehr als nur ein Job«, erwiderte sie. »Es ist mein Zuhause.«

Vor der Arbeitsniederlegung hatte Stapleton nie rebelliert. Aber mitzubekommen, dass sich Googles Werte und Googles Meinung über sie so rasch änderten, war ein Schlag in die Magengrube. Wobei – vielleicht hatten sich auch Googles Werte gar nicht verändert, vielleicht hatte nur sie sich verändert. Stapleton, so ein früherer Kollege, hätte nicht so lautstark gegen ihren Arbeitgeber protestiert, »wenn sie nicht zu YouTube gegangen wäre«. Wenn sie nicht für eine Website gearbeitet hätte, die so nah an den menschlichen Abgründen operierte und so geschickt darin war, das Abscheulichste im Menschen einzufangen, zu verstärken und zurückzuprojizieren. Die Hälfte der Organisatorinnen des Streiks bei Google arbeitete für YouTube. Im April, einen Monat nach dem Retreat in Kalifornien, schrieben Stapleton und Meredith Whittaker, die gemeinsam mit ihr die Arbeitsniederlegung organisiert hatte und genauso ausgegrenzt wurde, ihren Kollegen, was sie durchmachen mussten. Sie riefen zu mehr Aktivismus auf. Für Googles Vorgehen fanden sie darin ein sehr plakatives Wort: »Vergeltung«.[9] Stapleton hatte inzwischen verstanden, was Google ihr sagen wollte: *Du gehörst nicht mehr hierher.*

Im Juni verließ sie dann doch das Unternehmen. Einige Kollegen hatten für sie eine Abschiedsfeier in der Niederlassung in Chelsea geplant. Dort stand schon jemand von der Security bereit, um ihr alle elektronischen Geräte abzunehmen, die der Firma gehörten. Der größte Teil ihres Marketingteams befand sich gerade in Südkalifornien auf einem weiteren Retreat und bondete beim Ziegen-Yoga. In ihrer Abschieds-E-Mail an die Kollegen schrieb

Stapleton, sie fühle sich »wie gebrandmarkt«. Sie verschickte aber weiterhin ihren Newsletter, und jetzt konnte ihr niemand mehr den Mund verbieten: »Wenn YouTube von außen wie ein Schiff ohne Steuermann wirkt, das keinen klaren Standpunkt dazu hat, was für eine überaus wichtige Funktion es in der allgemeinen geo- und sozialpolitischen Landschaft einnimmt, dann liegt es daran, dass es genauso ist.«

Und doch sei sie am Tag zuvor beim Surfen im Internet bei einem Clip hängen geblieben, der ihr gefallen habe. Und dann bei noch einem. »Ich muss zugeben ... DIE VIDEOS SIND IMMER NOCH GUT.« Sie verlinkte mehrere Clips, und dann verabschiedete sie sich mit den Worten: »Tötet den YouTube-Empfehlungsalgorithmus!«

Acht Monate später, am 9. Februar 2020, fiel den Mitarbeitern, die mit YouTubes Algorithmus befasst waren, auf, dass die Zahl der Suchanfragen nach Videos über ein neuartiges Virus sprunghaft anstieg. Die Programmierer bei Google Search machten ähnliche Beobachtungen. Am 6. März schloss Google seine Niederlassungen, wenige Tage später ging ein Großteil der USA in den Lockdown.

Im Mai, als die weltweite Pandemie längst düstere Realität geworden war, verabredete sich Susan Wojcicki zu einem Video-Chat mit Hank Green, den dieser später auf seinem Kanal postete. Der innovative YouTuber hatte sich bereits auf seinem Wissenschaftskanal und in seinem persönlichen Vlog (»The Anxious Scroll«) mit COVID-19 befasst. Er begrüßte Wojcicki. Sie saß vor einem großen weißen, in die Wand eingelassenen Bücherregal, das mit Taschenbüchern und Familienfotos bestückt war, und blickte in ihre Webcam.

»Also, dann wollen wir mal loslegen«, begann Green. »Wie geht es dir in der Quarantäne?«[10]

»Es ist nicht ohne«, erwiderte sie.

Wojcicki hatte mit den üblichen Schwierigkeiten zu kämpfen, die ein Posten im Vorstand während des Lockdowns nun einmal mit sich brachte: Sie musste vom Homeoffice aus ein Unternehmen leiten, sich um gestresste Mitarbeiter kümmern und sich auf wirtschaftliche Einbußen einstellen. Und obendrein musste sie sich mit Videos über das Coronavirus auseinandersetzen, von denen YouTube überschwemmt wurde. Corona sei ein großer Schwindel. Ein Albtraum. Eine Grippe aus China. Bill Gates und Big Pharma steckten hinter der Pandemie. Man könne es mit kolloidalem Silber bekämpfen. Ärzte luden unzählige Stunden an Videos mit virologischen Erkenntnissen hoch. Ein Arzt postete eine ausführliche Anleitung zum korrekten Waschen von Lebensmitteln – was, wie sich herausstellte, nicht den geringsten antiviralen Effekt hatte. (Trotzdem ging das Video viral.) Keiner, der zu Hause festsaß und im Internet surfte, entkam der Welle von Falschinformationen, die die Gesundheitsbehörden als »Infodemie« bezeichneten. Im März wies YouTube einen Teil der Content-Moderatoren an, die Arbeit ruhen zu lassen, bis die Rechtsabteilung ausgetüftelt hatte, wie sie von zu Hause aus »auffallend schlechte Inhalte« aussieben konnten.

Wie Wojcicki erläuterte, stütze sich YouTube dabei auf seine neuen automatisierten Regulierungssysteme. Programmierer hatten eine Art »Regal« entwickelt, um ausgewählte Videos über COVID-19 auf der Website präsentieren zu können, und den Code geändert, damit Videos von etablierten Nachrichtenanbietern und anerkannten Gesundheitsexperten im Ranking stiegen. Im April verfasste YouTube eine neue Richtlinie, um Videos mit aus der Luft gegriffenen medizinischen Behauptungen auszuschließen. Das Unternehmen sagte, die Zuschauer bekämen in erster Linie »zuverlässiges« Bildmaterial über die Pandemie zu sehen.

Einige Wochen vor Wojcickis Gespräch mit Green hatte es in Großbritannien Brandanschläge auf Mobilfunkmasten gegeben. Die Täter waren durch Verschwörungstheorien im Internet angestiftet worden, denen zufolge das 5G-Netz das Virus verbreite. Videos mit solchen Verschwörungstheorien löschte YouTube jetzt zügiger als je zuvor. »Wir mussten unglaublich schnell handeln«, berichtete Wojcicki im Gespräch mit Green. Sie lobte die Content-Moderatoren und den Intelligence Desk in den höchsten Tönen und umriss in groben Zügen, was man dort geleistet hatte.

»Das sind die richtigen Schritte, da stimme ich zu«, erwiderte Green, bevor er behutsam das nächste Thema anschnitt. Unter Ausschluss der Öffentlichkeit treffe eine kleine Gruppe an der Spitze eines privaten Unternehmens Entscheidungen, die Folgen für einen Großteil der Menschheit habe. »Sieht doch ganz danach aus«, fuhr Green fort, »als würde eine einzige Organisation ganz schön viel Macht auf sich konzentrieren.«

Sofort ging Wojcicki in Abwehrhaltung und behauptete steif und fest, YouTube habe doch eine Menge mächtiger Konkurrenten.

Einen Monat später betonte YouTube während einer Online-Veranstaltung für Werbekunden, wie sehr die Zuschauerzahlen während des Lockdowns, als die meisten Menschen zu Hause festsaßen, in die Höhe geschossen seien. Allein auf den Fernsehbildschirmen hätten Menschen auf der ganzen Welt pro Tag 450 Millionen Stunden Videos geschaut, 80 Prozent mehr als im Vorjahr. Von Computern und Mobiltelefonen ganz zu schweigen.

Kapitel 33
Kompromisse

Google profitierte enorm von der Pandemie. In den ersten Monaten ging das Geschäft etwas zurück, weil weniger Menschen nach etwas suchten, das sie kaufen oder unternehmen konnten. Doch schließlich verlagerte sich alles ins Internet. Die ganze Welt ging online, um zu kaufen, zu verkaufen, zu arbeiten oder Trost zu suchen, und der bekanntesten Suchmaschine der Welt kam das natürlich entgegen. Zwischen März 2020 und Herbst 2021 sollte sich Googles Aktienkurs beinahe verdreifachen.

Auch YouTube stieg für Google gewaltig im Wert. Das Videoportal war endlich dazu übergegangen, seine Werbeeinnahmen zu veröffentlichen: 2020 verbuchte das Unternehmen 19,8 Milliarden Dollar, mehr als doppelt so viel wie 2017 und nur sechs Milliarden weniger als die jährlichen Einnahmen seines alten Rivalen Viacom. Während der Pandemie tummelten sich Milliarden Menschen auf YouTube, weil ihnen langweilig war oder um irgendwie durch den Alltag zu kommen. Tutorials mit Anleitungen zum Haareschneiden oder Meditieren standen hoch im Kurs. Als Hollywood in den Lockdown ging, war YouTube das Medium der Wahl. Moderatoren von Late-Night-Shows, die nun von zu Hause aus senden mussten, mussten sich erst zurechtfinden: Sie richteten ihre Webcams so ungeschickt aus, dass ihre Nasenhaare zu sehen waren, und behielten die Pausen bei, die normalerweise für die Reaktion des Studiopublikums vorgesehen waren. Erfahrene YouTuber arbeiteten mit Jump Cuts – die Aufmerksamkeitsspanne der Internetnutzer war kurz. »Ihr fallt aber ziemlich auf die Nase, wenn ihr versucht, unseren Job zu machen«, spottete der YouTuber MatPat in einem Video. Als das öffentliche Leben in immer mehr Ländern heruntergefahren wurde, brachte John Krasinski,

Star der Fernsehserie *The Office*, eine YouTube-Serie mit dem Titel *Some Good News* auf den Markt. Es dauerte keine zwei Monate, da wurde die Serie aufgekauft, und zwar ausgerechnet von Viacom.

Mit Statistiken war YouTube zurückhaltend, aber wenn das Unternehmen doch einmal welche bekannt gab (die Aufrufe von Videos über Sauerteig stiegen in den ersten Monaten der Pandemie um 400 Prozent an), war nicht zu übersehen, dass die Nutzerzahlen in ungeahnte Höhen geschnellt waren. Tag für Tag begeisterte YouTube mehr Menschen.

Doch als sich die Welt im Laufe des Jahres 2020 immer mehr wandelte und das Unternehmen versuchte, mit den Veränderungen Schritt zu halten, wurde deutlich, dass YouTube es nicht allen recht machen konnte.

Intern versuchten sich die Mitarbeiter diesem Dilemma mit einer Reihe von Gedankenspielen zu nähern, die um die Frage kreisten: *Welches YouTube wollen wir?* Soll es ein Ort sein, der Mitarbeitern und Werbekunden gefällt und der liberale Werte vertritt, eine Art disneyfiziertes Internet? Oder soll es eine wilde Spielwiese sein, auf der Beiträge aus allen möglichen Richtungen zu finden sind? Die Mitarbeiter betrachteten diese Identitätskrise als ein Tauziehen zwischen der *Marke* YouTube und der *Plattform* YouTube. Eine eindeutige Antwort gab es nicht. Idealerweise wollte man beides gleichzeitig sein.

Später in jenem Jahr musste sich das Unternehmen allerdings noch einmal mit dieser Frage auseinandersetzen. Und als es sich zu einer Antwort durchrang, empfanden jene, die direkt davon betroffen waren, YouTubes Vorgehen wie immer als willkürlich und ungerecht. Andere waren der Ansicht, dass das Unternehmen viel zu lange gewartet hatte.

Den USA stand ein angespannter Sommer bevor. Ende Mai kniete ein Polizeibeamter aus Minneapolis auf dem Hals des 46-jährigen Afroamerikaners George Floyd und nahm ihm das Leben. Das war der Auslöser für die größte Protestbewegung, die das Land seit dem Vietnamkrieg erlebt hatte. YouTube versuchte, sich der Herausforderung zu stellen: Das Unternehmen schaltete auf seiner Website den Schriftzug »Black Lives Matter«, mehrere Manager äußerten sich zu diesem historischen Moment. (Manchmal etwas unbeholfen: Auf einer Betriebsversammlung, bei der es um die Proteste ging, sagte ein weißer Manager, der eigens für die Leitung der Abteilung Trust and Safety eingestellt worden war, er sei ein großer Fan von John Legend und einer seiner Trauzeugen sei ein Schwarzer gewesen.) Das Unternehmen stellte 100 Millionen Dollar als Fonds für Schwarze Creators bereit. Die meisten nahmen das Geld.

Aber nicht alle. Am 2. Juni meldete sich der YouTube-Manager Malik Ducard wegen des Fonds bei Akilah Hughes. Hughes hatte mehr als ein Drittel ihres Lebens auf der Plattform verbracht, aber seit über einem Jahr nichts mehr gepostet. In der Zwischenzeit war sie ein paarmal im Fernsehen aufgetreten und hatte einen Podcast gestartet, der sich bei Online-Creators wachsender Beliebtheit erfreute.

Von ihrer einstigen Begeisterung für YouTube war nicht mehr viel übrig. Nachdem der Blogger Carl Benjamin (alias Sargon of Akkad) 2016 ihr Video von der Präsidentschaftswahl zweckentfremdet hatte, zeigte Hughes ihn wegen Urheberrechtsverletzung an, verlor aber den Prozess. Hughes bezeichnete Benjamin als Anhänger der White-Supremacy-Bewegung, was jener von sich wies. Diverse YouTuber gaben ihren Senf dazu, und Hughes wurde online mit Beschimpfungen überzogen. In der ganzen Zeit hüllte sich YouTube in Schweigen. Hughes kam zu dem Schluss, dass man sich dort nicht für den Vorfall interessiere. Erst jetzt, als sich plötzlich jedes Fortune-500-Unternehmen mit rassistischer Diskriminierung befasste, meldete sich YouTube bei ihr.

Hughes mailte dem Manager zurück und bedankte sich, fand dann aber deutliche Worte: »Solange YouTube sich nicht verpflichtet, die Website von White-Supremacy-Anhängern und deren Communities zu säubern, werden abgestumpfte Weiße uns weiterhin ermorden«, schrieb sie. »YouTube ist *voll und ganz* mitschuldig an unserer Lage. Das kannst du gern so an Susan weitergeben.« Hughes lehnte das Angebot ab. »Die wollen eine Menge Geld machen und reden sich ein, dass bei ihnen alle sicher sind und Spaß haben, als wären sie der Disney Channel«, sagte Hughes später über YouTube, »und wollen nichts davon hören, dass sie dabei die Verbreitung rassistischer Ideologien billigen, denn genau das tun sie.«

Am 29. Juni, einen Tag nachdem Trump Joe Biden auf Twitter als jemanden »mit niedrigem IQ« bezeichnet hatte, löschte YouTube die Kanäle mehrerer weißer Hetzer. Über das Ausmaß ließ das Unternehmen nichts verlautbaren, aber es waren so bekannte Persönlichkeiten darunter wie David Duke, der ehemalige Chef einer Abteilung des Ku-Klux-Klan, der weiße Nationalist Richard Spencer, der einst eine enthusiastische »Heil Trump«-Rede gehalten hatte, sowie Stefan Molyneux, der in den letzten 14 Jahren Tausende Videos auf YouTube hochgeladen hatte. YouTube äußerte sich nicht öffentlich dazu, welche Videos aus welchen Gründen die Richtlinien verletzten. Molyneux sagte, er habe vom Unternehmen nicht erfahren, warum seine Videos gelöscht worden waren. Später sagte er: »An meinem Kanal gab es nichts zu beanstanden, bevor er gelöscht wurde.«[1] Die Videos waren einfach verschwunden.

Von außen sah es so aus, als sei das Unternehmen aus seinem Dornröschenschlaf erwacht. Offiziell führte YouTube die Löschaktion jedoch nicht auf irgendwelche Proteste zurück, sondern bloß auf die Aktualisierung seiner Richtlinien zu Hassrede im Jahr zuvor. Dabei hatte die Überarbeitung der Richtlinien gar keine unmittelbaren Auswirkungen gehabt. YouTube musste erst noch herausfinden, wie sich diese Richtlinien in Regelwerke für die Content-Moderatoren und in Codes für die Maschinen übersetzen ließen, die dann den *Long Tail* der Website nach Verstößen durchsuchen mussten. YouTube bewertete nur Inhalte, die nach der Aktualisierung der Richtlinien hochgeladen worden waren. Verstieß ein Kanal gegen eine Regel, erhielt er eine Warnung. Wie beim Baseball gab es drei Verwarnungen, bevor der Kanal gelöscht wurde. »Das dauert nun einmal seine Zeit«, so die Managerin Jennie O'Connor.

Eine andere Antwort bekamen Kritiker des Unternehmens selten zu hören. Bisweilen schwang darin ein Hauch Frustration darüber mit, dass Außenstehende nicht nachvollziehen konnten, wie riesig, vielfältig und sperrig YouTube sein konnte. Das ließ sich nicht so einfach in den Griff kriegen. »Es ist ja nicht so, dass wir plötzlich bemerkt hätten: ›Ach du meine Güte, es gibt ja Hassrede auf YouTube. Darum müssen wir uns unbedingt kümmern«, sagte O'Connor. Definitionen und Standards waren laufend Veränderungen unterworfen. Das Unternehmen zog Experten hinzu, um feststellen zu lassen, ob in Videos, in denen sich die Diskussion um Immigration drehte, die Überlegenheit einer ethnischen Gruppe propagiert wurde oder einfach nur politische Debatten aufgegriffen wurden. Immerhin hatte der Oberbefehlshaber der Streitkräfte der Vereinigten Staaten die Mexikaner als »Vergewaltiger« und bestimmte Staaten als »Drecklöcher« bezeichnet. (Die Namen seiner Experten wollte YouTube nicht offenlegen.) »Diese Richtlinie umzusetzen ist vor allem deshalb so schwierig«, fügte O'Connor taktvoll hinzu, »weil Politiker manchmal ganz ähnlich reden.«

Trotzdem sah so mancher bei YouTube in diesen Verfahren eine krasse Doppelmoral.

In jenem Juni entwarf Tala Bardan vom VE-Team, das sich mit gewalttätigem Extremismus beschäftigte, mit Kollegen eine Präsentation, die die Diskrepanz bei YouTubes Umgang mit islamistischen und weißen Hassäußerungen aufzeigen sollte. Auf den Schaubildern war zu sehen, dass sämtliche Videos mit radikalislamischen Geistlichen gelöscht worden waren, sogar solche, die korantreue Predigten zeigten, während Clips von Neonazis und ihresgleichen unangetastet blieben (darunter auch ein Video, das den Organisator der rechtsextremen Demonstration »Unite the Right« in Charlottesville zeigte, der vor der Kamera über den »Genozid an den Weißen« sprach). Nach den Demonstrationen in Charlottesville schlugen einige YouTube-Mitarbeiter vor, entsprechende Kanäle als Konten inländischer Terroristen zu kennzeichnen und automatisch in die striktere Kategorie »gewalttätiger Extremismus« einzuordnen, aber das wurde nie umgesetzt. Bardans VE-Team hatte hart gearbeitet und eine nahezu perfekte »Qualitätskennzahl« von 98 Prozent erreicht. Solch ein Ergebnis erzielte das für Hassrede zuständige Team nicht einmal ansatzweise, »weil Hass schwierig zu bewerten ist«, meinte sie später. Ein Kollege aus jenem Team hatte Bardan einmal erzählt, sie würden mit derart viel Material überschwemmt, dass sie nur selten auf Videos stießen, die als *white supremacist* gekennzeichnet worden seien. In einem Meeting meinte Bardan, dass Videos, die die Theorie vom »Großen Austausch« propagierten, gelöscht werden sollten, da es eine klare Verbindung zu Gewalt in der realen Welt gebe. Aber sie hatte den Eindruck, dass die Führungsebene das Problem nicht erfasste. »Klare Richtlinien. Schlechte Erkennung«, stand in der Präsentation, an der Bardan mitarbeitete. Aufgeführt wurden Anschläge, die kürzlich von bekennenden weißen Nationalisten in Christchurch, Wisconsin, South Carolina und Texas verübt worden waren. »Die Liste ließe sich fortsetzen.«

In dieses Dokument waren auch Empfehlungen aufgenommen worden, wie sich die Richtlinien zur Hassrede besser durchsetzen ließen. Ende des Jahres kündigte Bardan bei YouTube, ohne dass sie aus der Führungsetage je ein Wort dazu gehört hatte.

Als YouTube dieses Problem dann doch noch anging, griff es zu denselben Argumenten wie Facebook und andere soziale Netzwerke: Extremistische islamistische Äußerungen seien online leichter zu entfernen, weil die Regierungen verschiedener Staaten sich einig waren, wie diese zu definieren seien. Es gab Terroristen- und Sanktionslisten. YouTube stützte sich hauptsächlich auf die von der britischen und der US-Regierung herausgegebenen Listen mit geächteten Terrororganisationen. »Das ist relativ simpel«, räumte O'Connor ein. Für weiße Nationalisten gebe es nun einmal keine vergleichbaren Instrumente.

Einmal schlugen YouTube-Mitarbeiter vor, den Richtlinien die Systematik des gemeinnützigen Southern Poverty Law Center (SPLC) zugrunde zu legen, das Hassgruppen und Akteure klassifizierte. Allerdings war das SPLC mittlerweile zu einem profilierten Trump-Gegner geworden, und zwei Personen zufolge, die mit dem Vorgang vertraut waren, lehnte die Geschäftsleitung von YouTube den Vorschlag ab, weil ihr das politische Risiko zu groß erschien. Das SPLC »erwähnte man YouTube-intern besser gar nicht mehr«, erinnert sich ein ehemaliger Manager.[2]

Diesen Ansatz verfolgten übrigens nicht nur Internet-Unternehmen. Auch viele Staaten neigten dazu, einer bestimmten Form des Terrors eine besondere Priorität beizumessen. Der offizielle neuseeländische Abschlussbericht zum Terroranschlag von Christchurch kam zu dem Schluss, dass sich der Sicherheitsapparat des Landes »nahezu ausschließlich« auf islamistischen Extremismus konzentriert habe – ein Ansatz, der »nicht auf einer sachkundigen Einschätzung der tatsächlichen Gefahren durch Terrorismus beruhte«.

▶

Je weiter sich das Jahr 2020 so dahinschleppte, desto mehr konsolidierte sich YouTubes Geschäft. Wojcickis »MASA«-Aktion hatte weitgehend Wirkung gezeigt. YouTube garantierte genug *brand suitability* und verlässliche Zuschauerzahlen, um seine Werbekunden zufriedenzustellen. Im Sommer 2020 kam es stattdessen zu einem Werbeboykott großer Markenunternehmen bei Facebook, weil das soziale Netzwerk zu wenig gegen Hassrede unternommen hatte. YouTube war von diesem Boykott nicht betroffen. Das Unternehmen hatte inzwischen Googles Musik-App übernommen (9,99 Dollar/Monat) und YouTube TV gestartet, einen Streaming-Dienst mit Dutzenden Kabelkanälen (64,99 Dollar/Monat). Dadurch konnte YouTube in jenem Jahr gemeinsam mit den Werbeeinnahmen mehr als 20 Milliarden Dollar Umsatz erzielen und erreichte so die Zielvorgabe, die Wojcicki fünf Jahre zuvor in ihrem *»2020-20 plan«* ausgerufen hatte.

Nach und nach verteilte YouTube seinen Reichtum wieder großflächiger und erweiterte still und leise den Kreis der bezahlten

Creators, der 2018 im Zuge der Skandale verkleinert worden war. 2020 kamen unzählige neue Videomacher zu YouTube, und viele taten das aus finanziellen Gründen, als Nebenverdienst in einem Berufszweig, der noch keine zwanzig Jahre alt war. Im Jahr darauf gab das Unternehmen bekannt, dass über zwei Millionen Creators an seinem Partnerprogramm teilnähmen; das waren nicht ganz so viele wie vor dem Kahlschlag 2018, aber es war trotzdem eines der größten und kompliziertesten Vergütungssysteme der Welt.

YouTube ließ das Marketingprogramm »Creators for Change« wiederaufleben, in dessen Rahmen handverlesene Stars über Themen wie Mobbing und Rassismus sprachen. Und bei anderen heiklen Themen, um die sich das Unternehmen nicht kümmerte, übernahmen dies nun die Creators selbst.

Zehn Jahre zuvor hatte Natalie Wynn, die transgender ist, YouTube für sich entdeckt und sich in die von Skepsis geprägte Welt der zornigen Atheisten gestürzt. Dann hatte sie eine Pause auf YouTube eingelegt und Philosophie studiert. Nun kehrte Wynn als neue Kunstfigur zu YouTube zurück. Bei ihren Nachbarn in Baltimore galt sie als unauffällig. Aber sobald sie sich schminkte, ihre Scheinwerfer ausrichtete und in einem aufwendigen Kostüm vor die Kamera trat, war sie fast so etwas wie eine Berühmtheit.

> **ContraPoints: »Men«, 23. August 2019, 30:34**
> »Was sollen wir bloß mit den Männern anfangen? Denn, nichts für ungut, aber so als Gruppe scheint es euch Jungs ja im Moment nicht so richtig gut zu gehen, oder?« Wynn trägt eine schwarze Bluse, roten Lippenstift und einen riesigen schwarzen Filzhut. Die Videos folgen einem allgemein bekannten Muster: Sie analysiert Bücher, Vlogs und Forenbeiträge und gibt sich dabei wie eine schalkhafte Philosophiedozentin. Auf dem Bildschirm erscheinen Kapiteltitel. *Proposition II: Diary of an Ex-man.* Wynn erwähnt zwei Terroranschläge, die sich am Wochenende ereignet haben und beide von weißen Männern verübt wurden. »Wir sagen ihnen, dass sie kaputt sind, aber nicht, wie sie sich wieder heil machen können«, schließt sie. »Solange diese männliche

Identitätskrise anhält, glaube ich nicht, dass sich diese Probleme lösen lassen.«

ContraPoints wurde oft »LeftTube« zugeordnet, einer amorphen Ansammlung von Bernie-Sanders-Fans und Experten, die auf YouTube mit zuverlässigen Suchmaschinentricks und einer exzentrischen Ästhetik gegen rechts kämpften. Wynn benutzte dazu theatralischen Pomp. Die Presse bezeichnete sie als »Oscar Wilde von YouTube«.[3] (Ein YouTube-Kommentator nannte sie einen »linken PewDiePie«.) Sie kritisierte Rechte und Linke gleichermaßen, und ihre kompakten Tutorials über toxische Internet-Edgelords, Incels und zornige Männer im Netz traf auf breite Resonanz. »Gender Critical«, ein aufwendiges Video von ContraPoints über Transphobie, wurde gleich am ersten Tag fast eine halbe Million Mal aufgerufen. Wynn war bekannt dafür, dass es ihr gelang, Zuschauer, in erster Linie Männer, die sich im Netz von extremistischen Inhalten angezogen fühlten, zu »entradikalisieren«.

In ihren Videos machte Wynn Anleihen beim Horrorfilm-Regisseur Dario Argento, aber eigentlich war ContraPoints YouTube pur: meta und surreal, mit einer dick aufgetragenen Schicht aus Ironie und Aufrichtigkeit, Pimmel-Witzen und einer laufenden intimen Konversation mit ihren Zuschauern. In Filmen und TV-Serien rückten immer häufiger Transcharaktere in den Vordergrund, doch die meisten wurden von Cis-Schauspielern verkörpert. Auf YouTube spielten die Menschen sich selbst. Es war kaum vorstellbar, dass CBS oder Netflix eine Transfrau zeigte, die in Unterwäsche Hegel analysierte oder mit Katzenaugen-Kontaktlinsen über den Codex Hammurapi dozierte. Wie jeder gute YouTuber sah sich Wynn alles Mögliche an: rechte Moderatoren, Beauty-Gurus, Wettesser, ASMR-Flüsterinnen. Sie verschlang den kompletten Wahnsinn der Website, Inhalte, die »kein Türsteher jemals durchlassen würde«, so Wynn. »Ich fand das super.«

2020 überraschte einer der chaotischsten YouTube-Stars sein Publikum mit einer politischen Geste. Anfang Juni, kurz nach dem Mord an George Floyd, lud Logan Paul auf *Impaulsive*, seinem

Podcast-Kanal auf YouTube, ein Video mit dem Titel »America Is Racist« hoch. (Seit seinem Japan-Debakel hatte der Adonis der Generation Z seinem YouTube-Repertoire noch Podcasts und Box-Clips hinzugefügt.) In dem Video kam Paul sofort zur Sache: »Es ist mir echt peinlich, dass ich 25 Jahre gebraucht habe, um zu erkennen, dass es nicht reicht, nicht rassistisch zu sein. Man muss antirassistisch sein.« Paul las von einem Skript ab, trug seinen Text aber voller Leidenschaft vor. »Mit dem ganzen Rowdy-Scheiß in meinen Vlogs komme ich zum Teil nur deshalb durch, weil ich weiß bin.«

Dass sein Beitrag viral ging, lag nicht nur an der Botschaft: Kaum einer hätte damit gerechnet, dass der für sein Draufgängertum bekannte YouTuber seine Reichweite auf diese Weise nutzen würde. Graham Bennett, Pauls Manager bei YouTube, äußerte sich im Unternehmen lobend über Pauls »neu gewonnene Reife«. Bennett war klar, dass sich YouTube weiterhin mit unverbesserlichen Creators würde herumschlagen müssen. »Auf einer offenen Plattform, die freie Meinungsäußerung propagiert, werden sich immer auch Idioten und Rassisten tummeln«, sagte er. (Pauls wundersame Wandlung wurde ein wenig davon überschattet, dass sein Bruder Jake, der seinen eigenen Kanal hatte, in den Nachrichten auftauchte, weil er Falschmeldungen über das Coronavirus verbreitet hatte[4] und beschuldigt wurde, sich an Plünderungen während eines Black-Lives-Matter-Protestmarsches beteiligt zu haben.[5]) Aber Bennett war über Logans Sinneswandel natürlich hocherfreut.

Logan und Jake Paul waren die berühmtesten Vertreter einer Altersgruppe von YouTubern, die sich anders als vorangegangene Generationen nicht mehr an den herkömmlichen Medien abarbeiteten. In ihrer Jugend hatten sie nicht ferngesehen, sie hatten YouTube geschaut. Die Paul-Brüder hatten einen Großteil ihres Lebens vor dem Bildschirm verbracht und gehörten einer Generation an, die sowohl die Mittel als auch den Wunsch hatte, alles Erlebte mit der Öffentlichkeit zu teilen. Eines Tages würden die Nachkommen der Pauls nicht mehr nur in alten Fotoalben blättern oder gar Facebook-Posts durchlesen, sondern sich eine lebendige, atmende, bewegte Darstellung von deren Leben ansehen können.

Pauls Wandlung erinnerte Bennett an etwas, das Google-Mitbegründer Sergey Brin in der Anfangszeit über YouTube gesagt hatte: Wenn man YouTube in seiner Gesamtheit betrachte, wie Google es oft tue, dann komme es einem kollektiven menschlichen Gedächtnis schon sehr nahe. Eines Tages werde man dort nicht nur jeden erdenklichen Tutorial-Clip und alle möglichen Musikvideos finden, sondern jedes Ereignis und jede menschliche Erfahrung, die man sich nur vorstellen könne. »Was wir geschaffen haben – und zwar keineswegs absichtlich«, sagt Bennett schmunzelnd, »was wir also *zufällig* geschaffen haben, ist ein visuelles Archiv menschlicher Erinnerungen. Wenn man sich das klarmacht, ist das schon ziemlich verrückt.«

Es war in der Tat ziemlich verrückt. YouTubes Archiv, das bereits vor 2020 unfassbar groß war, dehnte sich während der Pandemie mit einer Schnelligkeit aus, die sich das Unternehmen niemals hatte träumen lassen.

Aber nicht alle blieben am Ball. Die YouTuber wurden älter, und viele zogen sich zurück und überließen die Plattform der jüngeren Generation. Im Jahr 2020 hörte Freddie Wong, der YouTuber der ersten Stunde, damit auf, Videos für YouTube zu drehen. Er war zu dem Schluss gekommen, dass er an der einen Sache, die die Website besonders gut konnte, nicht mehr interessiert war. »Wenn du einfach nur Content erstellen willst, dann tu das«, sagte er. »Aber wenn du eher künstlerisch veranlagt bist oder dir bei deinem kreativen Output etwas mehr Mühe geben willst, dann kann YouTube dich ganz schön fertigmachen.«

Auch von Wynn und ihrem Alter Ego ContraPoints forderte YouTube seinen Tribut. Mehrfach wurde sie gedoxt. Und dann war da noch die übliche Belastung, die die meisten YouTuber kannten: Sie musste sich ständig aller Welt zeigen und neue Videos posten.

»Mal ehrlich«, sagt sie. »Darunter leidet die psychische Verfassung, und zwar bei jedem.« Während der Pandemie hatte sie eine Opiatabhängigkeit entwickelt, und sie war der Meinung, ihre YouTube-Karriere habe »mit dazu beigetragen«. Wynn erhielt Geld von Google Ads, aber hauptsächlich finanzierte sie ihre Arbeit über Patreon. Bei diesem Crowdfunding-Dienst unterstützen die Fans direkt die Künstler. Noch nie hatte sich jemand von YouTube bei ihr gemeldet.

Scharenweise klagten Creators darüber, dass die nicht enden wollenden Anforderungen der Plattform bei ihnen zum Burn-out geführt hätten. Der langjährige YouTuber Derek Muller erklärte dieses Phänomen mithilfe empirischer Forschung: Um es auf einem Gebiet zum Experten zu bringen, sei viel Übung, ein zeitnahes Feedback und eine »verlässliche Umgebung« erforderlich. Die beiden ersten Punkte seien bei YouTube gegeben. Probleme bereite vor allem der dritte Punkt, da der Algorithmus von YouTube ständig verändert werde. »Daher hat man nie das Gefühl, Experte zu sein«, so Muller. »Man weiß nie so genau, woran man eigentlich ist.«

Die zierliche Lifestyle-Vloggerin Ingrid Nilsen hatte ihre Zwanziger damit verbracht, Videos hochzuladen, und damit die Grenzen zwischen ihrem privaten und ihrem öffentlichen Ich verwischt. Sie hatte eine Karriere hingelegt, wie es sie vor ihrer Zeit gar nicht gegeben hatte. Auf vieles blickte sie gern zurück und erzählte stolz davon. Aber es gab auch unzählige Momente, die sie lieber rückgängig gemacht hätte: wie sie sich im Auto auf dem Weg zum Lunch gefilmt hatte, beim Einräumen der Spülmaschine, beim Wäschewaschen – alles ganz normale Tätigkeiten, an denen die meisten Menschen nicht Millionen Fremde teilhaben lassen. »Ich habe mir nicht einmal diese ganz alltäglichen Augenblicke gegönnt, um allein mit mir zu sein«, erinnerte sie sich später. »Ich hatte irgendwie das Gefühl, alles teilen zu müssen.«

Ihren zweiten YouTube-Kanal, GridMonster, hatte sie bereits aufgegeben, und auch mit dem traditionellen »Vlogmas«, bei dem man im Advent jeden Tag ein Video postet, hörte sie auf. Im Juni griff sie eine weitere YouTube-Tradition auf: den tränenreichen Abschied. Sie baute in ihrer Wohnung das Stativ auf und stellte bei der Kamera den Weichzeichner ein.

Ingrid Nilsen: »This One Is For You (My Last Video)«, 30. Juni 2020, 48:25.
»Es fällt mir so schwer, dieses Video zu machen, weil ich das Gefühl habe, dass wir zusammen aufgewachsen sind«, sagt Nilsen in die Kamera. Dann bricht sie in Tränen aus. In diesem Abschiedsvideo erzählt sie ihre Lebensgeschichte, mit sämtlichen Höhen und Tiefen, mit allen Momenten der Scham und der Freude. Sie werde sich nicht komplett aus dem Internet verabschieden, aber mit dem Influencing sei sie durch. »Von jetzt an werde ich zu meinen eigenen Bedingungen posten. Mein geistiges, emotionales und finanzielles Wohlbefinden werden nicht mehr davon abhängen, wie sehr mich die Leute im Netz mögen. Und das fühlt sich nach Freiheit an.« Am Ende des Videos dankt Nilsen ihren Zuschauern für »das beste Jahrzehnt« ihres bisherigen Lebens. »Wir haben das geschafft, und wir haben es gemeinsam geschafft.«
Sie beugt sich vor und schaltet die Kamera aus.

In jenem Sommer wurde den Mitarbeitern von YouTubes Abteilung Trust and Safety, die sich allmählich an ihren Arbeitsalltag im Homeoffice gewöhnt hatten, mitgeteilt, dass es ein neues »p-zero« gebe. Das war Google-Jargon für *priority zero* und bezeichnete ein Thema, dem das Unternehmen oberste Priorität beimaß. Nach dem Terroranschlag in London drei Jahre zuvor war gewalttätiger Extremismus das »p-zero« gewesen, später dann die Sicherheit von Kindern. Nun, da sich eine tödliche Pandemie ausbreitete und eine umkämpfte US-Präsidentschaftswahl bevorstand, galt es, Fehlinformationen zu bekämpfen.

Im Sommer und im Herbst wurde hier und da Kritik wegen

umstrittener Videos über das Coronavirus laut, aber die Wellen schlugen nie so hoch, dass es schlechte Publicity gab. Im Vorfeld der Wahl wollte Donald Trumps Wahlkampfteam ein neues Feature nutzen: Videoanzeigen, die oben auf der Startseite von YouTube als Livestream liefen. Laut einem Mitarbeiter von YouTube, der in die Diskussionen involviert war, wollte Trump während Debatten der Demokraten seine Kommentare live ins Internet übertragen. YouTube ließ sich nicht darauf ein, verkaufte Trumps Wahlkampfteam aber für mehrere Tage andere Werbeplätze auf der Startseite, auch für den Wahltag. Das Unternehmen beschloss, dass die für Trump typische bombastische Werbung nicht gegen seine Richtlinien zu Fehlinformationen verstieß.

Je näher der November rückte, desto mehr Zweifel schürten Trump und seine Vertreter daran, dass bei der Wahl alles mit rechten Dingen zuging. Die Führungsriege von YouTube gab sich betont gelassen. Videos, die Wähler vorsätzlich irreführten oder dazu aufriefen, den Ablauf der Wahl zu stören, wurden verboten. Clips, die als »Diskussion über Wahlergebnisse« eingestuft wurden, waren hingegen erlaubt. Kurz vor der Wahl behaupteten mehrere YouTube-Manager, das bestehende System werde jedem Ansturm standhalten.[6]

Am 9. November, als sich die Stimmenauszählung schon sechs angespannte Tage lang hinzog, erschien auf dem Bildschirm eine Nachrichtensprecherin, die eine cremefarbene Jacke trug und ein winziges Mikrofon am Revers hatte. Hinter ihr sah man mehrere US-Flaggen und das Kapitol. Sie wirkte ganz offiziell. Sie war vom One America News Network, einem hurrapatriotischen TV-Kabelsender, der auf YouTube immer mehr Zulauf bekam, seit ausgerechnet Fox News die Abstimmung als korrekt bezeichnet und damit Trumps Gefolgschaft vor den Kopf gestoßen hatte. »Donald Trump hat die Wahl gewonnen«, sagte die Sprecherin in diesem YouTube-Video, »und die Demokraten haben einen ganz üblen Plan ausgeheckt, um ihm die Präsidentschaft zu stehlen.«

An jenem Montag weigerten sich mehrere republikanische Senatoren, Joe Biden als den neuen Präsidenten anzuerkennen. Trump hatte gerade seinen Verteidigungsminister gefeuert, der den Einsatz von Soldaten gegen unbewaffnete Demonstranten abgelehnt hatte. Ausländische Nachrichtensender verkündeten, die Amerikaner würden sich auf einen »Bürgerkrieg« einstellen. So ganz abwegig klang das nicht. Auf YouTube griffen Dutzende Videos die »Meldung« von One America News Network auf und stellten Behauptungen auf: dubiose Wahlsoftware, verschwundene oder ungültig gemachte Stimmzettel, die Lügen der Medien und die Wahrheit, von der man sich mit eigenen Augen überzeugen könne.

Doch diese Videos waren nicht ganz leicht zu finden. Der Algorithmus von YouTube zeigte sie nicht in der Seitenleiste an. Sie erschienen auch nicht, wenn man nach Clips über die Wahl suchte, nicht einmal bei der Suche nach dem Satz »Trump hat gewonnen«. Nach der Wahl ließ Trump auf seinem Kanal Reden und TV-Clips hochladen, in denen behauptet wurde, man habe ihm die Wahl gestohlen. Viele Aufrufe bekamen sie nicht. Die überwiegende Mehrheit der Videos über die Wahl, die YouTubes Algorithmus promotete und die in den Suchergebnissen und in der Seitenleiste auftauchten, stammten von »vertrauenswürdigen Quellen«, so die Plattform. Randerscheinungen wie One America News Network, rechte Hetzer und selbst Präsident Trump, der von Betrug faselte, wurden vom Algorithmus nicht gepusht. Deren Videos fand man höchstens über Links in sozialen Netzwerken oder rechtsradikalen Foren oder einfach per Zufall.

Wochen später, nachdem alle juristischen Mittel zur Anfechtung der Wahl ausgeschöpft waren und Aufständische das Kapitol gestürmt hatten, würde YouTube wieder einmal seine Richtlinien und Algorithmen überarbeiten. Doch an jenem Montag im November hielt das Unternehmen an ihnen fest. Ein Unternehmenssprecher verschickte zu den Videos, die behaupteten, Trump habe die Wahl gewonnen, eine Pressemitteilung. Darin hieß es: »Unsere Systeme arbeiten im Großen und Ganzen wie vorgesehen.«[7]

Die Maschinen hatten genau das getan, was man ihnen befohlen hatte.

Epilog

YouTube hatte sich von einem rebellischen Außenseiter in der Unterhaltungsindustrie, einem Millionengrab, einer Art Witz zu einem der bekanntesten, einflussreichsten, erfolgreichsten und am wenigsten kontrollierbaren Medienunternehmen der Welt entwickelt. Innerhalb von nicht einmal zwanzig Jahren. Manchmal konnte Steve Chen es selbst kaum glauben.

Als Chen damals die ersten Zeilen des Codes für YouTube geschrieben hatte, hatte er viel herumprobieren müssen, bis Bild und Ton übereinstimmten. Bei seinem Ausscheiden aus dem Unternehmen fünf Jahre später wurden in jeder Minute verblüffende 100 Stunden Filmmaterial hochgeladen. Im Jahr 2020 lag diese Zahl dann schon bei deutlich über 500 Stunden. In den Jahren dazwischen hatte sich Chens Gesundheitszustand stabilisiert, und er hatte sich erneut mit Chad Hurley zusammengetan, um ein Startup für digitale Medien zu gründen. Dieser Plan ging nicht auf. Daraufhin etablierte Chen sich als erfahrener Branchenkenner und schwelgte in Erinnerungen an die Zeit, als noch eine große Programmierleistung nötig gewesen war, um auf Tischcomputern Videospiele zu spielen. Mit seiner kleinen Familie war er in seine Heimatstadt Taipeh gezogen. Schwer beeindruckt beobachtete er, wie die Taxifahrer YouTube auf ihren Handys streamten. Auf die Frage, was sie später einmal werden wollten, verkündeten in der Grundschulklasse seines Sohnes alle Kinder bis auf zwei: »YouTuber!«

Die Probleme von YouTube – von schlechten Akteuren über Verschwörungstheorien und wütende Politiker bis hin zur schieren Masse an Videos, die das System bewältigen musste – überstiegen alles, was Chen sich je ausgemalt hatte. »Um ehrlich zu sein«, gab er zu, »bin ich heilfroh, dass ich nicht mehr da arbeite, denn ich hätte keine Ahnung, wie ich damit umgehen soll.«[1] Jawed Karim, der dritte Mitbegründer von YouTube, war inzwischen Investor geworden und gab nur noch Kommentare zu seiner alten Firma ab, wenn man dort Änderungen vornahm, die ihn irritierten, z. B. als man beim »Mag ich nicht«-Button die Anzeige der Dislike-Anzahl entfernte.

Wie so viele gebildete rastlose Männer entdeckte Chad Hurley während der Pandemie Twitter für sich. Er postete alberne Witze, und mit der vergnügten Unbekümmertheit eines Menschen, der auf keinen Arbeitgeber Rücksicht nehmen musste, beleidigte er sowohl Trump-Anhänger als auch Techies. Hurley finanzierte Unternehmen und sonnte sich in dem Glanz, dass er einer der Väter der Creator Economy war, als Creators überall hoch im Kurs standen.

Als 2021 die Ära Trump zu Ende ging, wollte plötzlich jedes Unternehmen an der Branche teilhaben, die YouTube aufgebaut hatte. TikTok, die neue Hit-App, war dazu übergegangen, ausgewählte Videomacher regelmäßig zu bezahlen, und hatte dadurch eine Unmenge junger Menschen, die es nach Ruhm dürstete, zu sich geholt. Twitter und Snapchat zogen nach. Facebook unternahm einen erneuten Vorstoß, Influencer zu rekrutieren, indem es versprach, mehr als eine Milliarde Dollar an seine Videomacher auszuzahlen und mehrere Jahre lang keine Provision zu nehmen. Spotify gab Millionen dafür aus, um Podcaster wie Joe Rogan anzuwerben, der YouTube dafür genutzt hatte, fernab des Mainstreams seine mediale Erfolgsgeschichte zu schreiben. Risikokapitalgeber flippten vor Begeisterung aus, wenn von »Web3« die Rede war. Bei diesem Internetmodell, das auf Kryptowährungen basierte, sollten ganz normale Menschen unmittelbar von ihren Online-Aktivitäten profitieren; dies war die nächste Stufe von YouTubes Creator Economy. Sequoia, YouTubes erster Investor, ließ sein Investment-Memo in ein NFT (Non-Fungible Token) umwandeln, das ein kryptobegeisterter Käufer für Digital Coins im Wert von 863 000 Dollar erwarb.

Hinter diesem Ansturm auf die Creators herrschte durchaus eine gewisse wirtschaftliche Logik. Die Pandemie kurbelte das Online-Entertainment und den Online-Handel enorm an. Zur selben Zeit wurde das Web 2.0-Modell der zielgerichteten Werbung von den Regulierungsbehörden demontiert; Unternehmen hatten es schwerer, ihre Produkte online zu vermarkten. Die Creators waren zugleich sehr gute Vermarkter *und* Verkäufer. Aber vielleicht hatten die Internetunternehmen, die die Politik genauestens im Blick behielt, ja beschlossen, dass es gut für ihre Außenwirkung war, den Menschen, deren Content sie so reich gemacht hatte, Geld dafür zu zahlen. Vielleicht hatte auch die Pandemie mit ihrem Auf und Ab (wie zehn Jahre zuvor die Finanzkrise, die YouTubes Geschäftsmodell Starthilfe gegeben hatte) genügend Menschen davon überzeugt, dass es erstrebenswerter war, für diese Plattformen zu arbeiten, als einem ganz normalen Job nachzugehen, auch wenn es weder Sicherheit noch Weihnachtsgeld, noch Sozialleistungen gab. Und so wurde die Welt, die YouTube aus der Taufe gehoben hatte – eine Welt, in der es in Hülle und Fülle Content und Kreativität gab, Influencer und Online-Betrüger, ein Überangebot an Informationen und endlose kulturelle Konflikte –, mehr und mehr zu der unseren.

Vielen wurde jetzt erst klar, wie lange das Unternehmen schon konkurrenzlos gewesen war. YouTube war zwar von den Auseinandersetzungen um Urheberrechte, Werbeboykotts und unzählige Streitigkeiten mit den Creators gezeichnet. Doch all das hatte ein Vergütungssystem hervorgebracht, das extrem gut funktionierte. Keine andere Plattform konnte auch nur annähernd so erfolgreich Videos vertreiben und Geld verteilen. Viele Creators stümperten auf TikTok und Instagram herum, und einige verdienten auch ganz ordentlich, aber wer ein verlässliches Einkommen erzielte, war in der Regel auf YouTube aktiv. Andere Unternehmen, die versuchten, YouTubes Creator Economy zu kopieren, mussten sich nun auch mit YouTubes alten Problemen herumschlagen. TikTok-Stars tauchten in der Klatschpresse auf. Spotify sorgte wochenlang für Negativschlagzeilen, weil alle Welt über Joe Rogans Kommentare zu COVID-19 empört war; dass Rogan jahrelang auf YouTube zu Hause gewesen war, kümmerte niemanden. Am selben Vormittag, als US-Senatoren einem Facebook-Manager vorhielten, welchen Schaden Instagram bei Teenagern anrichte, stellte YouTubes Chief Business Officer Kyncl Reportern gut gelaunt eine Studie vor, die beweisen sollte, wie nützlich sein Unternehmen für die Wirtschaft sei.

In seiner Geschichte hat YouTube immer wieder versucht, seine Plattform als etwas zu positionieren, was sie nicht war – ein Premium-Service, ein Sprungbrett für Hollywood, ein überschaubarer, angenehmer Ort mit nur wenigen »schlechten Akteuren«, eine große ausgleichende Kraft. Diese Kluft zwischen dem, was YouTube sein will, und dem, was es ist, wird wohl nie ganz verschwinden. Aber das Unternehmen hat gelernt, damit zu leben oder zumindest ein florierendes Geschäft daraus zu machen. Im Sommer 2021 konnte YouTube mit einem Quartalsumsatz von über sieben Milliarden Dollar die höchste Summe an Werbeeinnahmen seit seinem Bestehen verbuchen. Das entsprach quasi dem Umsatz von Netflix. YouTube gab bekannt, dass es den Urhebern seiner Videos innerhalb von drei Jahren mehr als 30 Milliarden Dollar ausgezahlt hatte. (Allerdings gab es nicht an, wie viel davon an die Creators gegangen war und wie viel an Medienunternehmen und Plattenfirmen.) Zum ersten Mal ließ YouTube nun sogar Werbung auf Kanälen laufen, die sich nicht für das Zahlungsprogramm qualifiziert hatten, so zuversichtlich war das Unternehmen, dass es seinen *Long Tail* für Werbung freigeben konnte, ohne dass es zu neuen Werbeboykotten kam. Den Erlös aus diesen Werbespots konnte YouTube komplett behalten.

Nach einigen holprigen Jahren suchte die Vorstandsetage von YouTube die Nähe zu seinen Stars. Bekannte YouTuber lobten Kyncl, weil er damit einer Gruppe von Creators Aufmerksamkeit schenkte, die das Unternehmen allzu lange vernachlässigt hatte; Casey Neistat nannte ihn »extrem proaktiv«. Matthew Patrick (alias MatPat) lobte den Manager Ariel Bardin, den er einst verspottet hatte, weil er YouTube nicht wirklich verstand, als »hervorragenden Fürsprecher für die Creators« (Bardin würde YouTube gegen Ende 2020 verlassen). YouTube eröffnete den Creators mehr Möglichkeiten, auch über die Werbung hinaus Geld zu verdienen, wie etwa durch Merchandising und Sponsoring durch Fans. Manager des Unternehmens erkundigten sich bei Creators danach, wie man einem Burn-out entgegenwirken könne, und heuerten einen Therapeuten an, Videos zu diesem Thema zu posten. YouTube bekam es sogar hin, seinen Kommentarbereich zu verbessern. »Früher war das der Vorhof zur Hölle im Internet, aber jetzt ist es eigentlich ganz angenehm«, so Natalie Wynn.

Viele Creators hatten so viele treue Zuschauer und so viel Geld, dass sie gar nicht mehr nach Hollywood wollten. Lucas Cruikshank hatte in drei Filmen als Fred Figglehorn, seine quietschende YouTube-Kunstfigur, mitgewirkt. Dann hatte er keine Lust mehr gehabt, vor einer Filmcrew, einem Regisseur und dem ganzen Tamtam aufzutreten, und war zu YouTube zurückgekehrt, um wieder ganz allein Videos zu posten. »Da gibt es keinen Druck«, sagte Cruikshank. Justine Ezarik (alias iJustine) war seit 16 Jahren ununterbrochen auf YouTube zu sehen. Nach wie vor schrieb, produzierte und schnitt sie jedes Video selbst. Ein solches Maß an kreativer Kontrolle boten einem keine Filmproduktion und kein Fernsehsender. »Das hier gehört euch nicht«, fügte sie hinzu.

Derweil bezeichnete Wojcicki die Creators als »das Herz von YouTube«. Und endlich schien ihr Unternehmen auch den nichtmonetären Wert der YouTuber zu erkennen, die fast alle schädlichen Trends aufspürten, bevor das Unternehmen Wind davon bekam – die beunruhigenden Kinder-Videos, die Mobber, die Profitmacher, Betrüger und Extremisten. »Ihr *müsst* auf eure Plattform aufpassen«, ermahnte MatPat einmal einige YouTube-Mitarbeiter bei einem privaten Treffen.

Es sah ganz danach aus, als täten sie es, und doch hielt sich YouTube letztlich immer noch an die Vorgaben von Google. Graham Bennett, ein leitender Partnermanager, der eng mit Stars zusammenarbeitete, beschrieb seine Rolle als »den am wenigsten *googli-*

gen Teil von YouTube«; sein Job ließ sich nicht skalieren. Die Multi-Channel-Networks, die diese Aufgabe einst übernommen hatten, waren inzwischen nahezu ausgestorben. Bennett sagte, er würde es begrüßen, wenn YouTube mehr für seine Creators täte, auch wenn sich aus Sicht von Wojcicki, so Bennett, die Entscheidung, ob sie einen weiteren Senior-Partnermanager oder einen Programmierer einstellen solle, als »sehr schwierig« gestalte. (Darüber, wie viele Programmierer und Senior-Partnermanager tatsächlich beim Unternehmen beschäftigt sind, schweigt sich YouTube aus.) Alle Bemühungen, YouTuber zu organisieren, wie die Internet Creators Guild von Hank Green, waren gescheitert. Und einige waren der Ansicht, solange sich YouTube durch Werbung finanzierte, das ein Massenpublikum erforderte, und zugleich immer schneller wuchs, sei seine Behauptung schlichtweg falsch, ein Hocker mit drei gleich langen Beinen – Zuschauer, Werbetreibende und Creators – zu sein. Die Creators würden immer den Kürzeren ziehen. »Es ist wie bei der *Farm der Tiere*«, sagt der ehemalige YouTube-Manager Andy Stack, der das Unternehmen 2015 verließ. »Einige sind gleicher als andere.«

2022 überarbeitete YouTube seine Content-Strategie noch einmal und gab sein Vorhaben zur Finanzierung von abonnementpflichtigen Sendungen mit Creators endgültig auf – Netflix, Disney und Amazon sollten den Kampf um die Vorherrschaft beim bezahlten Streaming unter sich ausmachen. Stattdessen verlagerte YouTube seine Ressourcen hin zu den Shorts, seinen Kurzvideos. Die Shorts waren ein unverhohlener TikTok-Klon und ein Versuch, sich gegen die neue Konkurrenz zu wehren. Ältere YouTuber verglichen die Spielwiese von TikTok mit dem YouTube einer längst vergangenen Zeit, als man sich dort noch ausprobieren und kreativ entfalten konnte. (2020 sagte Wojcicki über TikTok: »Die tauchten einfach aus dem Nichts auf.«[2] Dabei hatte Google zuvor versucht, das Unternehmen Musical.ly zu kaufen, aus dem später TikTok hervorgehen sollte.[3]) YouTube führte die Shorts in Indien ein, wo TikTok verboten war, und richtete einen Fonds von 100 Millionen Dollar ein, um die Urheber der kurzen Clips zu finanzieren. Wie genau das Geschäftsmodell aussehen sollte, wollte man sich später überlegen. Fast zehn Jahre nachdem das Unternehmen beschlossen hatte, auf längere Videos zu setzen, zahlte YouTube nun für ganz kurze Clips. Die zentrale algorithmische Kennzahl für Shorts war (wie beim Rest von YouTube auch) trotzdem die Wiedergabezeit.

Vieles deutete darauf hin, dass TikTok an YouTubes Vorherrschaft rüttelte. Einer Studie zufolge schauten die US-Amerikaner im Jahr 2021 erstmals auf ihren Handys mehr TikTok als YouTube.[4] Doch dank seiner Smart-TV-App wurde YouTube mehr und mehr auf Fernsehgeräten geschaut. Beim Kampf um die Marktanteile konzentrierte sich das Vertriebsteam von YouTube nach wie vor auf die Marktanteile des Fernsehens, nicht die von TikTok, und das Produktteam tüftelte an Möglichkeiten für Fernsehzuschauer, Sendungen zu liken, zu kommentieren und zu abonnieren, wodurch das Fernsehen noch mehr wie YouTube werden sollte. Außerdem hatte TikTok weder haufenweise Yoga-Videos, Brotback-Tutorials, Let's Player und Beauty-Gurus zu bieten noch Milliarden Stunden Videofutter für Kleinkinder. Das alles gab es nur auf YouTube.

Andere Plattformen (vor allem Facebook) hatten panische Angst davor, dass die TikTok-Generation und entfremdete Erwachsene abwandern könnten. Zuschauer beschweren sich zwar über die häufige und nervige Werbung auf YouTube, hörten aber trotzdem nicht auf, YouTube zu schauen.

So turbulent all die Jahre auch gewesen waren, YouTube hatte sich nie Sorgen darüber machen müssen, dass Menschen abwanderten. Ein Mitarbeiter drückte es so aus: »Es käme ja auch keiner auf die Idee, Elektrizität zu boykottieren.«

———

Die Kinder blieben YouTube selbstverständlich treu.

Für Harry und Sona Jho, die erfahrenen Showrunner des Kinderlieder-Kanals, begann 2020 mit einem Schock. Die Einigung von YouTube mit der FTC führte dazu, dass in Videos, die sich an Kinder richteten, keine hochpreisigen Anzeigen mehr geschaltet wurden. Und als die Pandemie kam, setzten viele Vermarkter ihre Werbung aus, weil sie nicht wussten, wie es mit den Verbrauchern weiterging. Die Jhos konnten live zusehen, wie ihre Werbeeinnahmen einbrachen. Doch wie sich herausstellte, waren Lockdowns und Quarantäne sehr gut für die Zuschauerzahlen. Kinder, die zu Hause festsaßen, guckten wie verrückt YouTube. Als 2020 zu Ende ging, waren die fünf meistgeschauten Kanäle auf ganz YouTube Kanäle für Vorschulkinder.[5] Sogar Harry Jho räumte nach einem Jahr Pandemie zögerlich ein, der plötzliche Anstieg der Zuschauerzahlen hätte sich ausgezahlt. »Es sieht nicht rosig aus«, sagte er, »aber immerhin müssen wir niemanden entlassen.«

Und er war der Meinung, dass die Maschinen von YouTube inzwischen viel mehr auf Qualität achteten. Nach der Auseinandersetzung mit der FTC hörte YouTube auf, seine Kids-App nur per Algorithmus zu bestücken, und ließ seine Mitarbeiter die Auswahl kuratieren, genau wie es einst die Coolhunters mit der YouTube-Homepage getan hatten. Das Unternehmen gründete einen Fonds für YouTuber, die Clips für Kinder drehten, und teilte ihnen mit, dass man damit Videos finanzieren wolle, die mit subjektiven Eigenschaften wie Bescheidenheit, Neugier und Selbstbeherrschung assoziierte »Ergebnisse erzielen«.[6] YouTube sagte, sein System belohne Clips, die junge Zuschauer dazu ermutigen, etwas offline zu unternehmen.

»Das ist die gesündeste Algorithmus-Umgebung, die ich je erlebt habe«, sagt Jho und meint, anscheinend habe sich YouTube von dem blinden Vertrauen in seine Maschinen ein Stück weit gelöst. Es sehe so aus, als seien tatsächlich einmal Menschen verantwortlich.

Während der Pandemie erwies sich das Kinder-YouTube als Goldgrube der neuen Medien. Das Medienunternehmen Moonbug Entertainment kaufte drei YouTube-Kanäle mit gigantischen Abonnentenzahlen und kam damit auf sieben Milliarden Aufrufe im Monat – eine Zahl, auf die jeder Kabelsender stolz wäre.[7] 2020 war der kleine Ryan Kaji mit seinen neun Jahren bereits ein erfahrener Profi. Inzwischen drehte er kaum noch Videos, in denen er Spielzeug auspackte, womit er einst berühmt geworden war. Stattdessen führte er vor der Kamera naturwissenschaftliche Experimente durch, stellte sich ausgefallenen Herausforderungen (»Edible Candy vs. Real!!!«) und gab Gymnastik-Tipps. Und er hatte seine Begeisterung für Videospiele entdeckt. Zu Beginn der Pandemie posteten Ryan und seine Eltern ein Video mit einem Gespräch mit jemandem von der Gesundheitsbehörde. Man sprach über COVID-19, und Ryan, der nimmermüde Performer, stellte die übertriebenen emotionalen Reaktionen eines Menschen zur Schau, der zeit seines Lebens vor der Kamera gestanden hatte.

Doch Ryans Backkatalog befand sich genauso wie YouTube weiterhin auf dem Prüfstand. Im Jahr 2020 titelte die *New York Times*: »Machen Kidfluencer unsere Kinder dick?«[8] Dazu druckte sie ein Standbild aus einem alten Video ab, in dem Ryan einen McDonald's-Kassierer spielt. Eine Interessengruppe warf ihm vor, gegen Gesetze verstoßen zu haben, die Kinder vor irreführender Werbung schützen sollen. Chris Williams, ein ehemaliger Manager bei Maker Studios, startete pocket.watch, ein Studio, das mit Ryan und anderen YouTube-Kinderstars zusammenarbeitete. Williams fand diese Kritik an seinem Star unangebracht und verglich die Gruppe mit den Nörglern, die in den Neunzigern für Panikmache gesorgt hatten, weil sie Videospielen und Rapmusik einen schlechten Einfluss zuschrieben. Die Kritiker, gab er sich überzeugt, sähen nicht, welche Vorteile es für das junge Publikum habe, jemanden auf dem Bildschirm zu sehen, mit dem es sich identifizieren könne – selbst jemanden, der so berühmt sei wie Ryan. »Was sie wirklich meinen, ist: ›Das hier ist nicht die *Sesamstraße*‹«, sagte Williams. »Aber wenn das die Messlatte wäre, würden sich die Kinder gar nichts mehr anschauen.«

Als Ryan erstmals die YouTube-Charts eroberte, richteten seine Eltern ein eigenes Produktionsstudio ein, um Kapital aus seinem Erfolg zu schlagen. Sie verkauften bei Walmart und Target Spielzeug, Kleidung und Bettwäsche der Marke »Ryan's World«. Sie schufen eine animierte Figur ihres Sohnes, die sein Werk fortsetzen soll, falls Ryan eines Tages mit dem YouTuben aufhören sollte. Bei der Macy's Thanksgiving Day Parade war eine aufblasbare Ryan-Figur mit dabei. Das Wirtschaftsmagazin *Forbes* listet jährlich die reichsten YouTuber auf, und von 2018 bis 2020 führte Ryan die Liste an.[9] 2020 lag Ryans geschätztes Jahreseinkommen bei über 30 Millionen Dollar – eine Summe, die praktisch jeden schockiert, der sie hört. *Ein Neunjähriger verdient ... wie viel bitte?*

Offenbar begriff die Welt immer noch nicht, wie Medien im Zeitalter von YouTube funktionieren. Aus Williams' Sicht war Ryan nicht bloß ein Neunjähriger auf YouTube, sondern das Kernstück eines Firmen-Molochs. »Ich war früher bei Disney«, sagt Williams, »und die Differenz zwischen 30 Millionen Dollar und Micky Maus ist ziemlich groß.« Solange die Kinder weiterhin Ryan zuschauen, ist also noch reichlich Luft nach oben.

Mit einem solch enormen Publikum und einem solchen Bezahlsystem konnte YouTube darauf zählen, dass es in seiner Branche noch jahrelang die Nase vorn haben würde. Schließlich hatte es noch einen weiteren Vorteil: Es gehörte zu Google, dem unangefochtenen Marktführer im Bereich künstliche Intelligenz. Diese Fähigkeit ermöglichte es YouTube, ein maschinelles System zu entwickeln, das bereits 2020 Warnsignale wie Nazi-Symbole oder sexualisierte Kommentare über Kinder genauso schnell erkennen konnte wie einen urheberrechtlich geschützten Song. Laut YouTube werden dadurch die meisten »verletzenden« Videos gelöscht, ohne dass sie sich noch irgendjemand anschauen muss. Aber ein schwerwiegendes Problem konnte auch Googles übermenschliche KI nicht lösen – den endlosen Sumpf an falschen Informationen im Internet.

YouTube versuchte, dieses Problem mithilfe der Computerwissenschaft und seiner Richtlinien zu lösen. Wie andere Tech-Plattformen auch untersagte YouTube bestimmte Themen, wenn sie in politischer Hinsicht nicht vertretbar waren. Einen Monat vor der US-Wahl 2020 verbot YouTube Videos, die für die extremistische Pro-Trump-Bewegung QAnon warben.[10] Als Impfstoffe gegen COVID-19 zur Verfügung standen, löschte YouTube Videos, die wissenschaftliche Leitlinien infrage stellten. (Aus diesem Grund wurden auch diverse Videos von Donald Trump entfernt.) Nachdem Russland in die Ukraine einmarschiert war, sperrte YouTube die Kanäle russischer Staatsmedien, weil sie gegen seine Richtlinie gegen »das Leugnen eines klar dokumentierten Gewaltereignisses« verstießen. (Russland sperrte nach Kriegsbeginn Facebook, nicht aber YouTube, das dort extrem beliebt war.) YouTube löschte mehr als eine Million Videos, die »gefährliche Informationen zum Coronavirus« beinhalteten. Mit einem System namens »Golden Set« fütterten die Mitarbeiter die Maschinen mit Tausenden Beispielen – *dieses Video über COVID-19 enthält Lügen, dieses hier nicht.*

Doch bei YouTube wusste man, dass dieses Verfahren nicht perfekt war. »Vielleicht denken die Leute, dass wir ja diese tolle KI haben, die Auto fahren kann und so«, so Goodrow, der altgediente leitende Programmierer bei YouTube, »aber noch können Maschinen nicht erkennen, welche konkreten Behauptungen in einem Video aufgestellt werden.«

Selbst wenn es möglich gewesen wäre, gingen außerhalb des Unternehmens die Meinungen darüber, wie sich Falschinformationen oder Desinformation definieren lassen, stark auseinander, sodass entsprechende Debatten meistens in einer politischen Pattsituation endeten. Und meistens betrafen die Debatten YouTube ohnehin nicht. Die Empörung der Presse und der Politik konzentrierte sich vor allem auf die sozialen Netzwerke, weniger auf das Videoportal. Als Präsident Joe Biden 2021 die sozialen Medien dafür kritisierte, die Impfskepsis zu fördern, warf er insbesondere Facebook vor, Menschen mit Lügen zu »töten«. Die Wut der Rechten richtete sich vor allem gegen Twitter, das Trump nach dem Sturm auf das Kapitol am 6. Januar sperrte. Facebook-Chef Mark Zuckerberg und Twitter-Chef Jack Dorsey mussten mehrfach vor dem Kongress aussagen, Susan Wojcicki hingegen nie. YouTube war der schlafende Riese der sozialen Medien. Dafür gab es viele Gründe. YouTube war besser aufgestellt, um einen Informationskrieg zu vermeiden. Wenn man einen schrulligen Onkel hat, der online über die Corona-Impfung schimpft, dann tut er das in der Regel auf Facebook oder Twitter, aber wahrscheinlich nicht auf YouTube. Politische Inhalte standen auf der Beliebtheitsskala von Facebook immer wieder ganz oben.[11] Bei YouTube führten immer noch Musik, Gaming und Videos für Kinder die Hitliste an. YouTube sperrte Trump auf unbestimmte Zeit, genau wie Facebook. Konkrete Pläne, dies wieder rückgängig zu machen, gab es nicht. Doch auf YouTube war Trump nie besonders präsent gewesen, sodass sein Fehlen dort nicht weiter auffiel. Und auf Facebook konnte man viel leichter eindreschen. Im Herbst 2021 veröffentlichte ein Whistleblower eine Reihe belastender Dokumente, darunter auch Belege dafür, dass Facebook nicht rasch genug gehandelt hatte, um Lügen über die Impfstoffe gegen COVID-19 zu bekämpfen. Manche glaubten, dass YouTube einfach das besser geführte Unternehmen war.

Vielleicht war YouTube aber auch einfach nur schwieriger zu durchschauen. Ob jemand zweifelhafte Behauptungen über Impfstoffe in einem Tweet oder einem Facebook-Post verbreitet, lässt sich relativ leicht ermitteln, schließlich handelt es sich um Texte. Bei einem langen Video sieht das ganz anders aus. YouTube gab relativ wenig Daten an Außenstehende weiter, was das Unternehmen so manches Mal davor bewahrt haben dürfte, allzu kritisch unter die Lupe genommen zu werden. Nach 2020 gab YouTube mehr über seine Algorithmen preis und legte Metriken offen, die seine Fortschritte beim Erreichen bestimmter Ziele zeigten. Demnach war die Zahl der Aufrufe von Videos, die gegen die Richtlinien verstießen und später gelöscht wurden, niedrig und sank stetig.[12] Allerdings stammten diese Zahlen von YouTube selbst. Extern überprüft wurden die Ergebnisse nicht. Bidens Kreuzzug gegen die sozialen Medien stützte sich zum Beispiel auf die Forschungsergebnisse einer gemeinnützigen Gesellschaft, die auf

Facebook und Twitter Konten von Impfgegnern unter die Lupe nahm und dabei auf Statistiken beider Unternehmen angewiesen war. YouTube wurde in diese Recherche nicht mit einbezogen, weil kein vergleichbares Datenmaterial zur Verfügung stand.[13] Der Whistleblower von Facebook enthüllte, dass Instagram interne Untersuchungen über die Auswirkungen seiner App auf die psychische Gesundheit von Mädchen im Teenageralter ignorierte, was eine Welle der Kritik an Facebook auslöste. Danach sagten mehrere Mitarbeiter von YouTube aus, ihr Unternehmen teile die Ergebnisse solcher Untersuchungen entweder niemandem mit, oder es führe gar keine durch.

»YouTube ist ziemlich undurchsichtig«, sagt die Juradozentin Evelyn Douek aus Stanford, die sich wissenschaftlich mit Content-Moderation befasst. »Natürlich macht es Spaß, von außen mit dem Finger zu zeigen. Das hier ist echt eine harte Nuss. Aber das bedeutet nicht, dass YouTube keine Verantwortung trägt.«

Inoffiziell beklagten sich Mitarbeiter von YouTube (genau wie ihre Kollegen von Facebook), dass man ihnen den Verfall demokratischer Normen anlastete, für den eigentlich Fox News, der Rassismus und Gott weiß was noch alles verantwortlich war. Ein langjähriger Manager von YouTube verkündete ganz unverblümt: »Gib nicht dem Spiegel die Schuld dafür, wie hässlich du bist!« Im Silicon Valley wurde oft behauptet, dass Plattformen lediglich die Gesellschaft widerspiegelten, die diese Plattformen nutzte. Aber YouTube hat noch nie die Gesellschaft in ihrer Gesamtheit abgebildet. Und das tat YouTube immer weniger, während sich die Regulierung weiter hinzog. Im Herbst 2021 sperrte YouTube Videos mit falschen Behauptungen über Impfstoffe und sicherte zu, Werbung von Videos zu entfernen, die den Klimawandel leugneten.[14] Dieses Vorgehen sorgte teils für Lob, teils hielt man es für überzogen. Andere stellten die berechtigte Frage: Warum erst jetzt?

Unter Biden und seinen Demokraten, die solche Fragen stellten, begann die Führungsriege von YouTube, sich zur Wehr zu setzen. Wojcicki verfasste einen Gastkommentar im *Wall Street Journal*, in dem sie zu weitreichende Eingriffe in die Content-Moderation mit der Zensur in der UdSSR verglich, wo ihre Großeltern gelebt hatten.[15] Neal Mohan behauptete, bei YouTube habe man eine »beunruhigende neue Dynamik« bei Anfragen seitens der Regierung bemerkt, Videos aus politischen Gründen zu löschen. Gegen Lügen über COVID-19, schrieb er, könne YouTube aggressiv vorgehen, weil die Gesundheitsbehörden offizielle Leitlinien erstellten, aber bei anderen Themen müsse man vorsichtig sein. »Was für den einen eine Fehlinformation ist, stellt für einen anderen eine tiefe Überzeugung dar«, notierte er in einem Blogbeitrag.[16] Mohan war zwar der Ansicht, dass jeder Mensch das Recht haben sollte, seine Überzeugungen über die Massenmedien zu verbreiten, aber auch ihm blieb nicht verborgen, dass auf YouTube einige beunruhigende Trends um sich griffen. Regierungsbeamte in Russland und Indien verlangten von YouTube, Videos von Oppositionellen oder Kritikern zu löschen, die angeblich Desinformation und extremistische Ansichten verbreiteten. So zwangen sie das Unternehmen de facto, sich zwischen seinen erklärten Werten und seinem Wunsch, überall präsent zu sein, zu entscheiden. Bestimmt werden noch weitere Länder diesem Beispiel folgen. In konfliktreichen, weniger demokratischen Staaten beschäftigt YouTube, wie andere soziale Medien auch, nur wenige Mitarbeiter, die die dortige Sprache oder die politische Landschaft verstehen.

Die Führungsriege von YouTube war sich darin einig, dass ihre KI-Software Weltniveau habe und trotz ihrer Mängel das einzige System sei, mit dem sich das ungeheure Ausmaß der eigenen Plattform bewältigen lasse. Man stellte es dar, als müsse die Website ein solches System zwangsläufig haben, dabei hatte man sich aus freien Stücken dafür entschieden. Früher einmal hatte YouTube seine Coolhunters und Partner wie die Nachrichtenredaktion Storyful, die die Berichterstattung über den Arabischen Frühling kuratiert hatte, als Redakteure an vorderster Front, um die Flut an Informationen zu prüfen, zu verifizieren und einzuordnen. »Wir haben immer wieder neue Dinge ausprobiert, und die YouTube-Kultur bestärkte uns darin«, erinnert sich Steve Grove, der früher das Ressort Politik leitete. YouTube beendete viele dieser Experimente wieder und entschied sich stattdessen für die Skalierung. Allerdings sorgte dieser Kompromiss dafür, dass ausgerechnet die Menschen (so unvollkommen sie auch sein mögen) aus einem der größten Probleme herausgehalten wurden, dem die Menschheit heute ausgesetzt ist: eine gemeinsame Basis von Fakten und Wahrheiten zu schaffen. »Fehlinformationen im Internet sind nach wie vor eine Bedrohung für die Demokratie«, so Grove, der bei Google kündigte, um in Minnesota in den Staatsdienst zu gehen. Um dieser Bedrohung zu begegnen, werde der Content-Moderation, wie er hinzufügt, »in ihren unterschiedlichsten Formen auch künftig eine Schlüsselrolle zukommen«.

Dummerweise ist das eine Lösung ohne klare mathematische Formel, und sie lässt sich nicht skalieren. Nicht sehr *googlig*.

Einige Mitarbeiter bei YouTube hatten diese endlosen Diskussionen satt. Aber die meisten waren einfach damit beschäftigt, das größte Online-Videogeschäft der Welt am Laufen zu halten.

Auch Claire Stapleton hatte sich seit ihrem Ausscheiden bei YouTube weiterhin Gedanken über dieses Thema gemacht. Sie hatte sich wieder den Newslettern zugewandt und eine Ratgeber-Kolumne für unzufriedene Angestellte im Silicon Valley ins Leben gerufen, die sie »Tech Support« nannte und in der sie über ihren alten Arbeitgeber herzog und immer noch YouTube-Videos verlinkte, die ihr gefielen. Inzwischen hatte sie ihre Meinung über den PewDiePie-Skandal geändert und war zu dem Schluss gekommen, dass die langwierigen Diskussionen darüber, ob man seine Tweets liken solle, bloß geführt wurden, um von der Fäulnis abzulenken, die unter dem Ganzen gärte. »Es war ein vergeblicher Kampf«, erinnert sie sich. »Wir sind so darin aufgegangen, uns um die Ästhetik der Marke zu kümmern, dass wir gar nicht gemerkt haben, dass die echten Probleme rund um YouTube gar nicht diskutiert werden sollten.« In der Arbeit hatten sie und ihre Kollegen selten die Art von Fragen gestellt, mit denen sie sich jetzt auseinandersetzte.

Wie hatte es so weit kommen können, dass ihr Unternehmen, dem so sehr daran gelegen war, alle Informationen der Welt zu systematisieren, zu einem Sprachrohr für Verschwörungstheoretiker, Spinner und Aufwiegler geworden war, die es obendrein auch noch bezahlte? Musste wirklich jeder auf Sendung gehen? Was veranlasste Teeniemütter, ihr ganzes Leben zu filmen und auf YouTube zu stellen? Und warum konnte sie nicht wegschauen? Für Stapleton ergab sich daraus eine viel tiefgreifendere Frage: »Ist YouTube nun unterm Strich gut oder schlecht für die Gesellschaft?«

Alles, was sie gut an YouTube fand – die hochgeschätzten Communitys der Website und die wunderbaren Talente –, hatte mit dem Unternehmen direkt eigentlich gar nichts zu tun. »YouTube fördert keine Kreativität«, lautet ihr Fazit. »Das tun die Menschen.«

Nach etwas über sieben Jahren im Vorstand verabschiedete sich Susan Wojcicki 2022 von der öffentlichen Bühne. Sie gab nur noch wenige Interviews. Werbekunden und Medienpartner, die sie während YouTubes Krisenjahren häufig getroffen hatten, sagten, sie sähen sie nicht mehr so häufig, seit sich die Lage beruhigt habe. Die meisten Benutzer von YouTube wussten wahrscheinlich nicht einmal, wer sie ist. »Sonderlich charismatisch ist sie nicht«, so Kim Scott, eine frühere Kollegin von Wojcicki bei Google, »aber zu ihrer Ehrenrettung sei gesagt, dass daran überhaupt nichts Schlechtes ist. Vor allem in ihrer Position könnte eine charismatische Führungskraft eine Katastrophe sein. Charismatische Führungskräfte zerstören solche Firmen, weil sich am Ende alles nur um sie dreht.«

Gemeinsam mit ihrem Mann, ebenfalls ein Googler, leitete Wojcicki eine Stiftung, die nicht nur verschiedene jüdische und interkonfessionelle Gruppen wie die Anti-Defamation League finanziell unterstützte, sondern auch gemeinnützige Umweltorganisationen wie Earthjustice und den Environmental Defense Fund. Sie achtete darauf, ihre Meinung für sich zu behalten. Trat sie doch einmal in der Öffentlichkeit auf, brachte sie ein neues Thema zur

Sprache: YouTubes Bemühungen um »Verantwortung« seien auch gut für die wirtschaftliche Entwicklung des Unternehmens. Und tatsächlich hatte sich YouTubes Werbeumsatz in den zwei Jahren seit den grundlegenden Überarbeitungen 2019 nahezu verdoppelt.

In jenem Jahr zogen sich die Google-Gründer Page und Brin, damals beide Mitte vierzig, aus dem operativen Geschäft zurück. Damit übernahm Sundar Pichai die Leitung von Google und Alphabet. Das Justizministerium setzte das kartellrechtliche Verfahren gegen Google fort, und der Kongress legte Gesetzesentwürfe vor, um den Wettbewerb in der Tech-Branche und den Einsatz »schädlicher Algorithmen« zu regeln. Darunter fielen auch die Empfehlungen auf YouTube. Es wurde zunehmend unwahrscheinlich, dass eintreten würde, was Google am meisten fürchtete: zerschlagen zu werden. Dennoch reagierte Pichai auf den politischen Druck und positionierte Google als »hilfreich«, als ein Dienstprogramm, das die Menschen liebten. Er drängte auf einen Umbau des Werbegeschäfts, das einen erheblichen Rückgang zu verzeichnen hatte, und wollte aus Google ein führendes Unternehmen im E-Commerce machen, der bisher von Amazon beherrscht wurde. YouTube, die Plattform, die von Tutorials und kommerziellen Influencern überquoll, war ein wesentlicher Bestandteil beider Strategien. Als Google-Insider darüber spekulierten, wer nach Pichais Abgang übernehmen würde, tauchte Wojcickis Name immer auf der Kandidatenliste auf.

Beobachtern zufolge liegt es an Wojcickis nüchterner Einstellung und sorgsamer Führung, dass YouTube nie auf dieselbe Weise auf den Prüfstand gestellt wurde wie Facebook. »Sie kümmert sich«, sagt Jim Steyer, Gründer der einflussreichen gemeinnützigen Organisation Common Sense Media. Bei kinderspezifischen Themen hat Steyer immer wieder heftig gegen die Tech-Plattformen ausgeteilt. Er setzt sich dafür ein, das Suchtpotenzial zu minimieren und die Geschäftspraktiken der Tech-Branche zu regulieren. Facebook traue er nicht mehr, bei YouTube sei er noch unentschlossen. Dann fügt er hinzu: »Als Susan übernahm, hat sich meine Einstellung geändert.«

Wohl kaum jemand im Silicon Valley oder in Hollywood würde Wojcicki als Visionärin bezeichnen oder in YouTube eine Brutstätte für Innovationen sehen. Das Unternehmen ist ein Tanker, ein Großkonzern und eine Institution, die behutsam gelenkt wird. Selbst wenn sie wollte, könnte Wojcicki YouTube wahrscheinlich nicht vollständig in die gewünschte Richtung lenken. Sie verwaltet eine Plattform, die ein Eigenleben führt. Wer YouTube leitet, hat es mit einem Gebilde zu tun, das »sich per se nicht definieren und nicht lenken lässt«, so ein langjähriger Mitarbeiter. »Man kann nur die Zügel in der Hand halten.« Dennoch ist es Wojcicki gelungen, bestimmte Teile von YouTube wieder unter Kontrolle zu bekommen. Und immer noch leitet sie einen globalen Wirtschafts- und Mediengiganten mit wenig Transparenz und Verantwortlichkeit.

»Wenn ich eine Liste mit Menschen erstellen müsste, die so viel Macht haben wie Susan Wojcicki, dann wäre sie vielleicht die Einzige darauf«, sagt Hank Green. »Aber mir wäre es lieber, wenn überhaupt niemand so viel Macht hätte, geschweige denn jemand, der nicht demokratisch gewählt ist.«

Während Greens Gespräch mit Wojcicki[17] zu Beginn der Pandemie gelang dem Nerdfighter und Vlogger eine seltene Meisterleistung: Er entlockte der YouTube-Chefin Informationen. Wojcicki erläuterte ihm gerade, dass YouTube die Kanäle in drei Gruppen einteile – Creators, Musiklabels und traditionelle Medien –, und verriet dabei, dass die YouTuber bei den Zuschauerzahlen »ungefähr die Hälfte« ausmachten.

Bei dieser Offenbarung riss Green die Hände in die Höhe und rief: »Wow! Das ist ja enorm!« Er strahlte.

An einer anderen Front hatte er jedoch weniger Glück. Im Laufe ihres Gesprächs bestürmte Green Wojcicki mit Fragen nach YouTubes Finanzierungsstrategie für die Kanäle. Warum habe das Unternehmen, nachdem der Plan gescheitert war, Hollywood an Bord zu holen, nur den größten YouTube-Stars Finanzspritzen gewährt?

Warum unterstütze YouTube nicht kleinere Creators, die ihr eigenes Medienunternehmen betrieben? »Es gibt eine breite Schicht von YouTubern, in denen viel Potenzial steckt«, sagte Green. »Ich war schon immer der Meinung, dass YouTube sich auf das konzentrieren sollte, was YouTube ausmacht, und ...«

Wojcicki unterbrach ihn: »Das sehen wir ganz genauso!«

Green lachte. Er kannte YouTube besser als sonst irgendwer, der nicht dort arbeitete, und wahrscheinlich auch als viele, die dort arbeiteten, und er sprach gerade mit der Person, die YouTube länger geleitet hatte als sonst irgendwer. Und doch schienen sie aneinander vorbeizureden. »Vielleicht sind wir uns aber nicht ganz einig darüber, was YouTube ausmacht«, erwiderte er. »Wobei das wahrscheinlich niemand so genau weiß.«

Das Gespräch dauerte fast eine Stunde. Noch vor gar nicht allzu langer Zeit wäre niemand auf die Idee gekommen, ein derart langes Video im Internet zu veröffentlichen. Und noch viel weniger hätte man erwartet, dafür ein Publikum zu finden oder Geld zu kassieren. Green lud seinen Clip hoch, und damit fügte er den Milliarden Stunden, die sich an diesem Tag bereits auf YouTube angesammelt hatten, noch eine weitere hinzu.

Danksagung

Ich habe Ende 2019 mit der Arbeit an diesem Buch begonnen, kurz bevor die Welt zum Stillstand kam. Das Buch gäbe es nicht ohne die Hunderte Menschen, die die Geschichte von YouTube miterlebt und während der schier endlosen Pandemie ihre Erinnerungen, Gedanken, Dokumente und Zeit mit mir geteilt haben. Viele gingen dabei berufliche Risiken ein, und auch wenn ich sie hier deshalb nicht namentlich nennen kann, bin ich allen, die dies taten, zutiefst dankbar.

Claire Stapleton, die immer noch sehr kreativ ist, war während des gesamten Prozesses erfrischend offen und tolerant. Brendan Gahan teilte seine Notizbücher und seine Eindrücke über die Anfangszeit von YouTube mit mir. Niemand kennt sich mit YouTube so gut aus wie die YouTuber, und ich habe eine Menge über die Plattform gelernt, indem ich mir die Videos von MatPat, Hank Green, Casey Neistat, Veritasium und ContraPoints angesehen habe – was ich allen Leserinnen und Lesern ebenfalls rate. Alle Creators, die sich die Zeit nahmen, mit mir zu reden, haben diese Geschichte um einiges reicher gemacht. Ich danke euch allen.

Viking war der perfekte Verlag. Rick Kot war ein geduldiger und aufmerksamer Lektor, der mit mir als Neuling und meinem Ungetüm von einem Buch sehr gnädig umging. Andrea Schulz, Hal Fessenden, Shelby Meizlik, Julia Rickard und Camille Leblanc haben alle an dieses Buch geglaubt und fleißig daran mitgearbeitet, es Wirklichkeit werden zu lassen. All das wäre nicht möglich gewesen ohne Ethan Bassoff, meinen Agenten bei Ross Yoon, der mich davon überzeugt hat, die Idee zu pitchen, der dafür gesorgt hat, dass mein Pitch funktioniert hat, und der bei jedem neurotischen Stolperstein auf dem Weg zu mir gehalten hat.

Kelsey Kudak und Sean Lavery waren ein phänomenales Faktenchecker-Duo und absolute Lebensretter. Sally Weathers hat mir ganz am Anfang bei der Recherche geholfen, wobei sie Unmengen YouTube schauen musste. Carrie Frye, ein ganz wunderbarer Mensch, gab mir hervorragende Ratschläge zum Schreiben, die dafür sorgten, dass ich während der ersten Entwürfe nicht den Verstand verlor.

Bei YouTube selbst öffneten mir Jessica Gibby, Andrea Faville und Chris Dale die Türen, obwohl sie wussten, dass ich die Möbel abnutzen würde, und reagierten immer umgehend auf all meine endlosen Anfragen zwecks Faktenchecks. Sie sind echte Profis.

Es gibt im Wirtschaftsjournalismus heute keine bessere Crew als die von *Bloomberg Technology*. Brad Stone, unser unvergleichlicher Chef und mein Vorbild als Reporter, gab mir unglaublich hilfreiches Feedback zu frühen Manuskriptfassungen. Tom Giles, Jillian Ward und Sarah Frier erwiesen sich als sehr hilfreiche Manager. Olivia Carville machte mich mit einer Fülle nützlicher Ressourcen in Neuseeland bekannt. Kurt Wagner, Ashlee Vance, Joshua Brustein, Emily Chang, Felix Gillette, Josh Eidelson, Ian King und Lizette Chapman boten mir Hilfe, Anleitung und moralische Unterstützung. Max Chafkin bewahrte mich vor mehr Panikattacken, als ich gerne zugeben möchte. Emily Biuso und Ali Barr haben die Artikel, die dieses Buch inspiriert haben, redigiert und mich unendlich ermutigt. Vielen Dank auch meiner Kollegin Ellen Huet.

Meine berufliche bessere Hälfte, Lucas Shaw, hat einige meiner Lieblingsartikel mitverfasst und mich jahrelang ertragen. Alles, was in diesem Buch über Hollywood steht und gut ist, ist nur seinetwegen gut. Danke, Sundance!

Viele weitere großartige Journalistinnen und Journalisten haben mich auf meinem Weg inspiriert und mir geholfen. Ken Aulettas *Googled* und Steve Levys *In the Plex* waren meine Bibeln für die Geschichte von Google, Keach Hageys Arbeit über Viacom war eine enorm hilfreiche Ressource, Kevin Roose hat großartige Berichte über die Kultur und den Einfluss von YouTube verfasst und mir freundlicherweise erlaubt, jede Menge davon zu plündern. Ich stehe tief in der Schuld von Becca Lewis (einer Wissenschaftlerin mit großartigem journalistischem Gespür) und anderen hervorragenden Forschern. Kara Swisher und Ken Li gingen das Risiko ein, einem unbekannten Reporter die Chance zu gewähren, über Google zu berichten, und lehrten mich fast alles, was ich über Google weiß. James Crabtree war mein Mentor, als ich nicht weiterwusste, und hat mir gezeigt, wie man ein interessantes und klar strukturiertes Business-Sachbuch schreibt. Alex Kantrowitz und Eliot Brown haben in den letzten drei Jahren auf jede verzweifelte SMS von mir geantwortet und sind immer ans Telefon gegangen, wenn ich anrief. Peter Kafka, Jason Del Rey, Johana Bhuiyan, Maureen Morrison, Anna Wiener, Cory Weinberg und Teddy Schleifer haben mich zu einem besseren Journalisten gemacht.

Viele enge Freunde haben mich durch diese Jahre des Schreibens und der sozialen Distanz begleitet. Brendan Klinkenberg, Jackie Arcy und Nico Grant haben frühe Versionen des Buchs gelesen und mir kluge Ratschläge gegeben. Jane Leibrock hat die Themen des Buchs auf eine Weise in verdauliche Stücke destilliert, wie ich es nie geschafft hätte. Will Alden und Dan Sawney, zwei großartige Autoren, haben an langen Nachmittagen mit mir an einzelnen Kapiteln gearbeitet, was ich sehr genossen habe. Brad Allen, Danielle Egan und Dan Gorman haben dankenswerterweise große Teile des Manuskripts gelesen und mir wertvolles Feedback gegeben. Waheguru Khalsa, Sara Heller, Yaw Asare, Suzanna Scott, Austen Leah Rose, Loreal Monroe, David Vigil, Stewart Campbell, Colin Nusbaum, Harry Moroz, Regal Johnson, Matt Armsby und Brian Stromquist haben mir Ratschläge gegeben und haben es ertragen, dass ich jahrelang ständig über YouTube geredet habe. Mein Lieblingsgesprächspartner ist und bleibt Michael D'Arcy.

Meine Familie hat mich während dieses ganzen Prozesses mit Liebe überschüttet und immer wieder ermutigt. Jack und Fran haben mit großem Engagement meinen Text gelesen und haben mir mit Rat und Tat zur Seite gestanden. Sarah und John haben uns in den dunkelsten Stunden der Pandemie ein strahlendes Licht nach dem anderen geschenkt. Meine Schwester Amy, meine allerliebste Lieblingsautorin, inspiriert mich jedes Mal, wenn ich mich hinsetze, um zu schreiben. Meine Eltern haben mich gelehrt, gute Geschichten zu lieben und der Welt mit viel Empathie zu begegnen. Mom, ich weiß, wie stolz Dad gewesen wäre.

Und zu guter Letzt: Annie, meine Quarantänepartnerin, meine erste und letzte Lektorin, die Liebe meines Lebens und meine allerbeste Freundin. Ohne dich hätte ich es nicht geschafft. Jetzt ist es vorbei. Wie cool ist das denn bitte?

Anmerkung zu den Quellen

Alles, was in diesem Buch steht, ist wirklich passiert. Es basiert auf öffentlichen Aufzeichnungen, der Korrespondenz mit Informanten, Dokumenten, die mir zugespielt wurden, und vielen Stunden Interviews, die ich von Ende 2019 bis Anfang 2022 geführt habe. Und natürlich auf YouTube-Videos.

Im Rahmen meiner Recherche habe ich Gespräche mit über 300 Personen geführt, die in irgendeiner Form Teil der Geschichte von YouTube waren. Knapp 160 davon waren aktuelle oder ehemalige Mitarbeiter von YouTube und Google, zu den übrigen zählten Geschäftspartner, Manager, Verbraucherschützer, Regulierungsbehörden und Forscher sowie Dutzende YouTube-Creators. Neben den offiziellen Interviews habe ich viele Gespräche aufgrund von Googles strengen Geheimhaltungsvorschriften, denen seine Mitarbeiter, Ex-Mitarbeiter und Partner unterliegen, anonym und inoffiziell geführt. Die im Buch zitierten E-Mails stammen aus Dokumenten der Klage von Viacom gegen Google, aus Untersuchungen des US-Kongresses und aus internen Firmenunterlagen, die ich von Informanten erhalten habe. Einige Dialoge im Buch wurden anhand der Erinnerungen von Personen rekonstruiert, die an diesen Gesprächen teilgenommen haben oder direkte Zeugen der Gespräche waren. Ich habe nicht mit allen Personen, die zitiert werden, persönlich gesprochen, doch ich habe mir große Mühe gegeben, jedes einzelne Detail im Buch durch mehr als eine Quelle zu belegen. Informationen, die nur aus einer einzigen Quelle stammen, sind entsprechend gekennzeichnet. Das Buch wurde einem gründlichen Faktencheck unterzogen. Und ich habe mich stets an eine Kardinalregel des Journalismus gehalten, die ich auch bei Bloomberg praktiziere: »Keine Überraschungen!« Jede Person, die im Buch erwähnt wird, wurde darauf hingewiesen, wie sie dort dargestellt wird, und erhielt ausreichend Gelegenheit, sich zu äußern.

Einige für die Geschichte von YouTube sehr wichtige Personen wollten nicht mit mir sprechen. Bei ihnen habe ich mich jeweils an ihre Repräsentanten gewandt, um mir Fakten bestätigen zu lassen und Kommentare einzuholen; falls mir auch dies nicht gelang, habe ich mich zumindest nach Kräften darum bemüht. YouTube arrangierte genehmigte Interviews mit mehr als zehn Mitarbeitern und beteiligte sich am Faktencheck. Kommentare von Pressesprechern von YouTube finden sich entweder im Text oder in den Endnoten. Ich startete mehrere Anläufe, mit Felix Kjellberg zu sprechen, bis mir sein Repräsentant schrieb: »Wir lehnen Ihre Anfrage höflich ab.« Googles Ex-CEO Eric Schmidt wollte sich nur über Vertreter äußern. Von den bisherigen Chefs von YouTube – Chad Hurley, Salar Kamangar und Susan Wojcicki – war niemand zu einem Interview bereit. Larry Page und Sergey Brin, die Gründer von Google und Mehrheitsaktionäre der Muttergesellschaft Alphabet, sprechen schon seit Jahren nicht mehr mit Journalisten und haben auch für mich keine Ausnahme gemacht. Die meisten meiner Fragen zu Page und Brin haben YouTube und Google einfach nicht beantwortet.

Für eine Person, die früher bei YouTube angestellt war und die aus Angst vor Vergeltungsmaßnahmen seitens des Unternehmens oder von anderer Seite nicht namentlich genannt werden wollte, habe ich ein Pseudonym verwendet. Ich habe Teile dessen, was mir diese Person erzählt hat, mittels Dokumenten und anderen Quellen bestätigen können und bestimmte Details ausgelassen, um die Identität der Person zu schützen, deren Erfahrungen, wie ich glaube, für die Leser sehr wichtig sind, um das »System YouTube« wirklich zu verstehen.

Anmerkungen

Prolog
15. März 2019

1 Farhad Manjoo, »Why the Google Walkout Was a Watershed Moment in Tech«, *The New York Times*, 8. November 2018, https://www.nytimes.com/2018/11/07/technology/google-walkout-watershed-tech.html.
2 Ellen Huet und Mark Bergen, »Google Talent Advantage Erodes as More Workers Doubt CEO Vision, *Bloomberg*, 1. Februar 2019, https://www.bloomberg.com/news/articles/2019-02-01/google-talent-advantage-erodes-as-more-workers-doubt-ceo-vision.
3 Interviews mit Claire Stapleton und mehreren anonymen YouTube-Mitarbeitern. Ein YouTube-Pressesprecher sagte, die Veranstaltung sei ein »ganz normaler jährlicher Betriebsausflug des Teams« gewesen.
4 YouTube zeigt bei jedem Video das Hochladedatum und die Länge an.
5 Diese Statistik stammt von einem ehemaligen Angestellten, der mit den Zahlen vertraut ist. Ein Vertreter von YouTube gab dazu keinen Kommentar ab.

TEIL I

Kapitel 1
Leute wie du und ich

1 John Cloud, »The YouTube Gurus«, Time, 25. Dezember 2006, http://content.time.com/time/magazine/article/0,9171,1570795,00.html.
2 Ein Sprecher von Facebook, das sich später in Meta umbenannt hat, lehnte eine Stellungnahme ab.
3 Brodack hat dieses Video (wie alle ihre Videos von damals) inzwischen gelöscht, aber Kopien tauchen auf YouTube und anderswo im Internet immer wieder auf.

Kapitel 2
Krude und willkürlich

1 Der Besitzer von Amici's erinnerte sich nicht mehr daran, dass es dort Ratten gab, aber im Gebäude residierte noch ein weiteres Restaurant, das inzwischen den Besitzer gewechselt hat.
2 Botha erwähnte außerdem, dass der Flickr-Investor und ehemalige PayPal-Chef Reid Hoffman YouTube versichert habe, dass Flickr in absehbarer Zeit keine Videos anbieten werde.

3   Steven Levy, *In the Plex: How Google Thinks, Works, and Shapes Our Lives* (New York: Simon & Schuster 2011), 249. Zusätzlicher Kontext über Amazon, Microsoft und Google von Sequoia Capital.
4   Catherine Buni und Soraya Chemaly, »The Secret Rules of the Internet«, *The Verge*, 13. April 2016, https://www.theverge.com/2016/4/13/11387934/internet-moderator-history-youtube-facebook-reddit-censorship-free-speech.
5   Es war eine clevere Marketingaktion, und der Clip war das erste Video auf YouTube mit über einer Million Zuschauern. Botha und die Gründer statteten anschließend dem Management von Nike in Portland einen Besuch ab.
6   Die Website der Gruppe, die »Lazy Sunday« hochgeladen hatte, war zunächst u. a. von Micah Schaffer und dessen älterem Bruder Akiva betrieben worden. Als der Clip auf YouTube zum Hit avancierte, setzte sich Schaffer mit Maxcy bei YouTube in Verbindung und fragte, ob das Unternehmen Mitarbeiter einstelle. Nach dem Debakel mit NBC scherzte Schaffers Vater, wenn sein einer Sohn am Samstag ein Video aufnehme, werde der andere es am Montag gleich wieder löschen.
7   Brad Stone, »Video Napster?«, *Newsweek*, 28. Februar 2006, https://www.newsweek.com/video-napster-113493.
8   John Perry Barlow, »The Economy of Ideas«, *Wired*, 1. März 1994, https://www.wired.com/1994/03/economy-ideas/.
9   Wong schrieb später auf dem College eine Abschlussarbeit über dieses Thema.
10 Joshua Davis, »The Secret World of Lonelygirl«, *Wired*, 1. Dezember 2006, https://www.wired.com/2006/12/lonelygirl/.

Kapitel 3
Zwei Könige

1   Levy, *In the Plex*, 121.
2   John Doerr, *Measure What Matters: How Google, Bono, and the Gates Foundation Rock the World with OKRs* (New York: Portfolio 2018), 6.
3   The Try Guys, »Eugene Interviews the CEO of YouTube«, YouTube-Video, 16. Dezember 2019, 46:15, https://www.youtube.com/watch?v=fKIsuulxJ1I.
4   YouTube machte laut Chris Carvalho, damals der Leiter Geschäftsentwicklung von Lucasfilm, 2006 sein Angebot an George Lucas. Vertreter von Lucasfilm, Lucas und YouTube lehnten einen Kommentar ab.
5   Virginia Heffernan und Tom Zeller, »›Lonely Girl‹ (and Friends) Just Wanted Movie Deal«, *The New York Times*, 12. September 2006, https://www.nytimes.com/2006/09/12/technology/12cnd-lonely.html.
6   Levy, *In the Plex*, 235.
7   So undankbar die Aufgabe war, die Erklärung war übertrieben: YouTube hatte durchaus ein wenig Umsatz zu verzeichnen.
8   Das Büro hatte nur je eine Toilette für Männer und eine für Frauen. Doch eine der wenigen Mitarbeiterinnen alarmierte die Personalabteilung, und die machte das wieder rückgängig.

Kapitel 4
Die Sturmtruppen

1 Harpers Favorit war der Sketch »B-Boy Stance«, den ein Comedian namens Donald Glover hochgeladen hatte. Es ging darin um einen Hip-Hopper, der sich in den Siebzigerjahren die Hände am Rücken festoperieren ließ, um permanent die Arme vor der Brust verschränkt zu haben. Elf Jahre später wurde Glovers Video »This is America«, ein bissiger Kommentar zur Lage der Nation, gleich am ersten Tag mehr als zwölf Millionen Mal abgerufen.

2 2008 unterhielten sich die Redakteure einmal über »Rickrolls« – einen beliebten Prank, der auf YouTube seinen Ursprung hatte und bei dem man jemandem einen interessant aussehenden Weblink schickte, bei dem aber, wenn man draufklickte, das Video zu »Never Gonna Give You Up« erschien, dem Ohrwurm des britischen Popsängers Rick Astley. Das sorgte jedes Mal für Lacher. »Wäre es nicht cool, die Startseite zu rickrollen?«, schlug Harper halb im Scherz vor. Ihre Kollegin Michele Flannery rief Astleys Agenten an und bat ihn mitzumachen. Er gab seinen Segen für die Aktion, verzichtete aber darauf, sich selbst zu beteiligen. Am 1. April wurde YouTube dann »gerickrollt«.

3 Bohner und ein Sprecher von Schmidt wollten sich hierzu nicht äußern. Eine Quelle aus dem Umfeld von Schmidt sagte, er habe mehrere Personen ins YouTube-Büro gebeten, um Rat einzuholen.

4 Rein technisch gesehen natürlich nicht Al Gore persönlich, sondern das Filmstudio hinter Gores Film *Eine unbequeme Wahrheit*, Paramount Pictures.

5 Keach Hagey, *The King of Content: Sumner Redstone's Battle for Viacom, CBS, and Everlasting Control of His Media Empire* (New York: Harper Collins 2018).

6 Matthew Belloni, »The Man Who Could Kill YouTube«, *Esquire*, 15. August 2007, https://www.esquire.com/news-politics/a3131/youtube0707/.

7 Keach Hagey, »The Relationship That Helped Sumner Redstone Build Viacom Now Adds to Its Problems«, *The Wall Street Journal*, 11. April 2016, https://www.wsj.com/articles/the-relationship-that-helped-sumner-redstone-build-viacom-now-adds-to-its-problems-1460409571.

8 Ryan Singel, »YouTuber Warned of Finnish Gunman in June, But No One Listened«, *Wired*, 8. November 2007, https://www.wired.com/2007/11/youtuber-warned/.

Kapitel 5
Clown & Co.

1 »Den Scheiß hier ins Fernsehen zu bringen, würde einem den ganzen Spaß nehmen und das Leben aus YouTube aussaugen«, so der Fan.

2 In dem Unternehmen, das den ZVUE herstellte, arbeitete damals Carl Page, der große Bruder von Larry Page. 2008 ging die Firma bankrott.

3 Richard Nieva, »Inside YouTube, Leaders Look for ›Balance‹ After Scandals«, CNET, 11. Juli 2019, https://www.cnet.com/tech/services-and-software/features/inside-youtube-leaders-look-for-balance-after-scandals/.

4 Louise Story, »DoubleClick to Set Up an Exchange for Buying and Selling Digital Ads«, *The New York Times*, 4. April 2007, https://www.nytimes.com/2007/04/04/business/media/04adco.html.

5   Michael Wolff, *Television Is the New Television: The Unexpected Triumph of Old Media in the Digital Age* (New York: Portfolio 2015), 1. Die im Buch beschriebenen Ereignisse wurden durch zusätzliche Quellen bestätigt.
6   Brian Stelter, »Serving Up Television Without the TV Set«, *The New York Times*, 10. März 2008, https://www.nytimes.com/2008/03/10/technology/10online.html.
7   Dodai Stewart, »›Abortion Man‹: The Worst, Supposedly Funny Video You May Ever See«, 23. April 2008, https://jezebel.com/abortion-man-the-worst-supposedly-funny-video-you-m-383043.
8   Die Programmierer von YouTube mussten einmal einen Test für Time Warner zusammenschustern, das seinen eigenen Videoplayer auf YouTube installieren wollte. Als der Test zeigte, dass der YouTube-Player viel flüssiger lief, gab Time Warner das Vorhaben wieder auf.
9   Statt ihren Videos Titel zu geben, die die Begriffe »WWE« oder »wrestling« enthielten, verwendeten sie das Codewort »cheese soufflé«.
10 Zwei unterschiedliche PR-Mitarbeiter erzählten, die Gründer hätten zunächst gezögert, in Winfreys Show aufzutreten. Als Steve Chen danach gefragt wurde, wie es damals war, sagte er: »Wir freuten uns total auf die Aufnahme mit Oprah! Etwas peinlich war höchstens, dass wir schon Tage vor der eigentlichen Sendung ständig probten und unsere Texte aufsagten.«

Kapitel 6
Die Bardin von Google

1   Levy, *In the Plex*, 133 f.
2   Ken Auletta, *Googled: The End of the World as We Know It* (New York: Penguin Press 2009), 59.
3   In San Mateo hatten sich die Moderatoren noch ein E-Mail-Konto teilen müssen, um Beschwerden mithilfe eines Softwaresystems zu beantworten, da man beim Start-up das Gefühl hatte, man könne sich nur ein Konto leisten.
4   DeKort lud seine pixeligen Clips auf YouTube hoch, nachdem zwei Zeitungen abgelehnt hatten, über seine Erkenntnisse zu berichten. Nachdem das Video viral ging, wandte sich DeKort an YouTube, und das Team lud ihn in die Büroräume in San Mateo ein. Dort drückten sie ihm ein T-Shirt und ein paar Aufkleber in die Hand, da sie nicht wussten, was sie sonst tun sollten.
5   Nicole Wong, die »Entscheiderin«, wurde Obamas stellvertretende Chief Technology Officer.

Kapitel 7
Mit Vollgas voraus

1   Die Veranstaltung war nach Aussage mehrerer Beteiligter obendrein auch noch ein organisatorischer Albtraum. Sie wollten Dave Chappelle rekrutieren, doch das gelang ihnen nicht. Ein Mitarbeiter erinnerte sich, dass der Marketingmanager, der hinter der Veranstaltung steckte, vor Stress ohnmächtig wurde.
2   Später darauf angesprochen, sagte Walk: »Ich bin sicher, dass ich mitunter ein ziemli-

cher Arsch war, auch wenn es manchmal witzig gemeint war«, und fügte hinzu: »Ich nehme an, als Produktverantwortlicher muss man ein gewisses Maß an Zurückhaltung üben, um die Nutzer zu schützen, die bei diesen Diskussionen nicht mit im Raum sind. Aber ich wünschte, ich wäre besser darin, Probleme statt Personen anzugehen. Bestimmt habe ich manche Werber vergrault.«

3 Als ein höheres Gericht 2013 wieder zugunsten von YouTube entschied, schrieb Hurley einen Tweet, in dem er sich an den CEO von Viacom, Philippe Dauman, richtete: @Chad_Hurley, »Hey Philippe, wollen wir zur Feier des Tages ein Bier trinken gehen?«, *Twitter*, 18. April 2013, https://mobile.twitter.com/chad_hurley/status/324986303072575489.

4 Zahavah Levine, »Broadcast Yourself«, YouTube Official Blog, 18. März 2010, https://blog.youtube/news-and-events/broadcast-yourself/.

5 Kent Walker, »YouTube Wins Case Against Viacom«, offizieller YouTube-Blog, 23. Juni 2010, https://blog.youtube/news-and-events/youtube-wins-case-against-viacom/.

6 Ein neuer Programmierer, dem es wohl ein wenig an Sozialkompetenz mangelte, begrüßte einmal den YouTube-Designer Jasson Schrock auf der Straße vor dem Büro lautstark mit den Worten: »Hey! Ich bin's, der Porno-Typ!«

TEIL II

Kapitel 8:
Die Diamantenfabrik

1 Melissa Greggo, »Latenight Laffers«, *Variety*, 16. November 2000, https://variety.com/2000/tv/news/latenight-laffers-1117789313/.

2 Die ursprünglichen Uploads von Zappins Material auf YouTube sind inzwischen entfernt worden. Der Account SleightOfHand lud Teile von Zappins Material als Zusammenschnitt hoch.

3 Eriq Gardner, »Maker Studios Lawsuit: Inside the War for YouTube's Top Studio«, *The Hollywood Reporter*, 24. Oktober 2013, https://www.hollywoodreporter.com/business/business-news/maker-studios-lawsuit-inside-war-650541/.

Kapitel 9
Nerdfighters

1 Epic Pictures produzierte Filme wie *Bear*, eine skurrile Geschichte über zwei Paare, die sich gegen einen cleveren Grizzly wehren müssen. Der Film wurde mit einem lebenden Tier gedreht. »Übrigens, mit echten Grizzlybären sollte man sich auf keinen Fall anlegen«, schlussfolgerte Wong hinterher.

2 vlogbrothers, »How To Be a Nerdfighter: A Vlogbrothers FAQ«, YouTube-Video, 27. Dezember 2009, 3:58, https://www.youtube.com/watch?v=FyQi79aYfxU.

3 Auf der dritten Seite des Programms für die VidCon baute Hank Bezüge zu *Harry Potter*, *Matrix*, *Die Brautprinzessin* und *Herr der Ringe* ein.

4   Kevin Nalty, »Ray Willliam Johnson is YouTube's First Millionaire Creator«, Will Video for Food, 1. April 2011, http://willvideoforfood.com/2011/04/01/ray-william-johnson-is-youtubes-first-millionaire-creator/.
5   Brian Stelter,»Nielsen Reports a Decline in Television Viewing«, The New York Times, 3. Mai 2012, https://mediadecoder.blogs.nytimes.com/2012/05/03/nielsen-reports-a-decline-in-television-viewing/.

Kapitel 10
Kitesurfing TV

1   Wayne Drehs, »How PewDiePie Gamed the World«, ESPN, 11. Juni 2015, https://www.espn.com/espn/story/_/id/13013936/pewdiepie-how-became-king-youtube.
2   Die meisten Gamer konnten ihre Bedenken bezüglich der Darstellung eines urheberrechtlich geschützten Spiels in einem Video mit dem Hinweis auf die »Fair Use«-Rechtsdoktrin ausräumen, aber es war rein juristisch dennoch eine wacklige Angelegenheit, insbesondere für YouTuber in den Zwanzigern oder im Teenageralter.
3   Das war tatsächlich nur ein Gerücht, auch wenn die beiden laut einer Kamangar nahestehenden Quelle befreundet waren.
4   Danielle Sacks, »How YouTube's Global Platform Is Redefining the Entertainment Business«, Fast Company, 31. Januar 2011, https://www.fastcompany.com/1715183/how-youtubes-global-platform-redefining-entertainment-business.
5   Shishir Mehrotra, »What Will Software Look Like Once Anyone Can Create It?«, Harvard Business Review, 30. Januar 2019, https://hbr.org/2019/01/what-will-software-look-like-once-anyone-can-create-it.
6   Dass Googles CEO auftreten würde, war nie ausgemachte Sache; Page bestätigte nie Einladungen über den Google-Kalender.
7   Die professionellen Kritiker verrissen den Film (er hat eine Bewertung von 0 % auf Rotten Tomatoes). Aber im Kabel-TV war er ein Hit: Mit über sieben Millionen Zuschauern war er damals der meistgesehene Film im Fernsehen.
8   Interview mit YouTube-Abteilungsleiter Jamie Byrne, September 2020. Kyncl kann sich nicht daran erinnern, dies gesagt zu haben, so ein YouTube-Pressesprecher.
9   Interview mit Patrick Walker, Februar 2021. In einer Erklärung sagte ein YouTube-Pressesprecher, Kyncl könne sich nicht an dieses Treffen erinnern und sei »kein Spieler«. Ein Vertreter von Vice hat auf mehrere Bitten um einen Kommentar nicht geantwortet. Ein anderer YouTube-Mitarbeiter erinnerte sich daran, dass bei einer anderen Gelegenheit in Las Vegas mit Shane Smith um Geld gespielt wurde.
10 »Cosby Show«-Raum: John Seabrook, »Streaming Dreams«, The New Yorker, 8. Januar 2012, https://www.newyorker.com/magazine/2012/01/16/streaming-dreams.

Kapitel 11
YouTube wird erwachsen

1   A. M. Sperber, Murrow: His Life and Times (New York: Fordham University Press, 1999), 355 f.
2   Eine andere Version dieses Vorfalls findet man bei WikiLeaks, wo behauptet wird,

dass sich der Aktivist Wael Abbas, nachdem er bei Google niemanden erreichte, an die US-Botschaft wandte, um das Problem zu lösen.
3   Wael Ghonim, *Revolution 2.0: The Power of the People Is Greater Than the People in Power* (Boston: Houghton Mifflin Harcourt 2012).
4   Ken Bensinger und Jeff Gottlieb, »Alleged Anti-Muslim Film Producer Has Drug, Fraud Convictions«, *Los Angeles Times*, 13. September 2012, https://latimesblogs.latimes.com/lanow/2012/09/alleged-anti-muslim-film-producer-convictions-drugs-fraud.html.
5   Später zog eine Schauspielerin, die in dem Trailer zu sehen war, vor Gericht. Sie behauptet, sie sei durch einen Trick dazu gebracht worden, dort mitzuspielen, und ihr Text sei nachsynchronisiert worden.
6   Jillian C. York, *Silicon Values: The Future of Free Speech Under Surveillance Capitalism* (New York: Verso 2022), 35.
7   Das Außenministerium unter Hillary Clinton hatte sicherlich nichts gegen Google. Jared Cohen von Clintons Ministerialstab bezeichnete das Neda-Video als »das bedeutendste virale Video unseres Lebens« und teilte der Führungsebene von YouTube mit, die Website sei »besser als alle geheimdienstlichen Informationen, die wir bekommen können«. Cohen bekam später einen Job bei Google. Jessie Lichtenstein, »Digital Diplomacy«, *The New York Times*, 16. Juli 2010, https://www.nytimes.com/2010/07/18/magazine/18web2-0-t.html.

Kapitel 12
Wird das Boot dadurch schneller?

1   Walter Isaacson, »The Real Leadership of Steve Jobs«, *Harvard Business Review*, April 2012, https://hbr.org/2012/04/the-real-leadership-lessons-of-steve-jobs.
2   Doerr, *Measure What Matters*, 147.
3   Ebd.
4   Ben Hunt-Davis, *Will It Make the Boat Go Faster* (Market Harborough: Troubador Publishing 2011).
5   Ursprünglich war RASTA ein Akronym gewesen, aber irgendwem gefiel der Rastafari-Witz.
6   Doerr, *Measure What Matters*, 161–65.
7   Zumindest tat Google dies früher einmal. Später wurden Vorwürfe laut, dass Google mit seinen Suchergebnissen die Nutzer dazu veranlassen wollte, auf seinen eigenen Diensten zu bleiben, was zu Kartellrechtsklagen führte.

Kapitel 13
Let's Play

1   Jason Kincaid, »YouTube Unveils Slick Experimental Redesign, Codenamed Cosmic Panda«, *TechCrunch*, 7. Juli 2011, https://techcrunch.com/2011/07/07/youtube-unveils-slick-experimental-redesign-codenamed-cosmic-panda/.
2   DeStorm Power, »Can I Count on YouTube?«, *New Rockstars*, 19. April 2013, https://newmediarockstars.com/2013/04/destorm-power-can-i-count-on-youtube-op-ed/.

3   Noreena Hertz, »Think Millenials Have It Tough? For ›Generation K‹, Life is Even Harsher«, *The Guardian*, 19. März 2016, https://www.theguardian.com/world/2016/mar/19/think-millennials-have-it-tough-for-generation-k-life-is-even-harsher.

Kapitel 14
Disney Baby Pop-up Pals Ü-Ei Ostereier Kinderüberraschung

1   Drei Stunden »Bildungssendungen« pro Woche mussten gesendet werden. Werbespots durften nur noch zwölf Minuten pro Stunde laufen, am Wochenende weniger.
2   Kathryn C. Montgomery, *Generation Digital* (Cambridge: MIT Press 2007). Teile dieses Kapitels sind aus Montgomerys Buch entnommen, einer ausgezeichneten Abhandlung über die Geschichte der Regulierung von Medien für Kinder.
3   Im Jahr 1995 zeigte ein reißerisches *Time*-Titelbild in der Bildsprache eines Horrorfilmplakats einen blonden Jungen mit weit aufgerissenen Augen an einer Tastatur. Über seiner Brust prangte das bedrohliche Wort »Cyberporn«.
4   Khan, ein Kommilitone von Mehrotra, war auf YouTube einer der beliebtesten Vertreter dieser Fraktion.
5   Danielle Sacks, »How YouTube's Global Platform Is Redefining the Entertainment Business«, *Fast Company*, 31. Januar 2011, https://www.fastcompany.com/1715183/how-youtubes-global-platform-redefining-entertainment-business.
6   Joshua Cohen, »Top 100 Most Viewed YouTube Channels Worldwide: April 2014«, *Tubefilter*, 15. Mai 2014, https://www.tubefilter.com/2014/05/15/top-100-most-viewed-youtube-channels-worldwide-april-2014/.
7   Hillary Reinsberg, »YouTube's Biggest Star Is An Unknown Toy-Reviewing Toddler Whisperer«, *BuzzFeed*, 18. Juli 2014, https://www.buzzfeednews.com/article/hillaryreinsberg/youtubes-biggest-star-is-an-unknown-toy-reviewing-toddler-wh.

Kapitel 15
Die fünf Familien

1   Um 2013 herum trafen sich Mitarbeiter von YouTube mit einer jüdischen gemeinnützigen Organisation in Europa, um das »Trusted Flaggers«-Programm des Unternehmens vorzustellen, das bestimmten Gruppen mehr Möglichkeiten gab, problematische Inhalte zu markieren. Wie sich ein Teilnehmer erinnerte, bat die Organisation YouTube darum, Clips zu entfernen, in denen der Holocaust geleugnet wurde. YouTube weigerte sich.
2   Mark Bergen, »YouTube Executives Ignored Warnings, Letting Toxic Videos Run Rampant«, *Bloomberg*, 2. April 2019, https://www.bloomberg.com/news/features/2019-04-02/youtube-executives-ignored-warnings-letting-toxic-videos-run-rampant.
3   Robbie Brown, »Gun Enthusiast with Popular Online Videos Is Shot to Death in Georgia«, *The New York Times*, 10. Januar 2013, https://www.nytimes.com/2013/01/11/us/keith-ratliff-gun-enthusiast-of-fpsrussia-is-shot-to-death.html.
4   Strompolos hatte den Maker-Studios-Manager Ezra Cooperstein abgeworben, um den sich auch das MCN AwesomenessTV bemüht hatte. Der Vertreter von Machini-

ma bei den Treffen mit Weinstein war der Neffe des Vorsitzenden des Unternehmens. Makers Repräsentant Chris Williams war Weinsteins Cousin.
5   Ray William Johnson, »Why I Left Maker Studios«, *New Rockstars*, 11. Dezember 2012, https://newmediarockstars.com/2012/12/why-i-left-maker-studios/.

Kapitel 16
Lehn dich einfach zurück

1   Ingrid Nilsen, »This One Is For You (My Last Video)«, YouTube-Video, 30. Juni 2020, 48:25, https://www.youtube.com/watch?v=zbuky-D7wy8.
2   Ruth LaFerla, »An Everywoman as Beauty Queen«, *The New York Times*, 5. August 2009, https://www.nytimes.com/2009/08/06/fashion/06youtube.html.
3   Wie die meisten Internetunternehmen führte YouTube diese Tests mit einem Teil seiner Nutzer ohne deren Wissen durch. Über Jahre zeigte YouTube einem kleinen Prozentsatz der Nutzer überhaupt keine Werbung, eine nichtsahnende Kontrollgruppe also.
4   Ben Collins, »Meet the ›Cult‹ Leader Stumping for Donald Trump«, *The Daily Beast*, 5. Februar 2016, https://www.thedailybeast.com/meet-the-cult-leader-stumping-for-donald-trump.
5   Kevin Roose, »One: Wonderland«, 16. April 2020, in *Rabbit Hole*, produziert von *The New York Times*, Podcast, 26:48, https://www.nytimes.com/2020/04/16/podcasts/rabbit-hole-internet-youtube-virus.html.
6   In einer Erklärung schrieb Molyneux: »Ich bin ein Verfechter der staatenlosen Gesellschaft, da ich akzeptiere, dass die Grundlage der Moralphilosophie das *Nichtaggressionsprinzip* ist, das die Anwendung von Gewalt verurteilt.«
7   Mike Masnick, »›Anarcho-Capitalist‹ Stefan Molyneux, Who Doesn't Support Copyright, Abuses DMCA To Silence Critic«, *Techdirt*, 22. August 2014, https://www.techdirt.com/2014/08/22/anarcho-capitalist-stefan-molyneux-who-doesnt-support-copyright-abuses-dmca-to-silence-critic/.
8   Kate Hilpern, »You'll Never See Me Again«, *The Guardian*, 14. November 2008, https://www.theguardian.com/lifeandstyle/2008/nov/15/family-relationships-fdr-defoo-cult.
9   In einer Erklärung schrieb Molyneux, er habe »niemals Erwachsenen befohlen, sich von ihrer Familie zu trennen«. Er fuhr fort: »Ich sage ihnen höchstens, dass dies in Situationen eine Option ist, wo anhaltender schwerer Missbrauch vorliegt, und ich rate ihnen, zunächst zu versuchen, mit ihren Eltern zu sprechen und sich an einen professionellen Berater zu wenden, entweder allein oder mit ihrer Familie. Das ist weder radikal noch etwas ganz Neues.« Anschließend zitierte er einen ähnlichen Ratschlag von Dr. Phil.
10 Tu Thanh Ha, »Therapist Who Told Podcast Listeners to Shun Their Families Reprimanded«, *The Globe and Mail*, 1. November 2012, https://www.theglobeandmail.com/news/toronto/therapist-who-told-podcast-listeners-to-shun-their-families-reprimanded/article4846791/.
11 Dies, so Molyneux in einer Erklärung, war ein Scherz über Platon, »einen totalitären Philosophen, den ich entschieden ablehne«.

12 Tu Thanh Ha, »How a Cyberphilosopher Convinced Followers to Cut Off Family«, *The Globe and Mail*, 12. Dezember 2008, https://www.theglobeandmail.com/technology/how-a-cyberphilosopher-convinced-followers-to-cut-off-family/article7511365/.

Kapitel 17
Die Mutter von Google

1 Ein Gegenbeispiel ist die Microsoft-Werbung mit Bill Gates in den Neunzigerjahren. Die Spots, die zum Fremdschämen einladen, findet man auf YouTube.
2 Außer in China, wo Google seine Suche manipulierte, um es den Zensoren der Regierung recht zu machen, bis es sich schließlich aus dem Land verabschiedete.
3 Esther Wojcicki, *Panda Mama: Wie man glückliche und selbstbewusste Kinder großzieht* (Berlin: Ullstein 2021), 194.
4 Ebd., 195 f.
5 Elizabeth Murphy, »Inside 23andMe founder Anne Wojcicki's $99 DNA Revolution«, *Fast Company*, 14. Oktober 2013, https://www.fastcompany.com/3018598/for-99-this-ceo-can-tell-you-what-might-kill-you-inside-23andme-founder-anne-wojcickis-dna-r.
6 Mike Swift, »Susan Wojcicki: The Most Important Googler You've Never Heard Of«, *The Mercury News*, 3. Februar 2011, https://www.mercurynews.com/2011/02/03/susan-wojcicki-the-most-important-googler-youve-never-heard-of/.
7 Patricia Sellers, »The New Valley Girls«, *Fortune*, 13. Oktober 2008, https://fortune.com/2008/10/13/the-new-valley-girls-2/.
8 Robert Hof, »Look Out, Television: Google Goes For The Biggest Advertising Prize Of All«, *Forbes*, 9. Februar 2014, https://www.forbes.com/sites/roberthof/2014/01/22/look-out-television-already-the-king-of-online-ads-google-goes-for-the-big-prize/.
9 Amir Efrati, »The Ascension of Google's Sridhar Ramaswamy«, *The Information*, 6. April 2015, https://www.theinformation.com/articles/the-ascension-of-google-s-sridhar-ramaswamy. Ramaswamy bestritt, dies gesagt zu haben.
10 Liz Gannes, »Google Co-Founder Sergey Brin and 23andMe Co-Founder Anne Wojcicki Have Split«, *All Things D*, 28. August 2013, https://allthingsd.com/20130828/google-co-founder-sergey-brin-and-23andme-co-founder-anne-wojcicki-have-split/.
11 Vanessa Grigoriadis, »O.K., Glass: Make Google Eyes«, *Vanity Fair*, 12. März 2014, https://www.vanityfair.com/style/2014/04/sergey-brin-amanda-rosenberg-affair. Sergey Brin und Anne Wojcicki trennten sich 2013 und ließen sich 2015 scheiden. Ein Repräsentant von YouTube sagte, das Unternehmen könne nicht bestätigen, dass Brin am Burning Man teilgenommen habe.
12 Claire Cain Miller, »Google Appoints Its Most Senior Woman to Run YouTube«, *The New York Times*, 5. Februar 2014, https://bits.blogs.nytimes.com/2014/02/05/google-appoints-its-most-senior-woman-to-run-youtube/.
13 Doerr, *Measure What Matters*, 166.

TEIL III

Kapitel 18
Down the 'Tube

1. David Graeber, »On the Phenomenon of Bullshit Jobs«, *Atlas of Places*, 2013, https://www.atlasofplaces.com/essays/on-the-phenomenon-of-bullshit-jobs/.
2. Alex Morris, »When Google Walked«, *New York*, 5. Februar 2019, https://nymag.com/intelligencer/2019/02/can-the-google-walkout-bring-about-change-at-tech-companies.html.
3. Claire Stapleton, »Down the 'Tube: 10.3.2014«, Tiny Letter, 3. Oktober 2014, http://tinyletter.com/clairest/letters/down-the-tube-10-3-2014.
4. Ryan Mac, »Amazon Pounces On Twitch After Google Balks Due to Antitrust Concerns«, *Forbes*, 25. August 2014, https://www.forbes.com/sites/ryanmac/2014/08/25/amazon-pounces-on-twitch-after-google-balks-due-to-antitrust-concerns/?sh=60d-7c4865ab6.
5. Rolfe Winkler, »YouTube: 1 Billion Viewers, No Profit«, *The Wall Street Journal*, 25. Februar 2015, https://www.wsj.com/articles/viewers-dont-add-up-to-profit-for-youtube-1424897967.
6. Jonathan Mahler, »YouTube's Chief, Hitting a New ›Play‹ Button«, *The New York Times*, 20. Dezember 2014, https://www.nytimes.com/2014/12/21/business/youtubes-chief-hitting-a-new-play-button.html.
7. Laszlo Bock, »Here's Google's Secret to Hiring the Best People«, *Wired*, 7. April 2015, https://www.wired.com/2015/04/hire-like-google/.
8. Mahler, »YouTube's Chief, Hitting a New ›Play‹ Button.«
9. Jeff Stone, »James Foley Execution Video Creates Editorial Questions for Twitter, YouTube«, *International Business Times*, 20. August 2014, https://www.ibtimes.com/james-foley-execution-video-creates-editorial-questions-twitter-youtube-1664478.
10. »Silicon Valley Firms Reacted Quickly to Halt Spread of Steven Sotloff Beheading Video«, *NBC*, 4. September 2014, https://www.nbcbayarea.com/news/local/silicon-valley-firms-halted-spread-of-steven-sotloff-beheading-video/2085940/.
11. Barton Gellman und Ashkan Soltani, »NSA Infiltrates Links to Yahoo, Google Data Centers Worldwide, Snowden Documents Say«, *The Washington Post*, 30. Oktober 2013, https://www.washingtonpost.com/world/national-security/nsa-infiltrates-links-to-yahoo-google-data-centers-worldwide-snowden-documents-say/ 2013/10/30/e51d661e-4166-11e3-8b74-d89d714ca4dd_story.html.
12. Ben Quinn, »YouTube staff Too Swamped to Filter Out All Terror-Related Content«, *The Guardian*, 28. Januar 2015, https://www.theguardian.com/technology/2015/jan/28/youtube-too-swamped-to-filter-terror-content.
13. Ein alter juristischer Aphorismus des US-Richters Louis Brandeis.
14. Mark Sweney, »Google Calls for Anti-Isis Push and Makes YouTube Propaganda Pledge«, *The Guardian*, 24. Juni 2015, https://www.theguardian.com/media/2015/jun/24/google-youtube-anti-isis-push-inhuman-beheading-videos-censorship.

Kapitel 19
True Fake News

1. Brooks Barnes, »Disney Buys Maker Studios, Video Supplier for YouTube«, *The New York Times*, 24. März 2014, https://www.nytimes.com/2014/03/25/business/media/disney-buys-maker-studios-video-supplier-for-youtube.html.
2. Kevin Roose, »What Does PewDiePie Really Believe?«, *The New York Times*, 9. Oktober 2019, https://www.nytimes.com/interactive/2019/10/09/magazine/PewDiePie-interview.html. Ein Pressesprecher von Disney wollte das nicht weiter kommentieren.
3. Andrew Wallenstein, »If PewDiePie Is YouTube's Top Talent, We're All Doomed«, *Variety*, 11. September 2013, https://variety.com/2013/biz/news/if-pewdiepie-is-youtubes-top-talent-were-all-doomed-1200607196/, https://www.wsj.com/articles/youtube-star-plays-videogames-earns-4-million-a-year-1402939896.
4. Sven Grundberg und Jens Hansegard, »YouTube's Biggest Draw Plays Games, Earns $4 Million a Year«, *The Wall Street Journal*, 16. Juni 2014, https://www.wsj.com/articles/youtube-star-plays-videogames-earns-4-million-a-year-1402939896.
5. Kevin Roose, »The Making of a YouTube Radical«, *The New York Times*, 8. Juni 2019, https://www.nytimes.com/interactive/2019/06/08/technology/youtube-radical.html.
6. Kevin Roose, »What Does PewDiePie Really Believe?«.
7. Caitlin Dickson, »Richard Dawkins Gets into a Comments War with Feminists«, *The Atlantic*, 6. Juli 2011, https://www.theatlantic.com/national/archive/2011/07/richard-dawkins-draws-feminist-wrath-over-sexual-harassment-comments/352530/.
8. Brian Rosenwald, *Talk Radio's America: How an Industry Took Over a Political Party That Took Over the United States* (Cambridge: Harvard University Press 2019). Das ganze Kapitel stützt sich auf Rosenwalds hervorragendes Buch.
9. Zu den frühen Hits zählten »Amy Winehouse's Disastrous Face« und »Vicious Girl Fight in the Bathroom«.
10. Aja Romano, »What We Still Haven't Learned From Gamergate«, *Vox*, 7. Januar 2021, https://www.vox.com/culture/2020/1/20/20808875/gamergate-lessons-cultural-impact-changes-harassment-laws.ml.
11. Kevin Roose, »Two: Looking Down«, 23. April 2020, in *Rabbit Hole*, produziert von *The New York Times*, Podcast, 36:57, https://www.nytimes.com/2020/04/23/podcasts/rabbit-hole-internet-youtube-virus.html.
12. Brentin Mock, »Neo-Nazi Groups Share Hate via YouTube«, *Southern Poverty Law Center Intelligence Report*, 20. April 2007, https://www.splcenter.org/fighting-hate/intelligence-report/2007/neo-nazi-groups-share-hate-youtube.

Kapitel 20
Unglaublich

1. Amy Brittain und Irin Carmon, »Charlie Rose's Misconduct Was Widespread at CBS and Three Managers Were Warned, Investigation Finds«, *The Washington Post*, 3. Mai 2018, https://www.washingtonpost.com/charlie-roses-misconduct-was-widespread-at-cbs-and-three-managers-were-warned-investigation-finds/2018/05/02/80613d24-3228-11e8-94fa-32d48460b955_story.html.
2. Gideon Lewis-Kraus, »The Great A.I. Awakening«, *The New York Times*, 14. Dezem-

ber 2016, https://www.nytimes.com/2016/12/14/magazine/the-great-ai-awakening.html.

3   Steve Levy, »Google Search Will Be Your Next Brain«, *Wired*, 15. Januar 2015, https://www.wired.com/2015/01/google-search-will-be-your-next-brain/. (Levy zitiert hier sein früheres Interview mit Page.)

4   Casey Newton, »How YouTube Perfected the Feed«, *The Verge*, 30. August 2017, https://www.theverge.com/2017/8/30/16222850/youtube-google-brain-algorithm-video-recommendation-personalized-feed.

Kapitel 21
Ein Junge und sein Spielzeug

1   Geoff Weiss, »This 4-Year-Old Has the Most-Viewed YouTube Channel in the World«, *Tubefilter*, 8. September 2016, https://www.tubefilter.com/2016/09/08/ryan-toys-review-most-watched-youtube-channel-in-the-world/.

2   Joshua Cohen, »Meet the Top 1 % of YouTube's ›Google Preferred‹ Channels for Advertisers«, *Tubefilter*, 18. April 2014, https://www.tubefilter.com/2014/04/18/youtube-google-preferred-channels-top-1-percent-advertisers/.

3   Laura T. Coffey, »›Crack for Toddlers‹: Mysterious Toy Review Videos Enchant Kids, Bring in Millions of Dollars«, Today, 31. Juli 2014, https://www.today.com/parents/disneycollector-toy-reviewer-enchants-toddlers-youtube-1D80001314.

4   Chavie Lieber, »How L.O.L. Dolls Became the Dopamine Hit of a Generation«, *The New York Times*, 16. April 2020, https://www.nytimes.com/2020/04/16/parenting/lol-surprise-doll-isaac-larian.html.

5   Ben Popper, »Red Dawn: An Inside Look at YouTube's New Ad-Free Subscription Service«, *The Verge*, 16. Oktober 2015, https://www.theverge.com/2015/10/21/9566973/youtube-red-ad-free-offline-paid-subscription-service.

6   Paul Thompson, »Mystery Woman Behind the ›Richest Hands on the Internet‹ Revealed: Former Pornstar Makes $5 m a Year Unwrapping Disney Toys on YouTube«, *Daily Mail*, 24. Februar 2015, https://www.dailymail.co.uk/news/article-2958242/Brazilian-former-porn-star-Diane-DeJesus-mystery-figure-5million-year-YouTube-sensation-DC-Toys-Collector.html.

7   Belinda Luscombe, »Meet YouTube View Master«, *Time*, 17. August 2015, https://time.com/4012832/meet-youtubes-view-master/.

8   Als YouTube im Jahr 2012 ein Event veranstaltete, zu dem es Vertreter des Bildungssektors einlud, beschwerte sich eine Lehrerin darüber, sie habe sich mit ihrer Klasse auf YouTube Tequila-Werbung anschauen müssen. »Wenn mein Kind gezwungen wird, in der Schule Werbung für Doritos zu sehen«, schimpfte eine Teilnehmerin, »dann verklage ich den Bezirk, das schwöre ich.«

Kapitel 22
Scheinwerferlicht

1 Susanne Ault, »Survey: YouTube Stars More Popular Than Mainstream Celebs Among U.S. Teens«, *Variety*, 5. August 2014, https://variety.com/2014/digital/news/survey-youtubestars-more-popular-than-mainstreamcelebs-among-u-s-teens-1201275245/.
2 Patrick arbeitete für die Managementfirma Big Frame, die schon früh Nilsen, DeStorm Power und MysteryGuitarMan repräsentierte.
3 Brian Lowry, »Review: ›Scare PewDiePie‹ on YouTube Red«, *Variety*, 10. Februar 2016, https://variety.com/2016/digital/reviews/scare-pewdiepie-review-youtube-red-1201701504/.
4 Wer über 10 000 Abonnenten hatte, konnte sich dafür bewerben, dort einen Film zu drehen.

Kapitel 23
Lächerlich, gefährlich, selbstverständlich

1 Ingrid Nilson, »Something I Want You to Know (Coming Out)«, YouTube-Video, 9. Juni 2015, 19:12, https://www.youtube.com/watch?v=Eh7WRYXVh9M.
2 Drei Jahre später kündigte Grove bei Google und ließ sich in seinem Heimatstaat Minnesota zum Abgeordneten wählen.
3 Später trat er in der Talkshow von Jimmy Fallon auf, der das Haar zerstrubbelte.
4 »Extremist Info: Stefan Molyneux«, Southern Poverty Law Center, ohne Datum, https://www.splcenter.org/fighting-hate/extremist-files/individual/stefan-molyneux.
5 In jenem Jahr hatte Molyneux den dänischen Akademiker Helmuth Nyborg und den Autor Jared Taylor zu Gast. In einer Erklärung schrieb Molyneux: »Ich hatte schon viele Leute in meiner Sendung, mit denen ich nicht einer Meinung war – im Grunde gibt es keine zwei Menschen, deren Glaubenssysteme sich perfekt überschneiden, und das ist auch gar nicht erstrebenswert … Der Ausdruck ›*white supremacist*‹ bezieht sich auf den Glauben, dass Weiße gewaltsam über alle anderen Rassen herrschen sollten, was eine grausame (und auf Völkermord hinauslaufende) Verletzung des Nichtangriffsprinzips wäre, das mir heilig ist. Soweit ich weiß, habe ich noch nie jemanden in meinem Kanal gehabt, der solche abscheulichen Überzeugungen vertritt. Ich habe weder Jared Taylor noch Dr. Nyborg jemals sagen hören, dass sie Gewalt befürworten.« Das Southern Poverty Law Center definiert Weißen Nationalismus als die Überzeugung, dass »die weiße Identität das organisierende Prinzip der Länder, die die westliche Zivilisation ausmachen, sein sollte«.
6 Die Zuschauer mochten auch Thorne, allerdings berichtete er YouTube-Mitarbeitern später, dass seine Videos besser liefen, wenn das Vorschaubild ein Zeichentrick-Bild zeigte, als wenn sein Gesicht zu sehen war. Offenbar klickten die Nutzer weniger oft auf Schwarze Gesichter, und entsprechend verhielt sich der Algorithmus.
7 Joshua Green, *Devil's Bargain: Steve Bannon, Donald Trump, and the Storming of the Presidency* (New York: Penguin Press 2017).
8 Bernhard Rieder, Ariadna Matamoros-Fernández und Òscar Coromina, »From Ranking Algorithms to ›Ranking Cultures‹: Investigating the Modulation of Visibility in

YouTube Search Results«, *Convergence: The International Journal of Research into New Media Technologies* 24, Nr. 1 (10. Januar 2018): 50–68.
9 Mike Shields, »Some Media Companies Cool on YouTube Distribution«, *The Wall Street Journal*, 21. Juli 2016, https://www.wsj.com/articles/some-media-companies-cool-on-youtube-distribution-1469095200.
10 Ein YouTube-Pressesprecher sagte, das Unternehmen habe sich »immer auf YouTube konzentriert« und sei zu diesem Zeitpunkt nicht mit Facebook befasst gewesen.
11 Aja Romano, »YouTube's ›Ad-Friendly‹ Content Policy May Push One of Its Biggest Stars Off the Website«, *Vox*, 2. September 2016, https://www.vox.com/2016/9/2/12746450/youtube-monetization-phil-defranco-leaving-site.
12 Ben Collins, »›Is Hillary Dying‹ Hoax Started by Pal of Alex Jones«, *The Daily Beast*, 9. August 2016, https://www.thedailybeast.com/is-hillary-dying-hoax-started-by-pal-of-alex-jones.
13 Doerr, *Measure What Matters*, 168.

Kapitel 24
Die Party ist vorbei

1 Allum Bokhari, »LEAKED VIDEO: Google Leadership's Dismayed Reaction to Trump Election«, *Breitbart*, 12. September 2018, https://www.breitbart.com/tech/2018/09/12/leaked-video-google-leaderships-dismayed-reaction-to-trump-election/.
2 Trey Parker, »The 100 Most Influential People: Felix Kjellberg (a. k. a. PewDiePie)«, *Time*, 21. April 2016, https://time.com/collection-post/4302406/felix-kjellberg-pewdiepie-2016-time-100/.
3 Emily Nussbaum, *I Like to Watch: Arguing My Way Through the TV Revolution* (New York: Random House 2019).
4 Kevin Roose, »Six: Impasse«, 21. April 2020, in *Rabbit Hole*, produziert von *The New York Times*, Podcast, 24:25, https://www.nytimes.com/2020/05/21/podcasts/rabbit-hole-PewDiePie-youtube-virus.html.
5 Abby Phillip, »Trump's Statement Marking Holocaust Remembrance Leaves Out Mention of Jews«, *The Washington Post*, 27. Januar 2017, https://www.washingtonpost.com/politics/trumps-statement-marking-holocaust-remembrance-leaves-out-mention-of-jews/2017/01/27/0886d3c2-e4bd-11e6-a547-5fb9411d332c_story.html.
6 Rolfe Winkler, Jack Nicas und Ben Fritz, »Disney Severs Ties with YouTube Star PewDiePie After Anti-Semitic Posts«, *The Wall Street Journal*, 14. Februar 2017, https://www.wsj.com/articles/disney-severs-ties-with-youtube-star-pewdiepie-after-anti-semitic-posts-1487034533.
7 Kevin Roose, »Six: Impasse«.
8 Dieses Video wurde inzwischen gelöscht.
9 The Film Theorists, »Film Theory: Why Pewdiepie's Fiverr Joke Backfired«, YouTube video, 25. Februar 2017, 20:30, https://www.youtube.com/watch?v=DxphJ-dnX2Y.
10 Patrick merkte außerdem an, die alten Medien seien »für Online-Persönlichkeiten im Allgemeinen ein riesiger dampfender Haufen Scheiße.«
11 Robert Kyncl with Maany Peyvan, *Streampunks: YouTube and the Rebels Remaking Media* (New York: Harper Business 2017).

Kapitel 25
Boykott

1. Alexi Mostrous, »Big Brands Fund Terror Through Online Adverts«, *The Times*, 9. Februar 2017, https://www.thetimes.co.uk/article/big-brands-fund-terror-knnxfgb98.
2. Jane Martinson, »Guardian Pulls Ads from Google After They Were Placed Next to Extremist Material«, *The Guardian*, 16. März 2017, https://www.theguardian.com/media/2017/mar/16/guardian-pulls-ads-google-placed-extremist-material.
3. Jack Nicas, »Google's YouTube Has Continued Showing Brands' Ads with Racist and Other Objectionable Videos«, *The Wall Street Journal*, 24. März 2017, https://www.wsj.com/articles/googles-youtube-has-continued-showing-brands-ads-with-racist-and-other-objectionable-videos-1490380551.
4. Jennifer Faull, »The Screw Tightens on Google as Holding Groups Advise Advertisers to Reassess the Risks«, *The Drum*, 17. März 2017, https://www.thedrum.com/news/2017/03/17/the-screw-tightens-google-holding-groups-advise-advertisers-reassess-the-risks.
5. Peter Kafka, »Google Says Its YouTube Ad Problem Is ›Very Very Very Small‹ But It's Getting Better at Fixing It Anyway«, *Recode*, 3. April 2017, https://www.vox.com/2017/4/3/15157654/google-youtube-advertising-controversy-interview-philipp-schindler.
6. Lucas Shaw und Mark Bergen, »YouTube's Plan to Clean Up the Mess That Made It Rich«, *Bloomberg Businessweek*, 26. April 2018, https://www.bloomberg.com/news/features/2018-04-26/youtube-may-be-a-horror-show-but-no-one-can-stop-watching.
7. Greens Kollegin Laura Chernikoff leitete die Internet Creators Guild.

Kapitel 26
Verstärkung

1. Martin Evans, Nicola Harley und Harry Yorke, »London Terrorist Had Twice Been Referred to Police Over His Extremist Views«, *The Telegraph*, 4. Juni 2017, https://www.telegraph.co.uk/news/2017/06/04/london-terrorist-had-twice-referred-police-extremist-views/.
2. Was für diese Theorie sprach: 2014 hatte Microsoft das Minecraft-Studio für 2,5 Milliarden Dollar gekauft.
3. Kevin Roose, »The Making of a YouTube Radical«, *The New York Times*, 8. Juni 2019, https://www.nytimes.com/interactive/2019/06/08/technology/youtube-radical.html.
4. Casey Newton, »How YouTube Perfected the Feed«, *The Verge*, 30. August 2017, https://www.theverge.com/2017/8/30/16222850/youtube-google-brain-algorithm-video-recommendation-personalized-feed.
5. »Why Do People Still Think the Earth Is Flat?«, BBC News, 14. November 2017, https://www.bbc.com/news/av/41973119.
6. Alan Burdick, »Looking for Life on a Flat Earth«, *The New Yorker*, 30. Mai 2018, https://www.newyorker.com/science/elements/looking-for-life-on-a-flat-earth.
7. Harry McCracken, »Susan Wojcicki Has Transformed YouTube – But She Isn't Done Yet«, *Fast Company*, 18. Juni 2017, https://www.fastcompany.com/40427026/susan-wojcickis-youtube-isnt-tv-but-its-tvs-biggest-rival.

8 Obwohl Wojcicki dem Magazin sagte, sie habe nicht vor, die Bedingungen für die Werbe-Provision für Creators zu ändern.
9 Kate Conger, »Exclusive: Here's the Full 10-Page Anti-Diversity Screed Circulating Internally at Google«, *Gizmodo*, 5. August 2017, https://gizmodo.com/exclusive-heres-the-full-10-page-anti-diversity-screed-1797564320.
10 Mark Bergen und Brad Stone, »Everyone's Mad at Google and Sundar Pichai Has to Fix It«, *Bloomberg Businessweek*, 9. Oktober 2017, https://www.bloomberg.com/news/features/2017-10-19/everyone-s-mad-at-google-and-sundar-pichai-has-to-fix-it.
11 Das genaue Datum und die Dauer sind nicht mehr nachvollziehbar, da das Originalvideo inzwischen entfernt wurde.
12 Megan Molteni und Adam Rogers, »The Actual Science of James Damore's Google Memo«, *Wired*, 15. August 2017, https://www.wired.com/story/the-perniciousscience-of-james-damores-google-memo/.
13 Susan Wojcicki, »Read YouTube CEO Susan Wojcicki's Response to the Controversial Google Anti-Diversity Memo«, *Fortune*, 9. August 2017, https://fortune.com/2017/08/09/google-diversity-memo-wojcicki/
14 Eric Johnson, »YouTube's Susan Wojcicki Explains Why the ›Google Memo‹ Author Had to Be Fired«, *Recode*, 16. Oktober 2017, https://www.vox.com/2017/10/16/16479486/youtube-susan-wojcicki-james-damore-google-memo-diversity-gender-kara-swisher-podcast.

Kapitel 27
Elsagate

1 Stanley »Dirt Monkey« Genadek, »Interview with Geek to Freak Greg Chism«, YouTube-Video, 23. Mai 2015, 37:06, https://www.youtube.com/watch?v=_vFDsw9a3Ho.
2 Ethan und Hila, »How to Traumatize Your Children PRANK«, YouTube-Video, 3. März 2016, 13:00, https://www.youtube.com/watch?v=7bCzbUiB87M.
3 Ben Popper, »Adults Dressed as Superheroes Is YouTube's New, Strange, and Massively Popular Genre«, *The Verge*, 20. Februar 2017, https://www.theverge.com/2017/2/20/14489052/youtube-kids-videos-superheroes-disney-characters-fart-jokes.
4 Viele, die auf den »Finger Family«-Trend aufsprangen, blieben anonym, weil sie ahnten, dass das Strohfeuer schnell wieder enden würde. »Sie schnappten sich das Geld, solange sie konnten«, erinnert sich Ranta.
5 Rachel Deal, »The Ballad of Elsa and Spiderman«, *The Awl*, 23. Februar 2017, https://www.theawl.com/2017/02/the-ballad-of-elsa-and-spiderman/.
6 »The Disturbing YouTube Videos That Are Tricking Children«, BBC, 27. März 2017, https://www.bbc.com/news/blogs-trending-39381889.
7 Sapna Maheshwari, »On YouTube Kids, Startling Videos Slip Past Filters«, *The New York Times*, 4. November 2017, https://www.nytimes.com/2017/11/04/business/media/youtube-kids-paw-patrol.html.
8 James Bridle, »Something Is Wrong on the Internet«, Medium, 6. November 2017, https://medium.com/@jamesbridle/something-is-wrong-on-the-internet-c39c471271d2.
9 Mark Bridge und Alexi Mostrous, »Child Abuse on YouTube«, *The Times*, 18. November 2017, https://www.thetimes.co.uk/article/child-abuse-on-youtube-q3x9zfkch.

10 Daisuke Wakabayashi, »A Former Google Executive Takes Aim at His Old Company with a Start-Up«, *The New York Times*, 19. Juni 2020, https://www.nytimes.com/2020/06/19/technology/google-neeva-executive.html.
11 April und Davey, »WHY WE STOPPED MAKING SUPERHERO VIDEOS…«, YouTube-Video, 16. August 2017, 14:50, https://www.youtube.com/watch?v=N0gyiSYwYgs.
12 Charlie Warzel und Remy Smidt, »YouTubers Made Hundreds of Thousands Off Of Bizarre and Disturbing Child Content«, *BuzzFeed*, 11. Dezember 2017, https://www.buzzfeednews.com/article/charliewarzel/youtubersmade-hundreds-of-thousands-off-of-bizarre-and.
13 Remy Smidt, »Authorities Say YouTube's ›Toy Freaks‹ Dad Is Under Investigation – But They Won't Say Who's in Charge«, *BuzzFeed*, 30. November 2017, https://www.buzzfeednews.com/article/remysmidt/toy-freaks-youtube.

Kapitel 28
Schlechte Akteure

1 Vertreter von Accenture gaben keinen Kommentar ab.
2 Casey Newton, »The Terror Queue«, *The Verge*, 16. Dezember 2019, https://www.theverge.com/2019/12/16/21021005/google-youtube-moderators-ptsd-accenture-violent-disturbing-content-interviews-video.
3 Ein YouTube-Pressesprecher sagte, die Systeme des Unternehmens seien dazu nicht in der Lage.
4 Newton, »The Terror Queue«.
5 »Ich weiß noch, wie verwirrt ich war«, sagte Sjøberg und erinnerte sich an »eine Reihe von Videos mit Kindern und Feuerwerkskörpern oder schmerzhaften Pranks, bei denen ich nicht wusste, wie ich damit umgehen sollte«.
6 T. L. Stanley, »How Vine's Hunky Goofball Logan Paul Plans to Become a Mainstream Superstar«, *Adweek*, 24. Januar 2016, https://www.adweek.com/brand-marketing/how-vines-hunky-goofball-logan-paul-plans-become-mainstream-superstar-169152/.
7 Chris Stokel-Walker, *YouTubers: How YouTube Shook Up TV and Created a New Generation of Stars* (Kingston: Canbury Press 2019), 22.
8 Paul Lewis, »›Fiction Is Outperforming Reality‹: How YouTube's Algorithm Distorts Truth«, *The Guardian*, 2. Februar 2018, https://www.theguardian.com/technology/2018/feb/02/how-youtubes-algorithm-distorts-truth.
9 Jack Nicas, »How YouTube Drives People to the Internet's Darkest Corners«, *The Wall Street Journal*, 7. Februar 2018, https://www.wsj.com/articles/how-youtube-drives-viewers-to-the-internets-darkest-corners-1518020478.
10 John Hermann, »The Making of a No. 1 YouTube Conspiracy Video After the Parkland Tragedy«, *The New York Times*, 21. Februar 2018, https://www.nytimes.com/2018/02/21/business/media/youtube-conspiracy-video-parkland.html.
11 Megan Farokhmanesh, »YouTube Didn't Tell Wikipedia About Its Plans for Wikipedia«, *The Verge*, 14. März 2018, https://www.theverge.com/2018/3/14/17120918/youtube-wikipedia-conspiracy-theory-partnerships-sxsw.

12 Ein YouTube-Sprecher sagte, als die COVID-19-Pandemie ausbrach, habe das Unternehmen »von Anfang an deutliche Unterstützung für Impfungen demonstriert«; man sei »eines der ersten Unternehmen« gewesen, das »Richtlinien gegen Fehlinformationen zu COVID-Impfstoffen eingeführt« habe.

Kapitel 29
901 Cherry Avenue

1 Daisuke Wakabayashi, Thomas Erdbrink und Matthew Haag, »›Vegan Bodybuilder‹: How YouTube Attacker, Nasim Aghdam, Went Viral in Iran«, *The New York Times*, 4. April 2018, https://www.nytimes.com/2018/04/04/technology/nasim-aghdam-youtube-shooter.html.
2 Kristina Davis, »PETA Protests Military's Use of Pigs in Training«, *The San Diego Union-Tribune*, 13. August 2009, https://www.sandiegouniontribune.com/military/sdut-peta-protests-militarys-use-pigs-training-2009aug13-htmlstory.html.
3 Ethan Baron, »YouTube Shooter's Father Says She Was Angry at Company«, *East Bay Times*, 3. April 2018, https://www.eastbaytimes.com/2018/04/03/youtube-shooters-father-says-she-was-angry-at-company/.
4 »Store Worker Says YouTube Shooter Gun Buy Did Not Stand Out«, Associated Press, 6. April 2018, https://apnews.com/article/a40fc8ef512549bda1ffd71075a2eed1.
5 Anthony Pura, »Shooter's Family Warned Police About YouTube Grudge«, KGTV San Diego, 3. April 2018, https://www.10news.com/news/shooters-family-warned-police-about-youtube-grudge.

Kapitel 30
Bringt den Ozean zum Kochen!

1 Joseph Bernstein, »YouTube's Newest Far-Right, Foul-Mouthed, Red-Pilling Star Is a 14-Year-Old Girl«, *BuzzFeed*, 13. Mai 2019, https://www.buzzfeednews.com/article/josephbernstein/youtubes-newest-far-right-foul-mouthed-red-pilling-star-is.
2 Zeynep Tüfekçi, »YouTube, the Great Radicalizer«, *The New York Times*, 10. März 2018, https://www.nytimes.com/2018/03/10/opinion/sunday/youtube-politics-radical.html.
3 Ein YouTube-Pressesprecher sagte, der Werbespot, den YouTube in Auftrag gegeben hatte, sei nicht deshalb abgelehnt worden, weil er zu polarisierend war, sondern weil die Werbeagentur »nicht geliefert hat, was verlangt wurde«.
4 Daisuke Wakabayashi und Nicholas Confessore, »Russia's Favored Outlet Is an Online News Giant. YouTube Helped.« *The New York Times*, 23. Oktober 2017, https://www.nytimes.com/2017/10/23/technology/youtube-russia-rt.html.
5 Catherine Padhi, »Ted Cruz vs. Section 230: Misrepresenting the Communications Decency Act«, *Lawfare*, 20. April 2018, https://www.lawfareblog.com/ted-cruz-vs-section-230-misrepresenting-communications-decency-act.
6 Das Gesetz schreibt vor, dass Websites in »gutem Glauben« versuchen müssten, Material einzuschränken, das als »obszön, unzüchtig, lüstern, schmutzig, übermäßig gewalttätig, belästigend oder anderweitig anstößig« gelte.

7 Becca Lewis, »Alternative Influence: Broadcasting the Reactionary Right on YouTube«, *Data & Society*, 18. September 2018, https://datasociety.net/library/alternative-influence/.
8 Dass sich die Wissenschaft relativ wenig mit YouTube beschäftigte, lag nicht zuletzt an der schieren Menge der Inhalte. Lewis' Bericht für die Nichtregierungsorganisation Data & Society brachte Licht ins Dunkel, da sie etwas tat, das nur wenige Forscher (geschweige denn YouTube-Mitarbeiter) taten: Sie schaute sich viele, viele YouTube-Videos an.
9 Emine Saner, »YouTube's Susan Wojcicki: ›Where's the Line of Free Speech – Are You Removing Voices That Should Be Heard?‹«, *The Guardian*, 10. August 2019, https://www.theguardian.com/technology/2019/aug/10/youtube-susan-wojcicki-ceo-where-line-removing-voices-heard.
10 Daniel Lombroso, »Why the Alt-Right's Most Famous Woman Disappeared«, *The Atlantic*, 16. Oktober 2020, https://www.theatlantic.com/politics/archive/2020/10/alt-right-star-racist-propagandist-has-no-regrets/616725/.
11 In einer Erklärung schrieb Molyneux: »Ich kann mich nicht daran erinnern, diesen speziellen Ausdruck verwendet zu haben, allerdings würde es mich auch nicht überraschen. Bei den Reden, die ich in Australien gehalten habe, habe ich detailliert beschrieben, auf welche furchtbare Weise die Stämme der Aborigines in der Vergangenheit Kinder – und Frauen – misshandelt haben.« Die Argumente, die Molyneux anführt, sind inzwischen weitgehend entkräftet. Die australische Regierung veröffentlichte einen Bericht, in dem es heißt, familiäre und sexuelle Gewalt komme unter Aborigines zwar häufiger vor, aber das Problem müsse »im historischen Kontext der weißen Besiedlung und [Kolonisierung] verstanden werden«. (Siehe »Family violence and Aboriginal and Torres Strait Islander victim-survivors«, https://www.vic.gov.au/victorian-family-violence-research-agenda-2021-2024.)
12 Craig Timberg, Elizabeth Dwoskin, Tony Romm und Andrew Ba Tran, »Two Years After #Pizzagate Showed the Dangers of Hateful Conspiracies, They're Still Rampant on YouTube«, *The Washington Post*, 10. Dezember 2018, https://www.washingtonpost.com/business/technology/hatefulconspiracies-thrive-on-youtube-despite-pledge-to-clean-up-problematic-videos/2018/12/10/625730a8-f3f8-11e8-9240-e8028a62c722_story.html. Der ehemalige YouTube-Programmierer Guillaume Chaslot hat mit seiner neuen Gruppe AlgoTransparency Recherchen für diesen Artikel durchgeführt.
13 Alex Morris, »When Google Walked«, *New York*, 5. Februar 2019, https://nymag.com/intelligencer/2019/02/can-the-google-walkout-bring-about-change-at-tech-companies.html. Ich habe im weiteren Verlauf des Kapitels Details aus Morris' großartigem Bericht verwendet.
14 Daisuke Wakabayashi und Katie Benner, »How Google Protected Andy Rubin, the ›Father of Android‹«, *The New York Times*, 25. Oktober 2018, https://www.nytimes.com/2018/10/25/technology/google-sexual-harassment-andy-rubin.html.
15 Morris, »When Google Walked.«
16 Claire Stapleton, »Google Loved Me, Until I Pointed Out Everything That Sucked About It«, *Elle*, 19. Dezember 2019, https://www.elle.com/culture/tech/a30259355/google-walkout-organizer-claire-stapleton/.

Kapitel 31
Die Werkzeuge des Meisters

1 Aja Romano, »YouTube Star PewDiePie Used the N-word in a Live Stream, After Months of Denying He's Racist«, *Vox*, 11. September 2017, https://www.vox.com/culture/2017/9/11/16288826/pewdiepie-n-word-playerunknown-battlegrounds.
2 Wojcicki ließ über einen YouTube-Pressesprecher mitteilen, sie lehne es ab, sich zu dieser Interaktion zu äußern.
3 Einzelheiten über den Terroristen und den Anschlag in Christchurch stammen aus zeitgenössischen Berichten, Nachrichtensendungen und von der Royal Commission of Inquiry Into the Terrorist Attack of Christchurch Mosques, https://christchurchattack.royalcommission.nz/.
4 Molyneux schrieb: »Der Schütze in Neuseeland hat offenbar, lange bevor er seine furchtbare Tat beging, für meine Sendung gespendet. Ich habe mich schon immer für freie Meinungsäußerung, Frieden und die vernünftige Beilegung von Streitigkeiten eingesetzt – und den Terrorismus vehement verurteilt, da er eine absolut unmoralische Verletzung des Nichtangriffsprinzips darstellt, das besagt, dass Gewalt ausschließlich als unmittelbare Notwehr zulässig ist … Er lehnte mein entschiedenes Eintreten für das Nichtangriffsprinzip offensichtlich ab und tat das genaue Gegenteil von allem, wofür ich eintrete – und damit lehnte er alles ab, wofür ich stehe.«
5 Diese Facebook-Posts hat mir freundlicherweise Matt Nippert zur Verfügung gestellt, ein investigativer Reporter des *New Zealand Herald*, der als Fellow der Universität Cambridge über den Anschlag in Christchurch geforscht hat.
6 Shamim Homayun, »Remembering My Friend, and Why There Is No Right Way to Mourn the Christchurch Attacks«, *The Conversation*, 12. März 2020, https://theconversation.com/remembering-my-friend-and-why-there-is-no-right-way-to-mourn-the-christchurch-attacks-133239.
7 Charlie Mitchel, »›Welcome, Brother‹: A Community That Stressed Peace Is Undone By Violence«, *The Sydney Morning Herald*, 18. März 2019, https://www.smh.com.au/world/oceania/welcome-brother-a-community-that-stressed-peace-is-undone-by-violence-20190318-p5152x.html.
8 Elizabeth Dwoskin und Craig Timberg, »Inside YouTube's Struggles to Shut Down Video of the New Zealand Shooting – and the Humans Who Outsmarted Its Systems«, *The Washington Post*, 18. März 2019, https://www.washingtonpost.com/technology/2019/03/18/inside-youtubes-struggles-shut-down-video-new-zealand-shooting-humans-who-outsmarted-its-systems/.

TEIL IV

Kapitel 32
Roomba

1. Clare Duffy, »Marc Benioff Says It's Time to Break Up Facebook«, CNN, 17. Oktober 2019, https://www.cnn.com/2019/10/16/tech/salesforce-marc-benioff-break-up-facebook-boss-files/index.html.
2. Max Fisher und Amanda Taub, »How YouTube Radicalized Brazil«, *The New York Times*, 11. August 2019, https://www.nytimes.com/2019/08/11/world/americas/youtube-brazil.html.
3. Bergen, »YouTube Executives Ignored Warnings, Letting Toxic Videos Run Rampant«.
4. Das Unternehmen verbot Ausgrenzung aufgrund von Merkmalen wie Alter, Gesellschaftsklasse, Behinderung, Geschlechtsidentität u. v. m.
5. MostlySane, »In Conversation with CEO, YouTube – Susan Wojcicki«, YouTube-Video, 16. April 2019, 26:30, https://www.youtube.com/watch?v=6P-9uEvKD0o.
6. jacksepticeye war ein extrem erfolgreicher Creator; Elon Musk tauchte oft auf YouTube auf, hatte aber keinen eigenen Kanal.
7. Claire Stapleton, »Down the 'Tube: (no subject)«, Tiny Letter, 15. Februar 2019, https://tinyletter.com/clairest/letters/down-the-tube-no-subject.
8. Claire Stapleton, »Google Loved Me, Until I Pointed Out Everything That Sucked About It«.
9. Nitasha Tiku, »Google Walkout Organizers Say They're Facing Retaliation«, *Wired*, 22. April 2019, https://www.wired.com/story/google-walkout-organizers-say-theyre-facing-retaliation/.
10. hankschannel, »YouTube, Pandemics, Creators, and Power: An Interview with Susan Wojcicki and Hank Green«, YouTube-Video, 6. Mai 2020, 54:38, https://www.youtube.com/watch?v=_XPXht-gyj4.

Kapitel 33
Kompromisse

1. In einer Erklärung sagte Molyneux, dass er sich seit 2020 nicht mehr politisch äußere und stattdessen an einem Buch über »friedliche Kindererziehung« arbeite.
2. Ein YouTube-Pressesprecher sagte, das SPLC sei »nicht weithin als maßgebliche Stimme zu Hassgruppen anerkannt«.
3. Katherine Cross, »The Oscar Wilde of YouTube Fights the Alt-Right with Decadence and Seduction«, *The Verge*, 24. August 2018, https://www.theverge.com/tech/2018/8/24/17689090/contrapoints-youtube-natalie-wynn.
4. Marlow Stern, »Jake Paul Believes COVID Is ›a Hoax‹ and ›98 % of News Is Fake‹«, *The Daily Beast*, 25. November 2020, https://www.thedailybeast.com/youtuber-jake-paul-believes-covid-is-a-hoaxand-i-am-fake-news.
5. Jake Paul wurde wegen Hausfriedensbruchs in einem Einkaufszentrum angeklagt, bestritt aber, an Plünderungen oder Vandalismus beteiligt gewesen zu sein.

6 Mike Isaac, Kate Conger und Daisuke Wakabayashi, »What to Expect From Facebook, Twitter and YouTube on Election Day«, *The New York Times*, 2. November 2020, https://www.nytimes.com/2020/11/02/technology/facebook-twitter-youtube-election-day.html.
7 Mark Bergen, »YouTube Election Loophole Lets Some False Trump Win Videos Spread«, *Bloomberg*, 10. November 2020, https://www.bloomberg.com/news/articles/2020-11-10/youtube-election-loophole-lets-some-false-trump-win-videos-spread.

Epilog

1 Neima Jahromi, »The Fight for the Future of YouTube«, *The New Yorker*, 18. Juli 2019, https://www.newyorker.com/tech/annals-of-technology/the-fight-for-the-future-of-youtube.
2 hankschannel, »YouTube, Pandemics, Creators, and Power: An Interview with Susan Wojcicki and Hank Green«, YouTube-Video, 6. Mai 2020, 54:38, https://www.youtube.com/watch?v=_XPXht-gyj4.
3 ByteDance, ein Tech-Unternehmen mit Sitz in Peking, übernahm Musical.ly 2017 und wandelte die App des Unternehmens später in TikTok um. Ein Google-Sprecher lehnte es ab, die Gespräche mit Musical.ly zu kommentieren.
4 In der Studie ging es nur um Android-Smartphones. Die beliebteste App auf iPhones war TikTok.
5 Joshua Cohen, »Top 50 Most Viewed US YouTube Channels«, *Tubefilter*, 31. Dezember 2020, https://www.tubefilter.com/2020/12/31/top-50-most-viewed-us-youtube-channels-2020-12-28/.
6 Lucas Shaw, »YouTube Will Fund Kids Shows Based on These 12 Words«, *Bloomberg*, 4. Februar 2020, https://www.bloomberg.com/news/articles/2020-02-04/youtube-will-fund-kids-shows-based-on-these-12-words.
7 Lucas Shaw, »Studio Behind ›Cocomelon‹ Acquired in $3 Billion Deal«, *Bloomberg*, 4. November 2021, https://www.bloomberg.com/news/articles/2021-11-04/-cocomelon-studio-fetches-3-billion-in-blackstone-backed-deal. Cocomelon, Little Baby Bum und Blippi hatten eine enorme Anhängerschaft.
8 Anahad O'Connor, »Are ›Kidfluencers‹ Making Our Kids Fat?«, *The New York Times*, 26. Oktober 2020, https://www.nytimes.com/2020/10/26/well/family/Youtube-children-junk-food-child-obesity.html.
9 Madeline Berg, »How This 7-Year-Old Made $22 Million Playing with Toys«, *Forbes*, 3. Dezember 2018, https://www.forbes.com/sites/maddieberg/2018/12/03/how-this-seven-year-old-made-22-million-playing-with-toys-2/.
10 YouTube sagte, es stufe Pro-QAnon-Videos seit Anfang 2019 als »Grenzfälle« für die »Strafbank« ein.
11 Facebook hat das immer wieder bestritten.
12 https://transparencyreport.google.com/youtube-policy/views.
13 Mark Bergen, »YouTube Avoids Facebook-Level Criticism from Biden«, *Bloomberg*, 22. Juli 2021, https://www.bloomberg.com/news/newsletters/2021-07-22/google-s-youtube-avoids-facebook-level-criticism-from-biden-on-vaccine-misinfo.

14 Das Verbot von impfskeptischen Videos enthielt zwei Vorbehalte: Wissenschaftliche Diskussionen und »persönliche Erfahrungsberichte« über Impfstoffe waren weiterhin erlaubt.
15 Susan Wojcicki, »Free Speech and Corporate Responsibility Can Coexist Online«, *The Wall Street Journal*, 1. August 2021, https://www.wsj.com/articles/free-speech-youtube-section-230-censorship-content-moderation-susan-wojcicki-social-media-11627845973.
16 Neal Mohan, »Perspective: Tackling Misinformation on YouTube«, YouTube Official Blog, 25. August 2021, https://blog.youtube/inside-youtube/tackling-misinfo/.
17 hankschannel, »YouTube, Pandemics, Creators, and Power«.